本书接受中国社会科学院考古研究所
老专家个人学术文集资助

束禾集

考古视角的艺术史

杨泓 著

中国社会科学出版社

图书在版编目（CIP）数据

束禾集：考古视角的艺术史 / 杨泓著.—北京：中国社会科学出版社，2018.7（2019.1 重印）

ISBN 978 - 7 - 5203 - 2688 - 9

Ⅰ.①束… Ⅱ.①杨… Ⅲ.①美术考古 - 研究 - 中国 Ⅳ.①K879.04

中国版本图书馆 CIP 数据核字（2018）第 130251 号

出 版 人	赵剑英
责任编辑	郑 彤
责任校对	李 剑
责任印制	李寡寡

出　　版	中国社会科学出版社
社　　址	北京鼓楼西大街甲 158 号
邮　　编	100720
网　　址	http：//www.csspw.cn
发 行 部	010 - 84083685
门 市 部	010 - 84029450
经　　销	新华书店及其他书店

印刷装订	北京君升印刷有限公司
版　　次	2018 年 7 月第 1 版
印　　次	2019 年 1 月第 2 次印刷

开　　本	710×1000　1/16
印　　张	38.25
字　　数	603 千字
定　　价	158.00 元

凡购买中国社会科学出版社图书，如有质量问题请与本社营销中心联系调换
电话：010 - 84083683

版权所有　侵权必究

目　录

美术考古与艺术史

一个中国考古学分支学科的发展
　　——从事美术考古五十年的体会 ········· 3
漫话考古学与艺术史的交汇 ················· 13
返璞归真　见山是山
　　——漫谈与中国美术考古学有关的问题 ········· 20
谈历史画
　　——中国历史画的源流及创作原则 ········· 24
中国古代壁画和古代艺术史研究 ················· 57
异彩纷呈的传统工艺美术 ················· 98
漫谈新石器时代彩陶图案花纹带装饰部位 ········· 142
考古学所见汉代艺术 ················· 151
三国时期的文化艺术 ················· 168
骏马奔腾
　　——中国古文物中关于马的艺术造型 ········· 190

城市建筑和家具

汉唐之间城市建筑、室内布置和社会生活习俗的变化 ⋯⋯⋯⋯ 207

中国古家具的演变与造型 ⋯⋯⋯⋯⋯⋯⋯⋯⋯⋯⋯⋯⋯⋯⋯ 237

佛教艺术

中国佛教美术考古半世纪 ⋯⋯⋯⋯⋯⋯⋯⋯⋯⋯⋯⋯⋯⋯⋯ 265

漫话佛教艺术的中国化
　　——以佛塔为例 ⋯⋯⋯⋯⋯⋯⋯⋯⋯⋯⋯⋯⋯⋯⋯⋯⋯ 280

四川早期佛教造像 ⋯⋯⋯⋯⋯⋯⋯⋯⋯⋯⋯⋯⋯⋯⋯⋯⋯⋯ 310

云冈石窟造像艺术漫谈 ⋯⋯⋯⋯⋯⋯⋯⋯⋯⋯⋯⋯⋯⋯⋯⋯ 319

青州北朝佛教石造像研究 ⋯⋯⋯⋯⋯⋯⋯⋯⋯⋯⋯⋯⋯⋯⋯ 331

山东博兴出土的北朝石雕菩萨立像 ⋯⋯⋯⋯⋯⋯⋯⋯⋯⋯⋯ 342

西安出土佛像 ⋯⋯⋯⋯⋯⋯⋯⋯⋯⋯⋯⋯⋯⋯⋯⋯⋯⋯⋯⋯ 350

四川出土南朝佛教造像 ⋯⋯⋯⋯⋯⋯⋯⋯⋯⋯⋯⋯⋯⋯⋯⋯ 353

中国古代佛教舍利容器艺术造型演变
　　——再谈佛教美术的中国化 ⋯⋯⋯⋯⋯⋯⋯⋯⋯⋯⋯⋯ 357

墓葬中的美术品

锄头掘出的艺术史 ⋯⋯⋯⋯⋯⋯⋯⋯⋯⋯⋯⋯⋯⋯⋯⋯⋯⋯ 381

陵墓雕塑（上）
　　——地上神道雕刻（汉至明清）⋯⋯⋯⋯⋯⋯⋯⋯⋯⋯⋯ 395

陵墓雕塑（中）
　　——墓室内和葬具雕塑（先秦至明清）⋯⋯⋯⋯⋯⋯⋯⋯ 432

陵墓雕塑（下）
　　——墓内随葬俑群雕塑（先秦至明清） ………………………… 482
汉俑楚风 …………………………………………………………… 547
漫话唐俑
　　——从按楯甲胄武士形貌镇墓俑到天王形貌镇墓俑 …………… 555
谈唐代胡俑 ………………………………………………………… 570
观陕西汉唐墓室壁画札记 ………………………………………… 574
唐薛儆墓石椁线雕 ………………………………………………… 590

后　记 ……………………………………………………………… 605

美术考古与艺术史

一个中国考古学分支学科的发展

——从事美术考古五十年的体会

1949年10月1日，在天安门前升起五星红旗，毛泽东主席宣布中国人民从此站起来了，中华人民共和国成立。中华大地百废俱兴，新中国进入了工农业建设的火红年代。全国各地掀起了基本建设的高潮。时任文化部副部长、兼任中国科学院考古研究所所长和国家文物局局长的郑振铎，以他文人的笔法写道："中国正在走向国家的社会主义工业化的光明大道。空前的规模宏伟的大工厂，逐渐在全国各地建立着。如林的高耸入云的烟通（筒），处处可以见到。铁路、公路的交通干线也随之而繁密起来；水库、水渠工程的进行，保证了自然灾害不再为患。这是多末（么）令人兴奋的光明灿烂的景象！随着这些大工厂的建立，这些铁路、公路的延伸，这些水利工程的发展，不可避免的都要翻动地面，把埋藏在地下的古墓葬、古文化遗址重新暴露在光天化日之中。……在全国各地因为以上的基本建设工程而出土了的历代文物，在数量上、质量上都是极为惊人的。但这才不过是一个开端。却已是一个不平凡的开端了！随着大规模的国家的社会主义工业化的进展，随着全国各地的各项基本建设工程的以飞快的速度发展着，将会有更多更惊人的发现的。"[①]

夏鼐先生则在肯定成绩的基础上指出："解放以前，由于社会条件的限制，考古学无法发展；因之所留下的考古工作者，人数很少；前年起，虽办了两届训练班，但仍不能适应现今客观的要求，并且配合基本建设工

[①] 郑振铎：《在基本建设工程中保护地下文物的意义与作用》，《文物参考资料》1954年第9期，第39—47页。

作，需要及时完成清理发掘工作。所以进行工作是有些困难的。"①

我正是在上述时代背景下，于1953年以第二志愿考入北京大学历史系，进入考古专业学习的。我们上课的时候，考古学概论由夏鼐先生负责，旧石器考古是裴文中先生和贾兰坡先生，新石器考古是安志敏先生，商周考古是郭宝钧先生，秦汉考古是苏秉琦先生（现在的年轻人可能会以为教新石器的必然是苏秉琦，其实不是），魏晋以后到隋唐是宿白先生，石窟寺和考古学史是阎文儒先生，古代建筑是宿白先生，人类学和民族志是林耀华先生。考古技术方面全由考古所的先生教，测量是徐智铭，照相是赵铨，绘图是郭义孚，修整是钟少林。考古绘图在20世纪60年代才转由已经过世的刘慧达先生来教。另外还有些专题的课。给我们讲古文字学的是唐兰先生，讲古代绘画的是徐邦达先生，讲博物馆学的是傅振伦先生。其他如中国史、世界史、亚洲史及中国近代史，都是和当时历史各专业的同学一起学习。我们那个时候，考古专业不是像后来一样单独开历史课，所以那时候学考古的学生的史学基础要好一点。当时教中国史的有张政烺先生，还有邓广铭先生、汪篯先生，可能许大龄是当时最年轻的先生。教世界史的是齐思和、杨人楩、张芝联、胡钟达等先生，教亚洲史的是周一良先生。至于其他专题课，还有翦伯赞先生的秦汉史专题等。所以，我们当时接触了很多历史学界的著名专家。

当时北大考古教研室自己的教员还不是很多，只有宿白先生和阎文儒先生，还有几位年轻的助教，例如吕遵锷和李仰松。到我们快毕业时，又从兰州大学调回来一个叫邹衡的研究生，他们三位年轻教员还没有给学生讲课的资格。多数时候都是考古所、故宫和其他学校的先生们来讲课。这样有一个好处，就是你可以接触很多各个方面的著名学者。虽然他们讲的课与后来那些专门备课、只讲某一个方面的先生们不太一样，但是在北大念书的这段时间，我们的视野还是很开阔。另外，学校也鼓励我们积极与考古界的先生接触。1956年召开"全国考古工作会议"，也允许我们学生去旁听。毕业以前的"大跃进"时期，我们还和教师一起编写中国考古

---

① 夏鼐：《清理发掘和考古研究全国基建中出土文物展览会参观记》，《文物参考资料》1954年第9期，第55—63页。引文中所说的"前年"，指1952年。

学课程的讲义，指定我写的那一部分是魏晋南北朝考古，虽然我只是把上宿白先生课时所作的笔记照抄一遍，但还是起到了巩固学习成果的作用。

我们在北大学习时，中国在国际上处于"社会主义阵营"，受到了西方国家的敌视和封锁，学生自然对欧美各国的学术界一无所知。虽然说是向苏联"老大哥"学习，但也读不到有关苏联考古学方面的资料，所以，只能全力学习授课老师传授的知识，对以前西方考古学的理论和当时西方考古学新产生的理论一无所知。而且，考古学这一学科的特点就是求实，大家都是在田野考古实践中不断探索前进。到1959年中华人民共和国成立十周年时，中国考古学界逐渐形成了具有民族文化特色的中国考古学体系。又经过20年的曲折发展，到了在夏鼐先生领导下编写《中国大百科全书·考古学》卷时，新中国的考古学体系已基本形成。

作为新中国考古学的分支学科，中国美术考古学正是在这一特定的历史时期不断探索、逐渐形成的。我上学的时候就有"美术考古"这个词，但是对于这个词的内容，大概每个人都有不同的看法。我最早看到"美术考古"这个名称，是读了郭沫若翻译的德国人米海里司的书《美术考古一世纪》。读这书的时候我还在上高中，大概是1948年。书的内容讲的是一个世纪里面关于欧洲古典艺术的发现，着重讲建筑和雕塑，与现在我们所说的美术考古不一样。后来我写的《美术考古半世纪》的书名，其实也不是对应米海里司的书名，而是对应那本书里郭沫若先生的序。我在书里使用的"美术考古"，是按照夏鼐先生和王仲殊先生写的大百科全书"考古学"词条中的定义。至于"美术考古"这个概念的使用，20世纪50年代《考古》连载当年的考古学文献目录时，就已经设有美术考古这一类，后来考古学文献目录结集出版之后也有这么一类。那个时候，主持做考古学文献目录的是考古所的资料室，资料室的主任是王世民，而实际上做这些工作的是徐苹芳和陈公柔。他们的这种分类应该是经夏鼐先生同意的，因为那个时候资料室的事情经常要由夏鼐先生来决定。明确地提出美术考古是考古学的分支学科，是在《中国大百科全书·考古学》卷的"考古学"词条中，那应该是这个概念的第一次正式使用。《中国大百科全书·考古学》卷的编写工作我也参加了，当时为了"美术考古"要不要单列词条问过夏鼐先生。他认为，"美术考古"单独写成一个词条还不成熟，所以，这个词条最终没有在考古学卷中出现。后来过了两三年，李松涛参与编写《中国大百科全书·美术》卷时，找我写"美术考古"词条，我就斗胆写了。当时写这个概念是按照考古学的分支学科来写的，严格来讲，是要阐述考古工作中发现的美术品。这与建立考古学的框架体系的考虑有关。当时中国学术界强调考古学是历史学的一部分，所以历史学是一级学科，考古学只是二级学科，是历史学的分支学科，在考古学里面又分出了很多分支学科。这些都是中国考古学独有的现象，与外国的情况很不一样。

中国的考古学在一开始设定的时候就分成了两条线索。其中一条线索是按时代划分，分成史前考古学、历史考古学等不同时期的考古学（《中国大百科全书·考古学》卷也是这样处理的）；另一条线索是跟考古有关的、与其他学科交叉的学科，必须使用自然科学或技术史方面的知识来谈考古学的学科。美术考古就属于这样一个学科，在大百科全书的词条里，实际是叫作特殊考古学，属于第二条线索。我个人的体会是，美术考古就是考古学的一部分，是用考古学的方法，为着考古学的目的，来研究田野考古中用考古学方法发现的和美术（艺术）有关的科学标本。对它的研究与对生产工具或日用器皿的研究所使用的方法不同，因为它包含了造型艺术在里面，所以它要借助于其他方面的知识，特别是与艺术史的研究结合起来。但它又不是艺术史的研究，因为艺术史属于历史学科，里面有一个历史的概念，一定要解决一个"史"的问题。我不敢说现在美术史学科的先生是否已经解决了这个问题，但至少美术考古的目的不是要解决艺术历史的问题。历史的问题是整个考古学要解决的问题，而不是美术考古这样一个单纯的分支学科能够解决的。也就是说，考古学要全面地解决史学问题，而不是靠美术考古去解决。这样一来，美术考古研究跟艺术史研究的目的就有所区别，它是为考古学本身的研究来分析解决问题的。考古学本身的问题包括建立时空框架、断代等，是以复原古代人的物质文化和精神文化等方面为最终目的，在考古学基础上的综合研究才能够解决史学的问题。但是目前因为考古学的材料是有局限性的，所以，任何一个分支学科都不能单独拿出来去解决广义的史学的问题。

总之，中国美术考古学在20世纪50—80年代形成和发展，囿于当时的历史环境和国内的政治、学术氛围，基本上是在封闭的、与其他国家学术界隔离的情况下形成的（不是我们自我隔离，而是人家对我们封锁，这一点是现今的青年学者无法体会的），是一个土生土长的具有中国特色的考古学分支学科。

2007年，我和郑岩接受中国社会科学院研究生院的邀请，为博士研究生编写重点教材，撰写《中国美术考古学概论》①。在该书第一章，对什么是美术考古学作了总括性的说明，摘要如下。

一　美术考古学是考古学的分支学科

在《中国大百科全书·考古学》的"考古学"条中，将美术考古学列为"特殊考古学"（使用"特殊考古学"这一名称，是为了与史前考古学、历史考古学、田野考古学等考古学的主要分支相区别）之一，指出"美术考古学是从历史科学的立场出发，把各种美术品作为实物标本，研究的目标在于复原古代的社会文化"。至于美术考古学与考古学的其他分支学科的联系，《考古学》条中也讲得很清楚："由于美术考古学的研究对象在年代上上起旧石器时代，下迄各历史时代，所以它既属于史前考古学的范围，也属于历史考古学的范围。又由于作为遗迹和遗物的各类美术品多是从田野调查发掘工作中发现的，所以美术考古学与田野考古学的关系也相当密切。"② 上面引述的这些简明扼要的叙述，对什么是美术考古学已经给出明确的答案。如果我们再将以上叙述重述一下，可以认为：

1. 中国美术考古学是中国考古学的分支学科，属于特殊考古学诸学科之一。

2. 美术考古学的研究对象，是田野考古工作中获得的与美术有关的科学标本。

3. 美术考古学研究的考古标本，其时间上起旧石器时代，经新石器时代，下迄各历史时代，涵盖中国古代历史的各个时期。

4. 美术考古学的基本研究方法是考古学的方法，其基础是考古层位学和考古类型学。同时必须与中国古代文献的分析研究相结合。

---

① 杨泓、郑岩：《中国美术考古学概论》，中国社会科学出版社2008年版。
② 中国大百科全书总编辑委员会《考古学》编辑委员会：《中国大百科全书·考古学》，中国大百科全书出版社1986年版，第17页。

5. 中国美术考古学研究的近期目标，是为田野考古工作提供确定编年标准等方面的帮助。其最终目标是从历史科学的立场出发，把各种美术品作为实物标本，以复原古代的社会文化。

6. 重要的一点是，作为一个中华人民共和国的公民，从事中国美术考古学的研究，与历史学和考古学研究一样，要以马克思列宁主义为指导，贯彻爱国主义，排除干扰，敢于宣扬自己民族的传统文明，具有一个真正的中国人的独立人格。

二 美术考古学的研究对象和目的

美术考古学的研究对象，是田野考古调查和发掘工作中获得的各类与美术有关的科学标本，包括古代的遗迹和遗物。其主要内容，可以概括为与古人社会生活有关的考古标本和与古人丧葬有关的考古标本两大类，这几乎涵盖田野考古发掘的遗迹和遗物的各个方面。如果依照传统的艺术品分类，也可分为建筑、绘画、雕塑、工艺美术和宗教美术五类。

与古人现实生活有关的考古学标本，首先是人类生活居住的居室、聚落、城市的遗址，主要注意其构成和规划，特别是进入历史考古学范围的都市平面设计规划。其次是建筑物的功能、工艺技术、外貌特征和艺术装饰。最后是室内陈设、家具的演变、室内的艺术装饰，乃至日用器物的材质、制作与造型。在与古人现实生活有关的考古学标本中，反映精神文化的标本要予以特殊注意。这包括与祖先崇拜有关的宗庙等祭祀遗迹和遗物，更多的是与宗教信仰有关的古代遗迹和遗物。有关宗教的考古学标本，包括从史前时期与原始宗教（或称巫术）有关的遗迹和遗物，到历史时期的各种宗教遗存，但占主要比例的是佛教的遗迹和遗物，包括佛寺佛塔遗址、石窟寺院、各类佛教造像、造像碑和经幢，等等。其中对石窟寺的研究，又可以列为一个单独的考古学分支学科——中国石窟寺考古。[①]

与古人丧葬有关的考古标本，主要是对各个时期的墓葬进行田野考古调查、发掘时获得的，包括地面的陵园建筑和地下的墓室。地面的陵园建

---

① 徐苹芳：《中国石窟寺考古学的创建历程——读宿白先生〈中国石窟寺研究〉》，《文物》1998年第2期，第55—63页。

筑包括陵园、封土、神道石刻等,其中神道石刻、墓园的石刻是需要重点注意的石刻艺术品。地下的墓室包括墓室的建筑结构和装饰艺术。其中装饰艺术着重于墓室壁画(包括画像石、画像砖和拼镶砖画)、葬具及其装饰艺术、墓志以及志文的书法艺术。地下墓室还随葬有实用物品和明器。其中实用物品包括陶器、青铜器、玉器、漆器、瓷器、金银器、丝织品等,它们的类型演变、装饰纹样、工艺技巧、时代特征、实用功能以及所反映的不同民族、地区的文化影响,都是美术考古应予注意的问题。明器中,最值得注意的是各种质料的俑、牲畜模型、家用什物模型和建筑模型。此外还有墓室附近的从葬坑和葬入的物品。

三　美术考古学的基本方法

美术考古学是考古学的分支学科,所以其主要的研究方法与田野考古工作的研究方法相同,最基本的是层位学和类型学。层位学解决的主要是断定年代,认清所获得的遗迹和遗物,并在历史长河中准确定位其坐标;类型学则是从标本固有的特征出发,分析其与其他标本的关系,并且阐明标本发展演进的轨迹。

对田野考古发掘或调查所获得的遗物进行类型学分析,常常要依靠遗物中的美术品,其中最突出的例证,莫过于史前考古学中的彩陶纹饰的特征和演变,以及历史考古学中陶俑的形态特征的变化。依据彩陶纹饰的特征和演变,可以相当准确地判定所属考古学文化及其类型,还有其相对年代。20世纪60年代,学者们据以划分区域类型的主要论据之一,就是特征容易识别的彩陶图案。例如,对仰韶文化庙底沟类型的代表性器物进行类型分析,最重要的器物有植物花纹图案彩陶盆、鸟形花纹彩陶盆和双唇小口尖底瓶,它们都具有特征容易识别、形制发展序列完整的特点,其中前两种器物都是考古学遗物中的美术品。[①] 对于植物花纹彩陶图案的分析,主要是"植物花纹中,构图比较复杂,序列完整的有两种:第一种,类似由蔷薇科的覆瓦状花冠、蕾、叶、茎蔓结合成图;第二种,类似由菊科的

[①] 苏秉琦:《关于仰韶文化的若干问题》,《考古学报》1965年第1期,后收入《苏秉琦考古论述选集》,文物出版社1984年版,第157—189页。

合瓣花冠构成的盘状花序。自然，它们是一种高度概括的工艺美术图案，不能同写生画相比"。"蔷薇图案是从比较简单朴拙到比较繁复严密，再到松散、简化、分解。鸟纹图案是从写实到写意（表现鸟的几种不同形态），到象征。"它们都各自包括了一个从发生、发展到逐渐消亡的完整过程，成为显示其所属文化类型不同发展阶段的典型特征器物。我们追寻蔷薇图案彩陶在各地的分布，自然廓明了这一文化类型的中心区域和分布范围，为区域类型的研究奠定了基础。至于依据随葬陶俑的类型、特征及其组合变化，进行墓葬埋葬年代的判断，则更为大家所熟悉了。依据纪年唐墓中随葬的镇墓天王俑甲胄的特征，进行排比分析后，可以发现唐代明光铠的发展演变规律。① 因此对于美术考古的深入研究，对考古学本身也是至关重要的事。

进行中国美术考古研究，也要在心中明确中国文明在世界文明史上的地位。要认识中国文明的形成是一个连续性的政治过程。一位著名美国考古学家强调指出：中国文明形成的方式是世界文明形成的主要形态，所谓世界式的或非西方式的，主要的代表是中国。中国的形态很可能是全世界向文明转进的主要形态，而西方的形态实在是个例外，因此，社会科学里面自西方经验而来的一般法则不能有普遍的应用性。在建立全世界都适用的法则时，我们不但要使用西方的历史经验，尤其要使用中国的历史经验。根据这些历史事实建立的法则，其适用性会大大加强。②

四 美术考古学与相邻学科的联系与互动

与美术考古学最为密切的相邻学科，可以算是艺术史（或称为美术史）的研究，甚至有人乐意把这两个学科混同为一，也有人想要把它们主观地捏合成一体。虽然在《中国大百科全书·考古学》卷的《考古学》条中，早已明确指出了两者的区别："这（指美术考古学）与美术史学者从作为意识形态的审美观念出发以研究各种美术品相比，则有原则性的差别。"③ 但是，这段话常常被忽视。

---

① 杨泓：《中国古兵器论丛》，文物出版社1980年版，第53—57页。
② 张光直：《考古学专题六讲》，文物出版社1986年版。
③ 《中国大百科全书·考古学》，第17页。

应该认识到，田野考古调查发掘既有其局限性，又有自己的科学的工作程序。田野考古调查发掘工作有其局限性，主要是因为每一项田野工作，不论其发掘规模有多大，揭露的范围有多大，对于那一历史时期的社会面貌来讲，只能反映出一个范围极小的局部，可谓"管中窥豹"。这还没有论及每处地下的遗迹都曾遭到或多或少的破坏，并不能全部保存至今。何况古代的遗迹和遗物并非全都被保留于地下，也不是所有事物都被古人记录于文献中。偶然被保留在地下的遗迹和遗物，在今天并非已被全部揭露出土；就是今天揭露出土的部分遗迹或实物标本，也并非全被今人研究、辨识清楚。基于上述原因，田野考古工作必然有很大的局限性。尽可能减少工作中的局限性，是促使考古工作者进一步去探寻和进行新的发掘的动力之一；同时，这也正是考古发掘的魅力所在。说到田野考古的科学工作程序，主要在于每一项田野考古调查发掘工作，都必然经过工作前的准备阶段，从探测到正式发掘的田野工作阶段，将收获的标本转入室内整理的阶段，直至发布初步的阶段性研究成果（一般是发表调查或发掘简报）到完成正式研究成果（一般是发表正式的考古报告）的阶段。至此工作还不能算完结，因为还需要进行后续的研究。

对于从事美术考古的研究者来说，如果能够亲身参与有关的田野考古工作，那是最为理想的选择。如果没有可能亲身参与田野考古工作，最好能够直接接触有关的考古标本，以取得感性的认识。此外，要学会熟练地查阅有关的考古报告（请注意，这里强调的是"查"而不是读），从而获取其中对自己要进行分析和研究的课题最有用的资料。事实上，对于学习和研究其他学科的学者，很难做到参与田野考古，即使有机会去考古工地，或参观新获得的考古标本，也很难深入其中。

概言之，美术考古学者的工作包含在考古学的范畴中，其研究工作也是为了解决考古学的课题，进而去解决历史问题，而不是将有关古代美术的考古标本简单地、狭义地与艺术史联系在一起。但是作为一个美术考古工作者，他的目光不应只局限在自己的工作范围内，必须不断地开阔视野，要与从事艺术史研究的学者（特别是研究中国古代美术史的学者）增加联系和互动，应该不断从相邻的学科汲取养分，必要时还可以参与有关艺术史的研究课题。同时又必须清醒地认清学科的分野。另外，与国际学术界包括那些从事艺术史的人的交流、合作，"好话，坏话，正确的话，错误的话都要听。特别是对那些反对的话，要耐心听，要让人把自己的话说完"[①]。但是听了人家的结论后，作为一个中国人，自己要有主心骨。

（此为"古代墓葬美术研究国际学术讨论会"发言稿，2009年）

[①] 转引自1965年中共中央政治局《农村社会主义教育运动中目前提出的一些问题》，第二十一条。

漫话考古学与艺术史的交汇

20世纪50年代以来，中国的田野考古学有了空前的发展，它是源于中华人民共和国的建立。我个人有幸在20世纪50年代初成为考古学的一名小学徒，又在1958年的"大跃进"中走上考古工作岗位，迄今整整过了半个世纪。在这半个世纪里，送走了教授我们考古学的诸多老师——夏鼐（考古学通论）、裴文中（旧石器考古）、贾兰坡（旧石器考古）、安志敏（新石器考古）、郭宝钧（商周考古）、苏秉琦（秦汉考古）、唐兰（古文字学）、阎文儒（石窟寺考古）、傅振伦（博物馆学）、徐邦达（古代绘画），目前在世的老师只有宿白（魏晋南北朝唐宋考古、古代建筑）一位；同时也送走了教授我们历史学的诸多老师——翦伯赞、周一良、张政烺、邓广铭、齐思和、杨人楩、张芝联、商鸿逵、汪篯、许大龄诸先生；此外还有到中国科学院考古研究所后，对我帮助很大的陈梦家、饶惠元、陈公柔、王伯洪诸先生。虽然接受过如此多前辈学者的指导和帮助，但是我在考古研究所工作的半个世纪，所做的只能是凑合着完成领导分配的任务，遗憾的是，我自己至今仍是一个没有出师的考古学徒。忆及往事，只有默祈逝去的前辈学者冥福。在我们成为北京大学学子的年代，正是中华人民共和国诞生后欣欣向荣的发展期，青年人都以自己是"站起来的中国人"而自豪，没有人想到去西方当外国人，更不用说用洋人的眼光看中国的考古学。同时，一些具有深厚西方学术底蕴的学者，在当时的政治氛围中，竭力向"老大哥"苏联的学术观点靠拢，他们在授课时，也把观念传给了学生。

对于"美术考古"这一名词，我在学生时代是从郭沫若所译德国学者米海里司的书名首先听说的，但是那本书的内容只是介绍西方古典考古学的考古发现,并没有对"美术考古"的学术论述。① 当时一些老师在授课时,偶尔也提到"美术考古"这个词,唯一在课程中接触到的,只有"石窟寺艺术"课与之有关。阎文儒先生说过,"石窟寺艺术是美术考古的一种"②。在当时盛行的苏联考古论述中,也没有关于美术考古的内容。我到考古研究所工作后,先是在1958年参加编写"十年考古"时,提出过"美术考古"的问题,与夏鼐、宿白以及徐苹芳先生讨论过,但是在《新中国的考古收获》成书时,并没有明确使用这一名词。③ 这表明,在当时的中国,美术考古还没有成为中国考古学的一个分支学科。后来我参加《中国大百科全书·考古学》卷的编著工作时,曾经多次与夏鼐先生讨论"美术考古"问题,以及它与美术史(或艺术史)的区别和联系。但是夏先生认为,当时对"美术考古"的探讨还不成熟,于是决定,只在考古学领条中明确美术考古是考古学的分支学科,不另设条目。后来老友李松涛参与编写《中国大百科全书·美术》卷时,指派给我一个任务,我只能遵命,为他写了《美术考古》的词条,所根据的就是《考古学》卷考古学领条中对"美术考古"的定义以及与夏先生讨论的内容。

回顾20世纪50年代以来在北京以中国科学院考古研究所(后为中国社会科学院考古研究所)、北京大学为主的考古学者对中国美术考古的探求过程,至少可以看出两点:其一是十分明确地将美术考古定为考古学的一个分支学科;其二是对中国美术考古的学科建立和理论探求,都是在新中国成立初期的历史背景下基于中国考古学的特点进行的,明显地带有中国土生土长的标记,是一种被洋人视为土里土气的东西,它与美国和欧洲对人类学、考古学和艺术史的学科分类有所不同,既具有民族文化传统,又是特定的历史时期的产物。今天的人很难体会当年因受西方封锁,在封闭的缺乏国际学术交往的特定历史时期,是怎样进行学术研究的。对于特定历史时期的学术史研究,更不能用庸俗进化论的方法,检索某国某人最

---

① [德]米海里司:《美术考古一世纪》,郭沫若译,新文艺出版社1954年版,据群益出版社1948年纸型重印本。
② 阎文儒:《石窟寺艺术》,载中国科学院考古研究所《考古学基础》第二部分《专题报告》第167页,科学出版社1958年版。
③ 在《新中国的考古收获》中,记述石窟寺工作成绩时,用了"文化艺术资料"一词,参见中国科学院考古研究所《新中国的考古收获》,文物出版社1961年版,第94页。

早使用了某一学科名称，而后所有与之类同的名称，必然是由其单线传承继而发展下去。同时，因为中国的田野考古学的诞生是移植于欧美考古学，所以，有些后学者总想到西方去探寻中国美术考古学之源，这自然引起诸多不必要的混乱。到了国际学术交往日益频繁的今天，如何将这样一个特定历史时期形成的中国考古学的分支学科介绍给国外的同行，并与欧美通行的学科分类接轨，确已成为一个值得探讨的问题。

虽然美术考古学是考古学的分支学科、属于人文社会科学范畴是不争的事实，但是，目前在我们国家总有许多声音，呼吁建立新的例如"艺术考古学"等新学科[①]，或是把艺术史（美术史）和美术考古学混淆在一起，想把本是历史学中的三级学科吹成一级学科（目前中国政府定的学科分类中，考古学只是历史学下的二级学科，美术考古自是三级学科。在这里我们只有遵守政府的规则，至于是否合理，另当别论），以此想给自己的脑袋后面涂上一圈玫瑰色的光环。也有的学者本职是文学史（一级学科），却硬往这二、三级学科混，自是因其个人兴趣所致。不过在现今的社会里，不论政府如何认定，学科的分野恐怕还是客观存在，不同的研究领域还是有着不同的研究目的，也有不同的研究方法。所谓"三百六十行，行行出状元"，干哪行还得按哪行手艺办事，吹糖人的按缝制布老虎的方法去干，干脆还是改行为佳。

中央美术学院前些年"命令"我去给研究生讲点课，我首先讲的就是美术考古不是美术史，切勿将二者等同起来。坊间常看到一些"中国美术史"著作，常常是从史前到六朝以前为考古发现的与美术有关的标本的堆砌，唐宋以后是画家、画派以及作品介绍，距达到历史研究的高度相差甚远。我想这恐怕首先是有些人还没有弄清美术考古与美术史的区别，还没有把自己的研究提高到"专门史"的研究高度，说得刻薄一点，就是没有受过从事历史研究的基本训练。

谈到美术考古和美术史的区别，首先应该注意的是，中国美术考古学的基础工作实是田野考古发掘。而从事中国美术考古的人，本应亲自参与

---

① 方闻：《方闻教授答问》，清华大学中国考古与艺术史研究所2005年铅印本。他本想叫"考古艺术学"，后接受其他学者建议，还是在"考古"与"艺术史"中间加了"和"字。

田野考古的实际工作，正像伟大的革命家说的，你要知道梨子的滋味，你就得变革梨子，亲口吃一吃。靠跑博物馆（美术馆）回来坐在安乐椅上思考，那是西方美术史家的研究方法。即便没有参加田野考古的机会，恐怕至少也应尽量争取去看看人家的考古工地，最起码也要先看看要想发表新"理论"的实物标本，光看看汉画像石的拓片（画像石拓片常常只有石上的画像部分，而缺乏无纹饰的部位及榫卯等结构），或可写出"美术史"的"佳作"，但写不出合格的美术考古的文稿。

顺便谈一下，中国的博物馆与欧美诸国博物馆在展览理念上有很大的差异，国外的博物馆和美术馆（艺术博物馆）可以说没有根本的区别。20世纪50年代以来，中国的博物馆从展览到其学术活动，都向一个标杆看齐，那就是中华人民共和国成立十周年时建馆的中国历史博物馆（现已改为"中国国家博物馆"），其基本陈列主要是用实物展品加上辅助展品去阐述唯物史观的中国历史，从史前的旧石器时代直到1840年天朝大门被西洋人的大炮轰开为止。各省区甚至县的博物馆，其展览都是这一模式。就连那时北京唯一的大型美术馆——中国美术馆，也不是像洋人的美术馆那样，把馆藏的美术作品常年展出，而是以举办各种配合中心任务的全国美展等临时展览为主。想学洋人那样去博物馆看展出的美术品，再回到书斋坐在安乐椅上以思考的方式去研究美术史，在我们国家似乎连门也没有。所以，离开特定的历史背景和国情去发议论，有时真没什么意思。

上述的中国博物馆通行的展览，同样对美术考古研究用处不大，因为那种形式的展出已将考古标本出土的组合关系这一最基本的科学信息都破坏了，只是有时能看到被选中陈列在展线上的个别考古标本，得到隔着玻璃观察其实物形态的机会而已。

关于中国美术考古学的基本研究方法和其要达到的研究目的，我们已在一本小书中有了简要的说明[①]，这里不再重复，只想就几个具体问题再讨论一下。

第一个问题是美术考古研究中对基本资料的处理。美术考古学研究的考古标本均出于科学的考古发掘，看起来没什么需要讨论的。但是田野考

---

① 杨泓、郑岩：《中国美术考古学概论》，中国社会科学出版社2008年版。

古总有它的局限性。通俗来讲，古人不是把什么都留到地下供后人挖掘，更不是按今人尤其是洋人的想法去留下遗迹。何况还会受到种种历史上自然和人为的破坏。同时，受到今日的社会因素及技术等各方面的局限，今人也不是把地下的遗存都挖了出来。所以，如何把我们已经获得的这点考古遗迹和标本，尽量减少主观臆测而客观地展示出来，是考古发掘报告的任务。积半个世纪考古编辑工作之经验，我深知，考古发掘报告越客观详尽，甚至被人认为失之于烦琐，才是好报告。

记得前些年《读书》杂志突然向考古报告发难，大呼考古"围城"之说。近来也有人指责马王堆一号汉墓报告没有按他的"学术发明"写，虽然他本来从报告中查到了他要找的东西。[①] 不管本土文史学家的指斥，洋人美术史家的嘲讽，考古报告还是考古报告，它与一般书籍不同，简言之，它不是供人读的，而是供人查的。而且查阅考古报告时还得有点专业习惯，例如查看了其所发表的遗迹或墓葬的平面和剖面图，头脑里自然形成三维影像；看到比例尺，立刻清楚其体量大小；首先要仔细看卷首的原保存情况和工作进程，层位堆积；等等。依据查者自己的水平对其作全面评估，进而再查检你自己要用的标本和数据。至于作者据该项工作所进行的学术研究，那就看你的兴趣了。考古发掘报告按同样的格式撰写，有一定的学科规范，其实是为了便于查阅。

过去曾有因为政治干预，导致发掘报告流产的实例。"文化大革命"后期，在河南淅川丹江沿岸发现的黄楝树遗址的发掘报告，在1972年已有初稿完成。[②] 但是送到北京后，相关领导认为要突出母系氏族向父系氏族过渡、男权的确立、财产私有制的产生、阶级的萌芽等一系列原始社会氏族公社趋于崩溃的"理论问题"，树立无产阶级文物考古样板，各种有关数据等被斥为烦琐，最后一改再改，面目全非，原貌已无从恢复，终于流

[①] 一本关于墓葬的考古发掘报告，最受重视的是墓葬被人为揭露时的原貌，所以必然在卷首安排这一重要内容，即其结构和随葬遗物的分布情况，并附必要的测图，以后才会分类罗列所有出土遗物标本，为了易于检索，通常以质料及器型来分类，还附有诸多表格，更方便查找。正常的人查阅报告，也是从前面先了解墓葬的整体，再去查具体标本，至于文字叙述，清楚即可，再配有详图，并非越多越长越好。

[②] 1972年发表的河南省博物馆《建国以来河南考古的重要发现》文中，注释4引用过《河南淅川黄楝树遗址发掘报告》（未刊稿），参见《文物》1972年第10期，第5页。

产，导致那项具有一定学术意义的田野工作今日已被人们遗忘，令人惋惜。这一教训我们不会忘记。现在中国的田野考古报告早已排除了各种政治干扰，按它自身的学术规范健康前进，自然也会排除新的或洋的干扰，继续向广大考古工作者和其他学科的中外学者提供可供查阅的客观资料。

当然，像所有的事物一样，田野考古工作常常由于各种因素，甚至具体人员的失误，导致无可挽回的损失。以我们研究所的工作为例，著名的殷墟妇好墓，在发掘时因无法排水，抢救性地捞起铜器，以致无法提供墓底的器物分布图[1]，这是正式考古报告中缺乏实测的出土器物分布图的特殊例子。但是有人指责妇好墓出土的铜器陈列在博物馆中是"反映了器物与墓葬的分离"，则有点令人费解，是不是全中国所有发掘的成千上万座古代墓葬都该原地不动才算"不分离"？其实，保持发掘原貌的主要任务是由发掘报告来担当的，有了科学记录，就可供需要的人去查。

第二个问题是研究美术考古，应从全面的宏观认识入手，还是先作个案，由局部先行。基于目前学科发展的水平和考古工作的局限，似乎还是先从弄清一个时期的时代特征和大轮廓入手为宜，这也与美术考古的基本研究方法，即考古学的年代学与类型学分不开，然后再向纵深细部探寻。但是对宋以后文献丰富且传世遗物众多的时期，不需要主要依靠田野考古发掘工作的成果，则较宜于选择个案深入研究。

第三个问题是美术考古学与艺术史研究的联系与交叉问题。前已谈到，美术考古学与艺术史（美术史）确实是两个研究目的不同、研究方法不同的学科，学术态度严肃的中国学者也不会对此有什么疑义。但是客观上却有着二者极易混淆的问题，究其主要原因，乃是在中国 6000 年的历史中，前 5000 年几乎没有留下什么传世的美术品，再加上中国古代史籍基本上是政治史，美术史料极其缺乏。较完备的一部绘画史——晚唐的《历代名画记》，虽然已是迟至公元 9 世纪下半叶的作品，而该书中记述的画作真迹，几乎全都没有留存到今日。实物作品乃至文献的缺乏，迫使美术史研究者另辟蹊径，求助于田野考古发掘获得的有关美术的考古标本。这本

---

[1] 中国社会科学院考古研究所《殷墟妇好墓》第 14 页，只有"墓底大型铜器分布示意图"，文物出版社 1980 年版。

来是加强两个学科之间亲密联系的好事,可以促进两个学科各自的发展。但是好事也会造成混乱,有人干脆将考古标本移植过去,就作为"美术史"了。另外一些人,没有机会真正接触中国的田野考古发掘工作,因此常把本属于考古学范畴的命题和有关考古新发现著文介绍,视为"艺术史"或"美术史"的研究。

大家都知道,中国的田野考古发掘对象主要有两大项,最重要的一项是古代遗址,从史前聚落到历史时期的城址(包括与之有关的宗教遗迹等),它们对研究人类物质生活及精神生活的历史有重要价值,但是因为它们多因战争或天灾而毁弃,故此从中获得的与美术有关的考古标本很少,所以除建筑史研究者外,并不受艺术史研究者的青睐。另外一大项是古代人的墓地,由于古代中国的葬俗和葬制,凡没有遭到过盗扰的墓葬中,常能获得当时随葬的遗物,其中颇多可与美术联系的考古标本,外国博物馆曾大量收藏的青铜艺术品,均出于对墓葬的盗掘。因此一个流行的偷换概念的做法,就是把对古代墓葬的研究算成"美术史"研究。有关中国古代葬仪的研究,并非只看一些与美术有关的标本就能有所发明的,这项研究在考古学范畴内也不是"美术考古"这一分支学科可以胜任的,因为地下墓室及其中的物品仅是整个葬仪的一个部分。有关研究要具有文献学的较高造诣。在考古研究所的老专家中,陈公柔的《士丧礼、既夕礼中所记载的丧葬制度》[①]一文可视为范例,请大家有空时读一下。

在这里我并不反对美术史学者参加考古学的研究,只是希望不要把其视为艺术史的研究。更期望中国的美术史学者,在不断丰富的艺术史研究的基础上,早日能有高水平的中国美术史问世,以成为引领中国美术史研究的主流。

(此为"考古与艺术史的交汇研讨会"发言稿,2008年)

[①] 该文原载《考古学报》1956年第4期67—84页,后收入《先秦两汉考古学论丛》,文物出版社2005年版,第78—100页。

返璞归真　见山是山

——漫谈与中国美术考古学有关的问题

2013年是香港城市大学中国文化中心成立15周年。今年距我开始学习考古学的1953年，正好是60周年。《论语·为政》："三十而立，四十而不惑，五十而知天命，六十而耳顺，七十而从心所欲，不逾矩。"从年龄讲，已达"从心所欲"的境界，但是学考古才达"耳顺"之年，也就应可以"闻其言，而知微旨也"。但是遗憾的是，个人从学属愚笨一类，至今仍然仅是一个初入门的考古学徒而已。只不过我从在北大学习到在考古研究所工作，经历了60年，总是比后来者多了一些见识，有了些许体会。

年前翻阅《五灯会元》，看见卷十七（第1135页）所记临济宗青原惟信禅师的话："老僧三十年前未参禅时，见山是山，见水是水。及至后来，亲见知识，有个入处，见山不是山，见水不是水。而今得个休歇处，依前见山只是山，见水只是水。大众，这三般见解，是同是别？有人缁素得出，许汝亲见老僧。"似有所悟。

1953—1957年，我在母校从以夏作铭（鼐）先生为首的名家学习，特别是宿季庚（白）先生在1956—1957年对我大学三年级所写学年论文的悉心指导（就是发表在《文物参考资料》1958年第4期的《高句丽壁画石墓》一文，那也是我生平首篇发表的论文），使我迈过考古学门槛，进入考古学的世界，徜徉于考古学的山水之间，见山是山，见水是水。

工作了一段时间，感到自己"亲见知识"，企望寻个"入处"，在学界有所"创见"，正如辛弃疾词意："少年不识愁滋味……为赋新词强说愁。"于是"见山不是山，见水不是水"，总想脱出学术传统之外，另辟蹊径，没有清楚山就是山，考古学科就是考古学科。特别是20世纪80年代以后，解除了思想禁锢，中国学者得以走出国门，重新开启与洋学者的交往，各种"理论""思想"扑面而来，不自觉地也想创造点新"理论"，甚至抛弃传统，衍生出新"学科"，就更是山不是山、水不是水了。就如我的师哥俞伟超，也拾起在美国已经过时的"新考古学"大讲起来，害得张光直忙在《中国文物报》（1994年5月8日）上写了《从俞伟超、张忠培二先生论文谈考古学理论》一文（见其《考古人类学随笔》第141页，三联书店2013年版），告诉他们20世纪60年代美国学术界大改革风潮是怎么一回事，而后一些人如何将当年的考古新方法，重新安排了一下，变出来一套所谓新考古学，"新考古学在很多的意义上可以说是国王的新衣"。张光直劝他们说："新名词不一定有新内容，如有新想法，不要马上就发明一个新词，以表其新，新内容多半可以用很普通的语言表示得很清楚的。"幸而我一直是研究所内一个普通工作者，压在身上的具体任务很重，仍是传统学术，没有空闲能顾及玩弄点个人的东西，忙着忙着，岁月无情，人已退休，但任务依然没完没了。不知不觉已是步入"从心所欲"之年，自己能得个"休歇处"，终于悟得还应返璞归真，见山是山。

今日的青年学生或者洋人，总喜欢问我为什么选择中国美术考古学，我的回答总会让他们不解，因为自己当年没什么选择不选择，那本是我们研究所分配给我的一项任务。平心而论，到中国社会科学院考古研究所工作至今的55年中，我没有自己要求过做什么研究，更没像今日人们想尽办法去争热门的课题，只是不断地完成各类"任务"，同时长期兼任"为他人作嫁衣裳"的编辑。这倒也不错，在完成各类任务中，不断接触新的学科和学术课题，个人得以增长见识，开阔眼界，与其他学有专长的学者不同，成了考古所内"万金油"式的工作者，中国美术考古学的确也是中国考古学中我了解较多的一个分支学科。

谈到中国美术考古学，它的形成和发展是与20世纪50年代中国学术界处于被孤立的特殊历史环境相联系的，类似的分支学科在西方考古学中似乎并不存在。在《中国大百科全书·考古学》卷的《考古学》条（第17页）中，夏作铭先生将美术考古学列为"特殊考古学"（使用"特殊考古学"这一名称，是为了与史前考古学、历史考古学、田野考古学等考古学的主要分支相区别）之一，指出："美术考古学是从历史科学的立场出发，把各种美术品作为实物标本，研究的目标在于复原古代的社会文化。"

至于美术考古学与考古学的其他分支学科的联系，《考古学》条中讲得很清楚："由于美术考古学的研究对象在年代上上起旧石器时代，下迄各历史时代，所以它既属于史前考古学的范围，也属于历史考古学的范围。又由于作为遗迹和遗物的各类美术品多是从田野调查发掘工作中发现的，所以美术考古学与田野考古学的关系也相当密切。"上面引述的这些简明扼要的叙述，对什么是美术考古学已经给出十分明确的答案。

与美术考古学关联最为密切的相邻学科，可以算是艺术史（或称为美术史）的研究，甚至有人乐意把这两个学科混同为一，也有人非常想要把它们主观地捏合成一体。虽然在《中国大百科全书·考古学》卷的《考古学》条中，早已明确地说清了两者的区别："这（指美术考古学）与美术史学者从作为意识形态的审美观念出发以研究各种美术品相比，则有原则性的差别。"究其原因，恐怕与当前学术界弥漫的浮夸之风有关，传统艺术史的探研，如中国传统绘画，要观察众多卷轴画实物，这对国内艺术学院的师生来说是极难，甚至是无法办到的。当他们接触国外一些人，同样难于挤入传统艺术史的世袭领地，于是另辟蹊径，利用别人不熟悉的中国考古资料，进行另类的"艺术史"研究，包装在华美的新理论壳体之中，写成专著。而20世纪50年代以后在国内形成的传统美术史，则重实用而缺乏"理论"，所以年轻人对外貌华美的理论颇愿趋从。也有人愿意创立新学科，于是出现过"考古艺术学""艺术考古学"，等等。又多不认真考稽古籍，常常以现代人的想法去推衍古人，又流行个案研究，忽略考古标本的局限性。自然弄得山不是山、水不是水。故此，中国美术考古学研究，确有必要返璞归真。

对于目前弥漫国内学术界的浮夸不实等缺陷，许多有识之士提出尖锐的批评，这里必须介绍老友孙机在他近年出版的论文集《仰观集——古文物的欣赏与鉴别》（文物出版社2013年版）。孙机确有山东人的性格，为人耿直。学术研究中，他勇于纠偏扶正，更疾恶如仇，凡见文博界中丑类，为一己私利，在文物收藏鉴定上对民众的错误引导，必定据理批驳。例如有人将现代人制的仿古玉镜台定为汉代文物，他就立即在《中国文物报》上发表关于古镜台的专论，解析中国古代镜台演变的考古实例，以正视听。在《仰观集》中收录的《在纪念沈从文先生诞辰100周年座谈会上的发言》中，他针砭时弊，批评当今绘画、影视作品中胡乱处理古人服饰之风，指出这些作品"将一些混乱的概念不负责任地抛给观众，这和卖文化假药又有什么区别？影视界受到'戏说'之风的冲击，更是一个重灾区"。一个民族如果不珍视自己的历史文化传统，"那就不仅是可叹而且是可悲了"。对于当代学术界浮夸崇洋的不正之风，在《仰观集》中，孙机特撰长文《仙凡幽明之间——汉画像石与"大象其生"》，解析汉画像图像的本意，并结合有关文献，将有人不顾原画像榜题（如将有榜题"浪井"的汉祥瑞画像，却说成与印度有关的"莲花"和"佛塔"），不顾史实（如汉宗庙"不为人像"，却将一些汉画人像说成是"沛县原庙中高祖的肖像"的摹本），不辨汉人冠服（如不识冕、通天冠、进贤冠），只按个人的"思想"演绎出一套洋式的学术理论。文中对此做层层辩驳，如剥春笋，说明如果连基本材料都没弄明白，以其为基础构筑的新理论，虽看似华美新异，实为沙上构筑的楼阁，会误导青年学子，实属误人子弟。中国古人对于坟墓，并没有今人尤其是洋人想得那么复杂，有多么深奥的"思想"，应该是很自然直白的，我辈探研时，务必返璞归真。正如孙机在文中指出："墓室是死者的归宿，是其地下的'万年堂'；生前之舒适的享受、显赫的排场、官历的荣耀，都希望在这里得到延续。阴宅不是死者的灵魂飞升前之走过场的地方，否则也不必如此殚精竭虑地鸠工雕造了。画像石除了起装饰作用的、包含吉祥寓意的图形之外，绝大部分内容都是为死者所做的长期安排，因而相当具体，相当写实。唯其写实，唯其'事死如事生'，才有可能满足墓主在冥间的需求，才符合'幽墓既美，鬼神既宁。降之以福，于之以平'的希望。虽然其中免不了有夸张过头之处，有含糊不清之处，有理想化、程式化之处，甚至在某些墓葬画像中，神怪占了上风；但从总体上说，终不失为'大象其生'。"他极为客气地指出："研究古代文物，如能从未开发的层面上揭示其渊奥，阐释其内涵，进而提出令人耳目一新的理论概括，当然是可贵的学术成就。但话又说回来，要做到这一步，必须以史实为依归，且断不能以牺牲常识为代价。"

（此为2013年"香港城市大学中国文化中心成立15周年纪念会"的发言稿）

谈历史画

——中国历史画的源流及创作原则

一 中国自古就有创作历史画的传统

谈起"历史画",首先要说的是中国民族绘画中,自古就有创作历史画的传统。在田野考古发掘所获得的有关汉魏六朝绘画标本中,就有相当数量的以历史人物或历史事件为题材的画作。传世的唐宋绘画文物中,也可以见到以历史人物或历史事件为题材的画作。在有关绘画的著作中,还针对绘制历史画时必须注意的问题,有过专门的论述。

至迟在先秦时期,庙堂中所绘壁画中就有描绘历史故事的画面。在楚辞《天问》中,就叙述了自古史传说到夏、商、西周直至春秋时期的诸多历史人物,文中对有关的事迹提出了疑问。① 到了汉代,帝王宫殿内所绘壁画仍依先秦传统。在王延寿(字文考)所撰《鲁灵光殿赋》中,记述殿中壁画"图画天地,品类群生",除了神怪传说的题材外,历史题材的画面自黄帝开始,历夏商周以降:"黄帝唐虞,轩冕以庸,衣裳有殊。下及三后,媱妃乱主。忠臣孝子,烈士贞女。贤愚成败,靡不载叙。"图绘这些历史故事的目的,是"恶以诫世,善以示后"②。灵光殿是西汉景帝之子鲁恭王刘馀建造。据《汉书·景十三王传》,他"以孝景前三年徙王鲁。好治宫室苑囿"③。他所建造的宫殿内所绘壁画,应仿照都城长安宫殿。到东汉时,原西汉都城长安的未央、建章等宫殿均遭战火毁坏,壁画自然无

---

① (宋)朱熹集注:《楚辞集注》卷三,上海古籍出版社1979年版,第49—71页。
② (汉)王文考:《鲁灵光殿赋》,(南朝梁)萧统编《文选》卷一一,中华书局影印胡刻本1977年版,第171页。
③ 《汉书·景十三王传》,中华书局校点本1964年版,第2413页。

存，而鲁国的灵光殿，壁画保存完好，所以到东汉被认为是显示西汉帝王宫殿规制的"标本"，王文考也因此作《鲁灵光殿赋》。但是经过历史的沧桑巨变，鲁灵光殿内所绘壁画早已无迹可寻，目前想要了解汉代的壁画，只能从当时人的"阴宅"——墓葬中保留的壁画遗迹窥视一二。在已发现的汉代墓室壁画和画像石的图像中，不乏有关历史故事画的标本，以下各举一例。墓室壁画的例子，如20世纪50年代末在河南洛阳烧沟村南61号西汉墓中，绘有"二桃杀三士"（图4-1）等历史故事画。① 画像石的例子，如1954年清理的山东沂南北寨村东汉墓②，在该墓中室的四壁，有上下两栏多达十余幅人物故事画，有的人物旁有榜题，可以辨明的内容有仓颉造字（图4-2）、齐桓公时卫姬请罪、蔺相如完璧归赵、晋灵公欲杀赵盾等历史故事。

说起汉画像石中的历史故事画，最早为后世发现并加著录的是著名的山东嘉祥武氏墓群石刻中的武梁祠画像，早在北宋时已见于金石著录之中。已基本考证明晰的武梁、武荣、武开明三座石祠③的画像中，存在有多幅历史题材的画面。特别是武梁祠西壁第二层刻远古帝王十人（图4-3），且均附榜题，从拓片看，从右向左依次是伏戏（伏羲）和女娲、祝诵（祝融）、神农、黄帝、颛顼、帝俈（帝喾）、帝尧、帝舜、夏禹，还有坐

图4-1 河南洛阳烧沟西汉墓壁画"二桃杀三士"历史故事画

---

① 河南省文化局文物工作队：《洛阳西汉墓发掘报告》，《考古学报》1964年第2期，第107—125页。
② 曾昭燏、蒋宝庚、黎忠义合著，南京博物院、山东省文物管理处编著：《沂南古画像石墓发掘报告》，文化部文物事业管理局，1956年。
③ 蒋英炬、吴文祺：《汉代武氏墓群石刻研究》（修订本），人民美术出版社2014年版。

图 4-2　山东沂南东汉画像石墓"仓颉造字"历史故事画（拓片）

图 4-3　山东嘉祥武氏祠画像石历代帝王画像（拓片）

在跪伏地上两妇人背上的夏桀。这些图像正与《鲁灵光殿赋》的记述相对应，再配合以许多记述古代忠臣义士以及孝子等事迹的故事画，正显示了自西汉直至东汉，自宫殿至庙祠乃至墓葬所绘历史图像，一直沿袭着先秦以来的传统。这些绘画并不是供人们进行艺术欣赏的创作，而具有其功能性，主旨仍如《鲁灵光殿赋》所咏"恶以诫世，善以示后"。

在汉魏时期，除了在殿堂、墓葬的壁画中所见的历史故事画，在日用器物的装饰图像中，主要是日用漆器中，也出现有历史故事画。最值得注意的考古标本是在乐浪东汉墓中出土的绘彩漆筒（图 4-4），在筒体绕口

谈历史画

图 4-4　乐浪东汉墓出土绘彩画像漆笥

沿下四周饰有彩绘漆画，画出历代帝王图像并附有榜题。① 由乐浪汉墓出土的带有制作地和纪年的漆器推知，这件绘彩竹笥可能是蜀地漆工所制作。直到三国时期，蜀郡漆工制作的器物中，仍有绘制历史题材故事画的传统。在安徽马鞍山发掘的孙吴名臣朱然墓②中出土的日用漆器中，常装饰有历史题材的故事画，有的画上的榜题，可以考证其题材内容，如漆盘画有"季札挂剑"（图4-5）和"百里奚会故妻"、"伯榆悲亲"等图像。由于有的漆盘底有"蜀郡作牢"铭文，知该墓出土漆器应为蜀郡制品。近年在江西南昌发掘的西汉海昏侯刘贺墓中出土的青铜衣镜髹漆木框背板上，分栏彩绘孔子与弟子立像，并有墨书榜题，上栏为孔子与颜回，中栏为子贡（赣）与子路，下栏为堂驷子羽与子夏。③ 由木框正面的赋文可知，

---

① 乐浪汉墓出土绘彩竹笥，参见《中国考古学·秦汉卷》图版24-1，中国社会科学出版社2010年版。
② 安徽省文物考古研究所、马鞍山市文化局：《安徽马鞍山东吴朱然墓发掘简报》，《文物》1986年第2期，第1—15页。
③ 王意乐、徐长青、杨军等：《海昏侯刘贺墓出土孔子衣镜》，《南方文物》2016年第3期，第61—70转50页。

27

将孔子与弟子的画像与西王母、东王公及神兽、仙禽的图像一起装饰到日用的衣镜框板上,目的是辟不祥、祈福昌、气和平、顺阴阳,以达"乐未央""皆蒙庆"之意愿。所以,汉魏时日用器物出现的关于历史题材的画像,具有其功能性,除观之可"恶以诫世,善以示后"外,亦多生活中辟邪迎祥的寓意,并以其色彩与图画起到美化日常生活的功能。

图4-5　安徽马鞍山孙吴朱然墓出土彩绘漆盘上"季札挂剑"历史故事画

到东晋南北朝时期,中国古代绘画的历史发生了划时代的变化,突出的表现是从事绘画的人的身份发生了变化。从先秦到前汉,绘制功能性的壁画等的画工和画师身份低下。到后汉时期,才开始出现一些地位较高的官员从事绘画的记述,且有的仅出自传闻,难以确认。只是到了全国一统的西晋王朝覆亡以后,随着国家的大动乱,社会礼俗因而发生巨大改变。在这一历史时期,社会上层人士开始参与绘画活动,出现了以顾恺之为代表的上层社会画家群体,开始出现以艺术欣赏为目的的绘画创作。中国古代绘画日益呈现两极分化的趋势,上层社会的画家从事以艺术欣赏为目的的绘画创作，到五代宋时更发展为宫廷画院；社会底层的画工继续在民间进行功能性和装饰性的绘画。东晋南朝时期画家绘画创作的题材，以人物画为主，有关于当代政治人物的肖像画以及宗教人物的画像，同时也注重有关历史人物的画作。例如当时画家代表人物顾恺之的画作，据唐代张彦远《历代名画记》记述的顾恺之画作中，有关历史人物的画有"阮咸""荣启期""七贤"等。[1] 在《宣和画谱》中，记述到宋代御府藏顾恺之画中，与历史画有关的有"夏禹治水图""古贤图""女史箴图"等。[2] 这些画作中有的是历史人物画，也有的是有故事情节的历史故事画。《图画见闻志》还记有顾恺之所绘"清夜游西园图"，上有"梁朝诸王跋尾处云：图上若干人，并食天厨"[3]。说明该图是据曹植诗意所创作，绘出的是当时王公官员在邺城西园游玩的历史故事画。

唐宋时期，在不同绘画门类中，仍以人物画最受重视。宋代郭若虚《图画见闻志》将画家创作分为人物、山水、花鸟、杂画四门，而以人物为首。[4]《宋史·选举志》记翰林书画院的"画学之业，曰佛道，曰人物，曰山水，曰鸟兽，曰花竹，曰屋木"[5]，只是将人物细分为佛道和人物，花鸟分为鸟兽和花竹，杂画具体指屋木，仍是以人物（佛道和世俗人物）为首。

二　现存古代历史画的内涵

对现存于世的被今人视为历史画的作品，主要有两大类。第一类是古代画家在创作时，就选用历史人物或历史事件为题材所创作的绘画。换句话说，画家就是要画历史画，这就是当时创作的目的。第二类与之不同，古代画家画的是当时的时事，或当时的事物，保留至今。由于那些画真实地描绘了画家生活的时代的人和事物，在今天的人看来，这些画作是认识历史的重要的图像学史料，所以在今天也必须归入历史画的范畴。

前一类是古人真正创作的历史画，在流传至今的东晋南北朝唐宋绘画真

---

[1] （唐）张彦远：《历代名画记》，俞剑华注释，江苏美术出版社2007年版。
[2] 《宣和画谱》卷一，俞剑华注释，江苏美术出版社2007年版，第27页。
[3] （宋）郭若虚：《图画见闻志》卷五，俞剑华注释，江苏美术出版社2007年版，第209页。
[4] （宋）郭若虚：《图画见闻志》卷三，俞剑华注释，江苏美术出版社2007年版，第121页。
[5] 《宋史·选举志》，中华书局校点本1977年版，第3688页。

迹和古代摹本中，例如传东晋顾恺之所绘《女史箴图》（摹本）（图4-6）①及《列女仁智图》（摹本）②，传唐阎立本所绘《古帝王图》（图4-7）③、

图4-6 传东晋顾恺之绘《女史箴图》（局部）

图4-7 传唐阎立本绘《古帝王图》中魏文帝曹丕像

---

① 中国历代艺术编辑委员会编：《中国历代艺术·绘画编》（上），人民美术出版社1994年版，图版108。
② 同上书，图版109。
③ 同上书，图版116。

孙位《高逸图》（《七贤图》）①，五代卫贤《高士图》②（绘汉代孟光、梁鸿故事）、宋李唐《采薇图》（图4-8）③（绘商亡，伯夷、叔齐不食周粟故事）、宋高宗书《女孝经》马和之补图④，传李公麟《免胄图》⑤（绘唐郭子仪结好回纥故事）及佚名《折槛图》（图4-9）⑥（绘西汉成帝时朱云

图4-8 南宋李唐绘《采薇图》

图4-9 南宋佚名绘《折槛图》

---

① 《中国历代艺术·绘画编》（上），人民美术出版社1994年版，图版128。
② 同上书，图版192。
③ 同上书，图版223。
④ 台北故宫博物院：《故宫书画菁华特辑》，台北故宫博物院出版社1996年版，图版三九。
⑤ 《中国人物画经典·北宋卷》，文物出版社2005年版，第24—25页。
⑥ 台北故宫博物院：《故宫书画菁华特辑》，台北故宫博物院出版社1996年版，图版五二。

直谏的故事)、《却坐图》(图4-10)①(绘西汉文帝时袁盎直谏的故事),等等。从这些传世绘画的题材来看,仍是沿袭先秦汉魏的传统,主要描绘的是古代帝王、列女、先贤、名士等故事,仍遵"恶以诫世,善以示后"的创作原则。

图4-10 南宋佚名绘《却坐图》

第二类是古人描绘当时社会上的人物事件乃至风俗习惯的绘画,但流传至今。岁月流逝,当时的现实生活写真,到数千或数百年后,在今人看来自然是描绘古代历史的绘画。例如传为阎立本所绘《步辇图》

---

① 《中国人物画经典·南宋卷·1》,文物出版社2006年版,第30—31页。

(图4-11)①，描绘的是唐太宗李世民接见吐蕃使臣的情景。阎立本绘画时所反映的正是画家生活时的现实事件。保留至今，则应被视为反映唐初重要政治事件的历史画。又如五代时南唐画家顾闳中所绘《韩熙载夜宴图》（图4-12)②，是

图4-11 唐阎立本绘《步辇图》（局部）

图4-12 五代顾闳中绘《韩熙载夜宴图》（局部）

① 《中国历代艺术·绘画编》（上），人民美术出版社1994年版，图版115。
② 同上书，图版187。

描绘当时权臣韩熙载在家纵欲夜宴的真实情景。保留至今,则被视为反映五代时期割据江南的小朝廷上层人物生活情景的历史画。再如五代周文矩所绘《重屏会棋图》(图4-13)①、宋徽宗赵佶所绘《听琴图》(图4-14)②,前者绘南唐中主李璟与他的弟弟们会棋,后者绘赵佶本人抚琴而他的两个臣子听琴,也属此类。另外,描绘当时城市风貌及社会风习的绘画,今日亦应视为反映古代风俗的历史画。如传世宋画中的张择端《清明上河图》(图4-15)③(绘汴京城门、街市)、赵佶《瑞鹤图》④(绘汴京宣德门)及佚名《金明池争标图》(图4-16)⑤等;还有绘乡土风俗的画,如王居正《纺车图》⑥、李嵩《货郎图》⑦、马远《踏歌图》(图4-17)⑧等。上述画作,今日看来都应属历史画范畴。

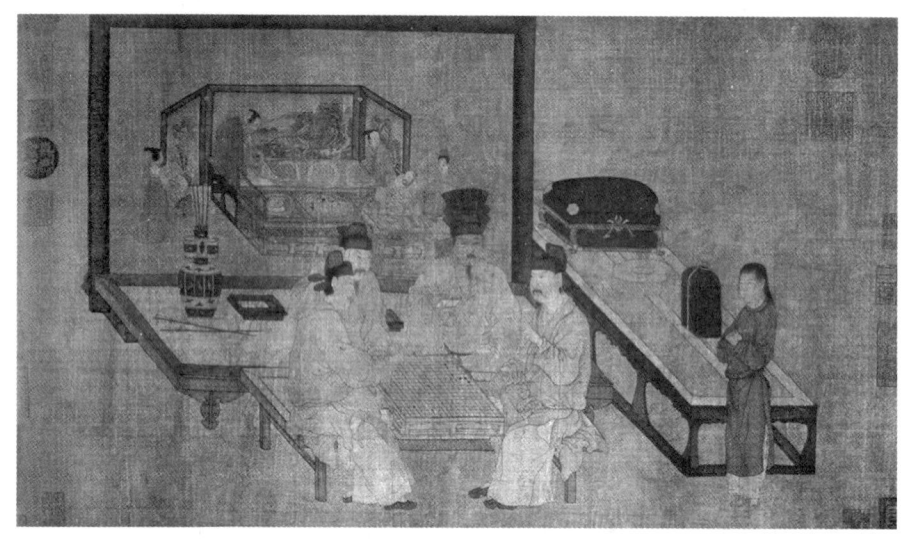

图4-13　五代周文矩绘《重屏会棋图》

---

① 《中国历代艺术·绘画编》(上),人民美术出版社1994年版,图版185。
② 《中国人物画经典·北宋卷》,文物出版社2005年版,第28—29页。
③ 《中国历代艺术·绘画编》(上),人民美术出版社1994年版,图版222。
④ 同上书,图版218。
⑤ 同上书,图版259。
⑥ 同上书,图版206。
⑦ 同上书,图版238。
⑧ 同上书,图版243。

还应注意到，中国古代与西方环地中海诸古代文明不同，并不为当时的帝王塑绘肖像，在宗庙中供奉的是帝王的"主"，而不是肖像。直到汉代仍是如此，存世汉代文献中，蔡邕《独断》、王充《论衡》、卫宏《汉旧议》中记述甚详。① 唐代以降，才有了绘制皇帝真容的举动，出现了摹绘帝王形貌的画像。五代十国时期，前蜀开国君主王建死后，在他的墓葬中放置有他的石雕坐像②，这是目前考古发掘中所获得的时代最早的帝王雕像。到宋代，在画院中专绘人物的画师中指定专人负责绘帝后真容。如宋真宗时，"太宗御容已令元霭写毕"，而牟谷又自绘《太宗御容》。时"真宗幸建隆观，谷乃以所写《太宗御容》张于户内，上见之，敕中使收赴行在，诘其所由，谷具以实对，上命释之。时太宗御容已令元霭写毕，乃更令谷写正面御容，寻授翰林待诏"③。这类帝后真容，传至后世，也属历史画范畴。传世的宋代帝后画像，如《宋太祖坐像》（图4－18）④、《宋仁宗皇后

图4－14 北宋徽宗赵佶绘《听琴图》

---

① 对于汉代宗庙中藏主的考述，孙机在所著论文《仙凡幽明之间》中曾详加论述，并指斥某些美国人的错误言论，见所著《仰观集》（修订本），文物出版社2015年版，第170—173页。
② 冯汉骥：《前蜀王建墓发掘报告》，文物出版社1964年版，图版肆伍。
③ （宋）郭若虚：《图画见闻志》卷三，俞剑华注释，江苏美术出版社2007年版，第147页。
④ 《中国人物画经典·北宋卷》，文物出版社2005年版，第66页。

图4-15　北宋张择端绘《清明上河图》（局部）

图4-16　北宋佚名绘《金明池争标图》

图 4−17　南宋马远绘《踏歌图》

像》（图 4−19）① 等。

在上述两类历史画中，第二类因是当时人摹写当时的人物和景物，一般所绘服饰、器用、建筑等能忠实于现实，基本能反映当时的历史真貌。而第一类画作是后代人绘其前的历史人物和事件，囿于绘画者的历史知识

---

① 《中国人物画经典·南宋卷·1》，文物出版社 2006 年版，第 28 页。

图 4-18　《宋太祖坐像》

图 4-19　《宋仁宗皇后像》

和创作时态度是否认真。遗憾的是自汉代起，因当时从事绘画创作活动的画工和画师地位低下，文化层次不够高，缺乏对先秦时期的历史知识，所以在从事历史题材的绘画时，常以当时的服饰用器的形貌来描绘古人。在田野考古发现中获得的汉代画像中，常可见到这类情况。例如山东嘉祥宋山出土的东汉画像石第三石中，有描绘"二桃杀三士"故事的画面（图4-20）[1]。所绘出的三士争桃场景中，他们手持的兵器，并非东周时武士使用的剑，而是环首刀。而环首刀是西汉才开始流行的兵器。这种用当时服饰用器描绘古人的劣习，流毒深远，成为影响历史画创作的痼疾。魏晋至隋唐画作中，常见这类错误，以致引起当时研究历代名画的学者的重视。

图4-20 山东嘉祥宋山东汉画像石"二桃杀三士"历史故事画（拓片）

在唐代，张彦远已在《历代名画记》中指出："若论衣服、车舆、土风、人物，年代各异，南北有殊，观画之宜，在于详审。只如吴道子画仲由，便戴木剑；阎令公画昭君，已着帏帽。殊不知木剑创于晋代，帏帽兴于国朝。举此凡例，亦画之一病也。且如幅巾传于汉魏，冪䍦起自齐隋，幞头始于周朝（原注：折上巾军旅所服，即今幞头也。用全幅皂向后幞发，俗谓之幞头，自武帝建德中裁为四脚），巾子创于武德。胡服靴衫，岂可辄施于古象？衣冠组绶，不宜长用于今人。芒屩非塞北所宜，牛车非

---

[1] 嘉祥县武氏祠文管所：《山东嘉祥宋山发现汉画像石》第三石，《文物》1979年第9期，第3页。

岭南所有。详辩古今之物，商较土风之宜，指事绘形，可验时代。"① 又说："精通者所宜详辩南北之妙迹，古今之名踪，然后可以议乎画。"

到了宋代，郭若虚在所著《图画见闻志》第一卷中特设《论衣冠异制》一节，专论有关历史画人物服制等问题，现转录于下：

  自古衣冠之制，荐有变更，指事绘形，必分时代，衮冕法服，三礼备存，物状实繁，难可得而载也。汉魏以前，始戴幅巾；晋宋之世，方用幂䍦；后周以三尺皂绢向后幞发，名折上巾，通谓之幞头，武帝时裁成四脚。隋朝唯贵臣服黄绫纹袍、乌纱帽、九环带、六合靴（注：起于后魏），次用桐木黑漆为巾子，裹于幞头之内，前系二脚，后垂二脚，贵贱服之，而乌纱帽渐废。唐太宗尝服翼善冠，贵臣服进德冠。至则天朝以丝葛为幞头巾子以赐百官，开元间始易以罗。又别赐供奉官及内臣圆头宫朴巾子，至唐末方用漆纱裹之，乃今幞头也。三代之际，皆衣襕衫。秦始皇时以紫绯绿袍为三等品服，庶人以白。《国语》曰："袍者朝也，古公卿上服也。"至周武帝时下加襕。唐高宗朝，给五品以上随身鱼；又敕品官紫服、金玉带，深浅绯服并金带，深浅绿服并银带，深浅青服并鍮石带，庶人服黄铜铁带，一品以下文官带手巾、算袋、刀子、砺石，武官亦听。睿宗朝制，武官五品以上带七事跕蹀（注：佩刀、刀子、磨石、契苾真、哕厥、针筒、火石袋也），开元初复罢之。晋处士冯翼衣布大袖，周缘以皂，下加襕，前系二长带；隋唐朝野服之，谓之冯翼之衣，今呼为直掇（注：《礼记·儒行篇》：鲁哀公问于孔子曰："夫子之服其儒服与？"孔子对曰："丘少居鲁，衣逢掖之衣，长居宋，冠章甫之冠。"注云：逢大也，大掖，大袂禅衣也，逢掖与冯翼音相近）。又《梁志》有裤褶以从戎事。三代以前，人皆跣足。三代以后，始服木屐，伊尹以草为之，名曰履，秦世参用丝革，靴本胡服，赵武灵王好之，制有司衣袍者宜穿皂靴。唐代宗朝，令宫人侍左右者穿红锦靿靴。凡在经营，所宜详辨。至如阎立本图昭君妃（注：音配）虏戴帷帽以据鞍；王知慎画梁武南

---

① （唐）张彦远：《历代名画记》，俞剑华注释，江苏美术出版社2007年版，第38—39页。

郊，有衣冠而跨马。殊不知帷帽创从隋代，轩车废自唐朝，虽弗害为名踪，亦丹青之病耳（注：帷帽如今之席帽，周回垂网也)[①]。

虽然学者如此苦口婆心地剖析劝说，但唐宋时期的画师、画工，有的因史学修养素质过低，有的因恃才我行我素，以致《历代名画记》及《图画见闻志》所指"丹青之病"仍遗恨千古。许多名家、画师创作历史题材绘画时，仍不懂得遵古制，依然按唐宋时服饰器用硬套在古人身上。下面即以传世的五代宋时画迹列举一二，因篇幅所限，仅举画中部分日用家具为例。前述五代宋人所绘流传至今的历史画时，列举有五代卫贤所绘《高士图》及宋佚名画师所绘《折槛图》及《却坐图》，所绘皆为汉时人物事迹。《高士图》绘东汉孟光梁鸿夫妻相敬"举案齐眉"故事。卫贤虽为名家，却不知汉案形制[②]，所以将孟光所举案画成个圆盘。梁鸿也不按汉代习俗坐席或床足低矮的床，而是坐在唐代流行的高足大床上[③]，床旁还放有唐代流行的四足方凳（图4-21）。至于《却坐图》及《折槛图》中，画师将西汉时的汉文帝和汉成帝全画成坐在大椅子上（图4-22）。这类椅子的最初形态，最早出现于南北朝时期，唐代始进入社会上层家庭之中，唐末五代日趋流行，迟到宋代帝王才常以大椅子为坐具。这两幅画的作者虽佚名，但画工精细，应为画院画师的作品，画师明显把当代的家具硬加给几个世纪前的古人。流行至今的这三幅五代、宋的画作，正如郭若虚所论"虽弗害为名踪，亦丹青之病耳"。可悲的是，这种"丹青之病"，传之后世，贻害无穷。

元代以后直至明清，所谓"文人画"在画坛上广泛流行，原人物画占画学各科之首的地位日趋衰落，影响了画家对创作历史画的热情。加之话本、小说盛行，印本流传，开始出现为小说配绣像、插图之风盛行。画师给历史小说绣像配图时，常受戏剧服装的影响，于是不论三代还是汉魏三

---

① （宋）郭若虚：《图画见闻志》卷一，俞剑华注释，江苏美术出版社2007年版，第18—20页。

② 关于汉案形制的考证，孙机论述极详，参见《汉代物质文化资料图说》（增订本）的第256—258页，上海古籍出版社2008年版。

③ 杨泓：《从卫贤〈高士图〉谈"举案齐眉"》，《逝去的风韵》，中华书局2007年版，第20—22页。

图4-21　五代卫贤绘《高士图》（局部）

国隋唐，人物的服饰器用无甚区别，已无历史信息可言。但是这一时期对第二类历史画，即绘制当朝事物而流传至今已成为历史画的作品，却有极大发展。因为明清时期帝后画像盛行，还大量绘制皇帝的行乐图、外出巡行图等，更有为纪录宣扬皇帝的武功而画的纪功类战争画作，更是场景宏伟，真实生动，所有戎装兵器都如实写真。这些作品流传至今，对研究明清物质文化的历史提供了极为丰富的史料。

三　世界画坛所见历史画

在世界画坛，历史画的创作得到应有的重视。由于笔者不治世界艺术史，故本文中仅对世界画坛所见历史画，依中国传统规范历史画的分类标准，做粗略的举例说明。

图4-22　南宋佚名绘《折槛图》中的汉成帝

在西方，环地中海的诸古代文明遗留至今的历史遗迹中，已经可以寻到与历史画有关的古代遗存。例如在古埃及神庙或墓葬的壁画中，可以看到描绘参加战斗时埃及王立于马拉战车上射箭的画像，今天看来也可视为反映当时战争场景的历史画。至于依据历史上战争场景创作的绘画作品，时代较早的标本，可举出在因火山爆发而遭埋没的庞贝（一译庞培）城遗址中发现的巨幅拼镶画，描绘的是公元前333年马其顿王亚历山大率军击败波斯军队的伊苏斯战役（图4-23）。

传世至今的西方历史画，同样分两大类。前一类是画家依据历史事件、历史人物或历史故事创作的绘画作品；第二类是画家描绘当时政治人物、政治事件或战争情景的画作，传至今日，已可以视为历史画。同一位画家，在他的艺术生涯中，不同时期常会分别从事前述两类历史画的创作。举法国画家大卫（1748—1835）的画作为例，前一类据历史故事绘制的历史画，如1784年创作的《荷拉斯兄弟之誓》（图4-24）。第二类是画家生活的年代中，真实的历史事件和历史人物的画像，他早年有反映法

图4-23　意大利罗马时期庞贝城遗址出土镶嵌画"伊苏斯战役"

图4-24　法国大卫绘《荷拉斯兄弟之誓》

国大革命现实事件的作品《马拉之死》（1793）（图 4 – 25），到他晚年时又创作了称誉拿破仑的《波拿巴在圣贝尔拿特险坡上》和《加冕》（1805—1808）①。这三幅画，历经近两个世纪而流传到今日，已经都可以列入历史画的范畴。

图 4 – 25　法国大卫绘《马拉之死》

西方艺术史家的论述从来以西欧为重心，不仅忽视东方艺术，连沙皇俄国的艺术家也经常被冷落。但是俄国的画家在创作历史画方面还是有极突出的成绩的。例如画家列宾（1844—1930）所创作的历史画《伊凡雷帝杀子》（1885）和《查波罗什人写信给苏丹王》（图 4 – 26）。还有他描绘民粹派反对沙皇专制的斗争题材的《拒绝临刑前的忏悔》《意外的归来》

---

① 袁宝林：《大卫》，《中国大百科全书·美术》，中国大百科全书出版社 1991 年版，第 147—148 页。为方便读者检索，本文所引西方画家和画作，均引自《中国大百科全书·美术》卷有关条目。

图 4-26　俄国列宾绘《查波罗什人写信给苏丹王》

和《宣传者被捕》,今日看来也应列入历史画的范畴。① 谈到俄国画家的历史画创作,必须突出介绍画家苏里科夫(1848—1916)②,他在 1878 年以后的十年间,先后创作了《近卫军临刑的早晨》(图 4-27)、《缅希科夫在别寥佐夫镇》和《女贵族莫洛卓娃》(图 4-28)三幅历史题材的绘画。后来他还画过《叶尔马克征服西伯利亚》和战争题材的历史画《苏沃洛夫越过阿尔卑斯山》,以及没有完成的关于俄国农民起义领袖斯捷潘·拉辛的历史画,仅留下该画的定稿。苏里科夫是罕见的一生主要从事历史题材美术创作的画家,而且他对待历史画创作的严肃态度,也是值得称颂的,由于他的艺术成就,至今俄罗斯还有以他命名的美术学院。

在西方的历史题材的画作中,有关战争题材的绘画占有相当大的比重。前述时代最早的发现于罗马庞贝的镶嵌画,就是描绘马其顿王亚历山大与波斯的战争画。上举俄国画家苏里科夫的《苏沃洛夫越过阿尔卑斯山》,也是战争画。可以说早到古代罗马,近到第二次世界大战,每场重

---

① 奚静之:《列宾》,《中国大百科全书·美术》,中国大百科全书出版社 1991 年版,第 453—454 页。
② 奚静之:《苏里科夫》,《中国大百科全书·美术》,中国大百科全书出版社 1991 年版,第 766—767 页。

图 4-27　俄国苏里科夫绘《近卫军临刑的早晨》

图 4-28　俄国苏里科夫绘《女贵族莫洛卓娃》

大的战役,都有相应的绘画作品。这些画作多数能够如实地反映战场实际情况,甚至战斗细节,以及军队的兵器、防护装具的真实形态。[①] 虽然照

---

① 关于西方的战争历史画,可以翻阅一些有关军事史书刊选用的插图,如[美]杰弗里·帕克等《剑桥战争史》,吉林人民出版社1999年版;[英]吉尔斯·麦克多诺《世界战役史》,金城出版社2013年版。

相术发明以后，第一次世界大战特别是第二次世界大战中，留下了大量的照片，但是对于具体的战斗情景并不可能都有条件留下照片，还是要靠从事军事画的画家的作品得到具像的复原。不过这些真实反映战争历史的画作，常被"艺术史学者"所忽视①，只有一些名画家的作品，如西班牙画家委拉斯贵支（一译委拉斯开兹）② 所画《布列达的投降》（图4-29）才会常出现在一些艺术史的著作中，而那幅画后景中长矛如林的构图，也是后世许多绘画者绘制历史战争画时模仿的定式。战争画的题材内容主要包括有关战争的战前政治活动，战役或战斗的决策、指挥和战场及具体战斗

图4-29 西班牙委拉斯贵支绘《布列达的投降》

① ［英］贡布里希著《艺术的故事》（三联书店1999年版）中有插图400多幅，所介绍的艺术品中，可以认定为摹写战争题材的艺术品，只有罗马时期图拉真纪功柱上的战争浮雕，以及意大利佛罗伦萨画家保罗·乌切诺所绘属时论题材的发生于1842年的圣罗马诺之战，数量极少。

② 李春：《委拉斯贵支》，《中国大百科全书·美术》，中国大百科全书出版社1991年版，第852—853页。

的情景，还有将帅及战斗成员的画像，等等。但也有一些画曾被列为战争画，如法国画家德拉克洛瓦所绘的《自由神引导人民》[①]，但那是当时七月革命时的一幅政治鼓动宣传画，秉承了古希腊神与人共同战斗的艺术传统，采用了浪漫主义的创作手法，达到号召群众参与雾月革命的实际效果。因此今日看来它虽非战争画，但应属第二类历史画的范畴。

在分析西方历史画作时，还必须注意将神话和宗教题材的作品剥离出去。[②] 因为从中世纪直到文艺复兴时期，统治画坛的作品以宗教题材为主，虽然有的宗教画也与一些历史故事有联系，但是仍不宜列入历史画的范畴。因为宗教画并不要求在历史背景乃至社会生活各方面（诸如建筑、服饰、器用等）必须符合历史真实，或可延续以前宗教画传统，更可任由作者创作发挥，与绘历史画必须遵守历史真实完全不同，所以宗教画无法被列入历史画范畴。

此外，还有一些著名画家的作品，也常被认为是历史画，例如拉斐尔在梵蒂冈教皇宫签字厅中所绘壁画《雅典学院》。但那幅作品中，作者把不同历史时期的著名哲学家杂错在一起，组成一幅集成图，目的是表现人类精神生活四个方面（神学、哲学、诗学、法学）中的"哲学"。将抽象的"哲学"用艺术形式绘成具像的画面，确是极难完成的课题，也只有拉斐尔这样杰出的画家才能去尝试。那幅壁画具有拉斐尔"特有的构图和谐、形象秀美的风格"，"在刻画人物和背景构图上尤为杰出，被誉为古今壁画艺术的登峰造极之作"[③]。但是将不同历史时期的人物杂错成一件"集成画"，却违背了历史画必须真实的基本原则，虽然艺术造诣超出常人，但在绘历史画时，仍然不足取法。特别是他还把自己的画像也插入那幅壁画中，似乎这样他也就成了个历史上著名的"哲学家"。这正为后世"东施效颦"的画师，开了一个近乎恶劣的先例。

[①] 晨朋在《战争画》词条中将其列为战争画，参见《中国大百科全书·美术》，中国大百科全书出版社1991年版，第1051页。

[②] 刘晓路《历史画》中说以历史事件为题材的绘画，"广义上包括以神话传说、宗教故事为题材的绘画"。这个提法是错误的，混淆了以真实历史事实为题材的历史画与虚构的神话和宗教故事为题材的宗教画的界限。详见《中国大百科全书·美术》第441页，中国大百科全书出版社1991年版。

[③] 朱龙华：《拉斐尔》，《中国大百科全书·美术》，中国大百科全书出版社1991年版，第411—413页。

四　中国近现代的历史画创作

辛亥革命以后,很长一段时期历史画没受到接受了西方绘画训练的画家的重视。而一些小说绣像和年画中的"历史故事"画,一直在民间流行;一些画工笔画的传统画师有时也画些"历史故事画",亦未离上述窠臼。

到了20世纪30年代,一些去西欧学习归来的画家,带着新的理念和绘画技巧投入历史画的创作,为中国历史画创作注入新的活力。徐悲鸿所画油画《田横五百士》(图4-30)可视为代表作。[1] 囿于当年学术界对中国古代服饰的研究尚无法与今日相比,从晚清到民国一般认为明式服装即古衣冠,该画所绘衣冠兵器皆与所描绘的历史事件所处时代相差甚远。且学洋人拉斐尔把画家自己的画像杂厕在五百壮士中间。但整幅画画出了田横揖别麾下五百壮士的气势,发扬了自古以来中华民族抗御强暴的民族精神。用宋人郭若虚对名家绘的名物制度有违史画的画作的评价,正是"虽弗害为名踪,亦丹青之病耳"[2]。

图4-30　徐悲鸿绘《田横五百士》

---

[1] 王宏建:《徐悲鸿》,《中国大百科全书·美术》,中国大百科全书出版社1991年版,第944—946页。

[2] (宋)郭若虚:《图画见闻志》卷一,俞剑华注释,江苏美术出版社2007年版,第18—20页。

中华人民共和国成立以后，历史画的创作出现了新的热潮。特别是当纪念建国十周年中国历史博物馆筹备新馆开馆展出中国历史陈列之时，曾请当时著名画家以一些重要历史事件为题材，进行绘画创作。① 由于当时对历史发展动力的认识，是将中国历史上的农民起义作为重点，所以选取了其中有代表性的历史事件，例如唐末黄巢入长安、明末李闯王进北京等，请画家创作。筹备中国历史陈列的学者，尽量为画家提供了当时能够掌握的有关的历史文物资料，不论是油画还是中国画，画家都进行了认真的创作，取得了丰硕的艺术成果。②

　　20 世纪 80 年代以后，又有许多画家开始关注历史题材绘画的创作。但是由于当时美术教育的欠缺，在高考恢复以后，各美术学院录取学生时，降低了文科的分数标准，入校后又缺乏能与综合性大学近似水平的文史学科教学，也没有关于历史画的课程，所以培养的画家在准备历史画素材时，遇到很多难以克服的困难。常有画家认真费力地去博物馆中寻找适合的实物资料，但因文史素养不足，常是拿来就画进去，仍然与时代不符，张冠李戴。当时老友李松涛正主持《美术》杂志的编辑工作，他约笔者一起去中央美术学院看一个油画研习班学员的画展，主要是看其中一幅历史题材的油画，内容是中国历史上楚汉之争时，决战垓下前夕发生的霸王别姬的故事。作者油画功力很好，也很努力去博物馆等处搜集有关的文物资料，可惜缺乏文史根底，将找来的不同时期的历史文物都用到绘画中。例如虞姬自刎后倒在地上，所用剑掉落身旁地上，但所画的剑不是楚汉战争时军中大量装备的铁剑或长体铜剑，而是如著名的越王勾践剑一样的典型的春秋时的青铜剑，画得很写实，与博物馆中展出的春秋青铜剑形貌完全一样，剑茎上两处剑箍画得很清楚。但是他不知道在博物馆中陈列的文物，已经历尽历史沧桑，锈色斑驳，已失去当年使用时鲜亮的铜黄色，而且使用时剑茎上要缠緱（粗的丝带子），剑箍是为固定丝緱的，缠緱以后箍就看不到了。一般铜剑被埋藏土中，经过多年丝緱都已朽毁无迹。至于俯身查看的霸王项羽，头上戴了一顶青铜胄，是殷商时期的防护

---

① 同时建立了中国革命博物馆（现与中国历史博物馆合并为中国国家博物馆），为了革命历史陈列，也请画家创作了有关的革命历史画，本文限于篇幅，对革命历史画的创作问题从略。

② 现在其中的佳作仍陈列在中国国家博物馆一层正厅之中。

装具。自战国末年铁质防护装具已经使用,晚至楚汉战争时,将士用以护头的防护装具,已经使用铁兜鍪了。① 凡此种种,作者使用古文物不当的结果,就动摇了作品作为历史画真实性的基础。就此李松涛让笔者以"霸王别姬"题材为切入口,就当时历史画创作中的问题,发表一些看法。因自己只学过考古学,对绘画是门外汉,所以就以《门外谈画——漫话历史画、历史复原画和历史题材的画》为题,在《美术》月刊1983年第7期发表了一些看法,现将其中的主要内容转录于下:

> 太史公司马迁在《史记·项羽本纪》中,生动地描绘出项羽这位叱咤风云的秦末农民大起义领袖一生的事迹。特别是这位英雄的悲剧性结局,更是描述得有声有色,从垓下被围、四面楚歌、帐中悲歌、美人泣别,乃至率骑突围、误陷大泽,终至赠骓亭长、自刭乌江。确实感人至深,自古以来就被视为文艺创作的绝好题材,有关的戏剧、舞蹈或美术作品颇不乏例。早年得以欣赏梅兰芳先生演出的京剧《霸王别姬》,至今他饰演的虞美人的身影仍似浮现眼前,这大约是灌注着艺术大师多年心血的作品有着感人至深的艺术生命力的缘故吧!联想到近来曾看到过同一题材的舞蹈和两幅中国画,前几年还在中央美术学院研究生毕业创作展览会上看到过这一题材的油画,等等。但是从上述的艺术创作中,所能获得的艺术享受都不能与看梅先生的演出相比。当然不同的艺术各有自己的特点,但是对于我这样立于各门艺术门槛之外的一般观众看来,艺术作品之能否感人乃至经久不忘,主要在于它本身是否具有持久的艺术生命力。
>
> 具体到有关项羽与虞美人的艺术品,不论是戏剧、小说或绘画,都是属于选自历史题材的作品,至于它们能否被称为"历史剧"或"历史画",那又是值得进一步讨论的问题。就我个人的看法,并不是所有描绘历史人物或历史事件的画,都能够得上"历史画"的标准。我想这类画或许可以区别为不同的三种类型,也就是"历史画""历史复原画"和"历史题材的画"。前面提到的在画展中看到的作品,

---

① 关于中国古代兵器和防护装具的基本知识,可参见杨泓《古代兵器通论》,紫禁城出版社2005年版。

只能算作第三类，也就是一些历史题材的画。谈到历史画，似乎有三项基本因素是必须具备的。首先题材应该是反映了古代历史上起决定作用的事件或重要的历史人物，如以项羽这一历史人物而论，"霸王别姬"虽然富有戏剧性，但"巨鹿之战"或"鸿门宴"比它重要得多，都是在当时社会历史发展进程中起重要作用的历史事件，都是适于选为历史画的题材的。其次是真实性，因为古代的历史不是艺术的虚构，有着特定的社会历史背景，因此从生活习俗各方面都具有时代的特征，不论是服装发式，还是家具兵器，凡此种种都应尽量真实。否则就会出现画中的历史人物穿着比他迟几个世纪才会出现的衣服，或是拿着只有比他早几百年时才适用的兵器，自然会闹出笑话。例如那幅题为"垓下歌"的中国画中，别的不说，仅项羽身后立着的那匹骏马所装备的全副马具，完全画的是唐代的形制，与我们今天早已清楚地知道的秦代马具和西汉初年的马具不同。以鞍来讲，从战国末到西汉初使用的都是边垂流苏的坐垫式鞍，没有前后鞍桥。而且那时还没有马镫。至于马尾结扎的式样，从秦到西汉也是在尾稍结成拳状或编成辫状，而不是如唐代结扎成上翘的角状。虽然画家也用了古代的资料，但并不是作品要表现的那一历史时期的，因此也就达不到主观上想要达到的艺术效果。绘画古人的衣冠服制应严格按照当时的原貌，我国古代的美术论著中早有论述，宋郭若虚《图画见闻志》卷一中有《论衣冠异制》一节，指明"自古衣冠之制，荐有变更，指事绘形，必分时代"。还指出"至如阎立本图昭君妃虏，戴帷帽以据鞍。王知慎画梁武南郊，有衣冠而跨马。殊不知帷帽创从隋代，轩车废自唐朝。虽弗害为名踪，亦丹青之病耳"。再次是作品的艺术性，历史画是画，它能够使人观后经久不忘，引起观者感情上的共鸣，在于它的艺术性。以上三项如缺其中一项，恐怕都难以算是历史画。如果仅具备第一项和第三项，而缺乏第二项，那就不是历史画，充其量只能被称为"历史题材的画"，因为它虽然没有能如实地再现历史事件的原貌，但作者还是以历史事件为依托的根源，也可以说是描述了历史故事，如果作者在绘画艺术上有一定的造诣，也会成为观众喜爱的作品。如果仅具第一项和第二项，缺乏第三项，那恐怕更够不上历史画的标准，而只能算为"历史复原画"。例如依照咸阳秦始皇陵侧俑坑出土的陶俑，可以画出秦军战士的形象，但那只是根据出土文物所进行的简单的复原，只宜于在博物馆中充当辅助展品，难以升华为有持久艺术生命力的"历史画"。

新中国成立以后，特别是近几年来，不少画家注意到文物考古发现的资料，并且力图把它们运用到自己的创作中去，获得了许多可喜的成果，向真正的历史画的创作迈出了一步，虽然有一些利用文物考古资料不当之处，那也是可以逐步改进的。创作历史画需要付出极为艰苦的劳动，作者不仅应熟悉历史，而且应该精通自己想描绘的那一阶段的历史，要掌握当时的社会背景和生产情况，要全面地收集有关的文物形象资料，而且要加以分析。但是我想更重要的是用绘画艺术的语言把它重现在人们面前。如大家都熟悉的俄国画家苏里柯夫的历史画：《近卫军行刑的早晨》《女贵族莫洛卓娃》《缅西科夫在别寥左夫镇》，作者为了创作这三幅画付出了毕生的心血和巨大的劳动。

最后我想再说几句门外的话。观众看画是为了获得艺术上的享受，历史画是画，没有艺术性就算不上历史画，在这样的意义上说，历史画三因素中艺术性是首要的。如果仅仅强调真实性，那么搞考古的人可以画得更一丝不苟，但那充其量不过是"历史复原画"，而不是艺术品。我期望看到真正有艺术生命力的历史画。但是，我想在这些高水平的作品孕育和诞生的过程中，广大观众也需要欣赏具有艺术特色的"历史题材的画"。梅兰芳先生的《霸王别姬》，也只是"历史题材的戏剧"，由于他出色的艺术实践，不是也会令人经久不忘吗？希望创作"历史题材的画"的作者，学习梅先生的创作态度，严肃认真地创作具有民族风格、群众喜爱的优秀作品。

这篇短文在《美术》刊出后，虽引起一些艺术工作者的注意，但痼疾难医，此后在历史画的创作中，同样的问题依然层出不穷。

五　历史画创作必须遵循的原则

谈到中国历史画创作必须遵循的原则，说来也简单，就是两点：第一就是首先要重视历史的真实性；第二是作品的艺术性（这里指的是本文前述历史画中的第一类，且不涉及当今所讲的当代革命历史画，因为革命历史画的首要原则在于其政治性，其次才是真实性和艺术性）。上述二者缺一不可。不能反映历史的真实性，就丧失了作品是历史画的基础，自然那件作品就谈不上是历史画；没有艺术性，作品就成为历史情景的图解，只能勉强称为"历史复原画"，充其量只能当作一些博物馆中历史陈列的辅助展品。

中国历史画创作中，画家要遵循历史的真实性，基本有两个方面：第一是历史事实的真实性，简而言之就是所选题材必须是真实的历史人物或历史事件，不能采自传奇小说或毫无根据的传闻，绝不允许个人杜撰，像今日影视剧那样胡编瞎想。第二是历史场景的真实性，举凡服装、仪仗、车马、建筑、家具、器物都要依据历史真实。如果是反映战争的历史画，更要注重战场的场景要恢复历史原貌（因为地形地貌、植被及建筑物，都会历经历史沧桑而有极大变化），至于交战双方的军装、兵器、防护装具、旌旗金鼓、车船、战马，都要依据历史原貌。要能够达到上述两个方面的要求，画师就要进行十分艰巨的准备工作。第一方面的资料，起码要去查阅正史中的有关史料（基础史料是二十四史），还要涉猎今人有关的研究论述。第二方面的资料，更要靠自己去查阅有关考古文物资料，还要认真去有关博物馆观察实物标本，以得到具像的认知。当然，现在有的历史时期的物质文化资料，已有学者进行了全面研究，例如汉代物质文化，有孙机所著《汉代物质文化资料图说》[①]，但是要想真正掌握，还得根据孙机书中提示的原考古发掘报告（或考古发掘简报），去认真检索才成。这些都需要花费气力。总之在学术大道上，没有捷径可走，不付出艰苦的劳动，只想取巧，甚至从网上弄一些别人现成的资料转用，是绝对创作不出好作品的。

画历史画也与个人的爱好和艺术手法上争奇斗艳并不相容。在白纸上点两个圆墨点，用废铜烂铁集合成比恐龙还大的凤鸟，在一串画面中画各

[①] 孙机：《汉代物质文化资料图说》，初版于1991年9月，由文物出版社出版。后经作者仔细修订，于2008年5月出版了增订本，改由上海古籍出版社出版。

种正面、侧面、背面丑陋扭曲的人面……这自然都是成功的现代艺术创作。但是这样的艺术语言，不适合用于历史画创作。在今日的社会主义中国，必须在马克思列宁主义历史观指引下，用现实主义的手法去恢复历史的本来面貌。

掌握了有关史料及物质文化资料，为历史画的创作奠定了真实性的基础。正如一个人，具有了完整的躯体，头、躯干、四肢具备，但是缺少灵魂，躯体再完备，也只是个空壳。要完成一件好的历史画作，其灵魂是作品的艺术性。所以画历史画是要用"心"用"神"去创作。这就又令人忆起俄国画家苏里科夫用十年的功力创造的三幅传之于世的历史名画的创作过程，他是全身心地投入创作，几乎到了忘我的程度。

提到创作过程达到忘我即无我的境地，与之相反，不少人总想把自己的小脸添到历史人物中间去，而且还举出前人为例，前有洋人拉斐尔，后有大师徐悲鸿做榜样，许多画家都愿意仿而效之，把自己的像画到古人中间去充数。但是也有著名画家遵守绘画要真实的不可更改的原则，不把自己硬凑到历史画中去，即便是去古未远的革命历史画。例如董希文在绘《开国大典》时，就遵照史实，并没有把自己的像画进去，站在毛泽东旁，画在宋庆龄和高岗之间，树立了画家遵守历史真实进行绘画创作的典范。

（原载《中国国家博物馆馆刊》2017年第6期）

中国古代壁画和古代艺术史研究

对中国美术史的研究,特别是对中国绘画史的研究,过去常被两方面的问题所困扰,一方面是文献史料的缺乏,另一方面是中国古代绘画实物资料的缺乏。特别是后一方面的问题,流传到今天的中国古代绘画实物,主要是五代以后的作品,唐以前的作品极为罕见,晋以前的更已绝迹。而且许多原来长期被认为是真迹的画作,现在已被证明为后人的摹品[1],或者是其他人的画作。[2] 这就给研究工作带来很大的困难。20 世纪 50 年代以后[3],由于中国大陆考古田野发掘的空前开展,获得了大量前所未知的古代美术史料,特别是在发掘古代墓葬时获得的墓室壁画资料,更为中国绘画史的研究提供了数量颇为可观的实物资料,使中国古代绘画研究获得了新的动力。在利用考古发掘资料进行研究时,取得了许多可喜的成果,也出现一些值得认真思考的新问题。

一 中国古代关于壁画的历史记述

在古代文献中,留下了有关先秦壁画的重要资料,值得注意的文献资料有下列两项。

---

[1] 例如故宫博物院所藏隋代展子虔《游春图》,经傅熹年研究,画上虽有宋徽宗题署,但并非展子虔画迹,实为北宋人据古画底本所传摹的复制品,或许就是宋徽宗时画院仿照与展子虔画风有关的底本所复制。参见傅熹年《关于展子虔〈游春图〉年代的探讨》,载《傅熹年书画鉴定集》,河南美术出版社 1999 年版,第 16—32 页。

[2] 例如一直被认为是唐代阎立本所绘《历代帝王图》,经金维诺分析,应为宋人摹本,而底本也非阎立本所绘,而是唐代另一位画家郎余令的《古帝王图》。参见金维诺《〈古帝王图〉的时代与作者》,《中国美术史论集》,人民美术出版社 1981 年版,第 141—148 页。

[3] 中华人民共和国成立以前,中国学者没有能开展对古代壁画墓的发掘,此前只有洛阳的汉墓壁画被盗掘后流出国外;抗日战争时期,东北的一些带壁画的汉墓遭到非法发掘。本文只论述中华人民共和国成立后由中国学者正式发掘清理的资料。

《楚辞·天问》："《天问》者，屈原之所作也。……屈原放逐，彷徨山泽，见楚有先王之庙及公卿祠堂，图画天地山川神灵，琦玮僪佹，及古贤圣怪物行事，因书其壁，呵而问之，以泄愤懑。楚人哀而惜之，因共论述，故其文义不次序云尔。"①

唐张彦远《历代名画记》引刘向《说苑》："敬君者，善画。齐王起九重台，召敬君画之。敬君久不得归，思其妻，乃画妻对之。齐王知其妻美，与钱百万，纳其妻。"②

上列两项文献资料，分别表明在楚国和齐国宫庙中壁画的情况，特别是第一项，结合楚辞《天问》原文，生动地显示出楚地壁画的艺术水平。此外，还有两项文献，一项是议论绘画技巧的优劣的。

《韩非子·外储说左上》："客有为齐王画者，齐王问曰：'画孰最难者？'曰：'犬马最难。''孰易者？'曰：'鬼魅最易。'夫犬马，人所知也，旦暮罄于前，不可类之，故难。鬼魅无形者，不罄于前，故易之也。"③

另一项故事说明了当时画家的社会地位。《庄子外篇·田子方》："宋元君将画图，众史皆至，受揖而立，舐笔和墨，在外者半。有一史后至者，儃儃然不趋，受揖不立。因之舍。公史人视之，则解衣盘礴，裸。君曰：'可矣，是真画者也！'"④

可惜目前还没有获得过有关楚、齐境内有关宫室壁画的考古遗迹，只能依据一些墓仪用的帛画、棺木的漆画、乐器或器物上的漆画、青铜器上的针刻或镶嵌画等与绘画有关的考古发现，了解当时绘画的面貌，进而推

---

① （宋）朱熹集注：《楚辞集注》卷三，上海古籍出版社1979年版，第49页。
② （唐）张彦远：《历代名画记》卷四，人民美术出版社1963年版，第99页。今本《说苑》此条已佚，但《太平御览》《艺文类聚》等多曾引此佚文。向宗鲁《说苑校证》的佚文辑补中，对各书所引佚文进行合校，故事内容较完备："齐王起九重之台，募国中有能画者，则赐之钱。有敬君，居常饥寒，其妻妙色。敬君工画，贪赐画台。去家日久，思忆其妻，遂画其像，向之意笑。旁人瞻见之以白王。王召问之。对曰：'有妻如此，去家日久，心常念之，窃画其像，以慰离心，不悟上闻。'王即设酒与敬君相知，谓敬君曰：'国中献女无好者。以钱百万，请妻可乎？不者杀汝。'敬君偟惶听许。"中华书局1987年版，第536页。
③ （清）王先慎：《韩非子集解》，中华书局新编诸子集成本1998年版，第270—271页。
④ （晋）郭象注，（唐）成玄英疏：《庄子注疏》，中华书局中华国学文库本2011年版，第383页。

测当时宫室壁画的面貌。从齐王随意夺敬君之妻的故事，以及宋元君时画史当众裸身的故事，可见当时在社会上画家的身份很低，因为以衣裳论人贵贱的社会，只有身份低微的人才肯当众解衣裸身。① 当时还没有为艺术欣赏而创作的绘画作品，更没有社会上层人物参与绘画创作的记述。有关绘画的文物均为建筑、器物上的具有装饰功能的画作。

在古代文献中，保存了较多的关于汉代帝王宫殿中所绘壁画的记述。可以看到当时宫室庙堂中的确绘有壁画，除装饰性的图案外，以人物画像为主，其中最重要有以下数项。

《汉书·李广苏建传》记载，西汉宣帝甘露三年（前51）时，在长安未央宫麒麟阁绘功臣像。"甘露三年，单于始入朝，上思股肱之美，乃图画其人于麒麟阁，法其形貌，署其官爵姓名。唯霍光不名，曰大司马大将军博陆侯姓霍氏，次曰卫将军富平侯张安世，次曰车骑将军龙额侯韩增，次曰后将军营平侯赵充国，次曰丞相高平侯魏相，次曰丞相博阳侯丙吉，次曰御史大夫建平侯杜延年，次曰宗正阳城侯刘德，次曰少府梁丘贺，次曰太子太傅萧望之，次曰典属国苏武。皆有功德，知名当世，是以表而扬之，明著中兴辅佐，列于方叔、召虎、仲山甫焉。凡十一人，皆有传。"②

《汉书·金日磾传》载，西汉武帝曾因金日磾之母教子有法度，"诏图画于甘泉宫，署曰'休屠王阏氏'"③。

《后汉书·马武传》载，东汉"永平中，显宗追感前世功臣，乃图画二十八将于南宫云台，其外又有王常、李通、窦融、卓茂，合三十二人。"④

《后汉书·蔡邕传》载，东汉"光和元年（178），遂置鸿都门学，画孔子及七十二弟子像"⑤。

---

① 有关东周秦汉时人裸身的叙述，参看杨泓《中国古文物中所见人体造型艺术》，后收入孙机、杨泓《文物丛谈》，文物出版社1991年版，第372—397页。原载《文物》1987年第1期，第54—65页。
② 《汉书·李广苏建传》，中华书局校点本1964年版，第2468—2469页。
③ 《汉书·金日磾传》，中华书局校点本1964年版，第2960页。
④ 《后汉书·马武传》，中华书局校点本1964年版，第789—790页。
⑤ 《后汉书·蔡邕传》，中华书局校点本1964年版，第1998页。

各地王宫中也绘壁画，见《文选》卷十一王延寿（文考）《鲁灵光殿赋》。灵光殿是景帝程姬之子恭王余所立，故到东汉王延寿作赋时仍存西汉规制。殿内壁画"图画天地，品类群生，杂物奇怪，山神海灵，写载其状，托之丹青，千变万化，事各缪形，随色象类，曲得其情。上纪开辟，遂古之初，五龙比翼，人皇九头，伏羲鳞身，女娲蛇躯，鸿荒朴略，厥状睢盱，焕炳可观。黄帝唐虞，轩冕以庸，衣裳有殊。下及三后，媱妃乱主。忠臣孝子，烈士贞女，贤愚成败，靡不载叙。恶以诫世，善以示后"①。

可见文中所说的"恶以诫世，善以示后"，似乎就是两汉宫室壁画的主要宗旨。

当然也有另类的宫室壁画，如《汉书·景十三王传》记广川王去在"其殿门有成庆画，短衣大绔长剑"。"成庆"，或谓为古之勇士，或谓为荆轲。②另外，广川王去的兄子海阳嗣王位后，"坐画屋为男女赢（裸）交接，置酒请诸父姊妹饮，令仰视画"，因而国除。③

关于西汉时画师技艺的记载，《历代名画记》引《西京杂记》，有毛延寿为索贿不得将王昭君画丑的传说。据说他"画人老少美恶皆得其真"④。

遗憾的是，目前虽然在西汉都城长安发掘了许多当时宫殿的遗址，但是都仅保留有建筑的基址，墙壁基本没有能保留，所以没有能发现当时壁画的遗迹。因此我们只能从汉代的墓室壁画来了解当时的壁画艺术。

二　有关古代建筑物壁画的考古发现⑤

壁画，泛指在各种建筑物的壁面绘制的绘画作品。中国古代壁画，指

---

① 王文考：《鲁灵光殿赋》，（梁）萧统编《文选》卷一一，中华书局影印明胡刻本1977年版，第171页。
② 《汉书·景十三王传》，中华书局校点本1964年版，第2428页。
③ 同上书，第2432—2433页。
④ （唐）张彦远《历代名画记》，人民美术出版社中国美术论著丛刊本1963年版，第100—101页。
⑤ 本文原为韩国《美术史论坛》所作，目的是向国外概略地介绍自20世纪50年代以来新中国田野考古发现的古代壁画，由于考古材料的局限，自然以墓室壁画为主。本没有打算在国内刊出，近因一些年轻的朋友认为，在国内也需要有点这种略说性质的短文，故不揣冒昧，略作修润，借此文集刊出。

从史前直到明清的漫长历史时期中，绘制于人间的居室宫庙乃至死者墓室墙壁上的绘画，以及与宗教有关的寺观及石窟寺中墙壁上的绘画。[①] 在墓室的装饰中，还有一些虽然采用了一些雕刻或模印技法，如画像石、画像砖、拼镶砖画和彩绘雕砖，但它们与用笔墨描绘施彩的绘画功能相同，且古人也直称其为"画"，故仍应属于古代壁画的范畴。

由于壁画的承载体是墙壁，所以其产生的前提条件是当时人们已经熟练地掌握了房屋的建造技术。依据田野考古发现，我国远古的居民在新石器时代已经掌握了房屋建造的技术，在仰韶文化半坡类型的文化遗址中，已经建造了颇具规模的原始村寨。建筑技术的进步，使房屋举高增加，室内壁面的面积也相应增大，除了用草拌泥抹平壁面，或以白灰粉刷墙皮，使其光洁美观外，也开始在壁面刻划一些装饰纹样。在陕西临潼姜寨遗址的发掘中，发现当时人们已经在泥墙上塑刻出各种装饰图案。[②] 在姜寨第一期文化遗存中，构筑于地面上的房屋内，发现有墙壁装饰残块保留下来，是在草拌泥的墙壁表面，用手指或其他尖细的工具按压或剔刺出几何形图案，以圆窝、方窝、竖线、横线、斜线等组成三角形、平行线或长方形图案（图5-1）。在山西襄汾陶寺遗址，还发现过废弃建筑物残存的白灰墙皮，上面刻划由圆圈、直线和折线组成的几何形图案[③]，残片上显示图案分作上、下两栏，中间用两条横线分割开，上下各残存并列两组方形图案，上下斜向图案内容对应（图5-2），原应为上下多栏二方连续图案。如果原来的建筑的壁面保存完好，将会在室内看到白壁上满饰刻划出的精细图案，精致美观，定会提升居住者的生活情趣。

史前人们绘制的壁画遗迹已发现于辽宁建平牛河梁红山文化建筑遗址[④]的发掘中，虽然没有保留下壁画，但发现有许多从墙壁脱落的壁画残片，可以看到使用了红、赭、白等色彩绘出的几何形图案，有折线、三角

---

① 本文不包括与宗教有关的壁画的考古发现，今后将另文略述。
② 半坡博物馆、陕西省考古研究所、临潼县博物馆：《姜寨——新石器时代遗址发掘报告》，文物出版社1988年版。
③ 中国社会科学院考古研究所山西工作队、山西省临汾地区文化局：《陶寺遗址1983—1984年Ⅲ区居住址发掘的主要收获》，《考古》1986年第9期，第773—781页。
④ 辽宁省文物考古研究所：《牛河梁——红山文化遗址发掘报告（1983—2003年度）》，文物出版社2012年版。

图 5-1 陕西姜寨仰韶文化房屋遗址发现的塑刻图案墙皮残片

图 5-2 山西襄汾陶寺文化房屋遗址发现的刻划图案白灰墙皮残片

纹和勾连纹等（图5-3）。此外，还在甘肃大地湾遗址发现过一处绘于室内地面上的地画。大地湾发掘出的第411号房基，是一座平地起建的横长方形的大房子，房子地面是抹平的白灰面，正对门道的圆形灶台后面近后壁的中部地面上，有以黑彩绘的地画，画面大约为120厘米×110厘米。①画面上方是两个形体近似的人像，都是左臂上举，向头旁屈曲，右臂下垂，执有棒状物，双腿交叉，似乎表现的是某种舞蹈的姿态。人像右侧还存在一些绘画残迹，因画面已残损，可能原来绘出的人像至少在三人以上。人像右下方绘出黑色边框，框内的画似为两只动物，或认为是青蛙或鲵鱼。人像左下侧也似有绘画残迹（图5-4）。地画的确切含意尚难明确，似是一群人面对方框内那些不明物体舞蹈，推测应与原始巫术有关，而这座建筑可能就是当时举行巫术的场所。

图5-3　辽宁牛河梁红山文化房址发现的彩绘图案墙皮残片

到了夏商时期，历史步入"青铜时代"。随着社会生产的发展，建筑技术有了很大提高，在河南境内已经发现和发掘的夏商时期的都城遗址中，都发现有在大型夯土台基上的土木宫殿建筑，其墙体是内夹小木柱为骨的土墙。规模较大的建筑墙体由夯土版筑而成，较小的建筑则多为草拌泥或泥中夹有秸秆的泥墙。一般住宅的墙体厚度在50厘米左右。墙面都经修抹平整，并且开始在壁面绘制壁画。目前获得的考古资料还相当有限，

---

① 甘肃省文物工作队：《大地湾遗址仰韶晚期地画的发现》，《文物》1986年第2期，第13—15页。

图5-4 甘肃秦安大地湾遗址大地湾文化411号房基地画

只在安阳殷墟小屯北地的建筑遗址F10和F11中，发现脱落的白灰墙皮上有施彩壁画的遗迹（图5-5），可看出红色纹样及黑色圆点的图案组合。①

到了周代，特别是东周时期，各诸侯国都在其都城争建豪华的宫室庙堂，可能许多都绘有壁画。可惜这些豪华的建筑群早已残毁无存，经考古发掘的一些遗迹，常仅存宏大的夯土基址，墙壁早已颓圮难寻。目前只有秦都咸阳战国中期建筑的宫殿遗址中发现有壁画遗存。在渭河北岸咸阳原牛羊沟附近发掘三处高台建筑遗址②，推测为秦孝公所建咸阳宫的一部分，并一直使用到秦代末年。三处建筑有回廊连接，构成一组复

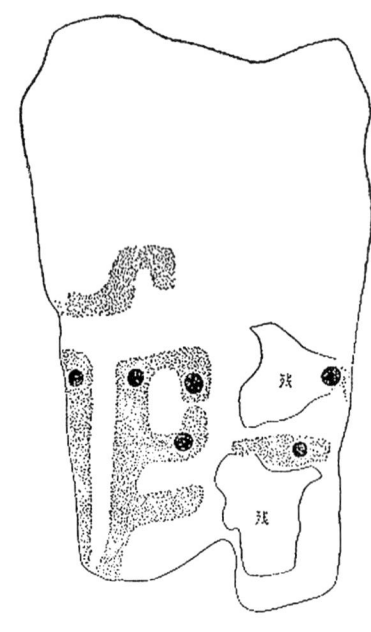

图5-5 河南安阳小屯商代房址出土壁画残片

---

① 中国科学院考古研究所安阳发掘队：《1975年安阳殷墟的新发现》，《考古》1976年第4期，第264—272转263页。
② 陕西省考古研究所：《秦都咸阳考古报告》，科学出版社2004年版，第283—574页。

中国古代壁画和古代艺术史研究

杂的组合式建筑群。从立面上看，这些建筑依靠高大的基础层层抬高，外观最高处可达三层，宏大雄伟。在这三处宫殿遗址出土了一些色彩鲜艳的壁画残块，多为几何纹样，还有少量马车、凤鸟、神怪、枝叶和建筑等图像残片。在3号宫殿基址北部走廊残存的墙体上，还发现了大幅的彩绘壁画，内容有车马出行、人物仪仗以及部分植物和几何纹样，其中车马出行的画像中有多辆车，每车驾四马（图5-6），道路旁绘有树木。迎宾仪仗现存11人，皆为立姿。这是目前所见时代最早的宫殿壁画实物。因为这处廊道不是建筑主体，可以想象，在主要宫室中的壁画将比之艺术水平更高。

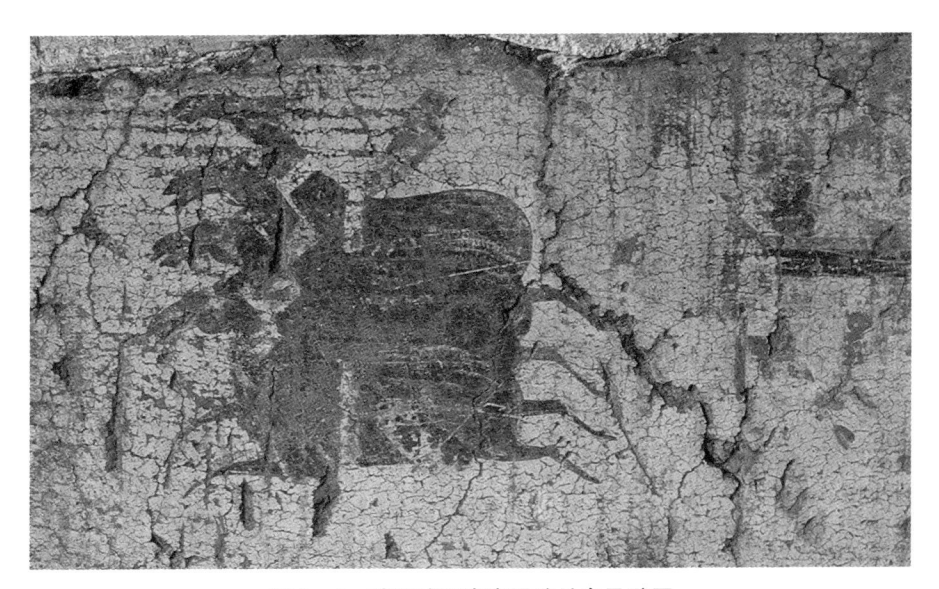

图5-6 陕西咸阳秦宫殿遗址车马壁画

此外，在对当时的墓葬发掘中，还获得过一些土坑竖穴或墓道的壁面上的装饰遗迹。在陕西扶风杨家堡发掘的一座西周墓的壁面上，发现有白色的菱形图案[①]，被认为是时代较早的在墓葬土圹壁面出现装饰图纹的较特殊的实例。又在河南洛阳西郊小屯村东北1号战国墓内，于土圹壁面发现彩绘。该墓是座有积石积炭堆积的大型土坑竖穴墓，墓内残存有墨书

---

① 扶风县图博馆：《陕西扶风杨家堡西周墓清理简报》，《考古与文物》1980年第2期，第21—27页。

"天子"字迹的石圭，或许表示死者的特殊身份。在竖穴的土圹壁面和墓道的壁面上，都残存有原施彩绘的残迹。① 在墓圹四壁折角处，先用红色抹成宽带，在宽带上下涂黑色窄线，在下边的黑线下再加一道黄边。墓圹壁面仅残存一些红色斑点。在墓道西壁，尚存留部分用红、黄、黑、白色彩绘的残迹。以上墓例，也许可以视为与墓室壁画有关的年代最早的考古资料。

三　有关古代墓室壁画的考古发现

（一）汉墓壁画

关于墓室壁画，在古代文献中只存有《后汉书》中所记赵岐"自为寿藏"的事迹。"建安六年（201）卒。先自为寿藏，图季札、子产、晏婴、叔向四像居宾位，又自画其像居主位，皆为赞颂"②。但是在半个多世纪的田野考古清理发掘中，获得了较为丰富的汉代墓室壁画资料，还有其功能与绘制的壁画相同的画像石和画像砖，基本上可以梳理清楚西汉经新莽到东汉时期墓室壁画艺术演变发展的轨迹。

目前有关西汉墓壁画，尚缺乏早期的标本，唯一可以举例的是河南永城芒砀山柿园汉墓主室顶部和南壁的壁画，发掘者据西汉时期梁王的世系推断，所葬死者可能是梁共王刘买（前144年至前136年在位）。室顶绘一巨龙，上有白雀，下有白虎，龙口吐长舌，舌尖卷一鱼尾怪兽（图5-7）。室南壁残存的壁画上，绘有神山、豹、雀等图像。③ 到目前为止，在已发掘的汉代诸侯王的陵墓中，仅有这座墓中有这样少量的壁画，是一个特殊的案例。此外，广州南越王墓前室石壁和石门上绘有朱墨两色云纹图案④，还只能视为壁面装饰，不足以称为壁画。

---

① 考古研究所洛阳发掘队：《洛阳西郊一号战国墓发掘记》，《考古》1959年第12期，第653—657页。
② 《后汉书·赵岐传》，中华书局1964年版，第2124页。
③ 河南省商丘市文物管理委员会、河南省文物考古研究所、河南省永城市文物管理委员会：《芒砀山西汉梁王墓地》，文物出版社2001年版。
④ 广州市文物管理委员会、中国社会科学院考古研究所、广东省博物馆：《西汉南越王墓》，文物出版社1991年版。

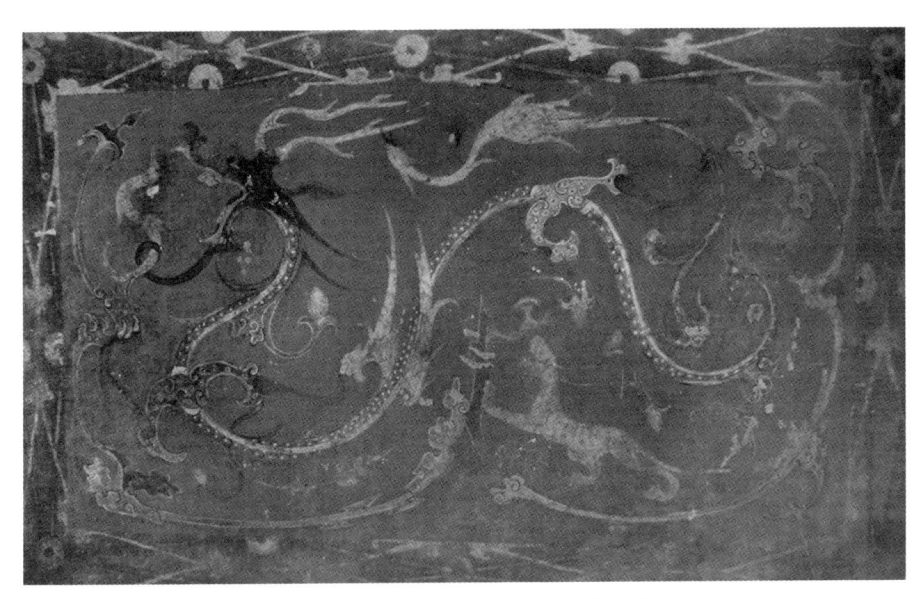

图 5-7　河南永城芒砀山西汉梁王墓巨龙壁画

西汉晚期的壁画墓，主要发现于当时的两京——长安与洛阳地区。洛阳地区的西汉晚期壁画墓发现较早，从 20 世纪 60 年代《考古学报》刊出洛阳烧沟第 61 号墓的发掘报告[1]以后，陆续又发掘过卜千秋墓[2]、浅井头墓[3]等西汉晚期的壁画墓，还有一些已被破坏的墓葬遗留下来的带有绘画的空心砖。[4] 这些墓都是以空心砖构筑墓室，只在墓室的顶脊或室壁上方呈三角形的顶部等地方，绘有所占面积不很大的壁画，它们又与墓中嵌砌的一些镂空的画像彩绘空心砖相互配合，共同达到装饰墓室的目的（图 5-8）。绘画的题材，主要有天象、仙人、神兽，还有少量历史故事画（图 5-9）。在长安地区的西汉晚期墓，近年来也有发现，最先发现的西安交通大学校园内的西汉壁画墓，其室顶满绘天象。[5] 最近又在西安理工大

---

[1] 河南省文化局文物工作队：《洛阳西汉壁画墓发掘报告》，《考古学报》1964 年第 2 期，第 107—125 页。
[2] 洛阳博物馆：《洛阳西汉卜千秋壁画墓发掘简报》，《文物》1977 年第 6 期，第 1—12 页。
[3] 洛阳市第二文物工作队：《洛阳浅井头西汉壁画墓发掘简报》，《文物》1993 年第 5 期，第 1—16 页。
[4] 沈天鹰：《洛阳出土一批汉代壁画空心砖》，《文物》2005 年第 3 期，第 76—80 页。
[5] 陕西省考古研究所、西安交通大学：《西安交通大学西汉壁画墓》，西安交通大学出版社 1991 年版。

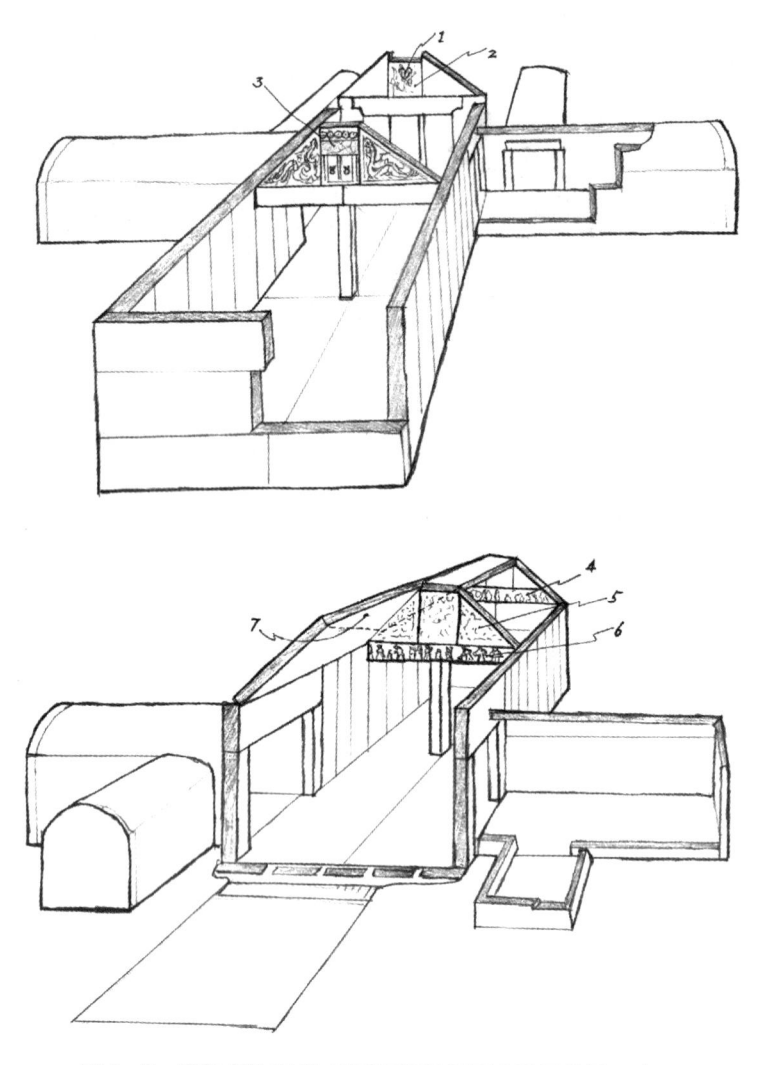

图 5-8　洛阳烧沟南 61 号西汉墓透视图内壁画位置示意图
1. 泥塑羊首　2. 神虎食女魃　3. 门扉龙虎　4. 傩神食烤肉　5. 神兽　6. 二桃杀三士、孔子见老子　7. 屋脊内绘天象

学新校区[1]和曲江翠竹园小区[2]等地发现有西汉壁画墓，所绘图像除天象和

---

[1] 西安市文物保护考古所：《西安理工大学西汉壁画墓发掘简报》，《文物》2006 年第 5 期，第 7—44 页。这座墓中壁画的技法与同时期的其他壁画墓都不相同，值得予以特别关注。

[2] 西安市文物保护考古所：《西安曲江翠竹园西汉壁画墓发掘简报》，《文物》2010 年第 1 期，第 26—39 页。

图 5-9　洛阳烧沟南 61 号西汉墓雕砖画壁画

仙人、龙、虎、云气外，还有别处少见的骑乘射猎、抱儿携童妇女、屏旁女侍（图 5-10）等生活气息浓郁的画面。由于西汉的皇帝陵墓的墓室均未经发掘，所以还不知道是否绘有壁画。但是由已发掘的诸侯王的陵墓中，除上述梁王墓巨龙壁画外，均不曾绘有壁画，表明当时身份、地位高的人，死后墓室中不绘壁画，换言之，当时墓室壁画并不是身份地位的象征。依此推测，可知西汉帝陵也应不绘壁画。[①] 再看洛阳地区墓室内局部绘有壁画的空心砖墓，均属中小型墓葬，同类型的墓多有发现，形制及随葬遗物相同，但并不是都在局部绘有壁画。这也说明，局部加绘些壁画，并不是西汉墓仪制度中必不可缺少的内容。

大约在公元 1 世纪初年，也就是约在王莽当政改国号为"新"时，或再稍早一些，墓室壁画有了一些新变化。例如洛阳地区发现的新莽时期的墓葬，有洛阳金谷园[②]和尹屯[③]、偃师辛村[④]等墓。还有山西平陆枣园壁画

[①]　《史记·秦始皇本纪》记秦始皇陵内"上具天文，下具地理。"或将"上具天文"理解为天象壁画，但由文中尚有"以水银为百川江河大海"，可知"下具地理"中的江河百川，应是做成可使水银流淌其中的沟槽形状。所以墓中天象是否为绘画，无确证。
[②]　洛阳博物馆：《洛阳金谷园新莽时期壁画墓》，《文物资料丛刊》（9），文物出版社 1985 年版，第 163—173 页。
[③]　《洛阳尹屯新莽壁画墓》，《2003 中国重要考古发现》，文物出版社 2004 年版，第 99—103 页。
[④]　洛阳市第二文物工作队：《洛阳偃师县新莽壁画墓清理简报》，《文物》1992 年第 12 期，第 1—8 页。

69

墓。① 除了前述西汉墓壁画中常见的天象、仙人、神兽等以外，较多地出现有描绘人世生活的画面，如偃师辛村墓中绘有门吏、庖厨、宴饮、六博等（图5-11），平陆枣园墓中还绘有牛耕、坞堡等画像。

图5-10　陕西西安曲江翠竹园西汉墓抱儿携童妇女壁画

图5-11　河南偃师辛村新莽墓博戏宴饮壁画

东汉时期的墓室壁画发现的数量多于西汉时期，分布范围也比较广泛，如果将具有敷彩的石刻画像——画像石和模印砖画——画像砖的墓葬也计算在内，那数量就更多了。目前所知在河南、河北、山西、陕西、甘肃、内蒙古、辽宁、山东、江苏等省区，都发现有东汉时期的壁画墓，比较集中的地区，是以洛阳为中心的河南地区、河北至内蒙古地区、东北的辽宁地区和陕甘地区。东汉早期的壁画墓发现不多，比较典型的例子是山东梁山后银山壁画墓②，除了流云纹中的日、月图像以外，其余画像均以墓内所葬死者生平为题材，而且许多画像旁有墨书榜题，如榜题"都亭"

---

① 山西省文物管理委员会：《山西平陆枣园村壁画汉墓》，《考古》1959年第9期，第462—463转468页。

② 关天相、冀刚：《梁山汉墓》，《文物参考资料》1955年第5期，第43—50页。

中国古代壁画和古代艺术史研究

的重楼，楼旁又榜题"曲成侯驿"。有榜题"怒太"的执戟卫士。另有以两车前导、一车后随的车马出行队列，主车榜题"淳于□卿车马"，二导车分别榜题"游徼"和"功曹"，后随的车榜题"主簿"。表明从西汉时期壁画重天象、仙人、神兽，将重点转向表现死者生前的官位和威仪，描绘的对象由虚幻转向现实。值得注意的是，在东汉时期的王侯陵墓中，仍和西汉时期一样，都不绘制壁画，已发现的东汉时期壁画墓，所葬死者身份最高的只是相当于二千石的官员。壁画题材的重点转向描绘官员们生前的生活情景，豪华的宴饮场景、为宴会做准备的庖厨、庄园和牧养的牲畜群，等等。特别注重的是可以反映出官阶身份的象征性事物，主要有衙署中的属吏和出行的车马，甚至以出行车马内车从数量的增多，绘成连续画面，显示墓内死者一生从宦的经历。此外，也还绘有一些仙人神兽、祥瑞、圣贤列女的图像。在一座墓中，所绘壁画内容也各有侧重，有的主要选绘车马出行题材，如河南偃师杏园东汉墓。① 有的主要选绘衙署中的属吏，如河北望都的1号和2号东汉墓②，在1号墓前室到通往后室的甬道两侧上栏，前后排列着"寺门卒""门亭长""门下小使""辟车五佰八人""贼曹""仁恕掾""门下功曹""门下游徼""门下贼曹""门下史""捶鼓掾""□□掾""主簿"（图5－12）"主计史""小史""勉□谢史""侍阁""白事吏"。下栏是带有榜题的祥瑞图像。用出行车马队列变化连续绘出墓内死者升官经历的墓例，如河南荥阳苌村汉墓③和内蒙古和林格尔东汉墓。④ 荥阳苌村汉墓，在墓道绘有属吏，榜题有"门下贼曹""主簿"等，而前室侧壁则绘上下四栏规模浩大的连续的出行车马行列，按顺序不同组合的行列中的主车都有榜题，如"郎中时车""供北陵令时车""长水校尉时车""巴郡太守时车""济阴太守时车"和"齐相时车"。特别是内蒙古和林格尔东汉墓，所葬死者生前官至护乌桓校尉，在壁面上连

---

① 中国社会科学院考古研究所：《杏园东汉墓壁画》，辽宁美术出版社1995年版。
② 北京历史博物馆、河北省文物管理委员会：《望都汉墓壁画》，中国古典艺术出版社1955年版；河北省文化局文物工作队：《望都二号汉墓》，文物出版社1959年版。
③ 郑州市文物考古研究所、荥阳市文物保护管理所：《河南荥阳苌村汉代壁画墓调查》，《文物》1996年第3期，第18—27页；郑州历史文化丛书编纂委员会：《郑州古墓壁画精选》，香港国际出版社1999年版。
④ 内蒙古自治区博物馆文物工作队：《和林格尔汉墓壁画》，文物出版社1978年版。

图5-12 河北望都1号东汉墓主簿壁画

续绘出死者从"举孝廉",经为"郎",任"西河长史""行上郡属国都尉""繁阳令"时的出行车骑(图5-13),以及一些有特征的地点,最后任"使持节护乌桓校尉",并且绘出护乌桓校尉的莫府及莫府所在的宁城图。豪华的宴饮场景占据主要画面的,如河南密县打虎亭东汉墓。① 到了东汉末年,除了上述绘画题材外,还出现有墓内死者正面坐像,例如河北安平逯家庄东汉熹平五年(176)墓。② 墓主画像坐在上面张有朱红色斗帐的床榻上,两侧绘出属吏或侍从(图5-14)。

在已发现的东汉壁画墓中,只有一座出现有绘画壁画的"画师"的图

图5-13 内蒙古和林格尔东汉墓车骑过桥壁画

---

① 河南省文物研究所:《密县打虎亭汉墓》,文物出版社1993年版。
② 河北省文物研究所:《安平东汉壁画墓》,文物出版社1990年版。

像和榜题,即陕西旬邑县百子村东汉墓(图5-15)①。该墓壁画绘制粗劣,墓内死者榜题"邠王",正史缺载,情况不明,是一个无关大体的地区性特殊墓例。而"画师"能够出现在"邠王"的属官行列中,恐亦与汉代通常的情况不符。

图5-14　河北安平逯家庄
东汉墓墓主坐帐壁画

图5-15　陕西旬邑百子村
东汉墓画师壁画

(二) 两晋南北朝墓壁画

东汉覆亡后,曹魏时皇帝厉行节葬,中原地区的墓葬中绘制壁画的习俗因而中断,但是在东北和西北边陲地区仍保留着在墓中绘壁画的习俗。在东北地区,辽宁辽阳地区东汉末到魏晋时期的砖室墓中,有的绘有壁

---

① Greiff, S. and Yin Shenping, *Das Grab des Bin Wang: Wandmaler der Östlichen Han - Zeit in China*, Maigz: Verlag des Romich - Germanischen Zentralmuseum; Wiesbaden: Harrassöwitz in Kommission, 2002.

画，所绘内容仍沿袭东汉时墓主人车马出行、家居宴乐等题材。甚至延续到东晋十六国时期，在今辽宁朝阳、北票地区，发现过属于前燕、后燕和北燕时期的墓室壁画，如朝阳袁台子壁画墓①和北票北燕冯素弗墓椁室内的壁画。② 这种以墓内死者夫妇坐帐像为中心，具有盛大的统军出行图像的传统壁画，也被流亡于高句丽族地区的前燕高官带入高句丽族统治地域，被发现于朝鲜的安岳等地，最典型的墓例是葬于东晋升平元年（357）的冬寿墓③和德兴里□镇墓。④ 在西北地区，甘肃河西走廊一带的魏晋墓中，除了绘制较小画幅的壁画以外，更多的是采用在一块砖面上画一幅完整画面的"画砖"，再由嵌于壁面的多幅画砖，合成表现墓主统军出行、家居宴乐或庄园农牧、狩猎等题材（图5-16）。在嘉峪

图5-16 甘肃嘉峪关3号魏晋墓小幅壁画和画砖

---

① 辽宁省博物馆文物队、朝阳地区博物馆文物队、朝阳县文化馆：《朝阳袁台子东晋壁画墓》，《文物》1984年第6期，第29—45页。
② 黎瑶渤：《辽宁北票县西官营子北燕冯素弗墓》，《文物》1973年第3期，第2—28页。
③ 宿白：《朝鲜安岳所发现的冬寿墓》，《文物参考资料》1952年第1期，第102页；洪晴玉：《关于冬寿墓的发现和研究》，《考古》1959年第1期，第27—35页。
④ 安志敏：《德兴里壁画墓》，《中国大百科全书·考古学》，中国大百科全书出版社1986年版，第89页。

关①、敦煌②等地多有这样的魏晋墓被发掘出土。而且也可以延续到十六国时期，如酒泉丁家闸十六国时期壁画墓③，那时又由多幅画砖转变成整壁绘制的壁画，主要内容仍是家居宴乐及庄园农牧等图像。

经过东晋十六国时期，到南北朝时，在墓室内绘制壁画的习俗再度兴盛，而且与汉代不同，墓室壁画逐渐成为所葬死者身份地位的一个主要象征。在南方，因为地下潮湿，壁画难以绘制和保存，所以因地制宜地以拼镶砖画代替壁画。南京、丹阳一带的南朝陵墓中出土有大幅的拼镶砖画④，有的画幅横长达240厘米，幅高达80厘米。在一座墓中常嵌镶大小18幅砖画，由外向内分别是日月、门吏、狮子（图5-17）、龙虎、竹林七贤和荣启期，以及立戟和持伞盖侍卫、甲骑具装和骑马鼓吹。砖画是先将画稿分成若干块砖面，画幅小的分成几块砖，画幅大的要分成几十块乃至更多的砖，再制模印坯，入窑焙烧，砖烧制好后，再按次序镶砌到墓壁上，然后施色涂彩，极为费时费工。在北方，自北魏建国后，已开始仿效汉墓遗制，有的墓中出现壁画，如在内蒙古和林格尔的北魏早期墓，绘有狩猎等题材的壁画。⑤在定都平城时，墓室壁画有了新的发展，山西大同沙岭太延元年（435）破多罗氏父母合葬墓⑥与马辛庄和平二年（461）梁拔胡墓⑦的壁画是较早的实例，在墓室正壁绘墓内死者夫妇正面坐于帐下床上的画像（图5-18），两侧壁绘有家居宴饮、狩猎及率军出行等图像，墓门处或有守门神怪或武士。也有的墓中出土内绘壁画的石椁，如大同的太和元年（477）宋绍祖墓⑧，以及木棺上所绘精美的漆画。迁都洛阳以后，北魏

---

① 甘肃省文物队、甘肃省博物馆、嘉峪关市文物管理所：《嘉峪关壁画墓发掘报告》，文物出版社1985年版。
② 甘肃省文物考古研究所：《敦煌佛爷庙湾西晋画像砖墓》，文物出版社1998年版。
③ 甘肃省博物馆：《酒泉、嘉峪关晋墓的发掘》，《文物》1979年第6期，第1—17页。
④ 杨泓：《东晋、南朝拼镶砖画的源流及演变》，载《文物与考古论文集》，第217—227页，文物出版社1986年版。
⑤ 马自树：《中国边疆民族地区文物集萃》，上海辞书出版社1999年版，第152页。
⑥ 大同市考古研究所：《山西大同沙岭北魏壁画墓发掘报告》，《文物》2006年第10期，第4—24页。
⑦ 《大同南郊北魏墓考古新发现》，载《2009中国重要考古发现》，文物出版社2010年版，第106—111页。
⑧ 山西省考古研究所、大同市考古研究所：《大同市北魏宋绍祖墓发掘简报》，《文物》2001年第7期，第19—39页。

图 5-17　江苏丹阳吴家村南朝墓狮子拼镶砖画（拓片）

图 5-18　山西大同沙岭北魏墓墓主夫妇坐帐壁画

墓内绘制壁画逐渐形成规制,在室顶绘天象,室壁绘"四神"及墓主像等[1],但帝陵的墓室中仍不绘壁画。北魏分裂成东魏和西魏以后,东魏至北齐时期的墓中绘壁画之风日盛,被考定为北齐帝陵的河北磁县湾漳大墓中[2],在墓道两侧保存有大幅的成队列的仪卫画像(图5-19),地面还有莲华等画面,或认为是模拟地毯。墓门上额有朱雀和神兽,可惜墓室内壁画保存情况不好,只能辨出室顶的天象壁画。如参考邺城地区的身份较高的东魏北齐墓壁画,如东魏茹茹公主闾叱地连墓[3]、北齐左丞相文昭王高润墓[4]等,墓室内正壁绘墓主坐帐正面像,两侧壁或为鞍马、牛车及仪从。基于对这些规格较高的墓室壁画特征的分析,学者提出了"邺城规制"的概

图5-19 河北磁县湾漳北朝大墓墓道仪卫壁画

---

[1] 杨泓:《美术考古半世纪——中国美术考古发现史》上编之四,文物出版社1997年版。

[2] 中国社会科学院考古研究所、河北省文物研究所:《磁县湾漳北朝壁画墓》,科学出版社2003年版。

[3] 磁县文化馆:《河北磁县东魏茹茹公主墓发掘简报》,《文物》1984年第4期,第1—9页。

[4] 磁县文化馆:《河北磁县北齐高润墓》,《考古》1979年第3期,第235—243页。

念。① 此外，在山西太原和山东青州等地区，也发掘了一些重要的北齐墓葬。太原地区的北齐壁画墓，以娄叡墓②和徐显秀墓③最为重要，所绘壁画大致同于邺城规制，但也有些地方特色，如娄叡墓的墓道绘出分上、中、下三栏的出行和归来图，别具特色。山东地区的北齐壁画墓，最具地方特色的是屏风画，临朐崔芬墓④是石砌墓室，绘有墓主夫妇出行画像（图 5-20）和绘有高士图的屏风，显示出与南朝绘画艺术的关系颇为密切。

图 5-20　山东临朐北齐崔芬墓墓主夫妇出行壁画

与北齐不同，北周的墓葬中虽然也绘有壁画，但其规模和技法都无法与北齐相比。已经发掘的北周墓中，壁画保存较完整的是宁夏固原李贤夫妇墓⑤，除在过洞上绘门楼外，甬道、墓室内都分绘持仪刀的仪卫（图 5-21）和执物女侍、伎乐立像。但是北周武帝的孝陵中，仍依汉魏旧制，没有绘

---

① 郑岩：《魏晋南北朝壁画墓研究》下编之六《"邺城规制"初论》，文物出版社 2002 年版。
② 山西省考古研究所、太原市文物管理委员会：《太原市北齐娄叡墓发掘简报》，《文物》1983 年第 10 期，第 1—23 页。
③ 山西省考古研究所、太原市文物考古研究所：《太原北齐徐显秀墓发掘简报》，《文物》2003 年第 10 期，第 4—40 页。
④ 临朐县博物馆：《北齐崔芬壁画墓》，文物出版社 2002 年版。
⑤ 宁夏回族自治区博物馆、宁夏固原博物馆：《宁夏固原北周李贤夫妇墓发掘简报》，《文物》1985 年第 11 期，第 1—20 页。

制壁画。①

当时生活在以今吉林集安地区为中心的高句丽族，由于受到中原文化主要是辽阳汉代壁画墓的影响，以及十六国时期前燕等的影响，也盛行壁画墓。其早期的壁画墓主要分布在当时高句丽都城所在的吉林集安地区；后期的壁画墓除集安地区外，也多发现于后期都城所在的朝鲜平壤一带。早期高句丽壁画墓以舞踊冢和角抵冢为代表，主要画面以生活题材为主，诸如宴饮、狩猎、角抵等，人物服饰多高句丽族原有服饰。墓室天井则绘天象，有星宿和仙人、奇禽异兽等。长川一号墓中还绘有礼佛等内容的画像（图5-22）。后期的壁画墓则四壁分绘巨幅四神图像，人物多中原服饰，以五盔坟诸墓为代表。

图5-21 宁夏固原北周李贤墓持刀武士壁画

图5-22 吉林吉安长川1号墓墓主礼佛壁画

（三）隋唐墓壁画

有关隋代壁画墓的考古发现不多，分布在陕西、宁夏、山东等地，多保留有较浓郁的北朝壁画传统。陕西潼关税村隋墓是其中规模最大的一座，因其邻近都城大兴，也应反映着隋朝中央上层人物的葬仪制度，可惜

---

① 陕西省考古研究所、咸阳市考古研究所：《北周武帝孝陵发掘简报》，《考古与文物》1997年第2期，第8—28页。

墓室内四壁的壁画已脱落，仅在顶部保留黑色天穹和以白色绘出的银河和星宿。墓道壁画是规模浩大的出行仪卫（图5-23）、鞍马和列戟，北壁门洞上方绘门楼。① 宁夏固原隋史勿射墓，亦遵北周墓室壁画旧制，墓道和天井绘拄仪刀的武士，过洞门上绘门楼，墓室内残留有女侍图像。② 山东嘉祥英山徐敏行墓壁画，则仍遵北齐旧制，墓门处有拄仪刀门吏，室内后壁绘墓内死者夫妇正坐于带背屏的大床上，观弄球舞伎，左、右两壁分绘侍从簇拥的鞍马和牛车。③

图5-23　陕西潼关税村隋墓墓道东壁中段第四组仪仗壁画

唐代的墓室壁画，主要发现于以陕西西安为中心的区域，也就是以都城长安为中心的区域内。绘有壁画的墓葬，一般来说规模较大，所葬死者

---

① 陕西省考古研究院：《潼关税村隋墓》，《壁上丹青——陕西出土壁画集》（上），科学出版社2009年版，第175—197页。
② 罗丰：《固原南郊隋唐墓地》，文物出版社1996年版。
③ 山东省博物馆：《山东嘉祥英山一号隋墓清理简报——隋代墓室壁画的首次发现》，《文物》1981年第4期，第28—33页。

是皇族，或为官员以及有爵位的人的坟墓。① 其中皇帝陵墓中的壁画，目前只发掘有僖宗靖陵一座，并多残损，只存部分仪卫武士和兽首人身的十二辰图像②，而且靖陵是关中十八陵年代最迟的，距唐朝覆亡不足20年，其陵墓规模和壁画水平完全无法代表唐陵壁画艺术。更具代表性的唐墓壁画，是陪葬帝陵的太子、公主或郡王墓中的壁画。自唐高祖到唐太宗时期，墓室壁画的布局与内容尚多沿袭北朝，如淮安郡王李寿墓壁画（贞观四年，630年）③和长乐公主墓壁画（贞观十七年，643年）④。也可视为唐墓壁画发展的初始阶段，时间可延续到高宗当政时，如陪葬昭陵的新城长公主墓壁画（龙朔三年，663年）。当武则天主政时期结束，于神龙二年（706）陪葬乾陵的懿德太子李重润墓⑤、永泰公主李仙蕙墓⑥和章怀太子李贤墓⑦等墓的壁画，已脱开北朝影响，显示出唐代墓室壁画独特的时代风貌。特别是永泰公主墓的宫女壁画，绘画技法极佳（图5-24）；懿德太子墓的城阙和宏大的朱辂仪仗壁画，显示出盛唐气势；章怀太子墓的出行游猎和马毬比赛（图5-25），更具生动情趣。这些都标志着唐墓壁画已进入成熟阶段。到开元天宝时期，唐墓壁画步入发展阶段，壁画人物形貌已追随当时风尚，崇尚体态丰腴，特别是仕女造型，更是衣裙宽肥，身姿胖美，模拟着贵妃杨玉环式的美人。这时也开始出现模拟六曲屏风的壁画，天宝四年（745）苏思勖墓壁画屏面绘各种姿态的老人图像⑧，此后又有壁画屏

---

① 宿白：《西安地区唐墓壁画的布局和内容》，《考古学报》1982年第2期，第137—154页。文中将唐墓壁画分为五个阶段：一为高祖至太宗中期，二为高宗在位期，三为神龙二年至开元十七年（706—729），四为天宝年间至肃宗、代宗、德宗三朝，五为宪宗元和年间迄唐亡（806—907）。
② 陕西省考古研究所：《陕西新出土唐墓壁画》，重庆出版社1998年版，图版一四八至一五二。
③ 陕西省博物馆、文管会：《唐李寿墓发掘简报》，《文物》1974年第9期，第71—88转61页。
④ 昭陵博物馆：《唐昭陵长乐公主墓》，《文博》1988年第3期，第10—30页。
⑤ 陕西省博物馆、乾县文教局唐墓发掘组：《唐懿德太子墓发掘简报》，《文物》1972年第7期，第26—32页。
⑥ 陕西省文物管理委员会：《唐永泰公主墓发掘简报》，《文物》1964年第1期，第7—33页。
⑦ 陕西省博物馆、乾县文教局唐墓发掘组：《唐章怀太子墓发掘简报》，《文物》1972年第7期，第13—25页。
⑧ 陕西考古所唐墓工作组：《西安东郊唐苏思勖墓清理简报》，《考古》1960年第1期，第30—36页。

图 5-24　陕西乾县唐永泰公主墓女侍壁画

图 5-25　陕西唐章怀太子墓马毬壁画

面绘树下仕女，或转向绘花鸟云鹤。到宪宗元和年间以迄唐亡（806—907），唐墓壁画日趋衰微，前述靖陵残画，可被视为以前唐墓壁画艺术之余响。

东都洛阳地区，目前尚很少发现绘有壁画的大型唐墓，突出的例子是唐睿宗贵妃豆卢氏墓①，葬于开元二十八年（740），保存的男女侍从、乘马出行和云气花鸟图案等，构图技法大致与都城长安墓室壁画近同。

在山西、北京、宁夏、新疆等地区也发现有绘壁画的唐墓。山西太原的唐墓中，多模拟屏风的壁画，屏面画为各种姿态的老人图像。北京海淀区八里庄唐墓北壁绘大幅花鸟壁画②，画面长290厘米、高165厘米，正中是一丛牡丹，花上彩蝶飞舞，花两侧绘芦雁，芦雁背后又有秋葵等花卉（图5-26），反映出唐朝晚期花鸟画之盛行。宁夏固原、新疆吐鲁番唐墓壁画也多屏风式构图，屏面绘有骏马、花鸟等，新疆吐鲁番唐墓还出土木骨绢面屏风实物，绘有伎乐、仕女、儿童及牧马图，可以对比研究。

图5-26 北京海淀八里庄唐墓花鸟壁画

在关中和中原以南，很少发现有壁画唐墓。目前只在湖北郧县发现过濮王李泰家族的坟墓有壁画，但残损较甚，能看清的有侍吏、男女侍仆的画像，风格仿自都城长安。③ 此外，广东韶关罗源洞清理的张九龄墓（开

---

① 洛阳市文物工作队：《唐睿宗贵妃豆卢氏墓发掘简报》，《文物》1995年第8期，第37—51页。
② 北京市海淀区文物管理所：《北京海淀区八里庄唐墓》，《文物》1995年第11期，第45—53页。
③ 高仲达：《唐嗣濮王李欣墓发掘简报》，《江汉考古》1980年第2期，第91—92页；湖北省博物馆、郧县博物馆：《湖北郧县唐李徽、阎婉墓发掘简报》，《文物》1987年第8期，第30—42页。

元二十九年，741年），残存有侍女、青龙等壁画①，是目前所知位置最南的唐墓壁画遗存。

（四）五代至元墓壁画

五代时墓室壁画仍沿袭唐风，河北曲阳王处直墓②有大幅山水屏障画，还有两幅施彩石浮雕，一为散乐女伎，一为持物侍女，人物众多，面相身姿仍具盛唐时肥腴之余韵。此外，陕西彬县冯晖墓和宝鸡李茂贞夫妇墓等，也保存有部分壁画和许多施彩砖雕。③

到宋朝建立后，在北宋、辽和西夏的控制区域内都发现有壁画墓。其中以西夏的壁画墓资料最少，但在西夏王陵中发掘的第8号陵中，残存的墓门外甬道两侧有擐甲佩剑的武士画像，但保存情况极差，已漫漶不清。④

北宋皇陵中的壁画，因地下墓室均未经发掘，目前还不清楚。只有宋太宗永熙陵祔葬的元德李皇后陵因早被严重盗扰，故曾加清理。⑤ 墓室内仿木构架上施建筑彩画，室顶及壁面上部原均绘有壁画，但已漫漶不清，仅能辨明墓室顶部原绘天象，涂绘青灰色苍穹，其上以白粉绘出银河及星宿。周壁原绘有建筑、云朵等彩画。⑥ 由此可以证实，北宋帝陵应有墓室壁画。其余的宋代壁画墓资料都出自一般平民的坟墓，在河南、山东、河北、山西、陕西等地都有发现，其中以河南地区发现较多，又以河南禹县白沙一号宋墓的壁画最具代表性。该墓所葬死者名赵大翁，葬入时间为元符二年（1099）⑦。墓前甬道壁上画背着口袋和钱串的人，表示给死者送来钱粮。墓门入口两侧绘有门卫和兵器。前室壁画以死者夫妇"开芳宴"为主题，西壁绘死者夫妇对坐椅上，其间是放有丰盛膳食的高桌，两人背后

---

① 广东省文物管理委员会、华南师范学院历史系：《唐代张九龄墓发掘简报》，《文物》1961年第6期，第45—51页。
② 河北省文物研究所、保定市文物管理处：《五代王处直墓》，文物出版社1998年版。
③ 咸阳市文物考古研究所：《五代冯晖墓》，重庆出版社2001年版。
④ 宁夏回族自治区博物馆：《西夏八号陵发掘简报》，《文物》1978年第8期，第60—70页。
⑤ 河南省文物考古研究所：《北宋皇陵》，中州古籍出版社1997年版。
⑥ 郭湖生、戚德耀、李容淦：《河南巩县宋陵调查》，《考古》1964年第11期，第564—577页。
⑦ 宿白：《白沙宋墓》，文物出版社1957年版。

都放有上绘水纹的立屏，并立有侍仆（图5-27）。与其相对的东壁，绘有女乐十一人，为正在宴饮的死者夫妇演奏。后室壁画表现死者内宅的情景，绘有持物侍奉的男女婢仆，以及对镜戴冠的妇人。绘画的技巧虽不甚出色，却能生动地表现出当时无官职的一般地主的生活，颇为写实。到北宋末年，又兴起在墓室中绘二十四孝故事图像之风，如嵩县北元村壁画墓①，其年代已迟至徽宗时期。

图5-27 河南禹县白沙北宋墓墓主夫妇开芳宴壁画

辽代的壁画墓，在从河北到内蒙古至辽东半岛的广大地区都有发现。辽墓壁画内容的变化，显示出当时契丹民族文化与中原文化不断碰撞融合的过程，既反映着时代特征又表现出地区风貌。早期的辽墓壁画，晚唐五

---

① 洛阳市第二文物工作队：《嵩县北元村宋代壁画墓》，《中原文物》1987年第3期，第37—42页。

代绘画的影响极为明显，目前发现的纪年最早的是内蒙古赤峰阿鲁科尔沁旗宝山辽墓①，共有两座，1号墓中有辽太祖天赞二年（923）题记，两墓的墓室及其中的石房内均绘有壁画。墓室内多绘男女侍从和鞍马，石房内则多故事画。1号墓石房东壁的壁画榜题"降真图"，所绘为汉武帝见西王母的情景；2号墓南、北两壁的壁画，据考证一为十六国时期苏若兰寄回文锦故事（图5-28）②，一为唐杨玉环教鹦鹉故事。③画中人物衣饰发式均沿袭唐画风貌，色彩鲜明，女像头饰的贴金仍色泽灿烂，使画面更显华美富丽。会同五年（942）耶律羽之墓④内壁画的艺术风格，也与宝山辽墓相似，都充分表现出辽代初年绘画艺术与晚唐五代绘画的密切联系。内蒙古巴林右旗索博力嘎（白塔子）北的辽庆陵，三陵都有壁画，仅东陵壁

图5-28　内蒙古宝山2号辽墓寄锦图壁画

① 内蒙古文物考古研究所、阿鲁科尔沁旗文物管理所：《内蒙古赤峰宝山辽壁画墓发掘简报》，《文物》1998年第1期。
② 吴玉贵：《内蒙古赤峰宝山辽墓壁画"寄锦图"考》，《文物》2001年第3期。
③ 吴玉贵：《内蒙古赤峰宝山辽壁画墓"颂经图"略考》，《文物》1999年第2期。
④ 内蒙古文物考古研究所、赤峰市博物馆、阿鲁科尔沁旗文物管理所：《辽耶律羽之墓发掘简报》，《文物》1996年第1期。

画资料有所保存。东陵为辽圣宗耶律隆绪（972—1031）和仁德皇后的陵墓，除建筑彩画和装饰图像外，墓道至各墓室、甬道壁面共绘与真人等高的人物70余个，有男像也有女像，服饰除幞头袍服外，多圆领窄袖、髡发的契丹装人像。特别是在中室内四壁的大幅山水画，分绘春夏秋冬四季的景色以及有关的鸟兽，如实描绘出辽皇室四时捺钵之所的景色，极具时代和民族特色。① 在辽东半岛和内蒙古草原分布的契丹贵族墓葬中，墓室壁画同样大量出现髡发的契丹装人物画像，在出行和归来图中又多绘鞍马（图5-29）和驼车，侍卫和婢仆中有髡发契丹装的也有汉族装束的。也常有散乐、马球等题材的画面，生动地反映了当时社会历史的真实面貌。在河北宣化一带的辽墓②，被认为是当时汉族人士的墓葬，壁画内容也多见通常的门卫、出行等图像，但更着重家居生活部分，除散乐外，侍仆备酒和备茶的图像，描绘得十分生动具体。有的死者虔信佛教，壁画中还有为

图5-29 辽宁阜新辽墓鞍马壁画

① 李逸友：《辽庆陵》，《中国大百科全书·考古学》，中国大百科全书出版社1986年版，第277页。
② 河北省文物研究所：《宣化辽墓——1974—1993年考古发掘报告》，文物出版社2001年版。

其诵读佛经准备的高桌，上面放置有带题签的经卷。在墓顶的天象图中，除常见的日月以外，还出现了十二宫的图形（图5-30），值得注意。

图5-30 河北宣化辽墓天象壁画

此后，金代墓葬中所绘壁画，内容和技法多沿袭宋、辽墓室壁画，但北宋末兴起的绘制孝子故事壁画之风，金代转盛，大量出现二十四孝壁画和雕砖，成为一时风尚。

元代以降，墓室壁画之风转衰。蒙元帝王陵墓不绘壁画。及至明清，已经发掘的明代皇帝陵——定陵内，以及曾被军阀盗掘的清代陵墓内，都不再绘制壁画。至于明清皇宫的殿堂中，也不再有整壁绘制的壁画，在今北京紫禁城中的三大殿内，已经寻不到壁画的踪影，只在建筑木构和室顶平棊藻井上有部分装饰彩画。至于一般官员和民众的坟墓内，也还有墓绘有壁画，考古发掘出的元、明、清时期的壁画墓都有所发现。其中特别值得重视的只有在大同发掘的至元二年（1265）龙翔观道士冯道真墓的壁画[1]，画面绘出捧茶、焚香、观鱼和论道的图像，特别是墓室北壁绘有大幅榜题为"疏林晚照"的山水画，山色葱蒙，意境深远，显示出道家的清幽意境（图5-31）。这可算是中国古代墓室壁画的余晖。

---

[1] 大同市文物陈列馆、山西云冈文物管理所：《山西省大同市元代冯道真、王青墓清理简报》，《文物》1962年第10期。

图 5-31　山西大同元冯道真墓"疏林晚照"壁画

四　古代壁画与艺术史研究

（一）汉代墓室壁画和艺术史研究

考古发现的众多墓室壁画，确实为中国艺术史的探研提供了前所未有的丰富的古代绘画实物标本。以汉代绘画来说，在文献中多有记述，已在前文"汉墓壁画"部分详加叙述。但是汉代帝王宫室中的各类壁画，早已随着那些建筑物的废毁，无迹可寻了。

关于西汉时的画家，唐张彦远著《历代名画记》中只列出六人，均引自《西京杂记》，都是汉元帝永光、建昭年间（前43—前34）的"画手"，文中也称为"画工"。东汉时的画家中，"刘旦、杨鲁，并光和中画手，待诏尚方，画于洪都学"。"光和"为灵帝的年号，当公元178年至184年。按《后汉书·百官志》，尚方属少府，"掌上手工作御刀剑诸好器物"，设尚方令一人，只是六百石的小官。画手即画工，隶属于尚方待诏，表明其身份与其他作刀剑器物的工匠没有区别。宫室中的壁画以及其他有关的画作，自为待诏尚方的画工所作，主要是绘人物画像。两汉时画工的绘画技艺，应比先秦时的画艺有所提高，达到"画人老少美恶皆得其真"，也有人善画牛马动物。当时画工也有所分工，有人善画，也有人更善"布色"。没有关于尚方画工从事墓室壁画的记述，但是为一些高级别的人物墓内绘制壁画的画工的技艺，虽然可能逊于尚方画手，但是当不会如后来北宋宫廷画院的画家与民间画工之间技艺水平相差那样悬殊。因此在今天缺乏有关两汉宫室壁画文物的情况下，墓室壁画中画技较高的作品，应能反映当时绘画的一般水平。

到东汉末年，情况有了新的变化，开始出现一些社会上层官员文人参与绘画的记述。如桓帝时，蜀郡太守刘褒曾绘云汉图和北风图。还有灵帝时命蔡邕画赤泉侯五代将相的故事。到献帝建安年间，更出现前述赵岐在寿藏中绘画的故事。这些人物画的绘制虽未脱离功能性的范畴，还不是专为艺术欣赏的绘画创作，但这些社会上层人士对绘画的参与，预示着魏晋时期中国绘画史的大变革。

遗憾的是，历史上记述的两汉时期能够绘画的人士的任何画作都没有留传下来。

基于上述情况，今天想要了解两汉绘画的面貌，就只有依靠田野考古的新发现了。考古发现中获得的有关汉代绘画的实物史料，包括墓室壁画，还有墓中出土的帛画、漆画，以及一些器物上的彩绘装饰图像，等等。但数量最多、画幅最大的还属墓室壁画。因此，汉墓壁画资料对于汉代绘画史的研究，其重要性无可讳言，确是弥足珍贵的了。但是，考古发掘资料有其局限性，目前已获知的汉墓壁画，只不过开启了一扇可以窥知部分汉代绘画状貌的小窗口，所以，只叙述汉墓壁画艺术，并不能替代对汉代绘画史的探研。在观察汉代墓室中所绘壁画时，应注意下述考古学方面的问题。

首先应注意的是汉代人在墓室内绘制壁画，并不是汉人葬仪中必不可少的要素。据不完全统计，至今经科学发掘的汉墓已有数万座，几十座带壁画的墓所占比例极为微小。即使在洛阳地区，已发掘的汉墓超过 3000 座[1]，绘有壁画的墓还不及 15 座，仅占总数的 0.5%。即使是墓内绘有壁画，一般也并不占很大面积。如卜千秋墓，其空心砖墓室结构、随葬遗物和葬制，均与同型式的空心砖墓相同，只在顶脊上和室壁山花处加绘了小面积的壁画。看来，壁画在当代人心目中并非是丧仪中不可缺少的要素。更应注意的是，墓室内绘制壁画，在汉代并不是显示死者身份地位的象征。已经发掘的带有壁画的汉墓中，只有西汉梁王墓中的一幅巨龙图是特殊的例子。此外，已经发掘的两汉超过 50 座诸侯王及夫人的墓中，都没有

---

[1] 赵化成、高崇文：《秦汉考古》，文物出版社 2002 年版，第 103、105 页。

绘制壁画；而显示身份地位的象征物，是玉衣、黄肠题凑（或黄肠石）、金印、车马和数量众多的豪华随葬品。只是到东汉晚期，才在相当于二千石的官员的墓中开始绘制壁画，这也使壁画题材朝着象征身份地位的车马出行和属吏幕府图像发展。由于汉代特别是东汉晚期以前，葬仪中并不重视壁画，所以，墓室壁画艺术并不能作为显示当时绘画水平的代表作品。

也正因为东汉晚期以前葬仪中壁画不受重视，所以目前已发现的汉墓壁画，几乎每座墓各有特点，缺乏共同的规制，这也给分析研究工作带来很大困难，以致有些人只注意孤立题材的考证，从考古学角度看，还缺乏结合墓葬形制、结构、葬制和随葬遗物与壁画内容的全面综合研究，否则也难于真正弄清汉代人的意识形态，以及当时人们对墓室壁画所绘内容的正确解释。

此外，还应注意汉代人埋葬死者的主要意图。对于这一点，魏文帝曹丕在所写《终制》中有极明确的阐述："夫葬也者，藏也，欲人之不得见也。"① 绘于地下墓室的壁画，与立在地面的祠堂中的画像不同，特别是埋葬以后，是他人不得见之物。当然也可能有例外，在陕西旬邑县百子村的一座东汉壁画墓中，在甬道前端两壁有墨书题记，东壁为："诸欲观者皆当解履乃得入观此。"② 这是否意味着绘画完成后、没有下葬前曾供人入墓参观？不得而知。舍此孤例不论，汉代葬仪中还没有葬前让人入墓随意参观的习俗，因此，通常墓室壁画并非供人观赏的作品，也因此会导致这种仅供丧仪的画作，其艺术水平不会达到当时的最高境界。

综上所述，汉墓壁画在题材方面受丧仪的局限，其技法仅能反映当时绘画艺术的一般情况，绝非代表汉画艺术的佳作。只是因为缺乏汉画真迹，所以能借以了解汉代绘画的大略轮廓，从而窥知当时的绘画技法和艺术特征的一般情况。期待今后的考古新发现，会给我们带来更多的汉墓壁画资料，能够不断丰富对汉代绘画艺术的认识。

（二）南北朝墓室壁画和艺术史研究

南北朝时期的墓室壁画，在内容方面与汉代有很大不同，已如上述。而

---

① 《三国志·魏书·文帝纪》，中华书局校点本1964年版，第81页。
② 郑岩：《一千八百年前的画展——陕西旬邑县百子村东汉墓细读》，《中国书画》2004年第4期，第54—59页。

且在中国绘画发展的历史中,在东晋时期发生了一次质的飞跃。可以看出,三国时期魏武帝曹操禁绝厚葬,风气为之一变,东汉时绘满壁画的多室大墓在其统治的中原北方地区基本绝迹。① 到南北朝时期,经历了漫长间歇期,随着社会政治经济情况相对稳定,南方和北方的统治者又重新规划墓仪制度,墓室壁画重又复兴,并呈现出新面貌。自东汉末到这一时期,中国古代社会经历过两次大的变乱。前一次是东汉末黄巾起义引致东汉覆亡,经群雄割据,战乱不断,直到三国鼎立,社会经济遭到极大破坏,旧制度、旧习俗也受到前所未有的冲击。后一次是西晋末最高统治集团内部纷争,即所谓"八王之乱",动摇了西晋王朝的统治基础,最终导致西晋覆亡,许多原处边陲的古代少数民族纷纷进入中原腹地,建立政权,战乱不断,逼得晋室东渡,中国历史进入东晋十六国时期。一时汉魏传统礼俗遭到空前破坏,各民族的碰撞、融合,外来宗教佛教文化的强烈影响,更催生新的礼俗的出现。在这样的大社会背景下,东晋的社会文化出现了强劲的创新之风,表现在艺术方面,不论是绘画、雕塑还是书法,都出现了划时代的新变革。② 继东汉末年一些上层社会的文人参与绘画以后,这时,不仅世家大族的文人中有更多的人热衷于绘画,连晋明帝司马绍也参与其中,而最著名的是顾恺之,不仅从事绘画创作,也进行绘画理论的研讨,《历代名画记》中还保留有他撰著的《论画》《魏晋胜流画赞》《画云台山记》等三篇。到这一时期,中国古代绘画发展的主流已是为艺术欣赏而进行的创作,逐渐与社会上画工从事的功能性质的绘画出现明显分野。后来南朝画风又经历两次变化,分别以刘宋陆探微和萧梁张僧繇为代表。画史中评价顾、陆、张的

---

① 杨泓:《谈中国汉唐之间葬俗的演变》,《汉唐美术考古和佛教艺术》,科学出版社2000年版,第1—10页。原载《文物》1999年第10期,第60—68页。文中述及当时尚未发现关于曹操陵墓的田野考古资料,但近来在河南安阳西高穴村清理了一座屡遭盗掘的东汉末年大型砖室墓,有学者考证它就是曹操的陵墓,引起社会各方人士广泛争论,该墓报告见河南省文物考古研究所《曹操高陵》,中国社会科学出版社2016年版。论证该墓为曹操墓的文章已集结成册,见河南省文物考古研究所:《曹操高陵考古发现与研究》,文物出版社2010年版。对该墓提出异议的文章,见徐光翼《"曹操高陵"的几个问题——河南高陵读后》,《中国考古学会论文集(2011)》,文物出版社2012年版,第385—402页。

② 杨泓:《北朝文化源流探讨之一——司马金龙墓出土文物的再研究》,载《汉唐美术考古和佛教艺术》,科学出版社2000年版,第115—125页。

绘画风格为"象人之妙，张得其肉，陆得其骨，顾得其神"①。

与汉画研究一样，虽然东晋至南北朝时期绘画创作极为兴盛，但是留传至今的仅有一些后代摹本，如传世的顾恺之《女史箴图》《洛神赋图》等，尽为后代摹本，而陆探微、张僧繇的画作，连摹本也没有传下来，因此大量的北朝墓室壁画和南朝的拼镶砖画，确又为我们提供了许多了解当时绘画概貌的实物标本。由于墓仪制度的变化，南北朝晚期，墓室壁画已成为当时显示身份地位的象征，所以壁画的质量比汉代有很大提高。但是因为受丧葬习俗等的制约，当时的墓室壁画仍不能被认为能代表当时绘画艺术的最高水平。在观察南北朝晚期的墓室壁画（包括拼镶砖画）时，应该注意下列问题。

在缺乏六朝绘画真迹的今天，南北朝时期墓室壁画的考古发现，确实为我们提供了一个窥知那一时期绘画一般时代风貌的窗口，具有无可比拟的史料价值。但是在探研南北朝时期的墓室壁画时，常会有人将某些墓中的画作与画史中著录的某些画家直接联系在一起。如当南北朝晚期，南朝墓中的拼镶砖画和北朝墓中墓室壁画都日益盛行，其时正值南北朝画风由陆探微的瘦骨清像向张僧繇的面短而艳过渡的时期。例如墓中的"七贤"图像拼镶砖画，恐应是依据名家粉本的再创作。因此有人就想推断墓中"七贤"画出自那位画家的手笔。又如北齐娄叡墓壁画被发现以后，有人就提出可能为著名画家杨子华的手绘。② 均实无确证。但是目前在有关文献中，还寻不到东晋南北朝时期有画家曾经在墓室内作画的记录，只是有许多名画家在佛寺中作壁画的事迹，其中最脍炙人口的是顾恺之在瓦棺寺绘维摩诘、施寺百万钱事。原因很简单，佛寺壁画是供广大人群供养观赏的，名家自然会去参与创作。墓室壁画则不同，幽闭的墓室和按墓仪摹写，即无人观赏又非艺术创作，名家自不会参与，而且也不必找名家，只画匠即可胜任。所以，没有切实证据就推测某墓为某画家的作品，在学术上是不负责任的。不过当时绘画名家的画风，在社会上影响深远，明显会影响到画工对墓室壁画的绘制；同时一些社会上盛行的题材，粉本流传，也会在墓室壁画中得到强烈反映，如"七贤"题材自是如此。因此，推测

---

① （唐）张彦远：《历代名画记》卷七，人民美术出版社1963年版，第150页。
② 史树青：《从娄叡墓壁画看北齐画家手笔》，《文物》1983年第10期，第29—30页。

某座墓室内绘制壁画的画工，是受到某位名画家画风影响，因而模仿画作，则完全有可能。所以，如果认为娄叡墓壁画摹仿杨子华画风的绘画，可能问题不大。这也和下面叙述的壁画"粉本"问题相联系。

关于南北朝时期的墓室壁画的绘制问题，涉及每墓是独立的创作，还是按照当时社会上流行的"粉本"、只有局部调整而绘制。当然，因为具体作画的画匠技艺不同，绘制的时间不同，也会出现许多不同之处。特别是墓室中正壁的墓主坐帐像，不一定都是死者容颜的写真肖像画。如磁县北齐高润墓内墓主坐帐像，就被认为是死者的肖像，且是"墓主即将瞑目去世的状态"[①]。可惜高润墓壁画当年并没有留下照片，仅据摹本难以作进一步研讨。但是，近年在山西太原发掘的北齐徐显秀墓，墓内壁画保存好，可以较仔细地进行研讨。徐显秀墓壁画表明，当壁画绘制完工时，并没有认真地验收检查。事例有二，一是墓主夫人像原起稿时，误将右眼位置画错，后来向上更正，但忘掉将误画的眼睛涂掉，结果，徐显秀夫人现在右边二目，左边一目，竟出现了三只眼睛（图5-32）。二是帐右侧伎乐中红衣吹笛子的一位，所画手姿是双手横持笛子吹奏的态势，却忘记画上笛子。再看墓内所有人像的面像，正面朝前姿态的墓主、墓主夫人、侍从、伎乐，不论男女，面相特征都千篇一律（图5-33），只是画匠将最重要的墓主像画得较仔细，特别是胡须较他人画得更为细致。[②] 如再看那些略呈半侧面的人像，也都如出一辙。这种现象只能表明，那些人像是依照当时流行的"粉本"，按

图5-32 北齐徐显秀墓壁画墓主夫人像，请注意其所画右目失误之处

[①] 汤池：《北齐高润墓壁画简介》，《考古》1979年第3期，第244页。
[②] 郑岩：《北齐徐显秀墓墓主画像有关问题》，《文物》2003年第10期，第58—62页。

同样模式摹绘的。另一个明显的事例,是南朝帝王墓室中嵌砌的拼镶砖画"竹林七贤与荣启期",现已至少发现4处[①],整体构图与人物体貌特征基本相同,这里以3处"七贤"中的刘伶像为例(图5-34),也表明是出于同一"粉本"。其实,"粉本"流传并不是坏事,这更能促进一些新兴的画风得以较迅速地传播,产生更广泛的影响。

图5-33 北齐徐显秀墓壁画墓主像与男侍像面相对比图
左为徐显秀像,右为男侍像

(三)隋唐以后墓室壁画和艺术史研究

隋文帝统一全国,导致画坛出现新面貌,原来分属南(南朝)、北(北朝)及东(东魏北齐)、西(西魏北周)的著名画家,得以同时汇聚于都城大兴(今陕西西安),其技艺从相互排斥、碰撞渐转互动、融洽,但还没来得及形成新的时代风格,即随着隋代国祚的短促而停顿下来。与画坛变化相联系的隋代墓室壁画,同样呈现出南北东西基本还维持着原有各地传统的混乱局面。这一局面直到李唐重又统一全国以后,才逐渐变

---

① 姚迁、古兵:《六朝艺术》,文物出版社1981年版。

图 5-34 南朝"七贤"砖画中的刘伶像比较图
1. 西善桥砖画刘伶像 2. 金家村砖画刘伶 3. 吴家村砖画刘伶

化,迄至高宗武后时期,才形成新的时代风格。① 唐代画坛沿袭南北朝时期的风格,并且继续发展,专事艺术创作的画家和以技艺进行各项功能服务的画工的分野日趋扩大,但是还没有形成如后世那样泾渭分明。技艺超群的画工尚有可能最终跻身于宫廷的名画家行列,著名画家吴道子及他的一些知名的弟子即是一个具有代表性的群体。社会文化的发展和社会习俗的变化,促进了绘画艺术的空前繁荣,除了人物仍是绘画题材的主流外,山水、花鸟等画科从萌发到形成,显示了强劲的发展势头。虽然唐代画家的主要创作表现在当时的卷轴画、屏障画及宫室庙堂壁画方面,但新的画风和画科的流传,仍旧在当时的墓室壁画中有强烈的反映,特别是当时皇室和高层官员墓中的壁画。所以在缺乏唐代真实绘画标本的今日,有关墓室壁画的考古发现,仍不失为探研唐代绘画的重要依据,具有重要的历史价值和艺术价值。

北宋以后,墓室壁画对艺术史研究的价值有了新的变化。北宋时皇家建立了画院,有的皇帝如宋徽宗赵佶自己就热衷于书画创作,从事绘画的人已明显分为画家和画工(画匠)两个截然不同的群体,即为艺术欣赏而创作的社会上层和以功能服务为职业的民间画工,其中前者代表了当时艺术创作的主流。现已发现的宋墓壁画,与其前发掘出土的隋唐时期墓室壁画不同,主要出于并非皇室高官的平民的坟墓之中,应系民间画工的作品,因此它们已无法代表当时绘画艺术创作的主流,应是反映着民间美术另一传统,因此其对于那一时期艺术史研究,与汉唐墓室壁画具有完全不同的意义。而且大量两宋绘画真迹保留至今,是绘画史研究的主要标本,墓室壁画的史料价值已与前大不相同。在学术方面,它们更多是提供研究当时民间墓仪葬制的有用标本,也是研究民间绘画工艺的重要资料。

(本文由《中国墓室壁画和中国美术史研究》和《中国古代壁画略说》二文合并修改而成。前一篇原刊韩国中国史学会《中国史研究》第35辑,第27—43页,2005年4月;后一篇原刊《古代墓葬美术研究》第一辑,第1—22页,文物出版社2011年版)

---

① 杨泓:《隋唐造型艺术渊源简论》,《汉唐美术考古和佛教艺术》,科学出版社2000年版,第156—163页。

异彩纷呈的传统工艺美术

一

当文明的曙光初照中华大地时，工艺美术之花已随之萌发，最先展现光彩的是陶艺和玉雕。

史前时期的陶艺，通常被视为人类历史步入新石器时代的标志。在中国境内，目前发现的时代最古老的陶器，距今约为一万年，是在湖南道县玉蟾岩遗址出土的遗物，是一件黑褐色夹砂陶的敞口尖圜底釜形器（图6-1）。把经水湿润后的黏土塑造成型，晾干以后再用火焙烧，使它烧结成为坚固耐用而不漏水的陶器，是用人的力量把天然物改造成为另一种物质的开端，代表了当时工艺技术的最高成就。因为在懂得烧制陶器以前，人类制造工具只限于改变自然物的形状，例如把自然界存在的石头敲砸成石片，再敲压、琢磨而形成具有特定用途的工具，但并没有能改变其材质。陶器的制造就不同了，它是通过化学变化把一种物质改造成另一种物质的创造性活动。

制陶术的发明是凝聚了史前人类许多代人的劳动，花费了成百上千年的时间才创造成功的劳功结晶。遗憾的是，至今学者还不能确切弄清楚陶器是在什么时候发明的和怎么发明的。通常的一种推测是古人因为偶然把涂有黏土的篮子放在火旁，后来被火烤得发硬，成为不易漏水的容器，从而得到启发，以后就有意去效仿并不断改良，终于发明了制陶术。也许是因为以上的原因，最原始的陶器都在形貌上模仿过去常用的器皿，例如编织的篮子以及葫芦、皮袋等，后来陶器制作技艺日趋成熟，才塑造出具有自身特点的各类器皿。

由原始的无窑焙烧到构筑可以控制温度和火候的陶窑，由以手捏塑器坯发展到慢轮泥条盘塑法，制出的陶器的质量显著提高，器形日趋规整，器类日渐增多，于是人们有可能将一部分精力转向提高陶器外观的装饰效果。仅在器坯上拍印或刻划简单的装饰花纹，已不能满足人们的审美需求，于是"彩陶"工艺便在人们探寻新的装饰手段的过程中应运而生。这种新工艺，是先在器坯上绘彩，然后入窑焙烧，制成陶器上的彩色纹饰，不易褪色，用水刷洗也不会掉色，美观实用。

仰韶文化半坡类型时期的"艺术家"，已经在距今约6800—6000年的时候熟练地掌握了这种工艺技巧，在红褐色的陶器上装饰了明快醒目的黑彩纹样。当时人们喜爱的彩绘题材，以游鱼为主，多选体态灵动的游鱼的侧影，构成各式单体或复体的鱼纹，和谐、单纯的直线形式抒发出恬静、质朴的美感。而常常与游鱼一起绘出的人面图案，圆面细目，头顶有三角形的高冠饰，口衔双鱼，或者头额两侧簪插双鱼，作风粗犷、古朴，且具有浓郁的神秘色彩，应与原始巫术有关（图6-2）。此外，蛙、鸟和小鹿，有时也是半坡彩陶摹写的对象（图6-3）。

图6-1　湖南道县玉蟾岩
　　　　遗址陶釜形器

图6-2　陕西西安半坡遗址仰韶
　　　　文化人面纹彩陶盆

稍迟些的仰韶文化庙底沟类型的"艺术家"，则以构图美丽、曲线起伏的花卉图案构成彩陶的装饰花纹带，也常摹写翱翔天空的飞鸟。或许鱼、鸟等动物图像在当时还有更深的含意。河南临汝阎村出土的一件陶缸壁面上，彩绘有白鹳口中衔着大鱼、旁竖石斧的图像，画面高37厘米、宽44厘米，是目前在中国发现的史前陶器上画幅最大的作品。当仰韶文化彩陶艺术在黄河中游地区走向衰落之后，在这条著名大河的上游，马家窑文化的彩陶艺术之花却日益芳香。具有特色的是满绘彩纹的体态丰硕的大型陶壶和陶罐，其上面回旋舒卷的圆涡图案华丽多变。还出现了模拟人形的彩陶壶，或是将壶口塑成人头，或是在壶体上贴塑裸体人形，将人体与壶体巧妙结合，形象突出且有神秘色彩（图6-4）。

随着时间的推移，人们审美的情趣也发生了新的变化，图案繁缛的彩陶又被单色而制工精致的陶器所取代。特别是山东地区龙山文化中流行的薄壁黑陶，器类以高柄杯为多，陶质细腻，表面漆黑发亮，壁厚只有0.5—1毫米，最薄的器壁只有0.3毫米，类似禽蛋的薄壳，故习称"蛋壳陶"。如此制工精致的陶艺作品是前所未见的，而且在以后也不复出现（图6-5）。

图6-3　陕西临潼姜寨仰韶文化鱼鸟纹彩陶瓶

图6-4　青海柳湾人形彩陶壶

图6-5　山东临沂湖台龙山文化黑陶杯

原始的玉雕艺术，大约出现于距今7000—5000年前，几乎与史前彩陶艺术同时。它萌发于石器制作中，人们在选择、打制、琢磨石器时，逐渐发现了一些比普通石料要美丽的彩石，这些彩石质地细腻温润，色泽柔和晶莹，给人以美和愉悦的感受，这就是玉石。

最初，人们将一切温润而有光泽的美丽彩石一概称为"玉"，并用以琢雕器物。在中国最早的汉字字典许慎的《说文解字》中，"玉"字的释意即为"石之美"者。严格说来当时人称的美石，并不完全是今天矿物意义上的玉。因为矿物学上的玉只包括硬玉和软玉两类，其中硬玉属单斜辉石碱性辉石的一种，俗称翡翠，颜色从翠绿、苹果绿到白、红都有，红者称翡，绿者为翠，具有珍珠或玻璃的光辉。软玉是一种交织成毡状的阳起石或透闪石，颜色由乳白、苹果绿到墨绿，琢磨后可呈现灿烂的蜡样光泽，质坚韧，不易压碎，是上好的雕刻和观赏材料。发展到商周时期，中国史前社会的内涵广泛的美石玉（或称彩石玉），逐渐被质地上乘的软玉取代，以后软玉成为中国古代玉器的主体用材而沿用不衰。

由于玉料来源的限制和玉器加工需要相当长的时间和耐力，所以人们一开始就对玉十分珍爱，主要用于精雕细琢成各种佩饰和特殊的装饰品，供把玩观赏，使其有高于石、木、骨、陶等器实用功能之上的审美价值。

目前所知时代较早的玉器，多是小件的管、珠、耳坠等首饰，发现于河姆渡遗址第四层和仰韶文化半坡遗址之中，都是距今7000年左右的制品。早期玉器还发现于红山文化遗址中，其中时代稍迟的玉龙（图6-6），则是形体颇大的作品，出土于内蒙古翁牛特旗三星他拉，颜色墨绿，长鬣方吻，身躯勾曲，造型呈C形，整件体高26厘米，颈背处有供穿系的圆孔。它体大且重，显然不能供人随身佩饰，很

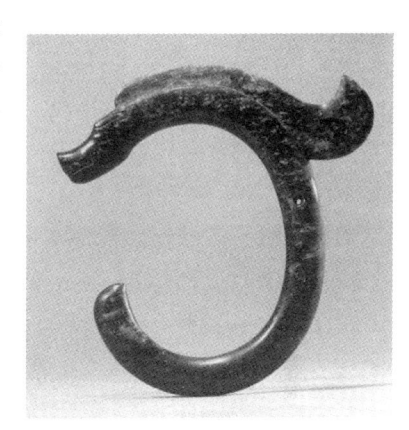

图6-6 内蒙古三星他拉红山文化玉龙

可能是在特定场合（如祭祀时）被当众悬挂，供人们祈求拜谒之用。这应与原始氏族的信仰有关，或可视为史前玉雕已脱离饰玉的局限而迈入礼玉的门槛。

到了更晚的良渚文化（距今约3000年前）时期，生活在长江下游的原始先民，进一步掌握了制玉工艺，制作了诸如雕琢有精致的神人兽面图像的玉琮、玉璧、玉钺等，明显具有礼玉的特征，玉钺更象征着持有者的权威。大约从这时起，中国古玉器便依其功能和造型分为两种不同的发展序列：一种是礼玉，如圭、璧、琮等，表现为规矩、对称、稳定的造型；另一种是饰玉，主要为动物如鸟兽等造型，或是具有装饰趣味的图案雕

101

饰，一般形体生动，技法多变，更具观赏价值。

由于制玉需要高度的工艺技巧，目前学者对史前玉器确切的制作工艺尚处在研究探索阶段。但十分明显，千百年中人们积累的史前石器制作中的切、琢、磨、碾、钻、雕、镂及抛光等技术，都被人们运用于玉器加工中，很可能还把硬度大于软玉的石料制成了石钻和雕刻器，再以硬度很高的石英砂（又称"解玉砂"）兑水后助磨玉器。古人所谓"他山之石，可以攻玉"（《诗经·小雅·鹤鸣》），正表明古代以石攻玉的原始工艺。

由于年代的早晚差异和地域的广阔，不同史前文化玉器的艺术风格各异。辽东半岛和内蒙古地区的红山文化玉雕，风格质朴而粗犷，多不作细部刻划，典型作品有勾体玉龙、兽形玦、伏凤、勾云形器、马蹄形箍等。山东等地的龙山文化玉雕，突出地采用镂雕的手法，纹样繁缛华美，装饰趣味浓郁，典型作品如玉冠饰和龙形、凤形佩饰等（图6-7）。江南地区的良渚文化玉雕，造型一般规范对称，而器表雕饰细密工精的装饰纹样，采用了减地浮雕与阴刻循环细线相结合的技法，最引人注目的是"神人兽

图6-7　湖南沣县玉凤佩饰　　　　图6-8　浙江反山良渚文化玉琮王

面"图案，以及夸张或变形的兽面纹样，造成神秘而震撼人心的狞厉美感。典型作品以与原始巫术或神祇崇拜有关的礼玉为主，如琮、璧、钺等器，最大的玉琮体高达8.8厘米，射径17.6厘米，重达6.5千克，被人们习称"琮王"（图6-8）。

二

随着人类文明史的演进，新兴的冶铜工艺将人们引入"青铜时代"。史家一般认为，中国青铜时代的前端是古史传说中的夏代。

传说禹建立了中国历史上第一个王朝——夏以后，以天下九州送来的铜料，再搜求远方百物的图像，铸成巨大的九鼎，以使民众能"知神奸"，得以趋吉避凶，不受魑魅魍魉的侵扰。虽然禹鼎未能流传到后世，但近年从发掘被认为是夏文化的河南偃师二里头遗址获得的青铜遗物，可以证明，在夏代中国确已迈入青铜时代的门槛。

追溯中国古代青铜器的源头，目前所知最早的实物，有甘肃东乡林家出土的小铜刀和永登蒋家坪出土的残断的小铜刀，都是以单范铸造，时间约在公元前3300—前3000年之间。至于黄铜残片的发现，时间更早到公元前4700年，出土于陕西临潼姜寨的仰韶文化遗址之中。到了龙山时代，中国已进入铜石并用时期，已经能够制作青铜容器。容器的铸造与单范浇铸的小刀已有很大不同，是青铜冶铸技术趋于成熟的标志。

由于铜（红铜）的硬度低而熔点高，不适于使用，古人只有掌握了铜（红铜）与锡或铅的合金即"青铜"工艺后，才能制作适用的器皿、工具和兵器，从而改变社会的面貌。青铜与红铜相比，熔点降低，而硬度增强，例如含锡10%的青铜，硬度为红铜的4.7倍。同时，熔化后的青铜在冷凝时体积略有涨大，所以在范铸时填充性好，气孔少，具有较高的铸造性能。不过青铜器的铸造工艺被古人掌握，也非易事，不知多少代人为此备尝艰辛，才逐渐摸索出来从采矿、冶炼、浇铸到修整的整套工艺。

在浇铸时，首先要将器物依形貌制成器物的铸型——范。最早只懂得用简单的单范，后来懂得用上下两块范合范浇铸，才能制出扁体的双面造型的物品。但是要制作有容积的立体造型，就必须使用多块范，而且还要装有内模，需要人们掌握更精湛的技艺。如果在素平的器物表面施加装饰纹样，就更复杂些，需要先将纹饰刻在母模上，用母模翻成泥范，然后再合范铸器。

从中国的考古发现来看，青铜器由单范到合范，再发展为多块合范的技艺，到龙山时代才初见端倪。不过那时还仅是容器制作的初始，至于数量较多的不同器类造型的出现，则要迟到二里头文化时期，其年代正与古史传说中的夏代相当，那时中国的青铜器铸造技艺已趋成熟。只是目前二里头遗址中所获得的青铜器，虽然已有爵（图6-9）、斝等容器，还有兵器、乐器及小件工具，但一般外貌朴拙，有装饰花纹带的器物也较简单，尚难与传说中那些具百物图像、纹饰复杂、形体硕大的夏鼎相类比。最值得注意的艺术品是兽面牌饰，其中一件牌面上以超过200块小绿松石嵌镶出兽面图案，工精华美，是具有诱人魅力的古代艺术品（图6-10）。此后迎来了商周时期中国青铜艺术的高峰。

图6-9 河南偃师二里头遗址铜爵

商代（约公元前16—前11世纪）的青铜器，制作精美，装饰多样，已可视为中国青铜艺术的成熟作品。1976年在河南安阳殷墟发掘商王武丁法定配偶之一的妇好的墓葬时，所获得的一组青铜器，即是殷商青铜艺术繁荣盛况的缩影。那座墓中出土的青铜器多达460余件，估计总重量超过

图 6-10　河南偃师二里头遗址嵌绿松石铜饰牌

1625千克。其中青铜礼器所占比重最大，计210件，约占总数的45%。这些青铜礼器中至少有190件铸有铭文，包括两件体重超过100千克的大方鼎和一套罕见的三联甗，还有重71千克的偶方彝（图6-11）。像三联甗和偶方彝这样造型特殊奇伟的礼器，过去尚未发现过。这些器型硕大而沉重的青铜礼器，以其精良的铸工，繁缛的纹饰，宏伟的造型，向今人展现出殷商青铜艺术的时代风貌。

殷商青铜器中，最具代表性的是属于礼器范畴的作品，此外是兵器和车马器。青铜礼器又可分为食器、酒器和水器，食器类有鼎、鬲、甗、簋等，水器经常见到的只有盘，而品种最多的是酒器，可能与殷人嗜酒有关。最早出现的青铜酒器是三足的爵和斝，以后器类日繁，形成以觚、爵、斝为核心的器物群，包括觯、尊、卣、壶、觥、罍、盉、瓿和方彝等。特别是尊、卣等器，常被铸成鸟兽等动物形貌，更富艺术情趣。

这类铸成鸟兽形貌的青铜艺术品，又可分为两种。一种颇为肖形地模拟真实的动物，造型生动传神，有牛、猪、犀、象、虎、鸮等，典型作品如妇好墓出土的鸮尊、传世的犀牛形貌的小臣艅尊（图6-12），以及湖南湘潭出土的猪尊和醴陵出土的象尊。另一种作品则更具有想象力，常将许多种动物的特征汇合在一起，或者干脆塑造成虚构的神物，显得神异诡谲，

105

今日更具欣赏价值。例如妇好墓出土的司母辛铭四足青铜觥（图6-13），它的头部似马，却长着一对扭曲的羊角。两只前腿较长，下生兽蹄；一双后腿却较短而下生鸟爪，上腿根部还浮凸出带羽毛的翅膀。这类作品中还出现过人的形象，有的人兽合体，如头生龙角的人面盉；有的人兽共存，如著名的传世品"猛虎食人"卣（图6-14）。或认为并非老虎食人，人与虎亲切拥抱，它是巫师通天的法器，更显神秘莫测。上述作品已可视为独立意义的青铜雕塑，是研究中国古代雕塑的珍贵资料。

图6-11 河南安阳殷墟妇好墓铜偶方彝

图6-12 商代小臣艅铜犀尊

图6-13 河南安阳殷墟妇好墓司母辛铜觥

图6-14 商代"猛虎食人"铜卣

殷商青铜器上最突出的主题纹样是兽面纹，由于北宋时的金石图录中认定这种兽面纹即为《吕氏春秋》中所说的"饕餮"，是一种"有首无身"性好吃人的贪婪的怪物,因而被人们沿用至今。不过将兽面纹视为饕餮并不贴切,因为殷商青铜器上的兽面纹并非只有头而没有身躯。而且在时代较早的作品中,它的身躯颇为明显,兽面两侧伸展着长条形的躯干,还有足和尾巴。后来演化为只在头的两侧伸出利爪,但足爪细小,更反衬出巨头的威严狰狞。兽面为正面,以竖直的鼻梁为中线,左右对称地分布着双角、双眉和"臣"字形的双目,鼻梁下接翻卷的大鼻头,以下是横向阔张的巨口。整体容貌威猛凶怪,呈现出折服观者的庄重威严的氛围,是持有者权力的象征,令人备感沉重、压抑。所以也有人认为,它体现了被神秘化了的超人力量和狞厉之美。

除兽面纹外,殷商青铜器常用的装饰纹样,还有夔纹、龙纹、蝉纹、蚕纹、龟纹和鸟纹等。时间越迟,纹饰越繁缛,等到殷商晚期,器表主体纹饰四周都填满雷纹作衬地,特别是壶、尊、罍等器,外表几乎不留一处空白,又在器身上附加凸起的扉棱和牺首等装饰,形成过分繁缛华美而趋于奢靡的时代风格,或许也是一个王朝趋于没落的象征。

西周时期的青铜器,最初在造型纹样等方面还承袭殷商传统,后来形成自己的面貌。虽然礼器还是青铜器的主要内容,但器类有新的变化。由于周王认为殷人嗜酒是亡国的主因之一,所以周初极力打击纵饮的恶习,反映在青铜礼器的组合上是酒器所占比重相对减少,食器更具重要位置。至于器类,西周青铜酒器由殷商以爵、觚为主,改为以觯、爵为基本组合,食器中突出的是簋和鼎,而且逐渐使用大小递减的多件铜鼎成组配列,开后来显示身份的"列鼎"制度之先河。器物的整体造型和装饰纹样也发生变化,并且开始流行在礼器上铸长篇铭文的礼俗,有时铭文多达几百字,形成一篇文章,恰是后人据以探究西周史实的绝好资料(图6-15)。

至于西周时期的装饰纹样,已由晚商的过度繁缛奢靡又趋简约质朴,兽面纹已简化而较富图案趣味,失去原来威严狰狞的色彩。但是在其他纹饰趋于简约的同时,只有鸟纹向华美发展,殷商晚期铜器装饰的一种小鸟纹,到西周时已演变成回首、垂冠的大鸟纹,拥有卷曲华丽的长尾,经常成对相向地构成装饰带的主题纹样。人们认为这种大鸟纹就是传说中凤鸟的图像,由于西周王朝勃兴与凤鸟祥瑞传说有关,所以当时周人偏爱这类大鸟形象,于是华美的凤鸟纹成为西周青铜艺术装饰的特征之一(图6-16)。

图 6-15　陕西扶风西周史墙铜盘

图 6-16　陕西扶风西周铜盉

东周时期，周王室衰微，诸侯争霸，各地竞相发展青铜铸造工艺，促使青铜艺术步入新的发展阶段，从造型到纹饰都突破了西周青铜器原有的传统，新的器类、奇特的造型层出不穷，许多作品呈现出地区特色。殷商以来曾占据主要位置的神秘威严的装饰基调，逐渐被华美写实的新装饰风格所取代，大量描绘贵族生活如宴乐、狩猎、战争等的装饰画面，布满铜器表面，表明青铜器的装饰日渐走向人间化和生活化。同时与日常生活起

异彩纷呈的传统工艺美术

居关系密切的器具备受重视，例如可供照明的灯具和服饰用器。灯具为以前所罕见，这时已颇流行，仅在河北平山中山国墓葬中，就有十五连盏铜灯和银首人俑铜灯（图6-17）。服饰用器又以用于革带的带具（带钩和带镣）与照人容颜的青铜镜发展最快。特别是青铜镜，虽然早在齐家文化时已有使用，但直到殷商和西周时仍极罕见。此时却大量涌现于世，以其绚丽多姿的纹饰和精湛的工艺展示出诱人的艺术魅力，形成了一项独特的艺术门类。

随着冶金工艺技术的进步，特别是失蜡法铸造技术和鎏金与错金银工艺的应用，也使东周青铜器展现出前所未有的华美面貌。由河南淅川春秋时期楚墓出土的青铜禁可以推知，春秋时期中国已能应用失蜡法铸制体量颇大的青铜器。更为人们熟知的作品，是战国时期曾侯乙墓出土的尊盘（图6-18），尊口的复杂的蟠虺装饰系应用失蜡法铸造的成功范例。这种工艺技术的运用，增强了器物外貌精密纤巧的美感，形成具有时代特征的艺术风格。鎏金和错金银工艺的运用，更使青铜器的外观富丽华美，河北平山战国时期中山国王陵发掘出土的错金银艺术品，如猛虎噬鹿器座、牛形和犀牛器座、有翼神兽（图6-19）和龙凤纹方案，正是其中的典型代表。东周以后，鎏金工艺和错金银工艺依然流行，直到汉代经久不衰。著

图6-17 河北平山中山国银首人俑铜灯

图6-18 湖北随县战国曾侯乙铜尊盘

名的河北满城西汉中山靖王刘胜及其妻窦绾墓出土的长信宫鎏金铜灯、错金铜博山炉（图6-20），以及江苏出土的东汉时的错银牛灯等，都是实物例证。

图6-19 河北平山中山国
错金银铜神兽

图6-20 河北满城西汉刘胜墓
错金铜博山炉

在青铜艺术日益繁荣的同时，玉雕艺术也在原来史前玉雕的基础之上，进入了新的发展阶段。殷周的玉雕大致仍沿袭礼玉与饰玉两种发展序列。特别是进入周代以后，人的道德行为都被纳入礼制之中，礼玉更受重视，它还被赋予人格的色彩，成为礼制和最高伦理的载体，系统化为所谓"五瑞"（璧、圭、琮、璜、璋）、"六器"（苍璧、黄琮、青圭、赤璋、白琥、玄璜）等，其形制严格规范，尤以璧最受重视，已成为财富、身份和地位的某种象征。至于饰玉，由于雕琢玉器技艺的提高，日趋华丽精美，形貌多变，更具艺术价值。

在二里头文化的遗物中，仪礼性用玉器多有发现，造型简洁，向大型化过渡的趋势日趋明显，例如戈和刀形端刃器（有人或称为"璋"）。到殷商时期，湖北盘龙城出土的玉戈已长达93厘米（图6-21），是目前所知古代玉戈中形体最大的一件。在殷墟妇好墓中，出土有刻字玉戈和朱书玉戈，还有钺、琮、璧、璜、玦、环等与礼玉有关的玉雕。至于饰玉，更是妇好墓中出土的最多的玉雕作品，所雕题材广泛，包括飞禽走兽、水族和草虫以及一些神话中的动物，还有人像，总计不下20余种。除人像外，有象、熊、虎、猴、兔、马、牛、羊、鹤、鹰、鸮、鹅、鸬鹚、鹦鹉、鱼、蛙、鳖、螳螂，还有凤（图6-22）、龙和怪鸟。这些玉雕显示出当时对玉料的选择、开料和琢磨技术已具有相当高的水平，并进一步掌握了钻孔、细磨和抛光等工艺，与史前玉雕相比，已是极成熟的作品了。

图6-21 湖北盘龙城商大玉戈

图6-22 河南安阳殷墟妇好墓玉凤

这些玉雕的造型大致分为两类。一类是立体雕刻，大致保持着玉坯立体的原型，依势设计物像的形貌而加局部雕饰而成；另一类是扁体雕刻，是先将玉坯割解成扁片，再将其磨成圆形片，中央穿孔成璧状，再分割成若干玦形玉片，最后在玦形轮廓内局部雕琢而成，因而所雕出的物像（无论人或动物）都是正侧面的剪影。

商代玉器制作还懂得运用"俏色"工艺，也就是利用玉料不同的天然色泽纹理，刻意安排，雕出的动物躯体部位自然呈现不同颜色，使作品更富情趣。例如1975年在安阳殷墟发现的玉鳖（图6-23），选用的玉料墨、灰两色相间，雕刻作者把玉料的墨色部分安排为鳖背甲部位，而将灰白色部分安排雕鳖头、颈和腹部，雕成的作品色泽天成，自然生动，表明古人在选料和设计造型方面极具匠心。至于在江西新干大洋洲商墓出土的玉羽人（图6-24），羽冠后联结三个镂雕而成的活环，又表明当时掌握了颇为精巧的镂雕工艺。

周代的玉雕，礼玉的雕制趋于制度化。同时还使用成组的葬玉，主要有覆盖于尸体面部的玉面罩。这种玉面罩常由遮盖眉、目、鼻、口、耳等

图 6-23 河南安阳殷墟俏色玉鳖

图 6-24 江西新干大洋洲商墓玉羽人

部位的形状各不相同的小玉片组合而成。在河南的洛阳、三门峡以及山西等地周墓中多有出土。1990年在三门峡西周虢国墓地出土的一组青玉面罩，由印堂、眉、目、耳、鼻、腮、口、下颚及髭须等大小12片组成，特征明显。

周人在日常生活中更是讲究佩玉，所谓"君子无故玉不去身"。近年来，在陕西、河南、山西等地的西周墓中经常发掘出土成组的玉佩饰，例如1983年陕西长安张家坡出土一串由大中小三件玉璜间以玉珠、玉管等串联的佩饰，颇显华美。至于山西天马—曲村西周晋侯墓地诸墓中出土的随葬玉佩饰，数繁类多，几乎覆盖尸体全身（图6-25）。东周时期，玉佩饰雕工更精，例如曾侯乙墓出土的多节玉佩（图6-26），以多块形状不同、大小不等的白玉，分别雕成龙、凤、璧、椭圆形及其他形貌，再相互勾连、套接成全长48厘米的大型佩饰，工艺复杂而形状优美，佩挂于身，更能显示古代王侯的贵族风范。

秦汉时期，佩玉和葬玉之风仍盛行不衰。西汉时的组玉佩，以广州西汉南越王墓的出土品蔚为大观，该墓出土玉佩多组，一般由数枚精致的玉雕饰品组成，有的还间用其他质料的珠饰串联而成。其中以墓主所佩和他的右夫人所佩的两组最富丽豪华，墓主的组玉佩由龙凤涡纹璧、犀牛璜等32件饰品串组而成，复原后全长近60厘米（图6-27），佩于腰部束带上至少可垂悬至膝。右夫人的一组佩饰由连体双龙涡纹珮、三凤涡纹璧等20件各种质料的饰物串组而成，也极豪华富丽。

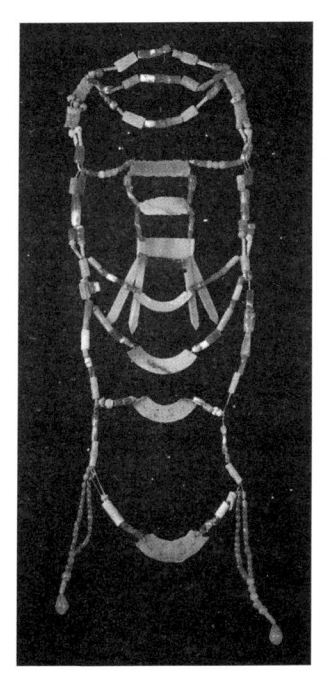

图 6-25 山西西周晋侯墓玉组佩 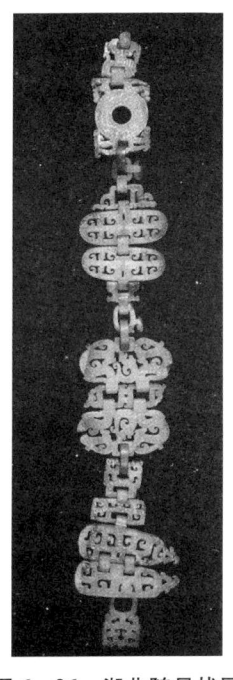　　图 6-26 湖北随县战国曾侯乙墓玉组佩 　　图 6-27 广东广州西汉南越王墓玉组佩

汉代的葬玉，已由周代的玉面罩，发展成为套装全身的玉葬具——玉柙，考古报告中习称为"玉衣"，由众多小型玉片以金属缕（金缕、银缕、铜缕）乃至丝缕编连成形。最精美的作品是中山靖王刘胜和其夫人窦绾的两具玉葬具。刘胜的一具外观如人形，可分解为头部、上衣、手套、裤筒和鞋五部分，所用玉片多达 2498 片，仅穿缀用的金缕（细金丝）即重达 1100 克（图 6-28）。

至于一般人使用的葬玉，大都仅用玉琀（多雕成蝉形）、玉握（璜形或猪形）和玉塞等。西汉武帝通西域以后，新疆和田地区特产的优质玉料大量输入中土，这种玉温润洁白似羊脂，又被称为"羊脂玉"。1966 年在陕西咸阳汉昭帝平陵遗址发现的雕琢精美的仙人骑天马玉雕，就是这种玉材所雕制。同出的玉器，还有玉辟邪（图 6-29）、熊等。汉代以后，和田白玉在中原日趋流行，成为中国古玉器的主要用材之一。

图 6-28　河北满城西汉刘胜墓金缕玉柙

图 6-29　陕西咸阳西汉玉辟邪

三

自东周至秦汉，漆器开始较广泛地进入人们的日常生活之中，以其外观的华美和形体轻便，排挤了粗糙的陶器和笨重的青铜器，成为最受人们欢迎的日用工艺品。中国古代漆器使用的生漆，来自从漆树割取的天然液汁，主要由漆酚、漆酶、树胶质及水分构成，用它作涂料，有耐潮、耐高温、耐腐蚀等特殊功能，又可配制各种色漆，增加器物的美观，从而形成中国传统工艺美术的一个独特的门类。

中国古漆器的源头，也可以追溯到史前时期，已知最早的漆器出土于浙江余姚河姆渡遗址，是距今约 7000 年的产品。那是一件形貌古拙的木碗，内外均施朱红色涂料，经化验认为是一种生漆。后来在浙江的良渚文化的遗物中，又发现嵌玉高柄朱漆杯，是距今约3000年的产品，表明漆器的制造已和玉雕相结合，超出实用功能，已成为艺术品。

商周时期的漆器，曾在河南、河北、陕西、湖北、山东、北京等省市发现过，当时已在漆器上镶嵌蚌壳、玉石等，或可认为是后世螺钿漆器的雏形，但多保存不佳，常常只存漆皮残痕，有的尚可推测复原其形貌，例如北京琉璃河西周墓发现的嵌蚌饰的漆豆、漆罍、漆觚（图6-30）等。

到战国时期，漆器工艺呈现出其发展的第一个高峰，考古发掘中获得漆器的数量大增，主要是楚地的产品，不但有日常食器的杯、盘、豆（图6-31）、卮等器，以及盒、奁等盛器，还有几、案乃至大床等家具，至于钟架、磬架以及兵器的柲柄、盾牌、矢箙、弩臂，还有盛殓死者的棺以及随葬的镇墓俑等，表面皆髹以彩漆，工精物美。漆的色调，基本以红、黑两色为主，施于小件物品如杯、盘等上，基本是"朱画其内，墨染其外"。器内涂朱红，明快热烈；外表髹黑漆，沉寂凝厚，使器皿又具稳重端庄之美。红黑对比，冷暖互济，更衬托出漆器的典雅和富丽，产生强烈的装饰效应。在一些实用的漆器上，还装饰有色泽鲜艳的漆画，以黑漆为底色，上以红、黄、金三色彩绘，画出树木、车马、人物，以及衬托其间的犬、雁等禽畜，姿态生动，可视为战国时期的生活风俗画（图6-32）。

图6-30 北京琉璃河西周墓漆觚

图6-31 湖北随县战国曾侯乙墓漆豆

至于战国漆器的胎质,早期多为较厚重的木胎,中期以后已开始用薄木片制胎,并且出现夹纻胎。在一些薄胎漆器上,还镶有镀金、银的铜釦,使器物更加华美,灿烂夺目。总之,战国漆器工艺已达到较高的水平。

在战国漆器的基础上,汉代漆器有了进一步的发展。汉代漆器的胎质,除木胎和夹纻胎两种以外,还出现了竹胎。有学者把汉代漆器木胎的制法分为三种:第一种是用轮旋刮削的方法制成器物的外壁,然后再剜空其内部,鼎、盒、壶、盂等圆形器物多用这种制法;第二种是用割削、剜凿的方法制成,而未经轮旋,杯、匜、钫、案等器物用此制法;第三种是用几块薄木片卷曲成弧形的器壁,以木钉拼接成一个圆筒,然后另接器底,最后用麻布裱起来,才在表面涂漆,使得不露接缝,樽、奁等器物用此制法。

夹纻胎的漆器,是先用木头或泥土制成器形,作为内模,然后用多层麻布或缯帛附于内模上,干实以后,去掉内模,便留下麻布或缯帛的夹纻胎,这道工序便是所谓"脱胎"。夹纻胎漆器比木胎漆器更为轻薄精美,也更为人们所喜爱,故此到了西汉中期以后,夹纻胎漆器在社会上日趋流行。例如在湖南长沙马王堆西汉初期轪侯家族墓的一号墓中,出土的各类漆器计184件,只有15件为夹纻胎。而迟到西汉中期的长沙咸家湖曹㜏墓中,出土可辨认器形的漆器约150余件,只有少量是竹胎或木胎,绝大多数已是夹纻胎漆器。这正反映出夹纻胎漆器日益流行的实际情况。

汉代漆器的装饰纹样,初始颇受楚文化影响,纹样细密流畅,多流云鸟兽。马王堆一号汉墓中漆器的装饰纹样,主要有三种:第一种是漆绘,系用生漆制成的半透明漆加入颜料,在已髹漆的器物表面描绘图纹,制成的成品色泽光亮,纹样不易脱落,为最常使用的一种;第二种是油彩,是以油(可能是桐油)调颜料,在已髹漆的器物表面描绘图纹,有些漆器上先贴金箔,再施油彩,色彩变化较多,但当油脂经年老化后,彩纹极易脱落;第三种是针刻,在已髹漆的器物表面,以针尖刺刻纹样,精巧纤细,当时称为"锥画",如针刻后再施油彩,则更显华美。这三种方法,在汉代一直流行,有时还将针刻纹中填入金彩,形成更加灿烂的效果。除上述方法外,汉代漆器还有贴附金、银箔制作的图纹等装饰手法,所附图像多

异彩纷呈的传统工艺美术

为鸟兽、车马、人物及几何纹样，配合嵌于漆器上的镀金、银釦饰，瑰丽异常，惹人喜爱（图6-33）。

图6-32 湖北荆门楚墓彩绘漆盒

图6-33 安徽天长西汉银釦贴金银漆奁

在汉代漆器装饰图纹中，除传统的流云、龙凤、鸟兽、游鱼等图像以及车马、人物外，已出现构图较复杂、以人物故事为题材的漆画。最早的作品发现于江苏海州西汉中晚期的侍其繇墓之中，但因器物残缺过甚，只见部分画面的片断，尚难窥知全貌。较迟的作品，出土于边陲的乐浪郡汉墓中，所绘神仙、孝子等人物形象生动。特别是有一件绘彩竹笥，绘出许多历史人物（图6-34），最为精美。

汉代漆器制造业相当发达，许多地方都出产漆器，其中最精美的多出自官营的手工业作坊。这种作坊由中央政府直接控制。据记载，在今河南、山东、四川等省境内许多地点，当时都设有制作漆器的工官，又以四川境内的蜀郡（今成都）及广汉郡（今四川梓潼）的制品在近年的考古发掘中出土较多。在工官制造的漆器上，常有针刻的纪年铭文，记明制作的时间、主管官吏的名字以及工匠的名字。从铭文所记可以看出，当时工匠按工作性质不同，分为"素工""髹工""上工""铜耳黄涂工""画工""洀工""清工""造工"，分别负责制胎、髹漆、画纹、镶嵌铜釦和铜耳、镀金等工种。分工细密，仅涂漆就有"髹工"与"上工"，前者负责初步涂漆，后者则负责进一步涂漆。在铭文中，从不同工种的工匠名字的排列顺序，又显示了当时制造漆器工序的先后，即先制胎，接着初步涂漆，进一步涂漆，镶铜耳或铜釦，描绘花纹，刮磨使表面光滑，最后加以修整、

117

图6-34 乐浪汉墓彩绘竹筒上历史人物等彩绘

洗净，经官吏检验，全部制作过程才告完成。

由于漆器制工口精，外观更美，也更受世人喜爱。特别是漆器与日用陶器等相比，不易毁坏，耐用程度高，且质轻而便于储藏和携带，能经久使用。在贵州清镇发掘的一座东汉时期的墓葬中，曾发现随葬器物中有制作于西汉时的漆器。还曾在乐浪的汉墓中，发现过纪年为始元二年（前85）的漆杯与纪年为元始三年（公元3年）的漆杯一同随葬的实例，两者制成时间相差88年，这表明，前一件漆杯制成后，已被保存或使用长达80余年之久。所以，漆器的价格虽高（据说一漆杯可与十铜杯价值相当），但仍受富有者欢迎，正如《盐铁论·散不足》篇所记，"今富者银口黄耳""中者野王纻器，金错蜀杯"。精美的漆器体现了当时工艺制作的最高水

异彩纷呈的传统工艺美术

准,是富人日常生活享用、追求的对象,成为汉代工艺美术品中芳香四溢的一枝奇葩。

四

史前时期的制陶业,曾以绚丽的彩陶和薄如蛋壳的黑陶,先后在工艺美术范畴内独领风骚。而当冶炼青铜的炉火在神州大地闪烁以后,陶艺的光彩就日趋暗淡,但仍占据了制作日用器皿的主要部门,因为青铜器工艺繁难而且成本高,国之大事,在祀与戎,所以青铜主要用于铸造国之重器——礼器和兵器服务于王公贵族,无从普及于民间日常生活之需。秦汉以降,耐用而美观的漆器,大量进入人们日常生活领域,使易碎的陶器不断被排挤,不仅王公贵胄,连民间富有者所用日用器皿都转向漆器,陶器的比重日渐缩减。虽然一般百姓生活中仍离不开陶质器皿,但更重实用,自不会费力去注重其工艺美感造型。不过在制陶工艺从工艺美术品制造的巅峰陨落以后,在秦汉时期,制陶工艺有两个大的门类,其艺术造型仍然深受今日艺术史界的重视。其一是建筑用陶制品,主要是屋檐椽头的瓦当;其二是墓葬中的随葬陶俑群及建筑模型。

建筑用的陶制品,主要是铺盖屋顶的砖瓦。因为中国传统建筑的特色之一,就是在殿堂的木构梁架上铺设瓦顶,屋瓦分为板瓦和筒瓦,阴阳扣合,铺成前后两坡整个屋顶,最上砌出屋脊。屋瓦的艺术装饰,主要是用于筒瓦前端保护木椽头的瓦当以及屋脊上的脊饰(鸱吻、宝珠、脊兽)。

瓦当至少在西周时期已经出现,使用的是呈半圆形的"半瓦当",只有简单的纹饰。东周时期,仍流行半瓦当,瓦当上的纹饰已颇丰富,且各地不同,山东齐地半瓦当多在中间树纹两侧安排对兽人物,纹饰线条较纤细(图6-35)。河北燕地半瓦当多兽面纹、对兽纹(图6-36),图像填满全当,浑厚丰满。洛阳地区瓦当多卷云纹。关中秦地的半瓦当多云纹、夔云纹。秦始皇时,一切造型艺术风格追求宏大,出现了形体硕大的夔龙纹瓦当(图6-37),在秦始皇陵园和辽宁的碣石宫遗址都有发现,直径达52厘米,高37厘米。这样的大瓦当以前没有,以后也没有再出现过。可谓前无古人,后无来者。

除了半瓦当外,秦代已使用正圆形的圆瓦当,纹饰也以卷云纹为主。

图 6-35 山东齐临淄城遗址树木人物纹半瓦当（拓片）

图 6-36 河北燕下都遗址兽面纹半瓦当

图 6-37 辽宁秦碣石宫遗址大瓦当

到了汉代，广泛流行圆瓦当，此后半瓦当不再使用。圆瓦当的装饰图案，是在瓦当中央有凸出的圆心，然后用线条向上下和左右将全当分为四个扇形，在其中布置装饰图案，以卷云纹为主，也有少量是动物等图像。比较特殊的如在长安南郊礼制建筑出土的瓦当，装饰四神纹样，按四个方位分别使用玄武、青龙、白虎和朱雀纹瓦当（图6-38）。除装饰图案外，还有一类是铭文瓦当，内容又有两种，一种所饰铭文为宫殿的名称，另一种铭文为吉祥语，如"千秋万岁""延年益寿""长乐未央"（图6-39）等。

十六国时期，瓦当纹仍多卷云纹，也使用文字瓦当，但瓦当文字与汉瓦当不同，而是在井字格中排列，如邺城遗址出土的"大赵万岁""富贵万岁"铭瓦当（图6-40）。南北朝时期，瓦当流行用莲花纹饰，以瓦当心为花芯，周绕莲瓣，以八瓣为多（图6-41）。还有云纹和文字瓦当。在北魏时一些佛塔遗址还出土有在莲花中现化生的瓦当，更具佛教艺术特征。唐代瓦当，莲花纹饰盛行，多为复瓣宝装，纹饰更加浮凸，装饰趣味更加浓郁。总之，瓦当艺术是中国古代一种具有民族特征的建筑装饰艺术品，对东

图6-38-1 西安西汉辟雍遗址四神纹瓦当之青龙

图6-38-2 西安西汉辟雍遗址四神纹瓦当之白虎

图6-38-3 西安西汉辟雍遗址四神纹瓦当之朱雀

图6-38-4 西安西汉辟雍遗址四神纹瓦当之玄武

图6-39 西安西汉长安城未央宫遗址"长乐未央"纹瓦当

图6-40 河北邺城遗址十六国"富贵万岁"纹瓦当

图6-41　河南洛阳北魏永宁寺塔基莲花纹瓦当

北亚地区的古代国家影响深远。直至今日，在中国传统木构建筑上，仍不能缺乏瓦当的身影。

墓葬中随葬的陶俑，自东周至明清，长盛不衰。因墓俑是模拟生人形貌的泥塑品，所以在缺乏雕型人像艺术品的中国古代，这些用作明器放置于墓中的陶偶人，就成为今人了解中国古代人像雕塑的重要实物资料，深受人们的重视。由于本书收录了《陵墓雕塑（下）》一文，对陶俑有较详尽的解读，为避免重复，本文对陶俑的叙述从略。

五

在漫长的岁月里，人们在烧造陶器时，不断探寻提高质量的新途径，不断选择优良的陶土，探索新的施釉配方，改进窑炉的结构，提高焙烧的温度，逐渐积累经验，经过数千年的改进，终于创造了一种全新的工艺，瓷器诞生了。象征着瓷器工艺成熟的代表作品，是三国时期孙吴的青瓷。

青瓷器的前身是从商代已开始出现的原始瓷器，那是中国古代先民在烧制白陶和印纹硬陶过程中，不断升华，创造出的新成果。虽然河南郑州等中原地区出土过商周时的原始瓷器，但其主要产地应该是在长江中下游一带。考古发掘中获得的商周原始瓷器（图6-42），以安徽屯溪西周墓中出土的一大批原始瓷器最具代表性。屯溪西周原始瓷器中的精品，胎质呈灰白色，火候较高，无吸水性，青灰色釉层薄而均匀，胎釉结合较紧密，击之可发出清脆之声，这些已接近了瓷器应具备的基本条件，预示着瓷艺之花已孕育成熟，即将开放。

一般说来，瓷器应具备下列三个基本条件：第一，以含铁量在2%左右的瓷土为原料；第二，以1200℃以上的高温烧成，胎质烧结致密，不吸收水分；第三，器表施釉，胎釉结合牢固，厚薄均匀。上述三条中，原料是瓷器形成的基本条件，焙烧温度和施釉也是不可缺少的重要因素。萌发于先秦的原始瓷艺，经过秦汉数百年的改进酝酿提高，到东汉时已臻

异彩纷呈的传统工艺美术

成熟。在江南出现了早期的龙窑，烧制的产品质量稳定，无论胎、釉还是烧成温度，都已达到或接近瓷器的标准，因此学术界将中国瓷器出现的时间定在东汉。从东汉墓中获得的青瓷器（图6-43）表明，东汉时期，江南已能生产出色泽纯正、质精形美的青瓷器，为后来孙吴、东晋、南朝瓷艺的发展奠定了基础。

图6-42　河南洛阳北窑西周墓原始瓷尊

图6-43　浙江奉化东汉熹平四年青瓷绳索纹罐

东汉末年混乱的局面导致三国分立。北方经济饱受战祸困扰，而南方吴地在孙氏政权统治下相对稳定，经济有所发展，为制瓷业发展提供了良好的环境。在南京孙吴墓的发掘中，不断获得当时烧造的青瓷精品，甘露元年（265）铭青瓷熊座灯和同墓出土的青瓷羊，釉色莹碧，造型优美，常被誉为孙吴青瓷工艺的代表作品。此外，造型复杂的堆塑人物楼阁、仙禽、神兽的谷仓罐（又称"魂瓶"），孙吴时开始流行，也是具有时代特征的青瓷制品。孙吴的青瓷器标志着中国制瓷工艺的成熟。瓷器的发明是古代中国对世界文明的一项重要贡献，因此瓷器在一定意义上曾被视为中国文明的象征，以至今日在世界通用的英语词汇中，中国和瓷器为同一词，亦足证中国瓷器发明所产生的深远影响。

两晋南朝时期，江南的制瓷业在孙吴制瓷业的基础上，有了很大进步。在北方，北朝的制瓷业也有一定的发展。这一时期的瓷器以青瓷为主，瓷釉以铁为主要着色元素，釉色以青灰、淡青、豆青为基本色调，施釉多采用浸釉法，釉层厚度均匀。制成的器物虽主要是生活日用器皿和随葬的明器，但造型已突破过去简单规矩的几何形体，创造出许多以动物形貌为外轮廓或局部装饰的瓷塑制品，如鸟形杯、蛙形或兔形水注、神兽形尊（图6-44）、鹰形壶、卧羊等，特别是日用的鸡首壶（图6-45），造型多变，堪称出色的日用工艺美术品。由于佛教日益盛行，青瓷器的装饰纹样也受到佛教艺术的影响，以莲花为装饰的作品日趋繁盛，出现了形体硕大的莲花尊（图6-46）。尊体常以仰莲和覆莲合成，尊颈贴塑飞天等图像，尊足也由覆莲构成，有的作品体高接近80厘米，装饰华丽，气魄宏伟，显示出南北朝青瓷工艺的高度水平。

图6-44　江苏宜兴西晋墓青瓷神兽尊

图6-45　江苏南京蔡家塘南朝墓青瓷鸡首壶

图6-46　江苏南京灵山南朝墓青瓷莲花尊

除青瓷外，制瓷匠师逐渐掌握了釉内氧化铁含量的高低与釉的呈色的关系，用含铁量较高的紫金土配制成黑釉；还设法降低胎、釉中的铁含量，烧制出白釉瓷器，丰富了瓷器的品种。在江苏南京长岗村发现的孙吴青釉褐彩壶，是先在胎上绘褐彩，再外罩青黄色釉的产品，又开创了釉下绘彩的新工艺。

隋唐时期，制瓷工艺稳步发展，江南的青瓷和北方的白瓷，都有新的成绩。饮茶之风开始盛行，也促进了瓷质茶具的生产，许多诗人留下的名句，盛赞越窑青瓷，如"越碗初盛蜀茗新，薄烟轻处搅来匀"，今日读来，仍能想象那温润如玉的越窑青瓷茶碗，闻到沁人心脾的飘香新茶，产生心旷神怡之感。晚唐时期，一种名贵的"秘色"瓷器又出现在宫廷之中，其釉色之美曾被誉为"千峰翠色"。直到陕西扶风法门寺唐塔地宫被发掘，才从所藏唐宫廷供养佛舍利的物品中，认识到这种名贵青瓷器的庐山真貌（图6-47）。

除精美的青瓷和白瓷以外，唐代各地瓷窑还烧制出各种黄釉、黑釉和花釉瓷器，同时出现了新兴的绞胎瓷器。所谓"绞胎"，就是以白、褐二色的瓷土相间糅合在一起，再拉坯成型，自然形成二色相间的纹理或色斑，奇妙而富于变化，施釉焙烧后，呈现强烈的装饰效果。釉下彩的瓷器，也在长沙窑大量制作，其色调以褐和褐绿为主，外施青釉，为后世釉下彩工艺的繁荣和发展开辟了道路（图6-48）。唐瓷的丰富多彩，为以后高度繁荣的宋瓷奠定了基础。

宋代瓷器集以前各代瓷器工艺美学之大成，并有自己全新的创造和表现。各地瓷窑林立，竞相争辉。后世传有五大名窑，即汝窑、官窑、哥窑、钧窑和定窑，多是为宫廷烧造御瓷的官窑。据近年来的考古发掘和调查，学者一般认为宋代有六个著名的瓷窑体系，即北方的定窑系、耀州窑系、钧窑系、磁州窑系和南方的龙泉青瓷系与景德镇青白瓷系。

河北的定窑系以生产白釉瓷为主（图6-49），也产少量黑釉（"黑定"）和酱釉（"紫定"）瓷。陕西铜川地区的耀州窑系，主烧青瓷，以刻花工艺见长（图6-50）。河南禹县的钧窑也属北方青瓷窑系，但它不同于以氧化铁着色的传统青瓷，而是以氧化铜为着色剂，可制出多变的"窑变"瓷器。分布于河南、河北、山西的磁州窑系，以釉下黑、褐彩著称。

浙江的龙泉窑系青瓷，以粉青和梅子青釉为特色。江西景德镇以烧造青白瓷为主，青中寓白，白中显青，又称"影青"。此外，哥窑瓷的"开片"技法，也是为人称道的装饰手法。总之宋代瓷器的主要特征是釉层丰腴莹润，腻如堆脂；釉色以单彩为多，但又不乏绚丽的窑变色彩和有意制作的满布冰裂断纹的"瑕疵之美"，总体上呈现出一种沉静素雅、凝重高贵的

图 6-47　陕西扶风法门寺
　　　　　唐塔地宫秘色瓷瓶

图 6-48-1　湖南长沙窑釉下彩瓷壶

图 6-48-2　湖南长沙窑釉下彩
　　　　　瓷壶花纹局部

图 6-49　河北定县宋塔
　　　　　地宫白瓷法螺

艺术格调。这种工艺和美学境界，不但超越了前人，而且后人仿制也极难与之匹敌，达到了中国瓷器史上一个卓绝古今的艺术巅峰。

图6-50　陕西铜川耀州窑北宋花式瓷熏炉

六

在扶风法门寺塔唐代瘗藏佛骨舍利的地宫之中，除出土有皇室供奉佛骨舍利的秘色瓷器外，出土数量众多的还是各种金银制品。这表明，当时皇室贵族生活中金银器皿是不可缺少的，这与先秦汉魏宫廷中用品是颇为不同的。诗人王建在《宫词》中曾咏道："一样金盘五千面，红酥点出牡丹花。"虽有夸张，但确实反映出唐时大量使用金银器的真实情景。谈到唐代流行金银器皿的时代风习，还应追溯中国古代制作金银等贵金属器皿的历史。

据目前所知的考古发掘资料，早在商周时期的遗存中，已有黄金制品出土，但多是较小的耳环等饰品。至于体量较大些的黄金容器，则迟至东周时才有出土。湖北随县曾侯乙墓出土的带盖金盏，可算是迄今发现的先秦时期最大的黄金容器，在金盏内还附有别致的金匕，制工精美（图6-51）。这座墓还出有杯和器盖等黄金制品。不过像曾侯乙墓那样放置有黄金容器的东周墓葬还是罕见的。比较常见的还是一些小型黄金饰品，或是兵器上的装饰，如以黄金制作短剑的剑柄。看来当时的黄金主要是作货币使用，如楚的郢爰等。另外黄金还用于青铜器的表面鎏金，或用金丝嵌错器体，形成华美的错金图案。直到汉代，上述情况没有多大改变。

大约到东晋十六国南北朝时期，经由丝路输入的西方金银器皿日渐受王公贵族的重视，其中大多是从波斯萨珊、嚈哒或拜占庭等输入中国的产品，主要有造型特殊的胡瓶、盘、杯、碗等容器，以及项链、戒指等装饰品。这种情况一直延续到隋或唐初，中国结束了长期分裂，重归一统，社会经济恢复繁荣。为了更好地满足宫廷贵族对金银器的需求，开始在国内大量制作金银器，当时着重仿效人们喜爱的自西方输入的金银器，汲取其制作工艺和装饰手法，因此产品常常呈现出明显的中亚或西亚的艺术风格，但是为了在中国使用，还是会努力加入中国艺术的元素。例如有些作品的器形保持域外风貌，但装饰花纹又显露出中国的传统风格。陕西西安何家村唐代窖藏出土的八棱金花银杯（图6-52），器形还是波斯萨珊式样，但八棱杯身浮雕的乐工或乐伎，面貌和衣饰有的具有中国风韵。有一些萨珊样式的刻花高足银杯，装饰图像则是中国式样的狩猎纹（图6-53）。另一些装饰于金银器上的纹样，如芝鹿、鱼龙（摩羯）等，原是域外的图案，但细部发生了变化。

图6-51　湖北随县战国曾侯乙墓金盏、金匕

图6-52　陕西西安何家村唐仕女狩猎纹金花银杯

随着时间的推移，唐代金银器的制作，在西来的金银工艺的启示下，逐渐创制出具有中国风格的精美作品，从而进一步满足皇室贵族对这些贵金属制作的华贵工艺美术品的需求。唐代金银器的制作中心一开始集中于都城长安，在少府监中尚署下面设有"金银作坊院"，是专门制作供宫廷使用的金银器的手工业作坊。到唐宣宗大中年间，又成立了专给皇室打造

金银器物的"文思院"。法门寺唐塔地宫出土的精美金银制品,许多就是文思院的产品。晚唐时长江下游的一些地区,金银器皿的制作也达到相当高的水平,其产品足与都城的产品相媲美,江苏丹徒唐代窖藏的出土品,正是其中的代表(图6-54)。

图6-53　陕西西安何家村唐狩猎刻纹银杯

图6-54　江苏丹徒唐金花银大盒

从现在已获得的唐代金银器来看,其工艺技巧已颇为复杂精细,使用了钣金、浇铸、焊接、切削、抛光、铆、镀、锤打、刻凿等技术,凸出的精美纹饰最常用的是锤鍱做法,多数产品往往综合运用几项不同的工艺而制成,以取得最佳效果。在艺术造型方面,注重外形轮廓的变化,例如颇具时代特色的大型金花银盘,盘口的外轮廓并不采用西来银盘的正圆造型,而是将外轮廓制成多瓣的葵花形或菱花形,线条弧曲而流畅,匀称而有变化,使人观之产生丰满华美之感。

制工最具巧思的是熏球——香囊,在上下两半球上透雕精美纹饰,其内部设有两个同心圆机环,机环有轴以承托香盂,无论球体怎样转动,点燃的香盂均保持平衡,香气透过球体透雕的纹饰散播,充分显示出唐代金银工艺的高度技巧。另一些造型特殊的精品,如金花银舞马衔杯仿皮囊壶(图6-55)、金花银龟负酒筹筒等,更是充分发挥了想象力,造型生动,富丽华美。

图 6–55　唐金花银舞马衔杯壶

唐代金银器中，以在银器上将凸起的纹饰鎏金的金花银器最具特色，特别是大型的金花银盘，通常盘心的主要纹饰采用芝鹿、狮子、凤鸟或鱼龙（摩羯）等，然后在盘的菱花或葵花盘缘装饰布局匀称的花卉图案（图6–56）。早期的花朵纹疏落有致，到中唐以后，花卉图像丰满而且密集，甚至在盘心的主纹周围再加饰一周花卉图案，由内外两重增至三重

图 6–56　河北宽城唐芝鹿纹金花银盘

纹饰，叶茂花繁，工艺精湛，富丽堂皇。

唐代金银工艺品中还有一个特殊的门类，那就是专为瘗藏佛舍利而特制的金银容器，常由内外多重构成，最早是盝顶方函，常在最内是银函和金函。后来又制成世间埋葬的棺椁形貌，形态微小，常是银椁内置金棺，上面还会加嵌各种珠宝华饰，具有代表性的如甘肃泾川塔基出土舍利容器最内的银椁和金棺。唐代晚期又改为用黄金制作的小塔，放置在多重银、金宝函之内，典型作品是扶风法门寺唐塔地宫中出土的唐懿宗为瘗藏佛骨舍利制作的八重宝函，最内是小金塔，整套舍利容器制工精细，是晚唐金银工艺中的突出作品。

约在东晋南北朝，西方的金银器皿较多地东运中国的同时，西方的玻璃制品也较多地输入中国境内。在东晋十六国至南北朝时期的墓葬和遗址中，不断发现来自罗马和波斯萨珊的玻璃制品。域外玻璃器的输入，刺激了中国本土玻璃制品的生产。

谈到中国古代的玻璃制品，应上溯到先秦时期，西周墓葬中已出土有玻璃制作的珠饰，东周时期更流行一种玻璃珠，在珠体上粘附复色套环，习称"蜻蜓眼"。此外，还有玻璃璧、环、剑饰等物。据测定，其中铅钡玻璃占多数，被认为是中国自制的物品。至于以玻璃制作容器，目前所知时间最早的实物是西汉制品，如河北满城刘胜墓中出土的玻璃盘和耳杯（图6-57），经分析属于战国以来独特的中国铅钡玻璃系统，采用铸造法，其工艺之精巧，可与当时世界性的玻璃中心埃及的产品媲美。不过汉代的玻璃器较常见的还是璧、珠、耳珰、带钩等物，当时玻璃仅作为玉的仿制品，铸造成形后也按照玉的工艺加工。在广州西汉南越王墓中出土过小块平板玻璃，据检验成分也是铅钡玻璃，应系中国自制，其表面平整，具有一定透光性，其用途很值得进一步探讨。

东晋十六国南北朝时期，由于较多地输入西方玻璃制品，在西来的中亚玻璃制作技术影响下，中国古代玻璃制作历史出现一个重要的转折。标志这一转折的文物，是出土于河北定县北魏塔基的玻璃钵（图6-58）和瓶，它们的器型是中国传统风格，但已采用了仿自罗马、波斯萨珊的无模自由吹制成型技术。此后中国的玻璃制品绝大多数不再用铸造法，而是采用了吹制技术。在隋代，高铅玻璃开始取代铅钡玻璃，同时由于西亚玻璃的影响，中国也生产一些钠钙玻璃器，并使用了铁棒技术。但是总观中国古代玻璃制作业并不十分发达，北朝到唐代还多是宫廷作坊的产品，许多是为宗教用途制作的，主要是舍利容器如小型的瓶、钵等，体小质薄，精巧玲珑。皇室贵族喜爱的仍是域外玻璃器，法门寺唐塔地宫中出土的玻璃器，除茶托子是中国器型，其余的多是精美的伊斯兰早期玻璃制品。

图6-57　河北满城西汉刘胜墓玻璃耳杯

图6-58　河北定县北魏塔基玻璃钵

七

西方的金银器和玻璃器通过丝路输入中国，促进了中国金银工艺和玻璃工艺的发展。而通过这条历史上著名的商路，输往西方的中国名产，最重要的是丝绸制品，这也是这条商路通常被称为"丝绸之路"的原因。一般认为中国丝织物开始出现于中国东南地区的良渚文化，至少距今已有5000年以上的历史（图6-59）。

图6-59　浙江湖州钱山漾遗址良渚文化绢片

到了商代，中国丝织物便已达到相当高的水平，除了可以织造平纹的绢以外，还能织造经线显花的单色绮和多彩的刺绣。东周时期，平纹地经线提花织物的锦已发现于湖南长沙、湖北江陵等地的战国楚墓之中，特别是江陵马山一号墓内，出土有许多精美的织锦，包括两色锦和三色锦两大类，图案花纹种类更多，有塔形纹、凤鸟凫几何纹、凤鸟菱形纹、条纹、小菱形纹、大菱形纹、几何纹、舞人动物纹等（图6-60）。除锦以外，该墓还出土有绢、绨、纱、罗、绮、绦、组等多类织品，以及采用锁绣法的精美刺绣品（图6-61），花纹的主题是龙、凤鸟和虎，被视为一座地下的古代丝绸宝库。

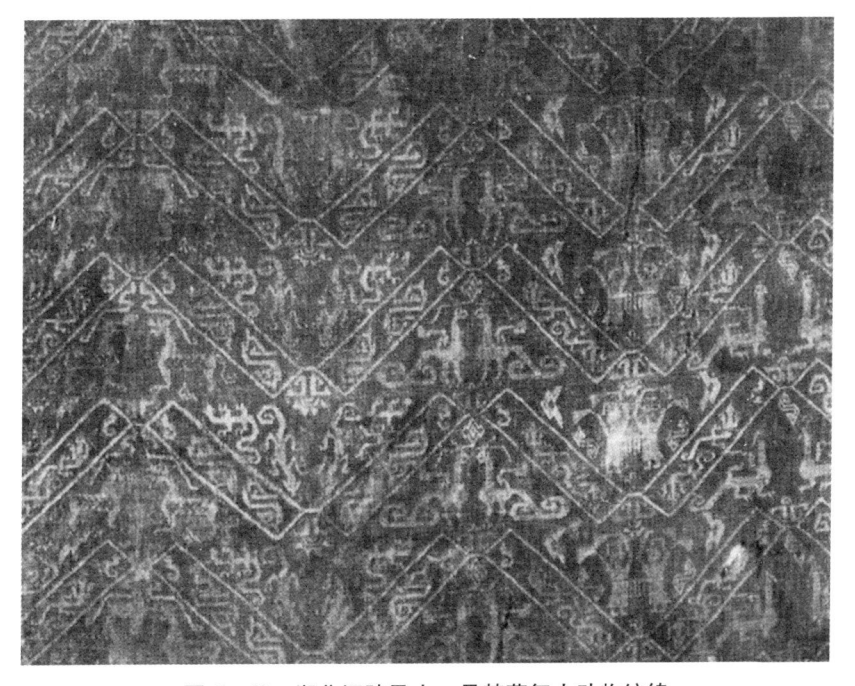

图6-60　湖北江陵马山一号楚墓舞人动物纹锦

到了汉代，由于养蚕技术的改进和缫丝、织造、印染等技术的提高，进一步促进了丝绸业的发达。在湖南长沙马王堆西汉墓中出土的丝织品（图6-62），除了绢、绮、锦、绣以外，还出现了高级的圈纹锦、印花敷彩纱和提花的罗纱。随着当时中西交通陆上商路——丝绸之路的开通，中国丝绸向西远销国外，直到罗马帝国的首都罗马城，深为当时欧亚大陆各民族所喜爱。

图 6-61　湖北江陵马山一号楚墓龙凤虎纹绣

图 6-62　湖南长沙马王堆一号西汉墓印花敷彩绛红纱绵袍

异彩纷呈的传统工艺美术

南北朝至隋唐，中国丝绸仍大量外销。由于中西文化交流的影响，在丝织品的生产方面也汲取了西方的有益经验，特别是织锦，西方传统织法的斜纹组织，由于织面布满浮线，能更充分地显示丝线的光泽，所以后来被中国织工广泛采用。

唐代的织锦，由汉锦的经线显花改而采用西方的较容易织的纬线显花法。在装饰纹样方面，也采用了许多西亚流行的装饰图纹，特别是用来生产专为外销的丝织品。在新疆吐鲁番阿斯塔那墓地的发掘中，发现从公元6世纪就生产具有波斯萨珊图案风格的中国织锦，花纹布局不同于传统的汉锦，纹饰不纵贯全幅，而是用周绕联珠的圆圈分隔为各种花纹单元。在联珠圆圈中，主纹是一些鸟兽纹，常见的有对鸭纹、对羊纹、鹿纹、鸾鸟纹、猪头纹（图6-63）等。特别是在一座隋墓中出土的牵驼纹锦，联珠中的牵驼人作胡人形貌，人和骆驼，下上两组一正一倒足部相对，产生水中倒影的艺术效果。在人驼之间还织出汉字"胡王"二字（图6-64）。这是一件构图颇为独特的工艺品。是中国织工采用萨珊式图案织出的外销产品。从这些带有异国风味的中国织锦中，可以想见当时中国丝绸沿着丝路远销西亚的盛况。

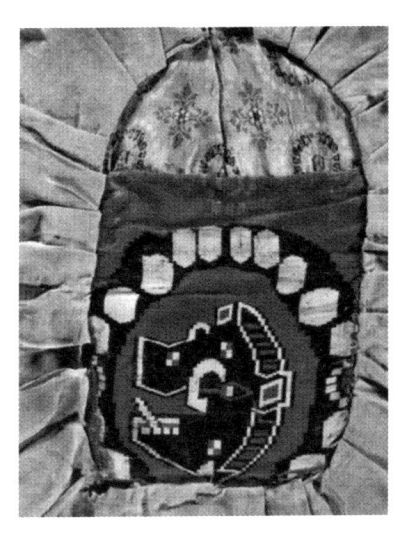

图6-63 新疆阿斯塔那唐联珠猪头纹锦

图6-64 新疆阿斯塔那隋"胡王"锦

在印染方面，出现了汉代没有的蜡染和绞缬，新疆尼雅东汉遗址出土的蜡染棉布，当是印度输入品。目前所知在北朝末年即出现了蜡缬的丝织物，到唐代其制品就极精美了。阿斯塔那出土的一件绿地蜡缬狩猎纹纱（图6-65），以射箭的骑士为主题纹饰，空隙处填以鹿、兔、禽鸟和花草，颇为生动。绞缬制品，最早的一件是与前秦建元二十年（384）文书同出的大红染缬。这种印染方法是先将丝织品按规律折成数叠，加以缝缀或结扎，然后先行浸水，再投入染液中，染色成功后拆除缝线，就形成色彩有晕绚绸效果的花纹，具有朦胧的美感。阿斯塔那出土的一件唐代绞缬菱花纹绢（图6-66），绢色浅黄，上染棕色花纹，为绞缬而缝缀的线有的还没被拆去，使得今日还可看出当年折叠缝缀以染缬的方法，十分有趣。

图6-65 新疆阿斯塔那唐蜡缬绿地狩猎纹纱

图6-66 新疆阿斯塔那唐棕色绞缬菱花纹绢

八

晚到明清时期，随着社会经济发展和生活习俗演变，工艺美术品的制作步入一个新阶段，从材质到工艺，产生了新的工艺、新的品种，呈现出新的面貌。一方面，为皇室贵胄享用的工艺品的制作，愈求精美化，制作一些传统产品时，极力追求华美富丽的外观，不惜花费功力去精雕细琢，器物的实用功能已淡化，成为主要是为观赏的美术品，多是专供皇室贵胄闲暇时赏玩而设计制作的珍品，如玉雕、彩瓷、百宝嵌漆器以及犀角、象牙工艺品等。另一方面，民间工艺美术广为流行和发展，它们是利用普通的廉价原料并且大量制作的作品，诸如泥塑、陶塑、皮影、剪纸、民间玩具等，风格质朴而富生趣，丰富了老百姓的文化生活。

明清时期，制瓷工艺日趋精美，与宋瓷以纯正的釉色为审美情趣不同，呈现彩瓷争艳的新局面。瓷器突破了宋以前主要以青、白等单一釉色为主流的发展趋势，由青花开始，继之出现釉下青花和釉上彩色相结合的"斗彩"瓷器（图6-67）。

特别是进入清代以后，除青花、釉里红、五彩、斗彩等彩瓷继续烧造并有所改进外，又创烧出珐琅彩、粉彩等新的名贵品种。珐琅彩瓷过去俗称"古月轩"瓷器，流行于康熙、雍正、乾隆三朝，是将景德镇成批烧好的白瓷器送至北京，然后由清宫内务府造办处专门安排画师，采用从国外引进、色调丰富的珐琅彩精心作画，最后由技工进行再次焙烧而成。由于珐琅彩料较厚，使得花纹凸起，富有立体感，是一种完全由清代宫廷垄断的瓷器精品。粉彩瓷是在康熙五彩瓷的基础上，受珐琅彩制作工艺影响而创制的另一种釉上彩瓷器（图6-68）。特别是雍正朝粉彩，在彩绘画面的某些部分以玻璃白粉打底，用中国传统绘画的没骨法渲染，突出了阴阳、浓淡的立体感，所绘花鸟、人物、鱼虫形态逼真，色调淡雅，娇艳柔丽。

图6-67 明斗彩瓷鸡缸杯　　图6-68 清粉彩八桃过枝纹瓷盘

明清漆器也日臻精美，制作手法多变，产品有雕漆、金漆、犀皮、螺钿镶嵌等多种，技法有剔红、剔黄、剔彩、剔犀等工艺，在堆髹数十层乃至上百层的漆胎上剔刻人物、楼台、花鸟等，刀法奇巧。当时流行的扬州制百宝嵌（图6-69），用金银、宝石、珍珠、翡翠、玛瑙、玳瑁、绿松石、螺钿、象牙、蜜蜡、沉香等十多种珍稀原料，在漆器上贴镂镶嵌，组成人物山水、树木楼台、花卉飞鸟等图案，所制器物大者如屏风桌椅，小者如盒匣书箱，五色陆离，千文万华。

此外，一些以犀角、象牙精工雕琢的工艺品也为明清帝王所喜爱。一些源于民间的竹、木雕刻，经过名家的精心创作，也成为宫中的文玩，这类作品以文房用具为多，又常是精工制作的笔筒之类。随着人们生活习俗的变化，也产生了一些新的工艺美术品。例如清代人有嗅鼻烟的嗜好，因此出现许多制工精美的鼻烟壶，其中以在玻璃胎的鼻烟壶内画出各种仕女花鸟乃至有故事情节画面的作品最负盛名，是一门需要很高技艺的产品（图6-70）。

图6-69 清百宝嵌漆砂砚盒

图6-70 清玻璃胎珐琅彩鼻烟壶

明清时期供皇室贵胄享用的工艺品的创作，由于力求其华美，创作了不少艺术珍品，但过分追求技巧的表现，也使一些传统产品的制作失去了原来纯朴、清新、自然的风貌，精美之中透露出过于雕琢的弊病。例如上述的百宝嵌漆器即是如此。而这个时期的玉雕着力追求精细技艺的表现，过多卖弄镂雕、俏色等技巧的结果，使其作品虽奇巧玲珑，雕饰华美，但是繁缛雕琢之气过重，与先秦玉雕相比，缺乏艺术神韵。在清代玉雕中，只有乾隆时雕制的"大禹治水"玉山子，体量硕大，雄浑之气尚存（图6-71）。清代玉雕的弊端，对后世影响甚大，这也是需要指出的。

与上述倾向不同，明清时代的民间工艺美术品依然保留着质朴、生动的风貌，这里不见金银犀玉、珠光宝气，但纯朴无华之中极富情趣，有的还承袭着自古以来拙稚生动的造型传统。例如民间玩具，特别是江南流行

异彩纷呈的传统工艺美术

的泥娃娃，就是如此。泥娃娃（图6-72）在清代以无锡地区的产品最为有名，典型作品是体态丰腴的孩儿形象，被称为"大阿福"，造型拙稚生动，很受百姓喜爱，流传至今不衰。

图6-71 清大禹治水玉山子　　图6-72 清无锡泥人大阿福

在民间工艺中，剪纸艺术（图6-73）十分普及，因为所需工具简单易备，只需有剪刀和纸张即可，而且不需特殊的生产场地，家庭居室已足够使用，因此在全国范围广泛流行。但江南与北方的作品风格也有不同，概言之，南方的作品较重纤巧，北方的作品常浑厚有力，特别是河北、山东、陕西等地的产品地方特色更加鲜明。剪纸至少在北朝时期已流行，吐鲁番阿斯塔那墓群中，曾出土有北朝时的剪纸，为团花形状。由于剪纸的形式繁众多样，有人根据其用处将它分为窗花、刺绣花样、喜花、礼品花、灯笼花、墙花、扇花、挂钱、功德花纸、影戏人（走马灯人），计十大类。这些民间剪纸主要用于在年节或喜庆时装饰居室，不仅美化了环境，而且平添几分欢乐色彩，至今仍为人们所喜爱。

皮影则是另一种性质的民间艺术品，它本身具有艺术欣赏价值，而且又是演艺的实用影人，多以动物皮革（常用驴皮，或牛皮、羊皮），经硝制刮平，再雕簇、敷色、熨平、组装，然后涂上桐油（后来或改用耐水漆）制成。其颜色鲜艳而透明，人物手、足、头颈、关节可以活动。表演时由艺人掌杆操纵，人物行走坐卧，乃至奔跑战斗，灵活生动，经灯光照射，将影子映现在屏幕上，再加以乐器伴奏，唱腔配合，演来情趣盎然，极受

图 6-73 山西孝义清窗花娃娃坐莲剪纸

图 6-74 陕西渭南皮影"曹操发兵"

广大民众喜爱。因此皮影戏在全国流传极广，迄今西北地区的甘肃、陕西，西南地区的四川、云南，中南地区的湖南、湖北、河南，华东地区的江苏、浙江、福建，华北地区的山西、河北，东北地区的辽宁等地，都保留着这种传统的文艺形式。

追溯皮影的历史，一般认为滥觞于古代的傀儡戏，据较准确的记载，北宋时已有真正的皮影戏演出，称为"弄影戏"，初以纸制人形，后来改为羊皮雕形，彩色装饰，足证为今日皮影的前身。

由于皮影是靠灯光将影像映于屏幕上，所以限制了人物造型，只能全部采取侧面剪影，因此各地皮影艺术虽各有地方特色，但基本的剪影造型都是一致的。又由于要将形影映于屏幕上，所以要仔细镂刻，以显现疏密、刚柔、粗细不同而互相关联的线的美感，勾勒出形体特征和面貌、衣饰、发式的细部。至于所刻画的人物，多与传统戏剧一致，常取材于《西游记》《水浒》《三国演义》等著名小说，以及各地的民间故事与神话传说（图6-74），由于皮影人物多为民间家喻户晓，也就对民众更具艺术感染力。直至今日，这种根植于民众的民间艺术之花，仍盛开于中华大地之上。

（本文是1998年应时任文物出版社副社长李中岳之约，为《中国历代艺术》丛书第四卷《工艺美术篇》所作的序言，原载《中国历代艺术·工艺美术篇》卷首，文物出版社1998年版。这次刊出，文字略有修改，并调整了原有的附图）

漫谈新石器时代彩陶图案花纹带装饰部位

橙红色的陶盆里面,伏着两只黑彩绘出的大蛙,缩颈大腹,背上满缀圆斑,它们似乎正蹒跚地向盆沿爬去。在和它们相对称的部位,又游动着一对浓黑的小鱼,鳍尾具备,线条流畅,这是1972年春季在陕西临潼姜寨仰韶文化遗址出土的标本(图7-1-1)。同样类型的彩陶盆,过去在西安半坡遗址也有发现,盆里装饰的图案,有鱼、渔网和口衔双鱼的人面形等(图7-1-2、图7-1-3)。另外有一件陶盆,里有4只墨黑的小鹿,构图很简单,但是线条鲜明传神,具有特殊的魅力。值得注意的是,这些古朴而生动的图案花纹所分布的位置,看来是有一定规律的,它们都绘在盆的

图7-1 仰韶文化彩陶盆
图1、图2是从侧面上方俯视,图3是鸟瞰
1. 出土于临潼姜寨,2、3. 出土于西安半坡(P4691、P4666)

里壁（图7-2），而且常常是分布在靠近盆口的上半部的地方；在盆底中心的部位，反而通常是平素无纹的。同时，与光滑的里壁相反，这些盆的外壁却是粗涩的。可以看出，当时陶器制造者的匠心所在，重点是里壁靠上侧的装饰花纹带。

换了不同的器皿，装饰花纹带分布的部位也随着变动。例如姜寨出现的蛙纹，过去在庙底沟仰韶文化遗址也出现过，那是一件彩陶罐的残片，蛙纹就转而装饰在肩部了。除了鱼、蛙等动物形象的图案外，在仰韶文化的彩陶中常见的是大量的花卉图案（图7-3）和几何形图案（对于很多图案的含义，今天我们还不理解，所以姑且统称之为几何形图案）。除了仰韶文化外，在马家窑文化（半山类型、马厂类型）、大汶口文化等新石器时代文化遗址里，也发现有各种花纹精美的彩陶，虽然它们的装饰图案由于时代的早晚、地域的不同等因素而各有特色，但是就这些图案花纹装饰的部位来讲，却有着共同的地方（图7-4）。从我们选取的几件标本上的花纹带分布，可以看到主要花纹带集中在器高1/2处，而在器高1/5处以下，一般是平素无纹的。例如大型陶壶的花纹带主要集中在肩和上腹，往往在器高1/2以上处，颈部和口部有辅助花纹；广口深腹的曲腹盆类，主要花纹带在曲腹以上、口唇以下的部位，而且往往在器高1/3以上处；上壁较直的浅腹盆类，花纹带主要分布在口唇以下、较直的上壁处，也是在器高1/2以上的部位，只有器腹呈球状的罐类，花纹带可以伸延到器高1/5以下，近于底部；至于那种浅腹圜底或小平底的盆，就像本文开始讲到的那样，在外壁没有花纹带，图案花纹只出现在口唇上和里壁。

图7-2　甘肃天水师赵村出土蛙纹彩陶钵　　图7-3　河南陕县庙底沟出土彩陶罐

图 7-4 彩陶纹饰带位置举例

为了表示新石器时代彩陶由于人民生活习惯而形成的共性，这里举出不同时期、不同地区、不同文化的8件器物。为了便于表示，加了几条比例线。其中图1的a线相当于器高的1/2处，b、b′线分别为器高2/3及1/3处，c线相当于器高1/5处。其余七图比例线位置相同。标本出处：1. 马家窑文化半山类型陶罐，甘肃景泰张家台遗址出土（M13:2） 2. 仰韶文化陶罐，河南郑州大河村出土（E1:30） 3. 仰韶文化陶盆，西安半坡出土（P1161） 4. 仰韶文化陶盆，河南陕县庙底沟出土（H47:41） 5. 青莲冈类型陶盆，江苏邳县大墩子出土（M44:4） 6. 大汶口文化陶盉，山东大汶口出土（59:22） 7、8. 马家窑文化马厂类型陶罐，甘肃永昌鸳鸯池出土（M104、M48）。本图是为了说明花纹带，故各器的大小比例不同，没有统一

为什么新石器时代的人们要这样来布置器皿上的装饰花纹带？而且，为什么不同地域、不同文化的人们几乎遵循着近乎同一的规律？

艺术源于生活。这种情况是由于当时人们的生活习惯所决定的。由于生产力低下，居住条件的限制，处于新石器时代的人们，不论在室内或户外，都是席地起居，用作主要日用生活器皿的各种类型的陶器，自然也都是放在地上使用的。这样一来，不论这些器皿的形体多高，它们往往都是处在席地蹲着或坐着的人们的视平线之下，对于站立的人而言，要看这些器物就只有俯视了（图7-5）。器物上的装饰图案是实用美术，要起到美化器物的效果，所以当时的人们不会在平时视线看不到的地方，例如器物的下部向内收缩的部分，花费精力去施加精美的花纹。又由于应用陶器饮食或盛物时，人们常处于坐着或

蹲着的姿态，这就导致主要花纹带的布置，选取在蹲、坐时人们视线最集中的部位（图7-6）。这样一来，自然就形成了前面叙述过的各类器皿花纹带分布部位的规律。

当我们根据上面所探讨的规律去观察彩陶时，就会使这些古代工艺品的特点充分显现出来。下面随手举出几个例子。从半坡发掘中获得的一件彩陶壶（P1130），如果按我们现在的习惯放在桌上正面平视，所看到的在它身上的花纹带，是"四重相叠的波浪纹"，但是按照当时半坡居民那样自上而下的鸟瞰，就会看出这件壶的整个图形是一朵盛开的八瓣花朵，圆圆的壶口正是这朵花的心房，口唇上的条纹，则是向四周伸出的花蕊（图7-7）。又如从宝鸡北首岭获得的一件两侧分绘着鱼纹和鸟纹的细颈壶，只有

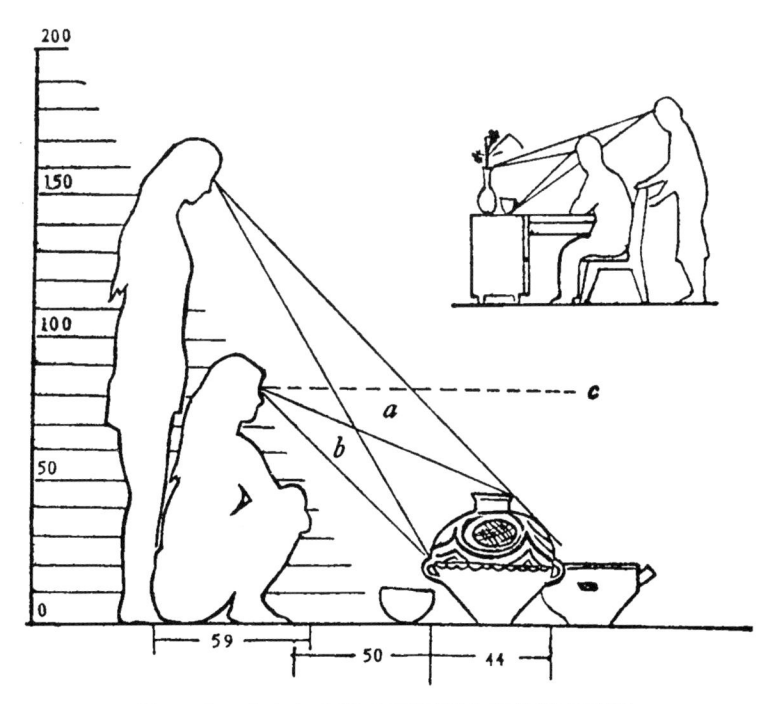

图7-5 古人与现代人观看器物纹饰带示意图

本图左侧为新石器时代的人站着或蹲着的时候，最容易看到的彩陶器物图案：a. 站着的人看彩陶的视线；b. 蹲坐着的人看彩陶的视线；c. 蹲坐着的人的视平线。人体高度依据半坡人的高度169厘米，彩陶壶依据甘肃兰州青岗岔标本F1∶1的尺寸，全图尺寸单位是厘米。本图右上角的示意图表明，现代人在使用桌椅的情况下，视线所及器皿花纹带的位置，与新石器时代席地起居时有所不同

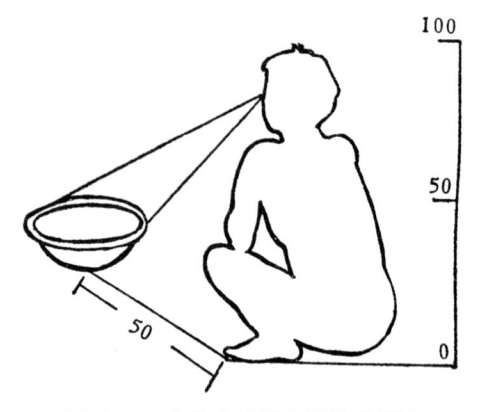

图7-6 史前人看器物纹饰示意图

新石器时代的人蹲坐着，看到陶盆时，视线最容易看到的部位示意图。尺寸单位是厘米。人的身高以及陶盆大小均依半坡遗址出土材料，陶盆花纹带部位，请参看图7-1之2、3

从侧上方俯视，游鱼和立鸟才能完整地呈现在眼前。至于前面提过的半坡和姜寨的彩陶盆，图案花纹的部位更是为了从侧上方俯瞰，才不把纹饰放在盆底正中，而是放在弧壁的偏上部，那正是席地坐着的人最容易看到的部位，可以起到最好的装饰效果。

新石器时代的人们在选择花纹带放置的部位时，会从不同的角度看彩陶上的花纹。出自宝鸡北首岭仰韶文化遗址的陶壶，如果从平视的角度，壶上的鱼纹不完全而且挤扁变形，从左图的角度可以看到完全的鱼纹（图7-8）。至于花纹带和器壁弧曲度的关系，这一点在马家窑文化的大型彩陶壶上表现得最为突出。在青海乐都柳湾马家窑文化墓地的发掘中，在564号墓里出土的75件陶壶里，只有2件不是彩陶，其余的全部带彩。它们的装饰花纹带都在器身的a线以上部位，特别是其中有30多件陶器的纹饰带以大型圆形图案为中心，这些圆形图案的位置都在鼓起的上腹部，只有从侧上方45°角的方向俯瞰，才能得到正圆的效果，如果放在桌上正面平视，这些丰富多彩的圆形图案就都被压挤变扁了。同样的例子，还可以看看在兰州青岗岔遗址一座马家窑文化（半山类型）房子里获得的3件彩陶罐，它们在房子里出现，说明是日常生活中使用的器皿，罐上的大圆形图案为中心的花纹带，也只有从侧上方俯瞰，才能完整地映入人们的眼帘。如果我们再看看从庙底沟仰韶文化遗址获得的具有精美的花卉图案的彩陶，这些图案的绘制者，是从器皿整体的装饰部位来考虑构图的，是利用器壁的弧曲度来加强装饰效果，绚丽多姿。但是，如果把它切开展示，获得的只是一种变了形的效果，原来图案的韵律和节奏感就消失了。

图 7-7 从三个不同的角度看彩陶壶的花纹

从不同的角度去看彩陶图案，会给人以不同的印象。该标本（P1130）出自半坡仰韶文化遗址。下图：正投影侧面，可以清楚地看到器物外形的准确轮廓，可解决标型等需求，但花纹带不能很好地展现。中图：从上侧看去，下腹外形看不到了，但花纹带展示成花朵。上图：俯瞰时，花纹带呈八瓣花形

图 7-8 从不同的角度看彩陶壶花纹

标本出自宝鸡北首岭仰韶文化遗址，从右图的角度看，壶上的鱼纹不完全而且挤扁变形，从左图的角度可以看到完整的鱼纹

谈到古代彩陶的装饰花纹带，我们必然会联想到，当时的人们是根据什么来创造出这些绚丽的艺术花朵的呢？非常清楚，他们利用图案这种艺术语言，是为了表达他们的思想，而思想意识是社会存在即生产和生活的反映。彩陶的图案题材，都是和当时的生产斗争和生活习惯分不开的，有的形象是直接的表达，如动物图像和花卉；有的则经过了艺术的抽象，形成各种几何状的图像。前一种，我们可以举仰韶文化半坡类型的那些生动而富于变化的鱼纹为例，那不正是当时的居民从常年从事的捕鱼劳动中抽象出来的艺术结晶吗？在宝鸡北首岭仰韶文化遗址，还出土有一件模拟船形的彩陶壶，从船侧张开了一张渔网（图7-9）。在陶壶的中心布置一张展开的渔网，再把陶壶的轮廓模拟成船的形象，那不正是象征着张网捕鱼的独木舟吗？在半坡和姜寨出土的陶盆里，都有对应的两条游鱼和簪着双鱼的人头像（图7-10），或是人头像和两张展开的渔网，是不是意味着某种原始的信仰，祈求鱼儿常常被网获呢？至于那些栩栩如生的小鹿和修尾长喙的飞鸟，也都是经过长期观察而创造出的艺术形象。动物花纹如此，植物花纹也是如此。原始的农业和采集经济，使得新石器时代的人们在生产劳动中要不断地注意观察分析各种植物，从而创造出丰富多彩的植物纹图案。在庙底沟遗址获得的绚丽的花卉图案，也是从写生中抽象出来的，是从实践中结成的艺术之果。原始社会的艺术家们在绘制这些图案时有着整体的构想，一件器皿上的装饰花纹带，代表着一种完整的图案结构，带着自身的韵律和节奏（图7-11），产生着引人入胜的艺术魅力。现在遗留下来的问题是：原始社会人们绘制的各种图案，是否都具有含义。动物纹和花卉纹是比较容易弄清楚的，但有一些纹饰，尤其是所谓几何纹类型的，现在还难以弄清楚。不过有的研究者的意见也许值得参考。例如在南美洲巴西境内的巴凯里部落里，"所有一切具有几何形的花样，事实上都是一些非常具体的对象（大部分是动

图7-9 模拟船形的彩陶壶
标本出于宝鸡北首岭仰韶文化遗址，从船侧张开一张渔网

漫谈新石器时代彩陶图案花纹带装饰部位

图 7-10　陕西临潼姜寨出土彩陶盆

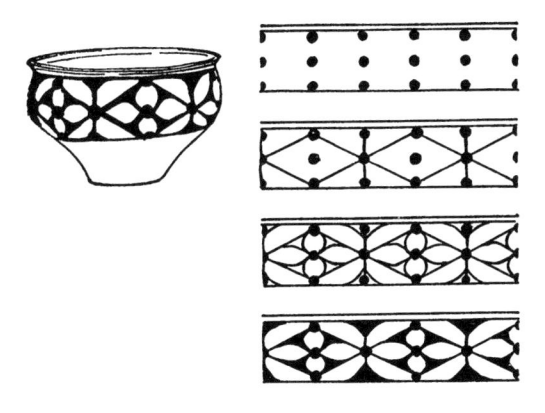

图 7-11　新石器时代彩陶纹饰创作想象示例

本图是庙底沟仰韶文化遗址出土的彩陶盆（M47：42），右面是图案构成方法的参考示意图，采自雷圭元《图案基础》第 35 页（人民美术出版社 1963 年版）。原图说明如下：第一图为用点定位；第二图以米字格联结；第三图以弧作三点一组连缀；第四图在钩线中填彩，使风格明确。这样分析，是为了初学临摹时，以此作为古人图案构成方法的参考

物）的简略的、有时候甚至是模拟的图形。例如，一根波状的线条，两边画着许多点，就表示是一条蛇，附有里角的长菱形就表示一条鱼"。[①] 又如卡拉亚人所画的一些折线纹和菱形图像组成的图案，实际是模拟不同的蛇皮上的花纹（图 7-12）[②]。如果我们不了解这一点，就一定会认为那些纹饰也是用折线或菱形做"母题"的几何状纹了。由于历史的变迁，人们的生活、思想产生了巨大的变化，今天对事物

---

① ［俄］普列汉诺夫：《论艺术》，三联书店 1973 年版。
② ［德］格罗塞：《艺术的起源》，商务印书馆 1937 年版。

的认识与几千年前的新石器时代的人们是截然不同的,这自然就对分析那时的图案花纹的含义带来极大的困难,但是经过仔细的研究工作,总会有所收获的。

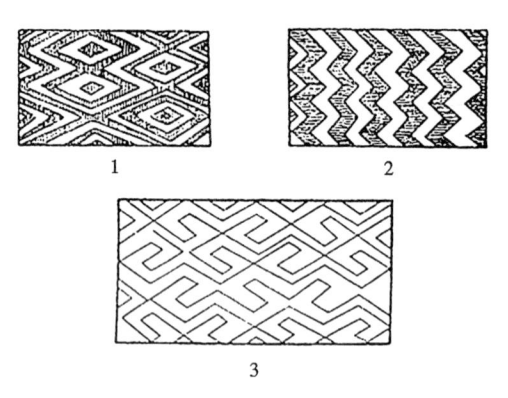

图 7-12　卡拉亚人模拟蛇皮纹饰的图案
图 2 是模拟眼镜蛇,引自格罗塞《艺术的起源》

在新石器时代,制陶业是当时最重要的手工业,人们把极大的精力投入这个工艺部门的生产,把他们的艺术才能倾注在其中,所以给我们留下数量众多的陶器,成为实用美术方面盛开的绚丽的花朵。又由于当时阶级还没有产生,这些工艺品自然是社会中全体成员的财富,是真正供广大群众使用的实用品,那些精美的图案装饰,也正起到美化人们生活的作用。这种为全体人民享用的工艺美术传统,到了阶级社会中就受到了破坏,工艺美术品带上了阶级的烙印,几乎被统治阶级所垄断。但是广大的被压迫人民,在生活中总要使用必要的生活用具,这样一来,除了统治阶级享用的工艺美术品之外,在各个时代,总还会在民间流传着一些简陋的但是为广大人民喜爱的民间手工艺品,它们承继着从新石器时代以来实用美术方面的健康的传统。例如宋代的一些民间瓷器,虽不如那些统治阶级享用的名窑产品精美,但质朴价廉,在装饰艺术方面别具风格。我们应该认真研究从新石器时代的陶器到近代民间陶瓷这一传统,为今天生产更多更好的实用美术品作借鉴,真正地、更好地为广大群众服务。

(原载《文物》1977 年第 6 期,后收入《逝去的风韵》,中华书局 2007 年版)

考古学所见汉代艺术

一

汉朝是中国古代一个兴盛的历史时期，始于公元前206年，终于公元220年，长达4个世纪之久。从公元前206年到公元8年是前汉，中间经过王莽建立的短暂的新朝，公元9年到220年是为后汉。由于前汉和后汉的都城分别是长安（在今陕西省西安市）和雒阳（在今河南省偃师县），两个都城的地点一西一东，所以后代史家又习称前汉为"西汉"，后汉为"东汉"。西汉和东汉的历史，详细地记述在司马迁撰著的《史记》、班固撰著的《汉书》和范晔撰著的《后汉书》等古代史书中。在古代中国，汉朝继秦朝以后，是一个中央集权统一帝国。秦朝覆亡后，经楚汉之争，刘邦夺得天下，建立汉朝。汉承秦制，礼仪"大抵皆袭秦故"。汉一方面汲取强秦覆亡的教训，另一方面又值战乱初定、经济凋敝，所以汉初以休养生息为主，建筑和陵墓虽然依旧追求壮丽华美，仍然逊于秦朝。经过汉文帝和汉景帝采取休养生息、恢复经济的治国之策，汉朝的国力从恢复到发展。汉武帝以后，汉代文明的发展势头日趋强劲，在造型艺术如绘画、雕塑、建筑和装饰艺术各领域，都呈现蓬勃向上的时代风貌，有着与前不同的艺术特色。

令人遗憾的是，随着王朝的覆灭，西汉和东汉都城先后遭战火破坏而废弃，今日保留的汉代遗存，除部分城墙及门、阙等残迹，只有埋于地下的建筑基址（图8-1）。汉代的艺术品更是随着岁月的消逝，基本没有能够流传后世。20世纪50年代以前，只有少量从地下出土的汉代艺术品，流存于各处的博物馆或私人收藏家手中。中华人民共和国成立以后，随着中国考古文物事业的空前发展，主要是田野考古调查和发掘的新收获，汉

图 8-1　西汉长安城未央宫椒房殿遗址

代的艺术品得以大量重现在我们面前。由于西汉和东汉的都城历史上早成废墟，其遗址今日经过考古发掘，获得的主要是建筑的基址，又因废弃前屡遭战乱和无情的劫掠，除一些建筑砖瓦构件外，留存的遗物极少，更缺乏精美的艺术品。西汉时曾在建章宫设立巨大的仙人掌承露盘等铜雕塑品，也曾在昆明池置有大量石雕作品，大多没能留存后世。仅存至今的只有昆明池畔所立牵牛和织女石像，尚存于西安市斗门镇，两像都是以巨石稍加修琢而成，造型颇觉拙稚。在发掘汉代的都城长安和雒阳遗址，获得的砖石建筑材料中，以大量印有纹样和铭文的瓦当最具装饰艺术价值。这时期的瓦当主要为圆形，图纹围绕瓦当圆心向四周辐射扩展。先以瓦当圆心作"十"字形分割，将瓦当区分成面积相等的 4 个扇形，再加饰纹样，多为云纹，从西汉一直流行至东汉。西汉初年，印有铭文的瓦当广泛流行，文字内容有宫殿或官署等的名称，或纪年、记事，但更多的是"长乐未央""千秋万岁"等吉祥语。也有因特殊用途而选用图形的瓦当，如西汉长安城遗址出土的四神纹瓦当，在瓦当上分别饰有青龙、白虎、朱雀和玄武的图纹，是当时瓦当中艺术造型最佳的标本（图8-2）。在汉长安城南郊的礼制建筑中，四神纹瓦当是按照四神对应的方位，分别装饰在东、西、南、北四面门楼屋檐的椽头上。汉朝宫殿遗址出土的另一类带有画像

图8-2　西汉长安城南郊礼制建筑遗址出土的
四神纹瓦当、云纹瓦当和吉祥语瓦当

的建筑材料是大型的空心画像砖，纹样的主题有"四神"图像，不过在汉代，画像砖更多用于构筑墓室。

考古学发现的汉代艺术品，包括绘画、雕塑作品，还有精美的日用工艺品和装饰品，几乎都是在20世纪50年代至今对汉代墓葬的田野考古发掘中所获得的。

二

考古学所见的汉朝绘画，目前都是在发掘汉墓时获得的，有随葬在墓内的帛画，还有装饰于墓室壁面的壁画和画像石、画像砖，它们主要是与汉代埋葬制度有关的艺术品。汉代的帛画，发现的数量较少，只在湖南长沙马王堆、山东临沂金雀山等地的西汉墓中有出土。其中有一种呈T形的大幅帛画（遣策简文称"非衣"），以长沙马王堆1号和3号西汉墓中出土的帛画保存最好，长度都超过200厘米，绘制精细，色彩艳丽。作画时先以淡墨起稿，再平涂施彩，局部出现浓淡渲染，最后勾墨轮廓线。所画图像分为上中下三段（图8-3），上段描绘日、月、飞仙、神兽等天上景色；中段描绘人间，有墓内死者在侍仆簇拥下行进的画像，1号墓是女像（图8-5），3号墓为男像；下段描绘地下，画有奋力上托地面的裸体力士。所绘内容应是承继着先秦时楚地旧俗，表现葬仪中招魂等主题。这些大型帛画的绘制技法，代表了汉代丧葬艺术中绘画的最高成就。马王堆3号墓还有横长达212厘米的帛画，悬挂于棺木侧板，原画保存情况较差，经修复可见描绘的是仪仗、车马、军阵图像。更值得注意的是在马王堆3号墓中放置帛书的漆奁中，也放置有一些帛画，它们不是为丧仪所绘制，是真实反映汉代生活的艺术品，经过复原的帛画有与古代医学有关的"导引图"、与天文有关的"彗星图"、与信仰有关的"神祇图"（图8-4）等，更有与当时军事有关的两幅古地图——"驻军图"和"地形图"，以及小城的平面图。这类帛画不仅为认识汉代绘画提供了重要的实物参考资料，对于研究汉代社会文化和汉代军事等方面都是重要的资料。

在汉墓中获得的绘画，主要是绘于墓室墙面的壁画，在西汉至东汉墓葬中多有发现。目前已发现的西汉时期的墓室壁画，时间最早的是河南永城柿园梁王墓中的巨龙壁画，还有广州南越王墓前室石壁和石门上的朱墨

图 8-3 湖南长沙马王堆 1 号西汉墓出土"非衣"帛画

图 8-4 湖南长沙马王堆 3 号西汉墓出土帛画上的神祇图像

图 8-5 马王堆 1 号西汉墓"非衣"帛画中栏内的墓主人图像

两色云纹图案,这也是目前有壁画的汉墓中死者身份最高的两座。在都城长安发现的西汉壁画墓,以西安理工大学 1 号墓和曲江翠竹园 1 号墓最重要,还曾在西安交通大学发现一座西汉壁画墓,但只保存有墓室顶部的天象壁画(图 8-6)。曲江墓坐落在西汉都城长安城郊,墓葬形制为长斜坡墓道竖穴土圹砖室墓,由墓葬规模及出土的玉璧、玉衣片等推测,所葬死

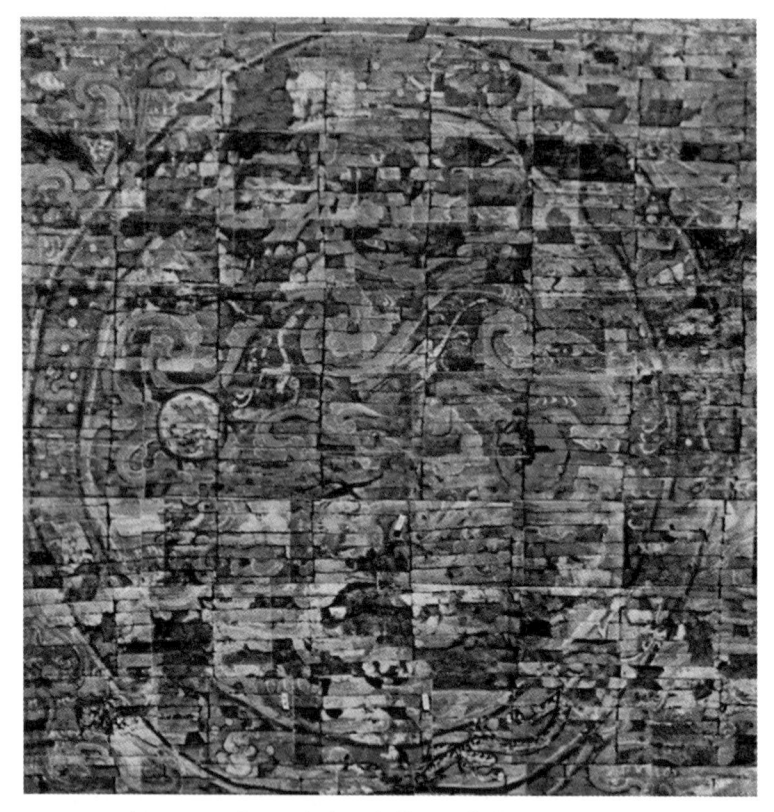

图 8-6　陕西西安交通大学西汉墓墓顶壁画天象图

者生前应是二千石的高级官吏或贵族。壁画布满整个壁面,画幅高度超过 2 米(壁高 2.2 米),画中人像体高一般超过 1 米,有的高近 2 米。全墓室壁画总面积达到 62 平方米。壁画题材除墓室顶部绘天象图外,墓壁绘有帐幔下的人像,门旁是门卫,室壁则是属吏仆婢,在一捧物女像旁有墨书榜题"小婢□",更明示该像的身份(图 8-7),应是用这些人物画像显示死者生前家内生活的情景。还有怀抱幼儿、后携儿童的妇女,生活气息浓郁。西安理工大学墓中壁画,除家居宴饮的画面外,更有骑马出游、狩猎的场景,同样具有浓郁的生活气息。曲江墓和理工大学两座墓内壁画的绘制技法,存在颇为明显的差异。仅就壁画中人物的形貌特点来看,理工大学墓的人像体量微小而描绘细密,人像体高仅有手掌大小。起稿仔细,还经不断修改,线勾轮廓,笔迹纤细,着色平涂匀净。其精致细密的形貌特点,明显是传承自先秦楚地绘画的传统。曲江墓的人像则体量硕大而描绘

图 8-7　陕西西安曲江西汉墓壁画女婢图像

粗放，人像大致与真人等高，有的体高甚至超出 2 米。人像面容仅线勾轮廓，身体衣服则浓彩平涂，因着色粗放，不见线勾轮廓。其粗硕雄浑的风貌自然与前述楚风无涉，当另有渊源，有可能是上承秦制。在洛阳地区发现的西汉晚期的壁画墓，缺乏长安西汉壁画墓布满壁面的大幅画面，也缺乏反映社会生活的画面。墓室以空心砖为主要结构，只有局部的小面积绘画，仅分布在墓门门额、主室脊顶、隔墙上方横梁房山、后室后壁房山等局部区域。墓内所葬死者的身份都不高，应属于汉代一般官吏及其眷属的墓葬，如烧沟 61 号墓、烧沟村西 "卜千秋墓"、浅井头墓等。小幅画像的主要题材为天象、驱邪除祟及仙人神怪，也有些历史故事如 "二桃杀三士"。卜千秋墓前室脊顶的壁画虽说是长卷，由 20 块砖组成，但画幅高仅有 52 厘米。

西汉末年到新莽时期，墓室内绘制的壁画的面积增大，并增加了世俗生活宴乐的内容，墓例有洛阳金谷园、尹屯和偃师辛村的新莽墓，金谷园墓前室穹隆顶在白地上以朱墨等色满绘彩云，四壁影作枋柱，以象征木结构建筑。后室顶脊及柱头斗子间分绘日月神灵异兽。辛村墓则除日、月及驱邪画面外，还绘出西王母，并且绘有多幅门吏、庖厨、宴饮、六博等世俗生活的画面。山西平陆枣园村的壁画墓中，除天象、山林车马人物外，还有驾牛农耕图像。新莽以后，东汉时期墓室绘有壁画的墓葬，在河南、山东、山西、河北、陕西、内蒙古、辽东等省区都有发现，墓内死者身份最高的只是相当于二千石的官员，壁画的重点是描绘相当于死者生前身份的出行车马和衙署中的属吏。前者如偃师杏园村东汉墓，壁画只描绘了出行车马；后者如河北望都的1号墓和2号墓，没有画出行车马，只绘出属吏的图像。更有甚者是内蒙古和林格尔壁画墓，在壁面用连环画的形式，连续绘出死者从举孝廉，历任河西长史、"行上郡属国都尉""繁阳令"到"使持节护乌桓校尉"，还画出宁城图和护乌桓校尉的"莫府"，十足一组"升官图"。此外，也绘有家居宴乐、坞堡庄园、农耕放牧，以及一些仙人神兽、祥瑞、圣贤列女等图像。到东汉晚期，还出现了墓内死者端坐帐中的正面画像，如河北安平逯家庄东汉墓。也有的墓中壁画与画像石配合设置，如河南密县打虎亭汉墓。

汉墓壁画虽然在题材方面受丧仪的局限，技法方面也仅能反映当时绘画艺术的一般情况，绝非代表汉画艺术的佳作。但是因为缺乏汉画真迹，所以汉墓壁画的发现，开启了一扇可以窥视汉代绘画的窗口，得以了解汉代绘画的绘画技法和艺术特征，对汉代绘画史的研究弥足珍贵。

也有的地区，例如山东、苏北、陕北等地，墓内用石刻的手法替代绘画，表现同样的题材，通常称为"画像石"。画像石原也涂施彩色，以达到与壁画相同的艺术效果，陕西神木大保当汉墓的画像石上，原施的色彩保存颇好，色泽仍然艳丽（图8-8）。也有的地区用刻模制砖替代绘画，常是一块砖就是一个完整的画面，通常称为"画像砖"。又以四川地区出土的画像砖最具特色，不论是题材还是技法都有创造。四川画像砖以方形为主，一块砖上模印一幅图像，画面完整，构图多变，技法缜密细致，更富于写实性，是东汉画像砖中最优秀的作品。除了通常的传统题材，例如神仙和显示身份地位、夸耀奢华豪富的画面（如西王母、日月神、车骑、仪卫、鼓吹、武库、庭院、楼阁、宴饮、舞乐、百戏等）以外，还出现了授经（图8-9）、考绩，又有播种、薅秧、收割、踏碓以及采桑、采芋、采莲、弋射、行筏、酿酒、盐井等生产情景，还有市井、酒肆的画像，甚至有男女在室内和树林间裸体性交的场景，展出了一幅又一幅风格清新的古代风俗图，生动地再现了当年的生产活动和社会生活的各方面的场景。它们不仅是精湛的古代艺术品，同时有颇高的史料价值。

图8-8　陕西神木大保当东汉墓绘彩画像石车马出行图像

图8-9　四川成都东汉画像砖授经图像（拓片）

三

汉朝的雕塑作品，除了前面已讲到的原立于昆明池畔的牵牛、织女石像外，也主要是与丧葬有关的遗物。大致包括两类雕塑作品：第一类是立于墓园地面上的神道石刻和墓冢上的石刻，著名的有西汉名将霍去病墓冢上的石刻，以及西南地区保存的许多石构墓阙；第二类是埋葬在墓室或从葬坑中的明器，主要是俑。

俑，是中国古代自先秦时期出现的随葬于坟墓内的特别制作的偶人，开始用草编或木制，后来多为烧制的陶制品，也有用金属制作的。到秦汉时期，陶俑艺术有了极大发展。秦俑以秦始皇陵出土的陶俑为代表，全力模拟真人，以军中士卒为主，身高、发式、服饰无不与真人相同，但体姿呆板，毫无生趣。西汉时礼仪"大抵皆袭秦故"，丧葬用俑也是如此，只是不再像秦始皇那样盛大奢靡。西汉时帝陵随葬陶俑虽仍模拟真人，亦以军中士卒为主，但体高已减至真人的三分之一左右，造型有两种。一种是模拟人体塑成裸体男、女人像，取消了秦俑为了站立稳固而在足下粘接底托板的拙稚手法，使陶俑以双足承重站立，增强了真实感，然后穿披丝织的衣服，应是承袭了战国时楚俑的艺术风格；另一种仍是沿袭秦俑，塑出衣服，再施彩绘。随葬陶俑虽袭秦制，又承楚风，融会创新，使汉俑造型摆脱了秦俑呆滞生硬的模式，转向生动精致、富有生趣的时代新风。最重要的考古发现是咸阳市张家湾村北的汉景帝阳陵从葬坑的陶俑群，在最初发现的两组 48 个大型从葬坑中，出土陶俑已有数千件之多（图 8 - 10）。除人物外，从葬坑中也有彩绘陶动物模型，有牛、羊、猪、犬和鸡等。

图 8 - 10　西汉景帝阳陵从葬坑陶俑出土情况

考古学所见汉代艺术

除帝陵外，在帝陵近旁的陪葬墓及外地的侯王墓，有的也设大型随葬陶俑坑。咸阳市杨家湾发现的帝陵陪葬墓所附陶俑坑计11座，出土陶俑多达2375件，内有骑兵俑583件，还有木质战车模型，反映出西汉初军队兵种构成发生变化的实际情况。都城长安以外地区侯王墓的随葬陶俑群，如江苏徐州狮子山楚王陵、山东章丘危山济南王陵，都附有内置模拟军阵的陶兵马俑的俑坑。更多的王侯墓是将俑随葬于墓室内，俑群的构成也不仅有武装士兵，家内的奴婢和伎乐占有很大比重。徐州驮篮山楚王陵

图8-11 江苏徐州驮篮山西汉墓出土陶女舞俑

中，更随葬有姿态生动的长袖女舞俑（图8-11）和乐俑。在南方的湖南、湖北等地的西汉墓中，还沿袭楚俗，随葬用木俑。长沙马王堆轪侯家族墓随葬的木俑，有的身着丝绸衣服，有的是彩绘衣饰，多为家内执役的奴、婢奴和歌舞乐队，以及武装的卒、侍从。在低级官吏和地主的墓中，有的也以俑随葬，其内容与数量自难与王侯相比，俑群的构成主要是家内奴婢，还有木车、木船的模型。湖北江陵凤凰山和云梦大坟头西汉墓出土的木俑，都是彩绘衣饰。它们与马王堆汉墓的着衣和彩绘木俑，都明显地承袭着原来楚俑的艺术风格，表现出地方特色。

东汉帝陵用俑，是否沿袭西汉帝陵旧制，因缺乏考古发掘资料，尚不清楚。目前在东汉都城雒阳所在的河南洛阳一带，所发掘的东汉墓多为当时一般官吏及其眷属的坟墓，分布于洛阳市西北和西郊的烧沟、七里河等处，墓中常随葬舞乐侍仆俑。出土陶俑均模制，先涂白粉为底，再以朱、黑、褐、绿等色彩绘。以伎乐为主，有坐姿乐队，演奏排箫、瑟、鼓等乐器。有踏鼓起舞的长袖舞伎和弄丸、倒立的杂技表演者，还有些服役的奴仆。以烧沟西14号墓和七里河东汉墓出土的两组舞乐杂技俑保存最为完好。在河南新安古路沟东汉墓出土的百戏俑中，还有表演"象戏"的骑象童子。这些陶俑形体都较小，通高15厘米左右，所以塑制时不着重身体细部的刻

161

画，而是靠准确而简练的轮廓线，把姿态生动的躯体表现出来，生动传神。东汉中期以后，随葬明器中增多了模拟建筑或田地的陶模型，常见高大的多层陶楼阁、水阁乃至城堡，以及仓房和田地模型，人们想用这种模拟手法将生前的庄园田土都纳入墓中。河南陕县刘家渠东汉墓出土的陶水阁，可称是典型代表。在陶水阁上，还有形体小巧的陶俑，有环绕池边守卫的骑士，还有身披铠甲持弩欲射的武士。在戒备森严的高阁上层，又有二人相对而坐，中设博局，正在博戏（图8-12）。这既表明东汉后期强宗豪族拥有的武装部曲，又显示出浓郁的生活情趣。

图8-12 河南三门峡东汉墓陶楼模型

在东汉时期，西北河西地区的东汉墓中出土的随葬俑群，多用木俑，又与南方汉墓流行的木俑不同，刀法粗放简练，造型风格雄劲，施色浓烈，纹样粗犷，显得气势雄浑，具有地方特色。如甘肃武威磨嘴子东汉墓群出土的木俑，包括附有御车奴的木质轺车模型，以及鞍马和侍奴，也有舞女。还有木制家畜、家禽模型，多见马、牛、羊、犬和鸡。耕种用的牛拉犁模型，颇具特色。其中最引人注目的是一套博戏木雕，雕出两位老人对坐，中置博局，人物姿态生动，是极富生活情趣的汉代木雕佳作。俑群中出现有翘尾低头的独角神兽（图8-13），都是以额上那锐利独角向前冲刺的态势，威猛劲健，以驱邪祟，后世的镇墓兽或即滥觞于此。

岭南地区东汉墓陶俑，以广州汉墓为代表，常见象征宅院仓囷的陶建筑模型，还有楼阁和壁垒森严的城堡。也有象征田地的陶模型和男女奴婢俑，还有车、船和家禽畜模型，造型具地方特色。至于数量众多的托灯奴俑，裸身赤足，蹲坐而用头顶灯盏，应是模拟来自南海诸国的奴婢，显示

图 8-13 甘肃武威汉墓出土镇墓木独角兽

出当地与海外交通的地域特色。西南地区，主要是四川境内东汉墓出土的陶俑群，其中有赤足穿草鞋的农夫，他们负重、铡草或在水田中劳作，还有的手执畚、箕等农具，但腰佩环首长刀，也是主人的武装部曲。此外，习见的题材还有陶马车以及成群的男仆女侍俑和乐舞百戏俑，其中最传神的是持鼓侏儒俑（习称"说唱俑"），都是赤裸上身，下穿长裤，赤足，肚皮凸露，面孔呈充满笑意的滑稽表情，一臂挟鼓，另一手持桴敲击，真实地刻画他们作滑稽姿态、引人笑乐的情景，其中成都天回山 3 号崖墓和郫县出土的两件陶俑塑技最精（图 8-14）。

图 8-14 四川成都天回山东汉墓出土陶持鼓侏儒

四

由于汉代的埋葬习俗，所以在死者的坟墓中除了葬具（如棺、椁）和明器（如陶俑）外，还随葬有各种生前使用的衣物、装饰品和生活用品，其中不乏精美的工艺品，墓内死者生前的社会地位越高，墓内随葬的物品也越丰富。因此在发掘大型的汉代墓葬时，常常能获得数量众多的精美的工艺品，主要有铜器、玉器和漆器。这些工艺品，也正反映着汉代工艺美术的繁荣和成就。

汉代的铜器与先秦时期的铜器相比，到汉武帝时期已经呈现出完全不同的新面貌。商周时期占统治地位的纹饰繁缛的庙堂重器，已经被大量面向生活的日用器所取代。在西汉初年还延续着战国时期错金银、镶嵌珠玉等华美工艺，如满城中山靖王墓出土的填嵌绿琉璃鎏金银宽带饰乳丁纹铜壶、鎏金银蟠龙纹铜壶等，它们的形制和装饰手法还都保持着战国铜器的时代特征。但是出土的带有中山王铭的铜锺、钫等器，已经是外轮廓简洁大方、器表平素无纹而适于实用。在西安三桥镇出土的鼎、锺、钫、铒等青铜容器，其中有的器上刻有"乘舆"铭文，表明是皇帝的御用器，也是素面或只饰几周简单的弦纹，造型简洁实用。这些皇帝、王侯使用的青铜器，充分显示了汉代铜器的时代新风。与宫廷使用的容器不同，汉代的室内日用生活用品，如灯、熏炉、席镇等器物，则在实用的前提下力求造型多变、外观华美，以增加生活情趣。

汉代灯的基本形态，还是传统的由直柄上托灯盏的"豆形灯"，但是出现多种变化，仅以满城中山靖王刘胜和其妻窦绾两墓出土的铜灯就多达20件，有10种不同的型式。除豆形灯外，有带底盘和錾的"槃锭"、卮形带錾的"卮锭"、下有承盘的"拈锭"、卧羊状可翻转灯盏的羊灯、下用半跪人形单臂托灯盏的"当卢锭"，等等。特别有一种新型釭灯，装有烟管，可把灯油燃烧生成的烟气导入灯腹，灯型精巧。满城汉墓出土的釭灯是跪坐的宫女造型，面容端庄，一手托灯盏，另一手的宽袖向下罩在灯盏上，形成烟管，通体鎏金，极为华美。灯上有"长信宫"铭文，说明原是汉皇宫用灯。这种精巧的釭灯，在山西、湖南、江苏、广西等地汉墓中也有出土，但是都制作成动物形貌，有牛形（图 8-15）、凤鸟形，还有水禽衔鱼的造型，都很生动华美。此外，汉代也流行多枝灯，少的 3 枝，多的十余枝，高度能超过 1 米，每个灯枝上都托有灯盏，点燃起来，上下错落，交相辉映，别具情趣。汉代室内另一种经常陈放的青铜工艺品，就是香炉或称熏炉。在西汉初期，熏炉内焚烧的仍是传统的蕙草等草本香料，所以熏炉的形体也沿袭先秦时的扁圆形，下有柄托。后来开始从域外输进龙脑、苏合等木本科植物香料，因不能直接点燃，而需以炭火等燃料熏烧才能散发出香烟，所以熏炉的形体因之有所改变，炉盖增高，常作山峦状，故此常称之为"博山炉"。从此雕镂精美的铜博山香炉开始出现于已被发掘的西汉时期王公勋贵的墓葬之中。如河北满城西汉中山靖王刘胜及其妻窦绾墓中，都随葬有铜博山炉。刘胜墓的铜熏炉，造型精美，炉柄镂成3条腾出波涛的龙，以头托炉身。炉身上部和炉盖合成层层上叠的重重峰峦，点缀以树木，神兽、猴子、虎豹出没其间，还有肩负弓弩追逐野猪的猎手。全炉纹饰均错金，线条劲健流畅，工艺极为精湛。若于炉内焚香，轻烟飘出，缭绕炉体，自然造成山景朦胧、群兽灵动的效果。陕西茂陵陪葬冢的从葬坑中出土的有长柄"金黄涂竹节熏炉"，原为未央宫用器，更为华美（图8-16）。可见这些工艺精湛的青铜熏炉，是当时皇室贵胄享用的奢侈品。

图8-15　江苏邗江甘泉西汉墓
出土错银纹铜牛形钉灯

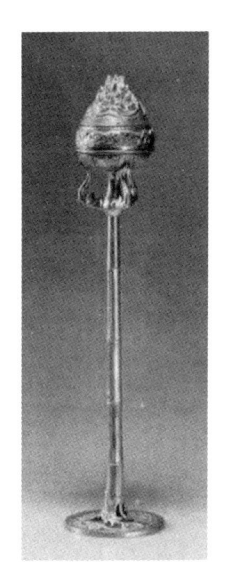

图8-16　陕西茂陵无名冢出土
西汉鎏金竹节柄铜熏炉

汉人席地起居，坐卧铺席，为避免席角折卷，所以常在席的四角放青铜制作的席镇。镇的体积不大，而且要圆润无棱角，所以常制成蜷曲身躯的鸟兽动物造型，常见羊、鹿、虎、豹、凤、龟等形貌，有的鎏金，有的体错金银纹饰。满城汉墓出土的豹镇，通体饰错金银梅花状豹斑，双睛嵌以白玛瑙，又用调有朱红颜料的粘合料粘镶，所以目闪红光，气韵颇显生动。更有的席镇是坐卧姿态的人形，在河北、河南、山西、广西、四川、甘肃等地汉墓都有出土。甘肃灵台何家沟西汉墓出土的一组，最为人称道，4个人形铜镇坐姿、表情均不相同，喜怒哀乐，各尽其妙，静动结合，相映成趣（图8-17）。汉代体积很小的席镇，造型如此富于变化，表明当时多么注重日用物品美与实用的结合。

图8-17 甘肃灵台何家沟出土西汉人形铜镇

与灯、熏炉、席镇等生活用具不同的汉代青铜工艺品是铜镜，镜的正面用来照人容颜，背面则满饰装饰图纹。汉初的铜镜还是沿袭战国铜镜的形制，但到汉武帝时期，先是出现草叶纹镜（图8-18），稍后又出现星云纹镜，完全取代了战国镜细密的地纹，成为具有汉代新风格的镜背装饰纹样。西汉后期，镜背的纹饰更趋简洁规整，主要流行"日光镜"和"昭明镜"。自王莽新朝时期，又有创新，各类禽鸟、瑞兽和"四神"（青龙、白虎、玄武、朱雀）等形象相继出现在镜背图案中，构图奇巧，具有动感。进入东汉，铜镜的制作达到更高水平，尤其是东汉中期以后，在江南制作出了浮雕式的"神兽镜"和"画像镜"，纹样繁缛细腻，题材多取仙人、灵兽、车马出行乃至历史人物故事，如伍子胥故事等，情节生动。在制作上一改过去以单线勾勒轮廓的旧手法，采用使主要纹样隆起，形成高低起伏、呼之欲出的高浮雕效果，开后代铜镜图案高浮雕之先河。"神兽镜""画像镜"从题材以及浮雕的铸造方式，均与同时期的画像石和画像砖的

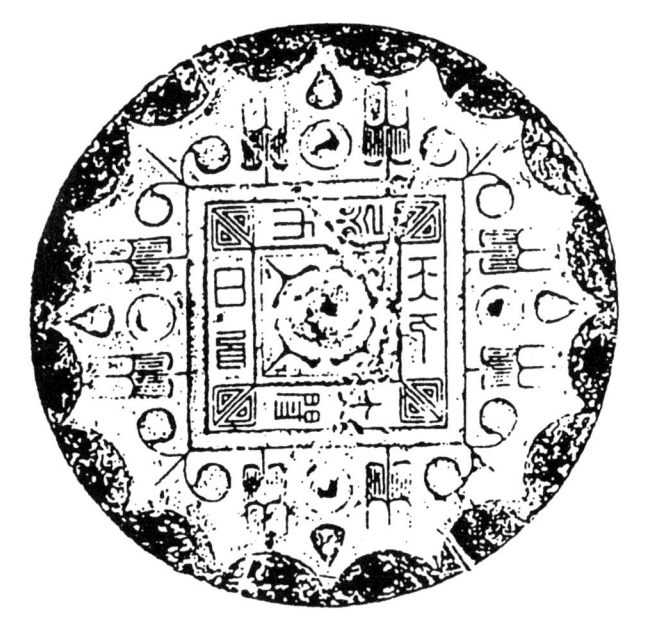

图 8-18　山东临淄商王村汉墓出土四乳草叶纹铜镜（拓片）

题材和技法有异曲同工之妙，说明艺术在不同领域中是相通的，同时显示着相同的时代风格。

（原载《汉风——中国汉代文物展》，科学出版社 2014 年版，第 207—218 页。系为中国赴法汉代文物展所作，按其体例要求，文中未附注释。原附有参考文献目录，因与本书体例不合，这次未采用。这次还适当调整了部分插图）

三国时期的文化艺术

毛泽东有一首词《浪淘沙·北戴河》："大雨落幽燕，白浪滔天，秦皇岛外打鱼船。一片汪洋都不见，知向谁边？往事越千年，魏武挥鞭，东临碣石有遗篇。萧瑟秋风今又是，换了人间。"

词中所咏魏武"东临碣石有遗篇"，正指历史上同样是政治家、军事家也是诗人的魏武帝曹操所作《步出夏门行》四首之二《观沧海》："东临碣石，以观沧海。水何澹澹，山岛竦峙。树木丛生，百草丰茂。秋风萧瑟，洪波涌起。日月之行，若出其中；星汉灿烂，若出其里。幸甚至哉！歌以咏志。"① 他在另一首《龟虽寿》中，更是唱出"老骥伏枥，志在千里；烈士暮年，壮心不已"。除此以外，至今流传的曹操诗，还有《蒿里行》《短歌行》《苦寒行》等名篇。他的两个儿子曹丕和曹植同样在文学方面有突出成就。曹丕所作《燕歌行》，更被视为最早的完整的七言诗。② 以曹操为领袖，三曹为核心，集结了以"建安七子"为代表的"邺下文人集团"，一改汉时文风，形成忧时愍乱、慷慨悲凉的新文风，即所谓"建安风骨"，他们独特的文学风貌在中国文学史上闪耀千古。③

文学和艺术的联系密不可分，许多文学作品的精彩内容都成为后人进行艺术创作的好题材。曹植的《洛神赋》，是黄初四年（223）抒发内心情绪感受而作，哀愁是全文的主旨。"它写出了人性的一个侧面，所以能感动千百年来读者。"④ 同时文辞华美，特别对洛神的描述被后人奉为描摹美

---

① 曹操诗文依据余冠英《汉魏六朝诗选》，人民文学出版社1978年版。
② 余冠英指出，曹丕的《燕歌行》"一向被人特别注意，固然因为它情致婉委，节奏美妙，同时也因为它是我们所能见到的最古的完整的七言诗"。《汉魏六朝诗选》，第99页。
③ 徐公持：《魏晋文学史》，人民文学出版社1999年版，第18页。
④ 同上书，第83页。

女的经典文字。东晋著名画家顾恺之曾据曹子建《洛神赋》,创作了长卷《洛神赋图》,后人多传摹,现在虽然原图已佚,但多件摹本流传至今,北京故宫博物院(图9-1)、沈阳博物馆、台北故宫等处至少藏有4种摹本。一幅东晋时期的绘画能有这样多的摹本流传至今,是很幸运的。

图9-1 传顾恺之绘《洛神赋图》(局部)

但是三国时期的绘画作品就没有这样幸运,不但没有真迹流传,连后代摹本也没有一件能流传至今。我们只能从有关的画史文献中,看到有关三国时期画家的传奇故事,其中有两则最引人注意,就是曹魏时徐邈画鱼引獭和孙吴画家曹不兴点墨为蝇。"魏明帝游洛水,见白獭,爱之,不可得。邈曰:獭嗜鱼,乃不避死。遂画板作鱼悬岸,群獭竞来,一时执得。帝嘉叹曰:卿画何其神也。"[1] "曹不兴,吴兴人也。孙权使画屏风,误落笔点素,因就成蝇状。权疑其真,以手弹之。"[2]

关于曹不兴的画,还有个神异的传说:"吴赤乌中,不兴之青溪,见赤龙出水上,写献孙皓,皓送秘府。至宋朝陆探微见画,叹其妙,因取不兴龙置水上,应时蓄水成雾,累日霶霈。"[3]

上述传说之所以产生,从一个侧面反映出那时绘画的写生技法的提高,还有画家应对突然情况能力的提高,这种能力的基础自然在于画家技艺的高超。除徐邈和曹不兴外,据《历代名画记》所载历代能画人名,曹魏能画者还有魏少帝曹髦,以及杨修和桓范。孙吴还有吴王赵夫人。蜀有二人,乃是丞相诸葛亮和其子诸葛瞻。[4] 如将《历代名画记》所记三国时

---

[1] (唐)张彦远:《历代名画记》引《续齐谐记》,人民美术出版社1963年版,第104页。
[2] 同上书,第104页。
[3] 同上书,第104—105页。
[4] 同上书,第103—106页。

期能画人名与所记西汉时能画人名进行比较，发现其间有很大差别。该书所记西汉时六人皆为画工，有毛延寿、陈敞、刘白、龚宽、阳望和樊育，"六人并永光、建中画手"[1]。而三国时期的能画人名，则包括皇帝、后妃以及丞相、大司农等高官，应表明三国时与西汉不同，社会上对绘画的看法有很大改变，绘画并非只是身份低下的画工从事的职业，上层人士已参与绘画创作。这应是中国古代绘画摆脱仅是匠师从事功能性的工艺技巧，走向供艺术欣赏的艺术创作的开始。同时绘画的技法，三国时期也有新的发展，在继承两汉传统的基础上，呈现出与前不同的面貌。所记能画人名中，可以视为专业画家的只有曹不兴一人，不过他的画作到南齐时，仅存"秘阁内一龙头而已"，谢赫据此认为，"观其风骨，擅名不虚，在第一品，陆之下、卫之上"。而到唐代，就已无法看到曹不兴画迹[2]，更不用说今天了。因此现在我们只有依靠考古发现的有关的遗物，才能开启一些窥知三国时期绘画的小窗口。

从田野发掘中发现的有关三国绘画的考古学标本，主要是从墓葬中获得的，大略有随葬遗物上的绘画和墓室壁面上的壁画。曹魏时期社会生活中另一项重大的变化，表现在人们死后墓仪制度的改革。[3] 突出表现是帝王力主薄葬，代表人物是曹操和曹丕父子，不仅下令薄葬，而且他们自己也是身体力行。早在曹魏建国之前，曹操于建安十年（205）已下令禁止厚葬[4]，并禁止立碑。[5] 曹操在建安二十三年（218）六月下令："古之葬者，必居瘠薄之地，其规西门豹祠西原上为寿陵，因高为基，不封不树。"[6] 在他死前还遗令埋葬时"敛以时服，无藏金玉珍宝"[7]。当时曹操改革秦汉厚葬礼制，实行薄葬，主要有两个原因。一个原因是经过汉末大动乱及群雄混战，社会经济凋敝，统治集团无力像东汉时花费巨资经营丧

---

[1] （唐）张彦远：《历代名画记》引葛洪《西京杂记》，第100—101页。
[2] （唐）张彦远：《历代名画记》，人民美术出版社1963年版，第105页。
[3] 参见杨泓《谈中国汉唐之间葬俗的演变》，载《汉唐美术考古和佛教艺术》，科学出版社2000年版，第110页。
[4] 《三国志·魏书·武帝纪》，中华书局校点本1964年版，第27页。
[5] 《宋书·礼志》，中华书局校点本1964年版，第407页。
[6] 《三国志·魏书·武帝纪》，中华书局校点本1964年版，第51页。
[7] 《三国志·魏书·武帝纪》，中华书局校点本1964年版，第53页。

事。另一个原因是曹操和曹丕父子在亲历的战乱中，见到前代厚葬的陵墓遭到毁灭性的破坏，感触极深，总结历史教训，引以为戒。对此，魏文帝曹丕在《终制》中曾详加论述："自古及今，未有不亡之国，亦无不掘之墓也。丧乱以来，汉氏诸陵无不发掘，至乃烧取玉匣金缕，骸骨并尽，是焚如之刑，岂不重痛哉！祸由乎厚葬封树。'桑、霍为我戒'，不亦明乎？"所以他规定死后"寿陵因山为体，无为封树，无立寝殿，造园邑，通神道。……无施苇炭，无藏金银铜铁，一以瓦器，合古涂车、刍灵之义。棺但漆际会三过，饭含无以珠玉，无施珠襦玉匣，诸愚俗所为也"。他特别强调葬后应不被后人发现："夫葬也者，藏也，欲人之不得见也。……故吾营此丘墟不食之地，欲使易代之后不知其处。"① 皇帝主薄葬，贵戚官员将帅也同样感于亲身经历以及遵从曹魏法制，多行薄葬。正由于薄葬，不封不树，因此自唐宋以降，世人已弄不清楚曹操所葬高陵的位置。加之自宋以后民间"曹操七十二疑冢"的传闻甚嚣尘上，多年来更误指磁县地区的大型封土墓为曹操疑冢，但近年的田野考古调查发掘已证明，那些都是东魏北齐时期的坟墓。② 故此在邺城附近的考古勘查中，探寻魏武帝曹操的陵墓一直是引人注意的课题。目前关于魏武帝曹操陵墓的所在地这一难解的考古学之谜，更加为人关注。自 2008 年至今，在河南安阳安丰乡西高穴村的一处东汉末期的墓地进行考古发掘，其中的 2 号墓是一座具有前堂、后室并附 4 个耳室的大型砖室墓，墓室用青石铺地。墓门前有带 7 级阶梯的长斜坡墓道。虽被严重盗扰，仍出土有铁剑、镞、弩机构件及铠甲片等兵器装具，并零星出土一些玉石器及残铁镜、帐构等杂物，以及许多陶瓷器残件。值得注意的是，其中有石圭、璧等礼器残件，以及超过 50 件上刻铭文的石牌，铭文多为衣物名称及数量，其中还有"魏武王常所用挌

---

① 《三国志·魏书·文帝纪》，中华书局校点本 1964 年版，第 81—82 页。
② 陶宗仪《南村辍耕录》卷二六《疑冢》条记："曹操疑冢七十二，在漳河上。"又引宋人俞应符诗："人言疑冢我不疑，我有一法君未知，直须尽发疑冢七十二，必有一冢藏君尸。"《元明史料笔记丛刊》本第 324 页，中华书局 1980 年版。陶宗仪甚赞俞诗，认为是"诗之斧钺也"。不如有人按诗人误导，尽掘漳河诸冢，决寻不到曹操尸骨。因那些大冢皆东魏北齐之墓葬，参见马忠理《磁县北朝墓群——东魏北齐陵墓兆域考》，《文物》1994 年第 11 期。不过曹操疑冢说倒为历代文学作品提供了讲故事的素材，著名的如蒲松龄《聊斋志异》卷十《曹操冢》，载《中国古典文学读本丛书》，人民文学出版社 1992 年版，第 1393 页。

虎大戟""魏武王常所用挌虎短矛"等铭文（图9-2）。另发现有4枚东汉五铢钱。从墓葬形制及出土遗物大致可以判断墓葬的年代，与曹操死亡和埋葬的东汉末建安年间大体相当。因出土记有"魏武王"的铭牌等遗物，因此有人认为，西高穴2号墓极有可能是曹操所葬"高陵"①。但这项考古发掘工作并没有可以断定其为曹操墓的确证，也有学者对此存有歧见。②对此学术问题，尚难得出最终结论。值得高兴的是，在曹丕代汉称帝后被定为都城的河南偃师地区，不断发现了有确证为曹魏时期的墓葬。

东汉建安末年曹魏薄葬，中止了普遍流行于东汉社会的丧葬豪华奢侈的风气，东汉皇帝和皇室勋贵享用的特殊殓服"玉衣"被彻底废弃，地面上的石碑、神道石刻及石祠，地下修筑的豪华的大型多室砖墓，以及满布墓室壁面的壁画或画像石，还有大量贵重的随葬品，都从曹操和曹丕父子统治中心的中原地区消失。公元220年曹丕代汉称帝，魏正式建国，定都洛阳。魏正式建国以后的墓葬，目前在河南洛阳地区已有所发现。身份较高人士的墓葬，如孟津送庄乡三十里铺村ZM44号墓③，因发现一方印文为"曹休"的桥钮铜印（图9-3），确为曹魏大司马、壮侯曹休的坟墓，也是具有前堂、后室和多个侧室，门前有带7级阶梯长斜

图9-2 河南安阳西高穴2号墓出土刻铭石牌

图9-3 洛阳曹休墓出土铜印

---

① 河南省文物考古研究院：《曹操高陵》，中国社会科学出版社2016年版。
② 徐光冀：《"曹操高陵"的几个问题——河南安阳高陵读后》，《中国考古学会论文集（2011）》，文物出版社2012年版，第395—402页。
③ 洛阳第二文物工作队：《洛阳孟津大汉冢曹魏贵族墓》，《文物》2011年第9期，第32—47页。

坡墓道的大型墓葬，除地面铺砖而非铺石外，其规制与西高穴2号墓相当。曹操宗族中子侄辈仅封壮侯的曹休，其墓葬规制可僭越到与曹操的陵墓规制相当，在当时是不可能的事，这就为西高穴2号墓的讨论增添了新的令人感兴趣的因素。此外，在孟津三十里铺又发现了两座比曹休墓规制稍低的曹魏时期多室砖墓（2009LHDM1、M4）[1]。不断涌现的考古发现，必将推进对曹魏墓制更深入的学术研究。比曹休身份略低的曹魏墓，比较典型的墓例是随葬有正始八年（247）铁帐构（图9-4）的涧西16工区M2035[2]，该墓是带耳室的前堂和棺室的砖墓，前有长斜坡墓道。在方形的前堂后部中央，原设有以铁帐构支张的覆斗状坐帐，原来放有酒食具，现尚残存有玉杯、铜博山炉等物。表明曹魏时禁止坟上立祠，因此出现在墓室前堂设帐放脯酒致奠的习俗。左耳室内有陶俑、陶磨、陶井、猪圈以及家畜、家禽模型，当是模拟庖厨。右耳室出土了7件带盖陶罐，或许是模拟仓房。从形制、结构和随葬遗物等方面看，当时较多地承袭着东汉晚期砖墓的传统。这种具有长方形棺室和左右带有两个小耳室的方形前堂的平面布局，应是曹魏时期流行的形式。在偃师也发现了同样形制和布局的曹魏墓[3]，而且影响到河西和江南等地区墓葬的平面布局。目前发掘的曹魏墓中，所葬死者身份最高的是曹操之子东阿王曹植的坟墓。曹植死后没有葬在邺城，而是葬于山东东阿县鱼山，墓砖铭有魏明帝太和七年（233）纪年及"陈王陵"等。[4] 墓葬是前有甬道的方形的砖墓室，壁面涂白灰。棺木放置墓室中部，据说棺内下铺木炭，中层铺朱砂，上层铺剪成日、月、星形的云母片，尸体安置在云母片上。墓早被盗掘，尚存部分陶器、铜器和玉石器，共132件。其中有青玉璜4件，还有青玉珠、红玛瑙球、石圭、石璧等，其余多为陶器和陶明器。至于铜铁器，多为小饰件和棺钉等。可见，随葬品仍依制以瓦器为主。由出土玉璜看，似为朝服葬。

---

[1] 洛阳市文物考古研究所：《洛阳孟津卅里铺东汉墓发掘简报》，《文物》2016年第11期，第7—19页。

[2] 李宗道、赵国璧：《洛阳16工区曹魏墓清理》，《考古通讯》1958年第7期；洛阳市文物工作队：《洛阳曹魏正始八年墓发掘报告》，《考古》1989年第4期。

[3] 中国社会科学院考古研究所河南第二工作队：《河南偃师杏园村的两座魏晋墓》，《考古》1985年第8期，第721页。

[4] 刘玉新：《山东省东阿县曹植墓的发掘》，《华夏考古》1999年第1期，第7—17页。

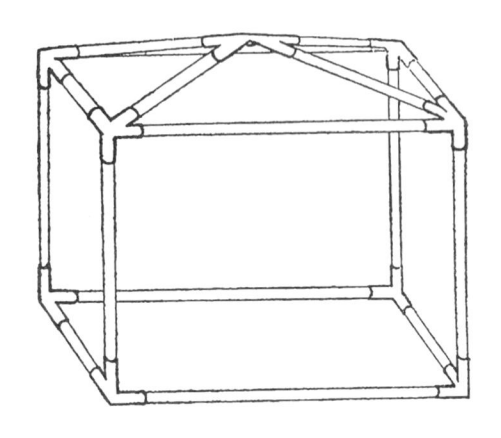

图9-4-1　正始八年铁帐构复原图
（河南洛阳曹魏墓）

图9-4-2　正始八年
铁帐构铭文（拓片）

曹魏节葬之风对江南吴地的影响极小，除名臣中少数主死后薄葬，如张昭外，当时朝野仍厚葬成风。甚至还保留着以人殉葬的恶习，如吴大帝孙权时陈武去世，"权命以其爱妾殉葬"①。帝王贵胄厚葬盛行，孙吴亡国之君孙皓左夫人张氏死，"皓哀愍恩念，葬于苑中，大作冢，使工匠刻柏作木人，内冢中以为兵卫，以金银珍玩之物送葬，不可称计"②。目前在田野考古发掘中，已经在江苏、湖北、江西、安徽等省发现孙吴时的墓葬，可以看出身份地位高的死者葬于大型的砖室墓，常具有前堂和后室，前堂左右或有小耳室，墓门前有较短的甬道，前接长斜坡墓道，其形制明显受北方魏墓影响，其中湖北鄂州孙将军墓最大，全长达9.03米。③ 这类具前后室的大型砖墓中，死者身份最高、墓葬形制也较特殊的是安徽马鞍山朱然墓，朱然为孙吴右军师、左大司马，是目前发现的孙吴墓葬中死者姓名清楚的身份最高的一座。④ 在南京地区发掘的孙吴墓中，江宁上坊2006NJSM1号墓是规模最大的一座，具有前堂、后室和4个耳室，全长达20.16米，特别是在后室设有前后两列共3组6件大型虎首石棺座，这是

---

① 《三国志·吴书·陈武传》注引《江表传》，中华书局校点本1964年版，第1289页。
② 《三国志·吴书·孙和何姬传》注引《江表传》，中华书局校点本1964年版，第1202页。
③ 鄂城县博物馆：《鄂城东吴孙将军墓》，《考古》1978年第3期，第164页。
④ 安徽省文物考古研究所、马鞍山市文化局：《安徽马鞍山东吴朱然墓发掘简报》，《文物》1986年第3期，第1—15页。

过去罕见的葬具，其上放置的3具木棺惜已残毁（图9-5）。因遭严重盗扰，残存的随葬遗物仅有一些青瓷器、青瓷俑等，也没有发现能证明所葬死者姓名身份的任何资料。但从其形制远比朱然墓、孙将军墓等墓的等级为高来考察，很可能与孙吴宗室乃至帝王有关。[①] 除此以外，一般的孙吴墓葬多只有单室，平面呈长方形，为券顶或穹窿顶，有的前面连有较短的甬道。孙吴墓葬中的随葬品，以青瓷器为主，除日用器皿外，各种模型明器也常用青瓷制作，诸如城堡、庖厨用具、家禽家畜及圈厩，等等。显示出当时江南地区青瓷工艺的繁荣情景。在大型墓中还常放置名刺木简（图9-6）、木谒，还有买地铅券、铜器、精美的漆器，以及铜弩机、铁刀等兵器，或放入大量铜钱。朱然墓是孙吴墓厚葬的典型代表，虽遭盗掘，尚残存随葬遗物140余件，除瓷器、陶器、铜器等外，出土物中最引人注目的是大批蜀郡产绘彩漆器，制工精美，反映出三国时制漆工艺的水平和时代风尚。此外，在孙吴墓葬的随葬遗物中，还出现有与佛教有关的图纹，陶瓷的谷仓罐（魂瓶）等器上常贴塑坐佛像，莲溪寺吴

图9-5　南京上坊孙吴墓墓室内虎首石棺座出土情况

[①] 南京市博物馆、南京市江宁区博物馆：《南京江宁上坊孙吴墓发掘简报》，《文物》2008年第12期，第4—34页。

墓还出有佛教图纹的铜带饰,都是受到佛教艺术影响的产品。

曹魏节葬之风同样对四川的蜀汉影响不大,那里的蜀汉时期的墓葬还是沿袭着东汉末的传统,盛行多室崖墓,随葬品丰盛,有大量陶俑和陶楼等模型。只有个别名臣主张薄葬。如蜀汉丞相诸葛亮,亮遗命葬汉中定军山,因山为坟,冢足容棺,敛以时服,不须器物。

三国时期的绘画,随葬遗物中发现的有关绘画的最重要的一组标本,是在安徽马鞍山发掘的孙吴右军师、左大司马朱然墓中出土的一批漆器上的漆画。在有的漆盘底上的"蜀郡作牢"漆书铭文(图9-7),可以推知这组漆器应是蜀地制造的物品。在漆案、槅、盒和部分漆盘上,绘有装饰图案和精美的漆画,除漆槅内所绘神禽异兽(图9-8)外,最大的一幅漆画绘在一件漆案的案面上,漆案纵56.5厘米、横82厘米,绘出宫闱宴乐场面,人物众多,一共55个人物,大多旁有榜题,标明人物身份,如"皇后""长沙侯",还有"虎贲""女直使",又有"弄剑""鼓吹也",等等,显示出宫廷宴饮百戏演出的热闹情景(图9-9)。发现的绘有漆画的漆盘数量较多,常在盘心绘有表现季札挂剑、百里奚会故妻、伯榆悲亲等以人物故事为题材的画面,还有宴饮梳

图9-6 安徽马鞍山孙吴朱然墓出土名刺木牍

图9-7 朱然墓出土漆盘底"蜀郡作牢"铭文

图 9-8　安徽马鞍山朱然墓出土彩绘漆榻

图 9-9　安徽马鞍山朱然墓出土彩绘漆案

妆、童子舞棒等生活题材的画面，围绕盘心周壁则多绘饰流畅生动的鱼水图案，最外的边饰为云气和回曲连续的植物纹图案。其中取自生活题材的漆画，画面更富生活情趣，如在一面漆盘的盘心画有两个童子相对舞棒（图 9-10），构图丰满而生动，人物刻画传神，特别加大了头部比例以符合童子的形体特征，丰腴的四肢也符合儿童幼嫩的体形，活画出两个稚气十足的活泼的童子，令人喜爱。至于装饰漆盘周壁的鱼水图案，其中的游鱼也画得灵动而写实。那些鱼看来描绘的都是可以食用的品种，姿态生动，特征明显，可以辨识出鲤鱼、鳜鱼等品种，看来技艺并不逊于画鱼引獭的名画家徐邈。

图9-10　安徽马鞍山朱然墓出土"童子对舞棒"故事画漆盘

由这些漆画可以看出，三国漆画在继承汉代漆画的基础上有所发展，构图富于变化，画面更富生趣，人物体态转向修长，头部、四肢及躯干的形体比例更准确，对鸟兽游鱼描绘得传神生动，写生水平明显高于汉代。类似的带漆画的漆器，在南方一直沿用到东晋时期。江西南昌火车站东晋墓群中M3出土的木方有永和八年（352）纪年，墓中出土的漆奁和漆盘上有精美漆画[1]，漆奁周绘车马人物，漆盘盘心绘宴乐、神仙、凤鸟等画面，虽不见朱然墓漆盘的游鱼和植物纹图案边饰，但人物形象和画面构图仍沿袭三国，或许表明工匠绘制工艺品装饰图像仍按粉本承前代遗制，这显示

---

[1] 江西省文物考古研究所、南昌市博物馆：《南昌火车站东晋墓葬群发掘简报》，《文物》2001年第2期，第12—41页。

三国时期的文化艺术

出与东晋新兴画风不合的滞后性。令人注意的是,画史中记明三国时最著名的专业画家曹不兴居于江南吴地,这与当时北方连年战乱,社会凋敝,而江南相对稳定有关。孙吴政权建立以后,推动了社会经济的发展,文化艺术也随之繁荣,正是出现画家曹不兴的历史背景,也为其后东晋绘画的勃兴准备了条件。

至于墓室壁画,三国时期在曹魏统治中心的中原地区,已消失踪迹。原因是东汉覆亡后,曹魏时皇帝厉行节葬,所以中原地区墓葬中绘制壁画的习俗因而中断。不过在当时东北和西北边陲地区仍然保留着在墓中绘壁画的习俗。在东北地区,辽宁辽阳地区东汉末到魏晋时期的砖室墓中,有的绘有壁画,所绘内容仍沿袭东汉时墓主人车马出行、家居宴乐等题材。在西北地区,甘肃河西走廊一带的魏晋墓中,除了绘制较小画幅的壁画以外,更多的是采用在一块砖面上画一幅完整画面的"画砖",再由嵌于壁面的多幅画砖,合成表现墓主家居宴乐或庄园农牧等题材(图9-11)。在嘉峪关[1]等地,多有这样的魏晋墓被发掘出土。

三国时期的雕塑品,在田野考古发掘中获得的标本不多,主要是墓中随葬的俑群。在中原地区的曹魏墓中,因为节葬之故,随葬俑群与汉代相比,数量大减,制工也颇粗劣。如洛阳正始八年(247)墓中,仅随葬有两件陶立俑,男、女像各一,高度不足17厘米,姿态呆板。还有一些小型的陶动物模型,包括鸡、狗以及井、灶、磨、碓、猪圈等模型。[2] 在江南的孙吴墓中,随葬的俑群的造型有地方特色,除陶质外,出现了青瓷俑,在江苏南京、湖北鄂城和武汉、安徽马鞍山等地的孙吴墓中都有出土。一般形体不大,衣饰也不作繁缛刻画,仅具轮廓。以南京上坊孙吴大墓中出土的一组青瓷俑塑制最精,包括一件端坐在榻上、榻前置案的坐俑(图9-12);一组伎乐俑,有坐姿抚琴、击鼓的乐俑以及立姿的表演俑;有立姿的男、女侍俑和作劳动姿态的劳作俑。也有供出行的配戴帩头的

---

[1] 甘肃省文物队、甘肃省博物馆、嘉峪关市文物管理所:《嘉峪关壁画墓发掘报告》,文物出版社1985年版。
[2] 洛阳市文物工作队:《洛阳曹魏正始八年墓发掘报告》,《考古》1989年第4期,第314—318页。

图 9-11　甘肃嘉峪关 3 号魏晋墓壁砖画

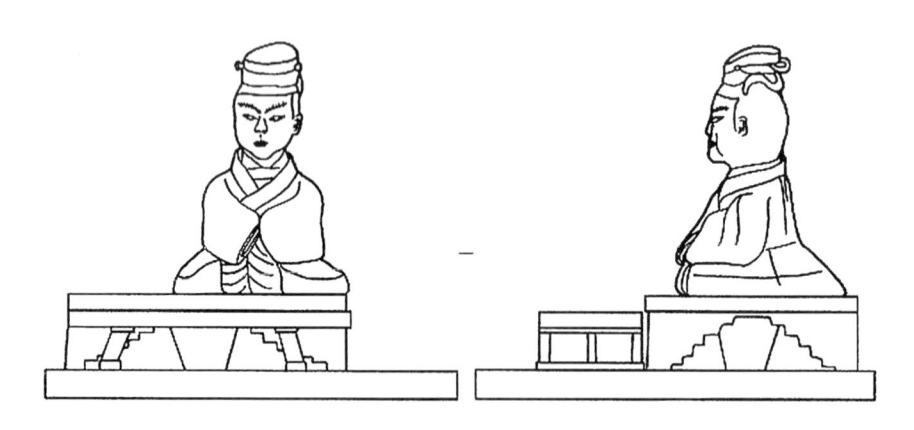

图 9-12　江苏南京上坊孙吴墓青瓷坐床凭几俑

马和牛车模型，灶、碓、磨、筛、杵等庖厨用具模型，以及鸡舍、羊圈和猪等家畜、家禽模型。[①]

[①] 南京市博物馆、南京市江宁区博物馆：《南京江宁上坊孙吴墓发掘简报》，《文物》2008年第12期，第4—34页。

三国时期的文化艺术

　　孙吴时期的镇墓俑，在湖北鄂城的孙吴墓中出土较多，大致有两种形态：一种是近人形立姿而口吐长舌，长舌从口中垂至地面；另一种是四足的动物形态，背上布满圆斑。[①] 此外，在湖北、安徽的孙吴墓中，还有一种裸身坐姿的青瓷俑，在额头有凸起的类似"白毫相"的圆饰，最早发现于湖北武昌莲溪寺孙吴永安五年（262）校尉彭卢墓中。[②] 在甘肃河西走廊一带的魏晋墓中，保留有接近东汉时特征的随葬俑群。过去长期被误认为是东汉晚期墓的甘肃雷台墓，近年学者重新对该墓出土铜钱进行全面分析，从中析出一种钱径1.6厘米、"五"字较完整的小五铢钱，其出现的年代晚于汉代，约流行于三国至西晋时期[③]，因此雷台墓应定为魏晋时期，墓中所出包括马踏飞隼在内的铜出行车骑俑群（图9-13），亦应属于魏晋时期的墓葬美术品。

　　除俑外，在墓葬中出土的雕塑品，体量最大也是最值得注意的标本，是南京上坊孙吴大墓中出土的三组6件伏虎纹石棺座，每件长146厘米、宽24—26厘米、高26厘米，在两端各圆雕出虎首和前爪，造型威猛，浑厚有力，是罕见的孙吴大型石雕艺术品（图9-14）。

　　三国时期的建筑遗迹，仍保留在地面上的仅有曹魏邺北城铜爵园中的金虎台，目前其台基封土尚有部分保存，但已难知台基原貌。出土的建筑装饰艺术品，体量最大的是在金虎台遗址（图9-15）发现的石螭首，青石雕成，全长191厘米[④]。在已进行过田野考古调查发掘的三国时期的城市遗址中，最重要的是曹魏的邺城（邺北城）[⑤]，它是曹操被封为魏王之后的魏王王都。曹魏邺北城虽然不是国都，仅为王都，但它是曹操当政

[①] 南京大学历史系考古专业、湖北省文物考古研究所、鄂州市博物馆：《鄂城六朝墓》，科学出版社2007年版。
[②] 湖北省文物管理委员会：《武昌莲溪寺东吴墓清理简报》，《考古》1959年第4期，第189—190页。
[③] 吴荣曾：《五铢钱与墓葬年代》，《温故知新——面向中国考古学的未来 庆祝北大考古专业成立五十周年国际学术研讨会》，2005年5月。此前已有学者提出雷台墓并非汉墓，如何双全《武威雷台汉墓年代商榷》，《中国文物报》1992年8月9日，认为该墓时间在晋末前凉初。
[④] 中国社会科学院考古研究所、河北省文物研究所邺城考古发掘队：《河北临漳邺北城遗址勘探发掘简报》，《考古》1990年第7期，第595—600页。
[⑤] 曹魏邺城遗址坐落在今河北省临漳县，因其南有东魏、北齐时都城邺城遗址，故习惯称曹魏邺城为"邺北城"，参见中国社会科学院考古研究所、河北省文物研究所邺城考古工作队《河北临漳邺北城遗址勘探发掘简报》，《考古》1990年第7期，第595—600页。

图 9-13　甘肃武威雷台墓出土铜车骑俑群

图 9-14　江苏南京上坊孙吴墓出土虎首石棺座

的建安年间实际的政治中心,其创新的城市平面布局,有着划时代的意义,标志着自汉至唐时期城市性质发生的变化已经开始,对后世的都城平面布局影响深远。其特征主要有下述几点。第一点,城中宫殿区集中到城内北部中央位置,所占面积明显小于两汉时期。外朝与内朝并列。出现纵贯全城的中轴线,由南墙正门到宫城正门直到主殿门,进一步显示了中央集权最高统治者的权威。城内纵横大道垂直交错,都城平面布局规划日益规整。第二点,一般官员、居民所居住的里坊区日渐扩大,占城内南半部及东北角,近全城二分之一面积,开中国古代封闭式里坊制城市之先声。第三点,由于当时战乱不止,基于军事需要,城防工事更趋完备,特别注重城防制高点的控制,邺城西北部分构筑的三台,不仅为园林观赏,更起着军事制高点的作用。① 总体看来,曹魏邺城宫殿的退缩和民居里坊的发展,纵横街道和中轴线的出现,对以后的都城平面布局有深远影响。

图 9 - 15　河北临漳邺北城金虎台遗址

此外,邺北城出土的瓦当,还是沿袭两汉传统的云纹图案圆瓦当。与之不同,在江南吴地瓦当纹样有了新变化,在南京上坊孙吴大墓填土中发现的瓦当,是新兴的人面图案(图 9 - 16),显示着时代和地域特色。

三国时期具有时代特色的工艺美术作品,在两大门类有突出成就:其一是青瓷器,其二是铜镜。

先看青瓷器。瓷器是中国古代的一项伟大发明,由原始瓷器向瓷器的转化是在东汉晚期。对浙江上虞小仙坛东汉窑址出土的青釉斜方格印纹罍残片进行检验,其烧成温度达 $1310 \pm 20°C$,显气孔率为 0.62%,吸水率为 0.28%,抗弯强度 710 千克/平方厘米,0.8 毫米的薄片已可微透光,故透

---

① 参见杨泓《汉唐之间城市建筑、室内布置和社会生活习俗的变化》,《中国古兵与美术考古论集》,文物出版社 2007 年版,第 207—211 页。

图9-16 江苏南京上坊孙吴墓出土人面纹瓦当

光性也较好。正由于小仙坛瓷片施釉较薄且均匀,胎釉结合好,胎呈较深灰白色,均匀致密,不吸水,击之有铿锵声。又根据化学组成、烧成温度、胎釉显微结构等数据,检验结果认为,这个标本已初步达到近代瓷的标准,从而得出到东汉时完成由原始瓷器向瓷器过渡的结论。[①] 到了三国时期,浙江地区的制瓷业在东汉时期瓷器生产的基础上,有了更大的发展。考古勘察和发掘的材料表明,浙江境内的三国时瓷窑,已普遍采用龙窑烧瓷,通过对上虞鞍山三国龙窑等遗址观察,这时的龙窑比东汉时的窑身加长,装烧量增加,同时窑身前宽后窄,也有利于烧成。孙吴时期的青瓷器,过去虽有少量传世品,但大量的发现,是20世纪50年代以后的事。在江苏南京赵士冈孙吴墓中出土的带有赤乌十四年(251)纪年的青瓷虎子(图9-17),当年是极为引人注目的发现,上面还有"会稽上虞师袁宜造"的刻铭,更揭示出浙江上虞窑当时是很重要的烧造瓷器的地点。后来又获得了带有甘露元年(265)铭的青瓷熊灯(图9-18),同时还获得了一对青瓷卧羊尊,它们同出于南京市清凉山发掘的一座孙吴墓中。这两种青瓷器制作精致,造型也有特色。熊灯的釉色呈土黄色,在灯盖以下由一个蹲坐着的小熊顶托,它用两只前足上抱头部,憨态可掬,颇为生动。那对卧姿的青瓷羊,显得安静平和,造型稳重,施釉匀净,光洁莹透,工艺水平颇高,是孙吴青瓷器中的佳作(图9-19)。在南京雨花台长岗村5号

[①] 中国硅酸盐学会编:《中国陶瓷史》,文物出版社1982年版。

图 9-17 江苏南京出土孙吴赤乌十四年铭青瓷虎子

图 9-18 江苏南京出土孙吴甘露元年铭青瓷熊灯

图 9-19 江苏南京出土孙吴青瓷卧羊

图 9-20 江苏南京出土孙吴釉下彩青瓷壶

吴墓出土的一件青釉壶上,以褐彩逸笔草草地描画出羽人、瑞兽以及流转的仙草与祥云,外罩青黄色釉。这表明,当时已经掌握了烧制釉下彩的工艺,更显示出孙吴时期高超的制瓷工艺(图9-20)。考古发掘中获得的孙吴青瓷器有许多实用的日用器皿,举凡食具、酒具、文具、灯具、盥洗具,等等。瓷器的普遍使用,极大地改善了一般民众日常生活的质量。总之,青瓷器已经进入社会生活的各方面,也用于制造随葬明器,例如上面堆塑有形象复杂的人物鸟兽楼阙的"谷仓罐",也称作"魂瓶"(图9-21),以及井、灶、仓、磨等模型。

大量制工精致的孙吴青瓷器的出土,表明作为中国古代文明的重要标志之一的瓷器,已脱离了汉以前的萌发阶段,成为工艺成熟、可以大量生产的手工业制品。它那轻薄的胎体,晶莹的釉色,以及易于清洗、不存油垢和腥膻的特点,使它逐渐成为人们日常生活中必不可少的用具。制瓷的发明,又是中国古代文明的特色之一,是对世界文明的一大贡献,它也和丝绸一样,很快成为沟通中国与世界各国人民交往的重要商品。

再看青铜镜。在三国时期,由于受战乱影响,中原地区的铜镜制造业与汉代相比,呈现出衰微的态势,所制作的铜镜又多沿袭汉代旧式,也未有显著的发展。[①] 但是在江南吴地,由于未遭受汉末战争的破坏,经济较为稳定,所以孙吴时期,这一带的铜镜铸造业十分兴盛,制镜的地点集中在当时的吴县(今江苏省苏州市)、山阴(今浙江省绍兴市)和武昌(今湖北省鄂州市)。除了还铸造自东汉以来流行的盘龙镜、夔凤镜、方格规矩镜等旧式铜镜外,大量铸造的是更为精美的各种花纹复杂、构图多变的神兽镜(图9-22)和画像镜,仅神兽镜就可分为环状乳神兽镜、重列式神兽镜、同向式神兽镜、对置式神兽镜、求心式神兽镜等不同的花纹组合形式。有的铜镜还受到佛教的影响,采用佛像作为装饰。因此在北方的铜

图9-21 江苏南京出土孙吴凤凰元年铭青瓷魂瓶

图9-22 湖北鄂州出土孙吴鎏金铜镜

[①] 徐苹芳:《三国两晋南北朝的铜镜》,《考古》1984年第6期,第556页。

镜制造业由于战乱而凋零时,江南的铜镜铸造业却呈现蓬勃发展的形势,生产出具有独特风格的精美作品,大放异彩。

根据中国学者的研究,在日本古坟时代前期流行的三角缘神兽镜,具有三国时代吴镜的因素,应为东渡的吴地工匠在日本生产的铜镜,反映了这一时期孙吴铜镜对海东的影响。[1]

最后,还应注意到三国时期随着佛教在中国逐渐传播,出现了一些与佛教题材有关的艺术品,主要出土于江南的孙吴时期的墓中。有装饰佛教图像的鎏金铜带饰、铜镜背纹和在青瓷器或陶器上装饰的佛坐像。铜带饰如武昌莲溪寺孙吴墓出土的鎏金铜鞴带饰,上有菩萨装佛像。带有佛教图像的铜镜,在湖北鄂城孙吴墓发现过,如湖北鄂城五里墩孙吴墓出土的佛像夔凤镜。装饰有佛教图纹的陶瓷器,在江苏、湖北等地孙吴墓中多有出土,将小型佛坐像贴塑在唾壶、炉、壶、谷仓罐等器物上,以谷仓罐(魂瓶)的数量最多。南京地区还发现有带釉下褐彩的青瓷壶,褐彩主要是传统的神仙图像——执节的羽人,而在壶上贴塑有小型佛坐像。前已述及,在湖北、安徽的孙吴墓中出土过裸身的坐姿俑,在前额凸出圆形的"白毫相",或与佛教有关。同时在湖北鄂城的孙吴墓中,还发现有两旁立有胁侍的小型佛坐像,反映出当时佛教在吴地传播的情况。[2]

以上概略地介绍了20世纪以来在中国通过考古发现的三国时期与文化艺术有关的遗物。三国时期在中国历史发展中居有特殊位置,此时正当秦汉盛世结束,开启了向新的隋唐盛世的过渡阶段,虽然三国时期的年代不长,仅仅接近于一个世纪,但是其间各种政治势力分离聚合,形势繁杂多变。其间战争不断,发生了许多在中国古代战争史上堪称经典的战役,如曹操和袁绍之间的"官渡之战",曹操、孙权、刘备之间的"赤壁之战",孙权、刘备之间的"夷陵之战",等等。不仅在军事史研究中占有重要位置,而且战争的进程极具故事性,也吸引着普通百姓的注意力。

---

[1] 王仲殊:《日本三角缘神兽镜综论》,《考古》1984年第5期,第486页。
[2] 湖北省文物考古研究所:《湖北鄂州市塘角头六朝墓》,《考古》1996年第11期,第1—27页;杨泓:《跋鄂州孙吴墓出土陶佛像》,《考古》1996年第11期,第28—30页。

同时这一时期历史名人辈出，众多政治家、军事家、文学家以及军中名将，若夜空繁星，令人目不暇接。魏武帝曹操一人就兼政治家、军事家、文学家于一身，虽然他自己的军事著作已佚失，但他为《孙子兵法》所作注文流传于世，影响深远。他的诗歌至今流传，他的儿子曹丕、曹植也以诗文著称，三曹与孔融等"建安七子"都是建安时期（196—219）文学的代表人物。蜀丞相诸葛亮更被后人视为智慧人物的代表，蜀将关羽则被后人视为"武圣"。至于三国时期的名君、贤臣和勇将，更是数不胜数，仅"赤壁之战"一次战争中登场的人物，除曹操、刘备、孙权外，孙吴有周瑜、张昭、鲁肃、黄盖，刘备军中有诸葛亮、关羽、张飞、赵云，以及曹营的张辽、曹仁等众多名将。因此在正史以外，三国故事更受到历代民众的喜爱，不断进行通俗的阐述。

早在宋代民间文艺的"小说""讲史"中，三国故事就是主要的题材之一。孟元老所撰《东京梦华录》中记述在北宋都城汴梁市民游艺场所"瓦肆"内，就有讲三国故事（说三分）的著名艺人霍四究。出现了讲史类话本《三国志平话》。在艺人的讲史中，三国志的历史事迹日趋故事化，不断增添人物的故事情节。最后到元末明初形成《三国志通俗演义》，今本署名罗贯中撰。从此三国故事广泛流传民间，几近家喻户晓，更被编成各种地方戏曲，主要人物更加生动传神，奸忠分明。以至普通百姓已不知

图 9-23　黄杨木雕《三国演义》之"三英战吕布"故事

三国时期的文化艺术

图 9-24　陕西皮影戏"三顾茅庐"

原来历史原貌,对三国人物的认识概出于小说戏曲。于是在明清直至近代的文物中,大量出现依据小说戏曲创作的三国故事的绘画和雕塑作品(图9-23)。特别是民间喜爱的年画、剪纸、皮影中(图9-24),更是经常以三国故事为题材,长久流传不衰,具有极强的艺术生命力。

(中国文物交流中心2008年在日本展出"大三国志展",笔者应日方要求,为展览图录写了《考古学所见三国文化》。后来该展览经修改,于2011年赴台湾展出,又应台湾要求,将该文改写为《三国时期的文化艺术》。这次刊出时补充了附图)

骏马奔腾

——中国古文物中关于马的艺术造型

在距今两千多年以前的西汉时期,在都城长安未央宫宦者署的鲁班门前,矗立着一匹青铜雕塑的骏马,那是当时相马名家西门京主持铸造的,它并不是一件雕塑艺术品,而是按照最佳良马的尺度制作的"马式",用来作为选择良马的标准,铸成后献给朝廷,汉武帝命令安置在鲁班门前,因此那座门随之改称为"金马门"。这座历史上著名的"金马"像早已无存,后人只能凭想象去推测西汉时名马的形貌。这一遗憾可以从1981年的一次考古发现得到补足,那年在陕西省汉武帝茂陵附近一号无名陪葬冢的一号从葬坑中,出土有一件遍体鎏金的青铜马(图10-1),它体长75厘米、体高62厘米,大约是真马尺度三分之一强。[①] 塑造的是马的立姿,四肢直立,头颈自然前伸,马尾按当时习惯结扎下垂,姿态稳健安详,外貌英俊,头小颈细,双耳如批竹,马嘴微张,露出四颗牙齿,胸肌劲健,四肢修长。为了如实模拟真马,耳间和颈上都刻出鬃毛,还铸出马的生殖器,并在肛门处开有小孔。这件如实塑造的西汉铜马,使我们据此可以想见金马门前铜马式的形貌。

茂陵无名冢从葬坑出土鎏金铜马的英俊造型,反映出西汉武帝时对中国畜养的马种改良的成果,因此在汉武帝以前的雕塑品中,马的形貌与茂陵无名冢从葬坑铜马是很不相同的。目前在田野考古发掘中获得的关于古马的立体雕塑品,年代最早的首推陕西郿县李村发现的西周铜器窖藏出土的青铜驹尊[②],据同一窖藏中的方彝、尊等铜器的铭文知道,这组铜器属

[①] 咸阳地区文管会、茂陵博物馆:《陕西茂陵一号无名冢一号从葬坑的发掘》,《文物》1982年第9期,第1—17页。

[②] 郭沫若:《盠器铭考释》,《考古学报》1957年第2期,第1—6页。

骏马奔腾

图 10-1　陕西茂陵无名冢出土西汉鎏金铜马

于一个名叫盠的西周贵族，大约铸造于西周中期。这件驹尊，据其胸前铭文考证，是关于"执驹"之礼所铸的礼器，文中记录了周王亲自参加执驹之礼的事迹，所以将铜尊的形貌铸成一匹未成年的小马驹（图10-2）。马

图 10-2　陕西郿县李村出土西周铜驹尊

驹也是四足直立的姿态，但体矮颈粗，双耳颇大，而由四肢与躯干的比例可见，腿部较为短小。后来从陕西甘泉下寺湾发现的商代铜马（图10-3）[1]，以及从河南洛阳、湖北枣阳九连墩[2]等地发掘的东周墓中出土的铜马（图10-4），造型无一例外都是与西周驹尊的体貌近同，全都是头大颈粗，而四肢矮短，而且都铸造成四肢伫立的呆板姿态。可见这些铜马的形貌，确是反映着先秦时期马匹形体特征的造型艺术品。唯有从邯郸赵王陵被盗掘出的四匹铜马，不是四肢直立的造型，而塑造出骏马迈步行走的姿态，生动传神（图10-5）。

图10-3　陕西甘泉下寺湾出土商代铜马

图10-4　湖北枣阳九连墩东周墓出土铜马

直到秦代，模拟真马的雕塑品，其体貌特征一如先秦时期的铜马。在千古一帝的秦始皇陵园东侧的三个陶兵马俑坑中，估计随葬有上千匹陶马。目前在一号俑坑中出土的都是拖驾木制战车的辕马，每辆车前驾四匹马，还是沿袭先秦驷马战车的形貌。[3] 在二号坑中又发现了多匹骑兵装备的乘马。[4] 但是不论驾车还是乘骑的马，它们的体貌特征都是相同的。因为秦俑坑中的陶马，与人俑一样，都是按实物原大模拟制成的，所以能够

---

[1] 陕西省考古研究院：《陕北出土青铜器》，巴蜀书社2009年版，第944—945页。
[2] 《湖北枣阳九连墩楚墓》，国家文物局主编《2002中国重要考古发现》，文物出版社2003年版，第52—56页。
[3] 陕西省考古研究所、始皇陵秦俑坑考古发掘队：《秦始皇陵兵马俑坑一号坑发掘报告（1974—1984）》，文物出版社1988年版。
[4] 始皇陵秦俑坑考古发掘队：《秦始皇陵东侧第二号兵马俑坑钻探试掘简报》，《文物》1978年第5期，第1—20页。

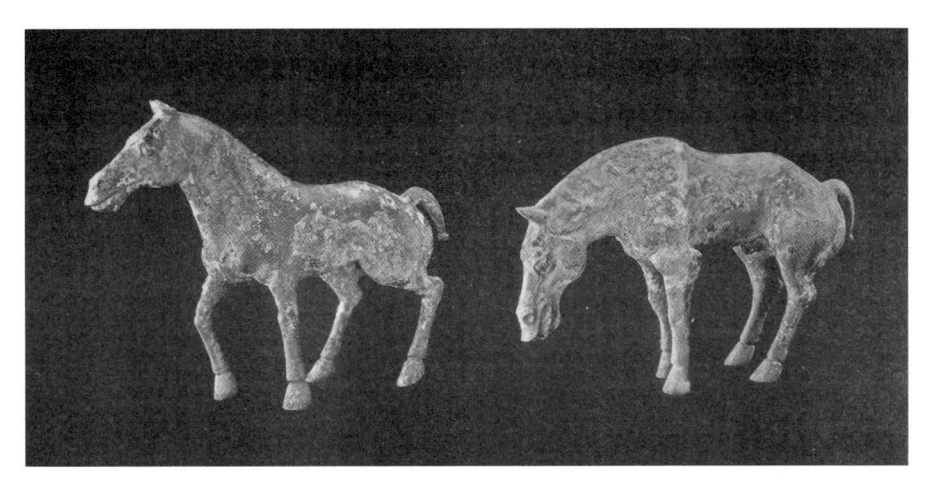

图10-5　河北邯郸赵王陵出土铜马

如实地反映出秦马的真实体貌。陶马一般通头高158—170厘米，体长190—217厘米。总体看来仍然是体矮、头大而腿短，双耳大而长。在始皇陵园内铜车马坑中发掘出土的两乘铜车[1]，每辆车前也是驾有四匹铜马，尺寸不如俑坑中的陶马大，只有真马的二分之一大小，但是制工远较陶制品精美，马身躯的肌肉块面表现充分，但体貌特征仍与陶马相同（图10-6）。铜马的马鬃中部剪出一个高出的花饰，马尾都扎成圆结。在陶马和铜马身上都满涂色彩。第一号俑坑中的驾车辕马，遍体涂枣红色，黑鬃，黑尾，白蹄，舌涂粉红色，白牙。第二号俑坑中的骑兵乘马，马身涂枣红色，黑鬃，白蹄。铜车所驾铜马，遍体涂白色，中脊有条较粗的墨线，双耳内侧及鼻孔、舌面涂粉红色。由此或可看出，秦时一般马的毛色是枣红色，皇帝乘驾的名马，则崇贵白色。传秦始皇拥有的骏马中，有白兔、奔电等名称，可能就是体姿骏美的白马。

西汉初年有关马的造型艺术品，塑造的仍是与先秦至秦始皇时期的马近似的体姿，例如从陕西咸阳杨家湾出土的骑兵俑[2]以及江苏徐州狮子山

---

[1]　秦始皇兵马俑博物馆、陕西省考古研究所：《秦始皇陵铜车马发掘报告》，文物出版社1998年版。
[2]　陕西省文物管理委员会、咸阳市博物馆：《陕西省咸阳市杨家湾出土大批西汉彩绘陶俑》，《文物》1966年第3期，第1—5页；陕西省文管会、博物馆、咸阳市博物馆杨家湾汉墓发掘小组：《咸阳杨家湾汉墓发掘简报》，《文物》1977年第10期，第10—26页。

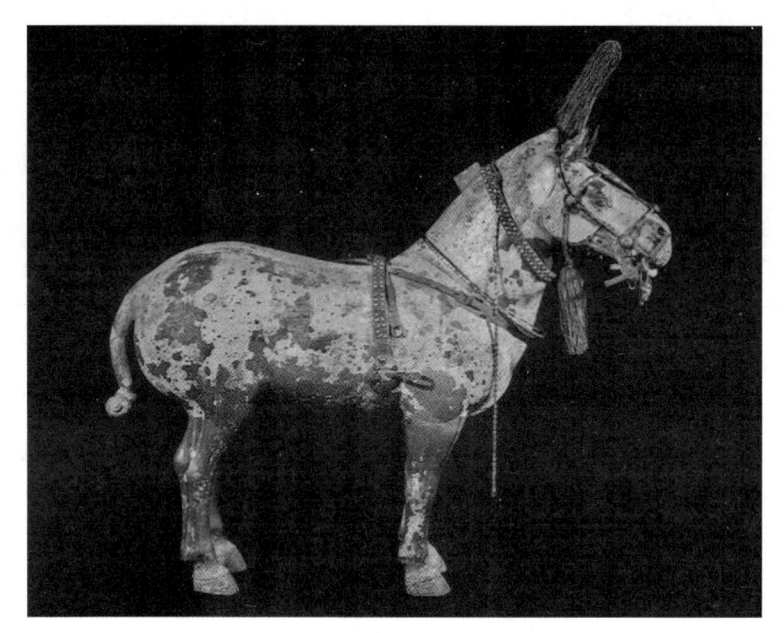

图 10-6　秦始皇陵出土铜车辕马

楚王陵出土的骑兵俑①，他们所跨骑的战马外貌仍然是粗颈，宽胸，头大而四肢较短（图10-7）。最典型的例子是楚王陵出土的"飞骑"俑，因在陶马的腹下刻划有"飞骑"铭文。② 连著名的霍去病墓冢石雕群中的"马踏匈奴"大型石刻，那匹象征青年早逝的骠骑将军伟大功勋的骏马，也还是头大而脖颈粗短的造型，仍旧沿袭着传统的四肢伫立的体姿。反是另一匹跃马，虽然囿于巨石的原有外貌，仅进行了局部雕琢，却将战马闻到战斗召唤，立刻伸颈昂首一跃而起的神态，表现得生动自然，富有由静到动的极强的韵律，动感十足，的确是西汉时大型石雕中的佳作。西汉时期也有表现跑动姿势的马雕塑品，但仅有小型玉雕，例如1966年在陕西昭帝平陵附近发现的仙人（羽人）骑天马玉雕③，那匹马四肢前曲，呈跑动

---

① 徐州市博物馆：《徐州狮子山兵马俑坑第一次发掘简报》，《文物》1986年第12期，第1—16页。

② 中国国家博物馆、徐州博物馆：《大汉楚王——徐州西汉楚王陵墓文物辑萃》，中国社会科学出版社2005年版，第84—85页。

③ 咸阳市博物馆：《咸阳市近年发现的一批秦汉遗物》，《考古》1973年第3期，第167—170页。

姿态，足下还衬托有云状底板，表示系凌空飞行，但马的体型仍是大头粗颈，四肢矮短，因而缺乏神骏之姿（图10-8）。

图10-7　江苏徐州楚王陵出土陶骑俑

图10-8　陕西平陵出土西汉玉仙人骑天马

西汉武帝时，与北方强敌匈奴连年征战，虽然取得战略优势，达到"匈奴远遁，而幕南无王庭"①，解除了匈奴长期以来对关陇农耕地区的威胁，但是连年出塞远征，汉军战马损失极大，仅元狩四年（前119）大将军卫青与骠骑将军霍去病出塞击匈奴一役，汉军十万骑，塞阅官及私马凡十四万匹，但取胜后复入塞者仅有不满三万匹②，马匹损失超过十分之八。匈奴方的损失更大。因此"匈奴虽病，远去。而汉亦马少，无以复往"③。汉武帝为了补足军马的损失，一方面扩大养马业，另一方面致力于马种的改良。先是引进了乌孙马种，名曰"天马"。后来知道大宛有汗血善马，竟不惜两度发兵远征，终于夺得大宛种马，乃"更名乌孙马曰'西极'，名大宛马曰'天马'云"④。因此汉代的骏马雕塑品，也随着优良马种的引

---

① 《史记·匈奴列传》，中华书局校点本1959年版，第2911页。
② 《史记·卫将军骠骑列传》，中华书局校点本1959年版，第2934—2938页。
③ 《史记·匈奴列传》，中华书局校点本1959年版，第2911页。
④ 《史记·大宛列传》，中华书局校点本1959年版，第3170页。

图10-9 四川成都天回山汉墓出土陶马

入而改变着造型特征,本文前引茂陵无名冢从葬坑出土鎏金青铜马,正是反映西汉马种改良的早期作品,其造型还沿袭着传统的四足伫立的呆板造型。这或许也是受到了金马门前西门京著名的铜马造型的影响,因为"马式"必须随时供人准确度量,所以其体姿只能采取端立的形态才成。西汉后期直到东汉时期,墓葬内随葬的青铜或陶、木的骏马模型,已经突破呆板的四肢伫立的旧模式,常常将它们塑造成昂首挺胸,抬起一只前蹄,向前慢步行进的姿态。通常认为塑造很成功的作品,就是四川成都天回山汉墓出土的陶马(图10-9),体高达114厘米,它是与一辆双辕陶车伴同出土的。① 还有河北徐水防陵(又作房陵)村东汉墓出土的两件铜马(图10-10),它们的体高也达113—116厘米。② 骏马造型艺术品到魏晋时期的河西地区达到高峰,最为人称道的是甘肃武威雷台墓中随葬的一组青铜车马模型。那座墓原曾被认定为东汉末年的坟墓,但是近年经仔细检验墓中出土的钱币,被重新更正为魏晋时期的坟墓。③ 其中共有铜马39匹,都是"天马"形貌,头小而英俊,颈长而弯曲,胸围宽厚,四肢修长,臀尻圆壮,显示出是乘挽兼用的良马(图10-11)。特别是其中一匹作对侧快步奔跑的铜马,极富动感,而且用右后足踏住一只回首后顾的飞隼。④ 飞隼本是猛禽,而奔马超越过飞隼,并且

---

① 刘志远:《成都天回山崖墓清理记》,《考古学报》1958年第1期,第87页。
② 保定地区文物管理所:《河北省徐水县防陵村二号汉墓》,《文物》1984年第4期,第45—46页。
③ 原报告为甘肃省博物馆《武威雷台汉墓》,《考古学报》1974年第2期,第87—110页。改定为魏晋时期,参见吴荣曾《"五朱"和汉晋墓葬断代》,《中国历史文物》2002年第6期,第46—49页。
④ 铜马蹄下踏的飞鸟,许多人有各种离奇的猜测,但经古动物学者鉴定,它本是今日尚生存于关陇一带的小型猛禽燕隼,参见周本雄《武威雷台东汉铜奔马三题》,《考古》1988年第5期,第460—464转456页。

将它踩踏于蹄下，足以反衬出骏马之神速，真是一件不可多得的古代骏马造型艺术珍品。看来马踏飞鸟很可能是当时流行于河西地区受人喜好的题材，因为近年还从甘肃发掘的墓葬中出土过与雷台踏隼铜马造型近似的陶制品。

图10-10-1　河北徐水防陵村出土东汉铜马1

图10-10-2　河北徐水防陵村出土东汉铜马2

就在河西地区魏晋时代骏马造型艺术品处于创作高峰的时候，中原地区的骏马造型艺术却陷入低谷。由于曹魏帝王力主薄葬，一扫汉墓奢侈之风，数量庞大的随葬俑群随之消失，所以骏马造型艺术也随之衰落。只是到了西晋时期，都城洛阳一带的墓葬中又恢复了以陶俑随葬之风，并以出行的牛车与鞍马为俑群的核心。[①] 只是陶马的制工与东汉时期相比粗劣得多，造型更无东汉陶马的神骏英姿（图10-12）。西晋灭亡，匈奴、鲜卑等古代游牧民族相继入主中原，人马都披铠甲的重装骑兵成为战争舞台上的主角，在关中地区如陕西西安和咸阳的十六国时期的墓葬[②]，模拟重装骑兵——甲骑具装的陶俑大量出现，也有身披"具装铠"的陶马模型，但塑工欠精美（图10-13）。到拓跋鲜卑建立北魏统一北方以后，墓仪制度逐渐形成规

[①] 河南省文化局文物工作队第二队：《洛阳晋墓的发掘》，《考古学报》1957年第1期，第169—185页。

[②] 咸阳市文物考古研究所：《咸阳十六国墓》，文物出版社2006年版。另见陕西省文物管理委员会《西安南郊草厂坡村北朝墓的发掘》，《考古》1959年第6期，第285—287页。

■ 束禾集

图 10-11　甘肃武威雷台墓出土铜马

图 10-12　河南洛阳春都路西晋墓出土陶马

图 10-13　西安十六国墓出土陶具装马

制，随葬俑群中就有鞍辔鲜明的骏马，还有重装和轻装的骑兵，以及骑马的鼓吹乐队。骏马的塑造又转精致，比之东汉陶马，更富现实感，而且披装的马具，不论是辔头、胸带、鞦带和上面的垂饰与璎珞，还是鞍、韂和障泥，都具有时代特色。色彩艳丽、形态华美的马具与骏马健美的形体相结合，更为北魏陶马雕塑平增情趣。河南洛阳建义元年（528）文恭王元邵墓出土陶马[①]，

[①] 洛阳博物馆：《北魏元邵墓》，《考古》1973 年第 4 期，第 218—224 页。

可视为这一时期随葬俑群中陶马的代表作品（图 10-14）。此后北魏分裂为东魏和西魏，接着分别被北齐和北周所取代。东魏北齐的陶俑中，陶马造型忠实沿袭北魏陶马造型的传统，制工精致而形貌健骏（图 10-15）。西魏北周的陶俑中，陶马造型似受关中地区十六国时期陶马造型的影响，制工粗劣，马的四肢粗大近似柱体，也可算是地方的艺术特色。

图 10-14　河南洛阳北魏元邵墓出土陶马

图 10-15　河北磁县东魏茹茹公主墓出土陶马

到了唐代，中国古代骏马雕塑品又达到一个艺术造型的新高峰。唐太宗李世民昭陵前树立的六匹他生前骑乘过的战马的巨幅浮雕像，呈现出一往无前的雄浑气势，开创了唐代骏马雕塑的时代新风。这六匹意态雄杰的战马浮雕，被后人称为"昭陵六骏"，它们将人们带回隋末唐初历次重大战斗的战场，当时主帅李世民跨骑这些战马，冒着敌方的矢石，冲锋陷阵，谱写了一首首英雄的诗篇。"昭陵六骏"是六块巨大的矩形画面的浮雕作品，每块雕出一匹正侧视的战马，或行走，或奔驰，姿态各异，形貌写实，连马的装饰和马具也刻划得细致准确，有的马身上还带着箭伤。它们的名字分别是飒露紫、拳毛騧、白蹄乌、特勒（勤）骠、青骓和什伐赤，仅只在飒露紫雕作中箭受伤后静止伫立的姿态，前面雕有人像，是一位身披铠甲和战袍的将军邱行恭正在为它拔箭（图 10-16），表现了征讨

199

图 10-16　陕西唐昭陵石刻"昭陵六骏"中的飒露紫

王世充时会战邙山时的情景。①"昭陵六骏"是一组成功的纪念性或纪功性的石雕作品，用以纪念和颂扬唐太宗李世民的丰功伟绩。但是与西方艺术中称颂英雄的纪念雕塑作品不同，英雄本人的形象并没有出现，但是从他所骑乘的战马的雄姿，人们时时都感到英雄的存在，这也正是东方艺术强调含蓄和象征手法的成功杰作，毫无夸张及霸气之感。也可以认为这还是承袭着西汉霍去病墓冢上石雕的传统，以战马雄姿象征英雄伟业。令人遗憾的是，在 20 世纪初这组石雕被从昭陵原址盗劫，并为了得以盗运出国而均被砸成数段，虽经国人努力，终有四件被截回，现经修复陈列于西安的碑林博物馆，但是其中两件最精美的作品，包括邱行恭为飒露紫拔箭的雕像仍被劫出国外②，至今昭陵前原陈六骏石刻处仅存部分残石座。昭陵六陵还带给人们另外一个信息，就是从十六国至北朝时期盛行的鲜卑系统的

---

① 邱行恭从李世民讨伐王世充，会战于洛阳邙山，时李世民战马中箭，邱行恭射退敌骑，下马为李世民所骑飒露紫拔箭，然后让李世民骑他的战马，他自己步行保护李世民突围回营。为纪念邱行恭的功绩，"贞观中，有诏刻石为人马以象行恭拔箭之状，立于昭陵阙前"。参见《旧唐书·丘和传附子行恭传》，中华书局校点本 1975 年版，第 2327 页。

② 被运出国的两石现藏美国费城大学博物馆，参见王世襄《记美帝搜括我国文物的七大中心》，《文物参考资料》1955 年第 7 期，第 49 页。

马具,这时已为突厥系统的马具所取代,有突出特色的是后桥倾斜的马鞍和鞍后鞯上垂悬的鞢韀带,马鬃剪花也是突厥马饰的特征,这与李渊、李世民父子在晋阳仿效突厥组建骑兵,并大量由突厥输入骏马有关。昭陵六骏中的"特勒骠",从名称看大约是某位突厥王子赠予的突厥战马。

在文化艺术空前发达的盛唐时期,描绘骏马的造型艺术品同样走向繁荣。在绘画方面,许多名家精于画马,仅在大诗人杜甫的诗作中,就可以读到《天育骠图歌》《题壁上韦偃马歌》《丹青引——赠曹将军霸》《卫讽录事宅观曹将军画马图》等吟咏马画的诗篇。诗人称颂这些画家的作品形神兼备,赞美所画骏马"是何意态雄且杰";赞扬画家下笔如神,"戏拈秃笔扫骅骝,欻见骐驎出东壁";"须臾九重真龙出,一洗万古凡马空"。而在雕塑方面,目前保留下来的唐代骏马的塑像中,最令人赞赏的还是一些随葬在墓中的三彩作品。从神龙二年(706)葬的懿德太子李重润墓中出土的三彩俑群中,已可见到三彩马的风采。它头部微侧,避免了呆板的造型,轮廓线颇为流畅活泼,它鬃剪三花,鞍披障泥,张口作嘶鸣状(图10-17)。美中不足的是马的体态塑制得过于圆腴,因之缺乏气韵,使人观后颇有"画肉不画骨"之感。大约比其迟约四分之一世纪的右领军卫大将军鲜于

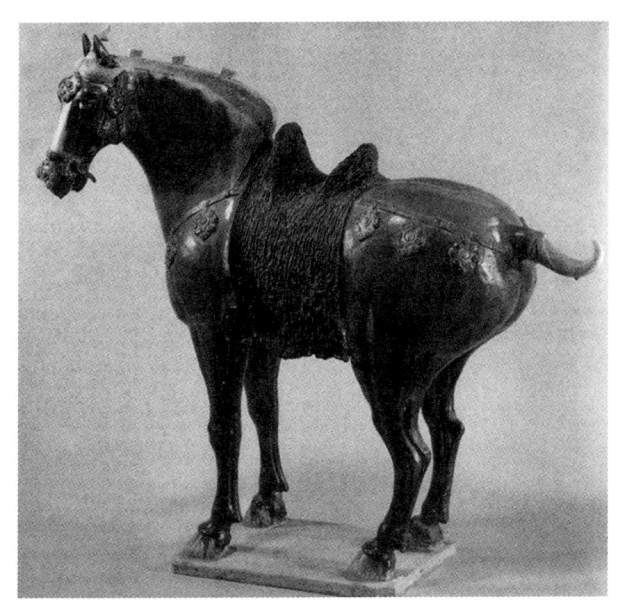

图10-17 陕西唐懿德太子李重润墓出土三彩马

廉（庭诲）的坟墓中出土的三彩马，从艺术造型方面又进了一大步。那座葬于开元十一年（723）的墓室中随葬有4匹三彩马，身高都超过半米，色泽鲜明，体态雄健，制工精美。其中两匹是颈部带有白斑纹的白蹄黄马，长颈小头，体骨匀称，鬃剪一花，长尾结系成角状，辔和鞦、鞘的绿带上缀饰着漂亮的金花和杏叶。另一对是白马，鞍披绿色障泥，鬃剪三花，辔和鞦、鞘的带上也缀饰着漂亮的杏叶，还在马额正中装饰一朵矗立的缨饰（图10-18）。马嘴微张，嚼啮着黄色的衔勒，两侧是绿色的镳，杜诗中的"白马嚼啮黄金勒"的诗句，正好是这匹白马的写照。与懿德太子墓三彩马相比，显得更为雄劲神骏，似乎可以透过那刚劲有力的躯体轮廓内，显现出锋棱多力的马骨，更有怒马如龙之感，使人忆起李长吉的马诗："此马非凡马，房星本是星。向前敲瘦骨，犹自带铜声。"

值得指出的是，唐代的三彩马绝不只有上述几例精品，其艺术造诣普遍较高，形态多变，或伫立，或行走，或俯首觅食，或仰天嘶鸣，无不气韵生动，栩栩

图10-18 陕西西安唐鲜于庭诲墓出土三彩马

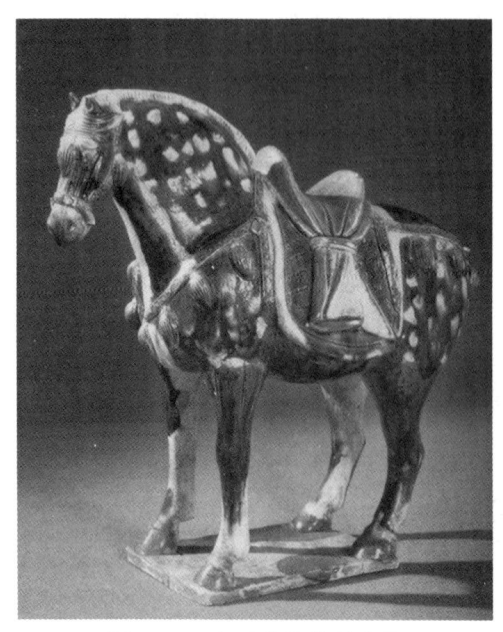

图10-19 河南洛阳关林唐墓出土三彩马

如生。同时不仅那些形体较大的作品，就是只有十余厘米高的小型作品，其造型之美亦毫不逊色。同时，在色彩方面除了习见的黄、白等彩外，在洛阳地区出土的三彩马中有通体墨色的黑马，甚至在关林唐墓中竟然出土了一匹通体施蓝彩的马（图 10 - 19）。蓝色躯体上又间有乳白色斑纹，长鬃雪白，四蹄橙黄，釉色莹润，色彩鲜明。虽然在现实的自然界中看不到这种毛色的骏马，但是古代匠师如此大胆地设色，突破常规，既写实又超越现实，使观者为其绚丽多彩的色泽所吸引，得到特殊的艺术享受，实为不同凡响的佳作。

中国古代骏马雕塑品经过唐代的繁盛以后，随着随葬俑群在宋、辽、金时期的衰落，墓中很少随葬陶马模型。到蒙古族建立的元朝，虽然蒙古铁骑纵横亚欧大陆，但因蒙古葬俗不以陶俑随葬，考古发掘中自难获得主要由墓中随葬俑群内的骏马模型。只是在陕西地区当时在元朝任高级官吏的汉族中随葬有陶俑，如鄠县（今为户县）贺氏家族墓[①]，包括至大元年（1308）贺仁杰墓和泰定四年（1327）重葬的左丞相贺胜，以及西安曲江池西村至元二年（1265）段继荣墓[②]等。随葬陶俑群中陶马的造型特点，

图 10 - 20　陕西元墓出土陶马和牵马人

[①] 咸阳地区文物管理委员会：《陕西户县贺氏墓出土大量元代陶俑》，《文物》1979 年第 4 期，第 10—22 页。
[②] 陕西省文物管理委员会：《西安曲江池西村元墓清理简报》，《文物参考资料》1958 年第 6 期，第 57—61 页。

改为体形低矮、短腿长鬃的蒙古马（图10-20），鞍镫马具也改为蒙古样式，造型颇呆板，无复唐俑那样富有生机。这也反映着汉唐以来不断从中亚和西亚输进优良马种的努力，至此告一段落，中华大地的牧场中，已经完全是体姿低矮的蒙古马的一统天下。

（原为赴香港"天马神骏"展所作，刊于展览图录《天马神骏——中国马的艺术和文化》，2008年）

城市建筑和家具

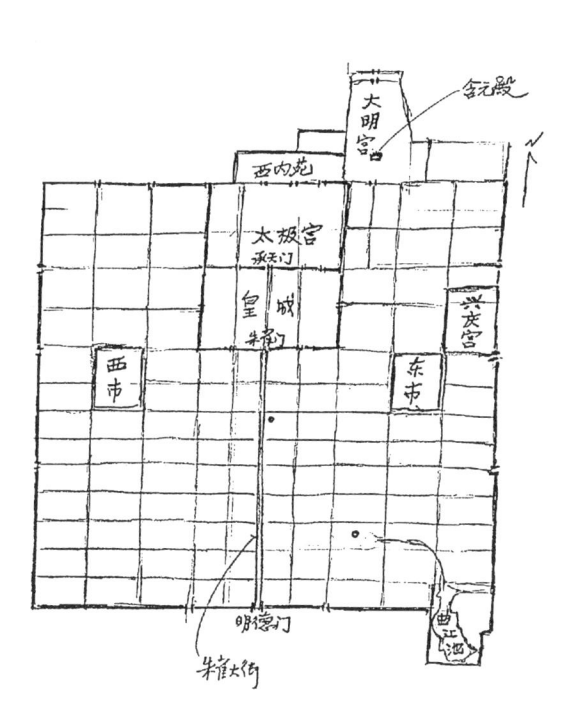

汉唐之间城市建筑、室内布置和
社会生活习俗的变化

在中国古代，从城市布局、建筑技术乃至室内陈设的日用家具和室内的艺术装饰的较大变化，发生在汉唐之间。自东汉末年开始，群雄割据后形成三国鼎立，中国历史进入了长期动荡混乱的局面。其间虽有西晋王朝短暂的统一，但随之而来的又是更加动荡混乱的东晋十六国至南北朝时期，直到隋朝统一全国，几乎经历了近四个世纪。连年战乱和政权更迭，破坏了传统的礼俗，更导致大量人口长途迁徙。许多原居边陲的古代民族纷纷进入中原，并先后建立政权，形成空前的民族接触融合的新局面。中外文化的互动，在这时期也进入新高潮。虽然战乱频繁，但是这时期的建筑技术及各种工艺的演进并未停止。所有这一切，都影响着从城市布局、建筑技术乃至社会生活习俗的变化，也促使人们日常家居所使用家具和室内装饰艺术随之变化，都呈现出与汉代不同的新面貌，改变着人们的生活情趣，进而影响绘画、书法等艺术的变迁，也使文学创作增添了新内容，从而汇聚成更为繁荣的隋唐文化。

一

自汉至唐，主要城市特别是都城的平面布局发生了很大的变化，概言之，由西汉长安城那种缺乏统一规划的宫殿聚集而成的平面布局，演变成唐长安城那种具有统一规划的封闭式里坊制的平面布局。都城平面布局的变化，最明显的表现在宫殿占有面积的退缩和民居里坊的扩展，还有商业区的发展和宗教寺院的兴盛，反映着自汉至唐社会经济乃至政治、文化诸方面的发展，导致城市的性质也在不断发生变化。

西汉营建长安时，先在秦旧宫兴乐宫处建长乐宫。据《史记·高祖本纪》，高祖八年（前199）丞相萧何"营作未央宫，立东阙、北阙、前殿、武库、太仓"①。九年未央宫成，高祖大朝诸侯群臣，置酒未央宫前殿。②后又建北宫。到惠帝时方围筑长安四垣，惠帝三年（前192）"方筑长安城，四年就半，五年六年城就"③。前后约四年时间。修筑长安四面城墙的进程，大概是从城的西北方起，先筑西墙，然后依次筑南墙、东墙和北墙。目前经田野考古勘察和发掘，已明确了西汉长安城四面城墙和其上诸城门的位置。④ 在修筑城垣时，主要宫殿建筑群早已建成，且各宫的修筑亦缺乏整体规划，城垣必须将已筑成并已使用的诸宫殿均围护其中。同时在迁就已存在的诸宫位置时，又受到地形限制，所以长安城四面城墙走向并不规整，特别是南墙和北墙。南墙因迁就未央宫与长乐宫，出现多处折曲之处。北墙走向受地势与河道的限制，更是出现多处折曲、偏斜之处。设置城门和主要街道时，更要考虑与已建宫殿的关系，只能将城内南北的主要干道设在长乐与未央二宫之间，在南墙开安门。而东西的两条平行的主要大道，又只能自西沿未央宫北侧及北宫南侧东行，与安门大道"丁"字相交，但受长乐宫的阻挡而不能直接贯通到东墙，只能在长乐以北另开自东墙向西的大道，也与安门大道"丁"字相交。所以城垣筑成后，城内南半部是长乐宫与未央宫，北半部则是北宫及后建的桂宫和明光宫，诸宫殿总面积几占全城面积三分之二，且先后修建的宫殿布局并无规划，亦缺乏中轴线设计，城内中心区也缺乏横贯东西的大道，所以，长安城可以说是宫殿的组合体（图11-1），也表明西汉长安自建城之始即缺乏完备的整体城市规划。虽然城中也有一般居民的闾里，但所占比例极少，且因宫殿均选占高亢的地势，已占据了城内南侧大部分地区，所以只剩下偏居城东北角宣平门内低洼之处，据记载闾里数多达160个。在城内虽设有"九市"，其中的西市在惠帝六年（前189）建城时已存在。民居闾里和市虽纳入城中，但不占重要位置。

不过如将西汉长安城与先秦时都城以宫庙为主的格局相比，已发生很

---

① 《史记·高祖本纪》，中华书局校点本1975年版，第385页。
② 《史记·高祖本纪》，中华书局校点本1975年版，第386页。
③ 《史记·吕太后本纪》，中华书局校点本1975年版，第398页。
④ 参见王仲殊《汉代考古学概说》第一章，中华书局1984年版。

大变化。这时宫、庙已分离，原长安城中曾设太上皇庙和高祖庙，但自文帝以后，就在陵园附近建庙。同时将大型礼制建筑安置在城外南部，目前在那一地区已经考古发掘的大型礼制建筑遗址的数量超过10座。位于城南偏东处的一座大型礼制建筑遗址，可能是"辟雍"的遗迹。安门南面偏西处的那些遗址，或许是王莽当政时建立的"九庙"的遗迹。[①] 当时西汉都城内的建筑行业服务的对象，是皇帝和皇族，一般民居建筑不受重视。

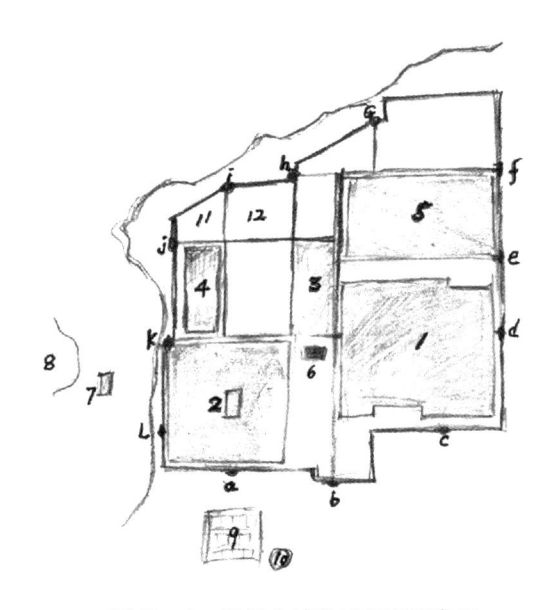

图 11-1 汉长安城遗址平面示意图
1. 长乐宫　2. 未央宫　3. 北宫　4. 桂宫　5. 明光宫　6. 武库　7. 建章宫
8. 昆明池　9. 王莽九庙　10. 辟雍　11. 西市　12. 东市
a. 西安门　b. 安门　c. 覆盎门　d. 霸城门　e. 清明门　f. 宣平门
g. 洛城门　h. 厨城门　i. 横门　j. 雍门　k. 直城门　l. 章城门

到东汉时期，都城雒阳仍是以宫殿为主的平面布局。主要的宫殿有南宫和北宫，其中南宫原为西汉旧宫，东汉光武帝定都雒阳后不断扩建。到明帝时又在南宫北面营建北宫，规模宏大，宫内的德阳殿"周旋容万人，陛高二丈"。在北宫和南宫还筑有复道，将两宫连接起来，以保证皇帝往

---

① 黄展岳：《汉长安城南郊礼制建筑的位置及其有关问题》，《考古》1960年第9期，第53—58页。

来时的安全。除南宫和北宫外，在北宫东北有永安宫，北宫西侧有皇家宫苑濯龙园。以上宫苑面积的总和，虽然较西汉长安略有减少，但也占据了全城面积的二分之一以上，表明城市布局仍以宫殿为主。当时的中央衙署办公的地点在南宫东南，如太尉府、司徒府和司空府。在北宫东北，设有武库和太仓（图11-2）。城内除上东门内有贵族高官居住区外，一般居民只能居住于城外，主要聚集在城门附近地区。

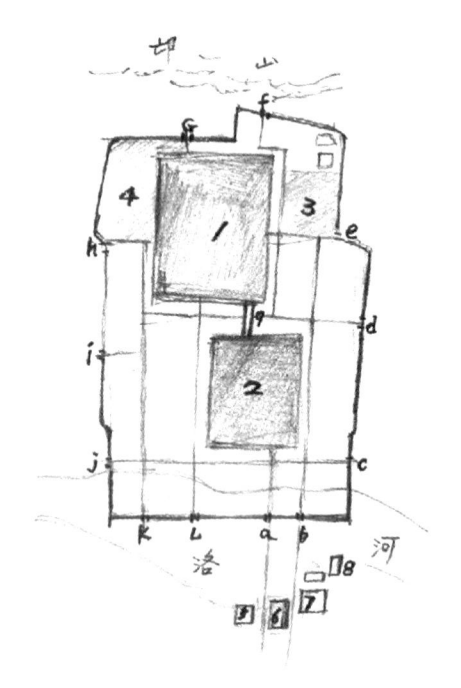

图11-2 东汉雒阳城遗址平面示意图
1. 北宫　2. 南宫　3. 永安宫　4. 濯龙园　5. 灵台　6. 明堂　7. 辟雍　8. 太学　9. 复道
a. 平城门　b. 开阳门　c. 耗门　d. 中东门　e. 上东门　f. 谷门　g. 夏门　h. 上西门
i. 雍门　j. 广阳门　k. 津门　l. 小雍门

到曹魏时，都城的平面布局发生了变化。曹操于建安九年（204）开始营建邺城，后为魏王都，遗址在今河北省临漳县，因其南有后来东魏、北齐时的邺城，故习惯称为"邺北城"。20世纪50年代已对邺北城遗址进行过踏查。[①] 70年代以来，更对邺北城大规模开展考古勘察和发

---

① 俞伟超：《邺城调查记》，《考古》1963年第1期，第15—24页。

掘①，已完成对城墙、城门、城内道路及宫殿区的勘探和重点发掘，已确定四面城墙和7座城门中6座的位置，探明自东墙建春门有一条通往西墙金明门的大道，也探明由南墙中央的中阳门至宫殿区的中轴大道（图11-3），目前已可大致复原其平面布局。② 可以看出邺北城出现横贯全城的大路，将全城分为南、北两个部分。路北为宫殿衙署，又自西向东纵向分为三区，分别相当于文献记载中的铜雀园（又作铜爵园）、宫殿区和戚里，铜雀园内偏城西北侧，筑有铜雀（爵）、金虎、冰井三台③，为全城制高点。可见城中宫殿面积明显减少，并退居城内北部中央。还出现居中纵贯全城的中轴线，从南墙正门直达宫城正门，入宫城直对正殿正门。在横贯全城大路以南则为居民里坊，约占全城一半面积，据《魏都赋》所记里坊名称有长寿、吉阳、永平、思忠等。④ 可见，邺北城中除了宫殿园苑及中央衙署建筑外，民居建筑所占比重增大，民居在当时建筑行业中的重要性日渐凸显。

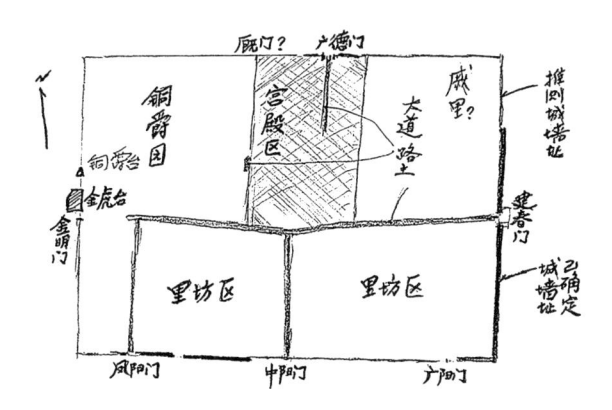

图11-3 三国时期魏王都邺城（邺北城）
遗址考古勘探情况示意图

---

① 中国社会科学院考古研究所、河北省文物研究所邺城考古工作队：《河北临漳邺北城遗址勘探发掘简报》，《考古》1990年第7期，第595—600页。
② 徐光冀：《曹魏邺城的平面复原研究》，《中国考古学论丛——中国社会科学院考古研究所建所40年纪念》，科学出版社1993年版，第422—428页。
③ 三台中，铜雀台基仅存东南角部分遗迹，金虎台保存较好，尚高12米。冰井台已无存，参见《河北临漳邺北城遗址勘探发掘简报》和俞伟超《邺城调查记》。
④ （西晋）左思：《魏都赋》，见中华书局影印胡刻本《文选》1997年版，第102页。

曹魏邺北城出现的这种将宫殿区与里坊区分开并出现中轴线的城市布局，在北魏洛阳和东魏、北齐邺城（邺南城）得到继承和发展。[①] 自20世纪50年代以来，对北魏洛阳遗址不断进行考古勘察和重点发掘。[②] 20世纪70年代以来，更着重进行其外郭城以及郭城内主干道和水道系统的勘查[③]（图11-4），并重点发掘了宫城正门阊阖门遗址（图11-5）[④]、金墉城遗址[⑤]和永宁寺遗址。[⑥] 由于北魏洛阳是在汉晋洛阳的基础上改建的，有一定的局限性，所以是将原来汉晋洛阳改为宫殿、宗庙和中央衙署所在的内城，并规划有主要佛寺的位置，还在城西北角修筑城防制高点的金墉城（图11-6）。又在内城以外扩建安置民居里坊的外郭城[⑦]，规划了320坊，每坊一里，坊开四门，坊内辟"十"字街，形成封闭式的坊制。

以后修筑的东魏、北齐邺城（邺南城），因为是新建城市，所以能按照预定的城市规划设计施工，平面布局更为规整。经过对遗址的全面勘探和部分发掘，已确定了该城的城墙。其北墙是沿用曹魏邺北城的南墙，探明了南墙、西墙和两墙上诸城门的位置。东墙因在现沙地与漳河道内，故

---

① 北魏在迁都洛阳前曾以平城为都城，遗址在今山西省大同市，但至今尚缺少全面的考古勘查发掘工作，未能复原其城市平面布局。现只有城南的"明堂"遗址进行过部分发掘，参见王银田、曹臣明、韩生存《山西大同市北朝平城明堂遗址1995年的发掘》，《考古》2001年第3期，第26—34页。

② 洛阳市文物局、洛阳白马寺汉魏故城文物保管所编：《汉魏洛阳故城研究》，科学出版社2000年版。

③ 中国社会科学院考古研究所汉魏城工作队：《北魏洛阳外郭城和水道的勘查》，《考古》1993年第7期，第602—608页。

④ 钱国祥、刘瑞、郭晓涛：《汉魏洛阳故城宫城发掘获得重要发现》，《中国文物报》2002年6月28日第1版。

⑤ 过去多认为，金墉城一组三个小城同为魏晋时期所筑，但经发掘可知，其中只有包容城内的丙城为魏晋所筑，其余向北突出的乙、甲二城为北魏迁洛时修筑。参见中国社会科学院考古研究所洛阳汉魏故城队《汉魏洛阳故城金墉城发掘简报》，《考古》1999年第3期，第1—15页。

⑥ 据《魏书·释老志》记载，神龟元年（518）任城王澄奏文，孝文帝迁洛时"城内唯拟一永宁寺地"，这座皇家大寺规划在宫城以南御道西侧，位置重要，但直到孝明帝熙平元年（516）才由灵太后胡氏主持修建，是以高耸的九层木塔为中心的平面布局，但永熙三年（534）即遭火灾毁废，遗址保存至今。自1979年以来经多次发掘，发掘报告参见中国社会科学院考古研究所《北魏洛阳永宁寺——1979~1994年考古发掘报告》，中国大百科全书出版社1996年版。

⑦ 对于北魏洛阳外郭城以及郭城内主干道和水道系统的考古勘察，参见《北魏洛阳外郭城和水道的勘查》。关于外郭城里坊的复原，参见宿白《北魏洛阳城和北邙陵墓——鲜卑遗迹辑录之三》，《文物》1978年第7期，第42—52页。

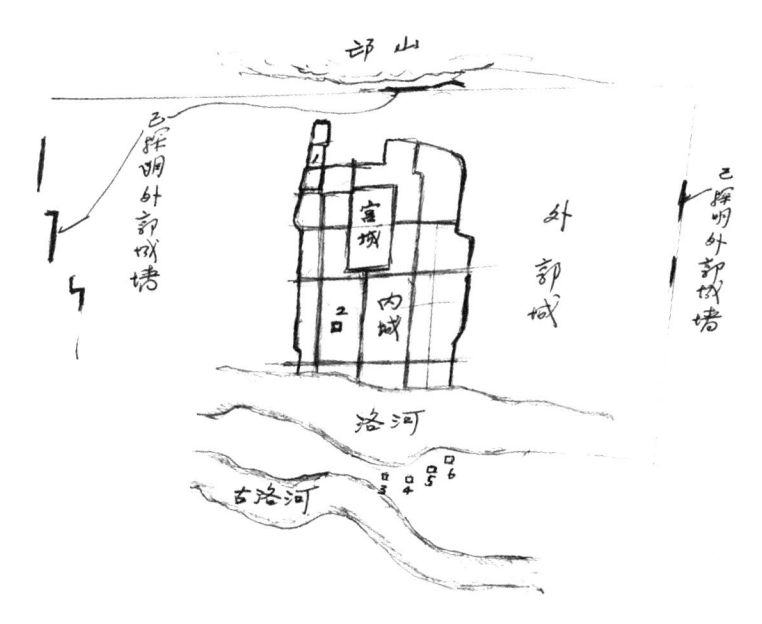

图 11-4　北魏洛阳城遗址考古勘探发掘情况平面示意图
1. 金墉城　2. 永宁寺　3. 灵台　4. 明堂　5. 辟雍　6. 太学

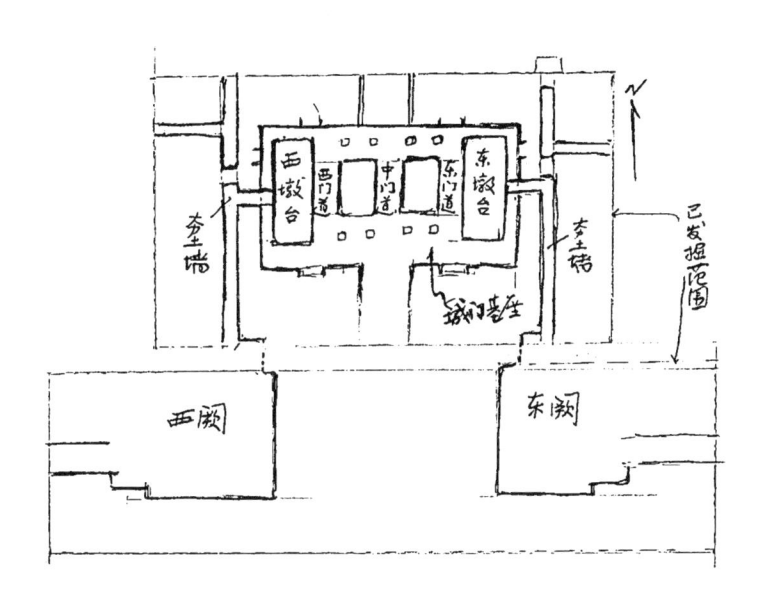

图 11-5　北魏洛阳宫城阊阖门遗址平面示意图

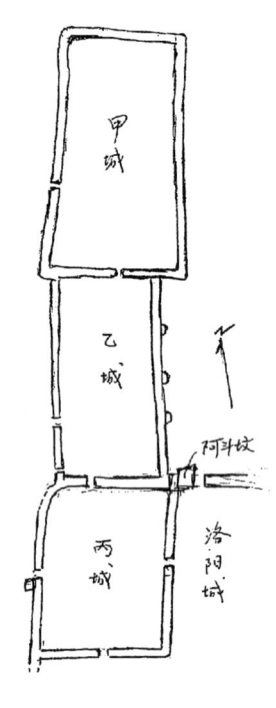

图 11-6 北魏洛阳金墉城遗址平面示意图

只探明东墙南侧一门，其余城门位置则难以确定。① 还勘探了城墙上的马面及护城河等遗迹（图 11-7），并对南墙的朱明门遗址进行发掘。朱明门有三个门道，门前左右两侧伸出双阙，这是在考古发掘中首次揭露出带有双阙的城门遗址（图 11-8）②。此外还发掘了南城墙外的佛寺塔基遗址。③ 可以看出，邺南城中宫城居城内北侧中央，由南城墙居中的正门朱明门、朱明门大道、宫城正南门至宫城内主要宫殿形成纵贯全城的中轴线。城内三纵三横大道垂直交错，使道路网络呈棋盘格状分布。并可能在其外修筑外郭城。④ 此后隋大兴城、唐长安城的平面布局，明显承袭自邺南城，因此，邺南城在中国古代都城平面布局的承上启下作用不容忽视。

综观自曹魏邺北城经北魏洛阳到东魏、北齐邺南城等都城，其城市布局的创新、发展与演变，特征主要有下述几点。

第一，都城内宫殿面积在全城总面积中所占比例日渐减小，宫城逐渐退缩到都城内北部居中位置。并从曹魏时内朝与外朝并列，改为内朝诸殿在后，外朝前置。出现纵贯城区的中轴线，从南墙正门直到宫城正门，入宫城直对正殿，将都城一分为二。中央官署分置宫城前中轴线两侧，进一步显示了中央集权的皇帝的权威。都城内纵横大道垂直交错，道路网络呈

---

① 中国社会科学院考古研究所、河北省文物研究所邺城考古工作队：《河北临漳县邺南城遗址勘探与发掘》，《考古》1997 年第 3 期，第 27—32 页。
② 中国社会科学院考古研究所、河北省文物研究所邺城考古工作队：《河北临漳县邺南城朱明门遗址的发掘》，《考古》1996 年第 1 期，第 1—9 页。
③ 朱岩石、何利群、艾力江：《邺南城遗址发现东魏北齐时期佛寺塔基遗迹》，《中国文物报》2003 年 1 月 24 日第 1 版。
④ 参见朱岩石《东魏、北齐都城邺南城之研究》，载《汉唐之间的视觉文化与物质文化》，文物出版社 2003 年版。

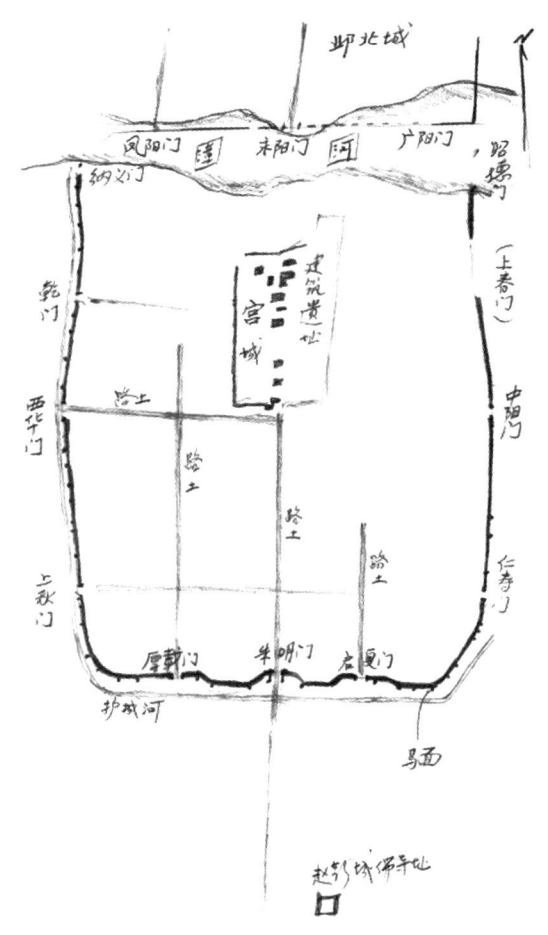

图 11-7　河北临漳东魏—北齐邺城（邺南城）
遗址勘探发掘情况平面示意图

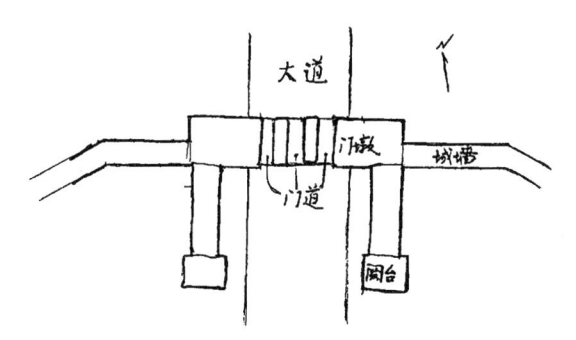

图 11-8　邺南城朱明门遗址平面示意图

棋盘格状分布,都城平面规划日益规整。

第二,一般官员居民所居住的里坊区日渐扩大,由曹魏邺北城占南半部近全城二分之一的面积,到北魏洛阳更增加外郭城320坊,开中国中古时期封闭式里坊制城市之先声。

第三,随着佛教的日益兴盛,都城中开始出现宗教寺庙。在北魏迁都洛阳时,已规划有皇家大寺的位置,位于宫城以南御道西侧,后来在此修建永宁寺。以后寺庙在城中大量涌现,居民宗教生活日趋繁荣,呈现出汉代都城所没有的新景象。

第四,商业活动虽仍受官方严格控制,但商业区即"市"的重要性日益凸显。到隋唐时期,长安城里将东、西两市设在宫城前的东、西两侧,且各占地两坊。

第五,由于三国至北朝时战争不断,基于军事需要,城防工事更趋完备,特别注意城防制高点的控制。曹魏邺城西北角构筑的三台,不仅为园林观赏,更起着军事制高点的作用。北魏洛阳在西北角构筑小城,也具有同样的作用。

总的来看,宫殿的退缩和民居里坊的发展,宗教的兴盛和商业的繁荣,反映出自汉至唐时期城市性质正在发生变化,孕育出新的以隋大兴城、唐长安城为代表的新的城市布局,形成封闭式里坊制典型城市(图11-9)[①]。唐长安宫城位于城内北侧居中处[②],宫城前为皇城[③],皇城内设置太庙、太社和中央官署。宫城、皇城和兴庆宫[④]所占面积仅接近全城总面积[⑤]的八分之一左右。后来在城北外侧偏东新建大明宫,取代城内的太极宫成为政治中心。除宫城和皇城外,全城划分为109坊和两个市,

---

[①] 参见徐苹芳《中国古代城市考古与古史研究》,《中国历史考古论丛》,台北允晨文化1995年版,第89—104页。

[②] 唐长安宫城遗址实测南北长1492.1米、东西长2820.3米,参见《新中国的考古发现和研究》第575页,文物出版社1984年版。

[③] 唐长安皇城遗址实测南北长1843.6米、东西长2820.3米,参见《新中国的考古发现和研究》第575页。

[④] 唐长安兴庆宫遗址实测南北长1250米、东西长1080米,参见《新中国的考古发现和研究》第576页。

[⑤] 唐长安城外郭城遗址实测南北长8651.7米、东西长9721米,参见《新中国的考古发现和研究》第574页。

坊市四周筑围墙。各坊四壁居中设门，四门向内成"十"字街。东西两市各占地两坊，故市内街呈"井"字形。坊市夜晚宵禁，故居民生活和商业活动都受官方控制，坊市仍为封闭状态。虽然如此，唐长安城的商业活动是汉长安城无可比拟的，而且占全城总面积近八分之七的官员府第、民居宅院、宗教寺院及商市店铺，已成一般建筑行业服务的主要对象。

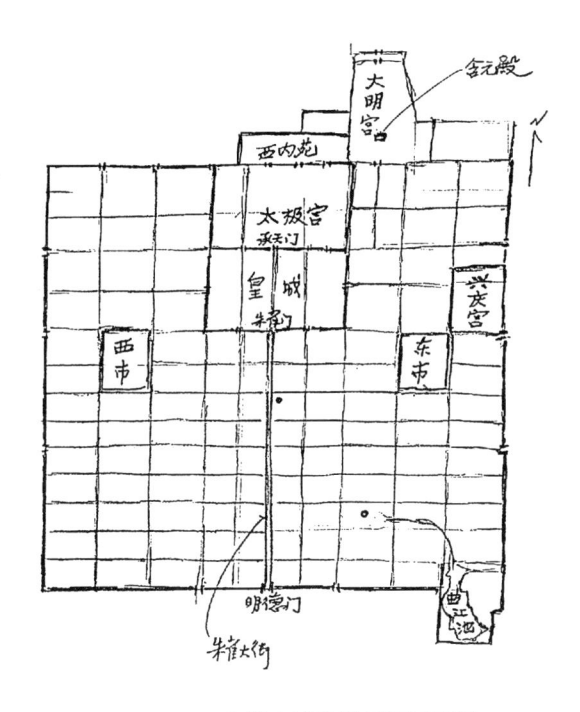

图 11-9 唐长安城遗址平面示意图

二

魏晋至隋唐都城平面布局的变化，使得西汉时都城内建筑物主要为供帝王享用的宫殿群，转向在修建宫殿以外，更大量的建筑物是适于居住的居民住宅院以及供人们进行宗教活动的寺庙。建筑功能的多样需求，也促进了建筑技术的新进展。

自魏晋至隋唐，木构建筑技术日趋成熟的重要例证之一是斗拱的发展。至迟在北朝晚期在柱头铺作已经使用了五铺作的斗拱，虽然这时期的木构建筑实物没有保留至今的实例，但是在石窟的窟檐石雕尚保存有北齐时雕造的实例。近年重新揭露出的河北邯郸南响堂山石窟第一窟的窟檐①，在两侧的束莲八角立柱的柱头所雕柱头铺作，为五铺作出双抄斗拱（图11-10），柱头施栌斗，斗口出二跳华拱，第一跳偷心，第二跳跳头之上托横拱（令拱），上承撩檐枋，横拱与外壁之间有枋子联结（衬方头），华拱和令拱拱头均作内颐式卷瓣。由于在南响堂窟檐雕刻所雕出的构件中没有出现阑额，因此有学者推断此檐柱构架应是前后对应的承重构架，是以排架为主的结构形式，这种形式的木构建筑南北朝时或曾流行于南方地区。② 响堂山的发现，使我们修正了过去认为类似的五铺作斗拱到唐代才出现的看法，表明南北朝晚期木构建筑已趋成熟，在此基础上隋唐时期木构建筑的斗拱有进一步发展。目前中国尚存的最早的纪年明确的木构建筑是山西五台山的两座晚唐的佛殿，即建于建中三年（782）的南禅寺大殿③和建于大中十一年（857）的佛光寺大殿。④ 南禅寺大殿较小，平面广深各三间，柱头斗拱为五铺作双抄偷心造（图11-11）。佛光寺大殿较大，平面面阔七间，进深

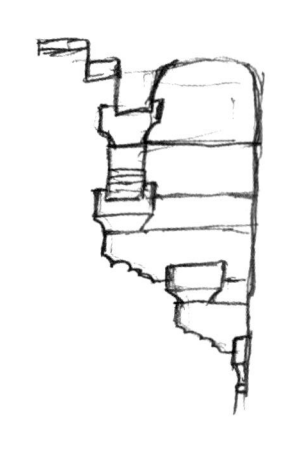

图11-10 河北邯郸响堂山石窟南响堂第1窟窟檐斗拱示意图

---

① 邯郸市峰峰矿区文管所、北京大学考古实习队：《南响堂石窟新发现窟檐遗迹及龛像》，《文物》1992年第5期，第1—15页。

② 钟晓青指出，排架式结构形式的木构建筑现在已无实例可寻，但我国南方流行的穿斗架民居，是与之十分接近的一种建筑样式，在浙闽一带的宋代建筑中，可以见到这一形式经数百年演变之后的情形。日本飞鸟时期（7世纪）的木构建筑，如法隆寺三重塔、四天王寺金堂（重建）等，也有类似的柱头铺作形象，说明这种形式的木构建筑南北朝时或曾广泛流行于我国的南方地区。参见钟晓青《响堂山石窟建筑略析》，《文物》1992年第5期，第19—31页。关于日本飞鸟时期建筑与中国古代建筑的关系，参见傅熹年《日本飞鸟、奈良时期建筑中所反映出的中国南北朝、隋、唐建筑特点》，《傅熹年建筑史论文集》，文物出版社1998年版，第147—167页。

③ 祁英涛等：《两年来山西省新发现的古建筑·壹、五台县——南禅寺》，《文物参考资料》1954年第11期，第37页；祁英涛、柴泽俊：《南禅寺大殿修复》，《文物》1980年第11期，第61—75页。

④ 梁思成：《记五台山佛光寺的建筑》，《文物参考资料》1953年第5、6期，第76—121页。

四间,柱头斗拱为七铺作双抄双下昂,每朵斗拱总高约为柱高的二分之一,因为出跳达四跳,故整个屋檐挑出约近4米(相当于檐口至台基面高度的二分之一),出檐颇为深远。而且这时斗拱更从简单的垫托和挑檐构件,发展成和横向的梁和纵向的柱头枋穿插交织、位于柱网之上的一圈井字格形复合梁,起到保持柱网稳定的作用。① 总之,由南北朝至隋唐时期斗拱的发展,使殿堂屋宇出檐更深远,利于遮蔽风雨,改善了采光条件,室内举高增加,空间增大,极大地改善了人们生活起居的条件。

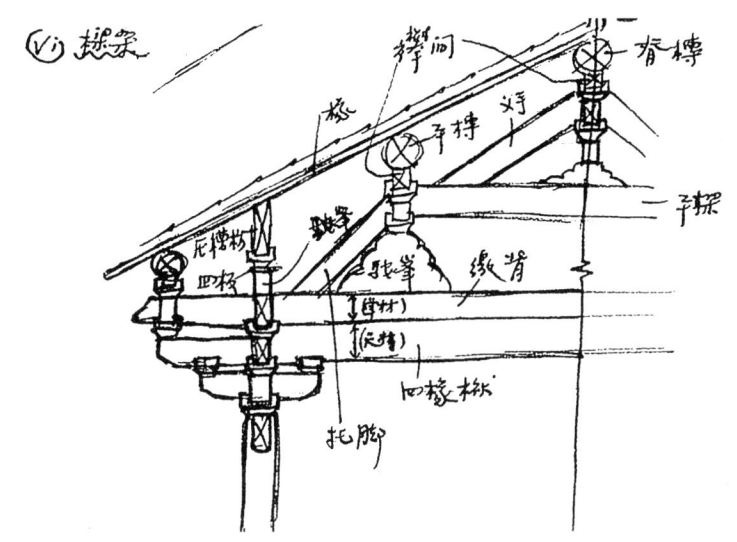

图 11-11　五台山唐南禅寺大殿斗拱结构示意图
(1957 年听宿白先生讲授《古代建筑》课堂笔记)

城市布局的变化,城内里坊所占比例日益增大,宅第民居建筑数量日增,人们自然对建筑的质量和居住的舒适性不断提出新要求,在改善居住条件的同时,还注意居住环境的改善,构筑附属住宅的园林景观。这些都不断刺激建筑行业的发展,在当时的绘画和文学作品中均有所反映。特别是在敦煌莫高窟的壁画中,常可看到有关由回廊连接的四合院布局的宅第图像,常有两进以上的院落,大门有的采用乌头门形式,主要建筑多有斗

---

① 傅熹年:《中国古代建筑概说》,《傅熹年建筑史论文集》,文物出版社 1998 年版,第 11 页。

拱结构，设有直棂窗，并悬挂垂帘或帷幕，回廊亦设有直棂窗，院内植有花草树木。① 有些人还在住宅后部或宅旁修建园林，掘池造山，种花植树，名诗人白居易就曾在洛阳履道坊宅后建园②，在今洛阳郊区安乐乡发掘的唐代遗址，发现接连水渠的大面积淤土，可能即为其遗迹。③

南北朝时期佛教的传播和兴盛，也对建筑的发展产生了深远的影响。中国佛寺建筑的发展是和佛教的中国化的进程同步进行的，在早期的佛寺平面布局虽以佛塔为中心④，但佛塔的形貌则由原来印度的覆钵式改为中国传统的楼阁式，只把上面树有刹杆的覆钵保留在塔顶作为装饰，这也促进了高层楼阁式建筑技术的发展。南北朝晚期，南方和北方竞造高塔，其中以北魏洛阳永宁寺的九级木塔最为壮观。⑤ 永宁寺塔在公元534年遭火灾焚毁，遗迹保存至今，现塔基已经考古发掘，发现地下至地面的多层的巨大方形夯土台基。上层台基每边长3820厘米，四周台壁包砌青石，其上有方形柱础124个，排列成内外五圈。原来中心建有三面开佛龛的夯土砌方柱，位于自外数第二圈柱础内，方柱北壁无佛龛可能原设登塔木梯。由现存遗址，尚可想见当年九层木塔的壮观景象。⑥ 在佛塔后还建有规模宏大的佛殿，形如皇宫内的太极殿，形成以佛塔为中心、前塔后殿的平面布局。另外一座坐落在邺南城遗址城南赵彭城村的东魏北齐佛塔塔基遗迹也

---

① 参见刘敦桢主编《中国古代建筑史》，中国建筑工业出版社1980年版，第81—83、114—117页。
② 白居易：《池上篇并序》，《白氏长庆集》卷60，四部丛刊本。
③ 中国社会科学院考古研究所洛阳唐城队：《洛阳唐东都履道坊白居易故居发掘简报》，《考古》1994年第8期，第692—701页。
④ 关于早期以塔为中心的佛寺平面布局，参见宿白《东汉魏晋南北朝佛寺布局初探》，载《庆祝邓广铭教授九十华诞论文集》，河北教育出版社1997年版，第31—49页。
⑤ 据东魏杨衒之所著《洛阳伽蓝记》记载，"（永宁寺）中有九层浮屠一所，架木为之，举高九十丈，有刹复高十丈，合去地一千尺。去京师百里已遥见之。……刹上有金宝瓶，容二十五石。宝瓶下有承露金盘三十重，周匝皆垂金铎，复有铁锁四道引刹向浮图四角，角皆悬金铎，合上下有一百二十铎。浮图有四面，面有三户六窗，户皆朱漆扉，上有五行金钉，合有五千四百枚，复有金环铺首。布殚土木之功，穷造形之巧，佛事精妙，不可思议。绣柱金铺，骇人心目。至于高风永夜，宝铎和鸣，铿锵之声，闻及十余里"。关于永宁寺塔高，《水经·谷水注》记为"浮图下基方十四丈，自金露盘下至地四十九丈"。《魏书·释老志》记为"永宁寺佛图九层高四十余丈"。后二者所记塔高较一致，而《洛阳伽蓝记》所记最高。
⑥ 永宁寺塔基发掘出土后，陆续有人据以进行推测复原。例如杨鸿勋《关于北魏洛阳永宁寺塔复原草图的说明》，《文物》1992年第9期，第82—87页；钟晓青《北魏洛阳永宁寺塔复原探讨》，《文物》1998年第5期，第51—64页。

已经考古发掘，同样是由地下和地上两部分构成的巨大方形夯土台基，地下基槽为正方形，边长约45米；地上部分边长约30米，尚存三圈柱础遗迹，中央发现刹柱础石，其下设砖函，可能原瘗藏舍利等，惜早遭盗掘一空。亦可想见原为略小于永宁寺塔的方形木塔。① 但这座佛寺的平面布局尚不清楚。在北魏洛阳城中，除以佛塔为中心的佛寺外，另有些佛寺就是由贵族高官的宅院所改成。如西阳门内御道北的建中寺，据《洛阳伽蓝记》，原为阉官司空刘腾宅，"屋宇奢侈，梁栋逾制，一里之间廊庑充溢。堂比宣光殿，门匹乾明门，博敞宏丽，诸王莫及也"。改为佛寺后，"以前厅为佛殿，后堂为讲室"。可见未建佛塔，仍是多层殿堂院落的平面布局。北朝晚期以后，佛寺逐渐由以佛塔为中心的早期平面布局，改为以佛殿为主的多层院落的佛寺平面布局，使佛寺建筑日益形成以殿堂门廊等组成的以庭院为单元的组群形式，有时另建塔院，显示出佛教建筑逐渐融入中国传统民族建筑形式，创造出具有特色的中国佛教建筑。

三

城市布局变化，导致民居所占总面积成倍增长。建筑技术发展，导致居室内举高增加，空间增大。随着居室条件的改善，人们为了更舒适的生活，自然对日用家具提出新的需求。同时原来汉魏时使用的供席地起居的家具组合，本与先秦以来传统的礼俗紧密联系在一起的，但是自西晋覆亡以后，许多古代民族入居中原，各民族文化和习俗不断碰撞、互动乃至融合，并不断接受自丝路传入的域外新风，特别是佛教的兴盛，佛教文化也对世间礼俗有深远影响。因而南北朝时期，能够突破了汉魏的传统礼俗，形成新的礼俗。这也使得日用家具得以突破仅供席地起居的传统模式，开始进入新的发展阶段。

自先秦至汉魏，中原地区人民生活习俗席地起居，室内铺筵②，其上

---

① 朱岩石、何利群、艾力江：《邺南城遗址发现东魏北齐时期佛寺塔基遗迹》，《中国文物报》2003年1月24日第1版。
② "筵"同时也是先秦时计算宫室建筑面积的单位，据《周礼·考工记》记载："周人明堂，度九尺之筵，东西九筵，南北七筵，堂崇一筵，五室凡二筵。"如以周尺一尺为19.91厘米计，九尺之筵约为180厘米。

再铺席或低矮的床、榻，供人们日常白昼时坐卧和夜间安眠。正确的坐姿是跪坐①，蹲坐、箕踞皆属不恭，不合礼数。待人接物的许多礼节，也都与席地起居的习俗相联系，并进而形成制度。因此，通过"丝路"传来的高足的域外家具，仅能在新疆地区的遗址寻到一些踪迹②，但无法通过传统礼俗的关隘，东传到中原地区。③

西晋以后，情况发生变化，一方面由于躲避战乱，出现移民高潮，许多北方大族举族南迁，另一些原居东北或西北的古代民族又向中原迁移，在动乱中迁徙，连皇帝的卤簿仪仗用具都丧失殆尽，东晋建立后虽然力图恢复传统礼乐，但已难如愿④，自然也难以原封不动地维持汉魏传统礼俗。同时，在各古代民族频繁相互接触中，不同民族的生活习俗也在相互渗透影响，特别是有些古代民族进入中原建立政权成为统治民族后，其传统习俗更易与汉族传统礼俗逐渐融会，形成新的礼俗。⑤

新的礼俗形成的过程中，与传统的席地起居习俗相联系的跪坐坐姿受到的冲击最大。汉魏时被视为极不合礼法的蹲坐箕踞以及垂足跂坐，对惯于游牧生活的北方和西北的古代民族说来都属正常的坐姿，并不认为有什么失礼之处，不仅一般百姓如此认识，高官贵族甚至帝王也是如此，鲜卑

---

① 关于跪坐源于商朝礼俗，参见李济《跪坐蹲居与箕踞——殷墟石刻研究之一》，《李济考古学论文选集》，文物出版社1990年版，第943—961页。

② 尼雅遗址曾出土过木椅，见［英］A. 斯坦因《斯坦因西域考古记》，向达译，中华书局1936年版。

③ 在汉代由丝路东传的高足坐具，对中原并无影响，只有到东汉晚期，由西方传来的交足折叠凳——胡床才被灵帝喜爱，在宫廷贵戚中有流传，但因不合礼术，备受当时正统舆论的指责，直到晋司马彪修《续汉书·五行志》时，还认为这是后来董卓拥胡兵入长安的先兆，谓："灵帝好胡服、胡帐、胡床、胡座、胡空侯、胡笛、胡舞，京都贵戚皆竞为之，此服妖也。"汉魏之际到南北朝时期，便于携带易于张合的胡床为将帅行军作战时喜用的坐具，参见《魏晋南北朝将领在战场上的轻便坐具——胡床》，载《中国古兵器论丛（增订本）》，文物出版社1985年版，第298—302页。

④ 西晋灭亡，卤簿仪仗皆陷在北方。东晋建立，"自过江之后，旧章多缺"（《晋书·舆服志》）。后来在重新定立礼制时，由诸臣议论。《宋书·礼志》："江左则荀崧、刁协缉理乖紊。其间名儒通学，诸所论叙，往往新出。"有些仪仗用器，又在刘裕北伐从山东、陕西重新获得，如指南车、记里车等。《晋书·舆服志》："指南车，过江亡失，及义熙五年，刘裕屠广固，始复获焉，乃使工人张纲补缉周用。十三年，裕定关中，又获司南、记里诸车，制度始备。"又说："自晋过江，礼仪疏舛，王公以下，车服卑杂，……而安帝为皇太子乘石山安车，制如金路，义不经见，事无所出。"

⑤ 《南齐书·魏虏传》："佛狸（即北魏太武帝拓跋焘）已来，稍僭华典，胡风国俗，杂相揉乱。"

拓跋氏建立北魏王朝统一北方后，南朝人士用传统眼光去看北魏宫廷中的生活习俗，有许多被视为不合礼数之处。《南齐书·魏虏传》记："虏主及后妃常行，乘银镂羊车，不施帷幔，皆偏坐垂脚辕中，在殿上亦跂踞。"①因此在汉魏时难以流传到中原地区的供垂足高坐的椅凳等坐具，到十六国至北朝时期才得以流传。

高足坐具的流传也与佛教的流传有关，当佛像初传入中国时，只是被视为胡人的神仙，将其形象杂置于传统的神仙、羽人、神兽、仙禽乃至鳖、蟹等图像之中，装饰于一些铜镜、摇钱树、魂瓶乃至唾盂等器物上。选取的虽是趺坐像，但膝足均遮隐于衣裾之内，看似与跪坐姿态的西王母等神仙坐姿近似，这才能为汉地百姓所接受。②只有到十六国时期，由于受到当时分据各地的政权的统治者的大力提倡，佛教才成为受到广大民众崇信的宗教，当时庙、塔中供养的佛像，才按佛教仪轨塑制，坐姿自然是不合汉人礼俗的结跏趺坐、垂足倚坐，甚至一腿下垂一腿盘膝的思惟（又作思维）姿态，而且佛座皆为高坐具，与传统的席地起居无涉。十六国时佛教在中原地区获得空前发展，确与当时入主中原建立政权的古代少数民族统治者有关。例如后赵石虎时，中书著作郎王度就上奏石虎，建议禁止百姓信佛。奏文说："佛出西域，外国之神，功不施民，非天子诸华所应祠奉。"提出："今大赵受命，率由旧章，华戎制异，人神流别。外不同内，飨祭殊礼，华夏服祀，不宜杂错。国家可断赵人悉不听诣寺烧香礼拜，以遵典礼。其百辟卿士，下逮众隶，例皆禁之。其有犯者，与淫祀同罪。其赵人为沙门者，还从四民之服。"此为当时中书令王波同王度所奏。但是遭石虎驳斥，下书说："度议云：佛是外国之神，非天子诸华所可宜奉。朕生自边壤，忝当期运，君临诸夏。至于飨祀，应兼从本俗，佛是戎神，正所应奉。"③其实道理如此简单，胡人做了皇帝，自然崇拜胡神，佛教因而空前

---

① 《南齐书·魏虏传》，中华书局校点本1972年版，第985—986页。

② 有人误以为一看到佛的形象，就视为佛教的礼拜像，而分不清早期一些器物上出现的佛的形象，并不意味着佛教作为自帝王至广大百姓崇信的宗教已在中原汉地流传，仅是佛教初入中土，人们只将佛陀视为如西王母等的一个胡神，因此那些装饰于各种器物上的佛的形象，并非作为独立宗教的礼拜像。参见《跋鄂州孙吴墓出土陶佛像》，《考古》1996年第11期，第28—30页。

③ （梁）释慧皎：《高僧传》卷九神异上《晋邺中竺佛图澄》，汤用彤校注本，中华书局1992年版，第352页。

兴盛。人们顶礼膜拜的佛像的坐姿，自然被认为是合于礼法的，会对人们的日常生活习俗产生深远影响。目前我们能观察到的北朝时期描绘有高足坐具的图像资料，正是来自当时佛教的雕塑或绘画，特别是敦煌莫高窟等石窟寺内的雕塑和壁画。①

在江南地区，东晋政权建立后，虽因战乱逃亡旧仪多已失传，"朝臣无习旧仪者"，但仍在力图恢复汉魏传统礼俗，并由被认为"谙练旧事"的刁协、荀崧等"共定中兴礼仪"②。梁时沈约撰《宋书·礼志》时已指出，当时"诸所论叙，往往新出"。虽然朝廷礼仪已非汉魏旧制，但日常生活中仍维持席地起居的旧俗。传统习惯的阻力，使东晋南朝的上层人士极力排斥垂足坐姿和高足坐具，认为是不合礼数的"虏俗"。连佛教沙门可否踞食都引起辩论，甚至再三向皇帝上表。③ 当时墓室内拼镶砖画流行以竹林七贤和荣启期画像为题材，八人皆坐卧在铺于林木之间地面的席上，正是反映当时传统的席地起居习俗的艺术品。④ 只有轻便的折叠凳——胡床还在社会上层人士中流行，常在户外使用。⑤ 但是"虏俗"终于冲破了传统的樊篱，在北朝降将侯景发动的叛乱中，夺取了梁朝的政权。"（侯景）自篡立后，时著白纱帽，而尚披青袍，或以牙梳插髻。床上常设胡床及筌蹄，著靴垂脚坐。"⑥ 甚至在乘辇时，也在辇上置筌蹄而垂脚坐。⑦ 这也扩展了垂足坐姿和高足坐具在江南的影响。

---

① 参见《敦煌莫高窟与中国古代家具史研究之一——公元5~6世纪中国家具的演变》，载《汉唐美术考古和佛教艺术》，科学出版社2000年版，第253—263页。

② 《晋书·荀崧传》，中华书局校点本1974年版，第1976页。

③ （梁）释僧祐撰《弘明集》卷十收有郑道子、范泰、释慧义等论沙门踞食书、表等8篇，按顺序分别为：郑道子《与沙门论踞食书》、范泰《与王司徒诸公论沙门踞食书》、释慧义等《答范伯伦诸檀越书》、范泰《重答法师慧义等》、范泰《与生观二法师书》、范泰《论沙门踞食表》三首。

④ 在南京地区六朝墓中，至少已发现4幅题材为竹林七贤和荣启期的拼镶砖画，参见姚迁、古兵《六朝艺术》，文物出版社1981年版。

⑤ 《世说新语》中《容止》"庾太尉在武昌"条记庾秋夜"据胡床与诸人咏谑"。又《简傲》记谢万过吴郡访王恬，"坐少时，王便入门内，谢殊有欣色，以为厚待己。良久，乃沐头散发而出，亦不坐，乃据胡床，在中庭晒头，神气傲迈，了无相酬对意"。表明当时胡床使用的情况。

⑥ 《梁书·侯景传》，中华书局校点本1973年版，第862页。

⑦ 《梁书·侯景传》，中华书局校点本1973年版，第859页。

四

　　东晋十六国至南北朝时期，与社会生活习俗发生变化的同时，在文学艺术创作方面也有新的变化。绘画艺术有了空前的发展，首先表现在从事绘画艺术的画家身份的变化。从先秦直到西汉，画工的身份低下。先秦时除了传说的人物外，只在《庄子》和《说苑》中有关于画工的描述，前者是叙述宋元君召唤众画史绘画时，"众史皆至，受揖而立，舐笔和墨，在外者半。有一史后至者，儃儃然不趋，受揖不立，因之舍。公使人视之，则解衣盘礴，裸。君曰，可矣，是真图画者也"。这则寓言，反映出当时画师地位卑下，因在先秦时以衣冠作为身份等级代表的社会中，肯于当众裸体的人只能是社会地位低下的人，他那佯狂的形态，反映出企图摆脱处境低下现状的消极的发泄。后者讲述画师敬君为齐王绘画，后来受齐王钱财而卖掉妻子的故事，同样反映出画师地位的卑下。直到西汉时画师地位仍不高。以《历代名画记》记述的"历代能画人名"为例，西汉时记有毛延寿、陈敞、刘白、龚宽、阳望、樊育共六人，"并永光、建昭中画手"[①]。可见其身份仍不高。

　　到东汉时期，情况有了变化。《历代名画记》记述的东汉能画人名亦六人，其中除刘旦、杨鲁两人是光和中待诏尚方的画手外，其余四人都是有官职的上层人士。赵岐官至太常卿；刘褒官至蜀郡太守；蔡邕为左中郎将，封高阳乡侯；张衡曾任太史令，后出为河间相。这几人虽善画，但囿于传统礼俗的束缚，当时绘画还没有被上层士大夫阶层视为专供观赏的艺术品，更缺乏为此目的的艺术创作。这一情况只有在社会大动乱后的东晋时期才发生变化。西晋覆亡，中原世家大族于荒乱中大举南迁，进一步将传统的中原汉晋文化带到江南，与那一地区自三国时已达到相当高度的孙吴文化相融合，形成新的东晋文化。因动乱和长途搬迁，传统礼俗遭极大破坏，这为突破汉晋文化的旧的樊篱提供了条件；与孙吴文化的汇合又为其注入了新的养分。同时，随着佛教的兴盛而传播的佛教艺术，也日益对

[①] （唐）张彦远：《历代名画记》卷四引葛洪《西京杂记》，人民美术出版社1963年版，第100—101页。

东晋的文化艺术产生深远影响。凡此种种，都特别为艺术领域的创新提供了有利的土壤。因此东晋成为艺术创作的高峰时期，在书法、绘画和雕塑诸领域都呈现出与以前不同的新面貌，在各个领域都有引领时代潮流的代表人物，书法是王羲之，绘画是顾恺之，雕塑是戴逵、戴颙父子。王、顾都是支撑东晋王朝的世家大族，王羲之官至右军将军会稽内史，表明当时社会上层不仅有很高的欣赏艺术品的修养，而且积极参与艺术创作，于是绘画脱离了原由画师工匠制作的处境，使书画成为专供观赏的艺术品。

以东晋时绘画艺术的代表人物顾恺之（字长康，小字虎头）为例，首先他出身世家大族，父顾悦之任尚书左丞。顾恺之与谢安、桓玄[①]交往甚密，曾被桓温引为大司马参军，义熙初为散骑常侍。他博学有才气，善诗赋，《世说新语·言语》记"顾长康从会稽还，人问山川之美，顾云：千岩竞秀，万壑争流，草木蒙笼其上，若云兴霞蔚"。又"顾长康拜桓宣武墓，作诗云：山崩溟海竭，鱼鸟将何依"[②]。又《世说新语·文学》，顾恺之曾作《筝赋》。"或问顾长康：君筝赋何如嵇康琴赋？顾曰：不赏者作后出相遗，深识者亦以高奇见贵。"从上述诸项，可见顾在文学创作方面的才华。正因为顾恺之有深厚的文学底蕴，所以才能使他的画作与以前缺乏文化素养的画工不同，升华为真正的艺术品。同时，顾恺之不仅是画家，他还从事绘画理论的研究，也是艺术批评家。目前他写的《画云台山记》《魏晋胜流画赞》和《论画》等著作，尚保存在《历代名画记》中。他关于画人像着重点睛的"四体妍蚩本亡关于妙处，传神写照，正在阿堵之中"的主张，更是一直为人们所称道。所以后人认为，"象人之美"，"顾得其神"。东晋时他的画作已极受士大夫阶层的推崇，谢安就认为："顾长

[①] 桓玄极好书画，《晋书·桓玄传》记其"性贪鄙，好奇异"。"人士有法书好画及佳园宅者，悉欲归己，犹难逼夺之，皆蒱博而取。"中华书局校点本 1974 年版，第 2594 页。《晋书·文苑·顾恺之传》："恺之尝以一厨画糊题其前，寄桓玄，皆其深所珍惜者。玄乃发其厨后，窃取画，而缄闭如旧以还之，绐云未开。恺之见封题如初，但失其画，直云妙画通灵，变化而去，亦犹人之登仙，了无怪色。"中华书局校点本 1974 年版，第 2405 页。

[②] 《世说新语·言语》："顾长康拜桓宣武墓，作诗云：山崩溟海竭，鱼鸟将何依。人问之曰：卿凭重桓乃尔，哭之状其可见乎？顾曰：鼻如广莫长风，眼如悬河决溜。或曰：声如震雷破山，泪如倾河注海。"《世说新语校笺》，中华书局 1984 年版，第 83—84 页。又："桓征西治江陵城甚丽，会宾僚出江津望之，云：若能目此城者有赏。顾长康时为客在坐，目曰：遥望层城，丹楼如霞。桓即赏以二婢。"参见《世说新语校笺》第 79 页。

康画，有苍生来所无。"①

以顾恺之为代表的东晋画家，掀起了绘画创作的高潮。刘宋时期，绘画艺术继续向前发展，代表人物是陆探微。进入梁代，绘画艺术更有新发展，代表人物是张僧繇。论者认为他们绘画人像的特色，分别是：张得其肉，陆得其骨，顾得其神。江南绘画艺术的成就，对北方也产生深远影响，促使北朝的绘画艺术也达到新的高峰。当时绘画创作主要有三种表现形式：第一种是手卷②，第二种是在宫室或寺庙绘制的壁画，第三种是在屏幛上的绘画。对于第三种即屏风画，六朝时已引起著名画家的重视，仅在《历代名画记》中，就记有孙吴时的曹不兴作屏风画时误落笔点素，因而画为蝇状，孙权误以为真蝇的故事。还记有东晋时荀勖有维摩诘像屏风、顾恺之有水鸟屏风、王廙有"村社齐屏风"等作品传世。著名画家参与屏风画的创作活动，促进了屏风画的繁荣和发展，屏风画成为六朝以来人们居室中陈设绘画艺术品的主要形式，对美化居室环境起着重要作用。

五

综上所述，随着人们社会习俗的变迁，东晋十六国至南北朝时供垂足高坐的家具开始进入社会生活之中，自此以后到隋唐五代时期，垂足高坐的家具的使用经历了三个发展阶段。

首先是东晋十六国时期，在当时的雕塑和绘画作品内开始有供垂足高坐家具的图像，较早的作品多与佛教艺术有关，集中发现于佛教石窟寺内。在这类供垂足高坐的家具中，最常见的是一种束腰的圆凳。如新疆克孜尔石窟，在一些作菱形格布局的本生故事壁画中，经常可以看到这种以植物枝条编成的束腰圆凳，有的在圆凳外面还包束有纺织品。③ 这种坐具

---

① 《世说新语·巧艺》："谢太傅云：顾长康画，有苍生来所无。"《世说新语校笺》，中华书局1984年版，第386页。《晋书·顾恺之传》作："谢安深重之，以为有苍生以来未之有也。"中华书局校点本1974年版，第2405页。《历代名画记》引作："刘义庆《世说》云，谢安谓长康曰：卿画自生人以来未有也。"

② 目前存世的顾恺之绘画的摹本，如《女史箴图》《列女仁智图》《洛神赋图》，都是手卷形式，均绢本设色，画纵约在25—27厘米左右、长度均超过340厘米，适于放置几案上，边展卷边看。

③ 参见北京大学考古学系、克孜尔千佛洞文物保管所编著《新疆克孜尔石窟考古报告（第一卷）》，彩色图版二一、二五（第14窟壁画），文物出版社1997年版。

传入中国后，因其形状类似竹编的捕鱼用的筌，故人们借用了筌的名称，称其为"筌蹄"。在云冈石窟中也可以看到束腰圆凳的浮雕图像，例如第十窟前室西壁屋形龛的两侧雕出的树下思惟菩萨，都是作一腿下垂一腿盘膝姿态坐在束腰圆凳上。又如第六窟佛本行浮雕中，太子出四门遇到的病人，也是双手扶杖坐于这种束腰圆凳上。[1] 在敦煌莫高窟的壁画中，也可以见到束腰圆凳的图像，如第275窟《月光王本生》故事画中，月光王赤身只着短裤坐于绘有直条纹的束腰圆凳上。又如第285窟《五百强盗成佛》故事画中，受刑后的强盗听佛说法时，佛的坐具也是上覆白色织物的束腰圆凳，佛垂双足坐于凳上。[2] 除束腰圆凳外，在敦煌壁画中还有供垂足高坐的方凳的图像，如第257窟《沙门守戒自杀缘品》故事画中，可以看到两种方凳，一种是约与人的小腿高度相近的四足方凳，另一种形如立方体的方墩，或可称为实体方凳。[3] 特别是在第285窟的西魏壁画中，出现了一例椅子的图像，在该窟顶部北披下部草庐禅修人像中，有一禅修者趺坐于一张椅子上，绘出的椅子形体清晰，四足，后有高靠背，两侧设扶手，这是中国目前发现的时代最早的椅子壁画。[4] 除了佛教艺术品中出现有高足坐具的图像外，在描绘世俗生活的墓室画像中也有发现。例如山东青州北齐石椁线雕画中，有一幅画出墓主垂足坐在束腰圆凳上的图像。[5] 至于东汉末已传入的交足折叠凳——胡床，这时使用更加普遍，甚至村中妇女也用为坐具。[6] 邺城地区东魏武定五年（547）墓出土的女侍俑就有携带胡床的塑像，墓内所葬死者赵胡仁就是一位妇女。[7] 以上列举的图像清楚地表明，在十六国至北朝时期，随着佛教的传播，高足坐具已在北方开

---

[1] 参见山西省文物工作委员会、山西云冈石窟文物保管所编《云冈石窟》图版53、22，文物出版社1977年版。

[2] 参见敦煌文物研究所编《中国石窟·敦煌莫高窟（一）》图版14、132，文物出版社、[日]平凡社1987年版。

[3] 参见敦煌文物研究所编《中国石窟·敦煌莫高窟（一）》，图版43，文物出版社、[日]平凡社1987年版。

[4] 承杨晓能先生见告，在美国堪萨斯的纳尔逊·阿特金斯艺术博物馆藏有一件北朝造像碑，也有一件浮雕的椅子图像，其时代大致与敦煌壁画出现的椅子图像相当。

[5] 夏名采：《益都北齐石室墓线刻画像》，《文物》1985年第10期，第49—54页。

[6] 北魏末年，尔朱敞逃避追骑，"遂入一村，见长孙氏媪踞胡床而坐。敞再拜求哀，长孙氏愍之，藏于复壁"。参见《隋书·尔朱敞传》，中华书局1974年版，第1375页。

[7] 磁县文化馆：《河北磁县东陈村东魏墓》，《考古》1977年第6期，第391—400页。

始使用。但是当时传统的家具所占比重仍很大。山西大同北魏司马金龙墓出土屏风漆画中，所绘家具全是传统的席、床、榻和与之配合的低矮屏风。①而在敦煌壁画中大量出现的还是传统的席、床、榻等家具。但是有两点值得注意，其一是坐具虽是传统的床、榻，但人的坐姿与传统的跪坐姿态有很大变化。宁夏固原雷祖庙村北魏墓出土漆棺前挡，绘有鲜卑装人物坐于床上，坐姿则是交脚垂足的姿态。②云冈石窟第六窟所雕维摩、文殊对坐中的维摩和文殊，都坐于四足的榻上，其坐姿都是垂足而坐。其二是传统的床、榻等坐具也有由矮变高的趋势。洛阳出土的北魏孝子石棺画像中，郭巨掘地得金后侍奉母亲时，郭母所坐大床四足颇高，约当立姿人像小腿的高度③，明显高于先秦至汉魏床榻的高度。④因此可以看出，十六国至南北朝时期，新出现的高足家具和垂足坐姿，显示出社会习俗发生巨大变化，传统家具也不得不增加足高以迎合时代潮流，使中国古代家具的发展步入一个新时期。

继而进入隋唐时期，新式的垂足高坐家具发展的势头更猛，日益排挤传统的供席地起居的旧式家具。从目前获得的有关隋唐高足家具的图像和模型器来看，与前一时期相比，有一点特别值得注意，即南北朝时的家具图像多出于佛教美术品，特别是石窟寺的绘画和雕塑，而隋唐时的家具图像，除出于佛教美术品外，很多重要资料得自世俗美术品，不仅有墓室壁画和随葬俑群的资料，还有的来自描述世俗生活的传世绘画，许多是描绘宫廷生活的画卷，这表明那一时期新式的高足家具和垂足坐姿，已经深入人们的社会生活，普遍流行于宫廷和民间。以椅子为例，继敦煌西魏禅僧坐椅子的画像，唐代壁画中更是不乏高僧坐于椅上的画面。⑤但表明椅子进入高官的日常生活的实例，则是陕西发现的天宝十五年（756）高元珪

---

① 山西省大同市博物馆、山西省文物工作委员会：《山西大同石家寨北魏司马金龙墓》，《文物》1972年第3期，第20—33页。
② 固原县文物工作站：《宁夏固原北魏墓清理简报》，《文物》1984年第6期，第46—56页。
③ 参见黄明兰《洛阳北魏世俗石刻线画集》图8，人民美术出版社1987年版。
④ 先秦时的床高，如河南信阳楚墓出土大木床，足高仅17厘米。参见河南文物研究所《信阳楚墓》，文物出版社1986年版。汉代的榻高，如河南郸城发现的"汉故博士常山太傅王君坐榻"，高仅19厘米。参见曹桂岑《河南郸城发现汉代石榻》，《考古》1965年第5期，第257—258页。
⑤ 参见杨泓《敦煌莫高窟与中国古代家具史研究之二——公元7~8世纪中国家具的演变》，载《汉唐美术考古和佛教艺术》，科学出版社2000年版，第264—269页。

墓内墓室正壁墓主坐在椅子上的图像。① 高元珪是宦官高力士之弟，官阶为明威将军，从四品，这与敦煌壁画中的高僧坐椅不同，表明当时较高级的官员家中确已使用了这种新式高足坐具。反映宫廷生活的绘画作品，如唐章怀太子李贤墓的壁画②和传为周昉绘《挥扇仕女图》③等，所绘出的家具有方凳和扶手矮圈椅等。陕西长安县南里王村韦氏家族墓中的壁画上，有屏面绘树下妇女的六曲屏风画，屏面画坐姿妇女的坐具是方凳。同墓壁画还有坐在长桌旁长凳上宴饮的画面。④ 西安一带唐墓出土的陶俑和三彩俑中，有坐在束腰圆凳上照镜的仕女⑤，还有垂足坐在凳上的说唱艺人。⑥ 凡此种种，都反映着新式家具在一般家庭中使用的情况。

最后到五代时，新式高足家具逐渐形成较完备的组合。在当时的墓室壁画中，如河北曲阳王处直墓壁画⑦，可以看到桌、凳、大床、屏风等各种家具。在传世的绘画作品中，如传南唐画家周文矩绘《重屏会棋图》和传顾闳中绘《韩熙载夜宴图》⑧，也都绘出这时的高足家具，如椅、桌、凳、坐榻、大床和各式屏风等，不但品种增多，而且不同品种家具的功能的区别日趋明显，形成颇为完备的组合，陈设方式更转向相对固定的格局，已摒除了旧式的与席地起居相联系的家具组合，为北宋时期高足家具的进一步完备奠定了基础。与汉魏时相比，此时室内面貌已焕然一新，人们的生活质量也随着日用家具的发展提高到新的水平。

六

与家具的发展相适应，室内装饰艺术也有了新变化。本文仅论及汉魏

---

① 贺梓城：《唐墓壁画》，《文物》1959年第8期，第31—32页。
② 陕西省博物馆、陕西省文物管理委员会：《唐李贤墓壁画》，文物出版社1974年版。
③ 参见中国历代艺术编辑委员会编《中国历代艺术·绘画编》（上）图版120，人民美术出版社1994年版。
④ 参见陕西省博物馆编《隋唐文化》，学林出版社1997年版，第98—99、201页。
⑤ 陕西省文物管理委员会：《西安王家坟村第90号唐墓清理简报》，《文物参考资料》1956年第8期，第31—32页。
⑥ 陕西省博物馆编：《隋唐文化》，学林出版社1997年版，第255页。
⑦ 河北省文物研究所、保定市文物管理处：《五代王处直墓》，文物出版社1998年版。
⑧ 中国历代艺术编辑委员会编：《中国历代艺术·绘画编》（上），图版185、187，人民美术出版社1994年版。

至隋唐时期与家具有关的室内装饰艺术的主要变化。

自先秦至汉魏，与席地起居相联系的家具，除家具本身造型外，在室内起装饰作用的主要是家具的纹饰和附属于家具的物品。当时室内家具主要以坐卧的床、席为中心，席除了本身编织工艺力求精致外，还要在边缘包锦①，并在四角放置造型各异、制工精美的席镇。②床和独坐的榻，主要附属的物品是张施其上的帐和围护左右及后部的低矮屏风，因此，色彩鲜明的帐和工艺精美的帐构，以及帐顶及四角装饰的华饰与流苏③，都是在室内起着美化装饰作用。其余几、案、隐几（凭几）等多为木胎髹漆，故常施以精致的漆画，实用而美观，也起着室内装饰作用。一直到三国时期，还使用图纹精美的大型漆案。如安徽马鞍山孙吴朱然墓中，出土蜀郡制作的大漆案④，案面彩绘人物众多的宫廷宴乐漆画，极为精美。除了附属于床榻的低矮围屏外，也有单独使用的屏风，一般家庭使用的较小，亦多木制髹漆，马王堆一号墓出土有一面绘云龙、另一面绘谷纹璧的彩绘木屏风。⑤宫廷中则有巨大的饰有鎏金铜饰件的屏风，广州西汉南越王墓出土一件，现已作复原研究。⑥屏风屏面的绘画也起着美化室内的作用。

当垂足高坐的家具组合逐渐取代了供席地起居的家具组合以后，在一般人家居生活中，供席地坐卧的席已不再使用，床则退居为卧具⑦，其所施张的帐只能用于寝室装饰，再也不出现于厅堂之中。除了桌椅等高足家具本身的艺术造型外，屏风成为起到室内艺术装饰作用的主要家具。为了配合高足家具形成组合，屏风本身的造型也有新变化，主要是形体增高。

---

① 长沙马王堆一号西汉墓出土莞席外包以青绢，参见湖南省博物馆、中国科学院考古研究所《长沙马王堆一号汉墓》第121页，图版二三三，文物出版社1973年版。
② 参见孙机《汉镇》，载孙机、杨泓《文物丛谈》，文物出版社1991年版，第125—134页。
③ 参见杨泓《帐和帐构》，载孙机、杨泓《文物丛谈》，文物出版社1991年版，第244—253页。
④ 安徽省文物考古研究所、马鞍山市文化局：《安徽马鞍山东吴朱然墓发掘简报》，《文物》1986年第3期，第1—15页。
⑤ 湖南省博物馆、中国科学院考古研究所《长沙马王堆一号汉墓》，图版一九二，文物出版社1973年版，第93—94页。
⑥ 广州市文物管理委员会、中国社会科学院考古研究所、广东省博物馆：《西汉南越王墓》，文物出版社1991年版。
⑦ 承孙机先生见告，明清时期皇宫中的背后设立屏的宝座，应是源自古代大床与屏风的组合家具。

像马王堆一号汉墓出土的高仅 62 厘米的低矮屏风，仅能供席地起居使用，无法与高足桌椅配合。北魏司马金龙墓出土漆画木屏风的屏板高度已超过 80 厘米，加上边框及高 16.5 厘米的石屏础，总高在 1 米以上[①]。山东临朐北齐崔芬墓壁画屏风画已与墓壁等高[②]，即约与真人体高相当，可以屏蔽人们在室内直立或走动，正可与高足家具配合使用。同时屏风又发展成多曲的形制，一般以六曲为多，增大了屏蔽的面积，也是为了与高足家具配合而作的改进措施。另一项大的变化，是自先秦到汉代，屏板上的绘画都是画工所绘的装饰性图像。而到六朝时期，许多绘画艺术名家都参加屏风画的创作活动，前已述及荀勖、顾恺之等绘画大师所作屏风画一直流传到唐代。著名画家参与屏风画创作，极大地提高了屏风画的艺术价值，也提高了人们的欣赏品位，这应是这一时期屏风画成为室内的主要艺术装饰的一个主要原因。从有关画史的记述和考古发现的资料，可以看出当时的屏风画的题材已很丰富，仍以人物为主，如列女图、七贤图等，也有舞乐、人马以及水鸟、山石、树木等。

到隋唐时期，屏风画更加发展[③]，名画家也都经常参与屏风画的创作活动，名家的屏风画价值万金以上。据《历代名画记》卷二《论名价品第》："董伯仁、展子虔、郑法士、杨子华、孙尚子、阎立本、吴道玄屏风一片，值金二万，次者售一万五千（自隋以前多画屏风，未知有画幛，故以屏风为准也）。其杨契丹、田僧亮、郑法轮、乙僧、阎立德一扇，值金一万。"在书中记述上列有关画家流传下来的屏风画，有顾恺之"水鸟屏风"、杨子华"宫苑人物屏风"、郑法士"贵戚屏风"等。又记董伯仁"屏幛一种，亡愧前贤"。还记张彦远曾有阎立本"田舍屏风十二扇，位置经略，冠绝古今，元和十三年彦远大父相国镇太原，诏取之"。可见当时朝野对屏风画的喜好。近年来的考古发现，也有许多有关屏风的资料，其中的实物有新疆阿斯塔那唐墓出土的木骨绢面屏风，尚存的屏面绢画有仕

[①] 山西省大同市博物馆、山西省文物工作委员会：《山西大同石家寨北魏司马金龙墓》，《文物》1972 年第 3 期，第 20—33 页。

[②] 临朐县博物馆：《北齐崔芬壁画墓》，文物出版社 2002 年版。

[③] 李力：《从考古发现看中国古代的屏风画》，《艺术史研究》第一辑，中山大学出版社 1999 年版，第 277—294 页。

女、人马图等①。同一墓地许多墓室内有模拟屏风的壁画，多为六曲，屏面画有人物、花鸟等题材。在都城长安附近的唐墓中，也发现有许多模拟屏风的壁画，自玄宗天宝年间开始盛行，多六曲屏风。屏面画题材有树下人物，有老人，也有树下盛装仕女，到晚唐时屏风画的内容多以云鹤、翎毛取代了人物，特别是云鹤题材更为盛行。②在陕西富平发现的唐墓中，还有六曲山水画屏风壁画。③据当时人的诗文，以骏马图制作屏幛也是一时的时尚，屏面也流行以法书作品代替绘画装饰屏面的。④到五代时，屏风日益成为室内的主要装饰艺术品。在传世绘画和墓室壁画中，除多曲屏风外，更流行高大的立屏，其上以巨幅山水画为主。《韩熙载夜宴图》中就绘有屏面画山林树石的巨大立屏，王处直墓中也有一幅模拟大立屏的壁画，上绘墨绘山水，风格已近董源等成熟的山水画风格，对研究中国绘画史是重要资料。⑤

七

汉唐之间，在日常生活中使用的日用器皿也有较大的变化，主要表现在两个方面。一方面是源于中国国内新工艺的发明和发展，主要是表现在瓷器的普遍使用；另一方面是随着中外文化互动输入的物品，主要是金银器和玻璃器。

在中国古代，制瓷工艺出现于东汉。⑥到三国孙吴时期，随着青瓷工艺技术的提高，江南的制瓷业出现了空前的繁荣。大量制作的美观而实用的瓷器，迅速进入人们的日常生活中，不仅取代了陶器，而且取代了汉代流行的昂贵的漆器。日用瓷器的普及，不仅影响到日用器皿外貌的改观，

---

① 李征：《新疆阿斯塔那三座唐墓出土珍贵绢画及文书等文物》，《文物》1975年第10期，第89—90页；金维诺、卫边：《唐代西州墓中的绢画》，《文物》1975年第10期，第36—43页。
② 宿白：《西安地区唐墓壁画的布局和内容》，《考古学报》1982年第2期，第137—154页。
③ 井增利、王小蒙：《富平县新发现的唐墓壁画》，《考古与文物》1997年第4期，第8—11页。
④ 参见《屏风》和《屏风周昉画纤腰——漫话唐代六曲画屏》，孙机、杨泓《文物丛谈》，文物出版社1991年版，第222—233、234—243页。
⑤ 罗世平：《略论曲阳五代墓山水壁画的美术价值》，《文物》1996年第9期，第74—75页。
⑥ 中国硅酸盐学会编：《中国陶瓷史》，文物出版社1982年版，第127—133页。

也改变着人们的审美情趣。到南北朝时期，不仅江南地区，北方的制瓷业也日趋兴盛。青瓷的制作日趋精美，出现点彩和釉下彩[1]等新的装饰手法。此时已生产黑釉、白釉等瓷器。这些都为隋唐时期制瓷业的新发展奠定了基础。

两晋南北朝时期，随着中西商路的畅通，西方的金银器皿不断东输，深受当时上层人物的喜爱，成为他们追求的豪华用具。近年的考古发掘中曾出土不少罕见的西方金银器皿，有些发现于贵族高官的坟墓中，有些发现于遗址或窖藏中。在贵族高官墓中的出土品，如北魏正始元年（504）屯骑校尉建威将军洛州刺史封和突墓出土的波斯萨珊贵族猎野猪图像金花银盘[2]，东魏武定二年（544）司空李希宗墓出土的波纹银碗[3]，北周天和四年（569）柱国大将军河西公李贤墓出土人物图像金花银胡瓶（图11-12）[4]，还有大同南郊北魏墓M107出土鎏金刻花碗。[5] 除墓葬外，遗址和窖藏出土的西方金银器，主要有山西大同北魏遗址出土多曲长银杯[6]，甘肃靖远出土的纹饰精美的拜占庭鎏金银盘[7]，再如广东遂溪南朝窖藏出土的鎏金银杯。[8] 对西方金银器的需求，也刺激了中国金银器制造业的发展，到隋唐时期出现了金银器制造的高峰，由从器形、纹饰均仿照西方制品，到最后生产出具有唐文化特色的金银器皿。[9]

---

[1] 易家胜：《南京出土的六朝早期青瓷釉下彩盘口壶》，《文物》1988年第6期，第72—75页。

[2] 马玉基：《大同市小站村花圪塔台北魏墓清理简报》，《文物》1983年第8期，第1—4页。又见夏鼐《北魏封和突墓出土萨珊银盘考》，《文物》1983年第8期，该文收入《夏鼐文集》（下），社会科学文献出版社2000年版，第71—74页。

[3] 石家庄地区革委会文化局文物发掘组：《河北赞皇李希宗墓》，《考古》1977年第6期，第382—390页。

[4] 宁夏回族自治区博物馆、宁夏固原博物馆：《宁夏固原北周李贤夫妇墓发掘简报》，《文物》1985年第11期，第1—20页。

[5] 山西省考古研究所、大同博物馆：《大同南郊北魏墓群发掘简报》，《文物》1992年第8期，第1—11页。

[6] 《无产阶级文化大革命期间出土文物展览简介·大同南郊北魏遗址》，《文物》1972年第1期，第83—84页。

[7] 初世宾：《甘肃靖远新出东罗马鎏金银盘考略》，《文物》1990年第5期，第1—9页。

[8] 遂溪县博物馆：《广东遂溪县发现南朝窖藏金银器》，《考古》1986年第3期，第243—246页。

[9] 齐东方：《唐代金银器研究》，中国社会科学出版社1999年版。

西方输入的玻璃器皿，不论是罗马玻璃器、波斯萨珊玻璃器，还是伊斯兰玻璃器，输入中国后同样为人们喜爱。在已发现的玻璃器中，多是出土于贵族高官的坟墓中，如北燕冯素弗墓出土过罗马玻璃鸭形器（图 11-13）[1]，是无模自由吹制成型的工艺品，制工精湛。南京象山王氏墓也发现有罗马黄绿色磨花圜底筒形玻璃杯（图 11-14）[2]。固原北周李贤墓，出土腹部有上下两周椭圆形凸饰的波斯萨珊朝玻璃碗（图 11-15）[3]。

由于人们喜爱西方玻璃器，在中国亦开始仿制，促进了中国国产玻璃器的生产。又由于西方输入的玻璃器价值昂贵，非一般平民能享有，所以北魏时甚至制作各种廉价的模拟品，以供一般平民使用。北魏洛阳城遗址发掘中，就出土有模拟波斯萨珊玻璃碗形貌的釉陶碗。[4]

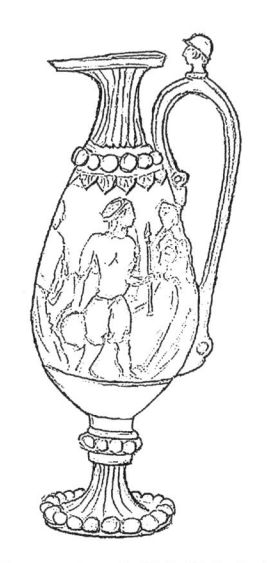

图 11-12　北周李贤墓出土金花银胡瓶

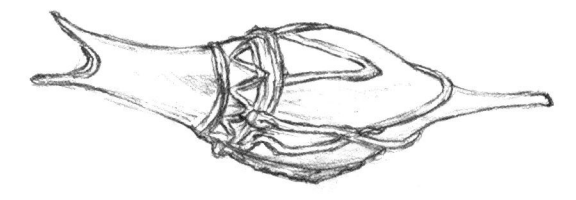

图 11-13　北燕冯素弗墓出土罗马玻璃鸭形器

---

[1] 黎瑶渤：《辽宁北票县西官营子北燕冯素弗墓》，《文物》1973 年第 3 期，第 2—28 页。
[2] 安家瑶：《中国的早期玻璃器皿》，《考古学报》1984 年第 4 期，第 413—448 页。
[3] 安家瑶：《北周李贤墓出土的玻璃碗——萨珊玻璃的发现与研究》，《考古》1986 年第 2 期，第 173—181 页。
[4] 中国社会科学院考古研究所洛阳汉魏城队：《北魏洛阳城内出土的瓷器与釉陶器》，《考古》1991 年第 12 期，第 1090—1095 页。

图 11-14 南京象山 7 号东晋墓出土罗马玻璃杯

图 11-15 北周李贤墓出土波斯萨珊玻璃碗

综上所述,在汉唐之间,从三国至南北朝,不论是城市的布局规划,还是建筑结构和室内布置,当时人们社会生活的各个方面,都在不断发生偏离汉代传统的变化,日渐呈现出新面貌,最后形成更加丰富多彩的隋唐城市文化,其代表就是当时的都城隋大兴城、唐长安城。

(原载《汉唐之间的视觉文化与物质文化》,文物出版社 2003 年版)

中国古家具的演变与造型

随着中国古代建筑工艺技术的进步,建筑物的举高日益增加,室内有效的使用面积不断扩大,因此对室内陈设的家具的需求就提到日程上了。与中国古代建筑的发展紧密关联的中国古家具,自史前时期开始萌发,直到形成工料精良、造型典雅的明式家具为止,经历了漫长的历史途程,具有浓郁的民族特色。回顾中国古家具的历史,大致可以分为发生、发展和成熟三大阶段。[①]

第一阶段是中国古家具的发生期,约自史前时期至魏晋。

第二阶段是其发展期,约自东晋十六国至北宋。

第三阶段是其成熟期,自北宋后,明至清初达到高峰。

由于家具多以木材制作,本难经久保存,加之是日常实用之物,随着人们的习俗爱好而不断更新,更难长久流传。因此中古家具前两个阶段,即自史前迄于北宋的家具实物,几乎没有保留传世之物。只是在近半个世纪以来田野考古调查和发掘中,不断获得有关古家具的实物,还有大量的模型和图像,才使人们能够对中国古家具的发生期和发展期的面貌,特别是其艺术造型,得以勾勒出大略的轮廓。

有关中国古家具实物的考古发现,开始于20世纪20年代初。当时北京历史博物馆在河北省巨鹿县发掘宋代故城遗址,出土遗物中有木桌和木椅,实物原藏于北京历史博物馆,现保存于南京博物院。中华人民共和国成立以后,自20世纪50年代以来,随着田野考古调查发掘的蓬勃开展,中国各地有关古家具的新资料层出不穷,特别是获得了许多中国古家具发

---

① 杨泓:《考古发现与中国古代家具史的研究》,《庆祝苏秉琦考古五十周年论文集》第121—128页,文物出版社1989年版。

生期的珍贵资料,更引人注目。

  史前家具的发现,最值得注意的是山西襄汾陶寺遗址出土的资料。1978年以来,在陶寺史前墓地的一些大型、中型墓葬中,发现了木案的残迹。① 木案平面呈矩形或圆角矩形,案面下一长边、两短边由等高的木板构成倒"凹"字形支架(图12-1),有的在另一边的中间加一圆柱形支脚。一般案面长90.4—120厘米,宽25—40厘米,通高10—18厘米。案面和支架外壁涂红彩,有的案面还用白彩绘出宽约2—5厘米的边框式图案。案上常放置有木觚、陶觚、陶斝、木斗等饮器。此外也发现有木俎,俎面为矩形厚木板,近两端处各设两个榫眼,下安板状俎足,一般长50—75厘米,宽30—40厘米,高15—25厘米。有的俎上还放有石刀和猪蹄骨。还发现一种独座圆盘形木器,台面直径达85厘米,周边起棱,通高27厘米,可能是一种"木几"。据 ^{14}C 年代测定,它们是4500—4200年前的遗物。表明到原始社会末期,氏族部落中的上层人物,在进食时开始使用放置酒器的特殊的器具,这或许与当时粮食产量的增加和酿酒技术的发展有关,但已是原始家具的萌芽,充分证明中国古代使用家具的历史,应上溯到史前时期。陶寺类型的木制案、俎,高度仅10—25厘米,表明它们仍是适应原始人们席地起居的习俗。但是也应注意到,虽然限于当时使用石质工具加工木器的局限性,制作尚颇拙劣,不过还是注意尽力能使其具有美感,在木器上加施彩绘。特别是陶寺木器,有些"彩皮剥落时呈卷状,与漆皮

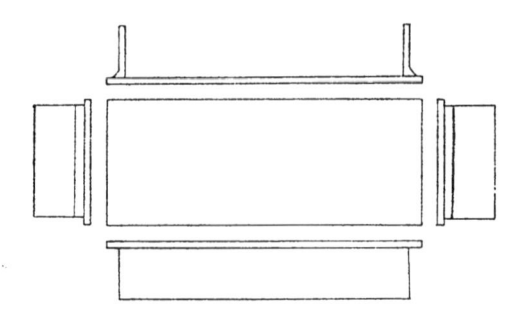

图12-1 山西襄汾陶寺文化墓葬木案

---

  ① 高炜:《陶寺龙山文化木器的初步研究——兼论北方漆器起源问题》,《中国考古学研究——夏鼐先生考古五十年纪念论文集》(二),科学出版社1986年版。

相似"①。因此，有可能当时已懂得利用髹漆技术来装饰木器。

关于先秦时期的家具实物，有两项重要的考古发现，都是楚文化的遗物。早在20世纪50年代发现了一组实物，1957年出土于河南信阳长台关1号墓左后室内。②该室中部陈放大床（是拆散后放入墓中的），床外侧放置卷着的6条竹席。床左侧放有漆案和木文具箱，右侧有漆几。大床的床身（图12-2）是以纵三根、横六根木枋构成框架，长225厘米，宽136厘米。床沿围有床栏，只在前、后沿中部不设床栏，以供上下。床下设六矮足，透雕成相对的卷云纹，以榫嵌插于床框架下。足高仅17厘米，这即是床身距地的高度，颇为低矮，几近于席地。大床通体髹黑漆，框架饰绘朱色连云纹，床栏包饰铜镶角，颇为华美。漆案（图12-3）制工精致，案面髹朱漆，然后绘饰4列计36个绿、金、墨色绘成的圆涡纹图案。案面四角包镶铜角，下装四蹄状矮足，并在与四足对应的案沿外安有四铺首衔环。案长150厘米，宽72厘米，案足仅高6.5厘米。漆几有两件，其中之一是高48厘米的雕花漆凭几（图12-4），几面浮雕出的兽面图案精美生动。文具箱长35.9厘米，宽16.1厘米，高14.7厘米，底有4个矮足，箱内盛放有毛笔和修治竹简的小型铜工具，诸如锯、锛、削、夹刻刀、刻刀、锥等。此外，该墓其他室内还出土有漆木几、案和俎等。

20世纪80年代的一项重要发现，是1986年发掘湖北荆门王场村包山第2号墓③时获得的漆木家具，有大床、案、几和俎等。大床（图12-5）的面

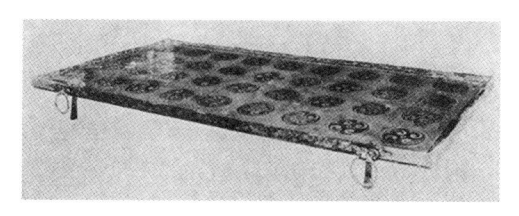

图12-2 河南信阳楚墓木床　　　　图12-3 河南信阳楚墓漆案

---

① 中国社会科学院考古研究所山西工作队等：《1978—1980年山西襄汾陶寺墓地发掘简报》，《考古》1983年第1期。
② 河南省文物研究所：《信阳楚墓》，文物出版社1986年版。
③ 湖北省荆沙铁路考古队：《包山楚墓》，文物出版社1991年版。

图 12-4　河南信阳楚墓漆凭几 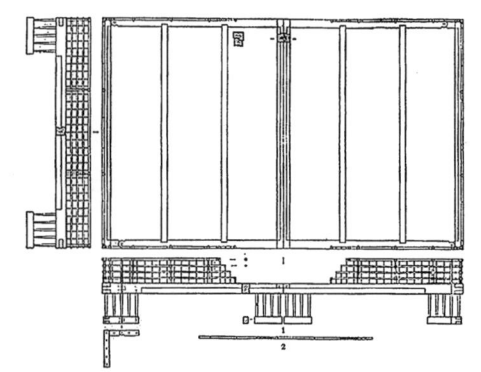　　图 12-5　湖北荆门包山楚墓木床

积与信阳楚墓的床大致相同,长 220.8 厘米,宽 135.6 厘米。床下也安有 6 组床足,足高也仅约 18 厘米左右。只是这床的制工更加精巧,床体分制成尺寸和结构完全相同的两半边,不用时可以分开折叠,使用时则拼接成一个整体。全床通体髹黑漆。

除以上两项发现外,在湖南、湖北等地的楚墓中,常有案、几、俎等家具出土,其中年代较早的标本,可举 1972 年发掘湖南长沙浏城桥 1 号墓[①]时所获得的髹漆木几,还有木案和木俎,发掘者认为,该墓年代为公元前 5 世纪。除大床和几、案、俎以外,楚墓中发现的家具还有博戏用的带足木博盘和装饰性的透雕小型木屏。木博盘在 1975 年至 1976 年发掘湖北江陵雨台山楚墓群[②]时获得过两件,保存完好的一件盘长 39 厘米,宽 32.7 厘米,通高 24 厘米,盘面髹黑漆,朱绘边框及盘上符号,盘心凿有装石棋子的小盒,盘下安三足,其高度正适合人们席地坐时博戏。透雕小木屏在 1965 年发掘的江陵望山 1 号墓和 1978 年发掘的江陵天星观 1 号墓中都有出土。望山出土 1 件[③],天星观出土 5 件[④],雕饰均极精美,屏宽接近 0.5 米,高度都近于 15 厘米,具体用途还不十分清楚(图 12-6)。在

---

① 湖南省博物馆:《长沙浏城桥一号墓》,《考古学报》1972 年第 1 期。
② 湖北省荆州地区博物馆:《江陵雨台山楚墓》,文物出版社 1984 年版。
③ 湖北省文物考古研究所:《江陵望山沙冢楚墓》,文物出版社 1996 年版。
④ 湖北省荆州地区博物馆:《江陵天星观 1 号楚墓》,《考古学报》1982 年第 1 期。

图 12 - 6　湖北望山沙冢楚墓漆木透雕小屏风

楚的疆域以外发现的先秦家具，最值得重视的是 1975 年发掘山东长清岗辛战国墓[①]时获得的帷帐木构和铜构，可以复原成在宫室内张设的四阿顶豪华帷帐。至于盛放物品的箱笥等家具，在楚文化遗物中也多有发现，其中较重要的有 1977 年发掘湖北随县曾侯乙墓[②]时获得的木衣箱，上面朱书"斗"及二十八宿名称，还绘有青龙、白虎等图像（图 12 - 7）。同样的髹漆木衣箱在该墓中还有 4 件，装饰图像各不相同，有的是羿射九日的画像，也有的是变化多姿的龙纹或花形图案（图 12 - 8），不计两侧的把手，衣箱长 70 厘米左右，宽在 40—49 厘米之间，高 40 厘米上下。储物的竹笥在包

图 12 - 7　湖北随县战国曾侯乙墓漆箱盖

---

① 山东省博物馆等：《山东长清岗辛战国墓》，《考古》1980 年第 4 期。
② 湖北省博物馆：《曾侯乙墓》，文物出版社 1989 年版。

图 12 -8　湖北随县战国曾侯乙墓漆箱

图 12 -9　湖北荆门包山二号楚墓长方形彩绘竹笥

山二号楚墓中保存较好,一般使用的以素篾编织,较精致的笥用彩篾,并编织出"人"字纹、空花、菱形纹等不同纹样,大型的长度超过70厘米,一般的长20—30厘米(图12-9)。

上述考古发现表明,进入青铜时代以后,青铜工具被用于木料的加工,而且随着构筑房屋和修造棺椁的工艺水平的提高,木工技术日趋成熟,尤其是各种榫卯结构的熟练应用,已为木家具的制作提供了充分的技术条件。同时,漆器的制造工艺在殷周时期有了极大的进展,并且已经实际用于家具的制作,不但增加了美感,更能有效地保护木质家具的表面,并可防腐而延长使用期限。因此,可以确知中国古代家具正式产生于殷周时期。到了东周,家具的制作已颇精美,前面列举的信阳、江陵等地楚墓出土的髹漆木家具，皆为物证。同时，信阳楚墓成组家具的出土，表明室内以横陈的大床为中心的家具陈设格局已经形成。其余几、案等家具，都是按需要而陈设，用毕撤除。因为席与低矮的床配合供人们席地起居，所以足矮而形体轻便。

到了汉代，供席地起居的家具已形成完整的组合，可惜在考古调查发掘中所获得的实物却少得可怜，能够举出的床榻类实物只有几件石雕品。1955年清理河北望都第2号墓[①]时，获得一件石床，长159厘米，宽100厘米，高18厘米，可供一人卧息。独坐的石榻，1958年曾在河南郸城县竹店汉墓[②]中出土过一件（图12-10），青色石灰岩质，平面呈矩形，四足。榻面长87.5厘米，高19厘米。面刻隶书铭文："汉故博士常山大傅王君坐榗（榻）"。其长度与服虔《通俗文》所记榻长汉尺"三尺五"，即约合今84厘米，颇为接近。[③] 较榻尺寸更小的"枰"，又称"独坐"，在1978年河北邢台北陈村汉刘迁墓[④]出土过，大理石质，枰面方形，边长69厘米，仅高2厘米。枰面原曾铺席，出土时席已朽毁无迹，但四角压席的四个卧羊铜镇犹存。此前1973年于河北定县第40号汉墓[⑤]中，也曾发现过一件铜足的方石枰，枰上四角也存有压席的四

图12-10-1 河南郸城汉墓石榻及石榻铭文拓片

图12-10-2 河南郸城汉墓石榻

---

① 河北省文化局文物工作队：《望都二号汉墓》，文物出版社1959年版。
② 曹桂岑：《河南郸城发现汉代石坐榻》，《考古》1965年第5期。
③ 参见孙机《汉代物质文化资料图说》，文物出版社1991年版，第220页。
④ 河北省文物管理处：《河北邢台南郊西汉墓》，《考古》1980年第5期。
⑤ 河北省文物研究所：《河北定县40号汉墓发掘简报》，《文物》1981年第8期。可惜文中没有讲明铜足石枰的尺寸。

件错银镶松石铜羊镇。不过，与床结合陈放的屏风和帐构却有两处惊人的发现，它们分别是1968年发掘河北满城陵山1号西汉墓①时在中室发现的两组铜帐构，和1983年发掘广州市象岗山西汉墓②时在主棺室东墙下发现的一座拆卸放置的漆木大屏风。满城汉墓所葬的是中山靖王刘胜，广州象岗汉墓所葬死者经考定为第二代南越王赵眜，因此从这两种家具可以窥知当时王侯使用的豪华家具之一斑。满城汉墓的两组铜帐构均出土于中室，这是象征地上宫室的"前堂"，正当前堂中央的部位放置的一具（图12-11），计有14类大小铜构件102件，散布在将近5平方米的范围内，构件表面鎏金，垂柱柱头和立柱底座构件饰以龙纹或图案花纹。经复原研究，是一具面阔近2.5米、进深约1.5米的四阿式顶的长方形帐架，可想见原帐的华美气势。在帐架前尚存漆案和耳杯等物的鎏金铜饰，表明原来陈设有上置食具的漆案。另一具帐架原置于中室西南部，规模较小，计有9类57件铜构件，只有垂脊前端和椽头构件鎏银，其余部位素无纹饰，复原后为一具四角攒尖式顶的方形斗帐架。象岗南越王墓发现的屏风，经复原研究，屏风整体平面呈倒"凹"形，底座至顶部横枋高1.8米，正面宽3米，等分

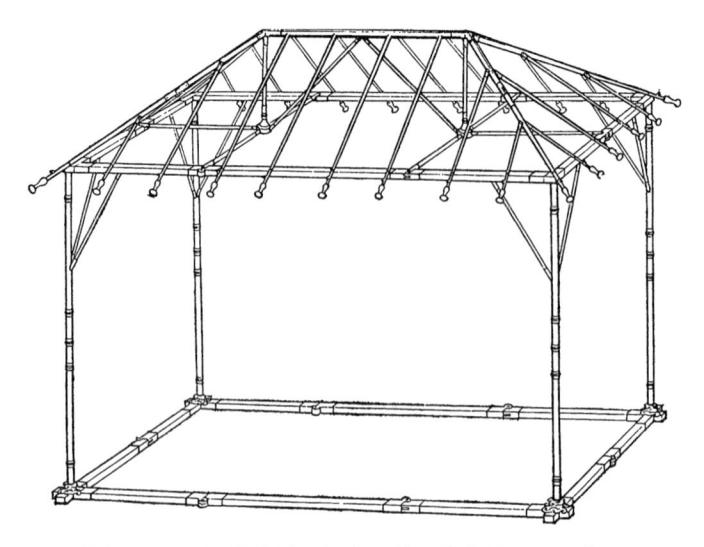

图12-11 河北满城西汉中山靖王墓帐构复原示意图

① 中国社会科学院考古研究所等：《满城汉墓发掘报告》，文物出版社1980年版。
② 广州市文物管理委员会等：《西汉南越王墓》，文物出版社1991年版。

为3间，左右两次间是固定的屏壁，正中明间为两扇只可向后启合的屏门。立屏饰有精致的蟠龙托座和朱雀、兽首等顶饰。立屏边框髹朱漆，屏壁和门髹黑漆，原来可能有红白两色描绘的卷云纹。看来这是放置在南越王殿堂御床后的大立屏，反映出其生活享用的奢靡豪华（图12-12）。

图12-12　广东广州南越王墓漆屏风复原模型

较小型的髹漆木家具，在汉墓中有较多的实物出土，主要是陈放物品的漆案，又以陈放食具的食案为多。漆食案中保存较好的标本，如湖南长沙马王堆一号西汉墓①出土的一件（图12-13），案上还摆放一组漆食器（盘5、耳杯1、卮2）和一双竹箸，盘内食物尚存残迹。案面呈矩形，面积约2408平方厘米，下附四折角矮足，足高仅2厘米。另一些漆案下多装稍高的兽蹄状足，例如1979年江苏邗江西汉王奉世墓②出土漆案，矩形案面，面积约2127平方厘米，全案高14厘米。除漆案外，在长沙马王堆西汉轪侯家族墓群中出土的髹漆木家具还有几、小型立屏风（图12-14）和兵兰等。③这些家具均用斫木胎，表面髹漆，多是黑漆作地，上加饰朱漆宽框，黑地上多以朱色、灰绿色等绘线条流畅的云气纹，有的还夹绘鸟兽

---

① 湖南省博物馆等编：《长沙马王堆一号汉墓》，文物出版社1973年版。
② 扬州博物馆等：《江苏邗江胡场五号汉墓》，《文物》1981年第11期。
③ 湖南省博物馆等编：《长沙马王堆一号汉墓》，文物出版社1973年版；湖南省博物馆、湖南省文物考古研究所：《长沙马王堆二、三号汉墓》（第一卷），文物出版社2004年版。

等，屏风正面绘龙纹，背面绘以谷纹璧为中心的图案。除髹漆绘彩外，汉代为了增加漆家具的美感，还常在案的四角加镶鎏金铜包角，案足也使用鎏金铜足，使外貌更为华美。这些小型漆木家具除外貌华美外，都具有轻便而易于随时陈撤的特点。

图12-13　湖南长沙马王堆一号西汉墓置物漆案

图12-14　湖南长沙马王堆三号西汉墓小型漆屏风

在汉墓中也获得有陶质家具，它们主要是用于随葬的明器，有的与实物尺寸相同，也有的是缩小了的模型，最常见的还是案、几和屏风等，有的还刻有吉语，如 1954 年在辽宁辽阳三道壕第 27 号东汉墓①中出土的陶案，案面刻铭："永元十七年三月廿六日造作瓦案，大吉，常宜酒肉。"在历年汉墓出土的陶家具模型中，最引人注目的发现，是 1956 年在河南陕县刘家渠第 1037 号东汉墓出土的绿釉陶方柜。②柜体方形，下附四矮足，上面近前沿居中开方形柜门，可以开合（图 12－15）。同样的陶柜在河南灵宝张湾汉墓中也有发现③，这为了解汉代日用储藏家具的真实面貌，提供了可靠资料。除了实物

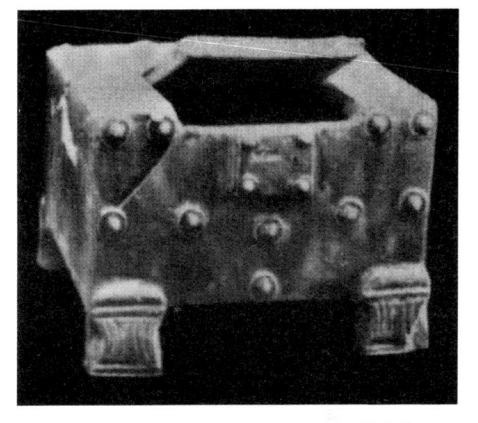

图 12－15　河南陕县刘家渠汉墓陶柜

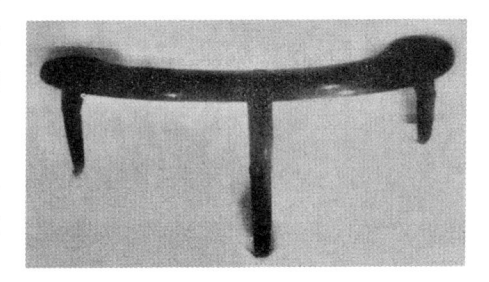

图 12－16　安徽马鞍山孙吴朱然墓漆木隐几

与模型外，20 世纪 50 年代以来不断发现的大量汉画像石、画像砖和墓室壁画，更提供了有关家具形貌和使用情况的图像。发现时间较早的大型画像石墓，可举 1953 年发掘的山东沂南北寨村画像石墓④为例，从该墓的画像石中，可看到各种形制的几、案、柜、步障等家具的图像，还有置物的叠案、双层高几⑤以及各式插放或挂置兵器的兰的图像。至于其他大量画像石、画像砖、壁画中的家具图像资料，因篇幅关系，此处只能从略。

三国时期，墓葬中出土的家具实物很少，值得注意的发现，只有

---

① 李文信：《东北文物工作队一九五四年工作简报》，《文物参考资料》1955 年第 3 期。
② 黄河水库考古工作队：《河南陕县刘家渠汉墓》，《考古学报》1965 年第 1 期。
③ 河南省博物馆：《灵宝张湾汉墓》，《文物》1975 年第 11 期。
④ 曾昭燏、蒋宝庚、黎忠义：《沂南古画像石墓发掘报告》，文化部文物管理局，1956 年。
⑤ 据孙机考证，双层高几称"虚"，叠案称"阁"，参见孙机《汉代物质文化资料图说》，上海古籍出版社 2011 年版，第 258 页。

1956年河南洛阳涧西2035号墓①出土的曹魏正始八年（247）铭铁帐构和1984年安徽马鞍山孙吴左大司马、右军师朱然墓出土的漆隐几（凭几）（图12-16）等文物。

综合以上有关汉魏家具的考古发现，供席地起居的家具，到汉代已经形成完整的组合，有供坐卧的席和床、榻等，供置物的几、案，供屏障的屏风、步障，供储藏的柜、橱、箱、笥以及放置兵器的兰，等等。还有与大床组合设置的帐、帐构和低矮的屏风，与席配合使用的镇，此外有镜台、灯具等物。这些家具的造型具有共同的特征，或无足或只附有矮足，表明当时日用家具的设计和制作，都与人们在室内席地起居的习俗相适应。其陈设方式，除大床及大型帷帐等外，其余席、榻、几、案等都不作固定陈设，随需陈放，用毕撤除，全是为了席地起居和与之有关的礼仪制度的需要，极具时代特色。

东晋十六国南北朝时，中国家具步入发展期，这时历史上的少数民族，如匈奴、羯、鲜卑等陆续进入中原，并先后建立政权，促进了空前的民族大融合的进程。在这发生社会大动乱，特别是居统治地位的民族相继变更的时期，传统的席地起居习俗和礼制受到极大冲击。加之这时期建筑使用的斗拱日趋成熟，房屋举高增加，面阔加大，室内活动空间更加充裕，为家具的陈设提供了充分的条件。于是，过去被斥为"虏俗"的垂足高坐等坐姿日趋流行，家具的形制随之发生变革，适于垂足坐的高足家具应运出现，而传统的床榻等坐具，也呈现不断增高的趋势。但是目前在考古发掘中还没获得这一时期高足家具的实物，只是自20世纪50年代以来不断发表的敦煌莫高窟壁画资料中，逐渐公布了有关公元5—6世纪时一些高足家具的图像。

1960年出版的《敦煌壁画》②中，刊出了第285窟窟顶部北披下部禅修壁画中的图像，有禅僧在草庐中趺坐于椅子上的清晰照片。壁画绘于西魏大统年间。所绘椅子后有高靠背，两侧有扶手，只是四足较后代的椅子为矮（图12-17）。20世纪70年代以后出版的有关敦煌壁画的大型图录

---

① 洛阳市文物工作队：《洛阳曹魏正始八年墓发掘报告》，《考古》1989年第4期。
② 敦煌文物研究所：《敦煌壁画》，文物出版社1960年版。

图 12-17　敦煌莫高窟西魏第 285 窟壁画中的椅子

中，特别是 1981 年以来陆续出版的《中国石窟·敦煌莫高窟》五卷本[1]，刊出的图片中披露了大量有关古代家具的资料，属于公元 5 至 6 世纪时的家具图像，主要是各种坐具。除了传统的坐具如席和床外，新出现的高足坐具有束腰圆凳、方凳、胡床和椅子，显示出当时中国古家具中出现的新潮流[2]。

同时在这时期墓室画像中，也发现有坐具的图像，1971 年在山东益都北齐墓发现的石刻线画中，有男子垂足坐于束腰圆凳与人对话的画像

---

[1] 敦煌文物研究所：《中国石窟敦煌莫高窟》五卷本，文物出版社、[日] 平凡社 1981—1987 年版。

[2] 杨泓：《敦煌莫高窟与中国古代家具史研究之一——公元 5 至 6 世纪中国家具的演变》，《敦煌石窟研究国际讨论会文集·石窟考古编》，辽宁美术出版社 1990 年版，第 520—533 页。

（图 12 - 18）①。除坐具的图像外，北朝墓中出土的家具实物有屏风。1965年至1966年发掘的山西大同石家寨北魏司马金龙墓②中，原来在石棺床装有绘图精美的木板漆画屏风，虽已残损，但还有部分屏板保存下来（图12 - 19），屏板上漆画为带有榜题的列女图等。

图 12 - 18　山东青州北齐石椁束腰高凳画像（拓片）　　图 12 - 19　山西大同北魏司马金龙墓木屏风漆画

至于屏风的图像，以1986年在山东发现的两处墓室壁画最值得注意。一处是济南市东八里洼的北朝壁画墓③，绘出八扇屏风，屏风画题材是"竹林七贤"的画像；另一处是临朐县冶源镇海浮山崔芬墓④，该墓葬于北

---

① 夏名采：《益都北齐石室墓线刻画像》，《文物》1985年第10期。
② 山西省大同市博物馆等：《山西大同石家寨北魏司马金龙墓》，《文物》1972年第3期。
③ 山东省文物考古研究所：《济南市东八里洼北朝壁画墓》，《文物》1989年第4期。
④ 临朐县博物馆：《北齐崔芬壁画墓》，文物出版社2002年版。

齐天保二年（551），亦绘有八扇屏风，也以"七贤"为题材，并在图中加绘女侍。这些屏风画均显示出南朝艺术对北方的影响，令人极感兴趣。[1]

在南朝墓中，经常放置的家具模型有陶隐几（凭几）、案、床榻和屏风（或步障）座。在1955年于南京近郊江宁赵史岗、黄家营、丁甲山等处发掘的六朝墓中，已获得过陶隐几（凭几）和陶案等模型[2]，以后又屡有发现。隐几的形制与前述孙吴朱然墓出土漆隐几相同。更值得注意的是1970年在南京象山7号墓[3]和1973年在南京大学北园东晋墓[4]出土的陶床，其外形和尺寸都模拟着当时的髹漆六足木床。在象山7号墓的陶床上还放置有陶隐几（图12-20）以及陶砚、陶盘、陶耳杯和瓷香熏、瓷唾壶等物品，更显示出当时人们凭几坐床的习俗。

图12-20 江苏南京象山7号东晋墓陶隐几

此后垂足高坐的坐具的发展势头在隋唐时期继续发展，在各地的唐墓中不断发现有关的坐具图像及模型。其中最引人注目的是1955年于西安发掘的天宝十五年（756）明威将军检校左威卫将军高元珪墓壁画[5]，在墓室北壁绘出墓内死者坐在椅子上的画像（图12-21），椅子形貌颇拙朴，椅足粗大，像是立柱。在靠背的立柱与横木之间，用一个大栌斗相承托，明显地是汲取了建筑中大木构架的式样。这是迄今考古发掘中所见最早的纪年明确的椅子图像，同时死者身份明确，又表明当时较高级

---

[1] 参见杨泓《山东北朝墓人物屏风壁画的新启示》，《文物天地》1991年第3期。
[2] 江苏省文物管理委员会：《南京近郊六朝墓的清理》，《考古学报》1957年第1期。
[3] 南京市博物馆：《南京象山5号、6号、7号墓清理简报》，《文物》1972年第11期。
[4] 南京大学历史系考古组：《南京大学北园东晋墓》，《文物》1973年第3期。
[5] 贺梓城：《唐墓壁画》，《文物》1959年第8期。

图 12 -21　陕西西安唐高元珪墓壁画墓主坐椅

的官员家中已使用了这种新式高足坐具。除椅子外，在唐墓壁画及模型中出现的垂足坐具还有方凳和束腰圆凳。1971 年至 1972 年陕西乾县发掘的唐章怀太子李贤墓壁画①和 1987 年长安县南里王村唐墓②壁画中，都有四足方凳（图 12 -22）的图像。在南里王村唐墓壁画中，还有人们在长桌旁坐长凳宴饮的场面（图 12 -23）。同样的画面在敦煌莫高窟唐代壁画中常可见到。1955 年西安东郊王家坟第 90 号唐墓③出土有对镜坐姿三彩女俑（惜手持的镜已佚），坐具是纹饰华美的束腰圆凳（图 12 -24）。1964 年河南洛阳北窑庞家沟唐墓出土三彩女坐俑（图 12 -25），坐于束腰莲花纹圆凳上。④ 另一些凳体近方形，如 1966 年西安西郊唐墓出土说唱演员，垂足坐凳上，凳面铺有带流苏的坐垫（图 12 -26）⑤。

除了坐具以外，在墓室壁画中反映最多的家具是屏风。20 世纪 50 年

---

① 陕西省博物馆等：《唐李贤墓壁画》，文物出版社 1974 年版。
② 赵力光等：《长安县南里王村唐壁画墓》，《文博》1989 年第 4 期。
③ 陕西省文物管理委员会：《西安王家坟村第 90 号唐墓清理简报》，《文物参考资料》1956 年第 8 期。
④ 洛阳市文物工作队：《洛阳出土文物集粹》，朝华出版社 1990 年版，图版 83。
⑤ 《中国陶俑之美》，[日] 大家巧艺社 1984 年版，展品图录图版 86。

图 12 – 22　陕西咸阳南里王村唐墓壁画上的方凳

代以来,在陕西西安附近[①]和山西太原附近[②]的唐墓中,墓室壁面常绘屏风图像,多为六曲,也有少数八曲的。在新疆吐鲁番阿斯塔那墓群中,除壁画显示的屏风图像外,还出土有木骨帛面的六曲屏风残迹,有些屏面帛画

[①] 陕西考古所唐墓工作组:《西安东郊唐苏思勖墓清理简报》,《考古》1960 年第 1 期。
[②] 山西省文物管理委员会:《太原市金胜村第六号唐代壁画墓》,《文物》1959 年第 8 期;山西省文物管理委员会:《太原南郊金胜村唐墓》,《考古》1959 年第 9 期。

图 12-23　陕西咸阳南里王村唐墓壁画上的长桌长凳

图 12-24　陕西西安王家坟　　图 12-25　河南洛阳　　　图 12-26　陕西唐墓
　　唐墓三彩坐凳女俑　　　　唐墓三彩坐凳女俑　　　　坐凳说唱俑

保存尚完整①，所绘图像以妇女等人物为主（图 12－27），也有牧马图像（图 12－28）及翎毛花卉等。西安等地墓室壁画屏风中屏面装饰的图画，较早的以人物为主，以后出现树石禽鸟乃至云鹤、山水。前述长安南里王村唐墓壁画所绘屏风，最具特色，六曲屏面上均绘大树下妇女像，或坐或立，高髻长裙，面相丰满，颇具盛唐气韵（图 12－29）。有的女像身后还绘有侍仆。日本正仓院珍藏的"鸟毛立女屏风"②，从构图到人物风貌

图 12－27　新疆阿斯塔那唐墓屏面帛画仕女图

① 李征：《新疆阿斯塔那三座唐墓出土珍贵绢画及文书等文物》，《文物》1975 年第 10 期；金维诺等：《唐代西州墓中的绢画》，《文物》1975 年第 10 期。
② ［日］帝室博物馆：《正仓院御物图录》（二），图版 37～61，1929 年。

图 12-28　新疆阿斯塔那唐墓屏面画牧马图

图 12-29　陕西咸阳南里王村唐墓壁画六曲树下仕女屏风

（图 12-30），都与西安南里王村唐墓壁画屏风几出一辙。这也表明，"鸟毛立女屏风"确为唐文化的产物，它也是古代中日文化交流的重要见证。①

目前虽然有关唐代家具的考古资料还不是太多，但是将其与敦煌莫高窟唐窟壁画以及传世绘画中的家具图像综合分析，已能看出当时日用家具的形体由低向高发展的不可逆转的趋势，以及新式的高足家具日趋发展的势头。在此以后，这一发展趋势越来越猛，经五代到北宋，逐渐形成了新式高足家具的完整组合，形成了改变人们社会生活面貌的新潮流。

有关五代时期的家具实物，考古发现不多，其中重要的是 1975 年在江苏邗江蔡庄五代墓出土的木榻。② 在那座墓的四个耳室之中，各放有一件四足木榻，榻面长 188 厘米，宽 94 厘米，榻高 57 厘米，四足扁方，两侧由如意云头为主的曲线构成多变的轮廓③，纤巧美观，外貌与传世五代画家王齐翰所绘《勘书图》（或称《挑耳图》）中的榻相同，是罕见的五代木家具实物。宋代的木家具实物，目前仍只有河北巨鹿宋城遗址出土的木

---

① 参见杨泓《"屏风周昉画纤腰"——漫话唐代六曲画屏》，《逝去的风韵——杨泓谈文物》，中华书局 2007 年版，第 39—45 页。
② 扬州博物馆：《江苏邗江蔡庄五代墓清理简报》，《文物》1980 年第 8 期。
③ 陈增弼：《千年古榻》，《文物》1984 年第 6 期。

图 12 - 30　日本正仓院藏鸟毛立女屏风

桌（图 12 - 31）和木椅（图 12 - 32）[①]。木椅全高 113 厘米，椅宽 59 厘米，其造型和结构仍较明显地保留着建筑中大木构架的影响。四椅足均使用圆材，并且向外略侧，仍似建筑中有侧脚的立柱，足与足间用类似阑额的撑木相联络。椅面下两侧加托以木牙子，颇似替木，以加强承托力，并给人以稳定牢固的感觉。在北方的辽、金墓中，近年曾发现随葬木制桌、椅的实例。1974 年在辽宁法库叶茂台辽墓[②]发掘中，于主室前壁两角发现

[①]　巨鹿出土北宋木桌椅，原藏北京历史博物馆，今藏南京博物院，曾于 1957 年公开展览。参见南京博物院《"中国历史文物陈列"陈列品简目》第 54 页 0756／5：81 号和 0756／5：82 号，照片见图版二十六，1957 年 10 月。

[②]　辽宁省博物馆等发掘小组：《法库叶茂台辽墓记略》，《文物》1975 年第 12 期。

木桌木椅各一件，桌上放食具和酒器，如玛瑙杯、玻璃方盘、漆碗和漆勺等，桌下有贮酒的瓷壶；椅面上放漆盆和漆木"双陆"。1989年在河北宣化下八里村发掘的辽墓和金墓中，都有木家具出土。[①] 在第3号墓（金墓）中，棺床前放有木桌，在桌的两侧各放一木椅（图12-33），桌上摆列瓷、漆等质料的饮食用具，此外还有木盆架、衣架、镜架等物。木桌长98厘米、宽60厘米、高40厘米。木椅足残，连靠背残高80厘米，椅面边长44厘米。看来这些桌、椅的造型都是较低矮的，在桌的两侧各放一椅，正代表着宋金时流行的桌椅陈设方式。

图 12-31　河北巨鹿宋城遗址木桌　　图 12-32　河北巨鹿宋城遗址木椅

虽然宋代家具实物出土不多，但近半个多世纪的考古发掘中获得大量有关家具的墓室壁画，其中发现较早也最为重要的是河南禹县白沙北宋墓的墓室壁画，墓葬发掘于1951年至1952年，1957年出版了发掘报告。[②] 其中第1号墓（元符二年，1099年葬赵大翁墓）壁画表现宴饮的画面中，

---

① 河北省文物研究所：《宣化辽墓1974—1993年考古发掘报告》，文物出版社2001年版。
② 宿白：《白沙宋墓》，文物出版社1957年版。

图 12-33 河北宣化金墓木椅

使用了桌、椅、脚床子和上绘水纹的屏风，并绘出居中设桌、左右两侧各放一椅、椅前设脚床子、椅后树立屏风的陈设方式。在表现居室内妇女对镜戴冠的画面（图 12-34）中，使用了机、椅、衣架、盆架、镜台等家具。

类似画面的壁画或雕砖家具图像，在河南、河北、山东乃至湖北、陕西、甘肃等地都有发现①，墓内所葬死者也多与白沙第 1 号墓所葬的赵大翁一样，生前没有担任官职，只是一般的地主殷富之家。这显示出桌椅等高足家具在一般民众中流行的情况（图 12-35），也可看出新式的高足家具已形成完整

图 12-34 河南白沙宋墓壁画妇女对镜戴冠

① 徐苹芳：《宋代墓葬和窖藏的发掘》，《新中国的考古发现和研究》，文物出版社 1984 年版，第 598 页。

图 12-35　河南宋墓壁画夫妻对坐

的组合,并且日益排挤着传统的供席地起居的旧的家具组合,迫使它们退出历史舞台,从而为中国古代家具步入成熟期奠定了基础。最后迎来了中国古代家具的黄金时代,形成在艺术造型、工艺技巧和实用功能都日臻完美的明式家具。①

（本文系1997年春为庆祝中央美术学院美术史系成立40周年而作,原载《筚路蓝缕四十年——中央美术学院美术史系教师论文集》,人民美术出版社1997年版。稍加修改后,收入《美术考古半世纪——中国美术考古发现史》下编之三。）

---

① 王世襄:《明式家具研究》,生活·读书·新知三联书店2007年版。

佛教艺术

中国佛教美术考古半世纪

20世纪50年代以前，对于散布于中国境内丝绸之路沿线的佛教艺术遗迹的勘察发掘，主要被控制在西方的探险家和学者手中。特别是当日本侵略军占领了中国中原北方的广大地域后，日本学者得以对云冈石窟进行了大规模的勘测研究工作。在大后方，中国的学者在极端困难的条件下，仍然对敦煌莫高窟进行编号保护和全面测绘。[1]

中华人民共和国成立以后，随着文物考古工作的蓬勃开展，半个世纪以来，对佛教艺术的考古工作不断有新的收获。在学术研究方面，最重要的成就是在北京大学宿白教授领导下建立了中国石窟寺考古学，清楚地表达了中国考古学家对中国历史考古学的一个分支——中国石窟寺考古研究的一些基本概念和方法。中国石窟寺考古主要有四个研究程序：考古学的清理和记录，洞窟、造像、壁画的类型组合与题材的研究，分期分区的研究，关于社会历史的、佛教史的和艺术史的综合研究。[2]自1957年至今，考古学者先后对响堂山石窟、敦煌莫高窟、云冈石窟、克孜尔石窟、河西诸石窟、栖霞山石窟和龙门石窟进行石窟寺考古。

有关中国石窟寺考古的研究成果，限于篇幅，笔者仅就半个世纪以来在田野调查发掘中有关佛教艺术的考古收获做概要的介绍，包括中国石窟寺窟前遗迹的发掘、佛寺遗址的发掘、佛寺遗址造像窖藏的发掘以及佛塔基址地宫舍利的发掘。

---

[1] 石璋如：《"中央研究院"历史语言研究所田野考古报告之三——莫高窟形》，"中央研究院"历史语言研究所，1996年，台北。

[2] 徐苹芳：《中国石窟寺考古学的创建历程——读宿白先生〈中国石窟寺研究〉》，《文物》1998年第2期，第54—63页。

一 石窟寺窟前遗迹的发掘

从20世纪60年代至80年代，曾对甘肃敦煌莫高窟的窟前遗迹、河北邯郸南响堂山石窟的窟檐遗迹和山西大同云冈石窟的窟前遗迹进行过清理发掘。

敦煌莫高窟的窟前遗迹，前后清理过22座殿堂遗址，分别属于五代、宋、西夏、元等不同时代，其中时代较早的如98窟、100窟前的台基遗址，是五代曹氏统治敦煌时所修筑（图13-1）。规模较大的如130窟前西夏时修筑的殿堂基址，地面铺砖保存尚好，在后侧还保留有地神塑像残

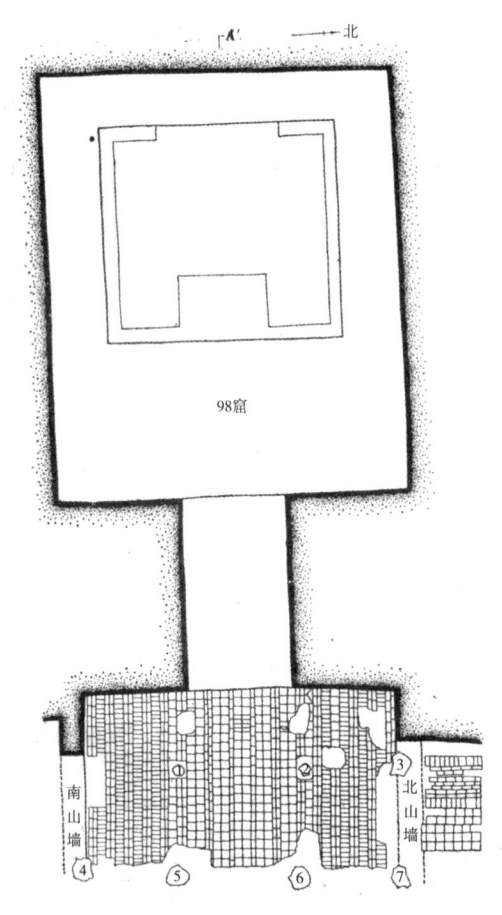

图13-1 敦煌莫高窟第98窟窟前遗址平面图

迹。在这些遗迹出土的遗物，以砖等建筑材料为主，有些方形花砖的装饰图案复杂多变，极富装饰效果。①

值得注意的是，在125—126窟窟前的清理发掘中，在崖壁裂缝中发现了北魏时期的佛像刺绣残件（图13-2）②。残存部分有横幅花边、一佛二菩萨说法图、发愿文及供养人，在像下发愿文中绣出纪年和人名，纪年为"□□十一年"，还有"广阳王"字样，可知应为孝文帝太和十一年（487）。刺绣的衬地是两层黄绢中夹一层麻布。除边饰的圆环缠卷忍冬纹等图案外，佛像、供养人、发愿文以及空余的衬地部分整个都用细密的锁绣法全部绣出，使用了红、黄、绿、紫、蓝等多种颜色，彩纹艳丽，并使用了两三晕的配色方法，更增强了形象的质感。据发掘者推测，这件绣品不

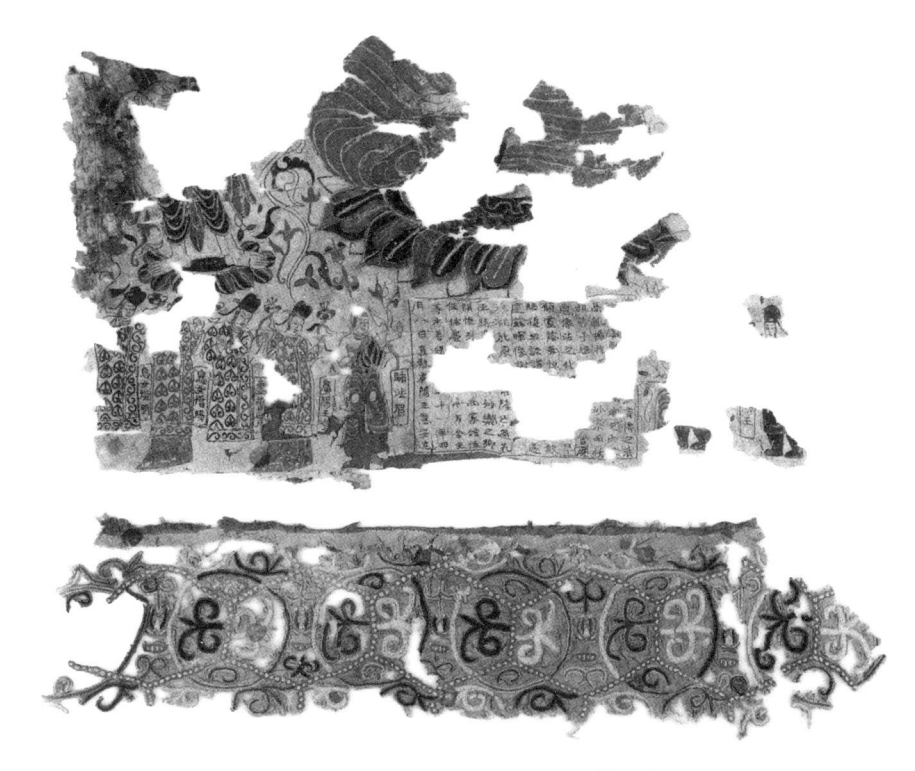

图13-2 敦煌莫高窟发现的北魏刺绣残件

① 潘玉闪、马世长：《莫高窟窟前殿堂遗址》，文物出版社1985年版。
② 敦煌文物研究所：《新发现的北魏刺绣》，《文物》1972年第2期，第54—60页。

是敦煌当地所制作，应是来自当时的北魏都城平城，确实是一幅代表当时刺绣工艺水平的佳作。

南响堂山第 1、2 窟窟前的崖面，曾被后世砖砌的券洞所遮掩，1984—1985 年拆除砖砌券洞，使多年被遮盖住的窟檐原貌重新展现出来，可见两窟前均雕成面宽四柱三间的仿木构建筑窟檐。[①] 檐柱凸雕于前壁的外壁面上，在当心间开窟门，左右两侧次间分雕上方有明窗的力士龛。特别是在第 1 窟次间侧柱的柱头斗拱遗迹尚存，为目前在中国发现的年代最早的五铺作斗栱[②]，对中国古代建筑史的研究提供了极为珍贵的资料（图 13-3）。

另外引人兴趣的是，在第 1 窟上方山崖雕造的第 3 窟，基本上坐落在

图 13-3 河北邯郸南响堂山石窟第 1 窟窟檐复原示意图（钟晓青绘制）

[①] 邯郸市峰峰矿区文管所、北京大学考古实习队：《南响堂石窟新发现窟檐遗迹及龛像》，《文物》1992 年第 5 期，第 1—15 页。

[②] 钟晓青：《响堂山石窟建筑略析》，《文物》1992 年第 5 期，第 19—31 页。

第1窟顶上，该窟原雕有窟廊及窟檐，尚有部分保存，可看清瓦垄，檐上有叠涩座，上承覆钵顶，正中立金翅鸟，两侧饰卷云蕉叶。从正面仰视，第3窟和第1窟上下结合成一体，呈现出一座两层上加覆钵顶的中国式楼阁状佛塔，可见当年凿建时颇具匠心。此外，在第2窟两侧揭出的力士龛中，原雕像可能毁于北周时期，到隋代改雕成《滏山石窟之碑》（图13-4），碑文记明石窟创建于北齐天统元年（565），由丞相——淮阴王高阿那肱出资建成，对响堂山石窟建窟历史的研究，具有重要的史料价值。

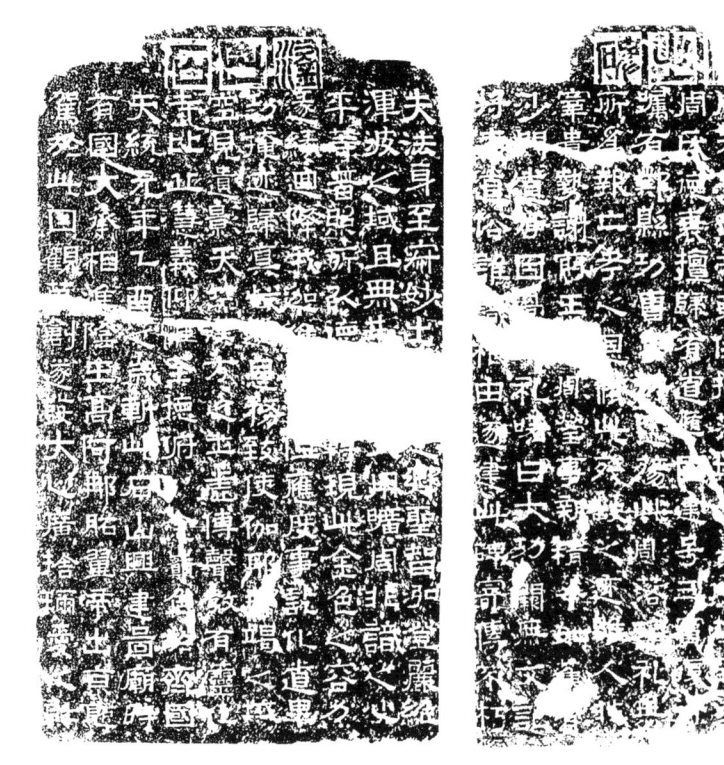

图13-4 河北邯郸南响堂山隋滏山石窟之碑（拓片）

云冈石窟的第3窟，是一座北魏时开始凿建但没有完工即遭废弃的洞窟。在20世纪90年代，对该窟前北魏开凿时遗留下的未完工的基岩地面进行揭露，清理了该窟的前室，并对后室进行探查。[①] 过去学者多认为古

---

① 云冈石窟文物研究所、山西省考古研究所、大同市博物馆：《云冈石窟第3窟遗址发掘简报》，《文物》2004年第6期，第65—88页。

代开窟是自上而下开凿,且一边开凿洞窟,一边雕刻佛像,所以造成有的造像上身略大而下体短小,以致比例不调。通过对第3窟的清理,弄清楚是先凿窟形,预留造像的坯料,以后再详加雕造。同时在开凿岩石时,还有计划地凿成方形或圆形的坯料,以为用于其他建筑的石材。此前还曾于1972年对第9、10窟前的基岩面进行过清理,发现过一片柱础群,在东西30米、南北13米的范围内,发现方柱础8个、圆柱础16个。8个方柱础分布在距洞窟前壁4.3米处的一条东西轴线上,其位置正好与第9、10窟前壁上方残存的8个梁孔对应,表明当时窟前接筑过一座面阔七间的木构窟檐。在这些柱础上还发现压有一层后来的铺地砖,所铺范围东西宽24.65米,南北深11米,再对应崖面上的梁槽遗迹,表明原来曾是一座五开间的木构窟檐。① 据推测,上层的五开间窟檐与《大金西京武州山重修大石窟寺碑》所记辽代兴宗、道宗时期(1031—1100)所建十寺有关,下层所压七开间的窟檐则可能为唐代所修建。1992—1993年,为了配合保护维修与窟前降低硬化地面工程,还对昙曜五窟前地面等进行过清理(图13-5),出土过大量北魏石雕残件等遗物。②

二 佛寺遗址的发掘

对中国古代佛寺遗址的考古发掘,主要收获是北朝时期佛寺遗迹的揭露,有洛阳北魏永宁寺的发掘和东魏北齐邺城佛塔遗址的发掘。

北魏迁都洛阳以后,于孝明帝熙平元年(516)由灵太后胡氏主持修建皇家大寺永宁寺,神龟二年(519)九级木塔已建成,塔内塑像应完成于正光元年(520)七月以前。③ 永宁寺坐落在洛阳城内宫城以南御道西侧,据《洛阳伽蓝记》所记,永宁寺建有木构九层高塔,塔后有可比拟皇

---

① 云冈石窟文物保管所、文物保护科学技术研究所:《云冈石窟建筑遗迹的新发现》,《文物》1976年第4期,第89—93页。

② 张焯:《云冈石窟的历史与艺术》,刊于云冈石窟研究院编《云冈石窟》卷首,文物出版社2008年版。

③ 神龟二年(519)八月,崔光曾上表谏阻胡太后登九层佛图,可知木塔营建已竣工,但表文称"今虽容像未建,已为神明之宅",又可知塔内尚未设佛像。参见《魏书·崔光传》。又胡太后被幽禁于正光元年(520)七月,故推测塔内塑像应在此前已完成。

图 13-5 1992—1993 年山西大同云冈石窟 20 窟窟前发掘清理现场

宫中太极殿的佛殿，殿内"中有丈八金像一躯，中长金像十躯，绣珠像三躯，金织成像五躯，玉像二躯。作工奇巧，冠于当世"①。四周筑院墙，四面各开一门。另有僧房楼观一千余间。北魏永熙三年（534）永宁寺木塔遭火灾毁废，在地面上保留有高大土丘遗址。20 世纪 70 年代对永宁寺开展考古勘探发掘工作②，现知永宁寺院墙以土夯筑，平面呈长方形（图 13-6），南北长 301 米，东西长 212 米，墙体宽约 1.5 米。外表施白灰墙皮，上涂朱色。推测原来寺院四角可能有角楼一类建筑。院墙四面均有门，但北门因修铁路等工程已破坏无迹可寻。南门为永宁寺正门，筑于南壁中央处，为面阔七间、进深二间的宏大建筑。进入南门，在中轴线上为前塔后殿的布局。南门北距木塔塔基 92 米。木塔的塔基大致保存完好，为由地下至地面的多层的巨大夯土台基（图 13-7），地基夯土面与寺院地面大致取平，东西长 101.2 米，南北长 97.8 米，深入地下厚度超过 2.5 米。地基中心部

---

① （东魏）杨衒之著，周祖谟校释：《洛阳伽蓝记校释》，中华书局 1963 年版，第 21 页。

② 中国社会科学院考古研究所：《北魏洛阳永宁寺——1979~1994 年考古发掘报告》，中国大百科全书出版社 1996 年版。

位为正方形夯土基座，四周包砌青石，每边总长38.2米，座高2.2米。基座四面居中各开宽约4.5米的斜坡慢道，表面原铺砌有青石板。台基之上

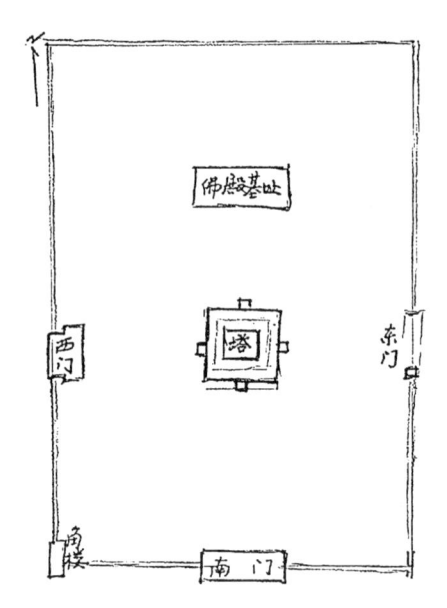

图13-6 北魏洛阳永宁寺遗址平面示意图

图13-7 北魏洛阳永宁寺塔基遗址第三次发掘鸟瞰

保存分5圈排列的方形柱础，总计124个。在自外数第二圈柱础内，用土坯垒砌实心方柱体。方柱体的南面（正面）和东、西两侧各开5座弧形佛龛，北面不设龛，或许原设登塔木梯。木塔以北约60米建有佛殿，已遭严重破坏，仅能测知夯土殿基东西长54米，南北长25米。永宁寺院墙东、西两门，规模小于南门，均开于院墙偏南处，正对木塔塔基东、西两侧的慢道。东门遗址破坏严重，仅能测知位置。西门基址平面呈"凸"字形，东西长18.2米，南北长24—30米，东距塔基72米。表明永宁寺是以佛塔为中心、前塔后殿的平面布局。永宁寺遗址出土的建筑材料，以瓦类为主，板瓦和筒瓦多为素面，少数带有绳纹。瓦当图案以莲花纹为多，花瓣8—10个，瓣形较窄，也有的莲瓣宝装而且周围环绕一圈联珠纹。还有在莲芯生出化生的莲花化生图案瓦当，似为佛寺所特制（图13-8）。此外，还有兽面纹、忍冬纹和云纹瓦当。

对永宁寺塔基的发掘中，获得的佛教艺术品是数量众多的彩塑残件，数量超过1500件。因遭火灾高温焚烧，泥塑已坚硬如陶质。按形体大小可分为大型像，包括等身像和比等身更大的塑像（图13-9）；中型像小于等身像，身高1—1.4米；小型像的身高多数在50厘米左右。虽然各型塑像无一完整的，但中小型像有的头部尚保存完整，小型像有的虽缺头部，但身躯保存尚较完整。从残存头像观察，有佛像、菩萨像和比丘像，还有

图13-8　北魏洛阳永宁寺遗址出土莲花化生纹瓦当

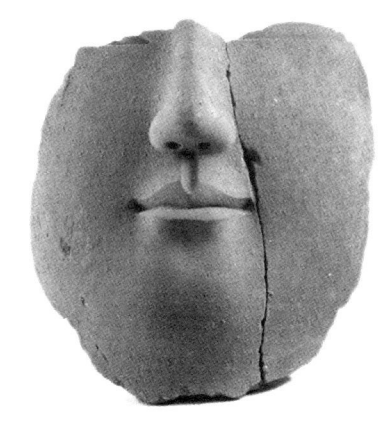

图13-9　北魏洛阳永宁寺塔基遗址出土大型泥塑佛像头部残件

世俗人像，其中有戴笼冠或小冠的侍臣，梳各式发髻的仕女，也有戴兜鍪的武士，扎巾着帽的胡人，等等。这些小型像应是塔内影塑礼佛图损毁后的残件。因为出自皇家大寺，所以泥像塑制精美，面部造型丰腴得体，弯眉细目，不刻睛球，直鼻小口，嘴角略含笑意，衣纹简洁而飘逸，清楚表明在北魏晚期，接受南朝萧梁以张僧繇为代表的造型新风，在造型艺术中显示出新的时代风貌。由于这些小型泥塑与韩国百济定林寺出土泥塑造型相近似，它们一直被视为体现公元6世纪时中韩文化交往的实物例证。[1]

东魏北齐邺城（邺南城）的佛寺遗址位于今河北临漳县赵彭城村西南约200米处，北距邺南城南墙约1300米，在邺南城中轴线（朱明门大道）延长线的东侧。目前考古发掘工作还没有结束，但寺中的塔基已发掘完毕。[2] 塔基方形（图13-10），与永宁寺塔基同样是由地下和地上两部分构成，地下基槽为正方形，边长约45米。地上部分边长约30米，尚存3圈柱础遗迹。其形制应略小于永宁寺木塔。值得注意的是，在塔基中央发现

图13-10　河北邯郸邺南城遗址赵彭城佛塔遗址鸟瞰

---

[1] 杨泓：《百济定林寺遗址初论》，《宿白先生八秩华诞纪念文集》，文物出版社2002年版，第661—680页。
[2] 中国社会科学院考古研究所、河北省文物研究所邺城考古队：《河北临漳县邺城遗址东魏北齐佛寺塔基的发现与发掘》，《考古》2003年第10期，第1—6页。

了刹柱础石（图13-11），其下设砖函，可能原瘗藏舍利等，惜早遭盗掘一空。虽然这座佛寺的平面布局还不清楚，但因佛塔形制与永宁寺近似，且时间相近，也可能具有同样的平面布局。对于与塔基有关的寺院遗址的发掘工作，现在仍在继续进行中。

图13-11　河北临漳邺南城遗址赵彭城佛塔塔基出土刹柱石础和舍利砖函

除了上述两处已被大面积揭露的北朝佛寺遗址外，也曾对北魏平城时代的两座佛塔的基址进行过探查，分别为位于今山西大同方山的思远佛图和被压在辽宁朝阳辽塔下的思燕佛图基址。思远佛图已清理了方形的塔基，以及周围的围墙和山门、佛殿、僧房等遗迹，出土有富贵万岁铭瓦当、莲花化生瓦当等，还有许多绘彩泥塑残件，仍显示着北魏平城时期造像的特征。[1]

---

[1] 大同市博物馆：《大同北魏方山思远佛寺遗址发掘报告》，《文物》2007年第4期，第4—26页。

三 佛寺遗迹造像窖藏的发掘

在古代佛寺遗址内常可发现埋有佛教造像的窖藏坑，主要有两种情况：一种是在中国历史上发生大规模毁佛事件时，掘坑将破坏的佛教造像填埋其中；另一种是后代僧人等做功德，将形貌已损毁的造像掘坑瘗藏，有时还会在坑上建塔供养。前一种如在20世纪50年代清理的河北曲阳修德寺遗址的窖藏佛教石造像[1]和四川成都万佛寺废址窖藏佛教石造像[2]，后一种如20世纪末清理的山东临朐明道寺塔基窖藏佛教造像和青州龙兴寺窖藏佛教造像[3]，特别是临朐出土的《沂山明道寺新创舍利塔壁记》碑，更清楚地说明北宋时当地流行瘗埋古代残像做功德的事实。[4] 这些窖藏中常有许多带有纪年铭刻的造像出土，对研究中国古代佛像的艺术造型发展演变，提供了极为重要的实物史料。下面就有关南北朝时期的几项重大的考古发现予以简介。

关于南朝的佛教造像，传世遗物颇为贫乏，在南朝都城所在的南京地区，也一直缺乏有关佛教寺庙遗址等田野考古发掘工作，因此，在四川蜀地有关佛教造像窖藏的考古发现，无疑对了解南朝齐、梁朝佛教造像艺术造型的发展演变具有重要意义。对于成都万佛寺窖藏出土石造像，近年又进一步作过整理研究[5]，加上又在成都的西安路[6]、商业街[7]等几处佛教石造像窖藏的考古新发现，已经发现自南齐永明八年（490）[8] 直到梁太清五年（551）的多件纪年石造像（图13-12），以具有地方特色的红砂岩雕

---

[1] 罗福颐：《河北曲阳县出土石像清理工作简报》，《考古通讯》1955年第3期，第34—38页。
[2] 冯汉骥：《成都万佛寺石刻造像》，《文物参考资料》1954年第9期，第110—112页。
[3] 山东省青州市博物馆：《青州龙兴寺佛教造像窖藏清理简报》，《文物》1998年第2期，第4—15页。
[4] 临朐县博物馆：《山东临朐明道寺舍利塔地宫佛教造像清理简报》，《文物》2002年第9期，第64—83页。
[5] 袁曙光：《四川省博物馆藏万佛寺石刻造像整理简报》，《文物》2001年第10期，第19—37页。
[6] 成都市文物考古工作队、成都市文物考古研究所：《成都市西安路南朝石刻造像清理简报》，《文物》1998年第11期，第4—20页。
[7] 张肖马、雷玉华：《成都市商业街南朝石刻造像》，《文物》2001年第10期，第4—18页。
[8] 四川地区出土的南朝造像，纪年最早的是茂汶出土齐永明元年（483）造像，参见袁曙光《四川茂汶南齐永明造像碑及有关问题》，《文物》1992年第2期，第67—71页。

制，大致可以梳理出南朝造像自南齐末到萧梁初，日渐兴盛的以张僧繇为代表的艺术新风发展演进的轨迹。同时从出土的北周领有蜀地后的纪年造像上有北周武帝保定、天和年号，又看到当时南朝与北周文化交融的实物标本。

关于北朝佛教造像窖藏的考古发掘，主要集中在古定州地区的河北省定县、曲阳等地，以及古青州地区的山东省青州、临朐、诸城等地。从出土石造像的纪年铭来考察，主要都是北朝晚期的作品，始自北魏孝明帝神龟、正光年间，经东魏到北齐时期。两个地区石造像从材质到造型风格，又各具地方特色。对于西安地区北周的佛教造像窖藏，近年也有发现，显示出与东魏北齐造像不同的地方特色。

定州地区的北朝晚期石造像窖藏，主要有两项重要发现。一项是曲阳修德寺废址的石造像窖藏，大约是唐代灭法时埋入的，造像残损较甚，但数量众多，有2200余件，其中有纪年的造像即超过240件，最早的是北魏

图13-12 四川成都西安路出土梁中大通二年比丘晃藏造石释迦像

图13-13 河北曲阳修德寺出土东魏元象二年惠照造石思惟菩萨像

神龟三年（520），经北魏、东魏、北齐、隋到唐天宝九年（750）[①]，材质精美，为白石，即俗称的汉白玉，但一般形体不大，不见大型单体造像，多双像（如双弥勒、双观音等）、菩萨思惟像（图13-13）。另一项是河北藁城城北贾同村建忠（中）寺旧址的石造像窖藏[②]，虽然出土数量不如前者，但一般形体稍大，有的像超过80厘米，双面镂刻，并呈现不同的造像题材，其雕工技术远胜于曲阳修德寺石刻（图13-14）。

图13-14　河北藁城建忠寺址出土石佛像

图13-15　陕西西安湾子村出土北周大象二年石佛像

青州地区的北朝晚期石造像窖藏，主要的两项考古发现，都瘗藏于北宋时期。出土的北朝晚期佛教石造像，最早纪年是北魏正光年间（520—525），经东魏至北齐，用当地的青石雕造，体量较大，多体高

---

① 杨伯达：《曲阳修德寺出土纪年造象的艺术风格与特征》，《故宫博物院刊》1960年总2期，第43—60页。
② 程纪中：《河北藁城县发现一批北齐石造像》，《考古》1980年第3期，第242—245页。

超过1米的单体造像和背屏三尊像，罕见思惟像及双像。到北齐时，更流行薄衣透体的新样式。

在原西魏北周都城长安城遗址（今陕西西安），近年不断有北周佛教石造像窖藏被发现，如西安汉城乡西查村出土的白石菩萨像①、西安灞桥区湾子村出土的大型石立佛。② 湾子村出土石立佛中有一件有纪年铭，为北周大象二年（580），是北周武帝灭法6年后，静帝复法后的作品（图13-15）。这些石刻不仅揭示了北周造像的时代特征，更为探寻隋唐造像的渊源提供了重要资料。

（本文系2008年为博士研究生准备的讲座文稿，文内收入的考古发现截止于2008年以前正式发表的资料。又由于本书收有关于中国佛塔地宫出土舍利容器艺术造型的专文，故本文略去"佛塔基址地宫舍利的发掘"一节，以免内容重复）

---

① 西安市文物局：《西安北郊出土北周白石观音造像》，《文物》1997年第11期，第78—79页。
② 赵立光、裴建平：《西安市东郊出土北周佛立像》，《文物》2005年第9期，第76—90页。

漫话佛教艺术的中国化

——以佛塔为例

"宝塔凌苍苍,登攀览四荒。顶高元气合,标出海云长。""目随征路断,心逐去帆扬。"① 这是李太白登扬州西灵塔时吟咏的诗句。"淮南富登临,兹塔信奇最。直上造云族,凭虚纳天籁。""远山黯吴门,乔木吞楚塞。城池雨窗下,物象归掌内。"② 这是高适登广陵栖灵寺塔时吟咏的诗句。唐人喜登临高耸的佛塔远眺,诗人更因此而兴发吟诗。而在都城长安,当慈恩寺中的雁塔重修成砖构的七层高塔之后,更是人们喜爱登临、俯瞰京师胜景的绝佳场所。

如果自空中鸟瞰盛唐时期的长安城,除了在城北中部和城外东北角的宫殿区,可以看到在大型夯土台基上建造的豪华宫殿外,就是被纵横的街道分隔成的平面呈横长方形的里坊,排列规整,如同围棋盘;条条大街,又如农民种菜那整齐的菜畦。诗人白居易登高台俯瞰城区所咏诗句"百千家似围棋局,十二街如种菜畦"③,生动地描绘了这一图景。坐落在"围棋局"中的官民住宅,多是单层的建筑,只有大型的佛寺,占地宽广,有的能地跨两坊,主殿也可比拟人间宫殿,具有高大的夯土台基,特别是著名大寺还建有高耸的佛塔,有传统的木构建筑,新兴的是砖石构筑。著名的砖构佛塔,就有城中东南晋昌坊内大慈恩寺的大雁塔(图14-1),以及城中轴线西侧安仁坊内荐福寺的小雁塔(图14-2)。两塔南北呼应,形成长安城内立体景观的制高点。当时人们登临雁塔顶层,顿生凌云出世之感。

---

① 李白:《秋日登扬州西灵塔》,《全唐诗》,中华书局1960年版,第1835页。本文为读者检索方便,所引唐诗均用《全唐诗》。
② 高适:《登广陵栖灵寺塔》,《全唐诗》,中华书局1960年版,第2204页。
③ 白居易:《登临观音台望城》,《全唐诗》,中华书局1960年版,第5041页。

漫话佛教艺术的中国化

诗人岑参、高适共登大雁塔后，都留存诗作。岑参咏道："塔势如涌出，孤高耸天宫。登临出世界，磴道盘虚空。""四角碍白日，七层摩苍穹。下窥指飞鸟，俯听闻惊风。"① 高适咏道："登临骇孤高，披拂欣大壮。言是羽翼生，回出虚空上。"② 诗人的吟咏，表明大雁塔确是唐长安城中最高的地标性建筑。不仅如此，雁塔还是当时科举文化的象征，进士考中以后，要到"雁塔题名"。王定保《唐摭言》记："进士题名，自神龙之后，过关宴后，率皆期集街慈恩塔下题名。"③ 具体地点在塔院小屋四壁，诗人徐夤曾写诗吟咏："雁塔搀空映九衢，每看华宇每踟蹰。题名尽是台衡迹，满壁堪为宰辅图。"④ "雁塔题名"，使得雁塔在礼佛、登高远眺以外，更具有浓郁的文化色彩。

图 14-1　陕西西安唐慈恩寺大雁塔　　图 14-2　陕西西安唐荐福寺的小雁塔

---

① 岑参：《与高适薛据登慈恩寺浮图》，《全唐诗》，中华书局 1960 年版，第 2037 页。
② 高适：《同诸公登慈恩寺浮图》，《全唐诗》，中华书局 1960 年版，第 2204 页。
③ （五代）王定保：《唐摭言》"慈恩寺题名游赏赋咏杂纪"条，中华书局 1959 年版，第 28 页。
④ 徐夤：《塔院小屋四壁皆是卿相题名因成四韵》，《全唐诗》，中华书局 1960 年版，第 8159 页。

到了今天，宏伟华丽的大唐长安城早已消逝在历史岁月之中，尚存的遗迹均已埋于地下。唯有两座雁塔，仍旧傲然挺立在今陕西西安市的现代钢筋水泥的丛林之中。小雁塔损毁较重；大雁塔虽经明时修缮，但基本保留着唐代原貌。在今日人们的心目中，雁塔正是唐代文化的象征。同时，自西汉张骞凿空，古代丝路开通，到唐代更盛，丝路的起始之点正是都城长安。所以在今日国人心目中，这座方形宝塔也被视为古代丝路起始之点的象征。

将宝塔视为中国文化的象征和中国城市的标志物，更是近代西方人的普遍看法。

下面是美国作家亨德里克·威廉·房龙于1929年所写的书籍插图（图14-3）[①]，画出当时他心目中的中国圣人孔子的形貌。在那位洋人的想象中，这位中国"伟大的精神领袖"坐在山丘的树下，望着山下的一座中国城市，而中国城市的标志物，是几座耸立在城中的"玲珑宝塔"。他认为这是发生在公元前500年的事。当然在这里房龙犯了常识性的错误，因为在孔夫子生活的东周时期，"宝塔"这种高层建筑，在中国还远没有出现。引述这幅插图，并不是为了苛求近一个世纪前的美国作家不了解孔夫子生存的时期中国城市的真实面貌。只想说明在公元18—19世纪时，西方人（不论是美国还是欧洲各国的人）对中国城市景观的代表性高层建筑，无不将注意力集中到宝塔，认为它是中国文化的典型象征。

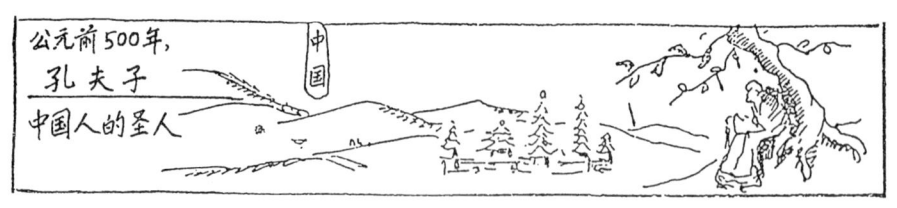

图14-3　[美]房龙《人类的故事》插图（"伟大的精神领袖"中的"孔子"）

俗称的"玲珑宝塔"，实际是佛教建筑中的佛塔，它源于古印度，随着佛教东传，佛塔建筑也随之东传中土。令人感兴趣的是，从异国引进的

---

① [美]亨德里克·威廉·房龙：《人类的故事》，刘缘子等译，生活·读书·新知三联书店1988年版，第264页。

漫话佛教艺术的中国化

宗教建筑，经过几千年的演变，它彻底改换了容颜，最后竟然又让外国人认为是中国文化的象征物。从佛塔的演变轨迹，我们正好观察到佛教艺术中国化的历史进程。

在西天梵境古印度，佛教初兴时并非"像教"，那时没有塑造供信徒礼拜的偶像，而是以一些具有象征意义的事物作为向已涅槃的佛陀礼拜的对象，塔即为其中之一。塔，按梵语音译称"窣堵波"，又译为"塔婆"①。在古印度，佛塔的基本造型是一个像大圆馒头一样的塔体，顶上中心树立有上带项轮的刹，又因塔体像是一个覆扣的圆底钵，所以又习惯称其为覆钵形塔。目前在印度保留的遗迹中，最著名的是在中央邦博帕尔城东的桑奇大塔（一号塔）②。该塔建于公元前3世纪，一个世纪后扩建，覆钵直径36.6米，高16.5米，十分巨大（图14-4）。又过了一个世纪，公元前1世纪时才又增设围护塔身的石栏，建石门并饰雕饰。在现存的古印度佛教石窟的塔庙窟中，居中供奉的正是覆钵形塔。同时覆钵形塔的图像

图 14-4　印度桑奇大塔（一号塔）

---

① 在汉译佛经中，关于梵语"塔"的汉语音译，除常见的窣堵波、塔婆、浮图外，还见有薮斗波、数斗波、兜婆、偷婆等，塔还可称"支提"或"制底"等。如按义译，又有庙、方坟、大冢、聚相等。

② 崔连仲：《桑奇大塔》，《中国大百科全书·考古学》，中国大百科全书出版社1986年版，第431页。

又经常出现在佛教石雕中（图14-5），一些盛奉舍利的容器也常被制成覆钵塔的形貌。

图14-5 印度阿默拉沃蒂大塔石栏板浮雕覆钵塔
（藏印度新德里国立博物馆）

这种在古印度佛教流行的大圆馒头形貌的覆钵式塔，东汉末年佛教初传东土时是否也流传到中国内地？在文献中缺乏记述，更从不见有实物遗存。传说佛教初传汉土，在东汉都城雒阳最早建造的"白马寺"中，"于其壁画千乘万骑绕塔三匝"。因记述简略，故此壁画中的"塔"是什么模样，今日谁也不清楚。但据文献记载，汉时人们对佛的认知，只是将其视为外来的神仙，还没有形成真正的宗教信仰，或将佛（浮图）与黄老并祠，或杂厕于西王母等神人仙兽之间，汇集于中国传统的神仙信奉之中。目前从汉末三国时期遗存中获得的有关佛像的考古标本，基本都是佛衣（袈裟）掩盖着双膝的坐像，因佛衣掩盖看来与西王母、东王公等神仙像的坐姿（中国传统的跪坐）相同，完全看不到印度佛像的盘膝趺坐或垂足倚坐的标准坐姿。究其原因，可能是那些坐姿在汉代被认为不成体统之故。甚至让上有头光、下有覆莲座的佛像，也加上与西王母一样的龙虎座（图14-6）。因此，佛教的形象与神仙一样被称为"仙人"。凡此种种，都是为了让汉人能够接受这个外来的神仙。因此形貌奇怪的大馒头状的覆钵式塔，这种在中国传统建筑中从没出现过的建筑形式，在汉代自然很难被人们认同。所以当时传播佛教的主持者，只有想办法将其与中国的传统建筑相结合，中国化，才能让一般受众接受并认可。最早进行这种尝试的人是丹阳人笮融，时当东汉末年。大约在汉献帝初平四年（193）陶谦任徐州牧时，使笮融督广陵、丹阳运漕。笮融信奉佛教，就在他管辖的区域内，"大起浮图祠，以铜为人，黄金涂身，衣以锦采。垂铜槃九重，下为重楼、阁道，可容三千余人，悉读佛经"①。这则记载表明，笮融所修"浮图祠"即佛寺，是将原古印度佛寺中心的馒头形的覆钵塔改为中国建筑的重楼，周围建阁道。在楼顶树"铜槃九重"，也就是将印度佛塔塔顶中心树立的带有多重项轮的塔刹改建在楼顶上。为什么选择重楼来取代馒头形的覆钵体，或许与汉人崇信"僊（仙）人好楼居"②有关，佛是"仙人"，所以将供奉他的塔修成重楼形貌，自然是顺理成章的事。同时佛教初传来，从梵语转译尚不完备，且佛陀初传来时又多依附于神仙道家信仰，他们更不明古印度佛塔窣堵波与支提的区分。③道家一些人以自己的个人认知去解释，如葛洪根本不明古印度的塔是什么样的，就在《字苑》中说："塔，佛堂也。"按这种说法，在楼内供奉佛像，自可视为"佛堂"。

在20世纪前半叶，对《三国志·吴书》关于笮融"浮图祠"记载，中国佛教史研究者只能从文字记述知道，它下有重楼、阁道，顶"垂铜槃九重"，其具体形貌则无从想象。到了20世纪50年代以后，随着新中国田野考古发掘的空前发展，不断在东汉末年乃至魏晋时的墓葬随葬遗物中，获得数量众多的陶制楼阁建筑模型，有的在高楼的周围还筑有阁道。从而可以对笮融"佛图祠"的具体形态进行推测。

---

① 《三国志·吴书·刘繇传》，中华书局校点本1959年版，第1185页。
② 《史记·孝武本纪》，中华书局校点本1959年版，第478页。此条引文承孙机见告。
③ 关于古印度佛教"窣堵波"与"支提"等问题的详细解读，详见李崇峰《中印石窟寺比较研究——以塔庙窟为中心》，（台湾）觉风佛教艺术文化基金会，2002年。

图14-6-1　汉画像砖
西王母像（拓片）

图14-6-2　湖北鄂州出土
吴佛兽铜镜上的佛像

　　进入21世纪，一项新的考古发现，对解析笮融"佛图祠"的具体形貌，提供了重要的实物例证。在湖北襄樊菜越发现的一座孙吴墓内，出土了一件施黄褐釉的陶楼（图14-7）[①]。那是一座二层楼，周绕围墙，前设楼院大门。陶楼平面方形，楼高两层，在一层和二层间挑出平座，最上覆以单檐四坡屋顶，屋脊起翘作叶形饰。在脊的居中处，设一馒头形覆钵状座，座体镂空雕饰母子熊斗虎图案，座的中央树立刹杆，上饰项轮七重，最顶端饰有一兽，形体呈弯月状。楼院大门设门楼，两扇门上各嵌饰铺首衔环，铺首上又贴塑一裸身童子像，肩生双翼。大门右侧墙上另开一扇小门，门扉上亦贴塑一双翼童子像。这座陶明器明显模拟的是一座"浮图祠"。墓葬的时代被推定为三国初期，应与笮融建浮图祠的时代相差不远。只是陶浮图祠只有两层楼，又无阁道，规模较小，无法与笮融所建相比，但是却提供了在重楼顶上树立塔刹的具体形象。我们再参照已出土的大型汉代陶楼模型，例如河北阜平出土的大型五重陶楼（图14-8），以及甘肃雷台魏晋墓出土的周建阁道的高层陶楼（图14-9），将它们结合在一起，就可以想象复原出可容三千人的笮融浮图祠的宏伟形貌，那就是将中国传统重楼与西来的佛塔塔刹相结合，所建成的最早的中国式佛塔。

　　[①]　襄樊市文物考古研究所：《湖北襄樊城菜越三国墓发掘报告》，《考古学报》2013年第3期，第391—430页。

漫话佛教艺术的中国化

图14-7　湖北襄樊菜越三国墓出土带刹陶楼

图14-8　河北阜平出土汉陶楼

　　襄樊菜越孙吴墓出土陶"浮图祠"大门上贴塑的双翼童子立像，自然也是初传中国时的佛教图像，可以说是最早的飞天形象。它的发现，使人回忆起早在20世纪70年代在河南汉魏故城发掘东汉的太学遗址时，在龙虎滩采集到的两件考古标本，是形貌相同的小铜人像，为立姿的裸身童子，肩生双翼（其中一件双翼已残缺），体高仅3.1厘米，背后有铭文，似为"仙（？）子"二字（图14-10）[①]。其形貌与菜越陶楼门上的童子相同，表明应是早期佛教遗物。有翼童子铜像，又把我们从吴地引向北方东汉及三国曹魏的都城洛阳（原东汉雒阳）。据《魏书·释老志》追述，三国曹魏时期洛阳亦建有"周阁百间"的佛图。故事如下："魏明帝曾欲坏宫西佛图。外国沙门乃金盘盛水，置于殿前，以佛舍利投之于水，乃有五色光起，于是帝叹曰：'自非灵异，安符尔平？'遂徙于道东，为作周阁百间。"《释老志》又追述："自洛中构白马寺，盛饰佛图，画迹甚妙，为四

[①]　中国社会科学院考古研究所：《汉魏洛阳故城南郊礼制建筑——1962～1992年考古发掘报告》，文物出版社2010年版，第272—273页。

图 14-9　甘肃武威雷台魏晋墓出土的周建阁道的陶楼

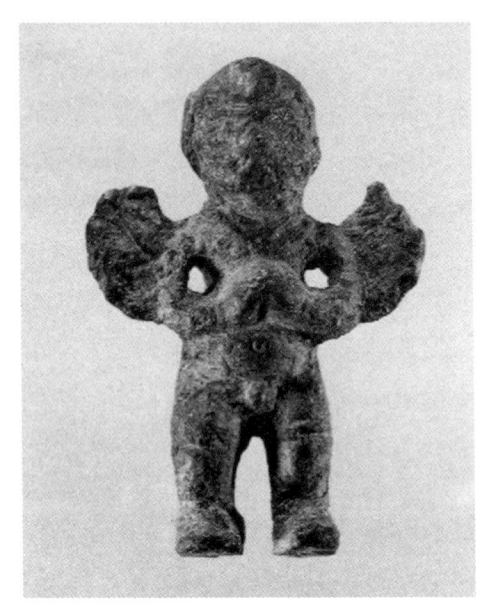

图 14-10　河南洛阳龙虎滩采集的有翼童子铜像

方式。凡宫塔制度，犹依天竺旧状而重构之，从一级至三、五、七、九。世人相承，谓之'浮图'，或云'佛图'。晋世，洛中佛图有四十二所矣。"[1] 说明自东汉末年经曹魏至西晋，洛阳城内所构佛塔（浮图、佛图）为四方式多级，级数为奇数，还可构有多间周阁，看来似与南方吴地周建阁道、顶树相轮刹的四方形楼阁状"浮图祠"形貌颇一致。虽因无遗迹可寻，难以确定，但从有关追忆看，也不见有照搬天竺原状的覆钵形体圆塔。对于这一疑问，在蜀汉地域的一项发现，或许给出了答案。四川什邡白果村采集到的一块东汉晚至蜀汉时的画像砖，上面有一座高三层的塔形建筑图像。[2] 在建筑下为方台基，上建重楼，共三层，可以清楚看到各层的立柱和屋檐，最上层为攒尖顶，顶中心部位树有刹杆，上面至少可以看清有三重相轮，顶端似为圆锥形饰（图14-11）。在建筑物两侧，各立有一枝盛开的莲花。由顶上的刹和相轮以及旁立的莲花，可以看出，这是一

---

[1] 《魏书·释老志》，中华书局校点本1959年版，第3029页。
[2] 贺云翱等编：《佛教初传南方之路文物图录》，文物出版社1993年版，图版3。

漫话佛教艺术的中国化

图 14-11 四川什邡皂角乡白果村采集的画像砖

座三层高的楼阁式佛塔。蜀地画像砖上的三级佛塔图像，是说明曹魏时洛阳三级佛塔形貌的有力佐证。表明在三国时期，在中国内地，不论南北还是西蜀，佛塔中国化的进程十分明显。

西晋覆亡，晋室南迁，古代中国形成南北分治的政治格局。在北方，许多原生活在东北或西北的古代少数民族，纷纷迁入中原，先后成为统治民族，建立了至少十六个以上的割据政权，北方的政治地图不断变换颜色，史称"十六国时期"。由于社会大动乱，人们企望平静安定的生活，这就提供了宗教勃兴的土壤。佛教信仰得到空前发展。遗憾的是，中原地区这一时期的寺院建筑没有遗存下来，更不清楚所建佛塔的形貌。目前只能从西北边陲的少数遗迹和遗物中找到一些线索，其时代已是十六国末至南北朝初。在甘肃地区保留有北凉石窟寺中的塔庙窟，还曾在甘肃、新疆等地发现过一些小型的北凉时期雕造的石塔。

现存天梯山石窟第 1 窟为塔庙窟（支提窟），但这里，塔庙窟已与原天竺佛教塔庙窟在窟内后部中心建覆钵式塔不同，是在窟室中心设塔柱，这种变化在新疆的早期石窟如拜城克孜尔石窟已出现，凉州石窟应受其影响。天梯山石窟第 1 号窟的塔柱，在方形基座上起三级塔身，各级塔身略有收分，方形塔身四面都开龛造像（图 14-12）[1]。凉州石窟即天梯山石

---

[1] 敦煌研究院、甘肃省博物馆：《武威天梯山石窟》，文物出版社 2000 年版。

窟，应为沮渠蒙逊开凿于412年至429年之间①，窟中塔柱应仿佛教寺院中当年流行的佛塔形貌，已不作天竺圆形覆钵式，应是东土多层方形木构楼阁式，故此塔庙窟中塔柱亦仿方形多层楼阁式。

图14-12 天梯山石窟第1窟中心柱背面

图14-13 北凉高善穆造石塔

已发现的北凉石塔中，保存较完好的是在甘肃酒泉发现的高善穆造石塔②，造于承玄元年（相当于宋文帝元嘉五年、魏太武帝始光五年，428年），塔高44.6厘米，基座底径15.2厘米（图14-13）。在八边形基座上承圆形塔体，塔体分两层，下层为圆形，上层呈覆钵状，覆钵周围开八龛造像。塔顶树有粗厚的宝盖和相轮。这些上层为覆钵的两重塔体的小型石塔，应是模拟当年真实佛塔的形貌。至今新疆地区还保留有下层为佛殿、上层建覆钵的佛塔实例，如库车苏巴什佛塔遗址（图14-14）和若羌磨朗佛寺遗址。这种样式的佛塔，自是源于古印度。在古印度的塔庙窟中，较早的覆钵式塔是没有造像的，佛徒礼佛是绕塔礼拜。后来佛像出现，则常将覆钵塔的基座增高，而在正面开龛造像。受其影响，新疆出现下为塔

---

① 宿白：《凉州石窟遗迹和"凉州模式"》，《考古学报》1986年第4期，第435—446页。
② 王毅：《北凉石塔》，《文物资料丛刊》（一），文物出版社1977年版。

殿、上为覆钵的造型，在石窟寺壁画中也有这种佛塔的图像。河西走廊的佛寺和石窟寺又深受新疆早期石窟的影响，所以，北凉时期佛寺中亦应建有下为佛殿上为覆钵形式的佛塔。这一问题或许今后的考古新发现能解决。综上所述，北凉时佛塔有两种类型：第一种类型是受中原影响的中国楼阁式多层方塔，第二种类型是源于西域的下为塔殿、上为覆钵的造型。

图 14 –14　新疆库车苏巴什佛寺遗址河东区佛塔

历史进入南北朝时期，佛教有了很大发展，不论在北朝或南朝的都城，在最高统治者支持下都曾大规模修建佛寺，构筑高耸的佛塔。北魏都平城时期，城中已建以佛塔为中心的佛寺。"兴光元年秋，敕有司于五级大寺内，为太祖已下五帝，铸释迦立像五。"又于献文帝天安二年"于时起永宁寺，构七级佛图，高三百余尺，基架博敞，为天下第一"①。在平城，也构筑有石塔。"皇兴中，又构三级石佛图。榱栋楣楹，上下重结，大小皆石，高十丈。镇固巧密，为京华壮观。"② 很可惜北魏平城时期建造的"为天下第一"的七级佛塔没能保存下来，幸好在云冈石窟的第 5 窟和第 6 窟中的浮雕中有五级佛塔的图像（图 14 –15），在第 6 窟中心塔柱上

---

① 《魏书·释老志》，中华书局校点本1959年版，第3037页。
② 《魏书·释老志》，中华书局校点本1959年版，第3038页。

层佛龛的龛柱也雕成佛塔形貌，且高达九级（图14-16），在各级塔壁面均开龛造像（每面各开三龛）[1]。有的塔庙窟的中心柱亦雕成多级佛塔的形貌，例如第39窟是塔庙窟，窟中的中心塔柱雕成了五级方形佛塔[2]。从以上资料可以看出，北魏平城时期构筑的多级高塔是中国化的方形楼阁式佛塔，当是同时承袭了凉州佛塔的第一种类型及三国以降中原流行的佛塔的造型特征。除多级方形楼阁式佛塔是北魏平城时期佛塔的主流以外，凉州石塔那类塔体方形、其中开龛造像、上置覆钵的第二种类型佛塔，也存在于石窟雕刻之中。例如云冈石窟第6窟中心塔柱上层龛柱的九级方塔，其第一级的角柱又雕成小塔，小塔的形貌就是方形塔体四面开龛造像，平顶四角饰山华，中央为高大的覆钵，上树带相轮的塔刹（图14-17）。

图14-15　山西大同云冈石窟第6窟浮雕五级塔

图14-16　山西大同云冈石窟第6窟中心柱上层立佛和塔柱

北魏迁都洛阳以后，佛教兴盛，继续在城中的重要位置修建皇家寺院——永宁寺，仍是以多级佛塔为中心的建筑格局。"灵太后亲率百僚，表基立刹"，所建佛塔比号称"为天下第一"的原平城永宁寺塔更加宏伟壮丽，从七级增为九级，"佛图九层，高四十余丈"[3]。洛阳永宁寺塔高，

---

[1] 山西云冈石窟文物研究所：《云冈》，文物出版社2000年版，第14页。
[2] 云冈石窟研究院：《云冈石窟》，文物出版社2008年版，第117页。
[3] 《魏书·释老志》，中华书局校点本1959年版，第3034页。

《水经注·穀水》中记为"浮图下基,方十四丈,自金露槃下至地四十九丈"。《洛阳伽蓝记》卷一:"中有九层浮图一所,架木为之,举高九十丈。上有金刹,复高十丈;合去地一千尺。"各书记述不同,本文按《魏书·释老志》。对于这座九级木塔的豪华宏伟,东魏杨衒之在《洛阳伽蓝记》中追述如下:"刹上有金宝瓶,容二十五斛。宝瓶下有承露金盘一十一重,周匝皆垂金铎。复有铁镍四道,引刹向浮图四角,镍上亦有金铎。铎大小如一石瓮子。浮图有九级,角角皆悬金铎,合上下有一百三十铎。浮图有四面,面有三户六牕,户皆朱漆。扉上各有五行金铃,合有五千四百枚。复有金环铺首。殚土木之功,穷造型之巧,佛事精妙,不可思议。绣柱金铺,骇人心目。至于高风永夜,宝铎和鸣,铿锵之声,闻及十余里。"由于佛塔高耸,登临塔上,"视宫中如掌内,临京师若家庭"。"衒之尝与河南尹胡孝世共登之,下临云雨,信哉不虚!"[①]

永宁寺塔高耸于洛阳城内(图14-18),其身影在洛阳城外很远的地方都能看到。《洛阳伽蓝记》记述:"去京师百里,已遥见之。"[②] 其描述虽有夸张,但也说明该塔当时是北魏都城中最高的建筑物,已被视为都城的象征性景观。同时,汉魏都城中占据全城制高点的高台建筑,如曹操邺

图14-17 云冈石窟第6窟中心柱上层塔柱一层角小方形覆钵顶塔

图14-18 北魏洛阳永宁寺塔复原图(杨鸿勋绘)

---

① (东魏)杨衒之:《洛阳伽蓝记》,周祖谟校释本,中华书局2010年版,第3—5、11页。
② 同上书,第3页。

都著名的铜雀、金虎、冰井三台，现在则让位于更加高耸的佛塔。在南北朝时期，南朝和北朝的皇室都竞相建造被视为天下第一的高塔，正如今日世界上各地的富豪，竞相争建世上最高的楼一样疯狂。北魏皇室在洛阳建造了号称去地千尺的永宁寺塔，南方的萧梁同样也在建高塔。梁武帝曾在同泰寺建九层木塔，该塔焚毁后，又开始修建更高的十二层塔，但是因遇侯景之乱，即将建成的佛塔工程才被迫终止。[①] 南北朝时期建造的高层木构佛塔，是佛塔造型中国化的成熟典型，同时也促进了当时木构高层建筑技术的进步和建筑艺术的发展。

南北竞造高层木塔，争显其华丽巍峨冠于当世，但同时也暴露其脆弱的一面，即易遭火灾。梁同泰寺的九层木塔是毁于火灾，北魏的永宁寺九层木塔，同样遭火灾而毁灭。对于那次火灾，《洛阳伽蓝记》有详尽的记述："永熙三年（534）二月，浮图为火所烧。帝登凌云台望火，遣南阳王宝炬、录尚书［事］长孙稚将羽林一千救赴火所，莫不悲惜，垂泪而去。火初从第八级中平旦大发，当时雷雨晦冥，杂下霰雪，百姓道俗，咸来观火。悲哀之声，振动京邑。……火经三月不灭。有火入地寻柱，周年犹有烟气。"[②] 为了防止这类灾难的发生，开始探索新的建塔技术，逐渐采用砖构，或砖体外檐木装修，以减免火灾的损失。还应注意的是，在中原和南方，中国化的方形楼阁式佛塔盛行之时，在西陲的河西走廊地区，仍然维持着东去和西来的双重影响，原凉州流行的两种佛塔类型，依然并存流行，在敦煌莫高窟北魏时期洞窟的壁画中，都留有它们的图像。第一种类型的方形楼阁式佛塔的图像，如第254窟萨埵王子本生故事画中的三级方塔（图14－19）。后来在北周时期的第428窟中，还出现有在楼阁式方塔的四角各立小塔的金刚宝座式五塔（图14－20）。第二种类型即下有基座的单层方形塔室的覆钵形塔，亦较盛行，敦煌莫高窟的塔庙窟的中心塔柱，不再是如凉州石窟模拟多重方塔，而是下设基座的单层方塔，一般在正左右三面开龛造像。在壁画中绘的第二类型塔，如第257窟"沙弥守戒"故事画中的塔，下层是方形塔室，塔室上有瓦檐，脊中央置覆钵树

---

① 许嵩：《建康实录》卷十七注引《舆地志》，上海古籍出版社1987年版，第478页。
② （东魏）杨衒之：《洛阳伽蓝记》，周祖谟校释本，中华书局2010年版，第31—32页。

漫话佛教艺术的中国化

图14-19 敦煌莫高窟北魏254窟南壁"萨埵王子本生"壁画中三级佛塔

图14-20 敦煌莫高窟北周428窟壁画金刚宝座塔

刹（图14-21）。同时此类型的塔还有所发展，塔室扩展为佛殿，如第275窟南壁所绘，佛殿中供奉佛说法立像，殿两侧有阙，在殿顶脊正中设覆钵，其上树塔刹，自刹顶向左右各飘垂一长幡（图14-22）。[①] 也应注意到塔体为覆钵形的佛塔，在壁画中亦有出现，如第301窟北壁所绘（图14-23），表明西陲地区西来的影响仍大于中原地区。

北魏都城洛阳，以永宁寺塔为代表，显示着中国式多层楼阁式木塔的

图14-21 敦煌莫高窟北魏257窟南壁壁画佛塔

---

① 敦煌莫高窟第254、428、257诸窟壁画所绘佛塔图像，参见《中国石窟·敦煌莫高窟》（一）的图版36、165、43、40（按文中出现的顺序排列），文物出版社1982年版。

295

图14-22 敦煌莫高窟北魏257窟南壁壁画佛殿

图14-23 敦煌莫高窟北周301窟北壁壁画佛塔

兴盛,是与魏孝文帝改制,推动鲜卑等古代少数民族汉化后形成的政治氛围有关。

也是在孝文帝时期,佛教艺术中国化的另一显著表现,是佛像面相和佛装的变化,特别是佛像所披袈裟,改变为接近汉装褒衣博带袍服的形貌。但是北魏王朝分裂为东魏和西魏,东魏又为北齐取代以后,出现了一次反转,北齐的最高统治集团推动了一波重新胡化的回潮。影响所及,在佛教造型艺术方面表现突出的是在佛装样式上,从"褒衣博带"样式重新改为通肩薄衣贴体,是再次引进了西来的抹菟罗(马吐腊)风格。

而在佛塔的造型上,也再从西域引入下为塔室、上置覆钵的凉州第二类型样式的佛塔,而且也仿效西陲流行的下为佛殿、脊上中央建覆钵塔立刹的样式,并选取为北齐皇室修凿石窟的典型窟形,主要是在北响堂山石窟所修建的皇家大窟。

目前这种样式的窟型仅见于响堂山由北齐皇室修造的石窟,最典型的是北响堂山石窟北侧和中央的两个大窟,从正立面看,都是一三开间、有前廊的殿堂,廊前四根檐柱是狮子座的八角形束腰莲柱。上托屋檐瓦垄,惜现多已损毁。檐上崖面雕一巨大的覆钵,覆钵顶上雕刹,两侧似飘有幡。除覆钵外,刹、幡在1957年勘察时仅可约略看出一些残痕。只有南侧的唐邕刻经洞檐上的覆钵和刹尚存

（图 14 - 24）。总观其外貌，与敦煌莫高窟 275 窟壁画下殿上塔图形近同，只是前加廊而无两侧的阙。现中窟的廊柱尚存，而北窟的廊柱已残损无存，仅可见前壁的门和明窗。这座大窟自北宋时已有传说它是高欢的瘗窟。① 佛殿前壁（洞窟前壁）为三开间，中间为殿门，上方和两侧间开明窗。殿内（窟内）迎门是方形塔柱，正面开大龛，雕三尊佛像。左右

图 14 - 24　北响堂山石窟刻经洞顶覆钵

两侧壁各雕 8 个单层塔形龛，龛柱亦为束莲柱，柱头顶火焰宝珠。顶设覆钵，覆钵顶托覆莲座上树塔刹，塔刹装饰华丽，左中右各以忍冬叶托覆莲座火焰宝珠。塔龛内原造像均遭盗失，或认为表现《法华经化城喻品》中十六佛的组合。前壁门内两侧原浮雕大型礼佛图，惜仅存少量残痕。在中心柱右侧壁（南侧壁）顶西起第三龛向内开有长方形穴，穴门前封石上，雕有与其他顶龛内同样的佛背光。该穴内壁无任何雕饰，亦空无一物，故尚难证明其是否为瘗窟。高齐倡导胡化导致佛塔中国化的回潮十分短暂，只是在存世石窟中保留给后人以殿塔结合的独特遗迹。随后高齐即为北周所灭，经过北周武帝灭法的劫难后，在隋文帝杨坚建立全国一统的政权后，佛教又重新兴盛，同时继续着佛教中国化的进程。

隋文帝杨坚生于冯翊般若寺，"有尼来自河东……尼将高祖舍于别馆，躬自抚养"②。因此隋文帝虔信佛教，于仁寿元年（601）六月乙丑"颁舍利于诸州"③。据所颁《立舍利塔诏》，将舍利分送各州后，"限十月十五日午时同下石函"，然后立塔。④ 共送往三十州，据王劭《舍利感应记》，

---

① 司马光：《资治通鉴》卷一六〇记：547 年（梁太清元年）正月"丙午，东魏渤海献武王欢卒"。八月"甲申，虚葬齐献武王于漳水之西；潜凿成安鼓山石窟佛寺之旁为穴，纳其柩而塞之，杀其群匠。及齐之亡也，一匠子知之，发石取金而逃"。中华书局 1956 年版，第 4948、4957 页。但道宣《续高僧传·明芬传》记："仁寿下敕，令置塔于慈州之石窟寺。寺即齐文宣之所立也。大窟像背文宣陵，藏中诸雕骇动人鬼。"则又认为是文宣帝高洋陵。郭绍林校点本，中华书局 2014 年版，第 1094 页。
② 《隋书·高祖纪》，中华书局校点本 1978 年版，第 1 页。
③ 《隋书·高祖纪》，中华书局校点本 1978 年版，第 47 页。
④ 隋高祖：《立舍利塔诏》，《广弘明集》，《四部丛刊缩本》，商务印书馆 1936 年版，第 229 页。

三十州主要是雍、岐、泾、秦、华、同、蒲、并、相、郑、嵩、亳、汝、泰、青、牟、隋、襄、杨、蒋、吴、苏、衡、桂、交、益、廊、瓜、虢等州①，从都城附近的扶风，西至敦煌、天水，东达青州，东南到丹阳、苏州，西南到蜀甚至远达交趾，几乎覆盖了隋王朝的全部版图。隋文帝这一措施，因其采取了中国化的舍利容器和建立中国化的佛塔，从而促进了佛教中国化的进程，表面是弘扬佛法，实际是显示了中央集权专治主义政权最高统治者的权威。隋文帝在全国各地所建的舍利塔，都没有能保存下来，现今只能发现有一些塔基遗址和舍利容器②，但可以推知应为木构佛塔，因为各州要在同日立刹起塔，所以木塔是单层还是多层亦未可知。

沿袭南北朝时期的传统，隋唐时期木构佛塔仍极盛行，仅据《两京新纪》所记，在长安延康坊的静法寺中西院有高一百五十尺的木浮图，永阳坊大庄严寺有隋建木浮图，"高三百卅尺，周匝百廿步"。该坊还有大总持寺，寺内也有与大庄严寺高下相同的木浮图。③ 但是隋唐时的木塔，并没有任何遗存至今，所以只能从一些壁画图像和佛塔模型进行了解。在敦煌莫高窟的隋唐时期的壁画中，常见单层的方形木塔的图像，塔下多有二至三层基台，塔顶出檐深远，塔刹装饰华美（图14-25）。更令人感兴趣的是在陕西扶风唐塔地宫中出土的鎏金铜塔模型④，通高53.5厘米，下设三重设勾栏的塔基，塔身面阔、进深均三间，四面均在中心间设双扇板门，两梢间开直棂窗。塔顶为单檐攒尖顶，顶中心置覆莲、宝匣、相轮和刹顶宝珠，制工精致，可以反映出唐代流行的单层方形佛塔的风貌（图14-26）。但是仍然缺乏有关多层木塔的图像或模型。这一缺憾目前只可借鉴东邻日本尚保留的时代相当于中国隋唐时期的木塔，原来东北亚诸古代国家的佛教，并不是由古印度直接传入，而是经由古代中国传入的，换句话说，就是已经中国化的佛教，特别是佛教寺庙的建筑更是深受中国影响，佛塔造型已不是覆钵形状，而是汉式的方形楼阁式多级木塔。

---

① 王劭：《舍利感应记》，《广弘明集》，《四部丛刊缩本》，商务印书馆1936年版，第239—243页。
② 关于隋代塔基遗址和舍利容器的发掘情况，本书后文将详述，此处从略。
③ 韦述、杜宝：《两京新记》，辛德勇辑校本，三秦出版社2006年版，第39、69、70页。
④ 陕西省考古研究院、法门寺博物馆、宝鸡市文物局、扶风县博物馆：《法门寺考古发掘报告》，文物出版社2007年版，第205页，彩版一七八。

漫话佛教艺术的中国化

图 14-25 敦煌莫高窟唐 148 窟北壁壁画涅槃变中佛舍利塔

图 14-26 陕西扶风法门寺
唐塔地宫出土铜塔

图 14-27 日本奈良
法隆寺五重塔

目前日本保存时代最早的是奈良法起寺三重木塔，该塔始建于公元685年，建成于706年（相当唐神龙二年），塔通刹高24.267米，塔身高16.934米。平面方形，由木刹柱自底直贯刹顶，塔第一重和第二重每面三间，第三重每面两间，是全木构建筑。另一座是奈良法隆寺西院的五重木塔。法隆寺经火灾后，西院建筑群公元608年再建，约于710年完成。五重塔通刹高112.65米，塔身高78.52米（图14-27）。平面方形，为全木构建筑，亦由一根刹柱贯通全塔，塔身的第一重至第四重每面三间，第五重缩为每面两间。① 如按当时使用的曲尺计算，总高超过107曲尺，正是一座百尺高塔。这些事例说明，中国化的佛塔已成为古代中外文化交流的象征，中国化的佛塔已成为中国古代传统文化的象征。

前已述及木塔易毁，一遇火灾，高塔常会呈"烟筒"效应，难以救治，南北朝隋唐时著名的高层木塔，多毁于火灾。因此自北朝后期就开始出现了砖构的佛塔，现存于世的著名北魏砖塔，就是河南登封的嵩岳寺塔，它也是唯一的十二边平面的塔（图14-28）。该塔内做成直通顶部的空筒，塔身分上、下两段，在四个正面有贯通上下两段的门，下段其余八面表面平素，上段则各砌出单层方塔形壁龛。塔身以上，用叠涩做成十五层密接的塔檐，塔檐之间仅留短墙，外轮廓形成和缓的曲线。塔刹石造，在复莲座上以仰莲承受相轮。与内部可登临的佛塔的层高至少与人体等高不同，这座塔各层塔檐间只隔短垣，所以在同等高度间可增设多层塔檐，使塔的外观多增层数，开此后唐宋流行的密檐砖塔之先河。

隋唐时期的砖石结构佛塔，有两种类型，一种是沿袭北朝晚期出现的砖构密檐塔，另一种是按传统多重楼阁式木楼形制构建的砖塔。这两种类型的唐代砖塔都有标本留存至今。前一种密檐砖塔的实例，可举唐长安城荐福寺的小雁塔。该塔建于景云二年（711），平面方形，底层以上是密檐，采用叠涩挑出的做法，原有十五层密檐，现只存十三层。塔内部中空，在底层前后壁都开有券门，塔内壁有砖砌蹬道可供上下，用木楼板分层。在塔底层外壁遗留有梁头卯孔，表明原来曾建有周圈的木构"副屋"。

---

① 关于日本奈良法隆寺五重塔和法起寺三重塔的资料及其与中国古代建筑的关系，转引自傅熹年《日本飞鸟、奈良时期建筑中所反映出的中国南北朝、隋唐建筑特点》，《文物》1992年第10期，第28—50页。该文后收入《傅熹年建筑史论文集》，文物出版社1998年版。

类似荐福寺小雁塔的唐代密檐塔，目前尚存的还有河南登封永泰寺塔和法王寺塔，以及云南大理崇圣寺塔。

后一种楼阁式砖塔，如前已述及的唐长安慈恩寺大雁塔。当前保存在西安的大雁塔，原来修建时，玄奘法师并没有要修造中国式的楼阁式佛塔，而是要修一座如他西去取经见到的西域制度，是高一百八十尺的土心外包石的五级塔，建于永徽三年（652）。这是座不成功的仿制品，没过多久，塔就颓毁了。所以到长安中（702年前后），只得拆除旧塔，仍依中国式样改建成多层楼阁式方形砖塔，塔高七层，就是本文前引被唐代诗人咏为"孤高耸天宫"的名塔。大雁塔虽经明代修过，但基本上保持着唐代原貌。现塔高64米，底层和第二层面阔九间，向上递减，第三层和第四层面阔七间，第五层以上诸层面阔五间。每层四面当心间设有券门，塔身外壁隐出倚柱、阑额。各层塔檐采用正反叠涩砌成。塔顶原来的刹相轮等已不存。塔内各层铺架木楼板。登临塔上，可从各层券门外视，至顶层可俯瞰、远眺周边景色。现存的另一座唐代砖构多层方塔是建于永隆二年（681）的香积寺塔，原有十三级，现存十层，残高33米余（图14-29）。

图14-28　河南北魏嵩岳寺塔　　**图14-29　陕西西安唐香积寺善导塔**

到了宋代，佛教中国化进程的特点是佛教日益世俗化。南北朝至隋唐，修建高塔多与皇室贵胄高官有关，隋仁寿年间各州建舍利塔，更是由文帝发敕，派僧人官员同一时间按规定的样式和礼仪去建造。但是到了宋代，随着佛教世俗化步伐的加快，在各地除官员外，一般信众也常参与到大家集资修寺建塔的佛教活动中。例如浙江宁波天封塔修建于南宋绍兴十四年（1144）[①]，塔砖上铭文表明当时民众捐资建造情况。如砖铭有"女弟子马氏庆四娘喜舍砖一百斤"，"砖范栓并妻朱氏四七娘买砖添助建天封宝塔"等；地宫中石函瘗埋的"浑银地宫殿"，是由"明州鄞县武康乡都税务前界生姜桥西居住奉三宝弟子赵允妻李氏四娘"全家所捐赠。又如河南邓州福胜寺塔地宫出土瘗藏舍利的石椁，是顺阳县施主张君太全家，时间是天圣十年（1032）二月。[②] 这些民间施舍的舍利容器铭与隋文帝的舍利铭形成鲜明对比，从瘗埋舍利建塔这种宗教行为的变化，正可以清楚地显示出中国佛教世俗化的进程。佛教中国化和世俗化的加深，也促使佛塔的设计和建造，并不追求所造塔"为天下第一"或宣扬皇威，从而打破统一格局的局限，更关注形体秀美，更具观赏性，有时还具有地方特色。

除宋朝外，北方的辽、西夏及后起的金这些由少数民族建立的政权，统治者和民众都信奉佛教，也有建造佛塔之风，所造佛塔在中国式楼阁式塔的基础上，也常具特色。因此，宋辽金时期佛塔的中国化日趋成熟，目前在祖国各地保留下来的这一时期的佛塔，呈现出色彩缤纷的繁荣图景。

总体来看，唐代以后全木构的佛塔已基本退出历史舞台，目前仅有极少的标本，最著名的是辽代修建的山西应县佛宫寺释迦塔（图14-30）。木塔为楼阁式，平面八边形，高九层，因有四个暗层，故外观看只似五层，高67.3米，历史上经历多次地震，但未遭兵火破坏，至今保存。这一时期大量出现的是多层楼阁式砖石结构或塔体砖造、外围采用木结构，单层塔除墓塔外已不见修造。佛塔的平面，多已不再采用正方形，而是选用

[①] 天封塔于元至顺元年（1330）重修时，保留了完好的南宋原建第一层和第二层，三层以上为元代重修时续建。故保留了该塔南宋时所修地宫。参见林士民《浙江宁波天封塔地宫发掘报告》，《文物》1991年第6期，第1—27转96页。

[②] 河南省古代建筑保护研究所、河南省文物研究所：《河南邓州市福胜寺塔地宫》，《文物》1991年第6期，第38—47页。

图14-30　山西应县辽佛宫寺木塔

图14-31　河南开封宋祐国寺"铁塔"

图14-32　上海宋龙华寺塔

多边形，以八边形较多见。塔高层数早已突破木塔一般七至九级的层数，常达十一层或十三层。砖石结构的楼阁式塔，外观的屋檐、平座、柱额、斗拱等虽用砖石制作但仍仿照木塔，或是适当简化，也有的使用了琉璃面砖，不仅华美且色彩有所变化。如河南开封祐国寺塔所装饰的琉璃面砖呈深褐色，外观似铁，以至民众俗称之为"铁塔"（图 14-31）。也流行塔体砖造，外围采用木结构，从外观看与木塔无异，但因采用多边形平面和增加层数，所以造型更显秀美，故此这类塔后来常被民间誉为"玲珑宝塔"（图 14-32）。另一类砖石结构的塔是密檐塔，特别是在北方，辽代喜好建造密檐塔，保存至今的辽建密檐砖塔如山西灵丘觉山寺塔、北京天宁寺塔（图 14-33）等。

楼阁式塔迟至明清时期仍续有修建，长久不衰。只是在元代以降，因藏传佛教在内地传播，随之佛塔建筑出现了藏传佛教流行的覆钵式塔，但其覆钵不呈馒头状，而呈倒扣的鼓腹罐形状。目前北京的妙应寺塔（图 14-35）和北海琼岛上的白塔，是人们熟知的代表性文物。

图 14-33 北京辽天宁寺塔

图 14-34 河北定州北宋开元寺塔（瞭敌塔）

漫话佛教艺术的中国化

由于佛塔高耸适于远眺，于是除了其宗教属性外，更被利用于社会生活中的实际用途。北宋建造定县开元寺塔，因处于当时北宋边界，人们就登塔以观察军情以防敌方来犯，起到军事瞭望的重要作用，被誉为"瞭敌塔"（图14-34）。在南境海港城市，如福建泉州的万寿塔（图14-36）和六胜塔（图14-37），正在晋江出入海口航道的侧畔，两座塔南北遥遥

图14-35　北京妙应寺元白塔

图14-36　福建泉州石狮万寿塔（姑嫂塔）

305

相对,宋元以来一直被往来泉州港商船视为航标。① 也是亲人登临遥望出海者回归的处所,故此万寿塔也被名为"姑嫂塔"。杭州的六和塔(图14-38),也有观海潮和镇潮的功能。

图 14-37　福建泉州石狮六胜塔

图 14-38　浙江杭州宋六和塔

总之,宋代以后,随着佛教中国化和世俗化的进展,佛塔建筑样式也日趋多样化、地方化和民间化,更加融入平民的社会生活,在人们的心目中,其宗教属性日益淡化,而成为城市文化的重要组成部分。还出现了与

---

① 《泉州港古建筑》,国家文物局《全国重点文物保护单位Ⅴ》,文物出版社 2008 年版,第 361—362 页。

漫话佛教艺术的中国化

佛教无关的其他功能的高塔，如风水塔、文风塔等。已被列入全国重点文物保护单位的文风塔，有河南许昌的文风塔①和湖北钟祥文风塔②。前者是高十三层的楼阁式塔（图14-39），外观与佛塔无区别；后者则采用了奇特的外观，形似一枝冲天的巨笔。

由于宝塔已融入中国文化之中，所以元明时期戏曲小说在民间流行后，宝塔也常被纳入小说戏曲情节之中。例如小说《封神演义》中，以佛教护法中手托塔的毗沙门天王为原形创造的人物——托塔天王李靖，他御敌除邪乃至教训儿子的兵器，就是宝塔。更脍炙人口的是戏剧《白娘子传奇》，法海和尚为破坏白娘子与许仙的人妖美满婚姻，将白娘子镇压禁锢于西湖雷峰塔下。从此在一般人的心目中，忘记了那本是一座佛教舍利塔，只知道它是为镇压白娘子而存在的。善良的人们总是期望那座塔快点倒塌，好让白娘子重见天日。显示出戏曲这一传统文化的魅力。雷峰塔终于倒塌了，塔基经考古发掘，没有白娘子的遗迹，只有建塔时瘗藏的佛舍利容器，成为佛教中国化和世俗化的重要实物例证。③

更重要的是，佛塔一直被视为城市中的重要景观。不论是"西湖十景"中的"雷峰夕照"（图14-40），还是"燕京八景"中的"琼岛春荫"，离开了雷峰塔和琼岛白塔的塔影，就难成胜景了，至今如此。这也是18世纪末西方人来到中国，在对中国城市景观的观察中，自然而然地对高耸秀丽的玲珑宝塔印象极深，会将它视为中国城市文化的名片。因此在早期来华西方人的画笔下（那时还未发明照相术，人们只能借助绘画来介绍其他国家的面貌），总少不了色彩鲜艳的宝塔。记得儿时看到家里藏有曾祖父任清朝驻美公使时携回的美国教育幼童认识世界的画册，在介绍中国时，翻开第一页，左侧全页是一座充满画面的大玲珑宝塔，右侧一页则画出了穿宽大长袍的一位梳辫子的男孩和另一位梳辫子的姑娘。那座玲珑

---

① 《许昌文风塔》，国家文物局《全国重点文物保护单位Ⅴ》，文物出版社2008年版，第699页。

② 《钟祥文风塔》，国家文物局《全国重点文物保护单位Ⅵ》，文物出版社2008年版，第41页。

③ 浙江省文物考古研究所：《雷峰遗珍》，文物出版社2002年版。

图 14-39　河南许昌明文风塔　　图 14-40　明万历三十年（1602）"雷峰夕照"版画

宝塔，以它漂亮的身姿和华丽的色彩，会令美国儿童产生极深刻的印象。联想本文前面提到的美国人房龙关于孔子的画，或许他幼时在幼稚园也会接受过类似的图画书的教育，从小就深深认为高耸的宝塔就是中国古代城市文化的象征，于是在描绘中国先哲孔老夫子时，自然而然地画出了在孔子生活年代的千百年后才会出现的宝塔来。

　　本文简略地勾画了佛塔传入中国后，从形貌到建筑工艺不断中国化，直到融入中国文化，成为中国文化象征的历史演变的轨迹。也雄辩地表明，探研中国佛塔的历史变迁并非意在宣扬佛法，而是探研中国的文化传统。也为了回答人们常问的一个问题：你说你是无神论者，为什么还津津有味地探研佛教美术考古？看过这篇文章，相信这一问题自然迎刃而解。

　　我对中国境内梵迹探寻的关注，始于 20 世纪 50 年代初。当我在北京大学求学时，初识佛教美术考古，是听阎述祖（文儒）先生讲授"石窟寺

图 14-41　1957 年宿白先生带领 53 级考古班学生勘测响堂山石窟
右 4 为宿白先生，右 1 孙国璋，右 2 刘慧达，左 1 刘勋，左 2 为笔者，
余为响堂山石窟文物管理处的工作人员

艺术"课。① 第一次对梵迹进行实地勘察，是 1957 年宿季庚（白）先生指导我和刘勋、孙国璋（同去的还有赵思训、刘慧达二位）全面勘测响堂山石窟（图 14-41）。此后因在中国科学院考古研究所（现中国社会科学院考古研究所）汉唐研究室工作，关注三国两晋南北朝考古，而这一历史阶段又正是中国石窟寺和佛教造像艺术繁荣发展的阶段，所以更加关注有关佛教美术考古的田野考古调查发掘。在《探掘梵迹》中，就想将中国学者自 20 世纪到今天对中国境内有关梵迹（包括佛教寺塔遗址、石窟寺、造像埋藏坑、瘗埋舍利的地宫与容器等）探查的成果，概要绍介给读者。祈望读者能够通过这本书，通过中国考古学人孜孜不倦地探索中国境内梵迹的历程，对中国佛教文化在中国传统文化中的位置和作用有更深的了解。

（本文为《探掘梵迹》一书写的"代前言"，2017 年）

---

① 后来述祖先生在授课讲义的基础上成书出版，见阎文儒《中国石窟寺艺术总论》，天津古籍出版社 1987 年版。

四川早期佛教造像

20世纪60年代初，北京关心中国佛教艺术的诸先生，已经注意到探究中国早期佛教造像这一学术课题。当时阎述祖（文儒）师替中国佛教学会为锡兰（今斯里兰卡）撰著中国石窟寺艺术，他住在广济寺，经常于晚上叫我去研讨写作中的问题，常与巨赞法师和赵朴初聊天，当时谈及已发现的早期佛教造像等问题。为此我曾应约在中国佛教学会所办《现代佛学》1962年第4期发表了《国内现存最早的佛教造像实物》一文，但囿于当时资料的限制，还难于做进一步的探讨。从那以后，随着文物考古事业的发展，不断有新的有关中国早期佛教造像的资料被发现，开拓了人们的眼界，也吸引了一些考古学者的注意力，陆续发表了一些探究性的文章，获得了比以前更多的成果，但是也产生了一些新的问题。随着新的文物考古资料的发现，有关探讨将会日益深入而得出更为切合实际的结论。

四川地区的佛教造像遗存极为丰富，但以唐宋及其以后时期的资料占绝大多数。这里所谓的"早期"，指汉至南北朝时期的造像资料，又可以区分为前后两个时期。前期包括东汉至三国蜀汉时期；后期是南北朝时期，至北周领有蜀地时为止。

四川地区已发现的东汉至蜀汉时期与佛教造型艺术有关的资料，主要发现于古代墓葬之中，又以下述两类资料最多，其一是墓室雕刻出的图像；其二是墓内随葬品上的装饰图像，在这类图像中，又以"摇钱树"的陶座上以及铜铸枝干上的图像为主。

谈到汉魏时期的与佛教造型艺术有关的文物资料时，我认为，必须首先区别它们是当时佛教信徒供养礼拜的佛教造像，还是仅仅受到佛教艺术影响出现的装饰性图像。这一区别，对当时当地佛教是否已真正作为一种宗教流行的分析，也是至关重要的，但是这一点却常被人们忽视。

四川早期佛教造像

为说明上述问题，可以大家熟知的一些考古资料为例。武昌莲溪寺吴永安五年（262）墓出土的刻有菩萨装佛教造像的鎏金铜饰片（图15-1），明显是马具中用于鞘带的饰件。吴、西晋青瓷器上贴塑的小型佛像，具有明显的莲座和狮子座，头光和衣纹也表明确是佛教造像，它们较多地出现在随葬的谷仓罐（或称"魂瓶"）之上，但也出现在唾壶（图15-2）等用具之上。有的魂瓶腹部，佛像甚至与鱼鳖等图像共列。六朝青铜镜背的装饰图案中，佛像有时出现在神仙、神兽图像之中，上述资料只能表明，当时的造型艺术品已受到佛教艺术的影响，甚至将其列入神仙图像的行列，但并不十分尊敬，绝不是人们顶礼供养的佛教造像。因为虔信佛教的信徒，绝不会将佛像用于装饰马具以及盛痰的唾壶。这也表明，在三国西晋时期，佛教虽已开始在江南地区传播，也开始建立寺塔，但是其影响有限，并不像以后东晋南朝时期江南地区那样，佛教成为自帝王乃至普通百姓虔信的宗教。

图15-1　湖北武昌莲溪寺孙吴墓出土　鎏金铜佛像纹鞘带饰片

图15-2　江苏南京孙吴　青瓷佛像纹唾壶

对于在古代墓室画像中出现的与佛教艺术有关的图像，情况也大致相同。在和林格尔壁画墓、沂南画像石墓等东汉时期图像中，与佛教艺术有关的图像，都是作为中国本土的神仙思想和早期道教的附庸状态出现的。但到佛教真正流行以后就不同了，例如在吉林集安高句丽族早期墓的壁画中，如长川1号墓内，不但绘有佛像和菩萨像，而且绘出在佛像前墓主人跪拜顶礼的图像。

此外，对于一些可能与佛教艺术有关的图像，也必须进行具体分析。多年前在北京举行的连云港孔望山摩崖造像学术讨论会上，我的朋友马雍曾向我挑起关于胡人形象与佛教艺术造像关系的争论。十分明显，胡人形象在汉代的画像和陶俑中经常出现，因此，不能认为胡人的出现必然与佛教有直接的联系。与之相类似的装饰图像，还有莲花和大象，它们自先秦时已是中国图像艺术题材，如大家熟知的先秦青铜器中的象尊与立鹤莲壶（图15-3），它们都与佛教艺术无关。因此，当莲花和大象等造型在汉魏时期艺术品中出现时，要进行具体分析，以辨明它们是否确与佛教艺术的影响有关。

基于上述分析，目前发现于四川地区的东汉至蜀汉的文物中，尚难肯定有真正是佛教信徒供养礼拜的尊像。已知的考古资料中墓室雕刻的图像以及"摇钱树"座和树干上的佛像，应是受到佛教艺术影响而出现的艺术作品。

先看墓室雕刻出的图像，主要有乐山麻浩1号崖墓坐佛像（图15-4）和柿子湾崖墓的坐佛像，后者残损较甚，但麻浩墓中的佛像保存较好。[①]

图15-3 河南新郑出土春秋时期青铜立鹤莲花方壶

图15-4 四川乐山麻浩1号墓墓门石佛浮雕像

---

① 参见乐山市文化局《四川乐山麻浩一号崖墓》，《考古》1990年第2期，第111—115页转122页。

佛像刻于墓内前室东壁门楣石上，与佛像平行布置的图像，是一个赤足的垂钓者。将佛像与钓鱼人对应雕刻，很难说明佛像是受供奉的位置。至于刻成的时期，据该墓考古简报作者分析，应是蜀汉时期的作品。

再看"摇钱树"座和树干的佛像。其中最著名的一件，是20世纪40年代发掘的彭山东汉崖墓出土的陶座，座上塑出一坐佛和两身胁侍立像（图15-5）。"摇钱树"枝干上的铜佛像，值得注意的标本有绵阳何家山1号东汉崖墓的出土品（图15-6）和忠县涂井蜀汉墓的出土品。关于"摇钱树"，也有学者认为或许是"社树"，甚或与距汉代几个世纪以前的三星堆青铜神树相联系。但不论是哪种说法，都与真正的佛教教义无关，至少没有脱离附庸于其他宗教信仰的位置。

图 15-5　四川彭山东汉墓出土陶摇钱树座上佛像

总之，在今日四川境内虽然发现有一些接受佛教造型艺术影响的文物资料，但截至目前，还缺乏在东汉或蜀汉时期已存在佛教作为独立的宗教信仰的文献记录或实物证据。这一问题，仍是有待今后继续进行探索的难解的课题。

进入南北朝时期，四川地区出现了真正的佛教造像。根据目前所了解

图 15-6-1　四川绵阳何家山 1 号东汉崖墓出土铜佛像摇钱树干

图 15-6-2　四川忠县涂井 14 号蜀汉崖墓铜摇钱树干佛像

的资料,这时期的造像与前述东汉至蜀汉时期那些受佛教造型艺术影响而产生的文物,并没有任何直接联系。目前已知的四川地区的南北朝时期佛教造像,主要有两批资料,第一批是出土于茂汶县(今茂县)和成都市的石刻造像,第二批是广元千佛崖石窟等处的造像。

先观察一下第一批造像。茂汶县的造像有齐永明元年(483)纪年,现已残损,经拼合复原,是一通四面都有造像的造像碑,以正面和背面的两大龛像为主,一为弥勒佛,一为无量寿佛(图 15-7)。

成都市的南北朝石刻造像,主要出土于西门外万佛寺旧址,从清末到 20 世纪 50 年代,陆续有出土,现藏四川省博物馆的超过 200 件。其中南北朝时期带有纪年铭文的至少有 8 件,而最早的南朝宋元嘉二年(425)净土变石刻已流失国外。现存万佛寺旧址出土的有南朝纪年像 5 件,均为梁代造像(图 15-8),为普通四年(523)康胜造释迦石像一龛、中大通元年(529)鄱阳王世子造释迦像一躯、中大通五年(533)上官□光造□释迦□□一龛、大同三年(537)侯朗造佛像一躯、中大同三年(实为太清二年,548 年)观世音造像一龛。还有北朝纪年造像两件,均为北周造像,为保定二年至五年(562—565)益州总管柱国赵国公招敬造阿育王造像一躯和

图15-7 四川茂县出土南齐永明元年释玄嵩石造像碑背面

图15-8 四川成都万佛寺出土梁普通四年康胜造石释迦像

天和二年（567）菩萨造像残躯一件。后来又陆续在成都的西安路、商业街等几处发现佛教石造像埋藏坑，出土石造像中纪年最早的是齐永明八年（490）释法海造弥勒成佛像，齐建武二年（495）释法明造观世音成佛像（图15-9），还有记明为"阿育王"像的梁太清五年（551年，太清只有三年，实为大宝二年）柱僧逸造像（图15-10），丰富了关于成都地区南朝石造像的文物资料。

综观上述南朝齐、梁纪年造像，从其面相、造型、服饰的特征，十分明显是接受以南京为中心的南朝造像风格的产物。最突出的是削肩的体型和佛像的服饰。

削肩的体型是佛像中国化的一项重要革新，从云冈石窟的早期造像，可以看出体型是宽肩呈端平的形貌，较明显地保留着印度佛教造像原有的特征。但是在东晋到刘宋时，著名的雕塑家戴逵、戴颙父子，不断改进佛像雕塑的技艺，使其更符合于中国百姓的审美观点。据传戴逵"曾造无量寿木像，高丈六，并菩萨。逵以古制朴拙，至于开敬，不足动心，乃潜坐帷中，密听众论，所听褒贬，辄加详研，积思三年，刻像乃成"（唐张彦远《历代名画记》卷五）。其子戴颙，开始创作有削肩体型的佛像，据《宋书·隐逸传》："自汉世始有佛像形制未工，逵特善其事，颙亦参焉。

图 15-9 四川成都商业街出土齐建武二年释法明造石观世音成佛像

图 15-10 四川成都出土梁太清五年柱僧逸造石阿育王像

宋世子铸丈六铜像于瓦官寺，既成，面恨瘦，工人不能治，乃迎颙看之。颙曰：'非面瘦，乃臂胛肥耳。'既错减臂胛，瘦患即除，无不叹服焉。"瘦而削肩的造型自宋初开始流行。茂汶县齐永明造像，正是仿效刘宋时最流行的造型。万佛寺遗址出土的萧梁造像，依然沿袭这一传统。

佛像服饰的变化，更是佛教造像日益中国化的标志，1963 年我已在《试论南北朝前期佛像服饰的主要变化》一文中详加论述[①]。刘宋和萧梁纪年造像所着双领下垂的宽博大衣，内衣结带的服制，正是东晋南朝时流行的服制，可以从南京及丹阳六朝墓中《竹林七贤和荣启期》拼镶砖画所绘人物，清楚地看出这类服制的特色。

因此，从造像的体型及服饰特征，明显地看出成都一带的南朝造像，是由长江下游向上游传播的产物。

北周夺取四川地区以后，佛教造像自然受到北周造像风格的影响。

---

① 参见杨泓《试论南北朝前期佛像服饰的主要变化》，《考古》1963 年第 6 期，第 330—337 页。

萧梁的细密和北周的粗放质朴汇成新的造像风格，通肩而衣纹弧垂的造型增加，与北周中心地区的造像相比，具有较浓郁的地方色彩。

四川地区的南北朝时期的石窟造像，发现于川北地区，其风格与成都一带的石刻造像不同，不是源于长江下游的南朝造像的直接影响，而是源于北魏后期中原造像的影响，虽然在魏孝文帝迁洛后，北魏的佛教造像深受南方的影响，但是终与南朝造像存在区别。经过关陇，由汉中再入川北，产生了受北朝影响而雕凿的石窟造像。

川北的南北朝石窟造像，主要发现于广元的千佛崖和皇泽寺两处石窟，经广元市文物管理所和中国社会科学院宗教研究所的佛教室联合调查，并发表了调查报告。千佛崖的北朝洞窟，主要有大佛窟（编号第7窟）和三圣堂（编号第21窟）。前者作马蹄形平面，约开凿于北魏晚期；

图 15-11　四川广元皇泽寺北朝石窟

后者是三壁三龛窟，约凿建于西魏至北周时期。皇泽寺的北朝洞窟，主要有中心柱窟（编号第45窟）（图15-11）和迎晖楼上的第28窟，约凿建于西魏至北周时期。上述石窟中北朝晚期的马蹄形平面、穹隆顶形窟、中心柱窟及三壁三龛窟等三种窟形，奠定了以后隋唐四川石窟造像发展的基础，直到唐中宗、睿宗时期仍流行这三种主要窟形，可见其影响之深远。

（本文原为1992年"峨眉山与巴蜀佛教文化学术讨论会"的发言稿，后收入永寿主编的《峨眉山与巴蜀佛教——峨眉山与巴蜀佛教文化学术讨论会论文集》，宗教文化出版社2004年版，第286—289页。在收入本文集时，对文字有所调整，并且附图）

云冈石窟造像艺术漫谈

公元5世纪的50年代，北魏都城——平城西郊三十余里的武州塞十分热闹，成百上千的工匠正在开山凿石，为了创建为皇帝祈福的石窟寺，这一浩大工程的组织者是沙门统昙曜。据《魏书·释老志》记载，当时"凿山石壁，开窟五所，镌建佛像各一。高者七十尺，次六十尺，雕饰奇伟，冠于一世"。这时上距太武帝拓跋焘太平真君七年（446）三月"诏诸州坑沙门，毁诸佛像"，不过十余年，佛教僧徒对那场灭法浩劫记忆犹新。灭法之时，太武帝下诏："自今以后，敢有事胡神及造形象泥人、铜人者，门诛。"又云："诸有佛图形象及胡经，尽皆击破焚烧，沙门无少长悉坑之。"昙曜以前任沙门统（时称道人统）的师贤，是"假为医术还俗"，才逃过此劫的。昙曜当年曾"誓欲守死"，后经监国的皇太子拓跋晃劝谕，才"密持法服器物"隐匿而逃此劫。因此他们深知，在当时的政治条件下，佛教得以恢复和弘扬，只有依靠人世间最高统治者的恩赐，所以复法后，极力将当今皇帝与佛陀联系在一起。其实早在道武帝拓跋珪皇始年间（396—398），僧人法果就曾称道武帝为"当今如来"，宣扬："能鸿道者人主也，我非拜天子，乃是礼佛耳。"经历了太武帝灭法以后，僧人更进一步认识到法果的主张是必须承袭的，所以在复法后师贤出任道人统后，就极力将佛教造像之举与帝王联系在一起，就在他担任道人统当年，就将官修的佛像比拟皇帝的形貌，据《魏书·释老志》："是年，诏有司为石像，令如帝身。既成，颜上足下，各有黑石，冥同帝体上下黑子。论者以为纯诚所感。"看来当时雕造的有可能是等身石像。兴光元年（454），又在平城的五级大寺内"为太祖已下五帝，铸释迦立像五，各长一丈六尺，都用赤金二十五万斤"。这是身高近4.5米的大像，至少已有人体高的2.5倍，立在寺庙中已是十分宏伟了。但是当年毁寺破像的阴影仍旧笼罩在昙曜等僧众心头，因此当昙曜代替师贤以后，立即想要建造体量更为巨大、更难被毁坏的造像，那就是要借助高山崖壁，雕造难于破坏的身高六十至七十尺大像。他在请示皇帝以后，立即在武州塞开始了空前浩大的凿岩开窟造像的工程，这也就揭开了今日"云冈石窟"历史的大幕。

云冈昙曜所开凿的五所石窟，今人都认为是被编为第16号至第20号的五座平面呈椭圆形（或说是马蹄形）的穹隆顶大型石窟（图16-1），它们依次布列在云冈石窟区的西部（图16-2），洞内的主尊的高度都超过13米，最高的是第19窟中的佛坐像，高达16.8米，大家习惯称这五座窟为"昙曜五窟"。其中的第20窟，因为前壁和左右两壁前部早年已经塌毁，以致窟内大像暴露成露天的状态，所以后世的人们一来到云冈，首先映入眼帘的就是这座大佛的宏伟身姿，也因此不断出现在中外的书刊之中，成为云冈石窟艺术的象征（图16-4）。其实他的身躯的高度在昙曜五窟中排在倒数第二，仅有13.8米。昙曜五窟毫无例外都是椭圆形穹隆顶的窟形，过去多认为是模拟僧徒修行的草庐。纵观比云冈石窟建造为早的自新疆到河西走廊诸石窟，从龟兹克孜尔石窟到武威天梯山石窟（凉州石窟），以及有西秦建弘纪年的炳灵寺169窟，等等，都看不到这样的椭圆形

图16-1　山西大同云冈石窟远眺"昙曜五窟"

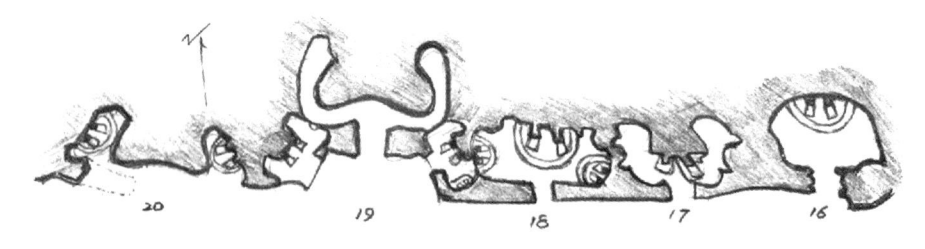

图16-2　云冈石窟第16至20窟（昙曜五窟）平面示意图

图 16-3　山西大同雁北师院北魏墓出土陶毡帐模型

图 16-4　笔者与宿白先生考察云冈石窟时，在第 20 窟大佛前

穹隆顶的窟形。令人感兴趣的是，近年来在大同地区发掘的北魏平城时期的坟墓出土的随葬明器中，出现有陶质的毡帐模型（图16-3）。在大同沙岭北魏墓的壁画中，更可以看到成群的穹隆顶毡帐即穹庐的画像，该墓出土漆书文字中，有太武帝拓跋焘太延元年（435）纪年。也让人想起后来鲜卑拓跋族用鲜卑语高唱的豪迈歌谣："天似穹庐，笼盖四野。天苍苍，野茫茫，风吹草低见牛羊。"想来北魏时鲜卑拓跋族选用本民族的传统居室穹庐的形貌，来创造佛的居室，应是顺理成章的事。

用民族传统居室的形貌来凿建石窟，也就引起对早期云冈石窟佛像艺术造型的思考，通俗地讲，就是当时造像所依据的"粉本"究竟来自何方？这又引起对佛教艺术是如何传入中土的思考。

在中国出现最早的佛像是东汉晚期的作品，似无疑问。不过当时佛教还没有在中国形成民众信奉的宗教，很长时期内，佛像只是杂厕于神仙像中的胡神而已，通常出现于墓内石雕、壁画中，或摇钱树枝干或器座上。这种情况一直延续到三国西晋时期，带有头光或坐于莲座的小型佛坐像，常被塑饰于青瓷谷仓罐（魂瓶）上，还有青瓷香熏、唾壶以及铜镜、鞘带铜饰等器物上，通常与神仙、羽人、奇禽、异兽乃至水族鱼鳖混杂在一起。除了远在新疆龟兹地区的石窟外，至今在考古发掘中还一直没有发现过被尊崇地作为供人礼拜的佛像标本。这一情况在东晋十六国时期有了极大的变化。当许多北方或西北少数民族陆续进入中原建立政权成为统治民族以后，佛教在中原北方遇到了空前的发展机会。因为直到东晋十六国时期，汉族仍认为"佛出西域，外国之神"，而"华戎制异，人神流别"，于是后赵石虎时中书著作郎王度所上奏议，建议禁民众信佛教。但是石虎说自己本是生自边壤的民族（羯），现在到中原成为帝王，"佛是戎神，正所应奉"。这道理本很简单，胡人自信胡神，所以佛教大为兴盛，真正成为当时全国百姓信奉的宗教，目前传世的中国纪年最早的佛教造像，也正是后赵石虎建武四年（338）金铜造像（图16-5）。佛教在鲜卑族皇帝统治的北魏得以盛行，其缘由也应与后赵近同，创建以本民族的传统建筑形式穹庐形貌的石窟窟形，在一定意义上也拉近了拓跋鲜卑与西来的胡神佛陀之间的距离，更具亲切感。至于昙曜五窟内佛陀艺术造型的最初的渊源，自然是来自佛教的故乡——古印度。但是佛教的艺术造型，开始并不是由

云冈石窟造像艺术漫谈

印度直接输入，而是辗转迂回经由中亚，进入今中国新疆境内，再沿河西走廊，继续输往中原北方地区。从进入中国境内并东传开始，随着一步步深入中国内地，佛教也有一个不断中国化的历程。还应注意到随着北魏王朝逐渐掌控了北方，将陆续占有的地域内的民众、僧徒和工匠人等迁徙到平城地区，分别来自青州、凉州、长安以及定州等地的僧徒和工匠，全汇聚到昙曜指挥的工程队伍之中，带来了不同来源的"粉本"和工艺技能。所以当时对佛像的雕造，看来是博采国内外众家之长对艺术造型的再创造，从而形成了北魏自身的时代特色。这也就使仅重视样式学的某些美术史家，可以从云冈造像中或寻到犍陀罗艺术的影响，或注意了秣菟罗（马吐腊）艺术的风格，甚至探寻到地中海沿岸诸文明（希腊、埃及）的影响，或是将统一的艺术作品生硬地分割为西来的及中国传统，纷纷攘攘，不一而足。但是像云冈昙曜五窟这样具有艺术震撼力和时代风格的造型艺术品，其创作决不能只被认为是不同来源艺术的"拼盘"。宿白先生曾指出，北魏皇室以其新兴民族的魄力，融合东西各方面的技艺，创造出新的石窟模式，应是理所当然的事。[①]

图 16-5　后赵建武四年
鎏金铜佛像

图 16-6　山西大同云冈石窟
第 20 窟大佛头部特写

① 参见宿白《平城实力的集取和"云冈模式"的形成与发展》，《中国石窟寺研究》，文物出版社 1996 年版。

束禾集

昙曜五窟的艺术造型特征，首先在于其雄浑宏伟的气势。各窟的主尊佛像，都以其巨大的体量和雄伟的体姿，显露出北魏各代皇帝的无上权威。佛的面容前额宽阔，直鼻方颐，弯眉细目，大耳下垂，口唇紧闭而微露笑意（图16-6），面相威严又显慈祥（或说佛像面相可能模拟北魏诸帝容貌，尚无确证，将来如积累拓跋鲜卑族人头骨资料再作面相复原，对照大佛面相特征进行研究，或许能有答案）。佛衣衣纹厚重，更增造像宏伟气势的力度（图16-7）。再结合粗犷的毡帐穹庐窟形，谱写成一曲对新兴的北魏王朝不可阻挡的发展势头的赞歌。

图16-7　山西大同云冈石窟第18窟大佛立像

图16-8　山西大同云冈石窟第9窟前室西壁、北壁、南壁及室顶局部

昙曜五窟艺术造型的粗犷而雄浑的气势，随着时间的推移而逐渐消逝，代之而起的是新的精工细琢的富丽之风，历史时期已步入北魏孝文帝太和初年，在云冈雕造的洞窟的代表是第5、6窟，第7、8窟，第9、10窟等几对双窟。还有第11、12、13窟一组三窟，是在崖面上从昙曜五窟向东延伸。这些洞窟呈现在人们面前的是与昙曜五窟完全不同的景观，模拟中国式样的仿木构建筑的石雕，以及披着宽博的汉式佛衣的清秀面庞的佛像（图16-8），显示着与此前的石窟明显不同的新兴的造型艺术风格。这一突然的变化，难道只是出自那一时期指导开建石窟的僧人和雕窟造像的

匠师因师承和艺术流派而作的主现改变吗？答案是否定的。因为决定佛教石窟的雕造面貌的不是幕前的僧人和匠师，真正决定权掌握于幕后的功德主——北魏的皇室和权臣手中，而在他们的心目中，宗教行为是从属当时政治的大方向。孝文帝初年直到太和十四年（490）文明太后冯氏去世，主持政务的实际是临朝听政的文明太后，而当时摆在北魏最高统治集团面前的主要问题，正是如何巩固已被拓跋鲜卑政权统一了的中国北半部江山，以及治理广大汉族为主的各民族民众。原来以拓跋鲜卑传统规制的政治构架已难以维持，为了长治久安，必定要在政治上进行彻底改革，在历史书中也被称为"汉化"。有着汉文化素养的文明太后冯氏，起用了汉族官员李冲、游明根、高闾等，改革鲜卑旧习，班俸禄，整顿吏治，推行均田制，不断进行政治改革。在这样的大背景下，生活习俗、埋葬礼仪等方面的"汉化"势头也越来越猛，与之相关的造型艺术自然也随之呈现出新的面貌。以墓内葬具为例，在太和元年（477）宋绍祖墓中，葬具是仿木构建筑的石棺，三开间的殿堂前还设置檐柱和门廊（图 16-9）。在延兴四年至太和八年（474—484）司马金龙夫妇墓中，以石础漆画木屏风三面围护的石床，都是令人瞩目的标本。特别是司马金龙墓中屏风漆画的历史题材的画像中，人物的面相、体态、服饰都与传世东晋画家顾恺之绘画的后世摹本中的人物相似，面容清秀而衣裾宽博，女像衣带飘飞，男像褒衣博带，高冠大履，明显是受到当时江南绘画艺术新风影响的作品（图 16-10），司马

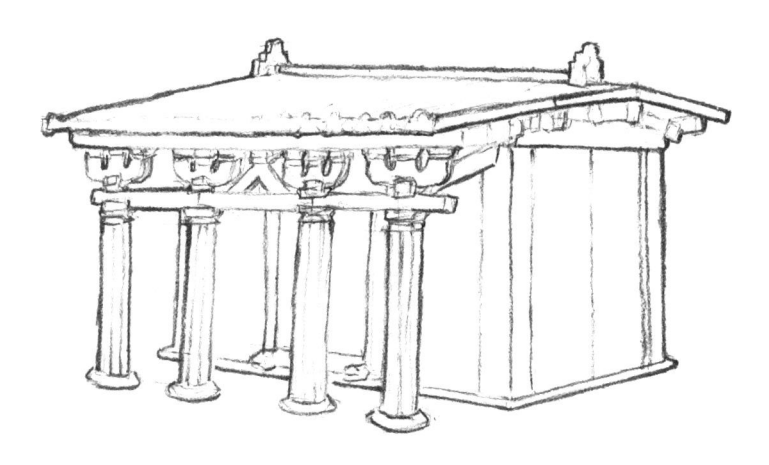

图 16-9　山西大同北魏宋绍祖墓带前廊房屋形石棺示意图

金龙家族本是东晋皇族，于刘宋政权建立之初逃亡北地，故此能在北魏急于获取南方画艺新风时将其介绍到北方。当时北魏朝廷也起用来自青州地区（这一地区并入北魏版图前曾由东晋刘宋统治了半个世纪）熟悉工艺技能的人士，其中代表人物就是蒋少游。当时为了获取先进的汉文化艺术，一方面力图从解析汉魏旧制来承袭汉文化传统，另一方面想方设法去南方获取那里新的文化艺术信息，蒋少游在这两方面都起了很大作用。前一方面，如北魏朝廷曾特地派他去洛阳，"量准魏晋基址"，以在平城营建太庙太极殿。后一方面，曾在李彪出使南朝时，派他担任副使，密令其观南方"宫殿楷式"，以获取南朝建筑艺术等方面的新成就。这也引起南方士人的警惕，清河崔元祖就向齐武帝建议将蒋少游扣留，说："少游，臣之外甥，特有公输之思，宋世陷虏，处以大匠之官，今为副使，必欲模范宫阙。岂可令毡乡之鄙，取象天宫？"从中也可窥知当时北魏朝廷想获取江南汉族先进文明的急迫心态。就在这样的大历史背景下，孝文帝太和初年，云冈石窟开始第二轮开窟造像的热潮。

太和初年与和平年间昙曜在云冈开窟造像时，虽然只隔了五分之一世纪，但是北魏平城景观已有较大的改变，鲜卑族传统的毡帐只能在郊野才有保留，在都城内依汉魏旧制的宫殿和礼制建筑群，日趋完备，而且宫殿的修建力求华丽，建筑装饰更趋精美。前述太和元年宋绍祖墓石棺作前带檐柱、前廊的殿堂形貌，正是反映人间殿堂的艺术模拟造型。因此在凿建佛教石窟时，同样舍弃了鲜卑族传统居室毡帐穹庐的形貌，改为模拟人间帝王的殿堂，前列由巨大檐柱支撑的前廊（图16-11），室内顶部也模拟殿堂中的平棋藻井，连许多佛龛也雕成上为脊装鸱尾的庑殿顶，下为带有前廊的殿堂形貌（图16-12）。又由于当时北魏朝廷实际是有两位最高统治者，一位是实际掌权的文明太后，另一位是皇权旁落的小皇帝，或许反映了这种政治现实，这一阶段在云冈石窟出现了别处罕见的双窟的形制。对洞窟内部的布局，也打破了原昙曜五窟仅在正壁安置主尊而两侧安置胁侍的模式，在室内中央凿建直达室顶的方形塔柱，在塔柱三壁和室内两侧壁开龛造像，塔柱与后壁间留出佛徒旋塔礼拜的通道，明显是汲取了自龟兹到河西凉州诸石窟中心塔柱室内布局的成熟经验。又由于这样的布局，所以塔柱正面龛内主尊的与昙曜五窟比，身高和体量都有所缩减，以致雕造精细而绮丽有加，但缺乏雄浑气势。加之壁面及藻井都满布雕刻，除龛像和飞天伎乐外，还出现许多颇具故事情节的新的题材，如维摩文殊对坐（图16-13）。特别是第6窟中佛传故事雕刻占据了壁面的绝大部分，形成

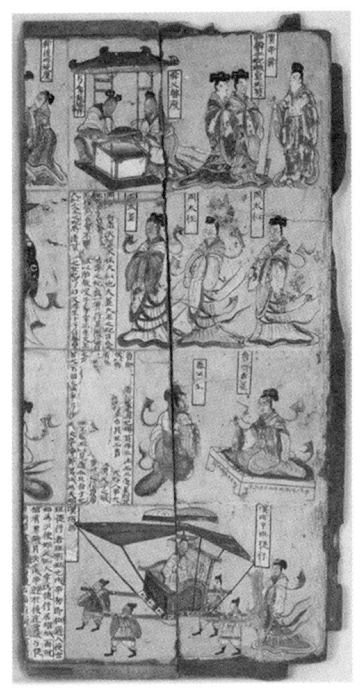

图16-10　山西大同北魏司马金龙墓出土木板漆屏画

图16-11　山西大同云冈石窟第9窟前廊檐柱

图16-12　云冈石窟第12窟带前廊殿堂形貌佛龛

327

图 16-13　山西大同云冈石窟第 6 窟前壁明窗下维摩文殊对坐像

图 16-14　云冈石窟第 6 窟佛传故事雕刻之乘象投胎

连续的释迦从投胎诞生直到得道的历程,生动具体(图 16-14)。更值得注意的是窟内佛像的艺术造型,同样出现很大的变化。

太和年间的云冈佛像,不仅失去了以前巨大的体量和雄伟的体姿,而且面相也不再是直鼻方颐的威严形貌,而转向面容清秀、慈祥可亲。所披佛衣(袈裟)的质地也由模拟厚重的毛织物,改为模拟轻柔的丝绸。披着方法排除了斜袒裸臂等旧模式,改为自双肩下垂再裹披身躯,外貌近似双领下垂的汉式袍服,且佛衣下垂宽博飘展,近似汉装士大夫的"褒衣博带"形貌(图 16-15)。

图 16-15 山西大同云冈石窟第 6 窟西壁上层立佛像

云冈石窟的窟形、室内布局和佛像造型的变化,强烈地显示出随着北魏汉化的加剧,将来自山东青州、江苏徐州,乃至河西凉州诸地的影响汇聚融和，形成太和初年平城石窟造像的时代特点，反映出佛教艺术造型向中国化又迈进了一大步。

当太和年间云冈石窟进入新的艺术高潮的时候，北魏王朝的政治生活又出现了新的转折，太和十四年（490）文明太后逝世，孝文帝终于摆脱了祖母阴影的笼罩。只过了三年，孝文帝就借口伐齐统领百万大军南下，实际是开启了迁都洛阳的行程，经过两年，到十九年北魏六宫及文武尽迁洛阳，平城从此失去都城的地位，北魏皇室在云冈石窟的大规模营建随即戛然而止，今日云冈第3窟的前庭和前室未完成的工程遗迹，就是那段历史的实物见证。都城迁洛以后，云冈石窟日趋衰落，继续凿建的都是一些中小型的洞窟，主要集中于崖面西部，造像面容更趋清秀。

太和初年云冈石窟开窟造像出现的面相清秀、佛衣轻薄飘展的艺术风格，表明北魏平城造型艺术已追赶上江南自顾恺之至陆探微为代表的艺术水平。但是那时在江南又已出现了艺术新风，人物造型由瘦骨清像转向面短而艳的新风格，后世的绘画史都将艺术新风的代表人物归于张僧繇，其实这一风格的佛教造像在南齐永明年间就已出现。四川成都西安路南朝佛像窖藏出土的齐永明八年（490）比丘释法海造弥勒成佛石像的面相，已经显现出这种艺术新风，且蜀地造像较南朝统治中心的都城邺康还会滞后一些时日，比之北魏，时当太和十四年，云冈造像尚以清秀面相为新兴时尚。

当以张僧繇为代表的艺术新风的影响呈现于北魏洛阳，已是皇家大寺永宁寺塔中的塑像，大约塑造于孝明帝神龟二年至正光元年（519—520）。那时的云冈石窟，已因柔然主阿那瓌的强大，侵扰北魏旧京（平城），因而彻底衰落，很长时间从历史记载中消逝了。

（原载《中国文化遗产》2007年第5期）

青州北朝佛教石造像研究

20世纪50年代以后，在中国各地的田野考古发掘中，不断发现古代佛教石造像，出土数量最多的是南北朝晚期的造像。在北朝疆域内集中出土的地区，除东魏、北齐都城邺（今河北省临漳县）和西魏、北周都城长安（今陕西省西安市）外，主要有当时的青州（今山东省青州市）和定州（今河北省定州市）两个地区。在南朝疆域内，佛教石造像主要集中出土于当时的益州（今四川省成都市）地区，而都城建康（今江苏省南京市）还没有出土过成批佛教石造像。

青州地区发现的北朝佛教石造像中，数量最多而且雕工精美的一批，系1996年10月出土于山东青州（建市前称益都县）龙兴寺遗址中轴线北部大殿后的窖藏坑中[1]，这次展出的正是这批出土品中的精品。龙兴寺窖藏坑中出土的佛教造像计400余件，在坑中排列有序，大致按上、中、下三层摆放，较完整的佛像躯体平置于坑的中部，各种残头像置于坑壁边缘，有些较小的坐姿造像则呈立式摆放，窖坑内造像的表面存有席纹，推测原来放置造像后先以苇席覆盖，然后以土掩埋。出土石造像少数有纪年铭记，其中最早的是北魏永安二年（529）韩小华造弥勒像（图17-1）。因为坑内还有一些唐宋时的造像，撒放的钱币中年代最迟的是北宋徽宗时的"崇宁通宝"，表明窖藏埋入的时间为北宋末年。通观窖藏出土造像的时代，上自北魏晚期，历经东魏、北齐、隋、唐，直至北宋年间，但以北朝时期的贴金彩绘石造像数量多且形体大，最吸引学者的注意。[2] 为什么

---

[1] 山东青州市博物馆：《青州龙兴寺佛教造像窖藏清理简报》，《文物》1998年第2期，第4—15页。

[2] 参见杨泓《山东青州北朝石佛像综论》，《汉唐美术考古和佛教艺术》，科学出版社2000年版，第315—327页。

图 17-1　山东青州龙兴寺出土北魏韩小华石造像

这处窖藏坑埋藏于北宋时期？这曾经引起人们的种种推测。[①] 由于与青州市邻近的临朐县明道寺舍利塔塔基佛教石造像窖藏坑的发掘中[②]，发现有一方"沂山明道寺新创舍利塔壁记"石碑（图 17-2），碑文记述北宋时，山东地区流行僧人收集前代石刻残像瘗埋作功德的善举。据明道寺舍利塔壁记，当时讲法华经僧觉融和听学僧守宗，"睹石镌坏像三百余尊"，故发愿收集建小塔瘗埋。景德元年（1004）闰九月五日舍利塔建成时，来参加落成仪式的僧人和地方官员中，就有青州龙兴寺志公院主僧义永、青州皇化寺讲唯识论僧怀达等。因此推知，青州龙兴寺发现的佛教石造像窖藏瘗

[①]　孙新生：《试论青州龙兴寺窖藏佛像被毁的时间和原因》，《中国历史博物馆馆刊》1991年第1期。

[②]　临朐县博物馆：《山东临朐明道寺舍利塔地宫佛教造像清理简报》，《文物》2002年第9期，第64—83页。

图 17-2　山东临朐出土宋明道寺塔下石碑铭文（拓片）

埋的原因，应与明道寺舍利塔地宫一样，为北宋时龙兴寺僧人发愿作功德，收集前代石刻残像所瘗埋。

在龙兴寺窖藏石造像被发现前，青州市境内即曾多次发现过北朝石造像。最早的是传 1920 年前后在青州市西王孔庄古庙中发现的北魏正光六年（525）张宝珠等造像（图 17-3），现存山东省博物馆。[①] 20 世纪 80 年代以来，青州市更不断有关于北朝造像的新发现，在原兴国寺废址、七级寺废址和龙兴寺废址都出土过贴金彩绘的北朝石造像。[②] 也有一些贴金绘彩北朝石造像流失出青州市，台北震旦文教基金会、良盛堂等的藏品中，均不乏青州造像精品。[③] 除青州市以外，在北朝时青州境内的今临朐、诸城、博兴、广饶、高青等县，20 世纪 50 年代以来也不断发现过北朝造像。[④] 总括来看，山东以青州市为中心的区域出土的北朝晚期石造像已超过千件。其中最重要的是前述临朐明道寺的发现和在诸城出土的一批石造像。临朐明道

---

① 山东省博物馆：《北魏正光六年张宝珠等造像》，《文物》1961 年第 12 期，第 52 页。
② 夏名采、庄明军：《山东青州兴国寺故址出土石造像》，《文物》1996 年第 5 期，第 59—67 页；青州市博物馆夏名采等：《山东青州出土两件北朝彩绘石造像》，《文物》1997 年第 2 期，第 80—81 页；青州市博物馆：《山东青州发现北魏彩绘造像》，《文物》1996 年第 5 期，第 68 页。
③ 台北故宫博物院编辑委员会编：《雕塑别藏——宗教编特展图录》，1997 年。
④ 参见杨泓《关于南北朝时青州考古的思考》，《文物》1998 年第 2 期，第 46—53 页。

图 17-3　山东青州西王孔庄出土北魏正光六年张宝珠等石造像

寺出土的北魏纪年造像有正光年间（缺具体年份，520—525 年）宋□造像、孝昌三年（527）比丘僧庆造像、永安二年（529）□□道造像和建明二年（531）造像。1988 年至 1990 年诸城兴修体育中心时，曾发现一处古代佛寺废址，先后出土石造像残体超过 300 件，其中 5 件有纪年铭刻，一件仅存干支"甲辰"，另 4 件分别为东魏武定三年（545）和四年（546），北齐天保三年（552）和六年（555)[①]。通过对以青州市为中心的区域出土石造像的分

---

① 诸城市博物馆：《山东诸城发现北朝造像》，《考古》1990 年第 8 期，第 717—726 页；杜在忠、韩岗：《山东诸城佛教石造像》，《考古学报》1994 年第 2 期，第 231—261 页。

析，能使我们初步了解北朝晚期青州地区佛教石造像的概貌。

依据青州地区北朝晚期佛教石造像的形制和造像铭的纪年，可以将其分为北魏晚期、东魏和北齐三个时期。观察这三个时期造像的造型特征，前两个时期基本相同，东魏时仍沿袭北魏晚期的风格，到北齐时则出现了新变化。

综观有关青州地区北朝佛教石造像的考古发现，最早的纪年是正光六年（525）张宝珠等造像。临朐明道寺所出石造像的最早纪年是正光年间宋□造像。青州龙兴寺遗址窖藏所出最早纪年为永安二年（529）。表明青州地区石造像兴起的时间，约在北魏正光年间或稍早些，这与当时定州地区佛教石造像兴起的时间相差不多。曲阳修德寺废址窖藏所出石造像最早纪年为神龟三年（520），继之是正光年间的造像，自正光元年（520）起共8件。[1] 可以看出，两个地区发现的造像最早纪年都在北魏孝明帝神龟、正光年间，即公元6世纪初，约当南朝梁武帝天监末至普通年间。至于这时佛教石造像的造型风格，从定州造像看，曲阳修德寺所出神龟三年（520）邑义二十六人造弥勒像因头部残缺，无法知其面相。正光年间的造像中，正光四年（523）邸扳延造弥勒像头部保存完好，面相额方颐圆，已显丰腴之态，眉长目细，直鼻小口，嘴角微翘略含笑意。在整理曲阳出土石造像时，就已注意到正光年间造像与洛阳龙门石窟宣武帝时的长颈削肩、秀骨清像不同，造型由过分修长变得高矮适度，面形由瘦削变为额方颐圆，呈现出新的特点。再看青州造像，正光六年（525）张宝珠等造像的面相，正与曲阳正光四年邸扳延造像近似，额方颐圆，嘴含笑意。龙兴寺窖藏出土永安二年（529）韩小华造弥勒像，面容丰腴，弯眉细目，嘴角微翘略含笑意，体态也由修长转为丰腴适度，衣纹较为舒简，呈现着与曲阳正光年间像同样的造型风格。由此看来，当时定州和青州几乎同时迎来了雕造佛教石造像的高潮，并且大致同时呈现出造型新风。这并非偶然，而是顺应了当时中国佛教造像艺术造型变化的共同时代潮流。

探寻北魏晚期青州和定州在公元6世纪初出现的佛教石造像造型新风

---

[1] 罗福颐：《河北曲阳县出土石像清理工作简报》，《考古通讯》1955年第3期，第34—38页；李锡经：《河北曲阳修德寺遗址发掘记》，《考古通讯》1955年第3期，第38—44页；杨伯达：《曲阳修德寺出土纪年造像的艺术风格与特征》，《故宫博物院院刊》总2期，第43—60页。

的源头，应起于北魏后期的都城洛阳。1979年以来，对北魏洛阳的永宁寺进行过多次发掘。永宁寺是由北魏孝明帝之母灵太后胡氏主持、熙平元年（516）开始修建的著名佛寺，坐落在北魏洛阳宫城以南御道西侧，经过发掘，已揭露出寺院的完整布局。全寺平面呈规整的长方形，周绕围墙，围墙四面设门，除北门已残毁无迹外，东门、西门和南门（正门）均已发掘。全寺以著名的九层木塔为中心，塔后有佛殿，形成由南门、木塔、佛殿至北门的中轴线，两侧东、西两门对称，全寺建筑群布局谨严，主次分明，为北朝晚期以塔为主的佛寺平面布局的典型代表，显示出时代特征。在对永宁寺塔基的发掘中，获得各种彩塑品残件多达1560余件，包括各类佛教造像和世俗人像、像座、龛饰及其他饰件的残件，塑制精美，敷彩犹存。其中的佛教造像和世俗人像，面相方圆，丰腴适度，长眉细目，小口薄唇，嘴角微翘略含笑意（图17-4），服饰宽博呈褒衣博带样式，衣纹舒展流畅，呈现出与以前流行的过分消瘦的秀骨清像不同的新的造型风格。[①]永宁寺塔塑像呈现的新造型特征，也表现出外来佛教造型进一步与中国民族艺术新风相结合，是北朝晚期佛教艺术中国化进程中的一个显著标志。

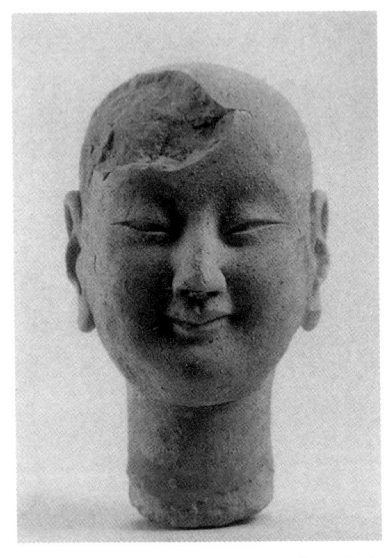

图17-4　北魏洛阳永宁寺塔基出土佛教泥塑像

[①] 中国社会科学院考古研究所：《北魏洛阳永宁寺——1979~1994年考古发掘报告》，中国大百科全书出版社1996年版。

在北魏皇室的带动下，以洛阳永宁寺塔塑像为代表的艺术新风，自然向都城洛阳以外地区迅速扩展。永宁寺塔塑像大约塑造于神龟二年（519）至正光元年（520），而同样风格的造像很快就出现在定州和青州地区，掀起了北朝晚期佛教造像风格的第一次大变化，这一变化由北魏正光年间一直延续到东魏时期。

引起北魏洛阳永宁寺塑像艺术新风的源头，是南朝梁初兴起的绘画新风。公元502年，南朝政权更迭，萧衍取代南齐而建立梁朝，改元天监，时当北朝北魏宣武帝景明三年（502）。也正在这前后，南朝的画风发生变化，从而导致全中国造型艺术发生新变化。由以东晋顾恺之和刘宋陆探微为代表的画风，转向以萧梁张僧繇为代表的画风。所谓"象人之妙，张得其肉，陆得其骨，顾得其神"[1]。所绘人物形貌从过分消瘦的"秀骨清像"转向丰腴得体，雕塑作品的艺术造型也随着绘画同步改变。南朝造型艺术风格的转变很快影响北方，并受到北魏皇室的重视，故在营建皇家大寺永宁寺、塑造佛像时，采用南朝艺术新风，并迅速传遍北方各地，从而引致北朝晚期佛教造像风格的第一次大变化。

至于反映南朝画风由顾、陆向张转变的实物资料，因为缺乏在南朝都城建康遗址有关佛教石造像的考古发现，目前只能借助益州出土的南朝造像来进行观察。由成都地区出土的由南齐至梁的纪年佛教石造像可以看出，在梁初张僧繇所创"张家样"佛教造像盛行以前，至迟在南齐永明年间，佛像面相已由瘦削向丰腴转变，茂县出土永明元年（483）造像（图17-5）已显示出这种转变。[2] 成都市西安路窖藏出土永明八年（490）比丘释法海造弥勒成佛石像，这种转变更加明显，面相已是宽额方颐之态（图17-6）。成都市西安路窖藏出土梁天监三年（504）造像主尊的头虽残毁，但两侧胁侍菩萨的面相已是面短而艳[3]（图17-7），表明是张家样雕塑的成熟作品。这表明，益州造像接受来自长江中下游都城建康兴起的艺术新风的时间，远早于北方的青州和定州地区。

---

① （唐）张彦远：《历代名画记》卷七，人民美术出版社1963年版，第150页。
② 袁曙光：《四川茂汶南齐永明造像碑及有关问题》，《文物》1992年第2期，第67—71页。
③ 成都市文物考古工作队、成都市文物考古研究所：《成都市西安路南朝石刻造像清理简报》，《文物》1998年第11期，第4—20页。

■ 束禾集

图17-5 四川茂县出土齐永明元年释玄嵩造石造像碑正面

图17-6 四川成都出土齐永明八年石造像

图17-7 四川成都出土梁天监三年石造像

青州北朝佛教石造像研究

　　北齐时期，青州、定州等地佛教石造像的艺术造型又发生第二次大变化，北魏晚期到东魏时流行的披着褒衣博带式袈裟的佛像逐渐消逝，一种有别于褒衣博带服饰的佛教造像逐渐流行，这一变化表现在青州龙兴寺窖藏出土佛教石造像中最为明显。新流行的造像面相圆润丰满，多立姿，而且肩胛宽厚，腰身分外细瘦。所着佛衣贴身，质薄透体，衣纹舒朗，多作双线，纹褶舒叠下垂（图17-8），有的甚至不刻衣纹，更显薄衣贴身，衣下肌肤隐现，确如画史所描述的"出水"之姿（图17-9）。这种明显带有中印度秣菟罗艺术风格的造像，公元5世纪前期曾一度影响到河西走廊，到公元5世纪中叶出现于甘肃以东诸石窟和散存的铜、石造像中，但是北魏孝文帝中后期汉化加深后就逐步消失，为汉式褒衣博带服饰的造像所取

图17-8　山东青州龙兴寺
出土北齐石佛像

图17-9　山东青州龙兴寺
出土北齐石佛像

339

代。在沉寂了近半个世纪以后，公元 6 世纪中叶，薄衣透体佛像却又以多种样式较普遍地再现于东方，特别是北齐政权控制的区域内最为流行。青州造像显露的北齐佛像这种新趋势，应非简单地恢复以前出现过的薄衣造像旧样式，而可能是与公元 6 世纪天竺佛像一再东传有关，也与北齐时最高统治集团倡导胡化，以及重视中亚诸胡伎艺有关。① 在定州地区出土的北齐佛教石造像，同样出现佛像衣纹渐趋简化、不再作褒衣博带式样的变化。菩萨像中的思惟菩萨像服饰变化略大，北齐早期的思惟菩萨像上身着帔巾，到北齐晚期的思惟像则上身赤裸，长裙褶纹也极疏简（图 17 - 10）。北齐幼主高恒承光元年（577），高罗候造双思惟像，除上身赤裸外，长裙无褶纹几乎光素，时已至北齐亡国前夕。但是在青州北齐时极为流行的那种衣薄贴体、简刻衣纹甚至不刻衣纹而似肌肤显露的造像，在定州造像中迄未流行。或许因为公元 6 世纪一再奉请天竺佛像，直接倡导者为南朝梁武帝，史籍所记供奉天竺佛像的地点多在南方的荆州、丹阳等地。青州地近海疆，从海路易与南方交往，故在佛像雕造方面无可置疑地受到萧梁影响。

图 17 - 10　河北曲阳修德寺出土北齐武平四年石思惟菩萨像

① 宿白：《青州龙兴寺窖藏所出佛像的几个问题——青州城与龙兴寺之三》，《文物》1999 年第 10 期，第 44—59 页。

图 17-11　山东临朐北齐崔芬墓屏风壁画

不仅是佛教造像，在墓室壁画方面，青州地区也深受南朝影响，例如在青州以南的临朐发掘的北齐崔芬墓中的高士图屏风壁画（图 17-11）[①]，在河北、山西等地的北齐墓中不见同样题材的壁画，明显是受到南朝墓中流行的"竹林七贤"拼镶砖画题材的影响。而定州地处内陆，佛教根基深固，传统势力也较强，可能造成那一地区接受一些艺术新风的阻力较大，所以对北齐时佛教石造像艺术造型的二次变化的反映，与青州地区有所不同，这也表明定州造像艺术风格的某些滞后性。

（本文原为2012年应中国文物交流中心之约，为出展台湾的展览《千年重光——山东青州龙兴寺佛教造像展》所作）

---

① 临朐县博物馆：《北齐崔芬壁画墓》，文物出版社2002年版。

山东博兴出土的北朝石雕菩萨立像

北朝石雕菩萨立像（图 18-1），1976 年 3 月出土于山东博兴的一处窖藏中，系张官大队农民推土垫房基时偶然发现。在窖藏坑中，整齐地埋

图 18-1 山东博兴出土北朝石雕蝉冠菩萨像

藏有多件古代佛教造像，包括石雕和瓷塑佛教造像。当时现场遭破坏，出土造像散失民间，后来经当地文物部门展开工作并收回67件造像，其中就有这件青石雕菩萨立像。这处窖藏的佛教造像，由常叙政、李少南写成文物简报，发表于《文物》月刊1983年第7期。[①]

令人遗憾的是，这件全高达1米多的菩萨立像，竟然轻易地被从博兴偷盗出境，后在英国出现，并被日本滋贺县MIHO博物馆收购并展出。幸而在造像出土后，常、李两位及时写出文物简报发表，使得造像被盗出国后，有充分的证据可以证明它是中国被盗的文物。后来经过国人和中国政府的努力[②]，还有国际上对中国友好的友人的帮助[③]，这件珍贵的造像终于安全地回归故里，这使国人倍感欣慰。

1976年，在山东博兴县城东北发现一处窖藏，出土的石刻造像经文物部门收回的共计67件，内有造像碑1件、较为完整的造像25件、残头像18件（佛头9件、菩萨头9件），以及残像座12件、带足榫11件。其中9件刻有纪年铭文，分别为东魏武定五年（547）、八年（550）和北齐天保元年（550）、乾明元年（560）、太宁二年（562）、天统二年（566）和四年（568）、武平元年（570）。表明这组石刻佛教造像的年代在东魏到北齐时期，约从公元547年至570年。其中刻工最精的一件，就是这件曾经被盗运出国的青石雕刻的菩萨立像。该像头高18厘米，身高100厘米，附有圆形头光，直径54厘米。1976年以后到1984年，博兴县文物管理所又陆续在那处遗址先后获得石造像、铜造像和瓦当等文物，出土的石、铜造像共达200件，主要为北朝时期所制作，并考察清楚出土地点原是建于隋代以前的龙华寺遗址。[④]

[①] 常叙政、李少南：《山东省博兴县出土一批北朝造像》，《文物》1983年第7期，第38—44页。

[②] 王立梅：《挚爱与奉献——我所参与的中国文物对外交流》，文物出版社2008年版，第137—146页。

[③] 李力：《失踪国宝要回家——一封神秘来信道出失踪国宝的下落》，《中国文物报》2001年1月14日；李力：《神秘人推动国宝回家——菩萨造像流失海外14年归国之路曲折传奇》，《北京青年报》2008年1月22日第4版。

[④] 山东省博兴县图书馆李少南：《山东博兴出土百余件北魏至隋代铜造像》，《文物》1984年第5期，第21—31页；山东省博兴县文物管理所：《山东博兴龙华寺遗址调查简报》，《考古》1986年第9期，第813—821页。

在北朝中晚期，从北魏神龟年间到东魏至北齐时期（约518—577），随着北魏都城洛阳建造皇家大寺永宁寺时兴起的佛教造像艺术新风[1]，在今河北、山东等地区都出现了雕造佛教造像的高潮。山东地区的造像中心是今青州市，这与当地自东晋十六国至南北朝时期的历史地位有关。青州市在东晋十六国时期称"广固"，南燕慕容超在此建都，刘裕灭南燕，收复青州，筑东阳城。到南北朝时，刘宋取代东晋领有青州。公元469年，北魏将慕容白曜攻陷东阳城，青州地区又归入北朝版图。东魏至北齐时期，因为从军事上要南防南朝，西距西魏至北周，所以青、齐等州所在的山东地区，是其重要的后方战略基地，与太原地区一同被视为"霸业所在，王命是基"[2]。且山东地区还可通过海路与南方有所联系，便于吸收当时南朝文化的影响。因此，当时青州地区的经济文化都有很大发展，佛教文化更是日趋兴盛，所以这一地区在北期晚期能够出现雕造佛教造像的高潮。[3] 青州市有关北朝石刻造像的主要考古发现，是龙兴寺址的窖藏佛教造像。龙兴寺为唐代寺名，北齐时称"南阳寺"，为当时城中正东之"甲寺"[4]。遗址位于青州古城西门南部，占地近3万平方米。在该寺遗址范围内，曾多次发现过北朝时期的贴金彩绘石造像。[5] 1996年更在寺址中轴线北部大殿后5米处，发现一处面积近67平方米的窖藏坑，从坑中清理出佛教造像200余尊，其时代自北魏，经历东魏、北齐、隋、唐，直至北宋年间，但最具学术价值的是北朝时期的贴金彩绘石造像。[6] 由于南阳寺为城中之甲寺，可视为当时青州佛教活动的中心，所以寺中造像当可视为北朝晚期青州石雕佛教造像的代表作品。

---

[1]　宿白：《北朝造型艺术中人物形象的变化》，《中国石窟寺研究》附录二，文物出版社1996年版。

[2]　《北齐书·文宣纪》，中华书局校点本1964年版，第51—52页。

[3]　杨泓：《关于南北朝时期青州地区考古的思考》，《中国古兵与美术考古论集》，文物出版社2007年版，第255—267页。

[4]　北齐武平四年娄定远所立《司空公青州刺史临淮王像碑》。参见孙新生《山东青州北齐〈临淮王像碑〉》，《文物》1999年第9期，第71—74页。

[5]　青州市博物馆：《山东青州发现北魏彩绘造像》，《文物》1996年第5期，第68页；青州博物馆夏名采、刘华国、杨华盛：《山东青州出土两件北朝彩绘石造像》，《文物》1997年第2期，第80—81页。

[6]　山东省青州市博物馆：《青州龙兴寺佛教造像窖藏清理简报》，《文物》1998年第2期，第4—15页。

山东博兴出土的北朝石雕菩萨立像

青州市出土的北朝时期石雕佛教造像,除上述龙兴寺遗址的发现外,在青州市城东兴国寺故址也曾采集到残佛教石造像近40件。[①] 令人遗憾的是,青州的北朝时期佛教石造像,过去曾有些流失海外,其中亦不乏精品。[②]

除青州市有关北朝石雕佛教造像的考古发现外,在其周围的临朐、诸城、博兴、广饶[③]、高青[④]和更北的无棣[⑤],都有关于北朝石造像的考古发现,这表明北朝时,青州地区[⑥]以东阳城(今青州市)为中心,佛教文化的发展十分兴盛。上述诸地出土的佛教石造像,最值得重视的有三组遗物,分别发现于临朐、诸城和博兴。1984年,在临朐上寺院村原明道寺舍利塔塔基地宫中,出土佛教石造像残块1200余块,其中有18件残像有纪年铭文,还有1件"沂山明道寺新创舍利塔壁记"石碑。[⑦] 诸城市于1988—1990年兴修体育中心时,发现一处古代佛寺废址,出土佛教石造像残体超过300件。[⑧] 博兴出土的造像,就是本文前面引述的一组遗物。

综观青州地区出土的北朝佛教石造像,其中纪年最早的一件是据传出土于青州市西王孔庄的张宝珠造像,纪年为正光六年(525),为背屏式三尊像,高220厘米。[⑨] 龙兴寺窖藏出土石佛像中,纪年最早的一件是永安二年(529)韩小华造弥勒像,还有一件是太昌元年(532)比丘尼惠照造

[①] 夏名采、庄明军:《山东青州兴国寺故址出土石造像》,《文物》1996年第5期,第59—67页。
[②] 台北故宫博物院编辑委员会:《雕塑别藏——宗教篇特展图录》,1997年7月。
[③] 东营市历史博物馆赵正强:《山东广饶佛教石造像》,《文物》1996年第12期,第75—83页。
[④] 常叙政、于丰华:《山东省高青县出土佛教造像》,《文物》1987年第4期,第31—35页。
[⑤] 惠民地区文物管理组:《山东无棣出土北齐造像》,《文物》1983年第7期,第45—47页。
[⑥] 本文所述南北朝时的青州地区,系泛指南朝宋时的青州领域,北朝时北魏以降的青州,并扩及其北齐州领域,其中心在今山东青州市及淄博、临朐、潍坊一带。
[⑦] 临朐县博物馆:《山东临朐明道寺舍利塔地宫佛教造像清理简报》,《文物》2002年第9期,第64—83页。
[⑧] 诸城市博物馆:《山东诸城发现北朝造像》,《考古》1990年第8期,第717—726页;杜在忠、韩岗:《山东诸城佛教石造像》,《考古学报》1994年第2期,第231—262页。
[⑨] 山东省博物馆:《北魏正光六年张宝珠等造像》,《文物》1961年第12期,第52页。

弥勒像。①

龙兴寺遗址的北魏晚期造像身躯匀称，面相额方颐圆，显露丰腴之态，眉长目细，直鼻小口，嘴角微翘略含笑意。造像石材因地域特色采用青州当地灰黑色调的青色石灰石，但雕刻精致，且大多原敷色彩保存完好。多见大型有背屏的三尊像和单体立姿像。上述青州地区从北魏正光年间以降佛教造像出现的艺术新风，应系源自当时都城洛阳的影响。

在对洛阳北魏永宁寺遗址九级浮图基址的考古发掘中②，获得了超过1500件彩塑残件，包括等身像或比等身像更大的塑像残块，以及1米左右高度的中型塑像残块和小型影塑残像，保存较完好的残头像表明，当时造像的面部特征大致是"面相方圆，长眉细目，直鼻大耳，小口薄唇，表情含蓄，隐现庄严慈祥之容"③。特别是细而微上斜的眼睑间不刻画睛珠，嘴小而两嘴角微翘，略含笑意，最具传神特色。这些造像大约塑制于神龟二年（519）八月到正光元年（520）七月之间。④ 永宁寺为孝明帝之母灵太后胡氏所立皇家大寺，塑像自然代表了当时塑工最高水平，也反映出当时引领潮流的时代风尚。

十分明显，永宁寺塑像面相方圆一改此前北魏造像削瘦的新风，源于南朝艺术风格的变化，也就是由顾恺之到陆探微的清瘦造形，转向以张僧繇的丰腴面相，即由重"骨"转向重"肉"，由密体向疏体的转变。⑤ 在北魏皇室的带动下，模仿南朝造型新风自然向都城洛阳以外地区迅速扩展，至迟在正光年间，已传遍青州等地，其传播速度相当之快。

青州市龙兴寺窖藏出土佛教石造像，到北齐时青州造像更具特色，出现宽肩细腰，衣薄透体的新造型。从东魏晚期开始，一种有别于"褒衣博带"佛衣的佛教造像遂渐兴起，到北齐时则趋于流行。造像面相圆润丰满，而且肩胛宽厚而腰身细瘦，多单体立姿。佛衣贴身，质薄透体，衣纹

---

① 青州市博物馆编：《青州龙兴寺佛教造像艺术》，山东美术出版社1999年版，图1—9。
② 中国社会科学院考古研究所：《北魏洛阳永宁寺——1979~1994年考古发掘报告》，中国大百科全书出版社1996年版。
③ 同上书，第149页。
④ 同上书，第143页。
⑤ 宿白：《北朝造型艺术中人物形象的变化》，《中国石窟寺研究》附录二，文物出版社1996年版。

舒朗简洁，多作双线，纹褶舒叠下垂，有的甚至平素不刻衣纹，仅以彩绘表现衣饰细部，更显薄衣贴身，衣下肌体隐现，近于画史所描述的"出水"之姿。佛衣外饰彩绘，多画出田字框格，又多用朱红色。又常在田字格内绘人物图像，或在田字格内减地浅浮雕各种人物图像。与佛像衣饰刻划趋简不同，菩萨像的佩饰却日渐繁缛，刻工亦趋精细，出现项圈串饰和璎珞组成的复杂项饰，有的全身披悬网状璎珞，两腿间垂饰宽带，装饰华美，亦涂金饰彩。从东魏晚期到北齐时在青州广泛流行的佛衣贴体甚至不施衣纹的立像，目前在东魏—北齐都城邺南城遗址却很少发现，只在青州地区发现，数量众多，已成当地石造像的主流，应系青州地区石佛造像的特色。

青州地区兴起的这种北齐薄衣透体的造像新风，明显带有中印度秣菟罗艺术风格。究其原因，或与青州与南朝文化交往密切有关，也与当时北齐皇室深染胡俗，受西域昭武九姓中曹国画师影响有关。上述两方面的影响汇集于此，又结合青州当地造像之传统，所以出土北齐时石像中，薄衣立佛数量众多，形制繁杂，雕工精美，显示出青州造像领先时代之风尚。

博兴龙华寺遗址窖藏出土石刻佛教造像，纪年为东魏武定五年（547）至北齐武平元年（570），也就是青州地区造像由北魏晚期影响的东魏造型，转化为北齐薄衣透体造像新风的时期。自日本回归的这件博兴出土的菩萨立像，虽然缺乏纪年铭，但从面相到体态，都近于青州龙兴寺出东魏天平三年（536）邢长振造释迦三尊像和尼智明造三尊像的胁侍菩萨（图18-4）。将这件造像与青州地区出土的同类造像相比，其雕造工艺更为精细，天衣褶纹颇显流畅自然，佩饰的璎珞疏密得体。其身躯微向前倾，头部造型更为传神，面相方圆，弯眉细目，微翘的嘴角饱含笑意，使信众观后更感亲切慈祥，顿生皈依之情，的确是青州地区单体菩萨造像中的佳作。这件菩萨雕像还有与众不同之处，就是在头上所戴宝冠正中多安置化佛或宝珠的位置，雕出一只双目朝上、两翅下垂、伏卧的蝉纹，类似当时世俗官员冠上的蝉纹金珰。金珰在两晋墓中常有随葬，如南京郭家山东晋温氏家族墓第12号墓中出有金珰，蝉翼镂空，造型精致（图18-2）。据墓志判断，所葬死者为散骑常侍、新建开国侯温式之。[①]

[①] 南京市博物馆：《南京市郭家山东晋温氏家族墓》，《考古》2008年第6期，第3—25页。

图 18-2　江苏南京郭家山东晋
12号墓出土金蝉珰

图 18-3　北魏洛阳永宁寺塔塔基
出土泥塑金珰笼冠头像

蝉纹金珰又常是伴从皇帝身旁的近臣如侍中等戴用。[①] 在北魏洛阳皇室大寺永宁寺塔基遗址出土的小型泥塑中，有原为帝后礼佛行列的侍臣头像，其中就有戴金珰笼冠的人像。或许因当时僧侣将佛比拟人间皇帝，所以在佛的胁侍菩萨冠上雕饰蝉珰（图18-3）。

在菩萨宝冠上饰蝉纹是罕见的，至今只有在青州地区北朝石雕造像中发现两例。一例是博兴出土的菩萨立像，另一例出土于青州龙兴寺窖藏中，其体高、造型及服饰大致与博兴菩萨相近，但残损较甚，双足已断，且头光缺失（图18-5）[②]。博兴菩萨背后所附圆形头光完整无缺，亦颇为难得。因此，博兴出土的这件石雕菩萨立像，堪称国宝级文物，国人对其实应倍加珍惜。

失窃的北朝菩萨立像得以重返故乡，是国人、国际友人和国家文物局有关官员共同努力的结果。但是，对于体高超过一米的硕大石雕文物竟能轻易地被盗出国，又不能不对保管者的不负责任和其上级主管官员的不作

[①] 孙机：《中国古舆服论丛》（增订本），文物出版社2001年版，第173—177页。
[②] 青州市博物馆编：《青州龙兴寺佛教造像艺术》，山东美术出版社1999年版，图148。

图18-4　山东青州龙兴寺出土东魏天平三年尼智明造石佛像

图18-5　山东青州龙兴寺出土北朝蝉冠菩萨石像

为深感痛心，祈望能接受这类惨痛的教训，使今后国宝级文物被盗的事件不再发生。

（原载国家文物局《追索流失海外的中国文物》，文物出版社2008年版）

西安出土佛像

　　历史上长安地区（今陕西西安）自晋代以来一直是佛教文化中心之一。西晋时期长安已成为佛经翻译的中心，始于晋武帝时月氏僧竺法护（竺昙摩罗察）自敦煌至长安，于长安青门立寺，翻译佛经。到东晋十六国时期，后秦姚兴崇信佛教，将名僧鸠摩罗什迎来长安，从事译经、说法，佛教译经正式成为封建国家的宗教文化事业，前后参与译经的弟子超过五百人，组成一个庞大的僧团，对佛教在中国的传播做出很大贡献。也为以后长安一直是中国重要的佛教文化中心奠定了基础。但到北朝时期，长安佛寺曾先后两次遭到最高统治者的摧残，前一次是北魏太平真君七年（446）二月，太武帝拓跋焘为平定盖吴之乱，西征关中到达长安，因发现佛寺里有兵器，又发现有州郡牧守富人寄于寺内的大量藏物及在窟室所匿妇女，因而采纳崔浩说，先诛长安沙门且焚毁经像，进而在国内灭法。后一次是北周时期，武帝宇文邕又于建德三年（574）灭法，长安佛教再受摧残。不久隋朝取代北周，因隋文帝杨坚幼时长于尼寺，深奉佛法，因此在建立新的都城大兴时，就已规划在城内建造佛寺。据说建都之初，隋文帝便颁立寺额一百二十方于朝堂，下敕"有能修建，便任取之"。因此隋大兴城内佛寺林立，目前尚能查明的佛寺即超过一百一十座以上。李唐建国，都城由大兴更名长安，平面布局基本延续隋时旧制，城中佛寺亦如此，并不断有新的由皇帝或皇族修建的大型佛寺。虽遭武宗会昌灭法的摧残，但宣宗大中年间很快得到恢复，晚唐时长安佞佛之风更盛，奉巡佛骨舍利引起全长安官民的宗教狂热可以为证。在从西晋到隋唐前后修建的众多佛寺中，供养的大小佛像数量难以计数。

　　时至今日，诸多规制宏伟的历代名寺早已成为历史陈迹，湮没于地下，仅有唐代修筑的慈恩寺塔（大雁塔）和荐福寺塔（小雁塔）仍矗立在西安城中，供人们瞻仰凭吊。存留在长安地区地下的佛教文化遗存十分丰富，也遗有众多佛教造像。何况北魏、北周和唐代的三次法难，长安地区均首当其冲，大量在灭法时遭残毁的佛教造像也多被瘗埋于地下，它们虽然有所残损，但许多仍不失为显示当时佛教造型艺术的重要学术标本。

20世纪初年，不少在西安地区偶然被发现的佛像遗物，多已流失域外。中华人民共和国成立以来，随着西安地区文物考古工作的蓬勃开展，也有许多佛教的遗迹和遗物被发掘出土。在北周都城长安遗址多有北周石刻造像出土。对唐代佛寺遗址的考古发掘更获得过重要成果，曾先后揭露出青龙寺和西明寺的部分遗址，加深了对唐代长安佛寺的了解。安国寺遗址出土的一组唐代白石造像，其造型艺术深受中外美术史学者的重视。特别是西安市文物保护考古所多年来对西安地区佛教文物，进行了细致的调查、保护和搜集，成绩卓然。所搜集的佛教造像多达数百件，例如多有精品，其中已为中外学者公认为当时造像的代表作品的西安未央区查西村出土的几件北周贴金彩绘白石菩萨像、雁塔区八里村隋开皇四年（584）董钦造鎏金铜弥陀佛像（图19-1）等。但是其中多数尚未正式刊发过，

图19-1　陕西西安雁塔区八里村出土隋开皇四年董钦造鎏金铜弥陀佛像

图19-2　陕西西安未央区中官亭村出土北周石佛像

图 19-3　陕西西安未央区草滩出土北周一佛二弟子石造像龛

特别如未央区中官亭村北周施彩立佛像（图 19-2）、草滩北周白石龛像（图 19-3）等数量较多的北周造像，为过去比较薄弱的长安地区北朝晚期佛教龛像研究提供了丰富的资料。现在，孙福喜等几位学者选其中精品编成图录，使这些珍贵的古代佛教文物得以面世，能够让中外学者进一步研究鉴赏，更为了解中华古代艺术传统，增添了丰富的实物史料，意义深远。

相信随着西安地区文物考古工作的进一步开展，今后还会有更多的佛教遗迹和遗物出土，如能进一步探明出土造像与有关佛教遗迹的联系，将能把从晋到唐长安地区的佛教史迹的研究推向新的高度。

（原为西安市文物保护考古研究所编《西安文物精华佛教造像》所作的序，世界图书出版公司 2010 年版）

四川出土南朝佛教造像

四川博物院、成都市文物考古研究所、四川大学编成《四川出土南朝佛教造像》，嘱我作序。

回想我最早得到观察四川成都万佛寺南朝佛教造像的机会，距今已60多年。1954年5月，在北京举办了"全国基本建设工程中出土文物展览"，那是中华人民共和国成立后首次全国性的大规模出土文物展览。在参观展览前，阎文儒先生特别嘱咐我要仔细看展出的四川成都万佛寺和河北曲阳修德寺出土的两组佛教石刻造像，并尽可能把造像的特征画下来。当时我是初学考古的学生，虽多次去故宫午门上看展品，还努力作了有关造像的速写，依然弄不明白万佛寺南朝佛教造像在学术方面有哪些重要性。直到1954年秋天，《文物参考资料》第9期刊登了冯汉骥先生写的《成都万佛寺石刻造像》和我的老师宿白先生写的《展览会中的一部分美术史料》两篇文章，学习以后，我才开始对万佛寺南朝造像有了初步的认识。当时宿先生指出："南北朝的佛教造像，过去只清楚一些北方作品，南朝则除了一点零星石刻和金属小像之外，没有其他材料，因此多少中国雕塑史就把南朝四百年的佛教艺术空了起来，这次成都新发现的一批南北朝造像，正好填补了这个不能缺少的重要空白。"文中还指出这批造像的地方性，也就是和当时北方造像有所不同的问题。在装饰和布置方面更有显著差异：如大同三年（537）释迦立像胸前的结带雕有华丽的花纹和珠饰，天和二年（567）的菩萨立像足蹬草鞋（图20-1）。中大同三年（548）的观音立像龛，正中雕观音立像，像后还雕有四弟子、四菩萨，像前又雕二踏象力士，像座正面雕八伎乐天（图20-2）。这些都是当时北方造像中所没有的。此后很长时期，学术界关于南北朝时期南方和北方的佛教石造像的对比研究，都是在成都万佛寺和曲阳修德寺两组出土标本对比研究的基础上展开的。20世纪末以来，随着田野考古发掘的新进展，各地不断有南北朝时期佛教寺院遗址和佛教造像窖藏的重要考古发现，极大地推进了对南北朝晚期佛教造像研究的进程。在北方，北魏洛阳永宁寺遗址塔基的发掘，以及山东青州龙兴寺遗址佛教造像窖藏、河北东魏北齐邺城佛教寺院遗址和造像窖藏、陕西长安几处北周佛教造像窖藏等田野考古新发现，结合此前发现的河北曲阳修德寺佛教造像窖藏，已可对北朝时期北魏迁都洛阳以后，到东魏至北齐、北周的佛教造像的发展演变有了较清楚的认识。在南方，虽然都城建康所在的江苏南京地区，仍缺少关于南朝佛教寺院遗址和佛教造像的值得重视的考古发现，但是在四川地区仍不断有新的出土资料，其中重要的如成都商业街和西安路的两处佛教造像窖藏，都为南朝和北朝的佛教造像对比研究提供了珍贵的文物标本。

图 20-1 四川成都万佛寺北周天和二年石菩萨像

图 20-2 四川成都万佛寺出土梁中大同三年石观音立像龛

随着学术界对南北朝时期佛教造像的研究不断深入和扩展，只靠一些考古简报或收录局部资料的图册，就很难满足进一步研究的需求了。目前的情况是：北朝时期佛教寺院和佛教造像窖藏的重要考古发现，仅有北魏洛阳永宁寺遗址的发掘出版有完善的考古报告。长安的北周佛教造像有局部资料的考古报告。东魏北齐邺城佛教寺院遗址和造像窖藏资料正在积极从事整理，还处于撰写报告的准备阶段。至于曲阳的造像，虽然发现的时间最早，但从未有正式的工作报告，而有关文物标本，早已被分散到不同地点和多个博物馆中。山东青州龙兴寺造像原发掘工作的主持人已去世，并未能完成发掘报告的编写任务。这些情况都不利于对北朝佛教造像的深入研究。

相比之下，近年对四川出土的南朝佛教造像资料的整理工作却有许多新进展。一方面，对新出土的成都商业街和西安路等佛教造像窖藏，都编写有详尽的工作简报。另一方面，四川省博物馆对成都万佛寺出土的佛教造像重新进行了整理，发表了整理报告；对馆藏原茂县出土南齐造像碑，进行了整理并作复原研究。同时四川大学也发表了所藏南朝佛教造像。这些资料的发布，有利于学术界对四川南朝佛教造像进行新的研究。因此对四川南朝佛教造像的分期及其造型特征等方面，都有新的研究成果，除了对南朝和北朝佛教造像的对比研究以及南朝都城建康与蜀地佛教的关系的进一步研讨外，更注意到探究四川地区的地域特点，扩展到蜀地与河西等地的联系，分析四川南朝佛教造像的地方特色与其源流等新的学术课题。

随着四川出土南朝佛教造像的探研向深度和广度发展，对有关文物标本的全面、系统的基础资料的需求，自然被提到日程上来。令学术界极为欣喜的是，三年前，在四川省文物管理局关怀下，由四川博物院、成都市文物考古研究所和四川大学通力合作，历时两年，完成了对四川地区出土的南朝佛教造像全面系统的整理和研究，现在已撰成《四川出土南朝佛教造像》出版。这本专著分为上下两编，上编是对迄今四川地区出土的南朝佛教造像，进行了科学客观的全面梳理，资料翔实准确；下编收录有关论著，在上编客观翔实的资料的基础上，总结了前此对四川出土佛教造像的研究成果，开展了有关造像内容细部新的研讨，并提出了今后研究的新思路和有关课题。全书结构合理，上下两编，相得益彰。记得在半个世纪以前我从事考古编辑工作之初，夏鼐先生就告诫说，考古报告的编写特别应强调科学性和客观性，也就是能让并不同意编写者个人学术观点的中外读者，也能够依据报告客观详尽的资料，进行新的与作者不同的研究。这本专著的上编，应能达到上述要求，这是很难能可贵的。在此谨向参加辛勤编著这本专著的所有同志致敬。

我们相信《四川出土南朝佛教造像》的出版，会将四川南朝佛教造像的学术研究推向新的高度，同时也将带动南北朝时期佛教造像研究的新进展。也期望四川地区的田野考古工作，能不断有对南朝佛教寺院遗址和佛教造像窖藏新的重要考古发现，以使对四川南朝佛教的研究，获得更为丰厚的基础资料。

（原为四川博物院、成都市文物考古研究所、四川大学博物馆编著《四川出土南朝佛教造像·序》，中华书局2013年版）

中国古代佛教舍利容器艺术造型演变

——再谈佛教美术的中国化

佛教东传中国以后，初期传入的仅只是经、像，以后逐渐出现佛寺，建造佛塔瘗埋佛舍利的规制也随之传入中国。但是目前在中国发现的古代佛塔，并不与古印度佛教中流行的覆钵形塔相同，而是与中国传统的楼阁式建筑相结合，出现了中国样式的佛塔，原来印度覆钵形佛塔及顶上的相轮等，一般被装饰于楼阁式塔的顶端。[①] 在塔基中瘗埋佛舍利的容器及瘗埋规制，也随之不断变化，具有与古印度佛教并不相同的中国特色。[②] 当佛教经由中国传往东方的古代朝鲜半岛和日本列岛上的古代国家时，传去的已是经过中国化的佛教，其中佛塔的形貌和瘗埋佛舍利的规制，也概受中国的影响，所以在韩国发现的古代佛教舍利容器，不论是形制还是艺术装饰，都与中国古代的佛教舍利容器有着密切的联系。[③]

[①] 详见本书《漫话佛教艺术的中国化——以佛塔为例》。

[②] 古印度装盛佛舍利的容器，初分舍利时为宝坛（或瓶），后来舍利容器多为尖顶盖的圆形舍利盒或覆钵塔状舍利盒。我在参加日本奈良丝绸之路学术会议时，曾得以观察巴基斯坦送展的坦叉始罗考古博物馆藏坦叉始罗王宫出土的公元1世纪时的舍利容器，是由片岩制成的圆盒，周壁刻有菱格等纹饰组成的花纹带，盒盖周刻莲瓣，莲心凸出形成尖纽，高10.5厘米。盒内放存由金箔包裹的舍利，以及小金盒和珍珠等物。还有两件斯瓦特博物馆所藏手捧舍利盒的石供养人像。其中较早的一件为公元1—2世纪时的雕像，菩萨装，左手捧舍利容器，为尖顶盖圆盒；另一件是略迟些的公元2—3世纪的雕像，为男子立像，双手捧舍利容器，圆盒无盖。还有斯瓦特博物馆藏的公元3—4世纪的覆钵塔形舍利容器，器盖顶树刹。目前所知传世最著名的是迦腻色伽铜舍利盒，造型与前述坦叉始罗出土品基本相同，但装饰精美，外壁有雕饰，在盖顶有莲芯托秉的佛像，盖顶左右还各有一尊胁侍菩萨。古印度这种舍利容器，在中原地区的佛教遗迹中至今没有发现过。目前只是在新疆库车东北苏巴什雀离大寺遗址曾发现过木胎的舍利盒，形制为尖顶盖圆盒，盒周壁绘伎乐，但时代并非属于佛教初传中国时期，与中原地区舍利容器的演变并无关联。

[③] 关于中国古代舍利容器对古代韩国的影响，本文从略，参见杨泓《中国古代和韩国古代的佛教舍利容器》，《考古》2009年第1期，第73—84页。

一

目前在中国中原北方和江南各地发现的古代佛教舍利塔基和其中瘗埋的佛舍利容器，尚缺乏早于公元5世纪的遗迹和遗物，这是令人极感遗憾的事。经考古发掘出土的纪年明确的舍利塔基遗址，已是公元481年所建河北定县北魏五级佛图的基址。[1] 此后，有关北朝至唐末五代的遗迹，在北魏洛阳永宁寺塔塔基可能也瘗埋有佛舍利，但因历史上早遭盗掘而情况不明。[2] 东魏北齐时邺南城的佛寺塔基，发现在刹础石下有砖砌舍利函，可惜早已被盗一空。[3] 而在江南，目前还没有发现过南朝佛寺的塔基遗址，自然无法获知其中瘗埋的佛舍利容器的形貌。此后，隋唐时期的舍利塔基及舍利容器已有较多的考古发现，至今约有20项，其中具有代表性的重要发现，有陕西耀县隋仁寿四年（604）神德寺塔基及舍利容器[4]、甘肃泾川武周延载元年（694）大云寺塔基地宫及舍利容器[5]、陕西临潼唐开元二十九年（741）庆山寺塔基地宫及舍利容器[6]、陕西扶风咸通十五年（874）法门寺塔基地宫及舍利容器[7]，以及从浙江杭州雷峰塔地宫出土的舍利容器，那已是五代十国时割据杭州地区的末代吴越王钱俶时所瘗埋。[8] 从北朝至五代，这是中国古代佛教舍利瘗埋制度的一个大的历史阶段。综合这一历史阶段有关中国佛教舍利塔基和所瘗埋舍利容器的考古发现，可以大

---

[1] 河北省文化局文物工作队：《河北定县出土的北魏石函》，《考古》1966年第5期，第252—259页。

[2] 中国社会科学院考古研究所：《北魏洛阳永宁寺——1979～1994年考古发掘报告》，中国大百科全书出版社1996年版。

[3] 中国社会科学院考古研究所、河北省文物研究所邺城考古队：《河北临漳县邺城遗址东魏北齐佛寺塔基的发现与发掘》，《考古》2003年第10期，第3—6页。

[4] 朱捷元、秦波：《陕西长安和耀县发现的波斯萨珊朝银币》，《考古》1974年第2期，第126—132页。

[5] 甘肃省文物工作队：《甘肃省泾川县出土的唐代舍利石函》，《文物》1966年第3期，第8—15转47页。

[6] 临潼县博物馆：《临潼唐庆山寺舍利塔基精室清理记》，《文博》1985年第5期，第12—37页。

[7] 陕西省法门寺考古队：《扶风法门寺塔唐代地宫发掘简报》，《文物》1988年第10期，第1—28页；陕西省考古研究院、法门寺博物馆、宝鸡市文物局、扶风县博物馆：《法门寺考古发掘报告》，文物出版社2007年版。

[8] 浙江省文物考古研究所：《雷峰塔遗址》，文物出版社2005年版。

中国古代佛教舍利容器艺术造型演变

略将北朝至唐末五代舍利瘗埋制度的发展演变分为四期：即北朝早期，北朝晚期、隋至唐初，唐高宗至武宗灭法，宣宗复法至唐末五代。

第一期，北朝早期的考古发掘资料仅有河北定县北魏太和五年（481）塔基一项。在塔基的夯土中，埋有一件盝顶盖方石函，函高58.5、长65、宽57.5厘米（图21-1）。函盖盝顶上刻铭13行（图21-2），记述皇帝和皇后东驾巡狩，次于中山新城宫，发愿命有司以官财建五级佛图，并在塔下瘗埋舍利石函。在石函中安置装盛舍利的玻璃瓶、玻璃钵，还伴随有大量珠玉钱币等，其中还放有41枚波斯萨珊朝银币。[①] 这时是直接将盛舍利的石函瘗埋于塔基夯土中，但盛放舍利的容器已经不是原本古印度佛教的样式，而使用了中国传统样式的盝顶盖方函。这表明，当时舍利容器的造型已日渐中国化。[②]

图21-1 河北定州出土
北魏舍利石函

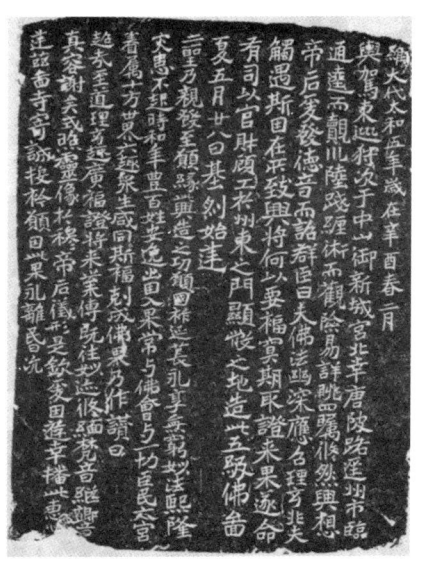

图21-2 河北定州北魏
石函铭文（拓片）

[①] 河北省文化局文物工作队：《河北定县出土北魏石函》，《考古》1966年第5期，第252—259页；夏鼐：《河北定县塔基舍利函中波斯萨珊朝银币》，《考古》1966年第5期，第267—270页，后收入《夏鼐文集》（下），社会科学文献出版社2000年版，第46—50页。

[②] 由于对佛教东传中国的丝路沿途的早期佛寺遗址（从汉末到十六国时期），目前尚缺乏认真的考古工作，因此无法了解佛塔建筑和舍利容器逐步中国化的过程，所以本文只能从北魏太和年间开始进行研讨。

第二期，北朝晚期、隋至初唐。在这期间，曾在发掘北魏迁都洛阳后建造的永宁寺塔塔基和东魏、北齐邺城城南佛塔塔基时，都在夯土基内发现有可能是瘗埋舍利的遗迹。表明已在塔基设置竖坑或砖函以瘗埋舍利，是否有的已构筑砖室，尚难确定。其中在东魏、北齐邺城佛塔塔基的发现值得注意，在中央塔刹柱础石下面，筑有长、宽、高均约70厘米的正方体砖函，以细腻黑灰色砖砌筑，因早年被盗，函内已空无一物。这一砖函，有可能原为瘗藏舍利所修筑。①

隋朝统一以后，文帝杨坚于仁寿元年（601）下诏在三十州立舍利塔②，塔下瘗藏舍利，使中国古代对舍利的瘗藏按皇帝制定的规制执行。据诏书所述，盛置舍利的容器是"以琉璃盛金瓶，置舍利于其内，薰陆香为泥，涂其盖而印之。三十州同刻，十月十五日正午，入于铜函、石函，一时起塔"③。以后又于仁寿二年（602）在五十三个州建塔瘗埋舍利函④，至仁寿四年（604），建立舍利塔的州已达一百余个⑤，遍及全国。隋文帝下诏所建舍利塔的遗址，已经考古发掘的有陕西耀县寺坪神德寺塔基⑥，为仁寿四年所建，地当隋时宜州宜君县。在塔基内筑有围护舍利石函的砖墙，石函的四周和盖上均有长方形的护石包裹。舍利石函正方形，每边长103、高119厘米。函盖盝顶，高52厘米，盖面篆书"大隋皇帝舍利宝塔铭"9字。函盖侧面线刻飞天、花草图案。函内深33、宽46.5厘米，近盖处有深10、宽52.5厘米的二层台，正好将高10、边长51.5厘米的石塔铭嵌置其间（图21-3）。塔铭12行，行12字，记述送舍利大德法师沙门僧晖，仁寿四年四月八日奉皇帝诏于宜州宜君县神德寺奉安舍利敬造灵塔等

---

① 中国社会科学院考古研究所、河北省文物研究所邺城考古队：《河北临漳县邺城遗址东魏北齐佛寺塔基的发现与发掘》，《考古》2003年第10期，第5页。
② 参见隋高祖《立舍利塔诏》，（唐）释道宣《广弘明集》卷一七，《四部丛刊》初编缩印明刊本，第229页。（唐）释道世《法苑珠林》卷五三《舍利篇·感福部》引《感应缘》亦引述隋文帝诏文，见《四部丛刊》初编缩印明万历刊本，第640页。
③ （隋）王劭：《舍利感应记》，《广弘明集》卷一七，第230页。又见《法苑珠林》，第640—641页。
④ （唐）释道世：《法苑珠林》卷五三，见《四部丛刊》初编缩印明万历刊本，第644页。
⑤ （唐）释道宣：《续高僧传》卷二一《释洪遵传》。
⑥ 朱捷元、秦波：《陕西长安和耀县发现的波斯萨珊朝银币》，《考古》1974年第2期，第126—132页。

事宜（图21-4）。函体四面线刻舍利弗、大迦叶、阿难、大目楗连等弟子在佛涅槃后悲痛情状，以及四天王及金刚力士等护法图像。函内有放置3枚舍利的鎏金盝顶铜盒，同时还放有骨灰、隋五铢钱、波斯萨珊朝银币、金环、银环、玉环等宝物。此外，还有内置头发的铜圆盒、内放绿玻璃瓶的鎏金铜方盒、内装骨灰的铜瓶等物。神德寺塔基瘗藏舍利的容器，正反映着隋文帝规范的制度。目前迟于仁寿年间的隋代舍利容器，还有4件，为河北正定白店村大业元年（605）舍利塔基刻铭盝顶盖素面方石函[①]、河北定县（今定州）宋静志寺塔基地宫重瘗隋盝顶盖方石函和大业二年

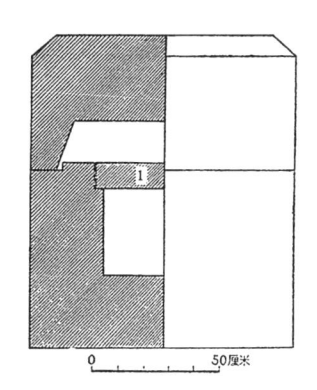

图21-3 陕西耀县神德寺塔基出土隋石函

图21-4 耀县隋石函铭文（拓片）

---

① 赵永平、王兰庆、陈银凤：《河北省正定县出土隋代舍利石函》，《文物》1995年第3期，第92—95页。

（606）铭铜函（图21-5）①、北京房山云居寺雷音洞大业十二年（616）刻铭盝顶盖方石函②、山东平阴洪范池舍利塔基盝顶盖方石函③，造型均相同。皆为盝顶盖方函，刻铭位置亦同，只是有的函面平素，有的刻有精美图像纹饰。可见，自隋文帝仁寿年间规范舍利容器形制以后，基本延续有隋一代。直到唐代初年，舍利容器的瘗藏还沿袭隋代旧制，陕西蓝田唐法池寺旧址出土盝顶盖刻纹方石函即是如此。

第三期，唐高宗、武后时至武宗会昌灭法。唐高宗显庆年间，舍利容器的外貌发生了新变化。这一新变化的创始人是当时的皇后武则天。高宗显庆五年（660）春三月，将法门寺佛舍利迎往东都洛阳宫中供养。"皇后舍所寝衣帐直绢一千匹，为舍利造金棺银椁，数有九重，雕镂穷奇。"④ 此风传开，各地仿效，一时建塔瘗藏佛舍利时，无不按照武后所创新制来制作舍利容器。说明这一变化的考古发现，主要有甘肃泾川贾家庄延载元年（694）大云寺塔基地宫舍利容器⑤、陕西临潼开元二十九年（741）庆山寺塔基地宫舍利容器⑥、江苏镇江出土的李德裕重瘗长干寺与禅众寺舍利容器。⑦

大云寺塔基地宫，构筑于武则天主政的大周延载元年（694），由当时泾州刺史等官员、寺僧主持修建。地宫砖筑，券顶，南壁有门，前接短甬道，甬道壁绘有壁画。地宫中瘗藏的舍利容器（图21-6），内外四重，自外第一重为刻铭盝顶盖刻纹大石函，大理石质，高28.3厘米；内第二重为

---

① 定县博物馆：《河北定县发现两座宋代塔基》，《文物》1972年第8期，第39—51页。
② 北京市文物研究所：《北京考古四十年》第三章第一节《隋舍利函的发现》，北京燕山出版社1990年版，第125页。
③ 邱玉鼎、杨书杰：《山东平阴发现大隋皇帝舍利宝塔石函》，《考古》1986年第4期，第375—376页。
④ （唐）释道宣：《集神州塔寺三宝感通录》卷上。后道世于总章元年撰《法苑珠林》，卷五一《敬塔篇》引《感应缘》亦记武后造舍利容器事："皇后舍所寝衣帐，准价千匹绢，为舍利造金棺银椁，雕镂穷奇。"
⑤ 甘肃省文物工作队：《甘肃省泾川县出土的唐代舍利石函》，《文物》1966年第3期，第8—15转47页。
⑥ 临潼县博物馆：《临潼唐庆山寺舍利塔基精室清理记》，《文博》1985年第5期，第12—37页。
⑦ 江苏省文物工作队镇江分队：《江苏镇江甘露寺铁塔塔基发掘记》，《考古》1961年第6期，第302—315页。

中国古代佛教舍利容器艺术造型演变

顶嵌银莲花的鎏金盝顶盖铜函；第三重为银椁，下设带栏杆的长方形椁座；最内是嵌饰珍珠、金莲等装饰的微型金棺，高4.6、长7.1厘米，重108克。金棺内铺织锦衬垫，上放有内装14粒舍利的玻璃瓶（图21-7）。

图21-5　河北定州宋静志寺塔基地宫重瘗的隋舍利铜函

图21-6　甘肃泾川大云寺塔基出土唐舍利石函

图21-7　甘肃泾川大云寺塔基出土唐舍利容器

庆山寺舍利塔地宫，构筑于玄宗开元二十九年（741），由寺僧主持修建。地宫砖筑，前有甬道，壁绘金刚力士。甬道内立通座高82厘米的石碑一通，额题"大唐开元庆山之寺"，碑文首题"上方舍利塔记"。地宫四壁

363

绘壁画，安有石门。室内后部及两侧砌须弥座式砖床，其上正中安置由6件青石构件组成的"释迦如来舍利宝帐"，高109厘米（图21-8），帐内置银椁金棺。银椁高14.5、长21厘米，下设鎏金铜须弥座，椁前挡刻门，贴嵌两身鎏金菩萨夹侍一双佛足，两侧壁嵌十大弟子在佛涅槃后悲泣形貌。椁盖上饰玉石、金莲，周垂珍珠流苏（图21-9）。椁内置长14厘米的微型金棺，棺盖亦嵌饰宝石（图21-10）。金棺内铺锦衾，上放一双带金莲花座的绿玻璃瓶，内置水晶质米粒状"舍利"。

图21-8　陕西临潼唐庆山寺塔基地宫出土石释迦如来舍利宝帐

图21-9　陕西临潼唐庆山寺塔基地宫出土舍利银椁

图21-10　陕西临潼唐庆山寺塔基地宫出土舍利金棺

中国古代佛教舍利容器艺术造型演变

李德裕重瘗长干寺与禅众寺舍利容器，是北宋元丰年间被重新瘗藏于镇江甘露寺铁塔地宫之内。长干寺舍利容器，是李德裕任浙江西道观察等使时于唐文宗大和三年（829）所制作，共内外四重，为石函（佚盖）、银椁、金棺和小金棺，最内的小金棺仅高1厘米，盖长2.9厘米，内盛舍利11粒（图21-11）。禅众寺舍利容器，内外三重，为石函（仅存盖）、银函、金棺，棺内置舍利156粒。这些金银舍利容器上的装饰纹样，较以前细密繁缛，以迦陵频伽、云中翔鹤等纹样为主。

图21-11-1　江苏镇江出土唐长干寺舍利银椁

图21-11-2　江苏镇江出土唐长干寺舍利金棺

综合以上诸例，可见自武后首倡以中国传统的棺椁造型制作瘗埋舍利的容器以来，用微型金棺银椁作舍利容器已为唐代高官名僧遵行的规制。只是依制作年代早晚和地点不同，其华美程度及细部装饰有些差异。在瘗入塔下时仿效墓室修筑砖砌地宫，舍利金棺银椁或仍依隋时传统置于大石函中，或置于以石材雕成的灵帐之内，灵帐仿殿堂内所施四柱盝顶宝帐。这种宝帐的造型，也正是继承自北朝时期已在佛殿中供奉佛造像的宝帐，仍旧沿袭着汉魏以来殿堂中使用的盝顶帐的形貌，但在帐顶和帐沿加饰山华蕉叶及垂悬的饰物和流苏，极尽华美之能事。虽无实物留存下来，但可以从石窟中的帐形龛来了解北朝时供奉佛的宝帐的形貌，例如河北巩县石窟第1窟、第3窟中心柱所雕出的宝帐形龛（图21-12），就雕刻得精确而华美。唐代的石雕宝帐，如庆山寺的"释迦如来舍利宝帐"。还有比其年代更早的是被重新安置在法门寺塔地宫中的汉白玉雕双檐灵帐（图21-13），制作于唐中宗景龙二年（708）。在敦煌莫高窟的唐窟壁画中，也在涅槃经变画中，可以看到华美的棺椁上面张有装饰华美的盝顶宝帐，如莫高窟盛

365

唐第148窟西壁壁画（图21-14）[①]。

此外，在山西、江苏、四川等地发现的一些缺乏纪年的舍利容器，也多是银椁金棺、银椁鎏金铜棺等组合[②]，也表明以金棺银椁瘗藏舍利已流行全国各地。以中国式样的棺椁制作舍利容器，更符合中国佛教徒的民族习惯，也是佛教艺术中国化的典型例证。

图21-12　河南巩县石窟宝帐形佛龛

图21-13　陕西扶风法门寺唐塔地宫出土石双檐灵帐

第四期，唐宣宗大中复法至唐末。唐武宗会昌灭法，拆寺毁像，舍利和舍利容器自然也在被毁之列，从而中断了唐高宗显庆年间以来以金棺银椁为舍利容器的发展势头。当宣宗恢复佛教地位以后，迎奉舍利和制作舍利容器，也得以恢复和发展。除了沿袭此前的金棺银椁等传统形制以外，

[①] 中国壁画全集编辑委员会编：《中国美术分类全集·中国壁画全集·敦煌6·盛唐》，天津人民美术出版社1989年版，图版一九〇。

[②] 参见杨泓《中国隋唐时期佛教舍利容器》表二，《中国历史文物》2000年第4期。

中国古代佛教舍利容器艺术造型演变

图21-14 敦煌莫高窟第148窟唐涅槃变壁画局部

在舍利容器造型方面也出现了新变化。扶风法门寺塔地宫出土的唐懿宗供奉佛舍利的八重宝函，是晚唐舍利容器的典型代表，其中七重是盝顶盖方函，最内一重是真金小塔子，造型为单层单檐四门方塔。同时，在河北定州宋静志寺塔基地宫中，还保留有一件唐代大中四年（850）六角单层舍利银塔子（图21-15）①。这就表明，盛放舍利的由以贵金属制作的微型棺椁，已改为多重盝顶盖方函内的微型塔子。下面具体观察唐懿宗为供奉佛舍利制作的八重宝函。

法门寺唐塔地宫，系模拟唐代帝王墓制建造的前中后三进墓室，唐懿宗供奉的八重宝函（图21-16）放置在后室中。自外而内依次是檀香缕金银棱装铰函、银金花钑作函、素银函、银金花钑作函、真金钑花函、金筐

---

① 银塔子高14.5厘米，重332克。壁饰鎏金莲华及云纹，衬以鱼子纹地，壁上刻铭为"静志寺会昌六年毁废，佛像俱焚，宝塔全除。至大中二年再置，兴切修建，舍利出与神合，分明随人心现囗。一寺僧众与城隆善友同造银塔子，再安舍利，伏愿法身请泰，菓（业）海长销，一切有情，俱会真言。大中四年四月八日比丘囗真定囗囗囗于记"。见［日］NHK大阪放送局编集《正仓院的故乡——中国的金、银、玻璃器展》，日本写真株式会社1992年版，第62页图41，第130—131页。

367

■ 束禾集

图21-15 河北定州宋静志寺塔基地宫出土唐鎏金银舍利塔

图21-16 陕西扶风法门寺唐塔地宫出土八重舍利宝函（缺木函）

宝钿真珠装真金函、金筐宝钿真珠装珷玞石函和真金小塔子（内有银柱子一枚）①。出土时有一枚指骨舍利套置在真金小塔子内的银柱子上（图21-17）。在地宫出土的《监送真身使应从重真寺随真身供养道具及恩赐金银器物宝函并新恩赐到金银宝器衣物》碑文中，详记八重宝函的名称和重量。目前八重宝函中，只有最外的檀香函已朽毁，其余均保存完好。在八重函中，真金钑花函和两件银金花钑作函上錾刻佛教造像，真金钑花函正面为六臂如意轮观音（图21-18），右面为药师如来，左面为阿弥陀佛，

---

① 本文所述唐懿宗八重宝函名称，均用《监送真身使应从重真寺随真身供养道具及恩赐金银器物宝函并新恩赐到金银宝器衣物》碑文原用名称。

图 21-17　法门寺唐塔地宫出土八重舍利宝函最内一重金塔子

背面为大日如来。第五重的银金花钑作函,左侧为乘狮的文殊菩萨。第七重的银金花钑作函,四壁为四天王(图21-19),各有榜题,正壁是"北方大圣毗沙门天王",左为"东方提头赖吒天王",右为"西方毗娄勒叉天王",后为"南方毗娄博叉天王"。已残损的檀香函上,据说出土时尚见有描金加彩"释迦牟尼说法图、阿弥陀佛极乐世界和礼佛图等"。除懿宗制

图 21-18　法门寺唐塔地宫出土八重宝函之真金钑花函 　　图 21-19　法门寺唐塔地宫出土八重宝函之银金花钑作函

作的八重宝函外，法门寺塔地宫中还有另三组舍利容器，但都是这次封闭地宫时重新配组而成，制作年代多早于懿宗时期。前室的一组舍利容器，为汉白玉方塔、单檐铜塔和金花银棺。中室一组为景龙二年（708）汉白玉双檐灵帐、盝顶铁函和金花双凤纹银棺。后室后壁下秘龛一组为铁函、咸通十二年（871）比丘智英造金花银真身舍利宝函、银包角檀香木函、水晶椁子（图21-20）和壸门座玉棺。此外，还有边觉大师智慧轮所施咸通十二年为盛真身舍利而造的金函和银函。这些容器中，均制作于咸通十二年的比丘智英和智慧轮所作的3件宝函，造型均与懿宗宝函造型相同，为盝顶盖方函。特别值得注意的是，比丘智英所作金花银真身舍利宝函（图21-21），在函盖及函体均饰佛教造像，据考为金刚界大曼荼罗成身会造像，对研究唐代密宗造像是难得的资料，极具研究价值。[①]

图 21-20　法门寺唐塔地宫出土水晶椁子

由此可见，唐宣宗复法以后到唐代覆亡，除仍沿用金棺银椁瘞藏舍利外，更新兴以多重盝顶盖方函内盛小型塔子为舍利容器，典型代表正是上述唐懿宗为法门寺佛骨舍利特制的八重宝函，还用人间皇帝陵墓墓室的规制修造舍利塔地宫。同时随着佛教密宗的盛行，舍利容器的图像开始出现

[①] 罗炤指出，"后室秘龛宝函图像为不空真传摹本"，参见《略述法门寺塔地宫藏品的宗教内涵》，《文物》1995年第6期，第53—62页。

图 21-21　法门寺唐塔地宫出土比丘智英造金花银舍利宝函

唐代密宗图像，反映出当时佛教信仰的发展变化。①

法门寺唐塔地宫封闭于咸通十五年（874）正月，之后仅过33年，唐朝覆亡。此后出现了五代十国的分裂局面。十国中的这些割据一方的小政权的统治者中，已知在浙江杭州的吴越钱氏王朝确曾有制造佛舍利容器、瘗埋塔下地宫之举。已经考古发掘的遗迹是杭州雷峰塔的地宫。是由末代吴越王钱俶所瘗埋，时间已迟至北宋太祖开宝年间，出土砖铭有"辛未"（971）、"壬申"（972）纪年，说明可能始建地宫已是北宋开宝五年（972）或者稍迟。钱俶为奉安"佛螺髻发"而瘗入的舍利容器，为钱俶仿阿育王所建"阿育王塔"。以塔为舍利容器，仍旧依照李唐晚期皇帝以"塔子"为舍利容器的传统，仅只塔的形制有所改变。钱俶所造"阿育王塔"，是下设方形基座的方形单层塔，塔檐外出下斜，但是塔顶为平顶，四角伸出高大的蕉叶饰，塔顶中央树立带相轮的塔刹。在方塔四壁分别浮

---

① 有人认为，法门寺唐塔地宫即为舍利供养的坛场，也是唐密舍利供养曼荼罗的实体，参见吴立民、韩金科《法门寺地宫唐密曼荼罗之研究》，（香港）中国佛教文化出版有限公司1998年版。也有学者认为，法门寺塔地宫不是曼荼罗，参见中国壁画全集编辑委员会编《中国美术分类全集·中国壁画全集·敦煌6·盛唐》图版一九〇，天津人民美术出版社1989年版，第53—55页。

雕佛本生故事。雷峰塔地宫出土的盝顶铁函中所置阿育王塔为银质鎏金，塔身四壁浮雕的分别为萨埵太子舍身饲虎、尸毗王割肉贸鸽、快目王舍眼、月光王施首等四个本生故事。塔刹上有五重相轮。全塔通高35.6厘米（图21-22）。

纵观自北魏直到五代十国的吴越，这一历史阶段的舍利容器形貌的变化，都是由皇室（帝王或皇后）所规定施行，或颁行全国，或上行下效而影响各地广泛施行。建塔供奉舍利主持者，概为帝王或贵族高官或佛教大德。这些特点，使佛教舍利容器的造型演变，具有全国统一的特点。一般平民百姓，还缺乏参与建塔瘗埋佛舍利的身份地位。

同时在瘗藏舍利时，除制工精美的成组合的舍利容器以外，还要放入大量供养佛舍利的珍贵物品，如金银器、玻璃器、瓷器和珠宝，乃至外域传入的金银货币，常常都是制工精美的古代工艺品，也为艺术史研究提供了大量实物标本。

二

五代以后，北宋时期随着佛教信仰日益世俗化，舍利塔的修建和舍利容器的制作随之也突破了原有规制，呈现出多样化的趋势，中国古代佛教舍利塔的建造和舍利容器的瘗埋，进入了一个新的历史阶段。

北宋以后佛教日趋世俗化和民间化，建造佛塔和瘗藏舍利由过去的帝王高官普及到民间百姓，过去无法参与的市民女眷，都可参与佛塔的修建。许多佛塔的砖铭中，都可以见到市民女眷施砖修塔的铭文，一些塔基地宫中瘗埋的舍利容器的铭文也说明，施舍者是平民及其眷属。社会民众的参与，打破了自北朝至五代那一历史阶段舍利容器形貌全国一统的旧格局，于是舍利容器形制更加多样，制工精拙不一，其中不乏制工精巧奇丽，今日看来亦可誉为古代艺术精品。

仍依晚唐遗制，以塔为舍利容器，如辽宁朝阳北塔天宫出土的单层单檐宝珠顶金方塔[①]，据"再葬舍利"题记，该塔再葬时间为辽重熙十二年

[①] 朝阳北塔考古勘察队：《辽宁朝阳北塔天宫地宫清理简报》，《文物》1992年第7期，第1—28页。

(1043)四月八日。在天宫石函中安放"七宝"装饰的宝盖罩着的木胎银棺,金塔置棺内,塔座三重叠涩,上承仰莲瓣,方塔坐落在仰莲上,塔体四周刻佛像,高11厘米(图21-24)。塔脊和檐下悬垂珍珠穿成的流苏,颇显华美。塔内放装盛舍利的金盖玛瑙小罐,罐内有米粒大小的红、白色舍利各一颗。这件金塔仍存唐代晚期旧制。另外,吴越王钱俶创制的"阿育王塔",北宋以后在江南地区仍然盛行,在南京大报恩寺遗址发现的原北宋时长干寺塔基地宫中,在铁函中放置有"七宝阿育王塔"(图21-23)[1]。还在上海青浦北宋隆平寺塔基地宫中,发现在放置舍利容器的木函前,左右各安放一座阿育王塔,质地不同,分别是贴金铅塔和铜塔。[2]

图21-22 浙江杭州雷峰塔地宫出土五代吴越银阿育王塔

图21-23 江苏南京大报恩寺遗址宋塔地宫出土七宝阿育王塔

---

[1] 祁海宁、周保华、龚巨平:《南京大报恩寺遗址北区考古发掘》,《2010中国重要考古发现》,文物出版社2011年版,第178—181页。

[2] 陈杰、王建文:《上海青浦青龙镇遗址发掘收获》,《2016中国重要考古发现》,文物出版社2017年版,第158—165页。

图 21-24 辽宁朝阳北塔出土辽金舍利塔

仍以棺椁瘗埋舍利的北宋遗物,现已发现时代最早的是于开宝九年(976)的郑州开元寺塔基内的舍利石棺。① 棺长105厘米。棺座壸门内雕伎乐和狮子。棺体前挡雕门扉,门旁两侧各立一金刚力士。两侧壁雕十大弟子像,作佛涅槃后悲哀哭泣形貌。依然同于唐庆山寺舍利银椁图像旧制。棺盖刻纪年和施主、匠人姓名:"唯大宋开宝九年岁次丙子正月庚寅制造毕工。施主预超妻王氏男赟贝新妇惠氏孙儿合子孙女花哥伴姐。"又"匠人鱼继永"。可见为一家普通人家全家老幼所施舍之物。与之近似的舍利石椁,出土于连云港海清寺阿育王塔地宫内②,石椁内置铁盝顶盖方函、银棺、小鎏金盝顶盖方银函。棺、函上均有天圣四年(1026)纪年铭刻。银棺盖锤鍱出佛涅槃像,棺体前挡刻两尊甲胄装天王,两侧壁为十大弟子举哀及三梵天像,后挡刻铭。铁函后部又置一银精舍。由刻铭可知,这些舍利容器分别由一些家族阖家出资制作用以祈福。又如河南邓州福胜寺塔天圣十年(1032)地宫出土的舍利容器组合中,舍利金棺同样刻出佛涅槃像。③ 那组容器由石函、银椁和金棺所组成(图21-25)。北方辽金时期的舍利棺也有发现。如河北丰润发现过金代银棺④,棺盖平顶,上有铭文:"泰和六年,金瓶内有大舍利一颗,惠善施主保住哥、保羊哥、王要沈同施舍利三人。"泰和六年为公元1206年。这件舍利银棺,也为普通民众所制作。上述这些舍利容器上的铭刻,十分清楚地反映出北宋以后佛教信仰日趋世俗化的真实情景。

---

① 郑州市博物馆:《郑州开元寺宋代塔基清理简报》,《中原文物》1983年第1期,第14—18转75页。

② 连云港市博物馆:《连云港海清寺阿育王塔文物出土记》,《文物》1981年第7期,第31—38页。

③ 河南省古代建筑保护研究所、河南省文物研究所:《河南郑州市福胜寺塔地宫》,《文物》1991年第6期,第38—47页。

④ 陈少伟:《丰润县经幢地宫出土文物》,《文物春秋》2000年第1期,第31—32页。

中国古代佛教舍利容器艺术造型演变

图21-25-1　河南邓县福胜寺塔出土北宋银椁

图21-25-2　河南邓县福胜寺塔出土北宋金棺

除了传统的盝顶方函、银椁金棺和塔等舍利容器以外，北宋以后随着佛教的世俗化，舍利容器的造型也挣脱了统一的规制，呈现出多样化的倾向。在佛塔地宫中出现多样化的舍利容器，如"宝幢""地宫殿"和"佛舍利柜"等。

舍利宝幢，可以举苏州瑞光塔出土的北宋大中祥符六年（1013）真珠舍利宝幢为例。[①] 原放置于四壁绘四天王像的木函中，瘗于瑞光塔第三层

---

① 苏州市文管会、苏州市博物馆：《苏州市瑞光寺塔发现一批五代、北宋文物》，《文物》1979年第11期，第21—31页。

375

塔心中。幢高122.6厘米,分别以木胎和夹纻胎的描漆雕漆制成,底座八角形,上承须弥山,中心立八角形幢,周绕八柱,上承幢顶,饰以鎏金银丝串珠编成的八条小龙,顶上立白玉、水晶及金银构成的刹杆,杆顶托水晶圆珠。幢身内置乳青色料质葫芦瓶,瓶内盛舍利9粒。宝幢制工精美,为过去所未见,确为北宋工艺美术精品(图21-26)。

关于地宫殿,有浙江宁波天封塔地宫出土的南宋纯银"地宫殿"[1]。在天封塔地宫中置有石函,刻铭纪年为绍兴十四年(1144),并记"承乡贡进士王居隐与阖宅等备己财先造宝塔第一层及承广慧禅师传法沙门德亨舍古佛舍利一百颗入塔宫殿内"。在石函内放置纯银殿堂模型,为面阔三间、进深两间的单檐歇山顶殿堂,檐下有上书"天封塔地宫殿"六字匾额。通高49.6厘米。制工尚为精细,据铭记为银匠陈资所造作,由明州鄞县东渡门里生姜桥西赵允一家施家财所造。可见是一件南宋时的民间工艺品(图21-27)。

图21-26 江苏苏州瑞光寺塔出土宋真珠舍利宝幢

图21-27 浙江宁波天封塔地宫出土宋纯银地宫殿

---

[1] 林士民:《浙江宁波天封塔地宫发掘报告》,《文物》1991年第6期,第1—27转96页。

自铭"佛舍利柜"的舍利容器，出土于河北固安宝严寺塔基地宫。舍利柜银质鎏金，由柜体和基座组成（图21-28）①。柜体长方形，上盖盝顶盖，通体錾刻纹饰，盖顶面饰团花飞凤，柜体正面居中是护法的天王，两侧为伎乐，侧壁和背面亦为伎乐。基座是须弥座，四角有力士扛托，座上周设栏杆。柜盖内侧刻有铭文："严村宝严寺西史毛贾三村邑众等共办此之佛舍利柜一所，天会十二年五月一日记。"天会为金太宗完颜晟年号，十二年当宋高宗绍兴四年（1134）。由铭文可知，银舍利柜为三村民众集体舍制，表明该柜是当时的民间工艺品。

图21-28 河北固安出土金代银舍利柜

由以上诸例可以看出，宋辽金时期集资建塔，施舍佛舍利容器瘗藏塔下地宫之举，盛行于民间。而舍利容器造型多样，又常具民间艺术特色。

到公元13世纪以后，施舍舍利容器的风气日衰，但直至中国封建社会终结之时，仍有人施造舍利容器。目前所知发掘出土的佛教舍利容器可晚至清代，如河北丰润曾出土过清代的舍利银棺。② 但银棺制工粗劣，外貌

---

① 河北省文物研究所、河北大学历史系、固安县文物保管所：《河北固安于沿村金宝严寺塔基地宫出土文物》，《文物》1993年第4期，第1—17页。
② 陈少伟：《丰润县经幢地宫出土文物》，《文物春秋》2000年第1期，第31—32页。

类似方匣，素面无纹，盖面阴刻"顺治十八年。大清康熙五十二年二月囗日重修"，或许原瘗于顺治十八年，这次于康熙五十二年（1713）重瘗。棺右侧阴刻"内有金银瓶大舍利一颗"。这可算是中国古代佛舍利瘗埋制度的余晖。这件银棺，今日看来已无艺术价值可言。

（本文是将原载《考古》2009年第1期的《中国古代和韩国古代的佛教舍利容器》一文，删去论述韩国古代舍利容器的部分，再与原刊《艺术史研究》第2辑的《中国佛教舍利容器造型艺术的变迁——佛教美术中国化的例证之一》一文中讲述北宋以后舍利容器的部分内容相结合，并补充了部分近年出土的考古资料，重加修润而成）

墓葬中的美术品

锄头掘出的艺术史

一　中国古代艺术史研究的困惑

对研究中国古代艺术史的中外学者和艺术史爱好者来说，最大的困难在于传世古代艺术品实物资料的匮乏。而且可查稽的古代文献资料也很有限，因为中国古人的著述（特别是从先秦到秦汉）以经史为主，且史书著录的主要是通过历史人物传记讲述的政治史。缺乏记述艺术史的专著。因此，对于先秦时期艺术，只能从先秦至两汉时的文史著作中寻出一些与绘画、雕塑等艺术有关的记述。如《楚辞·天问》中关于楚先王之庙及公卿祠堂中壁画的记述，《韩非子·外储说左上》中齐王与客论"画孰最难者"的议论，《庄子》中关于宋元君召唤众画史的故事，《说苑》记敬君在齐王起九重台画壁画的故事，等等。但是在传世的遗物中，并没有任何先秦的绘画遗存，因此仅据上面的零星文献，如何能真正了解先秦绘画呢？自然是困惑人们的难解之谜。

就是进入秦汉时期，情况也没有多大的改变。有关的史籍中也很少能寻觅到关于绘画的记述。但可以看到当时宫室庙堂中确绘有壁画，除装饰性的图案外，以人物画像为主，其中最重要有以下数项：《汉书·李广苏建传》记西汉宣帝甘露三年（前51），在长安未央宫麒麟阁绘功臣像；《汉书·金日磾传》记西汉武帝命在甘泉宫为金日磾母画像；《后汉书·马武传》记东汉永平中，追感前世功臣，图画于南宫云台。汉代各地王宫中也绘壁画，最著名的是鲁灵光殿的壁画，见《文选》卷十一王延寿（文考）《鲁灵光殿赋》。"恶以诫世，善以示后"，似乎就是两汉宫室壁画的主要宗旨。当然也有另类的宫室壁画，如《汉书·景十三王传》广川王去的兄子海阳嗣王位后，画屋为男女赢（裸）交接。

此外,《西京杂记》还有毛延寿为索贿不得将王昭君画丑的传说。据说他"画人老少美恶皆得其真"。《后汉书》还有赵岐自为寿藏画季札、子产、晏婴、叔向四人居宾位,自居主位的故事。

遗憾的是留传下来的两汉遗物中,也是缺乏绘画遗作,人们虽然能看到上述有关两汉绘画的论述,但对两汉绘画真迹到底什么模样?依然是一头雾水。

随着书籍的流传,古人还在许多图书中附有图画。《汉书·艺文志》中就记述有许多书附有图,如《吴孙子兵法》附图九卷、《别成子望军气》附图三卷等。但这些图也早已佚失。

历朝的统治集团也都非常注意收集图书绘画,但往往多年的搜集又多一朝毁于王朝覆亡时的战火。也有的损毁于随着政治中心的迁移的搬迁途中。西汉时聚集的图籍,在王莽之末,多被焚烧。东汉光武中兴以后,重新搜集的图书,又在东汉末年动乱中丧失殆尽。"董卓之乱,献帝西迁,图书缣帛,军人皆取为帷囊。所收而西,犹七十余载。两京大乱,扫地皆尽。"(《隋书·经籍志》)以后魏晋南北朝时期,各朝各代屡收屡毁。南朝梁武帝执政末期,遭侯景之乱。据说当时"太子纲数梦秦皇更欲焚天下书。既而内府图书数百函,果为景所焚也"(《历代名画记》)。侯景乱后,"元帝克平侯景,收文德之书及公私经籍,归于江陵,大凡七万余卷。周师入郢,咸自焚之"(《隋书·经籍志》)。西魏将于谨等于煨烬之中,收其书画四千余轴,归于长安。隋所收集图书名画,"炀帝东幸扬州,尽将随驾,中途船覆,大半沦弃。炀帝崩,并归宇文化及,化及至聊城,为窦建德所取。留东都者为王世充所取",后均归唐。武德五年(622)唐朝命司农少卿宋遵贵用船装载"图书及古迹",溯黄河而上准备运往都城长安,没想到行经"底柱"时遇险,所载书籍文物"多被漂没,其所存者,十不一二"。仅在唐代,皇室藏书也屡遭劫难。安禄山之乱"两都覆没,乾元旧籍,亡散殆尽"(《旧唐书·经籍志》)。以后虽努力收集,稍有恢复,到黄巢攻入长安,再遭兵火焚毁,以致"尺简无存"。至于私人家藏书画,同样常遭厄运,例如以写《历代名画记》著名于史的张彦远,他们家本有丰富的书画收藏,除其中有些珍品上献皇帝外,其余收藏因张弘靖(张彦远祖父)出镇幽州,遇朱克融之乱,皆失坠矣。后来只剩下二三轴而已。

时张彦远仅八岁,所以他后来慨叹无法看到原来家藏珍品。以上是作于绢帛或纸张上的法书或绘画,历经劫运的点滴记述。

如前所述,中国古代更多的绘画作品是绘于宫室庙堂上的壁画,更是随着城市的毁灭而无迹可寻。这就使得传世的古代艺术品特别是绘画作品,寥若晨星,特别是唐代以前的作品,几无真迹,只有一些后世摹本。如画史中最著名的东晋南朝画家,如顾恺之的画迹,现中外博物馆藏品,如《女史箴图》《列女仁智图》《洛神赋图》等,均是后人摹本,并非原作。至于陆探微和张僧繇的画作,更是连摹本也没能留下来。所以,有关研究也只能依据部分古籍和少量传为某些画家的后世摹本去推测。这就造成20世纪50年代以前中国古代艺术史研究无法克服的困惑。

为了解决这种困惑,只有一条途径,就是从古人遗留在地下的遗迹中去寻"宝"。虽然"地不爱宝",但是还得有人花辛苦用"锄头"去挖掘,这就是"锄头考古学"。所谓"锄头考古学",是西方过去对治学方法不同的两类学者一种通俗的比喻,用以对照那种传统文人足不出户,坐在安乐椅上"研究"的"安乐椅考古学"。所以"锄头考古学"实指从事野外调查和发掘的田野考古学。当然田野考古发掘的工具并不只是"锄头",这只是相对于"安乐椅"(安乐椅是过去的译名,今日人们更通行用音译而叫"沙发")。田野考古调查发掘,从调查、测量到发掘,要使用许多工具。特别是考古人随身离不开的手铲,以至有考古人自怜自爱地誉自己是"手铲释天书"。对考古发掘的工具今天就不多说了。简言之,我们所谓的"锄头掘出的艺术史",只是个通俗的比喻。换句话说,就是通过田野考古工作获得的许多科学标本,在今人的眼光中都可以视为"艺术品",对它们进行研究,会极大地丰富对中国古代艺术史研究的内涵,在一定程度上可以消除因缺乏传世古代艺术品而对艺术史研究造成的困惑。

二 田野考古学的贡献

在20世纪初叶,西方的考古学传入中国,不算20世纪初西方人在新疆等地的盗掘。先是对旧石器时代直立人遗址的发掘。以后开始有些小规模的试验,如李济1926年对山西夏县西阴村的发掘。直到20世纪20年代,当时的中央研究院历史语言研究所考古组在河南安阳对殷墟进行发掘，才正式揭开中国大陆田野考古发掘的序幕。安阳发掘共进行15次，真正称得上是科学发掘的是从李济领导的第2次（1929）开始的。大规模的发掘（图22-1）开始于第10次（1934），主持人是梁思永先生。这一次在对西北冈王陵等的发掘有很大收获（图22-2）。可惜在第15次（1937）发掘后，考古发掘因日寇侵华而中断。在抗日战争时期的大后方，考古学者虽也在努力工作，但限于条件，收获甚微。

图22-1 安阳殷墟发掘情景

图22-2 安阳殷墟侯家庄第1002号大墓发掘现场

抗日战争胜利了，国共内战又开始了，田野考古工作依然中断着。诗人郭沫若在 1946 年曾慨叹："中国考古学的发现，可惜还寂寥得很。""中国应该做的事情实在太多，就考古发掘方面，大地实在是等待得有点不耐烦的光景了。""一部世界完整的美术史，甚至人类文化发展全史，就缺少着中国人的努力，还不容易完成。"

1949 年对所有真正的中国人都是有重大意义的一年，中华人民共和国诞生了，新中国的考古学也随之开始。原来史语所的考古学家也分成两个阵营，一群人随蒋介石去了台湾，有李济、高去寻、石璋如。另一些学者选择了新中国，是梁思永、夏鼐和郭宝钧等诸先生，自然还有早已去延安参加革命的刘燿，不过已更名尹达。加上研究古人类的裴文中、贾兰坡诸先生，前北平研究院的徐旭生先生，以及苏秉琦先生，还有南京的曾昭燏、四川的冯汉骥等先生。现在这些先生均已离我们而去。但正是这些考古学的前辈们开启了中国考古学的新篇章，中国田野考古学的春天来临了。

在多年惨遭敌寇蹂躏又饱经战乱的中原大地上，考古学者艰辛地创业，大规模的辉县发掘，吹响了新中国考古的冲锋号。摆在考古学者面前更艰辛的任务，是培养干部，中国如此广阔的国土，仅靠中华人民共和国成立前那几十个考古人（何况还有若干逃到台湾去了），真难应对这么庞大的工作任务。因此在 20 世纪 50 年代初，一方面加强了在大学中的人才培养，另一方面办起各种层面的培训班，使考古工作者的队伍迅速扩大到过万人，考古调查发掘工作很快在绝大多数省区展开。到 1959 年中华人民共和国成立十周年的时候，考古学有了丰盛的收获，我们已将这些成绩总结在《新中国的考古收获》一书中。[①]

1966 年开始的史无前例的"文化大革命"，使考古工作大部中断。但也在极困难的条件下，还有不少重要的考古发现，如河北满城汉墓的发掘。"四人帮"倒台后，考古工作自然也获得新生，逐渐迎来了中国考古学的黄金时代。

总之，经过中国考古人半个多世纪的努力，在田野考古获得的丰富的考古标本中，有许多是今人认为与艺术有关的标本，这就为我们重新审视

---

① 中国科学院考古研究所：《新中国的考古收获》，文物出版社 1961 年版。

中国古代艺术成就,提供了相当丰富的科学的标本。我们强调考古发掘获得的与艺术有关的标本的科学性,是因为它没有脱离当时的环境,不管是建筑遗址还是墓葬,也没有破坏它与共生的其他标本的内在联系。这些信息是那些被花钱买去摆在主要是外国博物馆中的物品(大部分是被盗掘而失去必要的科学信息)无法相比的。

三 地下的"艺术品"陈列馆

田野考古发掘的古代遗迹,概言之有两大类,一类是古人生活居住的遗存,主要是古代城市的废墟,特别是不同朝代都城的遗址;另一类是古人的墓葬。对前一类遗存的发掘,具有重要的学术价值,遗憾的是这些古代城市多是遭到战火而毁灭的,因此留存在地下的遗迹,主要是被破坏后建筑物的基址,而原存建筑中的物品早已遭掳夺与破坏,基本无存。遗留在建筑基址的多是砖瓦等建筑构件,偶然会有些零星散落的物品,很难能获得完好的制工精美的工艺品。例如对唐长安大明宫著名的麟德殿的发掘中,除建筑基址(图22-3)和砖瓦外,几乎没有任何遗物被发现。只有极偶然的情况下,如在拆除北京的明清城墙时,因当年明代修城时是将住户驱除立即拆屋修墙,匆忙中将许多物品压于墙下,才可能在发掘时获得

图22-3 大明宫麟德殿遗址

一些颇为精致的元青花瓷等遗物。这种机会在对城市遗址的考古发掘中极难遇到。对后一类古人墓葬的考古发掘，则是另一番情景。因为古人事死如事生，各历史时期人们都争修墓冢，在其中随葬各种物品，有的是人们生前使用的物品，还有专为埋葬死者而专门制作的"明器"（冥器）。为了让墓葬模拟生时居所，还会在墓中增加雕饰和壁画。如是帝王的陵墓，规制等级更高，所葬入的随葬遗物更是极尽豪华精美之能事。所以，如果发掘的是没有被盗掘扰乱的古代墓葬，常常会获得令人惊喜的考古收获。不过从古至今，盗墓之风十分猖獗，特别是在改朝换代的战火中，前代帝王陵墓常难逃劫难。著名的如强秦灭亡，楚霸王项羽就用军队掘毁了秦始皇的陵墓。东汉末年，曹操曾领军掘毁汉梁王墓，他的军中还有专门负责发墓的官员，如发丘中郎将和摸金校尉。这些都记录在陈琳代袁绍写的讨曹檄文中。虽然如此，还是有许多古墓有幸被保留下来，成为今日田野考古的重要收获。另外，幸运的是古代的盗墓者，目的明确，是要洗劫墓中的珍贵品，掘出金缕玉衣，只取金缕，连那些玉片都不要，更不会要其中供死人用的明器。所以早期被盗的墓中，也还能留下随葬的陶俑以及壁上的壁画、画像石和画像砖。因此，今日经考古发掘的许多古代墓葬，对今人来说都是一座座地下的"艺术"陈列馆。

说到古代墓葬中出土的"艺术品"，必须强调的是这是现代人的看法。有的学者好用美国人所谓的"墓葬美术"，我们这里没有用这个词。因为古人在墓葬中装饰或放入的物品，都是与当时礼俗和墓仪规制有关，在古人眼中都不是艺术品（或美术品）。在汉代的人看来，墓葬无美术，更没什么"墓葬美术"。但是在今天，我们看来那些放置在墓中实用的青铜器，都已具有历史价值和文物价值，可以认为是具有艺术价值的青铜工艺品。同样如明器中的陶俑，古人不会把它们看成具有艺术价值的人体雕塑，只是把它当成代替真人的偶人而已。但在缺乏古代人像雕塑艺术品的今天，我们可以从其窥知古代对人像雕塑的技艺水平，故可视为"艺术品"。从这样的视角观察已被发现的古代墓葬，从其时代不同和出土考古标本的不同，可视为不同类型的古代"艺术品"的地下陈列馆，以下略举些例子。

史前时期的马家窑文化马厂类型乐都柳湾564号墓中随葬有大量彩陶器，随葬陶器多达91件。其中86件是彩陶，又以彩陶壶最多，共

74件，且其上彩纹富于变化，从中找不到互相雷同的作品（图22-4、图22-5），可以说是一座地下的彩陶艺术陈列馆。

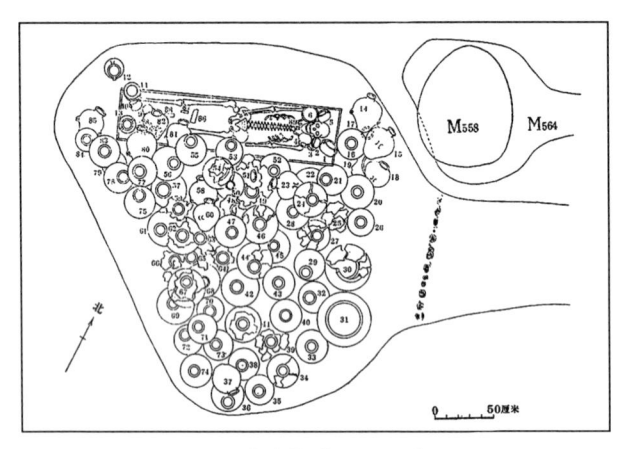

图22-4 青海柳湾564号墓平面图

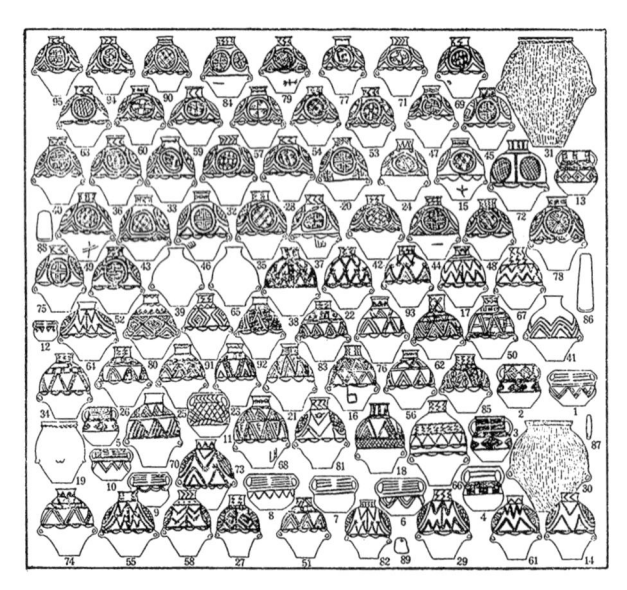

图22-5 青海柳湾564号墓出土彩陶器

史前时期的良渚文化反山12号墓中随葬有大量玉器，不计算小的玉粒和玉片，以单件计达647件之多，其中有雕出神人跨兽"神徽"的大玉钺，可以说是一座地下的史前玉雕艺术陈列馆。

先秦时期的墓葬中随葬有大量青铜器，例如殷墟妇好墓，出土青铜器多达468件，估计总重量超过1625千克，其中有罕见的三联甗和偶方彝等重器，可以说是一座地下的青铜工艺品陈列馆。

再如许多两汉时期的墓葬中，虽然曾遭盗掘，随葬遗物很少保留下来，但是墓室内满绘的彩色壁画保存完好。已经出版有正式发掘报告的东汉壁画墓，如河北望都汉墓、内蒙古和林格尔汉墓和河北安平逯家庄汉墓（图22-6），都可以说是汉代绘画的地下画廊。

图22-6 河北安平逯家庄东汉壁画墓中室西壁壁画

总之，把这些地下陈列馆的藏品也就是有关古代艺术的考古标本汇集起来，经过艺术史学者的认真研究，呈现在世人面前的将会是一部用锄头掘出的别具特色的中国古代艺术史。

但是艺术史的编著，还有待真正的艺术学家去努力，今日我们可以向大家展示的，还只是通过田野考古发掘所获得的有关艺术的标本，或者用通俗的话说，就是锄头掘出的古代"艺术品"。

四　锄头掘出的中国古代"艺术品"

与艺术有关的考古标本，可以引导我们去探寻中国古代艺术的源流，认识中国古代艺术的辉煌成就，唤起民族自豪感。以下让我们沿着时代的推移，陆续分门类地介绍：

陶艺

玉雕

青铜器

墓葬雕塑

绘画

佛教艺术

瓷器

建筑

家具

将它们综合起来，不难理出中国古代艺术发展演进的光辉轨迹。因讲座时间有限，下面有选择地加以介绍。

（一）远古的信息

在世界范围内，人类的艺术是仅限发明于一个地点，而向各方传播？还是在世界各地多元发生和发展？这一直是各国学者们讨论不清的问题。它也自然与人是从出现于一点而向世界扩散，换句通俗的话就是人类只有一个祖先（就如基督教只有一个上帝一样），所有世界上的人都源于她一个；还是人类的起源是多元的。主张前者的洋人认为，全世界的人的共同祖先有一个，就是发现于非洲的距今约400万—300万年前的原始南猿女性"露西"，她是全世界人类的共祖，她的后代迁徙至各大洲，最后不断传播，出现了现在世界各大洲、各国的人。据说还有最科学的 DNA 分析为证。另一派学者则主张人类起源多元，亚洲应是人类起源的一个中心。"外来基因替代"和"本土连续演化"两种假说，可谓针锋相对。这自然引发世界文明的发展是"外来基因替代"，还是有不同民族传统的"本土连续演化"的讨论。

艺术创作被认为是人类所独具的行为,同时被认为是与现代人类体质的进化和认知能力的提高紧密相联。通常认为,南非一个洞穴(Blombos 洞穴)出土的 7.7 万年以前的赭石块上带有几何形刻划图案,是最早的人类艺术创作起源的考古发现和现代人类行为的最早记录。2001 年 9 月 19 日,在三峡地区重庆市奉节县云雾土家族乡兴隆村的兴隆洞中,发现带有刻划痕迹的剑齿象门齿,长 184 厘米,刻划痕集中在远端约 50 平方厘米范围内,其中的两组最清晰,第一组呈灌木枝状组合,第二组呈羽冠状组合,应是用尖端锋利的石器刻划的。据测定(同层东方剑齿象臼齿铀系年代测定)为距今 15 万—12 万年。南非洞穴赭石图案一面世,就被当作现代人类起源于非洲的支持证据。兴隆洞发现是否支持了现代人类多地区起源或东亚起源学说? 至少表明,那时青藏高原东侧的某些人类在智力发育和适应生存中,萌生了接近"现代"的意识和行为,为进一步研究提供了线索。[①] 总之,这一考古发现表明,中国大陆上最早的人工的"艺术品",还是显示了中国远古艺术的地域特色。

此外,中国旧石器时代与艺术有关的发现仍极罕见,目前能举出的就是旧石器时代晚期的山顶洞人装饰品,以及在河北兴隆发现的刻纹赤鹿角。

(二) 原始陶艺和青铜冶铸

人类具有的创造性,是与其他动物的绝对分野。创造性的第一次大爆发,可说是制陶技术的发明。这是人类第一次掌握通过化学变化将一种物质改造成另一种物质的创造性活动,也是人类按自己的设想用人力改变天然物的开端。

目前在中国发现年代最早的陶器,是 1 万年以前的湖南道县白石寨村玉蟾岩陶器。

陶坯造型的可塑性和陶器光洁的外壁,为新石器时代的先民提供了艺

[①] 高星、黄万波、徐自强、马志帮、John W. Olsen:《三峡兴隆洞出土 12—15 万年前的古人类化石和象牙刻划》,《旧石器时代论集——纪念水洞沟遗址发现八十周年》,文物出版社 2006 年版,第 202—213 页。

术造型和艺术装饰创作空间，从而创造出绚丽的彩陶，以及精致的蛋壳黑陶。

与西方的创世纪神话不同，中国古代神话将创造人类的功绩归于一位女神——女娲。或可与之联系的是新石器时代遗址出土的"女神"塑像和"神庙"遗址，还出现了女人形貌的彩陶器。

人类创造性的另一次大爆发，应该是掌握了青铜冶铸技术，它不仅是伟大的技术发明，也改变了人类本身，表明当时步入了"青铜时代"的门槛，标志着文明的到来，也是中国第一个王朝——夏朝出现的重要标志。在古史传说中夏铸的九鼎，就是国家权力的象征物。

今人视为艺术品的青铜器，当年制造出来并不是为了欣赏和把玩，而在于实用功能。随着铸造青铜器的陶质铸模——陶范制工日益精细，其艺术造型日趋华美。青铜器的器型和表面的装饰纹样，显示着商殷、西周、春秋、战国不同的时代艺术特征。

（三）佩玉铿锵

玉雕技艺大约出现于新石器时代早期。在距今约8200—7400年前的内蒙古赤峰兴隆洼遗址，已经有玉器出土。到新石器时代晚期，玉雕已成权威和身份的象征，如良渚文化玉器，特别是刻有"神徽"的琮和钺。也有的玉雕或与原始信仰有关，如红山文化玉龙。

王朝的建立，佩玉更与身份相联系，殷周墓葬中出土的葬玉和佩玉，十分引人注意。佩玉与官阶品位的联系，历汉魏六朝乃至隋唐而不衰，岑参有诗"花迎剑佩星初落，柳拂旌旗露未干"为证。不过更多的玉雕已是人们喜爱的饰物，造型更趋丰富多彩，工艺日益细密精致。

（四）绘画和雕塑

中国古代有关艺术史的著作中，重绘画，雕塑多附于对绘画的论述中。而年代最早的绘画史著作，应是已经迟到晚唐时期的张彦远著《历代名画记》。其中将其以前绘画分为三古及近代，以定贵贱。他说的"三古"，是以汉魏三国为上古，以晋、宋为中古，以齐、梁、北齐、后魏、陈、后周为下古，隋及国（唐）初为近代。但那时"上古质略，徒有其名，画之踪迹，不可具见"。"中古妍质相参，世之所重，如顾、陆之迹，人间切要。下古评量科简，稍易辩解，迹涉今时之人所悦。其间有中古可齐上古，顾、陆是也。下古可齐中古，僧繇、子华是也。近代之价可齐下古，董、展、杨、郑是也。国朝画可齐中古，则尉迟乙僧、吴道玄、阎立本是也。"张彦远的分期，也说明那时已无上古即汉魏三国画迹。所以要想了解汉魏三国及以前画迹，只能依靠考古发现。目前主要有下列重要发现：

  东周帛画和漆画。
  秦咸阳宫壁画残迹。
  西汉帛画和墓室壁画。
  新莽墓室壁画。
  东汉墓室壁画。
  三国漆画。

  上述考古发现除咸阳宫壁画外，均与墓仪制度有关，由于缺乏有关绘画作品，故可以通过它们对先秦汉魏三国绘画有粗轮廓的了解，但一定要认识到与墓仪制度联系的绘画作品的局限性。

  张彦远时还可看到按他分期所说的中古、下古乃至隋至唐初绘画作品，今日我们则只能看到少量那时画作的摹本，为了解东晋南北朝至唐初画作，也要依靠考古发现，主要是墓室壁画，还有佛教石窟寺壁画。也可据此去考察传世摹本的真实性等问题。

  可以说通过考古发掘所获资料，已可以勾勒出先秦至初唐绘画艺术发展的真实轨迹。

  考古发现中有关先秦到唐的雕塑实体标本，也主要来自对墓葬的发掘和佛教石窟寺的发现。墓葬的雕塑资料主要是地面上的陵墓石刻和地下墓室的随葬俑群，这里主要绍介随葬俑群。

  先秦随葬俑群，齐泥俑、楚木俑。
  千古一帝，秦始皇陵陶俑。
  西汉帝陵和王侯墓随葬俑群。

东汉陶俑。

西晋陶俑。

东晋十六国南北朝随葬俑群。

隋唐随葬俑群，三彩俑。

随葬俑群虽因系专门为墓葬而做的明器，并非当时社会上流行的供鉴赏创作的艺术品，故此有很大的局限性，但在缺乏古代雕塑艺术品的前提下，尚能勾画出先秦至唐人像造型艺术的发展演变轨迹，今日看来仍弥足珍贵。

因时间关系，佛教艺术和建筑艺术等方面的内容今天就无法介绍了，敬请阅读生活·读书·新知三联书店出版的《美源——中国古代艺术之旅》一书，可以进行一次既有知识性又有趣味性的中国古代艺术之旅。

（本文为2007年8月11日三联韬奋图书中心"文史悦读消夏读书会"而作。曾有人将讲座时的记录稿发在网上，因未经本人审读，因而讹误甚多。这次刊出前，对部分文字适当进行了修润）

陵墓雕塑（上）
——地上神道雕刻（汉至明清）

一 中国古代陵墓雕塑概述

中国古代的丧葬制度，是将陵墓的地面建筑（包括陵园、陵寝建筑、墓上封土等，和与之有关的雕塑及壁画），墓内葬具（包括石棺床、椁、棺）和随葬遗物（包括实物和明器，明器又称"冥器"，指各种质料的俑群和模型器）视为整体的，综合在一起才能反映出当时的时代特征，不过因本书是以介绍中国古代雕塑为目的，本章只叙述其中与雕塑有关的被现代人视为艺术品的考古标本，因而舍弃了其中极具艺术价值的墓室壁画及与壁画性质相同的画像石、画像砖和具有特色的大幅拼嵌砖画，以及墓内的建筑装饰彩绘。

中国古代墓葬雕塑自先秦以来有着明显的传承演变关系，又在不同历史时期具各自的时代特征，现简述于下。

据推测，在公元前16世纪以前，夏王朝已经建立，在中国古代历史中，开始了漫长的王朝统治，以后历经商、西周和东周，东周时王权颓微，诸侯割据，终致周朝灭亡，七雄争霸，最后由强秦吞并其余六国，建立了中央集权统一的帝国。在从夏至秦的漫长的历史阶段中，墓葬制度随着时间的推移而不断变化，但是在陵墓雕塑方面，目前还没有关于墓园地面设神道石雕的记载或田野考古发现。因为这一时期，墓室为竖穴土坑内设木椁的规制，竖穴土壁不适合雕饰。但是随着用人殉葬制度的变更，开始出现代替活人的偶人——俑。秦始皇统一全国后，他好大喜功，一切力求宏大豪华，为陵墓随葬而烧制的陶俑，体高如真人，阵容亦空前宏伟壮观。

秦亡汉兴，汉承秦制，西汉初到文景时期，在宫殿建筑、陵墓制度各方面也大致如此，皇帝陵墓中也随葬数量众多的陶俑群。只是由于接受了秦亡的教训，又由于秦末动乱和楚汉之争，连年战乱导致当时经济景况不佳，所以较秦始皇陵陶俑的制作有所精简节约，俑的形体从与真人等高缩减为真人体高的三分之一，但是制工更为精致。还有数量众多的牲畜模型。除了皇帝的陵墓外，在埋葬诸侯王时，也常设置埋藏数量众多陶俑（或木俑）的兵马俑坑。还在战功卓著的霍去病墓冢上安置了石雕群。到东汉时期，陵墓规制有了新的变化。在陵墓的地面墓冢前，出现了神道石刻，包括石柱、翁仲和神兽。随葬的俑群中兵马俑不再流行，更多出现的是伎乐百戏和家庭婢仆，还有大量楼阁建筑模型，以及庖厨用器和家畜家禽模型。制工肖形精美，更富生活气息。

三国两晋南北朝时期是由空前兴盛的汉王朝，向中国古史中另一个兴盛的唐王朝之间的过渡阶段。公元2世纪初，汉王朝趋于衰微，席卷中原的黄巾起义，动摇了汉王朝统治的基石，酿成全国动乱，皇帝丧失权威，以至形成群雄割据的纷争格局，最终出现了魏、蜀、吴三国鼎立的态势，古代中国由统一转入长期分裂的局面。公元280年西晋王朝统一全国，但这次统一极为短暂，只维持了短短的36年，西晋就在内争和外患中覆亡。这一时期由于社会经济凋敝等原因，陵墓雕塑失去了东汉时的发展势头，趋于衰微。西晋灭亡后，从北方和西方进入中原的匈奴、鲜卑等族纷纷建立政权，前后多达16个以上，史称"十六国"。西晋皇族司马氏又逃至江南，再建晋朝，史称"东晋"（317—420），形成南北对峙的格局。此后北方鲜卑拓跋氏建立北魏，统一北方；南方东晋司马氏政权为刘裕所取代，建立宋朝（420—479）。正式形成大致以长江为界的南北两个政权，史称"南北朝"。其后北魏分裂为东魏（534—550）和西魏（535—556），前者被北齐（550—577）所取代，后者被北周（557—581）所取代，而后北齐又为北周所灭，北方重归统一。不久隋文帝杨坚又取代北周建立隋朝。南方宋以后又经历齐（479—502）、梁（502—557年）、陈（557—589）三朝，公元589年隋军灭陈，古代中国重归一统。概括来讲，自东汉末至隋统一，历近4个世纪中国的政治构架一直处于动荡、分化、重组之中，各民族也由矛盾、冲突直到大融合，社会生活、文学艺术也在动荡中不断变化更新，在承袭汉晋文化传统的基础上，不断融入各民族乃至域外文化的新成分，使各个艺术门类，不论是绘画、雕塑、书法都呈现出欣欣向荣的新势头，从而孕育出更加兴盛的隋唐文化。这一时期的陵墓地面和墓内的雕塑，特别是墓内随葬的俑群，从造型到组合的发展演变，正可视为同时期造型艺术发展演变的缩影。

隋唐时期，从女皇帝武则天时开始，雕塑艺术发展到一个新高峰，陵墓地上的神道石雕开始出现具有时代特征的新的组合形式，墓内的随葬俑群同步发生变化，从材质到技法都有所创新，制作出特殊的低温釉陶"唐三彩"，其艺术造型至今受人喜爱。五代以后，北宋时期皇帝陵墓前的神道石雕，虽然仍有沿袭唐陵石雕传统的因素，但是又出现了新的组合及新的造型。还由于北宋时社会经济发展，都市商业活动繁荣，市民阶层兴起，社会习俗随之变化，杂剧等艺术流行，同样使一般人坟墓中的雕塑作品呈现出新面貌，但随葬俑群日趋衰落，且其内容也随墓仪制度的变化而更新。反映生前豪华宅院的墓内雕砖艺术盛行，以杂剧为题材的雕砖和俑不断涌现，甚至出现影作的戏台建筑。以孝子故事为题材的雕砖和石刻，也是这一时期墓内雕塑的重要内容。即使在契丹族建立的辽政权的疆域内，以及后来女真族建立的金政权的疆域内的墓内雕刻中，孝子故事题材也同样盛行。

明清时期，皇帝陵墓前仍设置神道石雕，以显示最高统治者的身份和权威，虽然石材精美和体量硕大，但雕刻造型呆板，缺乏神采。这时期除皇陵及皇族墓葬外，墓内雕塑已极罕见。在一些皇族和身份特殊的大臣墓中才能见到随葬俑群的身影，但其艺术水平低下，无法与北朝隋唐的俑相比，其衰落是与葬仪制度的变更以及纸明器的流行有关。

为了叙述方便，对古代陵墓雕塑分为上、中、下三文分别叙述，上部叙述陵墓地面的神道石雕，中部叙述墓内的雕塑，下部叙述墓内的随葬俑群。

二 汉代陵墓地面石雕

先秦时期陵墓地面有无石雕，目前的田野考古发掘资料尚难回答。秦朝陵墓如秦始皇的陵园，目前也没有发现地面有神道石雕的遗迹。

汉承秦制，西汉诸皇帝的陵园中同样没有神道石雕遗存。皇帝陵侧的陪葬墓，通常也没有神道石雕。唯一的例外，是汉武帝时建造功勋卓著的军事统帅霍去病的坟墓时，虽未设神道石雕，但在墓冢上出现了形体硕大的石雕艺术品。为了表彰骠骑将军霍去病生前的战功，特将他的墓冢修得巨大如祁连山，为了使墓冢更形象地呈现祁连山的风貌，所以在冢上安放了各种动物的雕像。霍去病墓冢上的石雕群像，目前虽已不在原位，但还是部分地保留到了今天。现在仅存的石雕还有16件[1]，已集中建室保护起来，计有卧马、跃马、"马踏匈奴"、卧虎、卧猪、卧牛、羊、象、鱼及"怪兽食羊""人与熊斗"等。这组雕像都选用巨石刻成，长度一般超过1.5米，最大的达2.5米以上。其中"马踏匈奴"雕像（图23-1），强烈地表现出称颂英雄击败匈奴军的主题，胜利的骏马已将敌人仰面压在马腹之下，络腮胡须的敌人不甘心失败，仍在垂死挣扎，用手中的长矛猛刺马腹，但胜利的骏马毫不理会，仍旧巍然屹立，四蹄稳稳地立在大地之上，豪迈雄劲。它正是墓内所葬英雄的意志的象征，也是强盛的西汉王朝的精神象征，在中国古代雕塑史上确可称是前无古人的纪念碑性质的石雕。观察霍去病墓的石雕群像，可以看出，当时中国的雕刻技艺还处于初创阶段，作品的造型相当大的程度上受到石材形状的限制，同时也还缺乏足够锐利的工具将巨石镂雕成形，因此进行创作前，尽量选取与准备雕成的艺术造型的轮廓大致近似的石材，以求进行最少量的修凿加工，就使物像的外形得以雕造成功。外形轮廓雕好以后，加工的重点集中于刻画动物的头部，以及表明那种动物体态特征最明显的部位。至于细部刻画，仅能利用浮雕和线刻技法。对于马、牛等四足动物，因为尚未掌握镂雕巨石的技术，也只能在石面上浅浅雕出肢蹄的轮廓而已，例如跃马。也许是为了弥补技法拙稚的不足，所以当时将许多动物雕成伏卧的姿态，由于四肢均伏卧于地（图23-2），因而避免了腿与腿之间的空间需要镂雕的难题。

除了为陵墓制作的石雕作品外，当时在西汉宫苑建筑中也开始放置有

---

[1] 傅天仇：《陕西兴平县霍去病墓前的西汉石雕艺术》，《文物》1964年第1期，第40—44页。

陵墓雕塑（上）

大型石雕作品，例如《三辅故事》等书中所记西汉宫苑中的巨大石雕作品，在昆明池中放置的石鲸鱼，还有太液池的石鱼、石龟等，目前保存下来的有原长安昆明池畔的织女和牵牛雕像，采用了与霍去病墓石雕群像同样古拙的雕刻手法，只具粗略的人形，弄得后人在很长时间弄不清哪一尊是女像，哪一尊为男像。

自西汉霍去病墓开始出现石雕群像以后，尚未发现其他有关西汉陵墓石雕遗存。以后到东汉时期，墓前石雕呈现出新的面貌，神道石雕开始出现。一般在墓前安放立柱树表的神道石柱、辟邪的石兽以及表现墓内死者身份的石刻人像"翁仲"。《后汉书·光武十王·中山简王焉传》："大为修冢茔，开神道。"李贤注："墓前开道，建石柱以为标，谓之神道。"此外，《水经注》中的《洛水》《清水》等条多有墓前石柱的记载。

图23-1　西汉霍去病墓石雕"马踏匈奴"

图23-2　西汉霍去病墓石雕卧虎

目前尚保存的神道石柱，以1964年在北京石景山上庄村发现的汉代幽州书佐秦君神道石柱为典型代表[①]（图23-3）。石柱共两件，形制全同，柱体纵刻凹棱纹，顶托方形墓表，上刻3行11字，隶书阳文，为"汉故幽州书佐秦君之神道"。柱础下座方形，上雕二虎，作同向环转，中央成圆形柱孔，以上插承石柱。类似的标本，还有山东历城出土的一件汉琅琊相刘君石柱。

---

① 北京市文物工作队：《北京西郊发现汉代石阙清理简报》，《文物》1964年第11期，第13—22页。

399

■ 束禾集

有人从凹棱的柱身联想到古希腊神殿的石柱,猜测它们之间或许有什么关系,其实是一种误解。首先,神道石柱不是像古希腊石柱那样的建筑物承重柱,而只是用作标识的独柱。其次,神道石柱柱身的凹棱是模仿中国古代建筑中以较细的材料聚合成粗大柱材的外形,即"束竹柱"作法。束竹柱的外表是以小材围绕芯材而成,故形成美观的纵凹凸棱线,又在柱体上束缚多道加固绳索,汉代的束竹石柱上,还仔细地刻出竹材的竹节,山东青州博物馆就陈列有刻出竹节纹的巨大石柱(图23-4)。因此,仿束竹柱的神道石柱体上下,同样刻出多道象征绳索的绚索纹,而古希腊等西方建筑立柱,原本就是石柱,自然从不见这种原为模拟积竹柱而呈现的绚索纹饰。

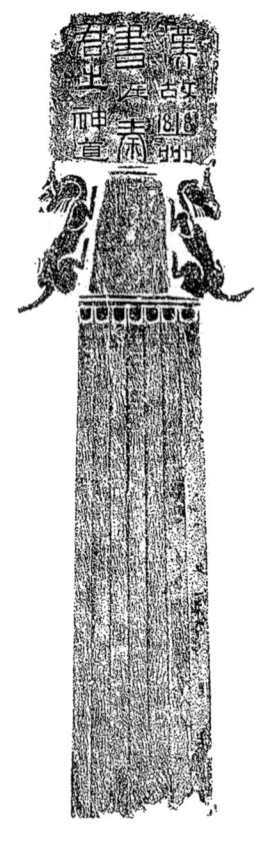

图23-3 北京汉幽州书佐秦君神道石柱(拓片)

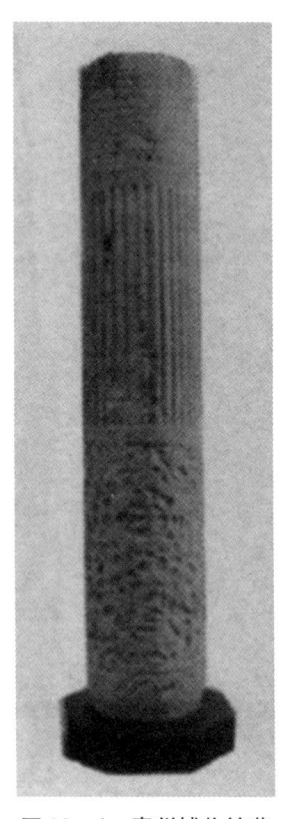

图23-4 青州博物馆藏汉束竹纹石柱

陵墓雕塑（上）

　　墓冢前神道以石柱为标，后面还设置"翁仲"和神兽。翁仲均为立像，应是侍立状的亭长、门卒等小吏的石刻像，在山东曲阜等地都有保留。东汉墓前神道石刻的中的神兽，是立姿行走的态势，造型沿袭自先秦时辟邪神兽，如河北平山战国中山王陵出土的铜神兽。这类墓前神道石兽，曾出现过上有天禄、辟邪的刻铭。据《后汉书·灵帝纪》李贤注，"今邓州南阳县北有宗资碑，旁有两石兽，镌其膊一曰天禄，一曰辟邪"。

　　目前所存东汉神道石兽，在四川、河南、陕西、山东各地都有发现，以河南洛阳出土的一对保存完好，刻工最精，颈背有"缑氏蒿聚成奴作"刻铭（图23-5）①。两兽呈昂首挺胸、四肢微曲、四爪按地的态势，颏下长毛垂胸，前肢肩后生翼，长尾后垂接地，气势威猛。与西汉霍去病墓石刻相比，其雕工已颇精细，并且掌握了熟练的镂雕技法。另外还有陕西咸阳沈家桥出土的一对②，姿态与蒿聚成奴作石兽相同，但雕造技法更加简洁（图23-6）。

图23-5　河南洛阳涧西出土东汉石神兽

---

① 蒿聚成奴作石兽，首发于《文物参考资料》1954年第10期的封三，当时误认为是南北朝石刻。
② 西安碑林博物馆：《西安碑林博物馆》，陕西人民出版社2000年版，第88—89页。

图 23-6 陕西咸阳沈家桥出土东汉石神兽

三 三国两晋南北朝陵墓神道石雕

曹魏时期，提倡薄葬，一反汉王朝厚葬之风，一切从简。究其原因，一方面是由于汉末动乱以来，战火不断，社会经济凋敝，无力大办丧事；另一方面是在战乱中为了获取军资，曾大规模掘开前代墓葬以获取随葬的金宝。以曹操军队为例，当时军中竟设置专门负责掘墓取财的"发丘中郎将"和"摸金校尉"等官员，连曹操本人也曾亲临掘坟，破棺裸尸，掠取金宝。[①] 所以曹氏父子当政后，以此为鉴，认为汉世诸陵所以惨遭发掘，概由厚葬封树所致。因此，曹操和曹丕死前都一再规定要薄葬，不封不树，使得改易朝代之后不知其处。曹操在公元205年下令禁厚葬，并禁立碑。到公元220年他又为自己后事预作安排，规定死后陵墓"不封不树"[②]。曹丕称帝以后，仍遵循曹操薄葬主张，临死前规定他的陵墓不封不树，不造园邑，不立寝殿，不设神道。[③] 由于最高统治者严令禁止，而且自己还带头实行，所以禁令执行得相当彻底，于是东汉末年盛行的大修墓园、建神道雕刻、树碑立阙之风，到曹魏时皆遭禁绝。到目前为止，在田野考古调查和发掘中，确实没有发现过曹魏时曾存在神道石刻的任何痕

[①] （梁）萧统编《文选》卷四四，陈琳（孔璋）《为袁绍檄豫州》，中华书局影印胡刻本1977年版，第617页。

[②] 曹操于建安二十三年（218）六月令，《三国志·魏书·武帝纪》，中华书局校点本1959年版，第51页。

[③] 曹丕：《终制》，《三国志·魏书·文帝纪》，中华书局校点本1959年版，第81—82页。

迹，而且没有探查到曹魏建国后的帝陵，如魏文帝曹丕的"首阳陵"的具体位置。至于魏建国前葬于东汉末年的曹操"高陵"，前人视为千古之谜，到元代以后关于"曹操疑冢"的传说，更成为历代小说家乐于演绎的话题。① 目前虽有人认为葬于东汉末年的安阳西高穴2号墓就是曹操的陵墓②，但也有考古学者提出不同的意见③，这一学术问题尚待深入探研。不论结论如何，该墓的墓园规制尚缺乏认真的考古勘察发掘工作，仅就目前所知，尚未发现有神道石雕的踪迹。所以，不管西高穴2号墓所葬死者为谁，他的后人造墓时，倒是遵守了魏王曹操生前在建安末年的规定。

建立西晋政权的司马氏家族，仍旧沿袭曹魏的薄葬传统，西晋帝陵仍是不封不树、墓而不坟，又无碑兽石刻等物，所以后世难知其具体位置，也成为今日考古学的难题。④ 晋武帝还在公元276年再次下禁止建石兽碑表的诏令，规定凡没有遵守禁令私建者，皆当毁坏。⑤ 到晋惠帝当政时，朝政腐败，禁立碑表的禁令有所松动，权臣贾充女婿韩寿墓前曾立有墓表石柱，现其残段存洛阳博物馆。⑥ 墓表石柱残段高113厘米，是石柱偏顶端的一段，上端还保留着安接柱顶盖的石榫，石柱体刻有纵凹棱纹。石表近方形，两侧均残，表上及表下石柱体上均刻出两周绹索纹（图23-7）。表文隶书，原为4行20字，现存居中2行，原文应为"〔晋〕〔故〕〔散〕〔骑〕〔常〕侍骠骑将军南阳堵阳韩〔府〕〔君〕〔之〕〔神〕〔道〕"。柱体和方形墓表与北京市石景山上庄村发现的汉幽州书佐秦君神道石柱⑦近似，可以看出，韩寿墓表石柱的造型仍沿袭着汉代墓表石柱的传统。除了韩寿石刻残段外，还曾于1987年在河南省博爱县发现1件柱盖已失的西晋墓表

---

① 关于曹操疑冢的传说，参看陶宗仪《南村辍耕录》卷二六《疑冢》条，《元明史料笔记丛刊》，中华书局1980年版，第324页。有关曹操疑冢的小说，如（清）蒲松龄《曹操冢》，《聊斋志异》卷十，《中国古典文学读本丛书》，人民文学出版社1992年版，第1393页。
② 河南省文物考古研究院：《曹操高陵》，中国社会科学出版社2016年版。
③ 徐光冀：《"曹操高陵"的几个问题——河南安阳高陵读后》，《中国考古学会论文集（2011）》，文物出版社2012年版，第395—402页。
④ 中国社会科学院考古研究所洛阳汉魏故城工作队：《西晋帝陵勘查记》，《考古》1984年第12期，第1096—1107页。
⑤ 晋武帝咸宁四年（278）诏书，参见《宋书·礼志》，中华书局1974年版，第407页。
⑥ 黄明兰：《西晋散骑常侍韩寿墓墓表跋》，《文物》1982年第1期，第65—69页。
⑦ 北京市文物工作队：《北京西郊发现汉代石阙清理简报》，《文物》1964年第11期，第13—22页。

神道石柱①，现存方形柱座、柱体和方形石表，表文4行12字，为"晋故乐安相河内□府君神道"。目前没有再发现过其他西晋的陵墓石刻，或许表明，那两件石刻仅只是违反禁令的特例。

公元311年，匈奴族刘曜的军队攻陷西晋都城洛阳，皇太子司马邺逃到长安即皇帝位，是为愍帝，公元316年刘曜又攻占长安，西晋王朝灭亡。西晋的琅琊王司马睿当时为镇东大将军，都督湘交广五州诸军事，镇建邺（今江苏省南京市），是江南地区的最高军事长官，西晋王朝覆亡后，他依靠过长江南逃的世家大族，结合原来江南的世家大族建立政权，史称东晋。东晋

图23-7 西晋韩寿石柱

是沿袭西晋的政权，文物制度皆遵守西晋旧制，埋葬习俗和葬仪制度也同样沿袭着西晋旧制，仍循薄葬遗风，不设碑柱石兽。但是禁令渐渐松弛，在元帝大兴元年（318）已有特准立碑的事。② 等到刘裕取代东晋建立宋朝后，设立神道石刻的制度重又恢复，但是从曹操建安十年（205）到刘宋建国不但相距已逾两个世纪，而且政权控制主要地域又由北方转移到江南，所以东汉旧制早已被人们所遗忘，再立神道石刻，特别是其艺术造型，只是在回忆旧制而进行的重新创造。目前保留至今的刘宋时雕造的陵墓前神道石刻，只有石兽。在江宁县其林门其林铺宋武帝刘裕初宁陵和南京甘家巷南狮子冲宋文帝刘义隆长宁陵前，各有1对石兽（图23-8）。南齐时期，陵墓神道石刻趋于繁荣，主要集中在丹阳县境内，现存石雕仍以

---

① 刘习祥、张英昭：《博爱县出土的晋代石柱》，《中原文物》1981年第1期，第63页。
② 元帝大兴元年曾诏准为顾荣立碑，参见《宋书·礼志》，中华书局1974年版，第407页。

图23-8　宋文帝刘义隆长宁陵石神兽

石兽为主。到梁朝时期，设立神道石刻的势头更加旺盛，除帝陵外，王侯墓前也盛行设置神道石刻，而且有的墓前至今保存着墓碑、墓表石柱和石兽的完整组合。到陈时，南朝国势衰微，陵墓石刻也随之衰落，至今只在江宁上方镇陈武帝陈霸先万安陵前保留有1对石兽。总计南京地区（包括江宁、句容、丹阳三县）现尚保存南朝陵墓前神道石刻31处，其中属于帝王陵墓的12处，属于王侯墓的19处。其中墓碑、墓表石柱和石兽组合均保存完好的并不多，有梁文帝萧顺之建陵（位于丹阳城东三城巷）、安成康王萧秀墓（位于南京尧化门甘家巷）和临川靖惠王萧宏墓（位于江宁其林门仙鹤门）等3处，而且建陵石碑仅存碑座，萧宏墓1对石碑仅存1件，只有萧秀墓3组6件石刻组合保存完好（图23-9）[①]。

南朝陵墓石刻通常是在神道两侧对称依次安置石碑、墓表石柱和石兽，体量巨大。以石兽为例，体长和体高一般都近300厘米，极显雄伟壮观。石刻的艺术造型极具中国特色，石碑圆首并有圆穿，安放在巨大的龟趺背上，石龟四足伏地，伸颈昂首，双目圆睁而向外凸出，似在负载重碑后奋力抬身前行，沉稳中蕴藏着无穷潜力。墓表石柱源于中国古代标示道

[①] 罗宗真：《南朝陵墓石刻》，《中国大百科全书·考古学》，中国大百科全书出版社1986年版，第344—345页；姚迁、古兵：《六朝艺术》，文物出版社1981年版。

图 23-9　梁萧秀墓神道石刻

路的表柱，是墓前神道的标识，它与其他国家为了支撑建筑物的石柱从功能到艺术造型均无相同之处，柱面纵棱是模拟中国固有的积竹柱，因此上下都刻出束缚积竹的绚索纹。墓表仍沿袭汉代传统，大致呈方形，铭文竖行横列，多一侧表文正书，另一侧反书，内容标明朝代及死者官职姓名某某之神道，铭文阴刻，字体为规范的楷书。柱顶托覆莲纹圆盖，盖顶心立一小石兽，其外貌和姿态全与神道石刻中大型石兽相同。柱下的石柱础，下为方座，上有双龙左右环转，呈圆形，中央形成插立石柱的圆孔。墓表石柱整体造型稳定，雕饰精美，充分显示出陵墓庄重肃穆的氛围。

南朝陵墓神道石刻中目前保存数量最多的是石兽，宋、齐、梁、陈四朝均有实物保存至今，可以观察出它的造型变化的规律。这些体量巨大的石兽，体积近 9 立方米，肩生羽翼，是一种人们想象出的神兽。有人认为帝后陵前的神兽头上生角，应称天禄（鹿）和麒麟；王侯墓前的无角，可叫辟邪。由于它们前肢肩部雕有双翼，故此实是沿袭着战国汉魏以来有翼神兽的传统。只要先去看一下战国时期中山王陵出土的错金银有翼神兽，就可以看出南朝陵墓石兽姿态的渊源：四肢微曲，四爪按地，挺胸昂首的态势，神韵一般无二，两者只是质料有不同，体量有大小，时代风格有所变化而已。以南朝石兽与两汉石兽相比，比西汉霍去病墓冢石雕，雕刻技法特别是镂雕的进步极为明显，与东汉时河南、陕西等地发现的石雕神兽相比，也有相当大的突破，表现出到南朝时期大型立体雕像的技法更趋纯熟。这些体量巨大的神兽，伏在绿野中，昂首仰望苍穹，更加令人感到它正在积聚全身力量即将腾飞，具有非凡气势。又由于雕造的时间先后不同，作品表现的气势随之变化，刘宋时期刻的神兽稍感简朴，更显浑厚自然。齐、梁的作品态势更为生动。而王侯墓前的神兽因兽体雕饰较少，故更觉简洁而蕴藏着无穷的潜力。到了陈代，国势日微，衰败之气自然反映到艺术作品上，所雕石兽的头颅颇大而向后仰，显得缩颈拱肩，无复过去那挺胸傲视的雄姿。而且神兽的四肢矮短无力，四足的趾爪上翘，不再具有原来按地而欲腾身飞跃的态势（图23-10）。它已经无法腾飞了，因为双肩刻出的翅膀过小，退化成一种附加的装饰品。如此疲弱乏力的巨兽，只得把那还长得颇为硕大的趾爪翘起来，借以吓人，实足一副色厉内荏的姿态，似乎预示着王朝从衰微乃至覆亡的噩运。

图23-10 陈文帝（陈蒨）永宁陵石神兽

在大江以北，陵墓前的神道石刻则是另外一番景象。十六国时期各个分立的政权的君主的陵墓，目前还没有经过认真的考古勘查，在陕西碑林博物馆中收藏的1件大夏时的石马，可能是目前所知那一时期的石雕作品的代表，它的造型仍和西汉霍去病墓前的足踏匈奴的立马近似，两前足之间和两后足之间没有镂雕（图23-11）。北魏统一北方以后，逐渐注意皇

图 23-11　十六国时期大夏石马

帝陵园的建设,在都城平城(今山西省大同市)附近的方山,孝文帝为他的祖母文明太皇太后冯氏修建了陵墓——永固陵。据记载,永固陵前曾建有永固堂,其前雕石为碑兽,并建有"思远灵图"和二石阙。[1] 但现在除思远灵图塔基及一些建筑基址外,均已无存,因此不知当时石刻碑兽等造型如何。北魏迁都洛阳以后的皇帝陵墓,修建在城北邙山之上,目前经过考古发掘的只有宣武帝元恪(500—515)景陵[2],1991 年发掘时在北距墓冢约 10 米神道西侧发现 1 件已伏倒的石雕像,可惜头已残失,呈端立姿态,身穿广袖袍服,双手平举胸前挂剑,现连座残高 289 厘米。东侧相对位置原应有同样的一件,但没有能保存下来。此前在调查孝庄帝元子攸(528—530)的静陵时,发现 1 件身高 314 厘米的石雕人像,笼冠袍服,双手于胸前握长剑,仪态端庄。[3] 但是都没有发现其他如石兽、石柱等石雕。在河北磁县湾漳发掘的北朝晚期大墓,应是北齐时的帝陵,在

---

[1]　(北魏)郦道元:《水经注》卷十三,四部丛刊初编缩本 128 页。
[2]　中国社会科学院考古研究所洛阳汉魏城队、洛阳古墓博物馆:《北魏宣武帝景陵发掘报告》,《考古》1994 年第 9 期,第 801—814 页。
[3]　黄明兰:《洛阳北魏景陵位置的确定和静陵位置的推测》,《文物》1978 年第 7 期,第 36—41 页。

墓冢南也保留有1件石雕人像（图23-12）①，但是也没有发现其他石刻。在关中地区发现的西魏、北周时期的陵墓神道石雕，仅在西魏文帝元宝炬的永陵前，保存有一对石兽（图23-13）。因此可以说，北朝陵墓前神道石刻，特别在洛阳、邺城一带，应以石人像为主，这与南朝陵墓神道石刻缺乏人像有明显区别。

四 唐朝陵墓神道石雕

公元618年李渊建立唐朝，中国历史翻到新的一页，迎来了文化艺术空前繁荣的新时期。在此以前隋朝取代北周，又南下灭陈，古代中国重归统一。但是隋朝的统一十分短暂，灭陈后不足30年就在各地群雄起义中覆亡。与隋朝统治时间短暂不同，唐朝统治的时间长达298年，曾为各位皇帝都修建过豪华的陵墓，目前在陕西省的乾县、礼泉、泾阳、三原、富平和蒲城6县，由西向东分布有18座唐代陵

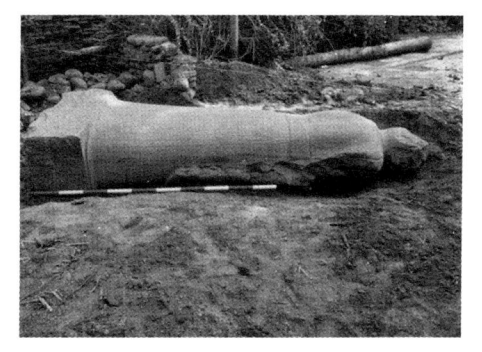

图23-12 河北湾漳北朝墓神道石刻残躯出土情况

图23-13 西魏文帝永陵神道石刻石虎

墓，习惯称为"关中唐十八陵"，按时间先后它们是高祖李渊的献陵、太宗李世民的昭陵、高宗李治和女皇武则天合葬的乾陵、中宗李显的定陵、睿宗李旦的桥陵、玄宗李隆基的泰陵、肃宗李亨的建陵、代宗李豫的元

---

① 中国社会科学院考古研究所、河北省文物研究所邺城考古工作队：《河北磁县湾漳北朝墓》，《考古》1990年第7期，第601—607页。

陵、德宗李适的崇陵、顺宗李诵的丰陵、宪宗李纯的景陵、穆宗李恒的光陵、敬宗李湛的庄陵、文宗李昂的章陵、武宗李炎的端陵、宣宗李忱的贞陵、懿宗李漼的简陵和僖宗李儇的靖陵,每个陵前的神道石刻大部分保存完好。[①] 此外在咸阳陈家村,还有武则天为她母亲杨氏修筑的顺陵,也保存有陵前的石刻。[②] 除陕西省外,在河南省偃师县缑氏镇保存有死后谥为孝敬帝的李弘的恭陵,陵前石刻也大致保存完好。[③] 这些气势磅礴、规模宏大的陵墓,除少数构筑巨大的覆斗形封土冢外,其余的都是依山为陵,它们都构筑有宏大的陵园,并且有成组合的陵墓石刻。石刻主要分布在神道两旁,数量大而且题材多样,还在四神门外设狮子等石刻,形成庄严、威猛的氛围,是唐代的纪念性大型组合石雕艺术的代表作品。此外,陪葬在这些帝陵附近的皇族和大臣的墓葬前面也有神道石刻,但规制远比帝陵为低,数量少而且雕造也不如帝陵精美。例如陪葬乾陵的永泰公主李仙蕙墓前原存有 2 件石狮、4 件武臣、2 件石柱,基本造型近于乾陵石刻。[④]

唐陵石刻经历了初创、成熟、延续和衰微四个阶段。其艺术造型也由雄浑转向庄重,接着陷入呆滞的程式化,终至粗疏委顿,失去艺术光彩。这也正反映着公元 7 世纪初叶唐王朝从战火中诞生,发展成长,终成当时世界东方最兴盛的帝国,安史之乱后每况愈下,终至衰微、覆亡的历史进程。

唐朝陵墓石刻的初创阶段,艺术造型呈现出一往无前的雄浑气势,代表作品是唐太宗李世民的昭陵的石刻群,主要是由他生前指示雕刻的"昭陵六骏",那 6 匹意态雄杰的战马,将人们带回隋末唐初历次重大战斗的战场,当时主帅李世民跨骑着它们冒着敌方的矢石,冲锋陷阵,谱写了一首首英雄的诗篇。"昭陵六骏"是 6 块巨大的矩形画面的浮雕作品,每块雕出一匹正侧视的战马,或行走,或奔驰,姿态各异,形貌写实,连马的

[①] 贺梓城:《"关中唐十八陵"调查记》,《文物资料丛刊》(3),文物出版社 1980 年版,第 53—60 页;刘庆柱、李毓芳:《陕西唐陵调查报告》,《考古学集刊》第 5 集,中国社会科学出版社 1987 年版,第 216—263 页。
[②] 陕西省考古研究所:《唐顺陵勘查记》,《文物》1964 年第 1 期,第 34—39 页。
[③] 若是:《唐恭陵调查纪要》,《文物》1985 年第 3 期,第 43—45 页;中国社会科学院考古研究所河南第二工作队、河南省偃师县文物管理委员会:《唐恭陵实测纪要》,《考古》1986 年第 5 期,第 458—462 页。
[④] 陕西省文物管理委员会:《唐永泰公主墓发掘简报》,《文物》1964 年第 1 期,第 7—33 页。

装饰和马具也刻划得细致准确,有的马身上还带着箭伤(图23-14)。这6匹骏马的名字分别是飒露紫、拳毛䯄、白蹄乌、特勤骠、青骓和什伐赤,只有飒露紫作中箭受伤后静止伫立的姿态,前面雕有人像,身披铠甲、战袍的将军邱行恭正在为它拔箭,表现了征讨王世充时会战邙山时的情景。①"昭陵六骏"是一组成功的纪念性或纪功性的石雕作品,用以纪念和颂扬唐太宗李世民的丰功伟绩。与西方艺术中称颂英雄的纪念雕塑作品不同,英雄本人的形象并没有出现,但是从他所骑乘的战马的雄姿,人们时时都感到英雄的存在,这也正是东方艺术强调含蓄和象征手法的成功杰作。也可以认为这还是承袭着西汉霍去病墓冢上石雕的传统,用战马的雄姿象征英雄伟业。最令人遗憾的是,20世纪初这组石雕被从昭陵原址盗劫,为了盗运出国均被砸成数段,经国人努力,终有4件被截回,现经修复陈列于西安的碑林博物馆。但是2件最精美的作品,包括邱行恭为飒露紫拔箭的雕像仍被劫出国外②,至今昭陵前原陈六骏石刻处仅存部分残石座。

图23-14 唐太宗昭陵石刻"昭陵六骏"之拳毛䯄

---

① 邱行恭从李世民讨伐王世充,会战于洛阳邙山,时李世民战马中箭,邱行恭射退敌骑,下马为李世民所骑飒露紫拔箭,然后让李世民骑他的战马,他自己步行保护李世民突围回营。为纪念邱行恭的功绩,"贞观中,有诏刻石为人马以象行恭拔箭之状,立于昭陵阙前。"参见《旧唐书·丘和传附子行恭传》,中华书局校点本1975年版,第2327页。

② 被运出国的两石现藏美国费城大学博物馆,参见王世襄《记美帝搜括我国文物的七大中心》,《文物参考资料》1955年第7期,第49页。

比"昭陵六骏"创造时间更早的唐陵石刻作品，还有唐高祖李渊的献陵的石刻，以及李渊建立唐朝后于武德元年（618）将他祖父李虎墓改称永康陵后建立的石刻。永康陵前的石狮，蹲坐姿态，它的外貌还明显地具有北朝石刻遗风。[①] 唐高祖李渊的献陵，原在陵园四门各放置有1对石虎。南面神道又安放有1对石犀牛和1对石柱。石虎（图23-15）和石犀牛都是立姿，外轮廓简洁概括，略觉拙朴，但气势雄浑。[②] 石柱为八棱柱体，上托圆盖，盖顶心立一蹲狮。可以看出，立姿石兽和有蹲狮圆盖的多棱石柱，都似与南朝陵墓石雕有渊源关系，但虎与犀牛都是写实的动物，又与南朝神兽有别。这表明唐初陵墓石刻在较多地接受南北朝以来传统的基础上，虽有新的突破，但还没有创立出新的制度和时代风格。所以献陵和昭陵以后诸唐陵，再也没有"昭陵六骏"那样的巨型浮雕，也没有献陵那样作风浑朴的虎和犀牛，门旁的石虎都由石狮所取代。至于负责设计和营建献陵和昭陵的官员，据《旧唐书·阎立德传》记载正是这位著名画家，他曾因修建

图23-15 唐高祖李渊献陵石虎

[①] 何正璜：《介绍陕西省博物馆新建的石刻艺术陈列室》，《文物》1964年第1期，第47—48页。

[②] 现献陵的1件石虎和1件石犀牛被移藏于博物馆，陈列于西安碑林博物馆。

唐高祖李渊的陵墓有功,被任命为"将作大匠"。贞观十年(636),阎立德又受命去营建昭陵。所以唐陵石刻初创期呈现的雄浑气势,应与这位艺术家的艺术风格和创作思想密不可分。

代表唐朝陵墓石雕的成熟阶段的作品,是乾陵的石刻群(图23-16),那座依山构建的陵墓内埋葬的是高宗李治和曾改国号为大周的女皇帝武则天。在陵园的四门各立1对石狮,还在北门安放有6匹石马。主要的石刻在神道的两侧夹道排列,面朝神道,左右对称。自双阙以后,依次排列着石柱、翼马和鸵鸟各1对,仗马和控马者5对,石人10对和石碑2通(无字碑和述圣记碑)。除此以外,还安置有"蕃臣曾侍轩禁者"石像61尊(图23-17)。如将乾陵石刻与献陵、昭陵相比,已经看不到像昭陵六骏那

图23-16 唐高宗武后乾陵前的神道石刻

图23-17 乾陵蕃臣石像

样既形貌写实，又体态灵动、变化自如的造型手法，更无献陵石刻的拙朴雄浑的造型特色。开始采用统一规范的手法，对同类题材的石刻造型，选取最显端庄严肃的形态。如以石马造型为例，鞍辔齐备的"仗马"，四肢端直地俯首伫立，驯顺安详。再配上肃立的控马者，更显端庄。5 对同样姿态的仗马和控马者依次排列，制造出更为规整严肃的氛围。至于 10 对石人像，更是冠袍整齐，双手拱于腹前，下挂长剑，端然肃立。那 61 尊蕃臣像，同样是端然肃立地分为左、右两组，行列齐整。将这些石人马以及矗立的石柱和巨碑组合在一起，显得庄严、肃穆、冷峻、威猛，呈现出稳定、永恒的美感，汇聚成为一曲对兴盛的唐王朝皇帝的颂歌。虽然乾陵石刻与昭陵石刻相比，缺乏昭陵六骏生动的造型，以及所显示的创业者的战斗精神，但是具有稳定而严整的造型，着重细部刻画，更能反映出皇权的威严，也还显示着王朝兴盛时的风貌。特别是那一对肩生双翼的神马，昂首伫立，仰视天穹，似将振羽奋飞，更具有腾跃云天的气势（图 23 - 18）。

上元二年（675）修的恭陵，神道石刻约略与乾陵同时或略早，造型风格近似乾陵石刻，但规制较小且姿态略显呆滞，翼马和狮子更缺乏动

图 23 - 18　乾陵石翼马

感。石柱的形制已与献陵石柱不同，去掉类似南朝石柱的立狮圆盖，改为宝珠状莲蕾，显得雍容华美。乾陵的石柱也是同样的形制，此后成为唐陵石柱的定制。乾陵石刻的规制，成为后来唐陵石刻所仿效，特别是中宗李显的定陵和睿宗李旦的桥陵，陵墓石刻大致保持着和乾陵石刻近同的风采，同属唐陵石刻成熟阶段的作品。石刻组合的制度化，与陵园建筑群以及宏大的山陵相呼应，共同形成肃穆、庄严、神圣的气氛。

唐玄宗天宝末年发生了"安史之乱"，此后唐陵石刻进入延续阶段，因为唐王朝政治、经济日趋衰落，虽然还有能力继续维持皇陵的修筑，但是已无法与修筑乾陵时相比，整个社会丧失了蓬勃向上的气势，陵墓石刻随之渐失风采，但尚能延续成熟阶段形成的规制。玄宗李隆基的泰陵、肃宗李亨的建陵、代宗李豫的元陵、德宗李适的崇陵、顺宗李诵的丰陵、宪宗李纯的景陵、穆宗李恒的光陵和敬宗李湛的庄陵等8陵的石刻，都是延续阶段的作品。一般说来，随着时间的推移，这一阶段陵墓石刻的制作日趋粗疏，石刻造型日显体态无力，雕刻线条松散，渐失唐陵石刻原有的雄伟风格（图23-19）。

图23-19　唐懿宗简陵西神门石狮

晚唐的5座陵墓，即文宗李昂的章陵、武宗李炎的端陵、宣宗李忱的贞陵、懿宗李漼的简陵和僖宗李儇的靖陵，虽然仍保持着陵前石刻群的设置，但体姿已瘦小，雕工更粗率，营造出衰落破败的气氛，可算是唐陵石刻的衰微阶段，尽失原来的艺术光彩。

当我们回顾了唐朝陵墓石刻的发展历程和艺术特色以后，自然想知道这些成组合的石刻是由那些人雕刻的。因为古代中国负责具体雕刻的人，是当时身份低下的匠人，所以没有人会将他们的名字记入史书之中，以至他们的名字今日多不可考。通过对唐朝陵墓石刻实物的细致观察，终于在唐高祖李渊的献陵的1件石虎上，发现留有题铭，为"武德拾年九月十一日石匠小汤二记"。这位"小汤二"，是唯一留下名字的唐陵石刻艺术的作者。[1]

最后还应说明，唐代的大型成组雕塑品除唐陵石刻外，只有1988—1991年在山西省永济县唐代蒲津渡遗址黄河滩涂中出土的铁人和铁牛，从气势和作品体量上可以与唐陵石刻相媲美。这组铁人和铁牛[2]，原用于固定浮桥之用，铸造于开元十二年（724）。铁牛出土4件，分前、后两排，面西朝河而立，铁牛旁各有1个牵牛的铁人，还有2座铁山和星状铁柱等（图23-20）。铁牛体态庞大沉重，体长约3米，高1.8米，各重55—75吨，铸工精湛，造型浑厚雄健，显示出人定战胜自然的宏伟气魄，是罕见的唐代大型金属造型艺术珍品。

图23-20 山西永济唐蒲津渡铁牛

---

[1] 小汤二题铭在献陵南神门外东列石虎颈下，参见刘庆柱、李毓芳《陕西唐陵调查报告》，载《考古学集刊》第5集，中国社会科学出版社1987年版，第217页。

[2] 山西省考古研究所：《黄河蒲津渡遗址》，科学出版社2013年版。

陵墓雕塑（上）

　　在边疆地区，由古代少数民族建立的政权统治者死后修筑的陵墓，也常仿效唐陵安置石刻。例如，在吉林省敦化县六顶山发掘的渤海国王族墓地中，曾在渤海王大钦茂第二女贞惠公主墓的墓道中，出土一对高度超过50厘米的石狮。[①] 石狮雕刻精美，它的外貌和蹲坐的姿态，全与唐陵石刻蹲狮的艺术造型相同，明显是接受唐文化而雕造的陵墓艺术品。再如西藏自治区穷结县藏王墓石刻，经20世纪50年代末的考古勘察，现存公元7—9世纪吐蕃时期王墓8座[②]。第1号墓，坟土高阔，顶部有后来围筑的方形土垒，垒下夯筑土台前左右两侧各存1件石狮，蹲坐的形貌与唐陵石刻蹲狮近同（图23-21）。第6号墓坟丘高8米，左方树石碑1座，碑身正面存古藏文铭刻25行，是吐蕃王赤德松赞（793—815）纪功碑。碑身上部有收分，碑侧浮雕云龙纹，碑顶覆四角攒尖顶石，顶石上部正中置石宝珠，下部四周雕流云飞天，碑下设龟趺，石碑的形制和纹饰都一如唐制。给文献中关于吐蕃当时大量输入汉族文化的记载，增添了实物证据。

图 23-21　西藏山南琼结藏王墓群中赤松德赞墓前石狮

[①] 王承礼、曹正榕：《吉林敦化六顶山渤海古墓》，《考古》1961年第6期，第298—301页。
[②] 王毅：《藏王墓——西藏文物见闻记（六）》，《文物》1961年第4、5合期，第81—87页；宿白：《藏王墓》，《中国大百科全书·考古学》，中国大百科全书出版社1986年版，第638页；西藏文管会文物普查队：《赤德松赞碑清理简报》，《文物》1985年第9期，第73—76页。

五　宋朝陵墓石雕

唐朝覆亡后，古代中国再次出现分裂局面，史称"五代十国"时期。"五代"指继唐朝以后接续成立的5个王朝：朱晃（又名朱温）建立的后梁（907—923），李存勖建立的后唐（923—936），石敬瑭建立的后晋（936—947），刘暠建立的后汉（947—950），郭威建立的后周（951—960）。在此同时，在中国东南、西南等地还建立过10个割据一方的小政权，故称为"十国"。当公元960年赵匡胤在兵变中取代后周建立宋朝以后，终于消灭各地的割据政权，使古代中国重归一个王朝统治。

五代十国时期各地小王朝的君主死亡后，都曾修建过颇为豪华的陵墓，20世纪40年代以来，在四川、江苏、浙江、福建、广东等省陆续发掘过前蜀、后蜀、南唐、吴越、南汉、闽等小王朝的陵墓，但是地面陵园建筑多已无迹可寻，不清楚有没有陵墓石刻，只是在四川省成都市前蜀主王建的永陵以南300米处，曾发现1件石雕人像，着袍服，肃然端立，仍保持着唐朝陵墓石刻中文官雕像的形貌，应是王建永陵前原立的石刻。或许表明五代十国时如有陵墓石刻，仍然沿袭着唐朝旧制。

宋朝建立以后，首先是为宋太祖赵匡胤的父亲赵弘殷建造陵墓，开始选址在都城东京（今河南省开封市）附近，到乾德二年（964）改到河南府巩县（今河南省巩义市），称为永安陵，自此开始直到金人攻陷宋朝都城东京城，宋高宗赵构在江南再建宋朝（历史上习称此前的宋朝为"北宋"，再建的宋朝为"南宋"），在巩县建有7个皇帝的陵墓，有宋太祖赵匡胤的永昌陵、宋太宗赵光义的永熙陵、宋真宗赵恒的永定陵、宋仁宗赵祯的永昭陵、宋英宗赵曙的永厚陵、宋神宗赵顼的永裕陵和宋哲宗赵煦的永泰陵，加上赵弘殷的永安陵，当地民众习惯称为"七帝八陵"。在一个半世纪的漫长岁月里，北宋王朝在巩县构筑成规模庞大的陵墓群，除了8座皇帝陵园外，还葬有22个皇后，以及陪葬于皇陵的皇族和大臣们的坟墓，总数达千座之多。但是在金人灭北宋时，宋陵墓室多被盗掘，陵园亦遭到极大破坏，皆沦为废墟，只有神道石刻较多保存下来。近年来经考古勘察，可以看出北宋皇帝陵墓的陵园的建制统一，平面布局相同，都是坐北朝南，方向185°—190°。分别由上宫、下宫及皇后陵、陪葬墓组成。上宫是陵园的主体，从南至北依次

陵墓雕塑（上）

建有鹊台、乳台、神道石刻、陵台和围绕陵台的宫城。下宫位于上宫的西北部，在南门放置1对石狮。皇后陵的陵园布局与皇帝陵大致相同，位于帝陵上宫的西北隅，只是规模相对较小，石刻数量也相应减少。皇后陵墓后面，分布着陪葬墓群，在一些勋戚大臣墓前也按等级立有一定数量的石刻。据统计，目前诸帝陵尚存石刻总数达407件（内残缺不全的33件），诸后陵存石刻336件（内残缺不全的51件），陪葬墓存石刻69件（内残缺不全的19件），总数超过800件。[1] 如此数量巨大的北宋大型纪念性石刻群被保存下来，使我们得以了解北宋陵墓石刻的艺术成就。

北宋皇帝的陵墓石刻，与唐朝的陵墓石刻不同，没有经过如唐高祖献陵和唐太宗昭陵所代表的初创阶段，而是一开始就制定了陵园的制度和神道石刻的规制，以及皇后陵园及勋戚大臣按等级区分的墓园制度，并规定了神道石刻的内容和数量，这充分表现出，到北宋时中国中央集权的官僚机构已臻于完备，各种规章和礼仪制度更趋成熟，所以北宋一代的陵墓都是按照同样的规范营建的。神道石刻也是如此，有着同样的内容和数量，按规定位置陈放，只是随着雕造时间的先后不同，它们的细部刻划和装饰纹样有些差异而已。概括来看，北宋皇帝陵墓石刻集中在上宫，按规定有60件，除陈放在东、西、北神门的门狮以外，多集中放置在乳台以北、宫城以南的神道两侧，石刻面相内朝向神道，两两对称，由外向内（由南向北）依次排列（图23-22）。顺序是望柱1对、象与驯象人各1对、瑞禽石屏1对、神兽1对、仗马2对（每马各有2个控马官）、虎2对、羊2对、番使3对、武官2对、文官2对。此外有南门狮1对、武士1对、上马石1对，神门内及陵台前有宫人2对。皇后陵的石刻减至30件，除4座神门各有1对门狮外，神道两侧排列着望柱1对、仗马1对（每马各有2控马官）、虎2对、羊2对、武官1对、文官1对、宫人1对。至于陪葬的勋戚大臣，墓前石刻一般是6件，包括望柱、虎、羊各1对；三品以上官员另加石人1对。从现存北宋陵墓石刻遗物来看，当时修建各陵墓时都严格遵守着有关规定，并无例外，也显示着北宋时封建等级制度极为森严，凡人均不可逾越。陵墓石刻的内容和数量，充分显示着死者生前的地位和

---

[1] 河南省文物考古研究所：《北宋皇陵》，中州古籍出版社1997年版。

419

图 23-22 河南巩义北宋永定陵

权势,其象征意义较唐朝更为明显。

以北宋皇帝陵墓石刻与唐朝皇帝陵墓石刻相比,其间的承继关系是十分明显的,但是在具体内容和艺术造型存在颇多不同之处。在具体内容方面,宋陵石刻增加了象和驯象人、全装甲胄的武士和宫人,还增加了具有独角的神兽,将仗马增加到 2 对,并将每匹仗马的控马者增加到两个人。还将番使、羊、虎、瑞禽改为每陵必有的规定内容,因此神道石刻的行列增加了许多新内容,更具威仪。在艺术造型方面,最大的不同处在于宋陵石刻造型更加规范,或者说已陷入程式化,再也见不到唐陵石刻初创阶段雄浑的风貌,更没有"昭陵六骏"那样的传神写实的作品,以及它们显示的一往无前的战斗精神。也没有唐陵石刻成熟阶段如乾陵翼马昂首伫立、傲视苍穹的盛唐气势。宋陵石刻所有人像都是谦卑端立的态势,尤其是南神门内的宫人,更是叉手恭立,分外谦卑。连动物的姿态也是整齐划一,或四足伫立,或蹲、卧,姿态呆板,南神门两侧的门狮虽呈走姿,但仅迈出半步,还套着系有长锁链的项圈,虽张着嘴,并无英武之气。汇聚在一起,只是一曲称颂皇帝权威的低吟。但是在细部描绘方面,宋陵石刻则较唐陵石刻精细得多,举凡人物的衣冠服制、武士的兜鍪铠甲、仗马的辔镫鞍鞯,无不刻划精细,其上的装饰纹样也都用浅浮雕或线刻仔细雕刻出来,确是精工细作(图 23-23)。

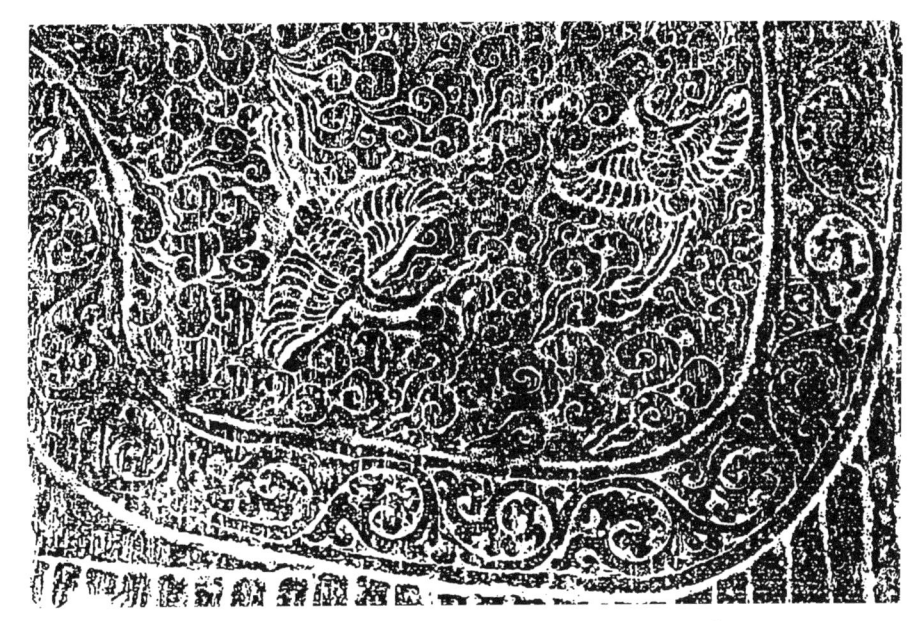

图23-23 北宋永昭陵西列武士绣袍抱肚纹饰（拓片）

根据宋陵石雕本身的造型风格和细部装饰方面的细微不同，还可以看出依据时代早晚出现的发展演变，大致可以分为前、中、后3个阶段。前段约当公元10世纪末至11世纪初，包括宣祖赵弘殷的永安陵、太祖赵匡胤的永昌陵、太宗赵光义的永熙陵、真宗赵恒的永定陵四陵的石刻；中段约当公元11世纪前半叶，包括仁宗赵祯的永昭陵、英宗赵曙的永厚陵二陵的石刻；后段约当公元11世纪后半叶至12世纪初，包括神宗赵顼的永裕陵、哲宗赵煦的永泰陵二陵的石刻。

宋陵石刻前段作品中的人物造型，体态较为粗壮，带有唐陵石刻的遗风，但是人物端立的姿态，呆板而恭顺，特别是全装甲胄的武士，雕成拱肩、低头的姿势，体态臃肿，手持短柄钺斧，钺体仅及拳头大小，并非实战兵器，系象征性的仪仗，毫无雄武之姿（图23-24）。因此有人认为，宋陵武将雕像的姿态反映着宋代朝廷中轻视武人的现实情况。只有番使像的造型与众不同，雕造时为了表现其民族与国别，突出刻划他们的面貌特征，以及冠帽服饰的不同，所以雕成的人像虽然也是端立的姿态，但排列在一起时能显示出每个人像的个性特征，艺术造型富有变化，比文臣、武臣等人像更具观赏性。同样的情况也见于控马官和驯象人，控马官服制姿

图 23-24-1　北宋神宗永裕陵石刻文臣

图 23-24-2　北宋真宗永定陵石刻武将

态划一，驯象人则姿态略显生动，一头鬈发，束以发带，或佩耳环、臂钏等饰物，与装饰华丽的大象显示着浓郁的异国情调（图 23-25）。此外，望柱和瑞禽也在继承着唐陵石刻造型的基础上有所变化。唐陵的神道石柱已经取消了柱上刻铭的方形石表，并缩小了柱顶圆盖，把圆盖上的神兽改雕为宝珠，柱体改为棱面并线雕纹饰。宋陵望柱的柱头已看不出圆盖，它已成为托承宝珠的边饰，柱体棱面线雕的缠枝花卉图案更加细密精致，虽华美有加，但缺乏唐陵神道石柱的豪壮气势。在宋陵石刻中，只有瑞禽采用浮雕技法表现，它承袭自唐陵石刻中的鸵鸟，但是唐陵石刻中的鸵鸟是写实的作品，是回首反顾姿态，背景平素，仅足下踏山石。宋陵石刻则改为兽首禽体、尾羽华美的怪异形状，展翅欲飞，背景则满雕层峦重叠的山石，减除了淳朴写实的造型手法，增添了神异华美的氛围（图 23-26）。与瑞禽相邻增设了一对昂首站立姿态的独角神兽，长唇向上翻卷，獠牙外龇，肩附羽翼，有人称它为"獬豸"，也有人称它为"角端"。它与瑞禽可能都是象征祥瑞的雕刻品,置于皇陵石刻群中,象征皇权永祚之意。这阶段的作品刻纹繁缛,永熙陵和永定陵石刻的底座四侧都刻有精细的纹饰。宋陵石刻中段作品中人物造型已脱离了唐陵石刻遗风,由体态较为粗壮转向修长,面相长方,颈部加长,头与体高的比例比较匀称,衣冠刻划更趋写实,雕像底座不再刻划花纹。宋陵石刻后段的作品,已看不到唐陵石刻遗风,人物形体普遍修长,面相也趋向瘦长,但五官和表情的刻划较前略显生动,特别是番使的面部,不仅较好地表现出人物的种族特征,而且刻划出人物的个性,表明宋陵石刻技法已趋向成熟,但随着北宋的灭亡,北宋皇陵的修建终止,已趋成熟的石刻技法也被迫中断。

图 23-25 北宋太宗永熙陵石刻象与驯象人

图 23-26 北宋英宗永厚陵石刻瑞禽石屏

南宋建立以后,皇帝仍梦想恢复对北方的统治,死后也想日后能归葬在河南的宋陵,所以仅在都城附近营建临时性质的陵墓,虽建有上下宫,但将棺椁藏于上宫献殿后的"攒宫"内,并不设置陵墓石刻[1],因此北宋

---

[1] 陈仲篪:《宋永思陵平面及石藏子之初步研究》,《中国营造学社汇刊》第6卷第3期,1936年。

图 23-27 浙江宁波东钱湖南宋史诏墓前神道石刻中的石椅

时发展成熟的陵墓石刻制度中断后未能恢复。虽然南宋皇帝陵墓未设置神道石刻，但是一些官员的墓前仍有的设置石刻，并有些石刻保留至今，主要是文武臣和羊、虎等雕像，造型一般仍遵守北宋以来的规制，但是也偶有创新的内容。在浙江省宁波市东钱湖建炎四年（1130）史诏墓前的神道石刻，依次排列有羊、虎、马、文臣、武臣，最后还有相对而立的石雕椅子，这是在其他地方神道石刻中没有见过的新造型。这是按照南宋时木制"灯挂椅"原大雕成的石椅，座屉和椅披也刻划细致，还雕出椅前附设的承足的脚踏（图 23-27），为研究宋代家具史提供了珍贵资料[1]。在福建省云霄县将军山东麓唐陈政墓前，保留有南宋嘉熙四年（1240）在坟墓前设立的神道石刻，有石人、仗马、卧羊、门狮、望柱各 1 对，共 10 件。[2] 其中 2 件石马造型不同，一件石马与通常的石马造型相同，装佩鞍辔马具；另一件石马造型较为罕见，马身披挂"具装铠"，马头套戴马"面帘"，保护马颈的"鸡颈"雕成巨形虎头形状，张口吞含马颈，马体所披"马身甲"长垂至腹下，鞍鞯上的纹饰雕刻精细，荐上浮雕有少见的飞凤逐鹿图案。这种身披具装铠的战马造型，在北宋陵墓石刻中没有出现过，不合宋朝礼制，看来是地处边远地区墓前石刻显出的逾越礼制的地方特点。

在宋朝的北方和西北，还存在有一些由古代少数民族建立的政权，例如党项族建立的西夏，契丹族建立的辽，以及时代稍迟的由女真族建立的金朝。这些政权的帝王的陵墓，虽然呈现出本民族的特色，但是在陵园制度方面明显受到唐宋帝陵的影响，也有陵墓石刻的设置。

---

[1] 陈增弼：《宁波宋椅研究》，《文物》1997 年第 5 期，第 42—48 页。
[2] 汤毓贤：《两件雕饰精美的南宋石马及有关石象生》，《文物》1999 年第 8 期，第 78—83 页。

陵墓雕塑（上）

西夏帝王的陵墓，坐落在宁夏回族自治区银川市西贺兰山下，保存有9座帝陵和207座陪葬墓。[①] 陵墓石刻置于月城之内，但因西夏被成吉思汗统率的蒙古军队灭亡后，西夏王陵惨遭蒙古军队大规模破坏，石碑均被砸为碎块，陵墓石刻也没有能保存下来，目前只能发现一些残存的石刻座址，有人推测每座王陵有石刻30件左右。至于石刻的内容，目前已无法弄清楚了，只是在1号陵和6号陵发现一些人头和躯体残件，或许是陵墓石刻中石人像的残件。此外，从陵区和陪葬墓出土的一些石雕作品，还可以对当时石刻的雕刻技法有所了解。在陪葬墓M177的甬道中出土有一件体长130厘米的石雕卧马，姿态呆板，除口、鼻、双目及耳下中分的两撮鬃毛外，没有细部刻划，技法拙稚粗犷，推测墓前神道石刻中的动物造型特征和雕刻技法，有可能与这件石卧马近似。此外，在西夏王陵的3号、6号和8号陵的碑亭，都出土过硕大的砂岩雕成的人像石座，整体呈正方体形状，顶部平整，人像雕成跪姿负重的姿态，全身赤裸，只有手臂上套有臂钏或手镯，垂乳硕腹，扁鼻圆目，口中獠牙外龇，雕刻技法同样拙稚粗犷，显示着几分神秘色彩（图23-28）。

图23-28　宁夏银川西夏3号王陵前人像石座

辽、金时期的陵墓石刻，也和西夏的陵墓石刻一样，大都没有能保存至今，只是在内蒙古昭盟调查辽祖陵（辽太祖耶律阿保机的陵墓）时，在

---

① 宁夏文物考古研究所：《西夏陵》，东方出版社1995年版。

425

陵园范围内发现过1件头部已残缺的石人像，身穿窄袖袍服，腰系腰带，背脊拖出一条长发辫，叉手站立。① 这件辫发石人像，可能是辽祖陵神道石刻中的人像。辽、金时期官员墓前有的也设置有神道石刻。吉林省舒兰县保存有金代左丞相完颜希尹及其家族墓群，还存在7组石刻，由神道石柱、虎、羊、文臣和武臣组合而成，石虎呈蹲坐姿态，羊为卧姿，文臣与武将相对而立，文东武西，石刻造型仿效北宋陵墓石刻，但姿态更觉呆板，雕刻技法亦显拙稚。②

六 明清陵墓石雕

南宋被元朝灭亡后，元朝皇帝的陵墓并不沿袭宋制，不设陵墓石刻。当朱元璋建立明朝以后，在洪武二年（1369）开始为他父母修建陵墓即明皇陵，位于今安徽省凤阳县城西南，北距明中都城约5千米，设立了神道石刻，但是与唐宋皇帝陵墓不同，将石刻移入皇陵内城，由北向南依次排列（明皇陵正门为朝向明中都城，故以北门为正门，与通常陵墓以南门为正门不同，极为特殊），共有石兽、马与控马者、文臣、武臣、内侍共32对。③ 其后又于洪武十八年（1385）在凤阳府泗州城北门外杨家墩（今江苏省盱眙县仁集乡明陵村）为他的高祖、曾祖和祖父修建祖陵，洪武二十年（1387）又建享殿、配殿、石象生。清康熙十九年（1680），明祖陵遭洪水淹没，沉于洪泽湖中约3个世纪之久，直至20世纪60年代因湖水干枯，明祖陵重现，但陵园建筑已仅余残基，神道石刻虽多倾倒，但基本保存完好，现经维修已被扶正。④ 明祖陵的石刻有望柱、蹲狮、马和控马官、文臣、武臣等（图23-29），望柱和蹲狮的造型，仍和宋陵石刻近似，石马左右各置控马官也是宋陵石刻旧制，表明在北宋灭亡后，沉寂了近2个半世纪以后，帝王陵墓前的神道石刻重又复兴。同时说明在明初洪武年间，各种制度还处于初创阶段，帝陵神道石刻虽然恢复，但艺术造型还只

---

① 洲杰：《内蒙古昭盟辽太祖陵调查散记》，《考古》1966年第5期，第263—266页。
② 吉林省文物工作队：《完颜希尹家族墓群石雕艺术初探》，《文物》1982年第3期，第75—78页。
③ 王剑英：《明中都》，中华书局1992年版。
④ 江苏省地方志编纂委员会：《江苏省志·文物志》第147页《明祖陵》条，江苏古籍出版社1998年版；张正祥：《明祖陵》，《考古》1963年第8期，第437—441页。

是设法仿效多年以前的北宋陵墓石刻的形貌，而没有适应新的明王朝的出现，形成新的规制、新的内容组合及艺术造型。

图 23－29　江苏盱眙明祖陵神道石刻

明朝帝陵石刻新规制的建立，始于为明太祖朱元璋建造的孝陵，位于今南京市东郊的钟山（紫金山）南麓独龙阜。[①] 虽然清末陵园建筑被太平天国野蛮毁坏，幸而陵墓石刻被保存下来。明孝陵石刻有狮、獬豸、骆驼、象、麒麟和马6种石兽各两对，造型是一对站立姿态，另一对蹲卧姿态。石望柱一对，文臣、武将各两对。可以看出，这时已取消了宋陵石刻中的番使和瑞禽，将朝服的武臣和甲胄装武将合为一体，成为全装甲胄手执金瓜的新造型，同时废除了明初祖陵尚保留着的控马官，石马已与唐宋陵前的仗马不同，失去原来具有的仪仗功能而同其他石兽放置在一起。孝陵石刻中的人像仍为传统的端立姿态，形体粗壮，细部描绘精细写实，武臣所戴盔和身披的铠甲刻划细致。但石兽造型不注重写实生动而追求程式

---

① 南京博物院：《明孝陵》，文物出版社1981年版。

化，姿态呆板划一，一般只刻出躯体，除头部外不作细部刻划，耳鼻鬃毛的刻划趋于图案化，整个石刻群缺乏生趣（图23－30）。这些形态刻板的石兽排列在神道两旁，造成陵墓的庄重沉寂氛围，或许也反映出明朝时中央集权的统治更加严酷的时代特征。

图23－30 江苏南京明孝陵神道石刻

明成祖朱棣将都城由南京迁往北京，此后明朝皇帝的陵墓随之葬到北京城郊西北的昌平县天寿山下，从明成祖以后共有13个皇帝埋葬在这里，所以习惯称之为"明十三陵"[①]。明陵和北宋皇陵不同，陵区周围40千米，四周因山设有围墙，有共同的陵园大门，门前有石牌坊、下马碑，门内有神路（又称"神道"）通各陵，各陵虽各设陵园宝城，但只有明成祖长陵前神道设有石刻，其余12陵均不设石刻，所以那组石刻也可视为明十三陵共用的石刻。长陵神道中央有"大明长陵神功圣德碑"，碑周围有4个石华表。神道两侧的石刻沿袭着南京孝陵的规制，也是狮、獬豸、骆驼、

---

① 赵其昌：《明十三陵》，《中国大百科全书·考古学》，中国大百科全书出版社1986年版，第336页。

象、麒麟和马等6种石兽,每种2对,立姿和蹲卧姿的各1对,共计12对24件,造型特征完全和孝陵石刻相同。石兽之后,设置6对石人像,其中武将(图23-31)、文臣(图23-32)、勋臣各2对,立姿端立,服饰甲胄特征也和孝陵石刻相同,表现出相同的时代风貌。

图23-31 北京明十三陵神道石刻武将

图23-32 北京明十三陵神道石刻文臣

明初曾分封皇子到各地,因此许多王陵前也保留有神道石刻,如广西壮族自治区桂林市尧山西南麓明靖江王墓群保存有神道石刻,其规制低于帝陵石刻,雕刻造型也有地方特色。在南京地区还安葬有许多明朝开国名臣,例如开平王常遇春、宁河王邓愈、岐阳王李文忠、中山王徐达等,他们的坟墓前都安置有神道碑和神道石刻。[①] 目前保存较好的有徐达墓、李

---

① 参见江苏省地方志编纂委员会《江苏省志·文物志》,江苏古籍出版社1998年版,第142—147页。

文忠墓、邓愈墓等墓前的神道石刻。由于这些石刻雕刻的时间大都在洪武年间，比明孝陵石刻为早，所以它们的造型风格与明祖陵接近，内容多有鞍辔齐备的石马和控马官，至于石刻的内容和数量，都比帝陵石刻为少，一般有石望柱、文臣、武臣、马和控马官、羊、虎各1对。又以徐达墓石刻形体较大，刻工也较精细，文臣袍服纹饰云鹤、变体如意和"寿"字，都雕刻得清晰细致。

清朝皇帝陵墓石刻仍然延续着明陵石刻的内容和造型，关外的清福陵、关内的清东陵和清西陵都有神道石刻，内容大致仍为文臣、武臣、马、麒麟、象、骆驼、狻猊、狮子等（图23-33），其中文臣服制发式均改为清代的顶戴朝服辫发的造型。

图23-33　清东陵乾隆帝弘历裕陵神道

清朝覆亡后，中国帝制历史终结。但是在民国初年，袁世凯曾梦想当皇帝，结果演出了一出洪宪复辟的闹剧，最终以失败告终。不过他死后葬于河南省安阳市，在他的墓前也安置了一组神道石刻，石人像身着当时的军装，体姿矮胖，形象丑陋，为中国陵墓石刻留下了极不光彩的尾巴。

（本文与后面的《陵墓雕塑（中）》、《陵墓雕塑（下）》原均刊于《中国文化与文明》丛书的《中国古代雕塑》中，由中国外文出版社与美国耶鲁大学出版社联合出版，而且中文版、英文版同时出版。原来该书中方由老友李松涛（李松）负责，确定写作内容后，他原是约请了另外的作者，但到期并未见写作。李松涛只得找我"救火"，先是缺《陵墓雕塑》的墓内雕塑部分，所以就先写了墓内雕塑部分，列为该书上编第二章（上）。但是距该书发稿还有两个月时，原写陵墓雕塑地上神道雕塑的作者又未如约写稿。因该书是国际合作项目，必须如期完稿，于是李松涛与出版社再找我"救火"，只得匆忙赶写了该书的神道雕塑部分，因为是后写完的，就编为该书上编第二章（下）。又因该书体例的局限，有关先秦两汉的世俗雕塑列入该书上编第一章，所以第二章是讲从三国开始至明清的陵墓雕塑，因之文中缺少有关先秦两汉陵墓雕塑的内容。这次收入本文集，不但调整了次序，并且分为上、中、下三篇。原下篇叙述地面的神道石雕改为上篇。又将原上篇叙述的墓内雕塑，再分为中、下两篇。其中，中篇叙述墓室及葬具雕塑，下篇集中讲述随葬俑群的雕塑艺术。为了便于读者阅读，一并补足有关先秦两汉陵墓雕塑的考古资料）

陵墓雕塑（中）

——墓室内和葬具雕塑（先秦至明清）

一 先秦至汉墓室内和葬具雕塑

先秦时墓葬是竖穴土坑内设大木构成的木椁及木棺，竖穴土壁并不适宜进行雕塑，且当时的墓仪规制中也没有关于在墓穴壁面饰加雕塑的规定。目前只在陕西扶风杨家堡的一座西周墓的壁面上，发现过白色菱形图案[1]，已被认为是时代较早在墓葬土圹壁面施加装饰图纹的特例。但是仍没有关于当时墓穴壁面饰加雕塑的考古发现。

到了秦代，据《史记·秦始皇本纪》，始皇陵内"以水银为百川江河大海，机相灌输，上具天文，下具地理"[2]。能机相灌输的水银江河，以及上具的"天文"，是否可以认为其陵墓中的江河天文是用石材雕刻而成？但秦始皇陵尚未发掘，难以求证。不过曾经对秦始皇陵园核心区域用地球化学的汞测量技术进行探测，发现封土表层存在很强的汞异常现象，面积达12000平方米，应是由陵中人工埋藏汞挥发而叠加于其中的。[3] 这表明，原来陵中确曾葬入大量水银，为文献中以水银为百川江河大海的记述，增添了证据。但真相究竟如何？尚有待将来能进行考古发掘时验证。因此依据目前田野考古发现的资料，还只能认为最早的墓室和葬具雕塑开始于汉代。

---

[1] 扶风县图博馆罗西章：《陕西扶风杨家堡西周墓清理简报》，《考古与文物》1980年第2期。
[2] 《史记·秦始皇本纪》，中华书局校点本1959年版，第265页。
[3] 常勇、李同：《秦始皇陵中埋藏汞的初步研究》，《考古》1983年第7期，第659—663页转671页。

西汉建国之初，一切制度仍依秦旧制，墓葬也是遵循先秦至秦时旧制，主要是竖穴土坑内置木椁木棺，竖穴土壁亦无雕饰。目前西汉帝陵尚未经发掘，但从在全国各地已发掘的诸侯王墓葬来看，主要有竖穴土坑内设木葬具，最尊贵的是大木构成的"黄肠题凑"，一般的是多重木椁木棺，这类墓葬的墓壁仍无雕饰。而在河南永城梁王陵[①]、江苏徐州狮子山楚王陵[②]等王陵，则是依山凿建多重墓室的崖墓，但那些石墓室的壁面，一般仍是平素无雕饰。随着砖室墓和砖石混筑的墓室成为汉代墓葬的主流，墓室内四壁呈现出大面积的砖石构筑的平整壁面，人们开始重视对这些壁面的装饰，主要手段是在其上绘制彩色壁画。到西汉末和王莽当政时期，又萌发了作为"画"的特殊形式的"画像石"和"画像砖"。画像石和画像砖虽然使用了雕琢和塑形的艺术手法，但因汉代人将它们视为"画"，是墓室壁画的组成部分，故此我们不将它们列入陵墓雕塑。

东汉时期，流行于山东、苏北地区的画像石墓中，墓室内和葬具上的雕饰才开始出现。在各室间隔梁下常设石柱，在柱端托大型栌斗，上托拱（旧作栱）以承横梁。斗拱皆以石雕，又常加装饰性的雕刻。例如山东沂南画像石墓[③]中室石柱呈八角形，上托斗拱，并在斗拱两侧自梁上各伸出一身躯反转的龙，以口衔住石拱，一方面增加了装饰性，另一方面增强了柱头向上托承的力量，既美观又实用（图24-1）。更有些画像石墓中的石柱，通体以高浮雕加镂雕手法雕刻精美，如山东安丘董家庄画像石墓[④]，在其前室和中室之间、后室中央和后室后壁中央各立有方形石柱，石柱各面均满雕众多人物、动物等组成的繁缛图像，是高浮雕加局部镂雕刻成（图24-3），呈现出极具特色的艺术氛围，是东汉墓中罕见的石雕艺术品。

东汉时期另一处流行依山崖掏掘崖墓的地区，是西南的四川地区，当地修建崖墓的习俗一直延续到三国时期刘备入川建立的蜀汉。在崖墓中也

[①] 河南省商丘市文物管理委员会、河南省文物考古研究所、河南省永城市文物管理委员会：《芒砀山西汉梁王墓地》，文物出版社2001年版。

[②] 狮子山楚王陵考古发掘队：《徐州狮子山楚王陵考古发掘简报》，《文物》1998年第8期，第4—33页。

[③] 曾昭燏、蒋宝庚、黎忠义合著，南京博物院、山东省文物管理处编著：《沂南古画像石墓发掘报告》，文化部文物管理局出版，1956年。

[④] 安丘县文化局、安丘县博物馆：《安丘董家庄汉画像石墓》，济南出版社1992年版。

图 24-1　山东沂南汉墓石柱斗拱及倒龙雕刻

图 24-2　四川三台郪江东汉崖墓石柱斗拱

图 24-3　山东安丘汉墓雕像石柱

常雕有上托斗拱的大立柱，例如三台郪江的东汉崖墓群①中，许多墓的墓室中都有仿木构建筑的雕刻，包括室顶的仿木构藻井的浮雕、壁面浮雕的立柱梁枋及干栏建筑式样的壁龛，特别是有的墓室中还依靠墓壁雕凿出立体的上托斗拱的大型立柱，立柱平面多边形，柱体下雕凿出方形柱础，柱

---

① 三台县文化体育局、三台县文物管理所：《四川三台郪江崖墓群 2000 年度清理简报》，《文物》2002 年第 1 期，第 16—41 页。

头上承栌斗，栌斗前、左、右各伸出华拱（因后靠壁面，否则也应伸托出拱），已是四铺作柱头斗拱，但在前伸的华拱上又托出一跳斗拱（图24-2）。这样复杂的柱头结构，是以前在汉墓雕刻中未见的。同时在有的墓室中，还雕出在双柱间的带护栏四足石床（只刻出前沿两足）（图24-4）。除了在崖墓中的仿木构雕刻外，四川地区的东汉墓中又开始使用以石材制造的石棺。石棺的形制开始是仿效内地汉墓的木棺，具有棺底、四壁（前挡、左壁、右壁和后挡）和盖，有的棺体用石材整体雕凿，有的以石板材拼合而成。后来又将棺盖雕成仿木建筑屋顶形貌，出现了仿殿堂建筑形貌的石棺，例如在乐山沱沟嘴东汉崖墓[①]中出土的带画像石棺，棺盖用整石雕成庑殿顶形貌，屋脊、瓦垄、瓦当均雕刻精细（图24-5）。可知四川地

图24-4 四川三台郪江东汉崖墓石柱石床

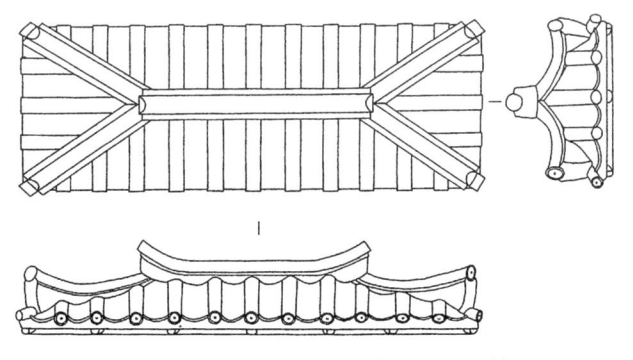

图24-5 四川乐山沱沟嘴东汉崖墓石棺盖

[①] 乐山市崖墓博物馆：《四川乐山市沱沟嘴东汉崖墓清理简报》，《文物》1993年第1期，第4—50转16页。

区东汉庑殿顶石棺，实开后来在北朝时期在中原流行的殿堂形石棺之先河。至于最早引起中国学者注意的四川地区东汉石棺上的画像，还是抗日战争时期于1942年在芦山发现的王晖石棺，石棺的两侧和后挡分雕四神中的青龙、白虎和玄武图像，在头挡雕出仙人半掩门，门左侧刻有榜题，书明死者王晖生前为"上计史"，卒于建安十六年（211），次年入葬。表明这已是东汉末年的石葬具。中华人民共和国成立以后，随着四川地区田野考古清理发掘的开展，不断有东汉石棺被发现。对石棺所雕画像的认识日益丰富，表明所雕画像题材，基本与中原流行的画像石大致近同。除四神图像外，主要是描绘人间生活的场景，如门阙宅院、武库庖厨、居家宴饮、歌舞百戏、出行车马等；还有仙人仙境，多见西王母和伏羲女娲。其中雕刻较精细、描绘场景较宏大的石棺画像，可举1973年在郫县竹瓦铺东汉墓中出土的石棺[①]，前挡刻互相拥抱、蛇躯交尾的伏羲女娲图像，后挡刻门旁双阙、门内门吏横盾迎谒。两侧壁雕家居宴乐观赏百戏舞乐场景，一侧壁居中是旁有望楼的厅堂，厅堂后为内置兵兰、兵兰上横置矛戟的武库，左侧上刻庖厨，下刻车马。厅堂中主、客坐席上，前置饮食具，言谈宴饮。厅堂右侧为乐舞百戏，可见前为踏鼓、折腰的女舞伎，其后是叠案、戴竿等百戏表演。另一侧壁的图像，表现角抵、划船水戏场景。构图疏密得当，人物造型生动，是汉石棺雕刻中的佳品（图24-6）。

二　三国两晋南北朝墓室石雕和石葬具雕刻

三国时期，曹魏帝王力主节葬，墓内雕刻随之趋于沉寂。蜀地的蜀汉，葬仪似仍循蜀地东汉墓葬旧俗，也还用崖墓和石棺，常难与东汉末的遗迹分清。南方的孙吴墓葬以砖室墓为主，多无石雕，目前只是在南京江宁上坊发掘的孙吴大墓[②]中，发现有石雕的虎首棺座，共3组6件，分前后两列，横置于墓室中，原来上承木棺。每件石棺座大小尺寸近同，长1.46、宽0.24—0.26、高0.26米。两端各刻虎首和伏卧状的前肢。虎首张

[①] 四川省博物馆、郫县文化馆：《郫县出土东汉画象石棺图象略说》，《文物》1975年第8期，第63—65页。

[②] 南京市博物馆、南京市江宁区博物馆：《南京江宁上坊孙吴墓发掘简报》，《文物》2008年第12期，第4—34页。

图 24-6-1 四川郫县汉石棺前挡板画像（拓片）

图 24-6-2 四川郫县汉石棺后挡板画像（拓片）

图 24-6-3 四川郫县汉石棺侧板画像之一（拓片）

图 24-6-4 四川郫县汉石棺侧板画像之二（拓片）

口露齿，浑厚有力。是罕见的孙吴石雕作品（图 24-7）。在该墓前室和后室的室壁四角上部，还各嵌有石刻的牛首灯台（图 24-8）。前室顶心原嵌

图 24-7　江苏南京上坊孙吴墓石虎首棺座

图 24-8　江苏南京上坊孙吴墓石牛首灯座

有方形结顶石，朝向墓内的一面雕一神兽，惜遭被坏，形体不全。孙吴墓中出土这些石雕是罕见的，据推测，上坊大墓或为孙吴末年的一座王陵。

两晋及南朝墓葬，仍以砖室构筑，罕用石材，或安置石墓门，但门扇面保持平素而不施雕饰。间或在一些王侯大墓的墓门上门额拱面浮雕出人字拱托斗等简单图像，在丹阳建山、胡桥发掘的南朝大墓[①]均如此。有的墓石门上亦浮雕出铺首衔环装饰。

北朝的墓葬，早期主要由长斜坡土墓道、砖砌甬道和砖砌墓室构成，

---

① 南京博物院：《江苏丹阳胡桥南朝大墓及砖刻壁画》，《文物》1974年第2期，第44—56页；南京博物院：《江苏丹阳县胡桥、建山两座南朝墓葬》，《文物》1980年第2期，第1—17页。

常在墓门处设石雕。晚期在墓道和甬道间增设若干天井和过洞，而在壁面施绘彩色壁画。除石门外，石雕作品还见于北魏文明太皇太后冯氏的永固陵①，始建于孝文帝太和五年（481），太和十四年（490）文明太皇太后入葬。永固陵前建有佛塔，将墓地与佛寺结合在一起，墓园布局有佛教色彩。墓内过道石门和门框，浮雕下具龛柱的莲瓣形券面。两侧龛柱的雕饰精美，各有高浮雕的手捧莲蕾、面带笑容的赤足童子，体态丰腴，衣带飘飞，造型生动传神（图24-9）。童子下方又各雕口衔宝珠的长尾孔雀（图24-10）。石门墩雕成虎头状，造型浑厚有力。这组雕刻中的人物形象可与同时期的云冈石窟中雕像相比，造型风格相同，虽也受到佛教艺术的影响，但仍是罕见的北魏时非佛教雕塑品，值得特别注意。在永固陵旁侧的"万年堂"，本是为孝文帝准备的陵墓，但北魏迁都洛阳后，孝文帝死后将陵寝建在洛阳，并未归葬大同方山，在万年堂墓门旁原也有石雕，现仅存一前半身已残缺的执刀武士立像，头上方有升龙（图24-11），亦为浮雕作品，刻工精细。②

图24-9　山西大同方山北魏永固陵石门童子雕像

图24-10　山西大同方山北魏永固陵石门孔雀雕像

① 大同市博物馆、山西省文物工作委员会：《大同方山北魏永固陵》，《文物》1978年第7期，第29—35页。
② 王银田、曹臣民：《北魏石雕三品》，《文物》2004年第6期，第89—93页。

图 24-11　山西大同方山北魏
　　　　　万年堂武士石雕

图 24-12　山西大同北魏宋绍祖墓
　　　　　石棺正面出土情况

北朝墓室内放置的另一些石雕艺术品，是带有浮雕或线刻图像的石葬具，如石棺椁和石棺床。大约在北魏平城时期较晚的墓葬中，出现有模拟殿堂建筑形貌的石葬具和石棺床。在大同发掘的雁北师院北魏墓群中，曾于太和元年（477）宋绍祖墓中出土一具殿堂形石葬具①，砂岩石质，由109块大小不等的石构件拼装而成，呈一座前设柱廊的两进三开间的殿堂形貌（图24-12）。当心间设两扇可开合的石板门，门上浮雕门钉和圆铺首，并在每扇门上下各浮雕一具铺首衔环以为装饰。又在左右次间外壁及左右侧墙和后墙的壁面上布置多个铺首衔环浮雕以为装饰，全室诸壁及板门上共饰有大小铺首衔环达25个之多，且各个铺首造型还富于变化，以增强装饰效果。本来自先秦到汉晋，铺首衔环在建筑物中均仅饰于门扉，并没有发现可做壁饰的标本。北魏时如此装饰墙面，可谓别出心裁，令人难解。但饰于宋绍祖墓石棺上，倒也呈现出异样的艺术色彩。在石棺内设倒"凹"

---

①　大同市考古研究所：《大同雁北师院北魏墓群》，文物出版社2008年版。

字形棺床，棺床正面上沿雕连续回转的二方连续忍冬纹图案，下雕三足，居中一足雕力士托兽首图像。两侧的床沿亦雕忍冬图案，下各于两侧设足，足间雕饰水波纹壶门。并只在靠内侧的足上雕饰图案，左侧内足是忍冬组合的图案；右侧内足所雕图像颇奇特，是在一只翘起长尾的狐狸背上立着一只猴子（图24-13），其意不明，但形貌生动。① 在平城时期北魏墓中，也常只设石棺床，如大同南郊北魏墓群中的M112号墓②，虽只是带斜坡墓道的土洞墓，但室内设置有石棺床，床面由4块石板铺成，前沿由两块石板拼接成床沿和3个床足。床沿刻连续的忍冬图案，中间床足饰铺首，两侧床足雕瓶插忍冬图像，足间雕饰水波纹壶门。石棺床上不设木棺，死者尸体安置于棺床上。更精致的石棺床出土于司马金龙夫妇合葬墓，在该墓的后室西侧横置有一具石棺床（图24-14），全长2.41米，宽1.33米，高0.51米。以6块浅灰色细砂岩石组成，前、后、左、右各一块，上面两块。前面即正面的一块下部雕出3个床足，床足上雕高浮雕托床力士，中间两个力士上面雕兽面纹。三足之间饰

图24-13 山西大同北魏宋绍祖墓石棺床侧猴骑狐狸石雕

图24-14 山西大同北魏司马金龙墓石棺床出土情况

---

① 宋绍祖墓殿堂形石葬具常被称为"石椁"，但因其中棺床上未再置棺，死者应安葬床上，故实是石棺。本文对建筑形石葬具中不再设棺的标本，均按中国传统习俗称之为"棺"，以下各项均此，不另注。

② 山西大学历史文化学院、山西省考古研究所、大同市博物馆：《大同南郊北魏墓群》，科学出版社2006年版。

水波纹壶门。其上床沿以缠枝忍冬纹作边和地，中央空间雕伎乐及龙、虎、凤凰、金翅鸟、人头鸟等图象。其中伎乐共13人，中央一人是舞蹈者，两侧大致对称地排列着伴奏的乐队，所持乐器分别是琵琶、曲颈琵琶、排箫、箫、横笛、钹、鼓、细腰鼓等。雕刻精细，线条流畅，造型亦较生动。[1] 人物造型特征与同时期云冈石窟人物雕刻近似。在石棺床后侧原立有彩绘孝子烈女等故事的漆屏风，因遭盗扰，屏面已残凌散落。此外还有4件石础，一件残留在石棺床上，另三件散落在前后室间的甬道中，这组石础有可能是帐构础，也可能是屏风础。石础也是以浅灰色细砂岩雕琢而成，下为方座，浮雕忍冬及伎乐童子，座上覆盆四周高浮雕蟠龙和山形，顶部雕宝装覆莲，莲芯设洞以供承插之用。其中两件在方座四角各雕立体伎乐童子像，分别演奏筚篥、鼓、琵琶等乐器和表演舞蹈（图24-15）。童子面容和造型都与方山永固陵石门龛柱浮雕童子相似，显示出北魏太和初年石刻艺术的时代风貌。可以看出这种石棺床是模拟自现实生活中的带屏风的六足大床（石棺床一般只雕出前面的三足，略去后面靠墓壁的

图24-15 山西大同北魏司马金龙墓小石础

---

[1] 山西省大同市博物馆、山西省文物工作委员会：《山西大同石家寨北魏司马金龙墓》，《文物》1972年第3期，第20—33页。

三足），是汉魏以来的传统家具，两晋南北朝时不论南北，均沿用为室内主要家具。在南方，孙吴至东晋墓中，常出土有陶质六足大床模型。

当北魏迁都洛阳以后，王公贵胄的坟墓多在邙山，历史上屡遭盗掘，曾出土过石雕的棺床，有的流于国外。现存洛阳的几件石棺床均不完整，但可看出其基本结构仍与平城时期司马金龙墓等北魏墓石棺床相同。近年在河南省沁阳县曾出土过一具较完整的北朝带屏风石棺床，长2.23米，宽1.12米，高0.51米，连尺寸也与司马金龙墓石棺床大致相同。床足雕刻则有些变化，中间足上多刻铺首，左右床足多刻神兽、力士或护法形象，足上横梁多刻龟背状菱形纹或壸门，饰以莲花、忍冬图案，其内分刻各种神禽异兽，以莲瓣、联珠等纹为边饰。[1] 类似的北朝石雕棺床，在美国波士顿美术馆也有收藏。

同时，在洛阳地区的北朝墓中，还有以石棺作为葬具的习俗，例如在南平王元暐墓中，曾清理出一具由6块磨光石板组成的石棺。[2] 据传过去在洛阳被盗掘出土的石棺不下十具，而且有的有精致的线雕画。其中现藏于美国堪萨斯州纳尔逊－阿特金斯艺术博物馆的一具，在石棺两侧壁精雕孝子故事（图24-16），每侧三组，各有榜题，一侧是"子舜""子郭巨"和"孝孙原谷"，另一侧是"子董永""子蔡顺"和"尉"。每组由一至三个画面绘出故事情节，中间隔以树木山石，隔而不断，构图又显生动，人物身体修长，面相秀俊，明显是接受南朝绘画风格影响的作品。此外，洛阳古代石刻艺术馆存有一些带画像的石棺和石棺残件，特别是石棺盖保留较多，在盖的前额和后尾多雕正面的兽面图像，口中常横衔两端饰莲花的横杆。棺盖内侧所刻画像是象征天空，常见日、月图像，银河和星座，还有蛇体的伏羲、女娲，或以手托日、月，或持规矩。20世纪70年代，在洛阳市郊上窑村出土一具石棺[3]，结构较完整，以青色石灰岩雕成，由盖、底、前挡、后挡和左右两侧壁以榫卯装配成棺，雕刻技法较特殊，先减地使形象浮出，再以阴线刻划细部。前挡左右雕刻戴小冠、着两当铠、按仪

---

[1] 黄明兰编著：《洛阳北魏世俗石刻线画集》，人民美术出版社1987年版，第120页，图75—79。

[2] 黄明兰：《西晋裴祇和北魏元暐两墓拾零》，《文物》1982年第1期，第71—73页。

[3] 洛阳博物馆：《洛阳北魏画像石棺》，《考古》1980年第3期，第229—241页。

图 24-16　北魏石棺孝子故事局部（拓片）

刀的门吏，上为一只朱雀。后挡雕三幅故事画，左、右两幅不完整，中央一幅为孝孙原谷故事，因与全棺其余画像风格不同，看来系使用其他石棺改制。左右两侧壁雕出飞仙引导的大龙大虎，龙虎身上亦有仙人乘骑。棺底雕人状怪兽及龙、虎、珍禽。石棺两侧的大龙大虎的造型风格，可以明显看出模仿南朝大墓中大虎大龙拼镶砖画。[①]

最后还应提起一件石雕精品，就是现藏于美国波士顿美术馆的宁懋石室雕刻，据传说是自墓中出土的，或为石棺，但又因其形式与东汉墓石祠

---

①　南朝大墓大龙大虎拼镶砖画，参见姚迁、古兵编著《六朝艺术》，文物出版社1987年版，第180—182、213—215 页图版。

相同，也或推测其是北魏时的石祠，那就很可能不是墓葬内的雕塑品了。因系盗掘而流出境外之物，其性质就难以确定了，令人遗憾。

北魏以后，在北齐和北周的墓葬中，也发现有石棺线雕画和带屏风石棺床雕刻。北齐的石棺线雕画在山东省青州市（原益都县）发现过，线雕内容有乘马出行、牛车、驮载物品的骆驼，还有向主人奉献宝物的画面，可惜墓葬早遭破坏，石棺已零散，经收集已不完整。[①] 带屏风石棺床，在安阳已有发现，除床后面和左右两侧有屏风外，在床前沿已设护栏，护栏中间开门，门两侧还立有小型门阙（图24-17）。在陕西西安地区发掘的北周墓中，带线雕画的石棺、殿堂形石棺以及带屏风的石床，均有发现。石棺如保定四年（564）李诞墓，石棺长2.4米（图24-18）。棺盖拱顶，线刻星宿环绕的伏羲、女娲图像。四壁均有线雕，前挡刻门扉，旁有持戟卫士守护，门下方设火坛。在四壁分刻四神图像，朱雀在前挡所刻门的上方，左右两侧分别为青龙、白虎。后挡刻玄武，玄武身后有执刀神人护持（图24-19）[②]。殿堂形石棺如大象二年（580）史君墓[③]，在该墓室内横置

图24-17　河南安阳固岸北朝墓围屏石床

---

① 夏名采：《益都北齐石室墓线刻画像》，《文物》1985年第10期，第49—54页。
② 《西安北郊北周李诞墓》，《2005中国重要考古发现》，文物出版社2006年版，第123—128页。
③ 西安市文物保护考古研究所：《北周史君墓》，文物出版社2014年版。

束禾集

图 24-18　陕西西安北周李诞墓石棺

图 24-19　陕西西安北周李诞墓石棺后档线雕（拓片）

446

歇山顶殿堂状石棺，通高1.58米，在前壁的门楣上有汉文粟特文合璧题铭，自铭为"石堂"（图24-20）。石棺屋顶为一整石刻成，四壁共用12刻石板构成，底座由两块石板拼合。石棺外壁满布浮雕图像，并施彩贴

图24-20-1 陕西西安北周史君墓石棺

图24-20-2 陕西西安北周史君墓石棺正视

金，内壁原绘壁画，现仅见朱砂分栏及图案残迹。石棺外壁面雕刻的图像，简报作者概括为"四臂守护神、祆神、狩猎、宴饮、出行、商队、祭祀和升天"。"雕刻内容与风格带有十分明显的西域色彩"。石棺前壁中央为两扇设4列门钉的石门，门两侧各有地鬼承托的四臂守护神立像（图24-21）。外侧各雕直棂窗，窗以上雕坐姿伎乐，窗以下各雕方形火坛、旁立鸟体人躯祆教祭司。四臂神像明显不是祆教神像。在左、右两侧的画像中，也有一些明显与祆教神像不同的图像，如坐于莲台上有背光的老者像、背生巨大翅膀的飞仙，带翼的飞马，等等。都足以引起研究者的重视，去探寻根源。带屏风的石棺床，曾发现于北周天和六年（571）康业墓[①]

图24-21-1　北周史君墓石棺前门侧四臂守护神雕像　　图24-21-2　北周史君墓石棺前东四臂守护神雕像

[①] 西安市交文物保护考古研究所：《西安北周康业墓发掘简报》，《文物》2008年第6期，第14—35页。

和大象元年（579）安伽墓中。康业墓在墓室内横设青石质的石床（图24－22），床的左、后、右以石立屏围护。石床长238厘米，下设5足，前沿3足蹲狮形，后沿2足靴形。石屏板共4块围成，后部2块，左右两侧各1块，宽与床面齐，高82—83.5厘米。屏面共线刻10幅屏板画，左右各2幅，后面6幅。床上陈放康业尸体，仰身直肢，面朝上，头西足东，骨骸保存完好，所着丝绸衣物尚存。康业原为康居国王后裔，出身高贵，曾历任车骑大将军、大天主等职，但未任萨保（萨宝），或许因此其葬具图像与其余3个担任过萨保者不同。康业墓人物皆中国装，内容与通常北朝石葬具图像相同，为死者生前家居生活及车马出行等画面（图24－23）。

图24－22　陕西西安北周康业墓石棺床出土情况

西安市炕底寨村大象元年（579）安伽墓[①]，在墓室内横设青石质的石床，床的左、后、右以石立屏围护（图24－24）。床长228厘米。石床下沿与床足呈壸门状，前沿4足，后沿3足，前沿呈3个壸门，左、右两侧各呈1个壸门，足高34厘米。石屏板共3块围成，左、后、右各1块，宽各与床面齐，高0.68米。安伽墓的石棺床的围屏上的浮雕，共12立幅（左壁3幅、后壁6幅、右壁3幅），每幅画面多上下分为两栏，其内容在发掘报告中被认为是反映生活内容的图像，包括出行、狩猎、野宴、乐舞、家居宴饮、宾主相会、商旅等（图24－25），所绘人物，从面貌须发看，

[①]　陕西省考古研究所：《西安发现的北周安伽墓》，《文物》2001年第1期，第4—26页。

图 24 – 23　陕西西安北周康业墓石棺床屏风画像局部（拓片）

图 24 – 24　陕西西安北周安伽墓围屏石床

图 24-25　陕西西安北周安伽墓石床右侧围屏画像

多胡人面貌，也有汉族面貌；服装多胡服，也有汉族装束者。建筑物有帐篷穹幕，也有中国木构殿堂及小桥园林。可谓中西合璧。石床板侧的分栏内雕联珠纹圆环，环中雕各种动物头像，据云"与墓主人的宗教信仰有关"。床足均雕肩带羽焰的神兽。图像上贴金敷彩，出土时金色鲜明，色彩仍极艳丽，是过去没有发现过的北周艺术精品。除石葬具雕刻的图像外，最富宗教色彩的图像雕在墓的石门额上。中央是3只立驼，背承仰覆莲形火坛，两侧各雕鸟体鹰足人躯祆教祭司及放祭品的三足圆案。其上方各有持乐器供养的飞天，鸟体祭司后下侧，各跪一胡装供养人（图 24-26）。

三　隋唐石棺椁线雕

隋唐时期墓室内的雕塑作品，除大量随葬的俑以外，还有墓室石门上的线雕画和石制棺椁的线雕。这些石刻作品多出土于皇室王族或高官的坟墓之中，又以都城长安附近皇陵的陪葬墓中发现最多。

隋墓中的石棺，已发现两种不同的造型，一种是承继着北朝石棺的传

图 24-26　陕西西安北周安伽墓墓门门拱雕刻

统,在由 6 块石板组成的石棺表面用减地法和线刻各种图案,典型作品是陕西三原双盛村开皇二年(582)李和墓中石棺[①],与北朝墓一样,石棺安放在墓室西侧。石棺前挡刻出带锁的门扉,两侧各有一甲胄武士守卫,门上刻两只朱雀(图 24-27);后挡刻云气中的玄武。左、右两侧分刻青龙和白虎,它们身上有仙人跨乘,龙虎之前各有 4 个手握仪刀的仪卫。棺盖刻纹极引人注意,居中纵列两行圆环,外围联珠纹内刻人面纹,每行各 19 个,其两侧分别刻人首鸟身像,似为"千秋""万岁",手托圆轮,他们下面各有衣带飘飞的飞天,各像周围满刻莲花、忍冬、流云等纹样为衬地。在盖的四侧又刻由外围联珠的圆环组成的边饰,各圆环内刻纹多样,以人面纹为多,间有象、虎、马等动物图像。棺盖的外围联珠的圆环图案令人联想起波斯萨珊织锦的类似图案,表明它们应是受到西亚艺术影响的产物。此外,墓室石门扉及门框等都有线雕,门扉上每扇刻出上下四列、每

---

① 陕西省文物管理委员会:《陕西省三原县双盛村隋李和墓清理简报》,《文物》1966 年第 1 期,第 27—42 页。

图 24-27　隋李和墓石棺头挡画像（拓片）

列 5 枚石门钉，以及一位守门的甲胄武士。门框下两侧各有蹲狮状石门墩。潼关税村隋墓①也出有一具石棺（图 24-28），其时代晚于李和墓，约迟到隋末。石棺四壁虽仍依照北朝传统线刻四神图像，但有了新的变化。前挡刻武士守门，门外立有展开双翅、口衔宝珠的朱雀；后挡刻玄武和力士。左右两侧壁虽有龙、虎图像，但并不是通常四神中的青龙白虎，而是各由四龙四虎拖驾的云辂，周绕云气中的仙人神兽珍禽，左侧辂上人物为男像，其他随从人物也均男像，右侧辂上为女像，随从人物亦均女像，或

---

① 陕西省考古研究院：《潼关税村隋代壁画墓》，文物出版社 2013 年版。

图 24－28　陕西潼关税村隋墓石棺复原示意图

表明死者身份较高。棺盖图像是由六边形图案单元组合成龟甲形图案，共有 60 个完整的六边形单元，以及周边共 24 个不完整的单元，或呈三角形，或呈梯形，在每个单元中都分刻不同的神兽、异禽、宝珠等图像，呈现颇强烈的异域色彩。另一种隋代石棺，以西安梁家庄隋大业四年（608）李静训（李小孩）墓出土的为典型。[①] 这座墓的墓主虽是一个年仅 9 岁的少女，但她是隋文帝长女杨丽华（北周宣帝皇后）的外孙女，所以墓室内立有青灰色岩石制成的石椁，椁内放置形制独特的殿堂形状石棺（图 24－29），由底部、四壁和顶盖组成，顶盖雕成歇山式屋顶，正脊两端雕出鸱尾，中央处雕宝珠，正壁雕出四柱三开间，柱头有斗拱，补间用人字栱。中心间雕石门，每扇各刻上下 5 列、每列 5 枚门钉及一圆形铺首；两次间各雕出直棂窗。在门的两侧各线刻一女侍。梁、枋、立柱、斗拱均精雕线刻卷草花纹，窗下壁面雕青龙、朱雀等图像。原来石棺内壁有彩绘壁画，但已漫漶，仅见残痕，似有女侍、房屋、禽鸟、树木等图像，已无法复原。

---

① 中国社会科学院考古研究所：《唐长安城郊隋唐墓》，文物出版社 1980 年版，第 3—28 页。

图 24-29　陕西西安隋李静训墓石棺

在山西省太原市还发现过一件特殊的隋代殿堂形状的石棺（也有人称它为"石椁"），棺内所葬死者不是皇族或高官，而是一个侨居中国的中亚"鱼国"（目前学者还没有考证出鱼国的具体地点）人虞弘。他曾在北周时担任过管理外籍居民的"检校萨保府"的官职，葬于隋开皇十二年（592）[1]。石棺的形貌是模拟中国三开间歇山顶殿堂建筑样式，但棺壁内外浮雕的图像，则从构图到人物体貌都呈现出浓郁的异域风采，特别是许多图像具有波斯萨珊艺术的特征。正壁的宴饮图像中，男主人身着萨珊服饰（图24-30）。两侧为狩猎图像，狩猎者跨骑在单峰驼上射猎狮子，画面生动。在门下棺座上还雕出了两只人面鸟身祭司夹侍的火坛，更是拜火的祆教象征。将虞弘石棺图像和前述北周史君墓殿堂形石棺和安伽墓棺床石屏风画像联系起来观察，可以看到北朝至隋中亚诸国人来华居住生活，以及祆教在华流传的情况，它们是研究中外文化交流的重要实物史料。虞弘墓石棺浮雕图像上原敷彩色和贴金都保存完好，更是罕见的隋代敷彩贴金石雕艺术精品。

---

[1] 张庆捷、畅红霞、张兴民、李爱国：《太原隋代虞弘墓清理简报》，《文物》2001年第1期，第27—52页。

图 24-30　山西太原隋虞弘墓石椁内壁墓主宴饮像

西安地区的唐代皇室王族或高官的墓葬中，也有带线雕的石门和石椁不断被发掘出土。其中年代最早的作品是唐太宗贞观五年（631）淮安靖王李寿墓，墓中石门的门楣浮雕大兽面，并贴金绘彩；两颊柱及门槛刻蔓草纹，石门墩雕成蹲狮。石门扉外侧浮雕朱雀，并贴金绘彩；内侧为阴线刻出的天王像。在墓室中沿东壁顺置歇山顶石椁[1]，面阔三间，中心间装有可以开合的两扇石门。全椁以 28 块青石组成，全高 2.2 米。石椁外表浅浮雕并贴金绘彩，图像有四神、武卫、文武侍从、骑龙驾凤的仙人等。石椁内壁是精细的线雕图像，以阴线刻出（图 24-31）。椁内西壁北部刻双环发髻舞伎三列 6 人。北壁坐姿女乐 12 人，分为上下三列，演奏的乐器包括竖箜篌、五弦、琵琶、筝、笙、横笛、排箫、竽篥、钹、答腊鼓、腰鼓和贝。东壁刻立姿女乐 12 人，亦分三列，演奏的乐器包括排箫、大竽篥、钹、横笛、小竽篥、尺八（2 件）、琵琶（2 件）、五弦琵琶和竖箜篌。此

---

[1]　陕西省博物馆、联西省文管会：《唐李寿墓发掘简报》，《文物》1974 年第 9 期，第 71—88 转 61 页。

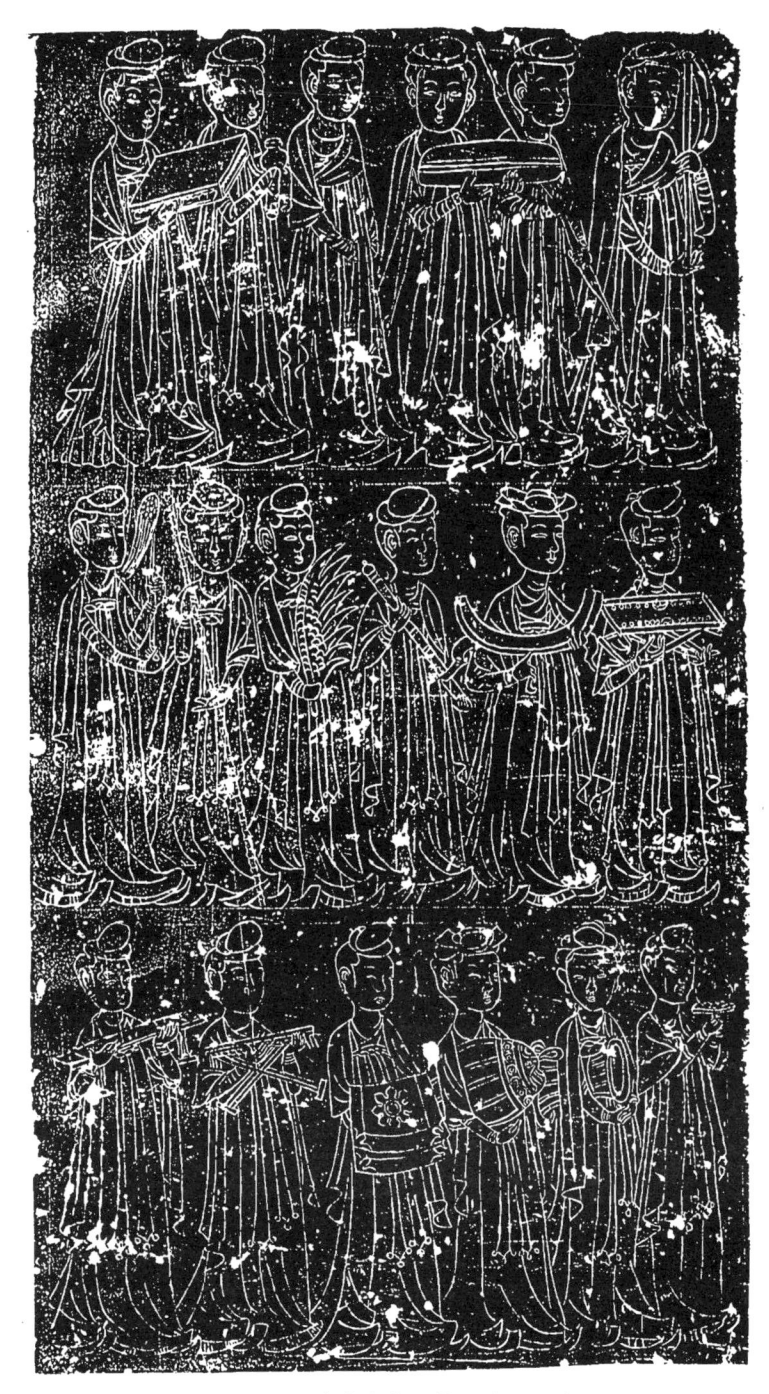

图 24-31 唐李寿墓石椁线雕（拓片）

外,椁内壁还刻有两幅手持各种生活用具的立姿侍女图,都各排成上下三列,一幅共18人,另一幅为20人,举凡游戏之弹弓、棋局、双陆局,坐卧的茵褥、隐囊、胡床、筌蹄、隐几,饮食用钵、杯、罐、瓶、碗、盘、炉,等等。① 许多用具刻划精细,可以看出是来自异域的物品,如可能源于波斯萨珊、粟特、拜占庭等地的高足杯、兽角形杯(来通)、多曲长杯等,令人极感兴趣。在石椁顶刻星相,石椁底周边刻十二时(即十二生肖)图像。从李寿墓石椁雕像上可以明显地看到北朝至隋的影响,它还是唐初新的墓葬制度未形成时的作品。

唐高宗以后,唐代墓葬制度形成规范,使用石椁严格按死者身份而定,因此只有身份特殊的懿德太子李重润、永泰公主李仙蕙和章怀太子李贤墓中设有庑殿顶的石椁,其中懿德太子和永泰公主两墓都有"号墓为陵"的记载,表明他们的身份都在一般王爵之上。② 这三座墓中的石椁也是四柱三开间,中心间设门,两次间雕直棂窗,石椁上都有线刻人物图像,都是宫内的男女侍从,还有柱枋等处线雕华美的装饰图案。章怀太子石椁门楣刻莲纹和双朱雀,门扉刻门钉和内臣、侍女像各一身。③ 懿德石椁门楣刻双凤鸟,门扉上所刻门钉,已成装饰性的六瓣花形,并刻有花形座铺首。左右门扉各刻一盛装女官,头上高冠左右各伸出凤钗,长衣束带,前胸显露,带侧垂饰玉佩,仪态端庄,服饰华美,在以前的唐代人物画像中没见过相同服式的作品。在三具石椁中,人像刻划得最为传神生动的是永泰公主石椁所刻女侍图像,椁室内外共刻有15幅④,每幅一人或二人,共21人,多梳高髻,长裙大履,间有戴幞头着男装者,有的手执凤首壶、果盘、如意等用具,极富生活情趣,是唐代妇女肖像画的佳作(图24-32)。时代较迟的皇族墓中出土的石椁,如开元二十九年(741)让皇帝李宪墓石椁(图24-33)⑤,以及被盗掘的开元二十五年(737)武

---

① 关于李寿墓石椁线刻女乐、女侍所持乐器、物品的考证,参见孙机《唐李寿石椁线刻"侍女图""乐舞图"散记》,《文物》1996年第5期,第33—49页(上);第6期,第56—58页(下)。
② 宿白:《西安地区的唐墓形制》,《文物》1995年第12期,第41—43页。
③ 陕西省博物馆、乾县文教局唐墓发掘组:《唐章怀太子墓发掘简报》,《文物》1972年第7期第15页,第23页图21、22。
④ 陕西省文物管理委员会:《唐永泰公主墓发掘简报》,《文物》1964年第1期,第7—33页。
⑤ 陕西省考古研究所:《唐李宪墓发掘报告》,科学出版社2005年版。

惠妃（死后赠贞顺皇后）墓石椁（图24-34）①，这两处石椁上的线雕更趋细密繁缛，人物面相丰腴过甚，衣裙宽松肥散，无复永泰、懿德石椁图像显示的李唐王朝奋发向上的朝气，而显出盛世享乐奢靡之风，椁座壸门装饰的图像还显露一些异域色彩。

除皇室墓葬的石椁外，还在陕西长安南里王村淮阳郡王韦洞墓②和西安等驾坡村开元二十八年（740）骠骑大将军虢国公杨思勖墓中，出土有庑殿顶的石椁，都属于受特殊恩宠的特例。③韦洞因是唐中宗韦后的弟弟，所以破例用庑殿顶的石椁，椁上线雕内臣及女侍图像均颇精美，近似永泰公主石椁线雕人像之气韵。杨思勖是唐玄宗时受宠信的宦官，曾屡总兵权，所以

图24-32　唐永泰公主墓石椁线雕宫女（拓片）

死后得以破例葬用石椁，但椁上线刻不如前述几件精美，直棂窗下刻石狮图像，姿态还算生动。另一些战功卓著的唐代开国功臣的墓中也出土有石椁，但规制均不如前述永泰公主等石椁，一般为拱形顶，雕饰也较简单，如陕西礼泉县马寨村麟德元年（664）左武卫大将军郑仁泰墓石椁。④

在西安地区以外，只在山西省万荣县皇甫村发掘的薛儆墓中葬有石

---

① 程旭、师小群：《唐贞顺皇后敬陵石椁》，《文物》2012年第5期，第74—896页。
② 陕西省文物管理委员会：《长安县南里王村唐韦洞墓发掘简报》，《文物》1959年第8期，第8—18页。
③ 中国社会科学院考古研究所：《唐长安城郊隋唐墓》，文物出版社1980年版，第65—86页。
④ 陕西省博物馆、礼泉县文教局唐墓发掘组：《唐郑仁泰墓发掘简报》，《文物》1972年第7期，第33—44页。

图24-33　唐让皇帝李宪墓石椁复原图

图24-34　唐武惠妃（贞顺皇后）石椁

椁。薛儆葬于开元九年（721），为唐睿宗鄎国长公主驸马，石椁亦四柱三开间，中心间门上雕二女侍，两次间雕直棂窗。椁室内外壁面亦线雕立姿女侍，共17人。其中有些女侍着男装，线条流畅，人物造型明显仿效都城长安风貌①。

在唐代，一般太子、公主墓中没有石椁，仅在墓门处设带有线雕的石门，门扉常刻文臣、武臣、内官等人像，门楣常雕朱雀、双龙等，颊柱等满刻缠枝花、云纹等，例如陕西蒲城县桥陵村开元二年（714）惠庄太子墓②和西安王家坟兴元元年（784）唐安公主墓③。而一般的正三品以上官员的坟墓中也常设有石门，其上的线雕图案主要也是文臣、武臣和男女侍者，技法和造型都与太子墓、公主墓近似，但刻工技艺略逊于前者。可以举出的作品很多，这里仅举三例：陕西礼泉马寨村显庆二年（657）张士贵墓石门东侧雕男侍，西侧雕女侍。④礼泉烟霞新村显庆四年（659）尉迟敬德墓石门⑤，一侧是正面端立双手握仪刀的文官像，头戴介帻，另一侧所雕人像却不是正面像，而是侧立像，亦握仪刀。西安东郊天宝四年（745）苏思勖墓石门⑥，一侧雕执简戴介帻文臣，另一侧为鹖冠握仪刀的武臣，形貌与同时期的文臣与武臣俑相同。门楣半圆形，线刻精美的双凤卷草纹。除都城长安以外，其他地区的唐代墓葬中也有线雕石门出土，例如宁夏固原地区唐墓曾多次发现刻有线雕的石门，如麟德元年（664）史索岩夫妇墓和咸亨元年（670）史诃耽夫妇墓。⑦特别是在盐池发掘的一座唐墓中，在石门上雕出两个在圆毯上表演胡旋舞的胡装男子演员⑧，使人们得以窥知当时胡旋舞的真实面貌（图24-35）。

---

① 山西省考古研究所：《唐代薛儆墓发掘报告》，科学出版社2000年版。
② 陕西省考古研究所、蒲城县文体广电局：《唐惠庄太子墓发掘简报》，《考古与文物》1999年第2期，第3—22页。
③ 陈安利、马咏钟：《西安王家坟唐代唐安公主墓》，《文物》1991年第9期，第15—27页。
④ 陕西省文管会、昭陵文管所：《陕西礼泉唐张士贵墓》《考古》1978年第3期，第168—178页。
⑤ 昭陵文物管理所：《唐尉迟敬德墓发掘简报》，《文物》1978年第5期，第20—25页。
⑥ 陕西考古所唐墓工作组：《西安东郊唐苏思勖墓清理简报》，《考古》1960年第1期，第30—36页。
⑦ 罗丰：《固原南郊隋唐墓地》，文物出版社1996年版。
⑧ 宁夏回族自治区博物馆：《宁夏盐池唐墓发掘简报》，《文物》1988年第9期，第43—56页。

图 24－35　宁夏盐池唐墓石门胡旋舞雕像（拓片）

四　五代墓内雕刻

公元 907 年唐朝覆亡，中国古代又重陷于分裂的局面，相继建立了许多割据一方的小朝廷，史称五代十国时期。20 世纪 40 年代以来，五代十国时期十国中诸小朝廷的陵墓，已有不少被发掘，例如南唐李昪、李璟的两座陵墓[1]，吴越钱元瓘及其家族的陵墓[2]，前蜀王建的陵墓[3]，后蜀孟知

---

[1]　南京博物院：《南唐二陵发掘报告》，文物出版社 1957 年版。
[2]　浙江省文物管理委员会：《杭州、临安五代墓中的天文图和秘色瓷》，《考古》1973 年第 3 期，第 187—194 页；浙江省博物馆、杭州市文物管理委员会：《浙江临安晚唐钱宽墓出土天文图及"官"字款白瓷》，《文物》1979 年第 12 期，第 18—23 页；苏州市文物管理委员会、吴县文物管理委员会：《苏州七子山五代墓发掘简报》，《文物》1981 年第 2 期，第 37—45 页。
[3]　冯汉骥：《前蜀王建墓发掘报告》，文物出版社 1964 年版。

祥的陵墓①，以及闽国王延钧夫人刘华墓②，由于地域不同、制度各异，这些陵墓各带有地方色彩，但是由于时代相同，并且又都大致承继着唐代的传统，所以它们也有共同的特征，其形制与随葬俑群都既有共同之处，又有相异之处。

五代墓在墓室结构方面，都承袭着唐陵多室结构的特点，一般是前、中、后三室，都由石材构筑，王建墓以红砂岩构筑全墓，孟知祥墓全用青石构筑，刘华墓用花岗石。南唐二陵为砖石结构，其中李昪墓后室也全用青色石灰岩造成。吴越钱元瓘墓用红色沙砾岩建石椁，其外再筑拱顶砖室。墓内雕刻情况则有所不同，但主要的题材还是一致的，有守卫墓门的甲胄武士、四神、十二时和天象图，还有一些仿木结构建筑的构件和石门等。南唐二陵中的浮雕，主要是李昪陵中室北壁门侧的两个甲胄武士和横额火焰宝珠两侧行龙图像（图24-36）。武士为立像，戴兜鍪，披铠甲，铠甲边缘精细地刻出梅花纹，以模拟包甲缘的梅花纹锦，手按长剑，足踏

图24-36　江苏南京南唐李昪墓墓门石雕甲胄武士

---

① 成都市文物管理处：《后蜀孟知祥与福庆长公主墓志铭》，《文物》1982年第3期，第15—20页。
② 福建省博物馆：《五代闽国刘华墓发掘报告》，《文物》1975年第1期，第62—73页。

云朵,体上尚存贴金和敷朱彩残痕,原来应是色彩鲜明的。雕刻虽然精细,但整体造型呆板,缺乏生气,无法与唐代雕塑的生动气韵相比。吴越钱氏家族诸墓中,石椁内壁上沿雕宽带牡丹花图案;中部雕青龙、白虎、朱雀、玄武等四神图像;下部雕十二时,是人形,两手拱捧表示该时的动物形象,外刻尖楣龛形。在钱元瓘墓后室顶刻天象图,尚存贴金残迹,表明当年天象图贴金装饰(图24-37)。其夫人吴汉月墓室顶亦刻天象图。这些天象图虽然艺术性不强,却是目前所知最具科学价值的中国古天文图之一。[①] 闽国刘华墓没有雕刻图像,石壁平素。前蜀王建和后蜀孟知祥墓中,石雕作品艺术水平最高的是石棺床的雕刻(图24-38)。王建墓的石棺床长达7.45米,宽3.35米,高0.84米,位于中室正中偏后处,以红砂岩构筑,须弥座式,床面满铺一层珉玉板。须弥座上层的东、南、西三面雕刻火焰宝珠、行龙和云气纹,北面仅刻云气。床身四面均刻出内有人物

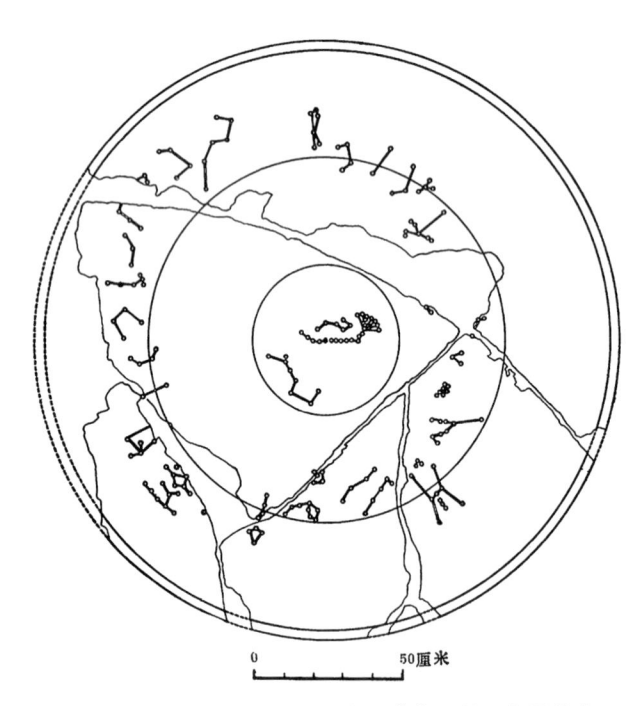

图24-37 浙江杭州五代钱元瓘墓石刻天象图摹本

---

① 伊世同:《最古的石刻星图——杭州吴越墓石刻星图评介》,《考古》1973年第3期,第153—157页。

图 24－38　四川成都前蜀王建墓石棺床

的壸门，其上有仰莲托方涩，其下是宝装覆莲，床脚刻莲花，最下是牙脚刻宝装覆莲。在床身两侧的壸门各10个，前、后及两端各4个，共28个。每个壸门内均有雕刻，除后端4个为莲花外，均雕女伎，前端正中为二舞伎，右为击拍板的女伎，左为弹琵琶的女伎，均坐姿。左侧10个壸门内是坐姿奏乐的女伎，所奏乐器是篪、排箫、筝、筚篥、竖箜篌、吹叶、笙、贝、铍、羯鼓。右侧也是10个女伎，所奏乐器包括正鼓、齐鼓、和鼓、笛、筚篥、拍板、羯鼓、靴牢、鸡娄鼓、答腊鼓、毛员鼓。这些舞乐伎面容圆润，仍存唐塑余韵，发髻多变，姿态端庄而略有变化，原来雕像普遍敷彩，尚可看出皆红衣杏黄裙，衣领有红、绿、黄三色，十分艳美。这组有伴舞的庞大乐队，为我们展示出当时舞乐的真实风采。更为特殊的是围绕着棺床左右两侧有12尊半身神像圆雕，好像刚由地上探出半身于两侧扛抬棺床，个个雕得雄健威猛，身穿铠甲，一半束发，另一半戴兜鍪，样式各有变化，据考证是陵中的十二神，分别是螣蛇、朱雀、六合、勾陈、青龙、天后、太阴、玄武、太常、白虎、天空和天一。这种由十二神扛抬棺床的生动群雕，目前只在王建墓中发现过，是前蜀独特的墓内雕塑作品。

王建墓中还有一处独特的地方，就是在后室安置有一尊全高86厘米的石雕王建像（图24－39），面相写实，浓眉深目，隆鼻高颧，薄唇大耳，与文献中所记王建面容相近似。头戴幞头，展角特长，长袍，双手合于袖内，腰束大带，其形制与墓中出土玉质大带相同，足着靴，坐于半月形四足凳上。像上亦敷彩，黑幞头赤袍，带和靴为红色。像前原放置内藏白玉

图 24-39　四川成都前蜀王建墓内王建石雕像

谥宝的漆木宝盝。这尊王建石造像弥足珍贵，因为中国古代与西方古代国家习俗不同，没有当年为帝王雕造纪念像并公开展示的做法。王建墓中出土的王建石像是前蜀时雕造，是目前发现的当年雕造帝王像的唯一作品。

在后蜀孟知祥墓中，也有雕刻较精美的须弥座式样的大型石棺床，长5.1米，较王建墓棺床短，雕刻也不如前者华美，没有伎乐浮雕，也没有扛抬棺床的半身十二神像，只是在底座雕有裸身的力士，跪地以肩扛负棺床，其下承以覆莲座。在孟知祥墓的墓门两侧，与南唐李昇墓相同，各有一尊甲胄武士雕像。不仅小朝廷的帝王墓中设雕饰精美的石棺床，其重要官吏的墓中也有设石棺床的，如后蜀乐安郡王孙汉韶[1]、太子太师张虔钊

---

[1]　成都市博物馆考古队：《五代后蜀孙汉韶墓》，《文物》1991年第5期，第11—26页。

的墓①中都有石棺床，也作须弥座式样，角柱雕如孟知祥墓的跪地扛负状裸身力士，壶门中则雕各种神兽和动物图像，如麒麟、獬豸、狮、鹿、马、羊等，多是奔跑的姿态，颇显生动。此外，在后蜀宋琳墓②和高晖墓③中，都葬有雕出四神图像的石棺，宋琳石棺下棺床前端壶门中，还雕出8个舞乐女伎，令人联想到王建墓棺床石雕。前蜀、后蜀时期墓中的精美石雕，可以反映出当时四川地区石雕艺术的水平。

五代时期墓葬雕刻中最值得注意的作品，还应属河北曲阳发掘的后唐同光二年（924）北平王王处直墓中的两方敷彩汉白玉石奉侍、伎乐浮雕④，它们嵌砌在后室东、西两壁前侧下方，由整块汉白玉石雕成，画面长136、宽82厘米。西壁雕出女乐伎15人（图24—40），因使乐伎面向墓内，故在画面上均向右方站立。最前为一着男装者引导，其前有两个舞蹈的小童，后面女乐分前后两列站立，均着长裙，有披帛，面相丰腴圆润，仍

图24-40　河北曲阳五代王处直墓女伎乐石雕

---

① 成都市文物管理处：《成都市东郊后蜀张虔钊墓》，《文物》1982年第3期，第21—27页。
② 四川省博物馆文物工作队：《四川彭山后蜀宋琳墓清理简报》，《考古通讯》1958年第5期，第18—26页。
③ 徐鹏章、陈久恒、何德滋：《成都北郊站东乡高晖墓清理简报》，《考古通讯》1955年第6期，第39—42页。
④ 河北省文物研究所、保定市文物管理处：《五代王处直墓》，文物出版社1998年版。

存唐代杨玉环类型美人之余韵,皆高髻簪花。两列乐伎所奏乐器,前列自前至后依次为竖箜篌、筝、曲颈琵琶、拍板、大鼓,其中竖箜篌及筝都置于几案上,大鼓承以鼓架。后列为笙、方响、答腊鼓各一,筚篥、横笛各二,答腊鼓亦置于几案上,方响也有几案承托。此图雕工精细,女乐像姿态生动,似按同一节奏动作,极具韵律感,使人观之如闻其声。东壁是奉侍的女侍,共14人,发髻、服饰与西壁女乐近似,手中各持物品,如壶、托盏、方盒、羽扇等,也作前后两列,在最前面下方是一个小童,头梳双髻,双手捧盘口细颈瓶。综观两幅浮雕女像的形貌,颇似传世称为唐周昉作品的《簪花仕女图》中人物,具有颇高的艺术水平。王处直墓所在地曲阳,素以雕造汉白玉像著名,这两幅敷彩浮雕,以及该墓前室所嵌十二时神敷彩浮雕,当为当地所新创,它们也是后来北宋墓室壁画壁面嵌着色雕砖人物的先声。[①]

五 宋、金墓内雕砖和石雕

北宋的墓室雕砖,从北宋初就开始出现。北宋皇陵中的帝陵尚未发掘过,但是宋太宗永熙陵祔葬的元德李皇后陵的地宫,在20世纪40年代曾遭盗掘,后来有学者从盗掘处入内探视过。[②] 到20世纪80年代初再遭水患,故而进行过清理[③]。该陵地宫是带有甬道和墓道的砖筑单室,设有石门。左右石门扇上均线雕全装甲胄的守门武士(图24-41)。墓室诸壁用砖砌出仿木构的倚柱、栏额和单昂四铺作斗拱,壁面又用砖砌出门、窗以及桌、椅、衣架、灯檠等家具(图24-42)。表明皇室陵墓中在北宋初年已有雕砖装饰。民间的墓葬中,先是只有简单的砖砌仿木建筑,例如河北石家庄柏林庄宋墓已用砖砌出立柱和板门。[④] 大约公元11世纪初,墓室内的仿木雕砖就较为成熟,在河南郑州南关外北宋至和三年(1056)墓[⑤]

[①] 宿白:《关于河北四处古墓的札记》,《文物》1996年第9期,第60页。
[②] 郭湖生、戚德耀、李容淦:《河南巩县宋陵调查》,《考古》1964年第11期,第564—577页。
[③] 河南省文物考古研究所:《北宋皇陵》,中州古籍出版社1997年版。
[④] 唐云明:《河北石家庄柏林庄宋墓清理简报》,《考古通讯》1957年第5期,第64—67页。
[⑤] 河南省文化局文物工作队第一队:《郑州南关外北宋砖室墓》,《文物参考资料》1958年第5期,第52—54页。

图 24-41 北宋太宗李皇后陵石门线雕甲胄武士（拓片）

图 24-42 北宋太宗李皇后陵室壁砖雕桌持

中，四壁已用砖砌出角柱，上托横枋，有柱头和补间斗拱，后壁砌出板门，门楣上还嵌有砖雕的十字花形门簪，门两侧砌出四斜球纹假窗。在左右两壁都砌出凸出壁面的砖雕家具。右壁为两张椅子中放一张桌子，桌面上还有雕砖的注碗等酒食器皿，右边椅后有高檠灯。左壁正中设衣架，架下嵌砖雕剪刀、尺、熨斗等物，衣架左有带锁小橱，上有砖雕笔架和砚台，衣架右是镜台，上放一长柄镜。前壁墓门两侧，砌出盆架和一个衣架的一端，墓门也有砖砌仿木结构。原来全墓先涂白色，然后施彩绘，柱、斗拱等仿木构处先施砖红地色，然后在斗拱及拱掩壁再用黑、红、绿、黄四色绘花卉图案。甬道两侧壁上还有人物马匹壁画，已漫漶不清。更为成熟的作品是河南禹县白沙北宋元符二年（1099）赵大翁墓。① 该墓有前后两进墓室，前室方形，作宝盖式盝顶藻井；后室六角形，作宝盖式截头八

---

① 宿白：《白沙宋墓》，文物出版社 1957 年版。

图 24-43　河南禹县白沙 1 号宋墓彩绘砖雕铺作

瓣攒尖顶。皆为砖雕仿木结构，斗拱已发展到五铺作重栱，彩绘精细艳丽（图 24-43）。壁面彩绘壁画，是死者生前家居场景，前室墓主人夫妇对坐"开芳宴"画面中，椅、桌及桌上器皿是砖雕浮出壁画，与彩绘壁画结合在一起，使作品更具想象力，别有风趣。在白沙的另一座仿木建筑砖雕墓中，还嵌有表演杂剧的砖雕[1]，雕砖有两组，一组 4 人为杂剧，另一组 7 人为散乐，分别嵌在两壁之上。此外还有三块人物雕砖，一为牵马人和马，一为捧盒自板门走出的侍童，另一为手捧铜镜自板门走出的侍女。这组雕砖人物造型呆板，艺术水平不高。在偃师酒流沟的另一座仿木建筑雕砖墓中[2]，左右两壁是砖雕板门，后壁则嵌砌一列雕砖，共 6 块。右侧三块雕出的三位侍女，高髻长裙，一人拱手立，另两人在操作。其中一人正挽袖准备烹调桌上放的鲜鱼，桌前有上放着锅的火炉，造型生动，生活气

---

[1]　徐苹芳：《白沙宋墓中的杂剧雕砖》，《文物》1960 年第 9 期，第 59—60 页。
[2]　董祥：《偃师县酒流沟水库宋墓》，《文物》1959 年第 9 期，第 84—85 页。

息浓郁。左侧三块共雕出 5 人，其中一块雕有一人戴幞头，穿圆领长袍，双手展开一幅小立轴画，他应是在表演"正杂剧"前的"艳段"，或"引首"。另一块砖上雕出两人（图 24-44），一人戴展角幞头，身穿圆领大袖袍，左手持笏，右手抚笏，正低头听另一戴东坡巾的人讲话；那人也穿圆领大袍，但将前襟掖起，右手捧一包袱，另一手指着后面那人，回首讲话。两人的神情、姿态都极生动，这应是"正杂剧"演出的场景，但不清楚演出的是什么剧目。第三块也雕出两个人，一个头戴软巾，穿长衫，敞怀露腹，下穿裤，裹腿穿袜，立着丁字步，左手托一鸟笼，笼内有鸟，他右手指鸟笼，向面前的另一人讲话；前面的人动作滑稽，他软巾诨裹，穿长衫，腰扎布带，口中含着右手的拇指和食指，正在吹口哨，双足也迈着丁字步。两人好像正按同一节拍扭动表演，姿态极为生动（图 24-45），据研究，这是表演杂剧中的后散段——"杂扮"[①]。这组雕砖不论是杂剧还是庖厨操作，都是宋代雕砖中艺术水平最高的作品。

在四川地区发现的宋墓中，有许多是带雕刻的石室墓，室内石雕仿木

图 24-44　河南偃师酒流沟宋墓杂剧雕砖（拓片）

图 24-45　河南偃师酒流沟宋墓杂剧雕砖（拓片）

[①]　有关杂剧雕砖的考证，参见徐苹芳《宋代的杂剧雕砖》，《文物》1960 年第 5 期，第 40—42 页。

结构，又常在门旁刻武士，四壁刻四神，后壁刻妇人半启门，其主题雕刻仍是墓主人家居欢宴"开芳宴"的情景，也出现了孝子故事石刻。① 目前所知四川华蓥南宋嘉定十四年（1221）安丙家族墓雕刻最为精致，这组墓共有5座，都是券顶石室墓。② 墓内雕出仿木结构柱枋斗拱，守门甲胄武士、四神、伎乐，还有大量花卉图案。在安丙墓后壁正龛中刻安丙的雕像（图24-46），两侧壁则刻出执笏端立的属吏。另一座石雕精美的是四川彭山的南宋宝庆二年（1226）虞公著夫妇合葬墓③，是一座同坟异穴墓，有两个并列的石墓室。西墓室中除甲胄执刀佩弓箭的守门武士和捧物女侍外，在左右两壁有两幅大型浮雕，一侧是备轿仪仗出行（图24-47），另

图24-46 四川华蓥宋安丙墓墓主石雕像

① 徐苹芳：《宋代墓葬和窖藏的发掘》，《新中国的考古发现和研究》，文物出版社1984年版，第597—601页。
② 四川省文物考古研究院：《华蓥安丙墓》，文物出版社2008年版。
③ 四川省文物管理委员会、彭山县文化馆：《南宋虞公著夫妇合葬墓》，《考古学报》1985年第3期，第383—402页。

陵墓雕塑（中）

图 24-47 四川彭山宋虞公著墓石雕出行仪卫（拓片）

一侧是备酒备茶的画面，人物众多，场面颇大，是较成功的作品。在墓后壁龛中还有一幅少见的石刻，是山景图，崇山峻岭中有亭阁建筑，还有仙鹤和母子鹿出没其间。东室后壁也雕有类似的仙山图（图24-48），山顶茂林中刻一洞室，室门顶上刻铭"蓬莱"二字，还有一长服长髯老人，面朝登山小路欲登山。整幅画向我们勾画出南宋人想象中的仙山胜景，也反映出当时人们企望死后升仙的憧憬。身份较低的人士的墓葬中，石雕一般

473

图 24-48　四川彭山宋虞公著墓石雕仙山

只有守门甲胄武士（图 24-49）、四神，以及居家坐椅（图 24-50）、男仆女侍等，如泸县青龙镇、喻寺镇、奇峰镇等处清理的宋墓。①

北方中原北宋仿木建筑雕砖壁画墓的传统，为山西平阳地区如稷山、侯马、闻喜、新绛等地的金墓所承袭，而且将壁画内容皆以砖雕形式表现。②以平阳地区诸金墓中，精细的砖雕布满全墓（图 24-51），令人目不暇接。③除常见的墓主夫妇对坐雕像外，还有许多显示家庭生活中的画面，诸如妇人旁视儿童伏案读书等情景（图 24-52），生动而富有情趣。诸地雕砖金墓中最引人注目的是侯马大安二年（1210）董氏兄弟墓。④董玘坚傃墓是方形平面的单室八角形藻井墓，四壁满砌雕砖，显得繁缛华丽。后壁砖雕三间堂屋，中心间放置大曲足花桌，上面放置一大盆盛开的

---

① 四川省文物考古研究所、成都市文物考古研究所、泸州市博物馆、泸县文物管理所：《泸县宋墓》，文物出版社 2004 年版。
② 徐苹芳：《金元墓葬的发掘》，《新中国的考古发现和研究》，文物出版社 1984 年版，第 605—607 页。
③ 山西省考古研究所：《平阳金墓砖雕》，山西人民出版社 1999 年版。
④ 山西省文物管理委员会侯马工作站：《山西侯马金墓发掘简报》，《考古》1961 年第 12 期，第 681—683 页；山西省文物管理委员会侯马工作站：《侯马金代董氏墓介绍》，《文物》1959 年第 6 期，第 50—55 页。

图 24-49 四川泸县宋墓石雕甲胄武士

图 24-50 四川泸县宋墓石雕坐椅

图 24-51 山西平阳金墓砖雕

图 24-52-1　山西平阳金墓砖雕

图 24-52-2　山西平阳金墓砖雕

陵墓雕塑（中）

图 24-52-3　山西平阳金墓砖雕

牡丹花。花桌两侧各摆桌椅，桌上放置果盘、瓶花、香炉，炉中香烟上飘。墓主人夫妇分坐桌后椅上。两次间各立屏风，并立有侍奉主人的小童、小婢。东西侧壁均雕格子门，每壁 6 扇，障水板雕花卉人物，有的是孝子故事图像。前壁墓门两侧各雕一"镇宅狮子"。四壁上部皆砌垂花廊，廊上列斗拱。最引人感兴趣的是后壁正中两朵斗拱之间，砌出一座山花向前的小戏台，还在台上放置 5 个涂彩的杂剧砖俑，他们排成一列，正在作场（图 24-53）。据研究，5 个砖俑实为金院本中的五个角色[1]，为研究中国古代戏剧发展史提供了重要的形象史料，使人们得以看到金代戏剧演员化装后走上舞台表演的真实情景。

但是在东北和华北地区的早期金墓，则与前述山西等地的晚期雕砖金墓不同，大多保持着原来使用石椁作为葬具的民族传统。例如卒于天会五年（1127）的时丰墓[2]，就是长方形石椁，椁内壁绘壁画。一些高层人物的墓葬亦用石椁，如黑龙江阿城巨添源乡城子村发掘的金齐国王墓，葬具

---

[1] 周贻白：《侯马董氏墓中五个砖俑的研究》，《文物》1959 年第 10 期，第 50—52 页。
[2] 河北省文化局文物工作队：《河北新城县北场村金时立爱和时丰墓发掘记》，《考古》1962 年第 12 期，第 646—650 页。

477

图 24-53　山西侯马金董氏墓砖雕戏台及杂剧俑

也用石椁，内壁凿饰菱形纹图案。① 北京地区发掘清理的金墓，也多用石椁②。特别是在房山的大房山麓调查与发掘了金陵遗址③，主陵区在周口店镇龙门口村北山前台地上。明天启年间，为断"女真"龙脉，对金陵进行了毁灭性的破坏。清代曾作修葺。这次清理了已遭破坏的 M6，为长方形石坑竖穴，内存 4 具石椁，两具为汉白玉雕花石椁，另两具为青石素面石椁（图 24-54）。两具汉白玉石椁所雕纹饰，一具石椁为龙纹，仅存椁盖和一侧壁板，雕刻流云团龙纹饰（图 24-55）。另一具石椁为凤纹（图 24-56），保存较完整，椁盖及侧边雕刻双凤纹，椁内还存有木棺。据推定，是金太祖阿骨打的陵墓。

明朝建立，陵墓制度又恢复延续宋陵传统而有所创新。现已作考古发

---

① 赵评春、迟本毅：《金代服饰——金齐国王墓出土服饰研究》，文物出版社 1998 年版。
② 北京市文物研究所：《北京市考古工作的回顾与展望》，《考古》2004 年第 2 期，第 7—17 页。
③ 《北京房山金陵遗址调查与发掘》，《2002 中国重要考古发现》，文物出版社 2003 年版，第 134—141 页。

图 24－54　北京房山金陵 M6 出土石椁

图 24－55　北京房山金陵龙纹石椁东挡板

掘的明代帝陵，只有北京明十三陵中的定陵，所葬者是明神宗朱翊钧（年号万历）及孝端显皇后王氏和孝靖皇后王氏。[①] 定陵地宫与宋陵用砖不同，

---

① 中国社会科学院考古研究所、定陵博物馆、北京市文物工作队：《定陵》，文物出版社1990年版。

图 24-56　北京房山金陵凤纹石椁

图 24-57　明定陵石墓门

全以石筑，用木椁木棺。地宫门以石雕砌门楼，出檐，其上具脊和鸱吻。门券洞下方有雕仰覆莲须弥座（图 26-57）。石门雕出门钉、铺首，无其

图 24-58　明定陵帝后石座出土情况

他雕饰。地宫内各室壁面亦平素完整，不加雕饰。在地宫内的帝后3个神座（图26-58），形貌模拟宫廷家具中的宝座，以石雕成，帝、后神座雕饰亦分别为龙、凤纹，帝座背面雕升龙，龙首自靠背中央前伸，正垂在靠背正中处。后座则背面雕双凤宝珠，宝珠伸出正当靠背正中处。整体造型规整庄重。

　　清代帝陵，亦大致遵循传统规制。清东陵在民国时曾遭军阀盗掘，从遭盗开的乾隆皇帝裕陵地宫可知，亦与明定陵一样为石构，但与定陵不同，陵内壁面及券顶都有浮雕、佛像和经文，经文由梵文与蕃（藏）文两种文字阴刻，多达30000余字。[①]

[①]《清东陵》，《全国重点文物保护单位》编辑委员会编《全国重点文物保护单位》（第一卷），文物出版社2004年版，第272—274页。

陵墓雕塑（下）

——墓内随葬俑群雕塑（先秦至明清）

一 先秦至秦随葬俑群

（一）先秦俑

提到古代墓葬中的俑，自然会联想起孔老夫子对"俑"的评论。见《孟子·梁惠王上》："仲尼曰：'始作俑者，其无后乎？'为其象人而用之也。"所以通常将孔子生存的东周时期，视为俑——替代殉葬的真人的偶人产生的年代。中国古代人殉滥觞于史前时期，盛行于殷商，据1988年统计，殷商墓中有人殉人牲者列表登记达105座之多。墓中使用人牲人殉，不仅盛行于殷王国的统治中心，今河南安阳一带，北到河北藁城、西到陕西西安、东到山东益都、南到湖北黄陂的广阔地域内，都有发现。① 西周时期，殉人之风仍盛，直到春秋前期，人殉现象仍然广泛存在，特别以秦为盛。在秦都雍城所在的陕西凤翔发掘的秦公1号墓中，发现肢解后夯打于填土中的人牲20具，和一具一棺的殉人166具。② 《诗·秦风》中有《黄鸟》三章，就是国人因秦穆公以人从死，哀念三良而作。当时穆公以人从死，多达177人，其中有3位良臣，即子车氏之三子——奄息、仲行和铖虎。《黄鸟》三章，每章都以"彼苍者天，歼我良人，如可赎兮，人百其身"为结，民众呼出满腔愤懑和哀怨，对野蛮的殉人制表达了强烈不满。此后不久，中国社会进入一个大动荡和大变革的时

---

① 黄展岳：《中国古代的人牲人殉》，文物出版社1990年版。
② 陕西省文物考古研究所：《陕西省文物考古五十年》，《新中国考古五十年》，文物出版社1999年版，第428—437页。

期①，人们的思想和礼俗也随之变革，人殉制在社会上日益遭到反对，于是，模拟真人形貌用以殉葬的偶人——俑就应运而生，其产生的时代或与孔子生活的时代相距不远，在西周至春秋时期。②

目前在田野考古发掘中，获得的时代最早的俑，出自西周时期的墓葬中，例如在陕西韩城梁带村西周墓地发掘中，在 M502 号墓内墓室四角各有一个木制偶人（图 25-1），体高最高的超过 1 米，头上雕刻出五官，以榫卯接装四肢，面、颈、手涂浅红色，头发黑色，衣服涂红色，在领口和襟口涂黑色，形貌可分男女，或作御车或捧物状（图 25-2）③。同时，在

图 25-1 陕西韩城梁带村 M502 木俑

---

① 郭沫若认为，"中国古代奴隶社会与封建社会的交替，是在春秋与战国之交"。参见郭沫若《中国古代史的分期问题》，《红旗》1972 年第 7 期。
② 在安阳殷墟的一个灰坑（小屯 358 号）中，曾出土了一些小型立姿陶人像，体高 15 厘米左右，男女都有，女像的双手被械梏在腹前，男像则双手反剪械梏在背后。它们常常被认为是被捆绑着的奴隶的形象，也有人把他们称为中国最早的"陶俑"。但灰坑并非墓葬，所以这些陶像并不是为随葬制作的俑。
③《陕西韩城梁带村墓地 2007 年考古发掘》，《2007 中国重要考古发现》，文物出版社 2008 年版，第 46—51 页。

山西翼城大河口西周墓地，于 M1 墓室东部二层台上也发现有漆木俑。① 在西周时期墓葬中不断有木俑出土，表明关于俑的起源，还有待今后的考古发现进一步探研。

图 25-2 陕西韩城梁带村西周墓木俑

到东周时期，各地的诸侯国墓葬中已经普遍存在以俑随葬的习俗，只是各国用俑的质地和造型还都有较大差异。目前获得的东周俑，时代较早的是山西省长子县牛家坡 7 号春秋晚期晋墓出土的 4 件木俑。② 通高 68 厘米，仅用木材修削成站立的人形，另装臂膀，面部削平，上用泥塑颜面口鼻。通体涂黑色，再用红色勾画衣服、腰带、带钩等细部，内衣绘方格纹。全俑造型拙稚，形态呆板（图 25-3）。木俑分放于椁室内主棺两侧，同时墓内还有 3 具各有木棺的殉人。这种人殉与用俑共存的现象，在山东地区的齐国墓中也有发现，如春秋战国之交的临淄郎家庄 1 号墓③和战国中期的章丘女郎山大墓。④

图 25-3 山西长子牛家坡东周晋 7 号墓木俑

殉人与用俑共存，正是开始用俑随葬阶段的时代特征。一方面表明，已开始用俑替代生人来殉葬；另一方面又表明，旧礼俗的废止并非一朝一夕之事。

战国时期的俑，已在山东、山西、陕西、河南、湖北、湖南诸省出土过，分属齐、韩、秦、楚等国疆域之内，在南方的楚墓中多用木俑，齐、韩、秦墓中多用陶俑，并且各国的俑艺术特色有别。齐国的陶俑，出土于

---

① 《山西翼城大河口西周墓地》，《2008 中国重要考古发现》，文物出版社 2009 年版，第 54—57 页。
② 山西省考古研究所：《山西长子县东周墓》，《考古学报》1984 年第 4 期。
③ 山东省博物馆：《临淄郎家庄一号东周殉人墓》，《考古学报》1977 年第 1 期。
④ 李曰训：《山东章丘女郎山战国墓出土乐舞陶俑及有关问题》，《文物》1993 年第 3 期。

临淄郎家庄1号墓、章丘女郎山大墓、泰安康家河1号墓①和长岛王沟10号墓②等墓。一般高度不及10厘米。因俑体颇小，只塑造出人体的粗略轮廓，简单塑出头和双臂，下体长衣及地，缺乏足部的刻划。头上颜面部分削修成斜面，或突出鼻部，墨勾眉目，唇或点涂朱色。以女郎山大墓随葬的38件陶俑最具代表性，所施彩绘尚颇鲜艳。以舞乐俑为主，有表演歌舞的女俑，高冠演奏瑟、鼓、编钟、编磬的男俑等，女俑多梳偏于左侧的发髻，或在右侧再绾一小髻。衣裙多为浅红、青灰等色，上面加施红、黄色彩条或红、白等色彩点（图25-4）。韩国的陶俑，主要是山西长治分水岭墓群出土的陶俑，形体也很小，体上涂有朱彩。③ 其中亦多乐舞俑（图25-5），舞俑平扬双臂起舞，与齐舞俑同样，梳偏左的发髻。其余诸俑或坐或立，有的肩背小儿。塑制粗拙，仅具人物形体轮廓而已。秦国的俑，如陕西铜川枣庙春秋晚期至战国中期墓中出土的泥俑，体高15厘米左右，多立姿，仅塑出形体的大轮廓，面颜平削，鼻子隆凸，面施粉红彩，墨绘眉、睛，涂眼白，黑发髻。长衣多涂黑彩或黑红彩，有的领缘及

图25-4　山东章丘女郎山东周墓陶俑

---

① 山东省泰安市文物局：《山东泰安康家河村战国墓》，《考古》1988年第1期。
② 烟台市文物管理委员会：《山东长岛王沟东周墓群》，《考古学报》1993年第1期。此外山东战国时期的陶俑，在平度东岳石村等地战国墓中也有出土，参见中国科学院考古研究所山东发掘队《山东平度东岳石村新石器时代遗址与战国墓》，《考古》1962年第10期。
③ 山西省文物管理委员会：《山西长治市分水岭古墓的清理》，《考古学报》1957年第1期。

图 25-5　山西长治分水岭战国墓陶俑

边襟加施红点,有的衣下露出黑履。也出土有泥塑的牛、羊、犬、鸟模型,也涂有黑、红、白等色彩,塑工同样拙稚,粗具形态而已。[1] 在凤翔南指挥战国墓还发现过石俑,也是仅具轮廓。此外,在东周都城洛阳地区的战国墓中,也发现过少量陶俑。曾在洛阳小屯村东北的一座积石积炭的大墓中,发现过 2 件坐姿陶俑,高 13.5—14.5 厘米,只具形体轮廓,颜面鼻、目凸出,体施红彩。该墓出有墨书"天子"字迹的石圭,表明所葬死者身份颇为显贵。[2]

南方楚墓多用木俑,一般仅雕出形体轮廓,如湖南长沙杨家湾第 6 号墓出土木俑。[3] 但如河南信阳长台关楚墓的木俑已近于圆雕,形体比例较为准确,彩绘眉目衣饰(图 25-6)[4]。此时的楚木俑除一般彩绘衣饰外,更有的只将木俑头部作细部刻划,躯体仅削制出极为粗略的轮廓,然后披穿上以丝织品裁制的衣裙,如湖北江陵马山 1 号墓的木俑。[5] 8 件女俑身高 57.5—60.5 厘米,整木雕成,上体扁圆,下身圆形,两肩平齐,身上所束长裙为红棕绢绣地,上绣凤鸟花卉纹。大襟和下摆饰塔形纹锦缘。俑头雕出双耳和口、鼻,墨绘头顶、鬓角和眉、目,朱绘口唇,头发是另装上去

---

[1] 陕西省考古研究所:《陕西铜川枣庙秦墓发掘简报》,《考古与文物》1986 年第 2 期。
[2] 考古研究所洛阳发掘队:《洛阳西郊一号战国墓发掘记》,《考古》1959 年第 12 期。
[3] 湖南省文物管理委员会:《长沙出土的三座大型木椁墓》,《考古学报》1957 年第 1 期。
[4] 河南省文物研究所:《信阳楚墓》,文物出版社 1986 年版。
[5] 湖北省荆州地区博物馆:《江陵马山一号楚墓》,文物出版社 1985 年版。

的，绾髻垂于脑后，使俑的形貌更为真实生动（图25-7）。木俑所模拟的人物，主要是婢仆乐舞和武士。或许因楚地"信巫鬼，重淫祀"[①]的缘故，楚墓中还有形貌奇异威猛的木镇墓兽，信阳长台关1号楚墓出土的一件，体高达128厘米（图25-8），坐姿，巨目有角，口吐长舌，前肢上举，两爪持蛇，横噬于口内。[②]

图25-6　河南信阳长台关楚墓木俑

图25-7　湖北江陵马山楚墓着衣木俑

图25-8　河南信阳长台关楚墓木镇墓兽

（二）秦俑

公元前221年，秦王嬴政扫灭齐、楚、燕、韩、赵、魏六国，一统天下，自命为"始皇帝"，开创了统一的中央集权的帝国，揭开了中国历史的新篇章。陶俑也迎来了一个前无古人后无来者的特殊发展阶段。当时迎合秦始皇好大喜功的追求，在宫廷和陵墓中都放置有形体硕大的青铜铸造

---

① 《汉书·地理志》，中华书局校点本1964年版，第1666页。
② 河南省文物研究所：《信阳楚墓》，文物出版社1986年版，第60—61页。

的或陶塑木雕的造型艺术品。据《史记·秦始皇本纪》记载，秦始皇曾下令将缴获的六国军队装备的青铜兵器集中到都城咸阳，销熔以后，铸造成12个大"金人"，每个重千石（又有的文献记为各重三十四万斤或是二十四万斤）[1]，陈放在宫室前面作钟鐻。可惜这些铜人到十六国时期就全被销毁了，至今无法知其原貌。只有在秦始皇陵园的考古发掘中，获知了许多专为秦朝皇帝陵墓制作的陶塑或青铜铸造的工艺品。秦始皇陵园出土的青铜工艺品，虽然没有宫室前陈放的"金人"那样雄伟壮观，但是更为工细精美，已经发现的有两乘约为实物二分之一大小的由四匹骏马拖驾的马车（图25-9）[2]，还有一组青铜铸造的水禽。水禽有鹤、雁（图25-10）、天鹅等，是写实的艺术品，形体大约与真实的禽鸟同等大小，颇显生动传神。[3] 更多的发现是专为随葬制作的陶俑，模拟的人物有文吏、武官、士兵和杂技表演者。特别是在陵园东侧发现的几座大型陶兵马俑坑中，埋藏

图25-9 秦始皇陵铜车马出土情况

---

[1] 《史记·秦始皇本纪》："收天下兵，聚之咸阳，销以为钟鐻，金人十二，重各千石，置廷宫中。""各重千石"，"索隐"引《三辅旧事》记为"各重三十四万斤"。"正义"引《三辅旧事》则记为"各重二十四万斤"。中华书局1964年版，第239—240页。

[2] 秦始皇陵兵马俑博物馆、陕西省考古研究所：《秦始皇陵铜车马发掘报告》，文物出版社1998年版。

[3] 陕西省考古研究所、秦始皇兵马俑博物馆：《秦始皇陵园K0007陪葬坑发掘简报》，《文物》2005年第6期，第16—38页。

陵墓雕塑（下）

图 25-10　秦始皇陵铜水禽模型出土情况

了几千件和真人真马形体大小相同的陶俑和陶马，摆列成宏伟的军阵（图 25-11）[1]。这一考古发现，曾经在中外学术界引起了轰动。秦始皇陵的陶俑，确是中国古代陶塑人像的空前创作。由于创作这些人像的目的不是为了观赏，只不过是用于代替活的人和马，用以模拟皇帝的侍仆及排列成送葬的军阵，所以将陶俑制作的与真人活马同大，其面容发髻胡须以及衣服铠甲，还有马具和木车，无不尽力如实模拟制作。[2] 一般立像加上底托高近1.8米，由于形体高大，难以整模塑型，只有采取按身体不同部位分别制作，再套接、粘合成整体。接合时采取自下而上逐步叠塑的办法，人形大轮廓完成以后，再贴塑刻划细部，特别是面部造型。待焙烧以后，再施彩绘，虽然色彩多已脱落，但陶俑出土时有的还保留有彩绘遗痕（图 25-12），也有的色彩尚贴附于俑旁泥土之上，由此可知秦俑使用的色彩

---

[1] 陕西省考古研究所、始皇陵秦俑坑考古发掘队：《秦始皇陵兵马俑一号坑发掘报告（1974～1984）》，文物出版社1988年版；始皇陵秦俑坑考古发掘队：《秦始皇陵东侧第二号兵马俑坑钻探试掘简报》，《文物》1978年第5期，第1—20页；秦俑坑考古队：《秦始皇陵东侧第三号兵马俑坑清理简报》，《文物》1979年第12期，第1—12页。

[2] 据秦俑体上刻划或戳印文字，可知制俑陶工，有的隶属宫廷或中央官署，有的由各地征调，以咸阳地区征调来的最多。在陶俑造型上有些差异，参见袁仲一《秦始皇陵兵马俑研究》第四章第四节，文物出版社1990年版。

489

图 25-11 秦始皇陵 1 号陶兵马俑坑

图 25-12 秦始皇陵兵马俑坑
出土保存原绘彩的陶俑

图 25-13 秦始皇陵
兵马俑坑陶军吏俑

陵墓雕塑（下）

有朱红、枣红、粉红、粉绿、粉紫、粉蓝、中黄、橘黄、白、黑、赭等色，其中又以朱红、粉红、粉绿、粉蓝和赭等5种色彩使用最多。经过化验，使用的都是矿物质颜料，以明胶作为调和剂，浓色平涂于俑体之上。陶马敷彩方法与陶俑相同，2号俑坑中骑兵的鞍马身涂枣红色，黑鬃，白蹄。由于秦陶俑并不是为了欣赏的美术品，其目的仅用以替代丧葬仪制中的真人，因此从形貌、身材到服饰、发式，几乎都是按活人实物原貌、原尺寸复制模拟，毫无提炼、概括、夸张、想象等再创作可言，亦不重视体姿的生动，只求如实模拟而已。因此绝大多数采取僵直呆板的立姿（图25-13），少数采取跨步（图25-14）或半蹲跪的姿态以及双手抚膝端正的坐姿，唯有手臂由于持物不同而稍有变化，因此呆板而缺乏动感。只有陶俑的颜面部位，在贴塑眉目耳鼻及发髻胡须时，系由不同的制作者分别手工贴塑修整，导致各俑之间产生细微的差别，因此今日人们观赏陶俑头部特写时，颇感生动，而且每个面相显示出性格特色。但综观全俑形体，就呆滞、生硬而缺乏个性了。这也是当时造型艺术不够成熟的表

图25-14　秦始皇陵兵马俑坑跨步陶俑

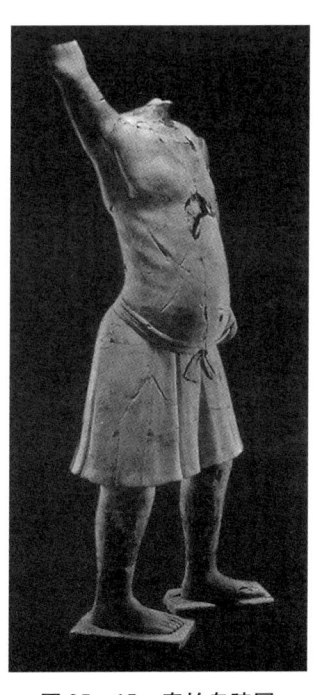

图25-15　秦始皇陵园从葬坑陶杂技俑

现。只有陵园中出土的裸身杂技俑,身上肌肉凸张,姿态略显生动(图25-15)。

秦俑表面施涂浓彩,将原来的陶色全部遮盖。这种在雕塑品上涂妆浓色的做法,实开中国传统大型彩塑群体,特别是后来的成组合的宗教彩塑技法之先河,影响极为深远,直到今日仍为中国民间彩塑作品所沿用。当年秦俑的制作者,很可能是用多变而艳丽的彩色①,缓解其形体造型的呆板,为俑群增添了几分华丽多变的风采。谈到秦俑造型之呆板,固然是受到当时雕塑艺术不够成熟的局限,但从另一角度观察,这一造型特色也与秦代意识形态领域受到严密控制的状况相适应,其刻板划一的姿态,已可满足当时制作者的需要,充作皇帝丧仪的随葬明器。数千形体呆板的陶俑,排成军阵,显得出乎意料的齐整、划一,足以显示始皇帝的威仪,形成独特的威严肃穆的氛围,酿成令人压抑的威慑气势。特别是今日被重新发掘出土而陈列出的陶俑群,由于俑体彩色脱落殆尽,已无色彩的华美与变化,呈现的只是陶俑原来的灰色,更突出了形体的呆滞,显得分外齐整而神态专一,令人观后似乎置身于古老历史那寂静的永恒之中,或许这就是今人感到秦俑艺术魅力之所在。

二 两汉随葬俑群

(一) 西汉俑

西汉时礼仪,"大抵皆袭秦故"②,丧葬时用俑也是如此。但经始皇苛政、秦末动乱和楚汉之争,导致社会经济凋敝,百姓亟须休养生息,所以帝王之丧仪,不再能完全追循秦始皇那样盛大奢靡。文帝死前还曾遗诏节葬,说:"当今之时,世咸嘉生而恶死,厚葬以破业,重服以伤生,吾甚不取。"③ 以此之故,汉陵陶俑虽然沿袭秦风,但形体尺寸已不再如实模拟真人的体高,制作时自可少耗民力。在西安东郊任家坡汉文帝霸

---

① 据研究者分析:"秦俑坑出土的武士俑的衣着没有统一的服色,而是各随所好,颜色艳丽。"参见袁仲一《秦始皇陵兵马俑研究》,文物出版社1990年版,第273页。
② 《史记·礼书》,中华书局校点本1964年版,第1159页。
③ 《史记·孝文本纪》,中华书局校点本1964年版,第433—434页。

陵附近窦皇后陵园西墙外丛葬坑中，出土有彩绘女侍俑[1]，姿态或坐或立，多放置于陶棺或砖栏中，每坑一俑，同时葬有羊、猪、鸡、马、鹤等骨骼，应是秦始皇陵园的"马厩坑"内葬陶俑和真马的延续。最重要的考古发现是咸阳市张家湾村北汉景帝阳陵从葬坑的陶俑群。[2] 景帝阳陵从葬坑经过大规模考古发掘，在最初发现的两组共48个大型从葬坑中，出土的陶俑已有数千件之多，都是裸体俑，再装有木臂并穿上丝帛衣服和木片铠甲。在西安市三兆镇南汉宣帝杜陵北的陪葬坑中，也出土裸体原着帛衣的男武士俑。[3] 还在汉长安城内西北部发掘到陶窑址[4]，窑中烧制的正是阳陵、杜陵发现的那种裸体俑，因此得以了解汉俑的烧制工艺。现已出土的汉陵陶俑，可分为两类。第一类系沿袭秦陶俑旧制，俑体模拟塑出衣冠带履，施以彩绘；第二类则是模拟人体塑成裸体男人像、女人像，然后披穿帛衣，与秦俑造型风格迥然有别，应是承袭了战国时楚俑的艺术风格。汉初年造型艺术等方面深受楚文化影响[5]，所以帝陵随葬陶俑虽袭秦制，又承楚风，融会创新，使汉俑造型摆脱了秦俑呆滞生硬的模式，转向生动精致、富有生趣的时代新风。以汉陵出土的两类陶俑与秦俑相比较，具有以下共同特征。第一是形体小于秦俑，阳陵陶俑多高60余厘米，杜陵陶俑高56厘米，霸陵陶俑高53—57厘米，均当真人体高的1/3左右。第二是汉俑均模制，分头、躯干、腿、足四大段，分别用范模塑出，然后接合，鼻、耳、阳具等是分件塑出后粘附的，颜面又经捏塑修整。整体造型符合人体比例，制工较秦俑细致，面目五官的造型更显生动，体姿较自然，特别是取消了秦俑为了站立稳固而在足下粘接底托板的拙稚手法，使陶俑以双足承重站立，增强了真实感。第三，汉俑塑成整体入窑焙烧时，因泥坯双足尚难承重，装窑焙烧易折损，故当时的制陶工匠采用聪明的手法，将俑的泥坯头下足上，倒立排列在窑室内，待焙烧成陶质后，俑的双足就坚

---

[1] 王学理等：《西安任家坡汉陵从葬坑的发掘》，《考古》1976年第2期。
[2] 陕西省考古研究所汉陵考古队：《汉景帝阳陵南区从葬坑发掘第一号简报》，《文物》1992年第4期。
[3] 中国社会科学院考古研究所：《汉杜陵陵园遗址》，科学出版社1993年版。
[4] 中国社会科学院考古研究所汉城工作队：《汉长安城2～8号窑址发掘简报》，《考古》1992年第2期。
[5] 参见杨泓《逝去的风韵——杨泓谈文物》之《汉俑楚风》，中华书局2007年版。

硬得承重直立，可减低残次品率。汉陵的第一类陶俑以窦太后陵园丛葬坑出土女侍俑制工较精，姿态或立或坐，敷涂重彩，衣裙多施红、黄、褐等色（图25-16）。仪态端庄，躯体的轮廓线流畅优美，其造型已不再有秦俑呆板之态，塑造工艺远远超出秦俑之上。汉陵的第二类陶俑，以景帝阳陵陵园从葬坑的出土品蔚为壮观。陶俑以男俑为多，都是端立的姿态，裸体遍施橙红色，以更真实地模拟人体肌肤（图25-17）。俑躯无臂，原装木制臂膀，故出土时多已朽毁无迹。俑体披穿衣袍铠甲，现丝织品的衣服多已朽毁，仅存残痕。陶俑手持或佩带的各类兵器及工具，如矛、戟、剑、弩机、箭镞与锸、凿、锯、锛、钱币等，都以铁或青铜制作，并与俑的体高相配合，尺寸也大致是实物的三分之一，制工极为精致。除人物外，从葬坑中也置有大量的彩绘陶动物模型（图25-18），有牛、羊、猪、犬和鸡等。[①]

图25-16　西汉窦太后陵陶女坐俑

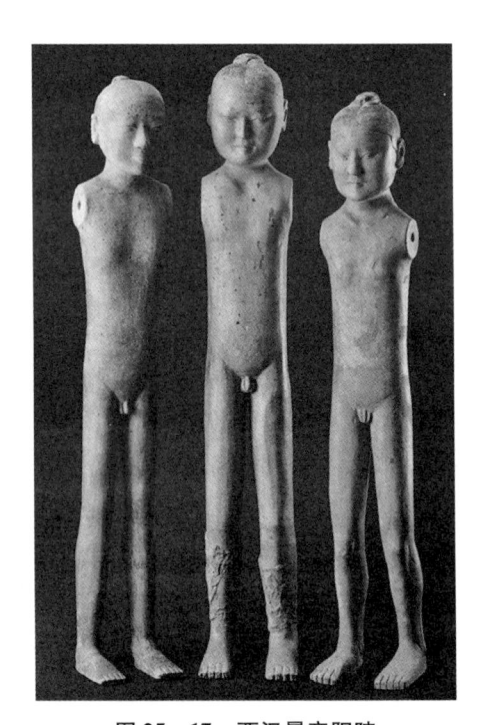

图25-17　西汉景帝阳陵从葬坑陶俑

[①] 陕西省考古研究所汉陵考古队：《中国汉阳陵彩俑》，陕西旅游出版社1992年版。

图 25-18 西汉阳陵从葬坑陶牲畜模型出土情况

除帝陵外，在帝陵近旁的陪葬墓及外地的侯王墓，有的也设大型随葬陶俑坑。帝陵陪葬墓所附的俑坑，发现咸阳市杨家湾和白庙村南狼家沟村两处。杨家湾高祖长陵两座陪葬墓间的陶俑坑计11座，出土陶俑多达2375件，内有骑兵俑583件，还有木质战车模型[1]，可能与绛侯周勃家族有关。在狼家沟汉惠帝安陵的第11号陪葬墓的墓室上口四周，有随葬陶俑的长沟，出土彩绘武士俑和陶牲畜模型。[2] 汉都长安以外地区侯王墓的随

---

[1] 陕西省文物管理委员会等：《陕西省咸阳市杨家湾出土大批西汉彩绘陶俑》，《文物》1966年第3期；陕西省文管会等杨家湾汉墓发掘小组：《咸阳杨家湾汉墓发掘简报》，《文物》1977年第10期。
[2] 咸阳市博物馆：《汉安陵的勘查及其陪葬墓中的彩绘陶俑》，《考古》1981年第5期。

葬陶俑群，有江苏徐州狮子山楚王陵①、江苏泗水王陵②、山东章丘危山济南王陵③，等等。狮子山楚王陵已知有俑坑4座，出土陶兵马俑2300余件，以步兵为主（图25-19），埋葬的时间稍迟于杨家湾俑群。在汉代著名将帅死后，有以军阵送葬的习俗。如霍去病死后，"天子悼之，发属国玄甲军，陈自长安至茂陵"④。上述杨家湾出土陶俑群，正是送葬军阵的模拟物。由于死者身份均不能与皇帝相比，所以随葬陶俑高度比阳陵、杜陵的陶俑矮，杨家湾俑高44.5—48.5厘米，骑兵连同乘马高50—68厘米（图25-20）。士兵俑都取挺身直立姿态，常右臂上曲呈持物形状，所持兵器已缺佚，仅有陶质小型盾牌（图25-21）。骑兵俑均跨骑在马背上，且在俑群中的比重增大，反映出西汉初军队兵种构成发生变化的实际情况。⑤

图25-19 徐州狮子山楚王陵兵马俑坑

---

① 徐州博物馆：《徐州狮子山兵马俑坑第一次发掘简报》，《文物》1986年第12期。
② 南京博物院：南京博物院珍藏系列之《泗水王陵出土西汉木雕》，天津人民美术出版社2003年版。
③ 《山东章丘危山汉代墓葬及陪葬坑》，《2002中国重要考古发现》，文物出版社2003年版，第81—86页。
④ 《史记·卫将军骠骑列传》，中华书局校点本1964年版，第2939页。
⑤ 杨泓：《中国古兵器论丛》（增订本），文物出版社1985年版，第97—98页。

陵墓雕塑（下）

图25-20　陕西咸阳杨家湾西汉墓陶骑俑

大多数陵墓随葬的兵马俑都是绘彩的陶俑，只有泗水王陵随葬的兵马俑仍沿南方楚木俑传统，使用木俑，但俑群中人、马均为圆雕，体姿多变，与多呈直立状的楚木俑相比，造型更显生动（图25-22）。所配带的缩微形态的兵器模型，也都是木雕而成。

令人感兴趣的还有山东临淄山王村发掘的陶兵马俑坑[①]，坑中除了埋藏有陶质马车模型和骑兵、步兵俑外，还放置了一组陶质建筑模型（图25-23）。建筑模型由门前的双阙、三开间大门和衙署庭院建筑群。庭院建筑群以殿堂为中心，包括庭院门及望楼、仓房、庖厨，牲畜圈栏等。在庭院门前左侧树有建鼓，以及行刑用的斧、锧模型，同时有大量骑兵和步兵排列的军阵，表明并非一般的衙署，而与军事有关。将这组建筑模型与内蒙古和林格尔东汉壁画墓[②]中所绘宁城护乌桓校尉莫府的平面相比较，可以清楚地说明，山王村西汉成组的陶建筑模型，所模拟的正是当时相当于二千石以上统军王侯的莫府，值得深入研究。这一考古发现，时代远较宁城护乌桓校尉莫府图像早得多，由于是立体模型，更较东汉墓的平面壁画，带给我们更直接、更形象的感受，其学术价值自远高于前者。

[①] 山东省文物考古研究所、临淄区文物管理局：《临淄山王村汉代兵马俑》，文物出版社2017年版。

[②] 内蒙古自治区博物馆文物工作队：《和林格尔汉墓壁画》，文物出版社1978年版。

图 25-21　陕西咸阳杨家湾西汉墓陶持盾俑

图 25-22　江苏西汉泗水王陵木执刀持盾武士俑

并非所有王侯的坟墓都附有模拟军阵的陶俑坑，更多的王侯墓是将俑随葬于墓室内，俑群的构成也不仅有武装士兵，家内的奴婢和伎乐占有很大比重。江苏徐州北洞山楚王墓随葬的一组彩绘陶俑，共 422 件[1]，其中没有士兵，数量最多的是腰佩长剑的仪卫男俑（图 25-25），计 222 件。其余是呈立姿的男、女侍俑与坐姿的女侍俑，及坐姿鼓瑟的乐俑。徐州驮篮山楚王陵中，更随葬有姿态生动的女舞俑（图 25-24）和乐俑。[2] 湖南长沙马王堆轪侯家族墓所葬皆木俑。[3] 1 号墓墓主是女性，俑群以 2 件身着丝绸长衣、鞋底刻有"冠人"的大木俑为首，包括 10 件着衣女侍俑和 101 件

---

[1]　徐州博物馆等:《徐州北洞山西汉墓发掘简报》,《文物》1988 年第 2 期。
[2]　中国国家博物馆、徐州市博物馆:《大汉楚王——徐州西汉楚王陵墓文物集萃》, 中国社会科学出版社 2005 年版。
[3]　湖南省博物馆等:《长沙马王堆一号汉墓》, 文物出版社 1973 年版；湖南省博物馆等:《长沙马王堆二、三号汉墓发掘简报》,《文物》1974 年第 7 期。

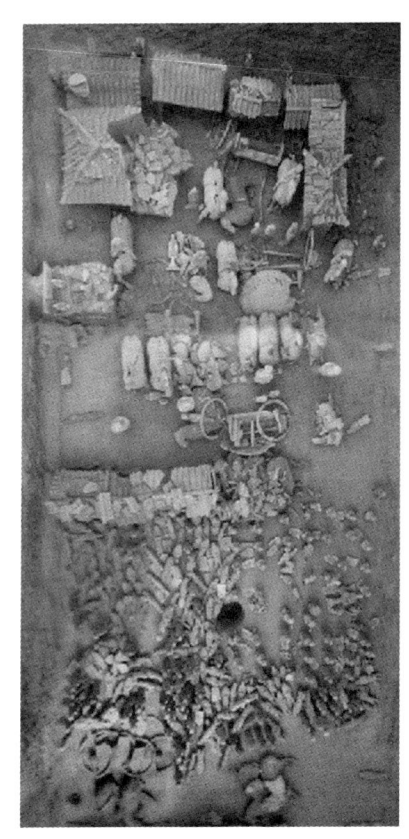

图 25 – 23　山东临淄山王村汉兵马俑坑陶建筑模型出土情况

图 25 – 24　江苏徐州驮篮山汉墓陶舞俑（背面）

彩绘男、女立姿侍仆俑，还有 8 件着衣歌舞俑，以及演奏竽、瑟的坐姿五人乐队（图 25 – 26）。3 号墓墓主是男性，墓中木俑以男俑为主，据墓内木牍所记，应有"男子明童"676 人。俑群的构成，除少数吏和宦者以外，主要是武装的卒、从和执役的奴、婢。

西汉时的低级官吏和地主的墓中，有的也以俑随葬，其内容与数量自难与王侯相比，俑群的构成主要是家内奴婢。湖北江陵凤凰山第 168 号墓①，所葬死者名叫"遂"，生前受五大夫爵。墓内随葬木俑均为男女侍从奴婢俑，还有木车、木船的模型，墓内"遣策"竹简中记录有"大奴"和

① 湖北省文物考古研究所：《江陵凤凰山一六八号汉墓》，《考古学报》1993 年第 4 期。

图 25-25　江苏徐州北洞山楚王陵陶侍卫俑

图 25-26　湖南长沙马王堆 1 号西汉墓木乐俑

"大婢",均指木俑。在凤凰山第 8 号墓中也随葬木俑,"遣策"竹简同样记录有大婢和大奴,还有名字,如大婢绿、大婢紫、大奴舒等。[①] 云梦大坟头一号西汉墓内也出土有木俑,在木牍上记称为"女子禺(偶)人"和"男子",分别指女俑和男俑。[②] 上述诸墓出土木俑,都是用整木雕出人形及体态,然后彩绘细部,其中以凤凰山第 168 号墓出土女立侍俑所绘服饰最为细致,有的衣上绘出朱红为地,墨、金二色的"方棋纹绣"和"云纹绣"纹饰。它们与马王堆汉墓的着衣和彩绘木俑,都明显是承袭着原来楚俑的艺术风格,表现出地方特色。

(二)东汉俑

东汉帝陵用俑,是否沿袭西汉帝陵旧制,因缺乏考古调查发掘资料,目前尚不清楚。但由王符《潜夫论·浮侈篇》称京师贵戚葬时"多埋珍宝偶人车马"[③] 来推测,东汉帝陵的用俑规模应当与西汉帝陵相仿。目前在东汉都城雒阳所在的河南洛阳一带,所发掘的东汉墓多为当时一般官吏及其眷属的坟墓,分布于洛阳市西北和西郊的烧沟[④]、七里河[⑤]等处,出土的随葬俑群虽不足以显示"多埋珍宝偶人车马"的王公贵戚墓葬的豪华景象,但仍可从中窥知一些社会风俗的演变和东汉陶俑艺术的特征。

在一般墓葬中常随葬舞乐侍仆俑。以烧沟东汉中期的墓 23 为例,出土陶俑均模制,先涂白粉为底,再以朱、黑、褐、绿等色彩绘;以伎乐为主,有坐姿乐队,以及踏鼓起舞的舞伎和弄丸、倒立的杂技表演者(图 25-27),还有些服役的奴仆。这类成组的舞乐杂技俑,以烧沟西 14 号墓[⑥]和七里河东汉墓[⑦]出土的两组原放位置未被扰乱,都被放置在

[①] 长江流域第二期文物考古工作人员训练班:《湖北江陵凤凰山西汉墓发掘简报》,《文物》1974 年第 6 期;金立:《江陵凤凰山八号汉墓竹简试释》,《文物》1976 年第 6 期。
[②] 湖北省博物馆:《云梦大坟头一号汉墓》,《文物资料丛刊》(4),文物出版社 1981 年版。
[③] 《后汉书·王符传》,中华书局校点本 1964 年版,第 1637 页。
[④] 洛阳区考古发掘队:《洛阳烧沟汉墓》,科学出版社 1959 年版。
[⑤] 中国科学院考古研究所洛阳发掘队:《洛阳西郊汉墓发掘报告》,《考古学报》1963 年第 2 期。
[⑥] 洛阳市文物工作队:《洛阳烧沟西 14 号汉墓发掘简报》,《文物》1983 年第 4 期。
[⑦] 洛阳博物馆:《洛阳涧西七里河东汉墓发掘简报》,《考古》1975 年第 2 期。

图 25 – 27　洛阳东汉墓陶舞乐杂技俑

墓内前堂所陈设的陶案的前方或侧方，象征墓内死者坐在案后宴饮时，可以欣赏乐舞表演。两组陶俑中的舞蹈表演，都是由头梳高髻的女子挥舞长袖，以一足踏鼓，表演当时流行的"七盘舞"，七里河墓中扣在地的 7 只小陶盘和一面小陶鼓，也都保存完好。乐队均端坐演奏，乐器有排箫、瑟、鼓等。表演杂技百戏的俑，是赤裸上身，下着长裤或犊鼻挥，表演跳丸或滑稽说唱。在河南新安古路沟东汉墓出土的百戏俑中，还有表演象戏的骑象童子。[1] 这些陶俑形体都较小，通高 15 厘米左右，所以塑制时不着重身体细部的刻划，而是靠准确而简练的轮廓线，把姿态各异的躯体表现出来，生动传神。东汉中期以后随葬明器中增加了模拟建筑或田地的陶模型，常见高大的多层陶楼阁、水阁乃至城堡，以及仓房和田地模型，人们想用这种模拟手法将生前的庄园田土都纳入墓中。[2] 河南三门峡陕县刘家渠东汉墓出土的陶水阁[3]，可称是典型代表。在陶水阁上，还有形体小巧的陶俑，其中有环绕池边守卫的骑士，还有身披铠甲、持弩欲射的武士。在戒备森严的高阁上层，又有二人相对而坐，中设博局，正在博戏。这既表明东汉后期强宗豪族拥有的武装部曲，又显示出浓郁的生活情趣（图 25 – 28、图 25 – 29）。

---

[1]　河南省文化局文物工作队：《河南新安古路沟汉墓》，《考古》1966 年第 3 期。
[2]　参见王仲殊《汉代考古学概说》，中华书局 1984 年版，第 98 页。
[3]　黄河水库考古工作队：《河南陕县刘家渠汉墓》，《考古学报》1965 年第 1 期。

图 25 – 28　河南陕县刘家渠
东汉墓陶水阁二层四俑博戏

图 25 – 29　河南陕县刘家渠
东汉墓陶水阁

在东汉时期，西北河西地区的东汉墓中出土的随葬俑群，多用木俑，又与南方楚、汉墓流行的木俑不同，刀法粗放简练，造型风格雄劲，施色浓烈，纹样粗犷，显得气势雄浑，具有地方特色。

如甘肃武威磨嘴子（又作磨咀子）东汉墓群出土的木俑[①]，包括附有御车奴的木质轺车模型以及鞍马和侍奴，也有舞女。还有木制的家畜、家禽模型，多见马、牛、羊、犬和鸡。耕种用的牛拉犁模型，颇具特色。其中最引人注目的是一套博戏木雕，雕出两位老人对坐，中置博局，人物姿态生动，是极富生活情趣的汉代木雕佳作（图 25 – 30）。俑群中出现有翘尾低头的独角神兽，都是以额上那锐利独角向前冲刺的态势，威猛劲健，以驱邪祟，后世的镇墓兽或即滥觞于此。

---

① 党国栋：《武威县磨嘴子古墓清理记要》，《文物参考资料》1958 年第 11 期；甘肃省博物馆：《甘肃武威磨咀子汉墓发掘》，《考古》1960 年第 9 期；甘肃省博物馆：《武威磨咀子三座汉墓发掘简报》，《文物》1972 年第 12 期。

图 25-30　甘肃武威东汉博戏木俑

岭南地区东汉墓陶俑，以广州汉墓为代表。① 这时随庄园经济的发展，象征宅院仓囷的陶建筑模型呈现出规模日渐扩大的趋势，由简单的曲尺形平面的陶屋，扩展成三面建屋的庭院，并采用楼阁建筑，最后形成壁垒森严的城堡建筑，这或许是汉末社会动荡的反映。象征田地的陶模型和男女奴婢俑，还有车、船和家禽畜模型，也广泛流行，造型也具地方特色。

西汉时已出现的托灯奴俑，数量增多，且都是踞坐而用头顶灯盏的姿态，裸身赤足（图 25-31），这应是模拟来自南海诸国的奴婢，显示出当地与海外交通的地域特色。

西南地区，主要是四川境内东汉墓出土的陶俑群，其中有其他地区罕见的手执锸、箕等农具的农夫，他们赤足穿草鞋，但腰佩环首长刀。同样装束的农夫俑，还有佩刀执盾的。他们正是东汉末年附依于豪宗强族的农民形象，既为主人劳作，又是主人的武装部曲，显示出在特殊的封建依附形式下的农民的真实形貌。② 在俑群中还有他们负重、铡草以及在水田中劳作

---

① 广州市文物管理委员会等：《广州汉墓》，文物出版社 1981 年版。
② 参见中国科学院考古研究所《新中国的考古收获》，文物出版社 1961 年版，第 85 页。

的模拟像。此外，陶马车以及成群的男仆女侍俑、乐舞俑，也是四川东汉墓俑群中习见的题材。

在乐舞百戏俑中，最传神的是持鼓侏儒俑（习称"说唱俑"）。都是赤裸上身，下穿长裤，但肚皮凸露，赤着双足，面孔充满笑意，或呈滑稽的表情，一臂挟鼓，另一手持桴随意敲击，极为真实地刻画出当年豪族地主为了享乐，驱使侏儒故作滑稽姿态供人笑乐的情景（图 25 – 32）。其中成都天回山 3 号崖墓①和郫县②出土的两件塑技最精。

图 25 – 31　广州东汉墓
陶胡人顶灯俑

图 25 – 32　四川汉墓
陶侏儒击鼓说唱俑

三　三国两晋南北朝随葬俑群

（一）三国西晋俑

由于曹魏时期提倡薄葬，因此，汉代皇室贵胄墓中盛行的玉衣至曹

---

① 刘志远：《成都天回山崖墓清理记》，《考古学报》1958 年第 1 期。
② 中国文物交流服务中心《中国文物精华》编辑委员会：《中国文物精华（1990）》，文物出版社 1990 年版，第 104 图。

魏时完全废止，豪华的随葬物品也随之绝迹。所以，汉墓中常见的塑制精致的随葬俑群也不再流行。从目前考古发掘中获得的资料看，洛阳地区曹魏时期的墓葬中，随葬明器的数量与质地远远不能与汉墓相比，过去盛大的随葬俑群中，常常只留有少量陶俑和陶家禽、家畜模型。例如在洛阳涧西发掘的曹魏正始八年（247）墓中①，只随葬两件形体矮小的立姿拱手的陶侍仆俑，男、女各一，造型呆滞，已不见东汉时期陶俑造型生动的风姿。另外有两种动物模型，两鸡一犬，也只具形体轮廓，塑制粗糙。

在江南地区孙吴时期（222—280）的墓葬中，随葬的陶俑则富有地方特色。常可以看到中原地区没有看到的裸身跪坐俑，塑制较拙稚，常施有青釉。湖北武昌莲溪寺孙吴永安五年（262）墓随葬有4件这样的坐姿裸身俑②，双眉间额头上塑有凸起的圆形物，类似佛教造像的"白毫相"③，很可能与佛教艺术的影响有关。类似的俑在安徽马鞍山孙吴墓也有出土（图25-33）。在湖北鄂州市塘角头孙吴墓的甬道内，还在两侧侍立的赤足、尖帽的陶俑之间，安放一尊佛坐像，更是有关孙吴佛教资料的重要发现。④ 此外，孙吴墓中的陶镇墓俑，常常塑制成奇特的类似鳄鱼形状的四足兽形，背上刻划出朵朵圆斑，也显示出地方特征。孙吴墓中也有许多釉陶或青瓷的动物模型，常常形状较小，只具大致轮廓，缺乏细部刻划，有鸡、鸭、羊、犬、猪等，还常伴随有釉陶的鸡舍、鸭舍、羊圈、猪圈等建筑模型，它们与大量出土的陶仓、磨、碓、灶等模型合在一起，可能反映出孙吴时江南农业生产日益繁荣的情景。

此外，在孙吴墓的随葬品中，还有一种可以视为雕塑艺术品的遗物，它也是具有地方特色的物品，一般被称为谷仓罐（或称"魂瓶"），是自孙

---

① 洛阳市文物工作队：《洛阳曹魏正始八年墓发掘报告》，《考古》1959年第4期，第314—318页。

② 湖北省文物管理委员会：《武昌莲溪寺东吴墓清理简报》，《考古》1959年第4期，第189—190页。

③ 湖北省文物考古研究所、鄂州市博物馆：《湖北鄂州市塘角头六朝墓》，《考古》1996年第11期，第1—27页。关于墓内佛像的研究，参见杨泓《跋鄂州孙吴墓出土陶佛像》，《考古》1996年第11期，第28—30页。

④ 湖北省文物考古研究所、鄂州市博物馆：《湖北鄂州市塘角头六朝墓》，《考古》1996年第11期，第1—27页。

陵墓雕塑（下）

吴时期开始出现于江南地区的陶质或青瓷质地的明器，由东汉时期江南汉墓随葬的五口罐（或五口瓶）发展而来。其基本造型是在一件鼓腹的大罐口的四侧再各置一小罐，在五个罐口周围和上部堆塑出楼阁建筑和许多小的人物和鸟兽像，在罐腹的表面也常贴塑出各种仙人、神兽乃至鱼、鳖的模塑形象，结构复杂。所塑出的人兽虽然只具外部轮廓，除面部五官外缺乏细部刻划，手法拙稚，但形态却颇生动，富有古拙的美感。由于有的谷仓罐上还堆塑或贴塑有小型的模塑出的佛坐像，更引起人们的注意，被视为江南早期的佛教艺术品（图25-34）。

在已发掘的孙吴大型墓葬中，如南京江宁上坊大墓①，主室设置有石雕的虎形棺座，是罕见的孙吴时期大型石雕作品。墓内的随葬俑群系青瓷制品，有端坐于床榻上、前设案的人像（图25-35），还有侍从、家畜及庖厨用具模型，是孙吴墓葬随葬俑群中的精品。

图25-33 安徽马鞍山孙吴墓青瓷坐俑

图25-34 江苏南京孙吴凤凰二年墓青瓷谷仓罐

地处今四川省境内的蜀汉时期（221—263）的墓葬中，随葬的陶俑从造型到塑制工艺，都大致沿袭着那一地区东汉陶俑的传统，所塑

---

① 南京市博物馆、南京市江宁区博物馆：《南京江宁上坊孙吴墓发掘简报》，《文物》2008年第12期，第4—34页。

507

图 25-35　江苏南京上坊孙吴墓青瓷坐床俑

造的人物以家庭内的婢仆为主，例如捧执各种物品的男仆女侍，坐在俎后操作的厨师，吹奏乐器的乐工和头簪花朵的舞伎，等等。但与汉俑相比，形体塑制过分臃肿，姿态颇显呆板，缺乏汉俑的生动和风韵，典型作品可以四川忠县涂井蜀汉崖墓的出土品为代表。[1] 除单体的陶俑外，也有上面置有各种姿态的小型陶俑的陶屋模型，那是在汉墓中罕见的雕塑品。

西晋（265—316）王朝建立以后，统一全国，虽然仍然沿袭曹魏薄葬的规制，但随着灭吴后王朝统治的巩固，社会经济也有一定程度的恢复，所以，重新规定葬仪制度也就提到日程上来，随葬俑群也有了新的规范。依据20世纪50年代以来在西晋都城所在地河南洛阳地区的西晋墓发掘材料[2]，可以清楚地观察到，西晋的随葬俑群包括以下四组基本内容。第

---

[1] 四川省文物管理委员会：《四川忠县涂井蜀汉崖墓》，《文物》1985年第7期，第49—95页。
[2] 河南省文化局文物工作队第二队：《洛阳晋墓的发掘》，《考古学报》1957年第1期，第169—185页。

一组是镇墓俑，一般包括两种：一种为四足行走姿态的牛形镇墓兽（图25-36），它低头昂角，脊背上鬃毛成撮前伸；另一种是全装甲胄的武士形貌，头戴竖有高缨的兜鍪，身穿筒袖铠，左手持盾，右手上举，但原来手执的兵器都没有保存下来，推测是环首长刀（图25-37）。第二组是出行仪仗，出现了牛车和鞍马，反映出当时西晋社会上层喜乘牛车的风习（图25-38）。第三组是侍仆舞乐，有男仆女婢，象征死者家居生活中役使的奴仆。通常每座墓中只放置一件男仆俑和一件女婢俑，不似汉墓中有那样多数量的庞大俑群，只具象征意义而已。第四组是庖厨操作，通常庖厨明器有灶、井、磨、碓等陶模型，还有与之有关的家畜家禽陶模型，包括猪、犬、鸡等。但是从艺术造型上看，西晋的陶俑比汉俑退步，人物造型由姿态生动转向呆板生硬，陶马体短腿粗，已无东汉时陶马骏健的风姿，家畜家禽只具轮廓，外形简单呆板。总起来看西晋陶俑造型拙稚，姿态呆板生硬，形成时代风格。西晋随葬俑群出现的上述基本内容，一直为后来南北朝（420—589）时俑群所沿用，只是具体形貌、数量等不断随社会习俗等的演变而变化。

图25-36 河南洛阳春都路西晋墓陶镇墓兽

图25-37 河南洛阳春都路西晋墓陶镇墓武士俑

图 25-38　河南洛阳春都路西晋墓陶马和牛车出土情况

在以都城洛阳为中心的北方广大地区，西晋墓中的随葬俑群都遵照着前述同样的规范，造型特征相同，表明当时政治统一局面形成后，中央政权控制力增强在丧葬制度方面的体现。但是在原属孙吴的江南，还可以看到沿袭着孙吴时陶俑的造型作品，人物裸身赤足，有的额头也贴塑类似"白毫相"的圆形凸状物。最引人注目的是湖南长沙发掘的一组西晋墓[1]，其中一座的墓砖有永宁二年（302）纪年铭文，墓中出土各类俑近 30 件，除裸身赤足执盾持刀的武士外，还有高冠执版的骑吏、乘马演奏的乐队、捧持各种什物的侍仆，等等，应当是当地豪族显贵拥有的属吏和武装部曲的真实写照，也表明西晋灭吴后时间还短暂，统一的丧葬制度并未能完全贯彻于江南。在长沙晋墓的青釉俑中，有两点最值得注意，其一是有一件两个文吏对坐，一手执简一手执笔书写，十分生动地表明汉晋时人们书写竹（或木）简的真实情状，生动有趣，又具史料价值（图 25-39）。其二是在一些骑俑的乘马所备马鞍前桥的左侧，垂有一个小的三角形状的马

---

[1]　湖南省博物馆：《长沙两晋南朝隋墓发掘报告》，《考古学报》1959 年第 3 期，第 75—103 页。

镫，这是目前在中国考古发现中获得的纪年明确、时间最早的马镫，表明当时只佩单镫，用于蹬它上马，跨上马背后就不用了，表现出马镫最初出现时的形态，具有颇高的史料价值。这些事例再一次表明，陶俑是颇为如实模拟现实事物的造型艺术品。

图 25-39　湖南长沙西晋墓青瓷对坐书写俑

（二）东晋南朝俑

东晋的埋葬习俗和葬仪制度也同样沿袭着西晋旧制。但因易地江南，所以也与孙吴以来江南原有习俗有所结合，特别是墓葬内随葬的青瓷制品明显占据主要位置，但是随葬的俑依然沿袭西晋遗风。在南京市象山，1970年以来陆续发掘了东晋时著名大族琅琊王氏的一处族葬墓地，在其中的第7号墓出土的随葬陶俑群，可以视为东晋时期墓内随葬俑群的代表作品。[1] 在那座墓的甬道里放置着由14件陶俑和牛车、鞍马陶模型组成的俑

---

[1] 南京市博物馆：《南京象山5号、6号、7号墓清理简报》，《文物》1972年第11期，第23—41页。

群（图 25-40）。牛车朝向墓门摆放，牛旁有一戴尖顶帽的牵牛俑。牛车的右侧放置着鞍鞯辔缰齐备的骏马，马旁也有一牵马的陶俑。在牛车前侧还有一戴尖顶帽、跪地迎奉的陶俑，其余陶俑均为立姿，除两人侍立在甬道里侧门旁外，都分别侍立在牛车两旁，头戴前低后高的平顶冠或梁冠，穿长衣，或双手捧简，或双手持物，正是与洛阳晋俑群相同的以牛车、鞍马为中心的出行场景。与洛阳西晋墓相比，这座墓中缺少镇墓俑及家居庖厨模型等。陶俑雕塑技法，也是承袭了西晋俑的技法，颇显拙稚，系捏塑成形，再加刻划加工，有的陶俑表面遗留着明显的刀削痕迹，有些俑是双腿分裆制作，更多的立俑只是将下部制成喇叭筒形，缺乏细部描绘。陶俑都系灰陶，只在表面敷涂白粉，没有施彩。在南京地区另外的东晋时期的墓葬中，所出陶俑也大多以灰陶制成，但多为模制，基本造型也与象山东晋墓出土的陶俑相近，立俑多是下部呈喇叭筒形。女俑尤其如此，都是直立拱手的姿态，只是头上发髻有些变化，有的呈扇形，有的盘成垂鬟花形（图 25-41）。

在西晋墓中常见的持盾俑，东晋墓中也时有发现，但与西晋俑不同之处是都不披铠甲，常不戴兜鍪，而常是头戴小冠而身着袴褶。南京石门坎红毛山东晋墓出土的持盾俑，头结椎髻，头微仰，左手高举盾牌，右手上扬，

图 25-40 南京象山 7 号东晋墓以牛车为中心的随葬陶俑群

形态较为生动。① 东晋墓随葬的陶俑，一般体高 20—30 厘米，不超过 40 厘米，唯一的例外是南京市富贵山大墓出土的 4 件执盾立俑，体高达 52.8 厘米，塑制亦较精细，左手及所执盾牌与身躯分制，然后插合成整体，口唇涂朱红，盾面亦涂红彩（图 25 - 42）②。这几件体高而且塑制精致的陶俑，据说是东晋帝陵的随葬遗物，因在距富贵山大墓约 400 米处曾发现过南朝时刘宋永初二年（421）所立晋恭帝玄宫石碣。③ 表明那一地区曾是晋皇陵的所在，所以，超出一般陶俑高度且制工精致的大陶俑有可能是东晋帝陵的遗物，代表了东晋陶俑最高的艺术水平。

图 25 - 41　江苏南京尧化门东晋墓陶女俑

图 25 - 42　江苏南京富贵山东晋墓陶执盾俑

---

① 李鉴昭、屠思华：《南京石门坎乡六朝墓清理记》，《考古通讯》1958 年第 9 期，第 66—69 页。
② 南京博物馆：《南京富贵山东晋墓发掘报告》，《考古》1966 年第 4 期，第 197—204 页。
③ 李蔚然：《南京富贵山发现晋恭帝玄宫石碣》，《考古》1961 年第 5 期，第 206 页。

东晋以后，南朝的宋、齐、梁、陈四代的随葬俑群，仍然承继着东晋遗风，但面部造型随着社会上审美观念而转变，当刘宋明帝（465—472年在位）时期画家陆探微"秀骨清像"造型特征流行时，陶俑的面相也日渐趋向清瘦。南京西善桥刘宋晚期墓里出土双鬟髻女俑可以代表这种风格的陶俑造型[1]，头部与身躯的比例似乎略小，颧骨凸出，下颏削尖，嘴角微翘，形成神秘的微笑，一副秀骨清像。但到公元6世纪初，梁天监年间（502—519）画家张僧繇的画风流行，一改原来"面如恨削"的消瘦造型，改趋圆润，画史上称"张得其肉，陆得其骨"[2]。于是俑的造型也随之改变，面相同样由过分消瘦改向"面短而艳"，即"张家样"的造型样式。南京尧化门梁墓随葬的陶俑，面相已改圆润。[3] 燕子矶梁普通二年（521）墓随葬的石俑，面相更显圆润。[4]

值得注意的是，自孙吴至西晋以来在江南出现的具有地方特征的拙稚的陶俑造型，南朝时期仍有遗留，但其流行的地区已从武昌、长沙等地退至更为遥远的广西境内，以在苍梧倒水和永福寿城清理的两座南朝墓的出土俑群最具特色。[5] 俑有陶质的也有青瓷质的，塑像的形象有下附托板、成队列持戟佩刀或击鼓的武士，骑马的高冠人物，坐在由两人杠抬的步辇上的人物，牛车模型等，组成以牛车、步辇为中心的行进行列。还有驱牛犁田的模型和作坊模型。这些俑的雕塑工艺虽显拙稚，却是反映南朝边远地区民族风习的雕塑作品（图25-43）。

（三）十六国北朝俑

当东晋政权偏安江左时，长江以北的广大地区战乱不断，匈奴、鲜卑等族陆续进入中原一带，政权不断更变，形成"十六国"纷争的混乱局

---

[1] 南京博物院、南京市文物保管委员会：《南京西善桥南朝墓及其砖刻壁画》，《文物》1960年第8、9期合刊，第37—42页。
[2] （唐）张彦远：《历代名画记》卷七，人民美术出版社1963年版，第150页。
[3] 南京博物院：《南京尧化门南朝梁墓发掘简报》，《文物》1981年第12期，第14—23页。
[4] 南京市文物管理委员会：《南京郊区两座南朝墓清理简报》，《文物》1980年第2期，第612—613页。
[5] 广西梧州市博物馆：《广西苍梧倒水南朝墓》，《文物》1981年第12期，第30—34页；广西壮族自治区文物工作队：《广西永福县寿成南朝墓》，《考古》1983年第7期，第612—613页。

陵墓雕塑（下）

图 25-43　广西永福南朝墓陶仪卫俑

面。地方政权的割据以及不同民族习俗的传入，严重地冲击了汉晋以来的旧传统和礼俗，致使西晋王朝形成的规范的埋葬制度再度崩溃，各地各族的墓葬各具特色，西晋兴起的随葬俑群的规制又趋衰落，在东北、中原和西北等地区发掘的十六国时期的坟墓中，一般寻不到随葬俑群的踪影。只是在关中地区发掘的这一时期的坟墓中，仍然存在有随葬俑群，但其内容和造型特征都有新的变化。最典型的作品出土于陕西西安草厂坡 1 号墓中，那座墓内出土陶俑多达 120 件，与西晋时俑相比，只是缺少镇墓俑，其余三组内容都有保留，但是具体内容和俑的形貌已有很大变化。[1] 在出行仪卫一组中，虽仍以牛车和鞍马为中心，但除一般的鞍马外，还增添了一匹马身披着"具装铠"（马铠）的战马，具装铠结构完整，包括保护马头部的"马面帘"、保护马颈的"鸡颈"、保护马胸的"当胸"、保护马躯体的"马身甲"和保护臀部的"搭后"，只是缺少竖在尻上的"寄生"，大约是

---

[1] 陕西省文物管理委员会：《西安南郊草厂坡北朝墓的发掘》，《考古》1959 年第 6 期，第 285—287 页。该简报对墓葬的断代偏晚，应定为十六国时期的墓葬。近年又在西安市未央区董家村出土有同样的十六国时期的陶俑，而且有镇墓俑。参见《考古与文物》1998 年第 5 期的封面和封底图片。

515

另插上的附件，出土前已朽毁。因此，除了马的耳、目、口、鼻和四肢外，全身都用铠甲防护。同时还有许多甲骑具装俑，模拟人马都披铠甲的重装骑兵的形貌（图25-44），以及骑马的军乐队——"鼓吹"，其中两人击鼓，两人吹长角。除骑兵外，还有许多模拟步兵的陶俑有的佩带弓矢，有的披铠甲手执长柄兵器（可能是长矛，但均缺失，只在俑处留有插兵器的孔），步兵也有步行的军乐队。全副武装的骑兵和步兵围护着为死者出行而备的牛车和鞍马，军事气氛浓厚，反映出十六国时战乱频繁的时代风貌。在侍仆舞俑中，增加了端坐弹琴与拍手高歌的女乐俑，盛装的侍女头上梳的垂鬟花形发髻与东晋墓中女俑相同，看来是当时南北各地都流行的时尚妆。表现庖厨的一组模型器，仍然沿袭西晋旧制，有陶猪、陶犬、陶鸡和陶井、陶灶等。

陶俑的造型大致沿袭西晋，但更粗疏，马的四足只塑成直柱形，没有如实塑出马腿的膝关节和蹄足。人物形态也颇显呆板。但是自这时出现的军事气氛浓厚的甲骑具装俑造型，则是开风气之先，以后一直是北朝陶俑

图25-44　陕西西安草厂坡十六国墓陶甲骑具装俑

陵墓雕塑（下）

的特色之一。此后，在咸阳地区陆续发现十六国时期的墓葬，有的墓中还有前秦的纪年砖铭。在规模较大的墓葬中，也常随葬以甲骑具装俑为特征的陶俑群，多为彩绘陶俑，也有少量釉陶俑，以平陵发掘的一组制工较为精致（图25－45），包括骑马鼓吹导引的牛车和具装马、立姿女侍、坐姿女乐俑和井、灶、仓等模型。①

图25－45　陕西咸阳十六国墓陶俑出土情况

当拓跋鲜卑强盛，建立北魏王朝（386—534），终于统一了北方以后，墓葬中的随葬俑群随之进入另一个发展的高潮。原本鲜卑族葬俗中是没有随葬俑群的传统的，只是随着拓跋鲜卑政权的日益兴盛，统治区域日趋扩大，本民族的原有习俗和传统的汉晋礼制日渐结合，同时为了维护统治广大中国北方地区的需要，必然走向改变原有习俗的改革之路，于是出现了历史上著名的北魏孝文帝的迁都和改制。在孝文帝太和年间（477—499）以前，北魏的葬俗已经在与汉晋传统礼制结合过程中不断变化着，随葬俑群的出现也是这种变化之一。现在可以看到的北魏早期的陶俑，是在内蒙古自治区呼和浩特市的北魏墓中出土的，应是公元5世纪前半叶的作品。②

---

① 咸阳市文物考古研究所：《咸阳十六国墓》，文物出版社2006年版。
② 郭素新：《内蒙古呼和浩特北魏墓》，《文物》1977年第5期，第38—41页。

517

那座墓中随葬的陶俑共 15 件，还有牛车、鞍马和家畜家禽与庖厨用具模型。其中的镇墓俑体高比其余陶俑高约一倍，作甲胄武士形貌。出行仪仗虽仍以牛车和鞍马为中心，随侍有头戴风帽的侍从，但出现了骆驼和牵驼俑，它们是北魏时俑群增添的新内容。侍仆舞乐俑中，除男女侍仆以外，有一组由七人组成的坐姿乐队，可惜所持乐器都已缺失。在他们伴奏下，一舞蹈者平展双袖，翩翩起舞。家畜有羊、猪和犬，家禽有鸡，庖厨用具模型有灶、磨、井、仓和碓。

这些陶俑制作粗率，造型颇为拙稚，仅塑出人和动物的大轮廓，缺乏细部刻划。人像比例不调，有的头大而身躯矮小，特别是镇墓俑尤其如此，头长几乎占全高的 1/3，腿过短但手过大。一些陶塑动物，同样塑制得四肢粗大，与身躯不成比例。这表明，北魏陶俑初期形成时塑制工艺极不成熟。陶俑的服饰则显露出浓厚的鲜卑族风习，舞乐俑均高髻包巾，穿窄袖衣；牵马驼俑和侍从俑，多戴风帽或圆形小帽。这些都是北魏早期陶俑的造型特征（图 25-46）。

图 25-46　呼和浩特北魏墓陶镇墓武士俑

随着拓跋鲜卑的风习逐步汉化，孝文帝太和初年墓葬中随葬俑群的面貌已经有所改变，人物的形体各部位的比例关系已较准确，塑制工艺逐渐成熟，其中有明确纪年的主要是太和元年（477）幽州刺史宋绍祖墓[1]和延兴四年至太和八年（474—484）司空琅琊王司马金龙夫妇墓。[2] 宋绍祖墓内石棺与墓壁之间满放随葬俑群，包括镇俑和镇墓兽，以牛车和鞍马为中心的盛大出行队列，有着甲步兵、甲骑具装、不着甲的轻骑兵和仪仗俑，许多人着鲜卑装，还有驮驴和骆驼。另有灶、碓、井、磨等和猪、羊、狗等家畜模型。与宋绍祖墓属同一墓群的其他墓葬的随葬俑群中，还有表演百戏杂技的陶俑，以及模拟鲜卑人居住的毡帐的陶模型（图 25-47）。在大同石家寨先后于延兴四年（474）和太和八年（484）入葬的司马金龙夫妇合葬墓出土的陶俑，更是具有代表性的作品。墓中随葬的墓俑总数超过360件，其中半数模拟的是披铠甲的步兵、不披铠甲的轻骑和人马披铠甲的甲骑具装，军事色彩颇浓厚，它们和鞍马及牵马的马夫，还有驮负各种物品的马匹和骆驼（图 25-48），联合组成盛大的出行行列。还有蹲坐姿态的人面兽体的镇墓兽，以及家内役使的侍仆、伎乐俑。家畜家禽模型除马和骆驼以外，有牛、羊、猪、犬和鸡。司马金龙是投向北魏的东晋皇族[3]，他的家族深受北魏皇帝宠信，他生前袭爵琅琊王，死于太和八年，

图 25-47　山西大同雁北师院北魏墓陶毡帐模型

---

[1] 大同市考古研究所：《大同雁北师院北魏墓群》，文物出版社 2008 年版。
[2] 山西省大同市博物馆、山西省文物工作委员会：《山西大同石家寨北魏司马金龙墓》，《文物》1972 年第 3 期，第 20—33 页。
[3] 司马金龙父司马楚之，是晋宣帝司马懿弟司马馗的八世孙，在刘裕取代东晋建立宋时，于 419 年奔往北魏，受到北魏的重用，转战南北，封琅琊王，死于 464 年，赠都督梁益秦宁四州诸军事、征南大将军、领护西戎校尉、扬州刺史，谥贞王。司马金龙是他与河内公主所生。详见《魏书》卷三七《司马楚之传》，中华书局校点本 1974 年版，第 854—857 页。

赠使持节侍中、镇西大将军、吏部尚书、羽真司空、翼州刺史，谥康王，是当时拓跋鲜卑上层与汉族豪族互相结合的象征性人物。

司马金龙墓中的随葬品同样显示着汉晋传统文化与鲜卑文化的结合，随葬俑群亦不例外。可以看出俑群总的结合与内容还是间接受到西晋俑制的影响。但是许多俑像的服饰和面相，又反映出鲜卑风习，如高鼻多须的面貌特征，以及衣服多窄袖，腰系带，又多戴风帽，妇女在高髻外再包巾类，等等。还有俑群中大量的甲骑具装俑和驮载重物的马、驼畜群，正显示着以重装骑兵——甲骑具装为主力兵种的鲜卑军队的真实面貌，以及军队中辎重运输的特色，它们是一些模拟真实事物的写实雕塑作品。

当北魏迁都洛阳以后，孝文帝逐渐完成了汉化改革，埋葬制度也有了新的规范，墓内随葬俑群也随之改变面貌，以西晋时的四组内容为基础，将新出现的甲骑具装俑、骆驼模型等纳入规范，在俑的造型、服饰等方面也都呈现出新的面貌。此后北魏墓葬随葬俑群的内容和造型大致如下。第一组是镇墓俑，由兽形和人形各一对构成。兽形的一对，造型是昂首蹲坐的姿态（图25-49），一件是人首兽体，另一件是狮首兽体，前肢肩后有火焰形状羽翼，背脊竖立三撮鬃毛。人形的一对，是甲胄武士形貌，头戴兜

图25-48　山西大同北魏
司马金龙墓釉陶骑俑

图25-49　河南洛阳北魏
元邵墓陶镇墓俑

鍪，披两当铠，下着长裤，在膝下缚裤，左手按一长盾，右手执兵器，但因是后插上的，出土时都已朽毁，仅留手上的小孔，形貌威猛。这组镇墓俑的形体比墓中其余陶俑都高大，而且塑制得比其余俑精致。第二组是出行的仪卫，以牛车和鞍马为中心，围绕着数量庞大的步骑仪卫卤簿行列，包括骑马的鼓吹俑和甲骑具装俑，有步行的乐队和持盾、身背箭箙的步兵，戴笼冠或小冠的文吏，披风衣按剑的武士等。其服饰除戎装甲胄外，既有笼冠褒衣博带的汉式官吏服色，也有裤褶胡服，以及鲜卑装的小帽风衣，融会成一体，这正是史书所记孝文帝改制后北魏是"胡风国俗，杂相揉乱"[1]的真实反映。在仪卫行列最后还有随行负物的驴和骆驼。第三组为男女侍仆和乐舞俑，在仆俑中有卷发多须、深目高鼻的胡人。第四组有坐地操作的女仆俑，手执箕、捧盆或抱婴儿。还有家畜家禽和井、灶等庖厨模型。与其他陶俑相比，这组俑和模型形体小而且制作颇粗劣。北魏的陶俑质地多为灰陶，以合模塑制，烧成后或施涂白粉，然后敷彩，不过出土时彩色保存完好的不多。北魏晚期，陶俑的造型风格有了新变化，同样是受到南朝画坛新风的影响，人物面相由消瘦转向丰腴。最明显地表现出北魏洛阳接受南朝新风的雕塑作品，首推永宁寺塔基出土的泥塑。[2]

永宁寺是一座皇家修建的寺院，熙平元年（516）魏孝明帝之母灵太后胡氏所立，在寺内筑九层木塔，其中的佛像雕塑大约塑于神龟二年（519）八月以后不久。[3] 后来，木塔于永熙三年（534）二月因雷电引起大火被焚毁。现在通过发掘该塔废墟获得许多彩塑品的残件，多达1560件，但无完整者，其中有许多原贴于壁面的影塑中的人物，因形体较小故保存稍好，有较完整的头像和几近完好躯体部分，虽原为敷彩泥塑，但因经大火焚烧，现已坚固如陶质，但原妆彩已严重褪色。这些人像已经脱去"面如恨削"的陆探微风格的造型，面相圆润，丰腴适度，眉目娇美，轮

---

[1] 《南齐书·魏虏传》，中华书局校点本1974年版。
[2] 中国社会科学院考古研究所：《北魏洛阳永宁寺——1979～1994年考古发掘报告》，中国大百科全书出版社1996年版。
[3] 关于永宁寺的修建，参见东魏杨衒之《洛阳伽蓝记》，范祥雍校注本，古典文学出版社1958年版。关于塔内塑像事，参见《魏书·崔光传》，中华书局校点本1974年版，第1495页。书中记载，神龟二年（519）八月，崔光曾表谏灵太后幸永宁寺登九层佛图事，表中有"今虽容像未建，已为神明之宅"句，可知塔内容像当建于神龟二年八月以后。

廓简洁，明显是接受南朝"张家样"新风后的塑像精品。① 以后洛阳北魏墓随葬俑群的造型均依永宁寺塑像仿南朝"张家样"风格，面相圆润适度，形体简洁丰壮。

洛阳盘龙塚村清理的建义元年（528）葬常山文恭王元邵墓出土陶俑群可视为代表。② 该墓虽早年遭盗掘，但清理时仍存百余件陶俑，为泥质灰陶，合模分制头和身躯后，插合成整体，再略加修整。烧成后器表先施白粉，再敷朱彩以表现服饰、甲胄等细部。除甲胄装镇墓俑体高30.8厘米外，其余陶俑一般高16—23厘米之间，虽以立姿为主，但体态富有变化，衣纹简洁，线条明快流畅，面相圆润适度，仪态端庄，一些武士瞪目多须，与永宁寺塔基出土影塑品造型极近似，只是塑工略逊于皇家寺院中的泥塑精品。出土的陶马、驴、骆驼形象写实，体态生动，与西晋及十六国时陶马造型拙稚粗劣极不相同，艺术水平有很大的提高。俑群中也有卷发虬髯、深目高鼻的胡人俑，特别是一件蹲坐的童子，身穿红色长袍，腰束带，下穿红裤蹬长筒靴，他右手抱头，左臂横置膊上，将头埋于两臂间，只露出满头卷发，姿态生动，是北魏俑中少见的作品（图25-50）。

图25-50 洛阳北魏元邵墓陶童俑

当北魏分裂为东魏和西魏以后，东魏将都城由洛阳迁到邺（今河北省临漳县西南）③，原北魏的工匠画师也多由洛阳迁到邺，所以东魏的绘画雕塑艺术承袭着北魏晚期的传统，墓葬中随葬俑群的塑制同样沿袭着北魏晚期的样式，工艺精致，人物面相丰腴适度，身体各部位比例匀称，姿态亦

---

① 宿白：《北朝造型艺术中人物形象的变化》，载《中国石窟寺研究》，文物出版社1996年版，第351页。
② 洛阳博物馆：《洛阳北魏元邵墓》，《考古》1973年第4期，第218—224页。
③ 东魏于公元534年自洛阳迁都于邺，在原曹魏邺城南建新城，遗址在今河北临漳县，习称"邺南城"。参见中国社会科学院考古研究所、河北省文物研究所邺城考古工作队《河北临漳县邺南城遗址勘探与发掘》，《考古》1997年第3期，第27—32页。

较生动，衣纹流畅而简洁。同时俑的数量日渐增加，随着墓内死者身份而增多，有的超过千件。[①] 北齐取代东魏以后，邺城一带北齐墓中随葬的陶俑，也仍然沿袭东魏的传统未变，著名的湾漳大墓出土的陶俑是最突出的代表[②]，那座墓中出土的陶俑总数超过1500件，其中在墓葬的石门外两侧各置有一件形体高大的文吏俑，体高达1.42米，是目前在考古发掘中获得的身躯最高的北朝陶俑（图25-51）。

在东魏至北齐陶俑中，造型最生动的属一些表演舞蹈的俑，在东魏武定八年（550）茹茹公主闾叱地连墓中有舞蹈女俑，高髻长裙，提左膝抬足起舞。湾漳大墓的舞蹈女俑，出土数量多达13件，多戴笼冠，面相娇好，穿交领广袖朱红衫，腰系朱红色长裙，轻舒广袖，翩然起舞，姿态优美。在茹茹公主闾叱地连墓中，还出土有头戴高帽的长须老人舞蹈俑，长衣垂地，姿态颇显生动，他的形貌恰与河南邓县南朝墓所出画像砖中的舞蹈老人相同。画像砖上老人身后随有一队伴奏的乐队，演奏的乐器有腰鼓、钹和笙，或许表演的是梁代的上云乐舞。[③] 茹茹公主墓中的舞蹈老人俑，是该墓出土千余陶俑中造型最为生动的作品（图25-52）。此外，在陶俑造型的细部描绘方面，这时也与北魏晚期有所不同，例如甲胄武士装镇墓俑所着铠甲，已由两当铠改为当时盛行的明光铠，所按长盾也由素面改为有中脊贴附狮子面图案的"金花狮子盾"。

在东魏至北齐时期，另一个政治中心地区是晋阳（今山西太原），那里是掌握东魏军政大权而后取代东魏建立北齐的高欢家族的根据地。晋阳一带的墓葬内的随葬陶俑，虽然基本内容和造型与邺城地区相同，但是在细部造型方面仍有地方特色，陶俑面相更趋浑圆，下颚过于丰满，体型略显臃肿，腹胯圆鼓，下肢过短且细瘦，以致全身总体轮廓中腰部凸出近似直立的菱形，衣饰等细部装饰略显粗放而简略。最典型的作品是山西寿阳

[①] 例如东魏武定八年（550）葬茹茹（蠕蠕）公主闾叱地连墓，出土陶俑1064件。参见磁县文化馆《河北磁县东魏茹茹公主墓发掘简报》，《文物》1984年第4期，第1—9页。

[②] 中国社会科学院考古研究所、河北省文物研究所邺城考古工作队：《河北磁县湾漳北朝墓》，《考古》1990年第7期，第601—607页。

[③] 关于老人舞蹈俑是梁代上云乐舞的考证，请见赵永红《南北朝胡叟舞蹈俑考》，载《汉唐与边疆考古研究》第一辑，科学出版社1994年版，第136—143页。也有人将老人舞蹈俑误为萨满巫师，参见茹茹公主墓发掘简报第4页。

河清元年（562）库狄洛墓①和太原武平元年（570）娄叡墓②的陶俑（图 25－53）。在库狄洛墓中也有舞姿生动的高帽舞蹈老人俑，面相塑得更为传神，深目高鼻，嘴含笑意，颇具风采。

图 25－51　河北磁县湾漳北朝墓大型陶门吏俑

图 25－52　河北磁县北齐茹茹公主墓陶舞蹈老人俑

图 25－53　山西太原北齐娄叡墓陶镇墓武士俑

与东魏相对峙的西魏，都城在长安（今陕西西安），实际军政大权掌握在宇文氏家族手中，后来宇文氏取代了西魏而建立北周政权。西魏至北周墓葬随葬的陶俑，虽然也承袭着北魏晚期的传统，但是又有浓厚的地方色彩。在北周墓中，近年发掘了北周武帝宇文邕孝陵。③ 这座陵墓坐落在陕西咸阳底张镇陈马村东南，陵墓曾遭严重盗扰，仅清理出残存的陶俑 150 余件，但已能通过它们了解北周陶俑制作工艺特点，以及其与东魏至北齐陶俑的不同之处。这些陶俑也是泥制灰陶质地，模塑而成，但除陶马等外，俑像很少合模塑制，立俑和骑在马上的骑俑都是以半模塑制，所以

---

① 王克林：《北齐库狄迴洛墓》，《考古学报》1979 年第 3 期，第 377—402 页。据墓志"王讳洛，字迴洛"，故死者名库狄洛。
② 山西省考古研究所、太原市文物管理委员会：《太原市北齐娄叡墓发掘简报》，《文物》1983 年第 10 期，第 1—23 页。
③ 陕西省考古研究所、咸阳市考古研究所：《北周武帝孝陵发掘简报》，《考古与文物》1997 年第 2 期，第 8—28 页。

俑的背部都是扁平而无细部刻划，而且俑体都是实心。这种半模扁体的陶俑，在东魏至北齐墓中是很难见到的。陶俑烧制成型后，同样是先涂白色，然后再敷彩。在具体造型方面，北周的镇墓兽虽也是一个人面兽体一个狮面兽体，但不是蹲坐姿态，而是四肢伏地的伏卧姿态。甲胄装的人形镇墓俑，也并不都是手按长盾的姿势，而都挺着凸出的大腹。陶马不论是鞍马还是甲骑，都塑得马头颇小，与身体比例不协调，而四腿极粗大，简直是四根柱子形态，造型手法拙稚而且缺乏神韵。通体来看，西魏至北周的陶俑艺术造型逊于东魏至北齐陶俑，工艺拙稚粗放，从中还可看到它们与原来关中十六国陶俑造型的继承关系（图25-54）。

图25-54 宁夏固原北周李贤墓陶骑俑

四 隋唐随葬俑群

（一）隋俑

公元581年，杨坚取代北周，建立隋朝。又过八年，隋军南渡长江灭陈。从西晋覆亡后长达272年的南北分裂局面结束，古代中国重归一统。于是全国各地的画师技工云集都城大兴城（唐改称长安，今陕西省西安市），不同地区、不同风格的画家得以互相接触，有了交流技艺的机会，开始自是相互看不起对方，但经过不断接触就逐渐认识了对方的优点，能汲取对方的长处①，促使画坛日趋繁荣。但是因为统一的隋朝只维持短暂的30余年，就在大业十四年（618）覆亡，所以在绘画艺术上还来不及将各地区各种风格融会出具有时代特征的画艺新风。与之相同，雕塑艺术也是如此，这清楚地表现在墓葬陶俑的艺术造型方面。

通过20世纪50年代以来在陕西、山西、河南等省发掘的隋墓资料，可以清晰地反映出隋王朝的统一过于短暂，新的礼仪制度尚欠稳定和完善，墓葬制度亦如此，汇合于不同地区的传统的随葬墓俑造型风格，还来不及融为一体，所以地域特色十分明显。在原北周疆域内的隋墓，随葬俑群的面貌一如北周，典型的作品是河南三门峡刘家渠隋开皇三年（583）刘伟墓出土陶俑②，其中两对镇墓俑造型与北周墓陶俑完全相同，兽形的一对是四肢匍匐于地的伏卧姿态，头稍上昂，背无鬃毛。骑俑所乘马四肢粗大如立柱形状，骑士身躯为半模塑，故后背平齐。而在原北齐疆域内的隋墓，随葬俑群又显示出浓厚的北齐风格。在河南安阳发掘的隋墓中，出土随葬陶俑明显承袭着北齐时期以邺城为中心的陶俑造型，例如小屯南地第103号仁寿三年（603）墓出土陶俑③，镇墓俑中的一对甲胄武士形貌是直立按盾、身披明光铠的造型，兽形的一对是蹲坐而背竖鬃毛的造型，均是北齐的典型造型。同墓所出仪仗俑中小冠裤褶及风帽披衣等俑的造型也如北齐。陶马、陶驼形态写实，四足膝关节及蹄、足均刻划精细，亦为北齐俑风格。至于太原地区的隋墓出土陶俑，仍旧保持着原北齐以晋阳为中心的陶俑造型，典型的作品是太原沙沟村隋开皇十七年（597）斛律彻墓出土陶俑④，那组随葬陶俑中的镇墓俑，甲胄武士形貌的仍是直立、左手按金花狮子长盾，兽形的是背竖戟鬃形的蹲坐姿态。陶马四肢匀称写实，

---

① 据（唐）张彦远《历代名画记》卷八记画家董伯仁与展子虔事："初董与展同入隋室，一自河北，一自江南，初则见轻，后乃颇采其意。"人民美术出版社1963年版，第162—163页。
② 黄河水库考古工作队：《1956年秋河南陕县刘家渠汉唐墓葬发掘简报·隋代墓葬》，《考古通讯》1957年第4期，第14—16页，图版6。
③ 中国社会科学院考古研究所安阳工作队：《安阳隋墓发掘报告》，《考古学报》1981年第3期，第369—406页。
④ 山西省考古研究所、太原市文物管理委员会：《太原隋斛律彻墓发掘简报》，《文物》1992年第10期，第1—14页。

陵墓雕塑（下）

与北周陶马四肢粗大而比例不调的风格绝然不同。在北齐晋阳地区，常见一种戴扁状卷沿平顶帽、衣上饰有尖叶状饰的骑士俑，如北齐娄叡墓曾出过两件这样的陶骑俑，衣帽涂黑色，白裤、乌靴，骑红马。① 斛律彻墓陶俑中有造型完全相同的骑俑，只是衣帽的颜色改涂朱红而已（图25-55）。

图 25-55　山西太原隋斛律彻墓陶骑俑

在隋朝都城大兴城附近发掘的隋墓中，人们可以看到更为有趣的现象，在那些墓葬中，从随葬俑群的造型可以明显地看出将北周和北齐两种俑的风格生硬地混合在一起的痕迹。陕西三原县双盛村隋开皇二年（582）李和墓出土的随葬陶俑之中，镇墓俑中甲胄武士形貌的一对是身披明光铠、手按狮子长盾，明显是北周风格；仪卫俑中的甲骑具装俑，人体背后扁平，显系半模塑制，马的四肢过粗而马头颇小，比例不调，又完全是北周风格；而骑俑中又可见到北齐晋阳地区特殊的戴扁状卷沿平顶帽、衣上饰有尖叶状饰的骑士俑。② 上列陶俑造型雄辩地表明，北周灭北齐到被隋朝

---

① 山西省考古研究所、太原市文物管理委员会：《太原市北齐娄叡墓发掘简报》，《文物》1983年第10期，参见第8页图17：3，图版五：4。
② 陕西省文物管理委员会：《陕西省三原县双盛村隋李和墓清理简报》，《文物》1966年第1期，第27—42页。

527

取代，在政治、军事方面虽已归一统，物质文化特别是雕塑造型等方面两者虽也汇聚在一起，但还没有来得及融为新的具有时代特征的造型风格。

在论述隋墓随葬俑群造型时，特别应注意河南安阳发掘的隋开皇十五年（595）张盛墓的随葬俑群。[①] 墓中出土有95件俑，除陶质外，还有罕见的瓷俑，特别是4件高度超过60厘米的瓷俑，都立于覆莲座上，两件文吏，两件武官，面相衣饰刻划细致，仪态端庄，是隋俑之精品（图25-56）。其余均为陶俑，虽有以牛车为中心的仪仗行列，但是北朝盛行的甲骑具装及持盾或背负矢箙的步兵等俑已消失，而表现室内生活的盛装女性俑和持物侍女俑的比重大增，数量超过俑群总数的2/5。还出现两件一高一矮的僧人俑，一僧手中持有柄香炉，他们与瓷俑所踏覆莲座，都表露出浓厚的佛教色彩，更是其他隋墓俑群中罕见的例子（图25-57）。另

图 25-56 河南安阳
隋张盛墓白瓷武官俑

图 25-57 河南安阳
隋张盛墓陶僧俑

① 考古研究所安阳发掘队：《安阳隋张盛墓发掘记》，《考古》1959年第10期，第541—545页。

外一些值得注意的隋俑中的新出现的造型，是在湖北、安徽、江苏等地隋墓随葬俑群中发现的人首鸟躯的"千秋""万岁"俑[①]，以及兽首袍服、端坐的十二辰俑[②]，但是在北方广大地区的隋墓中还寻不到它们的踪影。

（二）唐俑

唐朝初年，墓葬埋葬制度仍然沿袭着隋朝旧制，墓内随葬的陶俑依然沿袭隋俑旧貌。在西安地区发掘的唐太宗贞观年间（627—649）的墓葬中，出土的镇墓俑中甲胄武士的形貌，依然是直立、左手按长盾的造型，甲骑具装俑尚时有出现，骑马鼓吹俑、女骑俑和仆侍仪仗等俑也维持隋俑原有造型。陕西三原焦村贞观五年（631）淮安靖王李寿墓[③]、礼泉陵光村贞观十七年（643）长乐公主墓[④]等出土陶俑是这时期陶俑造型的代表作品。四川万县唐贞观年间墓中随葬的青瓷俑[⑤]，则是代表当时具有地方特色的随葬俑群，以甲骑具装和骑马鼓吹为主体的出行队列，军事气息和传统气息都颇浓厚。骆驼造型奇特，可能是南方缺乏那种牲畜，所以匠师无法塑出写实的作品。南方隋墓中出现的"千秋""万岁"俑和坐姿的兽首人体十二辰俑（又作"十二时俑"），在这组青瓷俑中也有，或许反映出当时四川地区与长江下游地区密切的物质文化联系。

唐代陶俑到唐高宗在位时期（650—683）开始呈现出新的时代风貌，在艺术造型方面迅速改变面貌，隋俑旧风被扫光。现在以镇墓俑为例，观察唐俑造型演变的轨迹。从北朝到隋乃至到唐初一直流行的甲胄武士直立、左手按长盾的造型，至迟到公元664年被新的造型所取代。陕西礼泉马寨村麟德元年（664）郑仁泰墓中的镇墓俑[⑥]，已改为身披明光铠但不再

---

① 王去非：《隋墓出土的陶"千秋万岁"及其他》，《考古》1979年第3期，第275—276页。
② 十二辰俑，武汉岳家嘴隋墓有出土，参见武汉市文物管理处《武汉市东湖岳家嘴隋墓发掘简报》，《考古》1983年第9期，第793—798页。
③ 陕西省博物馆、文物管理委员会：《唐李寿墓发掘简报》，《文物》1974年第9期，第71—88页。
④ 昭陵博物馆：《唐昭陵长乐公主墓》，《文物》1988年第3期，第10—30页。
⑤ 四川省博物馆：《四川万县唐墓》，《考古学报》1980年第4期，第503—514页。
⑥ 陕西省博物馆、礼泉县文教局唐墓发掘组：《唐郑仁泰墓发掘简报》，《文物》1972年第7期，第33—44页。

手按长盾，虽然还是端立的姿态，但双足踏在山石座上。

接着这样的造型又被更新的造型所取代，镇墓俑从普通的人间甲胄武士形貌，改变为类似佛教艺术中身披铠甲的天王形貌，足下踏一伏卧的兽，常常是一头卧牛。西安羊头镇总章元年（668）李爽墓出土的镇墓俑已是这样的造型。① 随后天王状镇墓俑的体态从呆板的端立形状，改为一臂抬举另一臂叉腰，一腿曲膝一腿挺直地踏于小鬼身上，曲起的足常放在小鬼的肩膀上，姿态生动。足下蹬踏的小鬼，也塑出各种姿态，与负载的天王状镇墓俑相呼应，整体造型更显气韵生动。乾陵陪葬墓中的章怀太子李贤墓中出土的镇墓俑，已是这样的新的造型，那座墓埋葬的时间在公元706—711年。②

镇墓俑中兽形的一对，也同步发生着变化，郑仁泰墓的镇墓兽虽然还是背竖戟鬃的蹲坐姿态，但前肢两肩已经伸出火焰状的羽翼。到李爽墓时，镇墓兽的戟鬃消失，两肩羽翼外张，足踏山石座。李贤墓的镇墓兽，头侧双耳翼张上翘，长角朝天伸展，人面的独角，兽面的双角，两肩羽翼增大似火焰状，向两侧伸张，立于山石座上，其形貌已与北朝至隋朝时差异极为明显。

同时俑群中出现了体高与天王状镇墓俑近同的盛装文官和武官俑，文官戴介帻，武官戴鹖冠（图25-58）。而在出行的行列之中，西晋以来一直是中心的牛车，这时已失去原享有的主要位置，马具鲜明的骏马则成为人们注意的焦点，它的造型也日趋写实且姿态生动，摆脱了自西晋以来呆板的四足直立的姿态。大量出现的臂鹰携猎犬、猎豹的出猎行列，反映出当时贵族的时尚。盛装的骑马的鼓吹乐队，头戴幞头、小冠、帷帽的骑从大量涌现，使出行的行列的气氛更为庄重而欢快。北朝时出行的队列中浓厚的军事色彩已经减退，只有部分卫士，也是身穿色彩鲜明的衣甲，应是模拟仪仗用的以绢锦制作的衣甲，而非实战的铠甲。只有懿德太子墓中还有甲骑具装俑（图25-59），但模拟的是身着华丽彩绢甲、马面帘贴金的

---

① 陕西省文物管理委员会：《西安羊头镇唐李爽墓的发掘》，《文物》1959年第3期，第43—53页。

② 陕西省博物馆、乾县文教局唐墓发掘组：《唐章怀太子墓发掘简报》，《文物》1972年第7期，第13—25页。

太子卤簿中的仪仗,并不是实战的重装骑兵。①

所有这些变化,都开启了具有时代特征的唐俑新篇章,预示着这些专为随葬的雕塑品即将走进盛唐阶段,并且迎来中国艺术史上的一个高峰时期。

图 25-58　章怀太子墓三彩文官俑

图 25-59　唐懿德太子墓陶甲骑具装俑

显示唐俑将步入艺术高峰的另一个标志,是具有特色的三彩俑的出现。在章怀太子和懿德太子墓中已经出现了三彩的男、女立俑,还有三彩的镇墓俑(图 25-60),三彩马和牵马的马夫。说明高宗时期出现的这种烧制陶俑的新工艺,经武则天当政时的发展,这时已趋成熟。所谓"唐三

---

① 《唐懿德太子墓发掘简报》,《文物》1972 年第 7 期,第 26—32 页。

彩"①，系指利用低温烧成的一种釉彩多变化的特殊釉陶。它的胎土除了少数仍用普通陶土，烧成后胎呈红色外，大部分改用烧制瓷器的瓷土——高岭土，因此胎质比普通釉陶洁白细腻，其烧成温度比瓷器低，在800℃—1100℃之间，而瓷器的烧造则需1300℃以上。与瓷器不同之处还在于它的釉色鲜艳但不透明，色彩以黄、绿、赭三色为主，这也是被俗称为"三彩"或"唐三彩"的原因。实际它的釉色并不止三种色彩，还有蓝、黑等色，这些色彩是利用不同金属呈色剂的特点及控制同一金属呈色剂的不同含量而获得的。

唐玄宗开元、天宝年间（713—756），唐俑艺术达到高峰。俑像形体的塑造，追随当时社会风尚和审美情趣，日趋肥硕丰腴，特别是女俑，高髻长裙，体态肥硕，面容丰腴，显得雍容大度，显示出当时社会崇尚的贵妃杨玉环式的美感。人像造型写实，比例适度，轮廓曲线准确又富于变化，气韵生动，代表了唐代人物圆雕取得的成就。由于社会经济繁荣，王公百官崇尚厚葬之风，不断扩大俑群的规模和尺寸，相互攀比，愈演愈烈，客观上促进了唐俑艺术的发展，在造型和工艺等方面都达到唐俑制作的最高峰。俑群的内容也比以前有了新的变化。形体硕大的一对镇墓俑和一对镇墓兽，装饰日趋华丽，姿态更加生动，镇墓兽已由蹲坐改为张牙舞爪的灵动形态，天王状的镇墓俑常在兜鍪上加增孔雀或凤凰等华饰，肩上还常塑出华美的兽首状披膊和肩头托出火焰宝珠。其中艺术造型最为生动的一组出土于西安韩森寨天宝四年（745）雷君妻宋氏墓中，是体高1.1—1.42米的彩绘陶俑（图25-61）②。从有关文献中也准确地知道了它们的名字分别为当圹、当野、祖明、地轴③，或认定其中天王状的一对是当圹和当野，兽形的一对是祖明和地轴。④除镇墓俑以外，还有与它形体同样高大的文官武官俑。盛大的出行仪仗已经消失，这时俑群主要由盛装的侍女、声乐队、装饰华丽的骏马及马夫、载物的骆驼和牵驼人所组成，

---

① 参见中国硅酸盐学会编《中国陶瓷史》，文物出版社1982年版，第214—216页。
② 陕西省文物管理委员会：《陕西省出土唐俑选集》，文物出版社1958年版，图84—87。
③ 参见《大唐六典》卷二三甄官署条，中华书局1992年版，第597页。又见（唐）杜佑《通典》卷四六，中华书局影印十通本1984年版。
④ 参见王去非《四神、巾子、高髻》注4，《考古通讯》1956年第5期，第54页。

陵墓雕塑（下）

图 25-60　唐章怀太子墓三彩镇墓兽

图 25-61　陕西西安唐天宝四年雷君妻宋氏墓陶镇墓俑

有时还有击马球的骑俑和表演杂技的俑，以及庭院建筑组合模型。这些俑以三彩制作为风尚，西安南河村开元十一年（723）鲜于庭诲墓出土的一组三彩俑是典型代表①，其中还有一件罕见的骆驼载乐俑，骆驼驮载的舞台上坐着四个奏乐的乐工和一个绿衣长髯的胡人舞蹈者，构成气氛热烈的舞乐场景，曾被誉为"雕塑艺术和陶瓷技术相配合所产生的结晶"（图 25-62）②。类似的作品还曾在西安中堡村唐墓③出土一件，它的形体比前一件略矮些，但所负载的舞乐人数反增至七人，其中六人奏乐，

---

① 中国社会科学院考古研究所：《唐长安城郊隋唐墓》，文物出版社 1980 年版，第 56—65 页。
② 夏鼐：《西安唐墓中出土的几件三彩陶俑》，载《考古学论文集》，科学出版社 1961 年版。
③ 陕西省文物管理委员会：《西安西郊中堡村唐墓清理简报》，《考古》1960 年第 3 期，第 34—38 页。

533

舞蹈者是一位头梳高髻的妙龄少女，也是极富想象力的陶塑佳作。

唐代的三彩俑除都城西安极为流行以外，东都洛阳也同样流行，虽艺术造型和烧造技术都略逊于长安，但也有许多长安三彩俑不见的创新之处，特别在釉色处理上更大胆，敢于突破原有模式。以骏马为例，长安出土三彩马都是写实的毛色，以黄、白等毛色为主。但洛阳出土的三彩马，除黄、白等通常毛色外，还有通体墨黑的黑马，更显神骏（图25－63）。不仅如此，甚至采用了自然界真马不曾有的毛色，出现过通体施蓝彩、上加色斑的骏马①，使观者耳目一新。安史之乱（755—763）以后，两京地区工艺衰落，但江南一带如江苏扬州等地的唐墓中，反而流行随葬三彩俑。此外，甘肃、山西、辽宁、安徽、湖北、湖南等地唐墓中，也偶有三彩随葬，但其数量及制作技艺都远远无法与两京地区相比。

图25－62　陕西西安唐鲜于庭诲墓
　　　　　三彩骆驼载乐俑

图25－63　河南洛阳关林
　　　　　唐墓三彩黑马

唐俑以陶俑（包括三彩俑）为主，但也有少量石雕俑，其中雕琢最为精美的两件戴幞头携兵器的士兵俑，出土于西安等驾坡村开元二十八年

---

① 洛阳博物馆：《洛阳关林59号唐墓》，《考古》1972年第3期，图版七。

(740）杨思勖墓中①（图 25 - 64）。安史之乱后，唐俑日趋衰落，后来还流行过陶质胸像，下接木体，外披绢衣的俑，更显华美，但木、绢易朽，留存的只剩半身胸像而已。同样的俑在新疆地区阿斯塔那墓群也曾发现，那里也流行木雕的俑，上施彩绘，也颇精美，具有地域特色（图 25 - 65）。

图 25 - 64　陕西西安唐杨思勖墓石武士俑

图 25 - 65　新疆吐鲁番阿斯塔那唐墓木镇墓俑

五　五代至明清随葬俑群

（一）五代十国俑

五代十国时墓葬中随葬俑群，各地情况不同。以江苏江宁牛首山南唐二陵中陶俑数量最多，虽遭盗扰严重，尚存陶俑和动物模型等超过 200 件。其中男女立俑共达 190 件，都是以含有沙质的黏土制胎，土中并掺有细草，头与身躯分别模制然后插合，再用刀修刻衣纹，入窑烧成后先涂白粉，然

---

① 中国社会科学院考古研究所：《唐长安城郊隋唐墓》，文物出版社 1980 年版，第 65—86 页。

后敷彩。一般面部再涂红粉，女俑唇上点朱，衣裙红色，上面有白色花朵遗痕，还在髻上绘有金属饰物，亦仅有遗痕。发现的男、女俑都是模拟宫内男女侍从、内官、卫士和舞伎的形貌，衣冠华美。内官和侍从多捧物，卫士着甲胄，持小型步盾。舞伎男女都有，还有舞蹈姿态的长须老人。形体颇丰腴，面容圆润，仍遵循盛唐陶俑造型之余韵，但又缺乏盛唐雄健生动的气势，也缺乏多变的造型风格，但形体轮廓曲线尚流畅自然，尤其是一些盛装的舞蹈女俑，颇显纤巧秀丽，但总感失之于柔弱（图25-66）。出土的陶动物，残存有马、骆驼、狮、狗、鸡和蛙。陶马和陶驼都是四肢蹑伏的卧姿，无复唐俑雄健之态。陶俑和马、驼显示出的这种时代风格，也应是南唐小朝廷政治军事柔弱在造型艺术方面的反映。此外，一些用以镇墓压邪的神怪俑也出现在南唐二陵中，如人首鱼身、人首蛇身、双人首蛇身等形体怪异的俑，这类俑虽然在山东的北朝墓中曾出现过[1]，但中原及关中一带的北朝墓中都寻不到它们的踪迹。隋唐时两京地区也不见这类俑，只是山西唐墓中偶有出现，现在则出现在帝王陵墓中。在南唐二陵中，人首鱼身俑共发现13件之多，有的戴道冠状帽，可能是"仪鱼"。至于人首蛇身或是身躯两端各伸出一人首的俑，二陵中都有出土，应为"墓龙"[2]。神怪俑的流行表明十国时期政治形势动乱不定，阴阳堪舆之术日益风行，俑群内容由显示权贵身份为主，转而更重趋吉避凶，压邪镇墓。

除南唐二陵外，浙江的杭州、临安地区的吴越王陵墓，因盗扰严重，出土物极少，未见俑出土。只是苏州七子山发现的吴越广陵王钱元璙家族墓中，出土有陶俑和铜俑，表明吴越也还用俑随葬。都为男女侍仆俑，铜俑制工粗糙，陶俑塑制较精细，却是叉手或拱手端立姿态，面相亦显圆润，仍是唐俑遗风。在江苏邗江蔡庄发掘了据认为是十国中吴国的寻阳公主墓[3]，出土木俑一组，除男女俑外，还有生肖及人首鱼身、人首蛇身等各种神怪俑，显然与南唐二陵近同。出土的有些木制女俑四肢可以活动，

---

[1] 参见山东省文物考古研究所《临淄北朝崔氏墓》，《考古学报》1984年第2期，图版三：6、7。

[2] "仪鱼""墓龙"名称考证，参见徐苹芳《唐宋墓葬中的"明器神煞"与"墓仪"制度——读〈大汉原陵秘葬经〉札记》，《考古》1963年第2期，第87—106页。

[3] 扬州博物馆：《江苏邗江蔡庄五代墓清理简报》，《文物》1980年第8期，第41—51页。

原穿有衣服。还有的高髻女俑脑后插有银饰，极为华美。濒于东南沿海的闽国陵墓中也随葬陶俑，福建福州莲花峰闽国第三主王延钧妻刘华墓中，残存陶俑超过40件，大多是直立姿态的男女侍从俑（图25-67），有几件身躯高大的盛装女俑应为宫中女官。另外有一些神怪俑，有的人首龙身、有的人首鱼身，应为"墓龙"和"仪鱼"，还有戴风帽的扶杖老人，应为"蒿里老公"[①]。另有四神俑，存龙、虎和朱雀，玄武只有龟头和蛇头残存下来。也有十二时俑，它们也是头和身躯分别模制后插合成整体，烧成后先施白粉后敷彩贴金，与南唐二陵出土陶俑相比，从塑工到造型都略逊。

图25-66　江苏南京南唐陶女舞俑　　图25-67　福建五代刘华墓陶俑

在四川成都地区前蜀和后蜀的陵墓中，可能因盗掘缘故，没有发现以俑随葬，只是在前蜀王建墓的中室放置有铁铸的牛和猪，铁牛重达60千

[①] "蒿里老公"名称考证，参见徐苹芳《唐宋墓葬中的"明器神煞"与"墓仪"制度——读〈大汉原陵秘葬经〉札记》。

克，应是沿袭晚唐时已出现的墓中放"金牛铁猪"以压胜的习俗。但是在四川彭山后蜀宋琳墓和成都西村后蜀孙汉韶墓中都有俑随葬，两墓都葬于广政十八年（955），表明五代十国时四川地区仍有以俑随葬的习俗。其中孙汉韶墓除男、女侍从俑及甲胄武士等外，还出土有一组陶塑建筑模型，包括照壁、阁、过厅、亭、假山、素面墙、假山形墙等，是罕见的十国陶塑艺术品。

（二）宋至清代俑

五代以后，俑走向衰落，目前在中原地区发掘的北宋墓葬中，几乎不再以俑随葬，这大约是由于丧葬习俗改变所引致，当时以纸制作明器最后焚烧的新习俗兴起，导致陶质明器的使用日趋萎缩，墓中随葬的俑随之日益减少。但是也有一些特殊的例子。在河南方城发现两座北宋墓，分别坐落在毗邻的盐店庄[①]和金汤寨[②]，据墓内砖铭，它们是范致虚父母的坟墓，金汤寨墓是绍圣年间（1094—1098）范父的墓，盐店庄墓是宣和年间（1119—1125）范母彊氏的墓，埋葬时间大约相差四分之一个世纪。

两墓中都随葬有石雕俑和石雕家具模型，但金汤寨墓被盗扰较甚，只残存俑12件，有盛装女俑和双髻女侍俑，均立姿，足下还雕出方形台座。另外是8件仪卫俑，均为男子，双手执伞等物品，在俑足下方座上还刻有"有宋范府君之导卫""有宋范府君之驭士"等铭文。石俑雕工精细，但姿态呆板。除俑外，还有石龙、石鸡、石马残存以及屏、椅等家具模型。彊氏墓石俑保存较多，共30余件，也都是男女侍仆，以及持伞、杖等仪卫，均立姿，刻工不如金汤寨墓石俑，俑的姿态更呆板而缺乏生趣。此外，还有石麒麟和兽状十二时俑，以及石雕的桥和桌椅家具以及香炉、砚、碗、壶等用具模型。

宋代的石雕俑，在东南沿海的福建省也多有发现。那里所以流行石雕俑，是因为福建生产寿山石，易于就地取材的缘故，与前述河南地区的石

[①] 河南省文化局文物工作队：《河南方城盐店庄村宋墓》，《文物参考资料》1958年第11期，第75—76页。
[②] 方城县文化馆刘玉生：《河南省方城县出土宋代石俑》，《文物》1983年第8期，第40—43页。

雕俑没有任何关系。在福州北郊胭脂山曾发现规模颇大的宋代石室墓[1]，墓内残存石俑34件，都是寿山石雕，石质多灰色，少数呈紫色，刻工颇精细。除了执笏的文吏、披甲胄的武士、持捧物品的仆从和舞伎以外，还有伏地卧拜的"伏听"和长须驼背的"蒿里老公"，以及"四神"中残存的白虎。闽侯怀安村的宋墓中[2]，也残存石俑46件，除文吏、武士、仆从外，还有人首蛇身的"墓龙"。福州猫头山发现的南宋朱著的异穴同坟墓中[3]，两个墓室内都随葬有石雕俑，除文吏、武士、仆从外，也有"蒿里老公"、伏听、四神（仅存玄武）等。福建宋墓除石雕俑外，也用大量的陶俑随葬，连江虎头山的两座墓中都随葬有陶俑[4]，共40余件，有文吏、仆从，并有额头印有"王"字的十二时俑（又作"十二辰俑"），袍服人形，拱手执笏，将代表性龙虎动物的标记塑在冠顶。还有双头的"墓龙""蒿里老公"等俑。上述资料表明，宋时福建地区流行石雕俑，也使用陶俑，内容除文吏、武士、侍仆外，以四神十二时俑和神煞俑为主。

同样流行四神十二时俑和神煞俑的地区还有江西。在彭泽曹家垅庆历七年（1047）刘宗墓的壁龛和墓室内，出土21件陶俑[5]，其中有双手抱动物的十二时俑、人首鱼身的"仪鱼"等。这些俑是用瓷土烧成的，所以胎质较一般陶俑细腻。江西地区流行瓷俑，这自然与当地盛产瓷器有关，特别在瓷都景德镇郊区的宋墓中不断发现瓷俑，舒家庄治平二年（1065）史琳妻舒氏墓[6]中出土素胎俑和影青釉俑，四神俑中除玄武为素胎外，朱雀、青龙、白虎均为影青瓷。墓中出土的十二时俑额刻"王"字，手捧各种象征性的动物。"伏听"的额上也刻"王"字，与甲胄武士状的"当圹""当野"都是素胎烧成。此外墓中还出土有瓷轿模型，以及一件端坐在圈椅中的瓷俑，都是别处罕见的。在景德镇郊毛蓬店的另一座宋墓中出土的俑是影青釉或影青釉下加酱彩釉，除四神十二时俑等外，还有"仪鱼"

---

[1] 福建省博物馆：《福州市北郊胭脂山宋墓清理简报》，《文物资料丛刊》（2），文物出版社1978年版，第123—128页。
[2] 谢子源：《闽侯县怀安村的一座宋墓》，《文物》1962年第3期，第59—60页。
[3] 福建省博物馆：《福建福州郊区清理南宋朱著墓》，《文物》1987年第9期，第796—802页。
[4] 曾凡：《福建连江宋墓清理简报》，《考古通讯》1958年第5期，第27—30页。
[5] 江西省文物管理委员会：《江西彭泽宋墓》，《考古》1962年第10期，第539页。
[6] 彭适凡：《景德镇市郊出土宋瓷俑》，《考古》1977年第2期，第143—144页。

"墓龙"等神煞俑,以及由四件男俑抬的瓷轿和由正厅、仓库等8件屋宇组成的建筑模型。更值得注意的是江西发现的宋代瓷俑中,还有些可能与表演戏剧有关。在江西鄱阳南宋景定五年(1264)洪子成夫妇合葬墓中①,出土21件俑,服饰不同,形态各异,表情极为生动,有的欣喜,有的忧伤,有的仰望,有的俯视,似在表演,但所表演的内容尚需探讨,因此被认为可能是模拟戏剧演员形态的作品。② 类似的俑在景德镇一带也曾出土过(图25-68)。

在北方,由契丹族建立的辽王朝统治区域的墓葬中,由于民族习俗不同,很少能够看到随葬的陶俑,只有北京昌平陈庄发现的一座辽墓中③,在后壁放火葬后骨灰的龛旁,放置有两件高约0.5米的灰陶立俑,一男一女,作契丹装,最典型的是两人均髡发。女像髡发是保留着额发、鬓发、颅侧发和顶发,剃去颅顶四周和颅后部分头发,然后将顶发扭梳成蛇形

图25-68 江西宋瓷戏剧俑　　图25-69 北京陈庄辽墓陶契丹装俑

① 唐山:《江西鄱阳发现宋代戏剧俑》,《考古》1979年第4期,第6—7页。
② 刘念兹:《南宋饶州瓷俑小议》,《文物》1979年第4期,第23—25页。
③ 昌平县文物管理所:《北京昌平陈庄辽墓清理简报》,《文物》1993年第3期,第68—77页。

髻，额发中分汇合鬓发，分成左右两绺垂于耳侧（图25-69）；男像则髡去顶发，只保留鬓发，分左右垂于耳后侧。过去有关契丹人髡发的形象材料，均来自绘画和壁画，这次获得的契丹髡发陶俑，是立体的圆雕作品，可以从各种视角看清契丹髡发（特别是妇女髡发）的原貌，对了解契丹民族习俗提供了重要资料。

到了元朝，在陕西地区的元墓中又有陶俑随葬，但是自五代至宋流行的神煞俑这时消失了，仍然恢复了传统的以车马出行和男女侍仆为主的造型，也有陶仓和家畜、家禽等模型。比较重要的发现，有陕西鄠县（今为户县）贺氏家族墓①，包括至大元年（1308）贺仁杰墓和泰定四年（1327）重葬的贺胜墓，还有西安曲江池西村至元二年（1265）段继荣墓②，以及宝鸡的一座元墓。③ 陶俑的造型特点，是衣饰发式都改为元朝流行的式样，陶马也由唐代模拟的高大的中亚良马，改为体形低矮，短腿长鬃的蒙古马，鞍镫马具也改为蒙古样式。俑像造型颇呆板，无复唐俑那样富有生机。特别是宝鸡元墓的出土品，立姿最为呆板，比例亦不准确，显得头小颈细，但服饰发式刻划得颇为细致，可以看清当时武士、妇女发式的具体情况，但真实摹写并不是艺术品，所以引出元俑的艺术水平不高的结论（图25-70）。

不过陕西这些元朝的墓葬，都是当时在元朝任高级官吏的汉族，贺胜官到左丞相，贺仁杰死时任光禄大夫平章政事商议陕西等处行中书省事，是重要的地方长官，段继荣官至京兆总管府奏差提领经历，所以他们的墓中都随葬陶俑。事实上，当时的统治民族蒙古族的墓中并不以俑随葬。而且目前只有陕西地区元朝汉人墓中出土有陶俑，其余地区的元墓中也罕有发现。因此表明，自汉唐以来大规模以俑随葬的习俗，这时已经衰落。

到了明代，俑这种中国古代独特的用于随葬的造型艺术品，进一步走向衰微，但它还是帝王、皇族和高官显示身份地位的象征。在明神宗朱翊

---

① 咸阳地区文物管理委员会：《陕西鄠县贺氏墓出土大量元代俑》，《文物》1979年第4期，第10—22页。
② 陕西省文物管理委员会：《西安曲江池西村元墓清理简报》，《文物参考资料》1958年第6期，第57—61页。
③ 刘宝爱、张德文：《陕西宝鸡元墓》，《文物》1992年第2期，第28—33页。

图 25-70　陕西元墓牵马俑和陶马

钧的定陵中①，玄宫后殿宝床的南北二端，有四个满装着木俑的木箱。后殿南端东壁下也放置有三个装着木俑的木箱。还有一个木箱内装有木马，木马配有皮制鞍和有铜饰的马辔等。木俑所用木料有杨木、云杉、落叶松等，高度20厘米左右，均直立拱手姿态，原可能多达千件以上，发掘时尚完整的只有248件，据推测，模拟的是宫廷内府当差的宦官和皂隶及内臣。皇帝陵墓中随葬的木俑制作如此草率，造型又呆板，也标志着中国随葬用俑的制度的衰落。

明朝诸王的陵墓中，如山东邹县九龙山鲁荒王朱檀（死于洪武二十二年，1389）墓②和四川成都永乐八年（1410）蜀王世子朱悦燫墓③皆出土俑，展示了明初诸王陵墓的用俑制度。在鲁荒王朱檀墓中出土的木俑完整的共406件，还有24件木马和两辆木车。除两件守门的执金瓜甲胄武士

---

①　中国社会科学院考古研究所、定陵博物馆、北京市文物工作队：《定陵》，文物出版社1990年版。
②　山东省博物馆：《发掘明朱檀墓纪实》，《文物》1972年第5期，第25—36页。
③　中国社会科学院考古研究所、四川省博物馆成都明墓发掘队：《成都凤凰山明墓》，《考古》1978年第5期，第307—313页。

外，主要是侍从和执各种仪仗什物的仪卫，以及乐队。多以松木雕成，所敷彩发掘时均已脱落，但还可看出帽、腰带、靴多涂黑色，它们雕刻精细，姿态亦显生动，连所执的兵器仪仗等都刻得精致如实（图 25 – 71）。此外，还有各种家具及用具的木模型。

图 25 – 71　山东曲阜明鲁王墓木俑

图 25 – 72　四川成都凤凰山蜀王世子墓武士俑

成都蜀王世子朱悦燫墓随葬的是釉陶俑，除少数遭移动破坏，绝大部分俑的位置并未移动，保存完整。釉陶俑的总数超过 500 件，在大门内前庭左右两厢，各站两个武士（图 25 – 72）和三匹陶马（右厢缺一马）。正庭的左右两厢各排列三排仪仗俑，第一排是牵马俑，第二排是击锣鼓、捧画角和手执各种仪仗的俑，第三排是执弓盾和弓箭的武士。正庭的正殿门前是两列武士俑；中庭左右两厢排列的是各达 150 余件围绕陶象辂的仪仗俑（图 25 – 73）。中庭正殿后，有四俑抬着大鼓，另一俑执桴击鼓；中庭后殿台基上，又有四俑拱手侍立。后殿中室还有 48 件侍从俑。这组釉陶俑造型亦较呆板，姿态并不生动，但能如实地反映明朝初年亲王的仪仗制度，所以颇具史料价值。

明代中叶以后，亲王用俑制度日渐变化，数量也日趋萎缩。江西南城

543

嘉靖十九年（1540）益端王朱祐槟墓①和嘉靖三十六年（1557）益庄王朱厚烨墓②中，出土陶俑数量大减，前一墓中出土110件，后一墓中出土202件。陶俑造型也趋呆板。

图 25-73　成都凤凰山明蜀王世子墓正庭右厢随葬陶俑出土情况

一般明代官吏墓中，不再以俑随葬，但有一些特例，如河北阜城嘉靖十三年（1534）廖纪墓③，是由皇帝特命工部所营造，石棺的前方砌有明器随葬坑，坑的前部纵列有两组以轿为中心的仪仗俑，分部表明为"兵部"和"吏部"。中室和后室放置有厅堂、卧室、厨房和各类生活用具模型，以及女侍俑等。廖纪墓陶俑造型也颇呆板而缺乏生动的气韵。这也预示着以俑随葬的习俗历经千余年后日渐衰微，这时已经接近其尽头。

但也有一些例外的作品，例如上海市卢湾区发掘的大族潘氏墓群④中，

---

① 江西省博物馆：《江西南城明益端王朱祐槟墓发掘报告》，《文物》1973年第3期，第33—45页。
② 江西省文物管理委员会：《江西南城明益庄王墓出土文物》，《文物》1959年第1期，第48—52页。
③ 天津市文化考古发掘队：《河北阜城明代廖纪墓清理报告》，《考古》1965年第2期，第73—79页。
④ 上海市文物保管委员会：《上海市卢湾区明潘氏墓发掘简报》，《考古》1965年第8期，第425—434页。

就发现过雕工精巧的木家具模型和木俑。在万历十七年（1589）潘允征墓中，其棺椁之间放置有45件木俑和大量家具模型，还有两顶木轿模型，其中一顶是暖轿，另一顶是显轿，都如实地模拟着实物，轿杠还包有铜包首。木俑中有两件分执"肃静"及"回避"文字牌，还有两件执伞盖。其余为乐队、隶役、侍吏、侍童和轿夫等（图25-74）。潘允征官阶很低，墓内却有精致的木俑，很可能带有地方色彩。

图 25-74　上海明潘允征墓木俑

到清代已不再以俑随葬。目前考古发掘所获年代最晚的数量庞大的俑群，出土于广东大埔湖寮圩清初吴六奇墓中①，放于墓圹前端方箱内，分三格贮藏陶俑及家具模型等137件，制作于康熙（1662—1722）初年，塑工拙劣，缺乏美感，只能充当研究当时社会风习的参考资料。

综观中国古代以陶俑为代表的雕塑艺术几千年来发展演变的历史进

---

① 杨豪：《清初吴六奇墓及其殉葬遗物》，《文物》1982年第2期，第39—43页。

程，可以看出她与世界其他古代文明中的雕塑艺术不同，走着一条具有民族特色和地域特色的独特发展道路。但是她又不是固步自封的，而是在与其他古代文明的碰撞和接触中，随时汲取新的养分，不断改变自己的面貌，培养出新的艺术奇葩。

过去曾经有人将中华民族形象地比喻为黄土的儿女，如前所引中国古代"创世纪"的神话传说，女娲用于造出中国人始祖的也是泥土。而中国古代雕塑艺术也正是源于大地母亲赐予的取之不尽的资源——泥土。泥塑（或是经过窑火焙烧的陶塑）上敷重彩，一直是从史前直到近代中国雕塑的主要艺术形式。保存下来的古代泥塑文物主要以宗教造像和随葬陶俑为主，宗教造像又以佛教造像为主，域外的艺术沿着古代商路（特别是从西汉时正式开通的重要中西陆路交通线的"丝绸之路"）传入中土。其中最具影响力的是源自古印度的佛教美术，随着佛教在中国的广泛传布，与中国固有的文化艺术不断结合，佛教中国化的势头也越趋强劲，反映在佛教艺术造型方面也日趋中国化，出现了具有中国特色的寺庙建筑，以及与之适应的石刻和泥塑，主要表现在各地至今保存的石窟寺艺术遗存。中国传统雕塑在佛教艺术中国化的过程中起着重要作用，而中国化的佛教雕塑又影响、渗透于社会上世俗雕塑艺术的创作之中。

社会上流行的世俗陶塑艺术仍是以陵墓雕塑为主。特别是随葬的俑像，可以看出它们仍然沿袭着汉魏以降中国古代雕塑艺术的传统。随着时间的推移以及王朝的更迭，这类雕塑作品延续发展演变，从魏晋直到明清。所以，各个时代墓葬中随葬的陶俑可以大致反映出中国古代雕塑艺术造型（特别是人物造型）发展演变的轨迹。也可以说陶俑和寺庙中的宗教彩塑，正是代表具有民族特色的中国古代敷重彩泥塑（陶塑）最好的标本。

明清以后，随着随葬俑群的衰落和寺庙彩塑的日趋程式化，它们都逐渐丧失了艺术生命力，但是从史前开始的历史悠久的泥塑艺术传统，始终扎根于广大民众之中，在大江南北都有许多著名的民间泥塑（陶塑）作品流传于世，诸如惠山泥人、石湾陶塑、北京泥人张等，为广大群众喜爱，久盛不衰，至今仍被视为民间工艺的瑰宝。

汉俑楚风

西汉景帝阳陵附近发现的陶俑坑,出土了约为真人体高三分之一的裸体陶俑(图26-1),数量众多,制工精致,为人们打开了一个得以窥视汉初陶塑造型艺术品的新窗口。

图26-1　汉阳陵从葬坑陶步兵俑出土情况

将阳陵西汉陶俑与秦始皇陵兵马俑相比,很容易看出,它们的造型风格迥然有别。

先看秦始皇陵兵马俑。踏进秦俑坑博物馆高大的拱顶展厅,时间似乎开始凝固,然后迅速穿越,带人返回两千年前的世界。军阵森严的秦代武士，威猛肃穆，无声地出现在人们面前。重重队列，无数的战士和车马，但是没有任何声响，安静得令人吃惊，形象诠释古老历史那寂静的永恒，一切都凝固了，令人产生说不出的压抑感。这种让人压抑的威慑气势，正是秦俑的造型特征所形成的。秦代的与真人真马同样大小的陶兵马俑，确是中国古代陶塑作品的空前之作。秦俑是按俑体不同部位，分别用模制成形，然后接套、粘合，最后贴塑细部，所以一种姿势和同样服装的俑，只是面部有差别，那是在贴塑眉目耳鼻，以及发髻胡须时，由细微的差别而形成的特征。也正因如此，当观赏陶俑头部特写时，常常感到生动，而且每个面相似乎都各具性格特色，但是当观察全俑形体，就显得呆滞生硬而缺乏个性了。看来正是得益于形体的呆板，把它们成百上千地排成队列，才显示了出乎意料的整齐、划一，形成前面所讲的威严肃穆的氛围，酿成让人压抑的威慑气势（图26-2）。从另一角度观察，这些空前宏伟的陶塑作品的产生，又与秦王朝好大喜功有关，在造型艺术创作方面，追求宏大的艺术效果，因此秦兵马俑呈现的无比壮观的情景，正显示着秦代造型艺术的时代风貌。

再看西汉阳陵的陶俑。陶俑的形体较秦俑小得多，只有秦俑的三分之一，一般高约60厘米，估计原有数量远较秦俑坑已知的陶俑数量为多。汉承秦制，西汉初年也是想承袭秦代追求华美壮观的传统做法。例如西汉王朝刚建立时，丞相萧何构筑长安城宫殿时的指导思想就是"非壮丽无以重威"。但是由于秦末动乱继之又是楚汉之争，连年战祸给社会经济造成极大破坏，亟待恢复。同时也接受了秦王朝对百姓过于苛暴导致覆亡的教训，所以在西汉初特别是文帝和景帝时期，颇为崇尚节俭。因此为皇帝陵墓制作的陶俑，不再如秦俑那样高大宏伟，这或许是阳陵陶俑形体较小的原因。在陶俑造型方面，阳陵汉俑和秦俑不同，已发掘出土的陶俑，并不是塑出穿着衣服铠甲的整体外形，而是塑出没有穿衣服的裸体形态，头和躯干比例匀称，形体逼真，多为男性，性器官也塑制清晰。但是没有膀臂，只在肩部做出为了安装双臂的关节（图26-3）。据发掘中获得的残痕，原来装的膀臂是木制的，有的武士俑所装木手仍依稀可辨。在埋放时俑体上穿有丝织品制作的衣服，出土时有的也还遗有残痕。这些武士俑头扎朱红色武弁，腿裹朱红色行縢，战袍以米黄、白、灰、橙红、棕褐

图 26 - 2　秦始皇陵兵马俑坑局部

等色丝帛制作，腰带上有的饰有成排的小贝壳，铠甲的甲片用小木片制作，现多朽毁，仅存棕红色和黑色的痕迹，尚能看出身甲和披膊的形制（图 26 - 4）。它们手执或佩带的各种兵器和工具，制作也极精致，都是用铁、铜等材料制作的模型，与俑体一样是真实物品的三分之一大小（图 26 - 5、图 26 - 6）。类似的裸体陶俑，还在西汉宣帝杜陵的陪葬坑中出土过，体高也约略相当真人体高的三分之一，有的执有同样比例的小铁戟，有的陶俑腹前还遗有腰带上的小铜带钩，或在身上系有直径仅 1.2 厘米

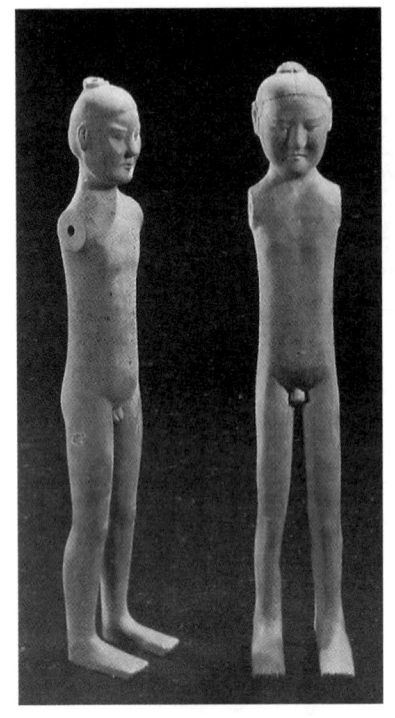

■ 束禾集

图 26-3　汉阳陵陶裸体步兵俑 　　图 26-4　汉阳陵陶俑所着衣甲残迹

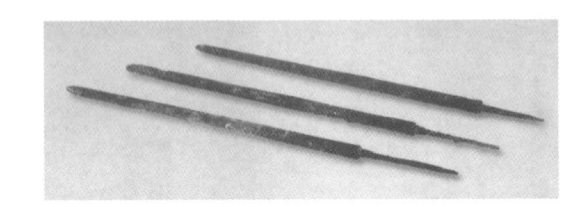

图 26-5　汉阳陵陶俑所佩带的缩微模型兵器，铁剑长为 34.4 厘米

的小五铢钱。裸体的汉俑在汉长安城遗址过去多有出土，除男俑外也有女俑（图 26-7）。近年来又不断在汉长安城西北部发掘到烧制这类裸体陶俑的窑址。制成裸体无臂陶俑，另装膀臂再穿丝帛衣服的做法，明显地与已知秦俑的造型风格乃至制作技术完全不同，看来是别有渊源。

审视先秦时期的俑，制成俑体、另装膀臂并穿着丝织衣服的作品，目前所知只有楚俑。已发现的楚俑俑体都是木制的，可以举两个保存比较完好的例子。其一是湖北荆门包山楚墓出土的木俑，身体雕刻粗糙，但是双

550

汉俑楚风

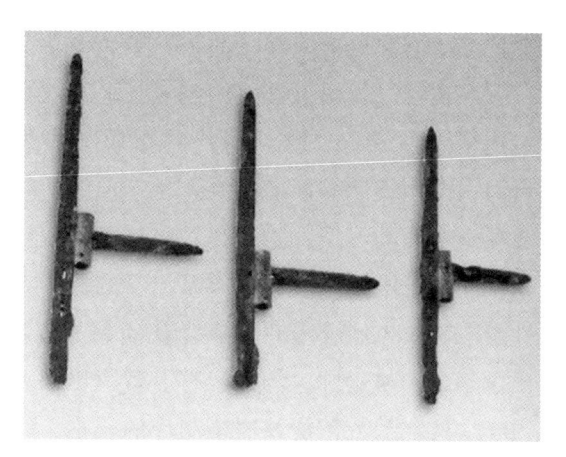

图 26-6　汉阳陵陶俑所佩带的缩微模型兵器，铁戟长约 4.8 厘米

腿雕凿成形，并装有双足，双臂亦为后装的，裸体，原着衣物已朽毁无痕（图 26-8），时代大约在战国中期。其二是湖北江陵县马山 1 号楚墓所出木俑，身躯由整木雕成，斜肩，凸胸，细腰，双肩制有另装膀臂的圆面，但未见膀臂。头部雕出耳、鼻和嘴，并墨绘眉、目和鬓发，朱点口唇，头

图 26-7　汉阳陵陶裸体女俑　　图 26-8　湖北包山楚墓木俑

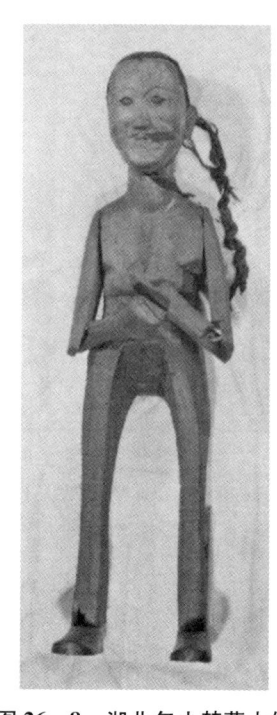

上另装头发。身上披穿的衣服保存尚好（图26-9）。单衣无领无袖，披于肩上，下裹长裙，腰系皮带。长裙以红棕绢制成，上绣漂亮的凤鸟花卉纹样，上缘和底边包饰塔形纹锦缘。该墓时代约在战国中期约略偏晚。此外，湖北江陵雨台山、湖南长沙等处楚墓中，多有这类着衣木俑出土。

楚墓随葬着衣裸身木俑的习俗，为原楚国疆域内的西汉墓所袭用，最典型的例子是湖南长沙马王堆西汉轪侯家族墓出土的标本，在马王堆1号墓中，出土有两件戴冠着衣男俑、10件着衣女仆俑和8件着衣歌舞俑，俑体均为木制，躯干仅刻出大略轮廓，均无双臂。戴冠男俑制作最精，形体也最大（图26-10），身着深蓝色菱纹罗绮制作的长袍，领、袖及衣襟皆饰锦缘。这些西汉木俑明显地承袭着楚俑的造型风格。据此可以推测，阳陵出土的裸体着衣陶俑，也应是楚风影响下的产物。

图26-9　湖北江陵马山楚墓着衣木女俑

图26-10　湖南长沙马王堆1号西汉墓着衣木质戴冠男俑

一些具有楚风的建筑或造型艺术品出现在关中地区并不令人惊奇。因为当秦灭六国时，每灭一国，都仿照其宫殿形貌在秦都咸阳北阪进行建造，形成过"咸阳宫阙郁嵯峨，六国楼台艳绮罗"（李商隐《咸阳》）的宏伟场景。但是西汉帝陵随葬陶俑呈现的楚文化影响，却不是上述秦始皇好大喜功强行移植六国文化的产物。探其渊源，乃是与西汉初皇室崇尚楚文化有关，应从汉朝的缔造者刘邦说起。

秦末群雄并起，刘邦起兵先据沛县，立为沛公。沛本是他的老家，周时原属宋国。当宋被齐、楚、魏三国所灭后，三分其地，楚得其沛，时为公元前286年。至秦灭楚，沛已并入楚国版图半个世纪以上，因此刘邦本人就是在楚文化的氛围中成长的。他周围的核心人物中，丞相萧何、曹参，绛侯周勃、舞阳侯樊哙、汝阴侯夏侯婴等均与刘邦同为沛人，自然亦习楚俗，其余将相虽非楚人，但亦多习楚风俗，如淮阴侯韩信，虽祖系韩人，但亦习楚俗，当刘邦灭项羽后，封其为楚王，原因是"义帝无后。齐王韩信习楚风俗，徙为楚王"。

正因以上原因，汉初从皇帝到将相多喜好楚的文化艺术，特别是楚之歌舞。刘邦本人虽然文化不高，但善作楚歌，流传至今的仅存两首佳作。其一就是他率军平黥布后过沛，作《大风歌》，词意豪放，是成功者的凯歌。其二是《鸿鹄》，与前歌相比，别有一番情调。当时刘邦欲废太子，改立戚夫人之子赵王如意，由于吕后用留侯张良计，为太子请来商山四皓，使废立之事无望，自然也预见到戚夫人将来的悲惨命运，相对凄然。"戚夫人泣，上曰：'为我楚舞，吾为若楚歌。'歌曰：'鸿鹄高飞，一举千里。羽翮已就，横绝四海。横绝四海，当可奈何！虽有矰缴，尚安所施！'"词意悲切，无可奈何，绝无"大风起兮"的豪气。皇帝如此喜好楚歌，自然在朝廷中楚歌盛行，并正式列入宫乐之中。据《汉书·礼乐志》："高祖乐楚声，故《房中乐》楚声也。"同时在西汉军队中楚歌甚为流行，宣帝时韩延寿在东郡时试骑士，盛陈军阵，当时"歌者先居射室，望见延寿车，嗷咻楚歌"。可能是因为楚歌适合于众人高声合唱的缘故。

除楚歌楚舞以外，刘邦还喜楚服，有下述故事。当叔孙通初见汉王刘邦时，"叔孙通儒服，汉王憎之，乃变其服，服短衣，楚制，汉王喜"（见《史记·叔孙通列传》和《汉书·叔孙通传》）。

由此可见，刘邦自沛起兵，称沛公至为汉王再至成为西汉皇帝，他始终崇尚楚俗，喜好楚歌、楚舞、楚服，其左右将相亦如此。上有好者，下必效焉，当时汉军中习唱楚歌成风，自在必然中。否则当垓下战时，项羽被围，汉营何能在战场上一天训练出那样多的善唱楚歌的士卒，以致达到四面皆楚歌的浩大声势！项羽不察，误谓汉军已得楚地，实属少见多怪，难免不失败。

综上所述，西汉初年楚文化艺术影响之深远，以致造型艺术中楚风盛行，正是当时帝陵随葬陶俑虽袭秦制但呈楚风的主因。回想战国七雄中，楚的文学艺术的发展当为诸国之冠，秦则远不如之，但凭武力，秦终灭楚。不过深厚的文化积淀，究竟不会为征服所湮没，终能散发应有的光彩，对以后的历史产生深远影响。汉承秦制，又袭楚风，融会创新，使汉俑造型摆脱了秦俑呆滞生硬的模式，转向生动精细、富有生活情趣的时代新风，并为更具艺术魅力的东汉陶俑的发展，开辟了道路。

（本文原载《文物天地》1992年第3期，后收入《逝去的风韵——杨泓谈文物》，中华书局2007年版）

漫话唐俑

——从按楯甲胄武士形貌镇墓俑到天王形貌镇墓俑

唐代的陶俑历来是受到国内外重视的收藏品。中华人民共和国成立以前,许多文学家都很注意唐俑,鲁迅先生曾购藏若干唐俑,并亲手绘过唐代镇墓兽的图像(图27-1),称其为"莫名其妙之物一"。他还写道:"此须翘起,一如洋鬼子亦奇,今已与我对面而坐于桌上矣。"[1] 郑振铎先生在中华人民共和国成立前亦曾致力收藏古俑,并曾自编《陶俑图录》二册[2],其中也多为唐俑。经中国学者科学考古发掘所获的精美唐俑,或许以1944年夏作铭(鼐)先生和阎述祖(文儒)先生在甘肃敦煌发掘老爷庙唐墓所获为最早(图27-2),发掘情况在夏先生的《敦煌考古漫记》中有生动的描述。[3] 那次虽然只发掘了一座唐墓,但却具有重要的科学研究价值,作铭先生后来回忆这次发掘时曾说:"1944年我在甘肃敦煌发掘唐墓时,亲手将陶俑从泥土中剥取出来,弄清楚了器物群的互相关系和陶俑在墓中的位置,心中非常痛快。"[4] 又指出:"(当时)国内外的公私家所收藏的唐代的陶俑很不少,够得上说是'车载斗量',但是知道他们在墓中的原来位置的,除了我们所得的这一群,却不多见。就此可见科学的发掘的价值。"他还说:"当时我们企盼着有一个日子,我们在唐代文化中心的两京——长安和洛阳,也能用同样的科学方法来发掘唐墓。"[5]

---

[1] 冯宝琳:《记鲁迅先生手绘的两幅土偶图》,《文物》1961年第10期,第22页。
[2] 郑振铎:《书信·致周恩来总理》,《郑振铎文博集》,文物出版社1998年版,第511—513页。
[3] 夏鼐:《敦煌考古漫记(二)》,《考古通讯》1955年第2期,第24—28页。后收入《敦煌考古漫记》,百花文艺出版社2002年版,第55—65页。
[4] 夏鼐:《敦煌考古漫记》,百花文艺出版社2002年版,第242页。
[5] 同上书,第59页。

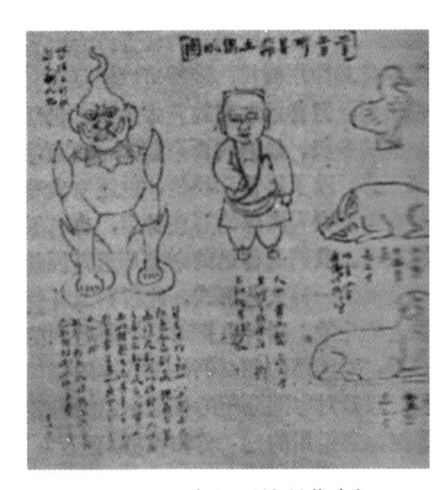

图 27-1　鲁迅手绘所藏唐俑　　图 27-2　夏鼐先生发掘敦煌唐墓

夏作铭先生的企盼的日子很快到来了。中华人民共和国成立以后，对唐代两京地区唐代墓葬的科学考古发掘工作日渐开展。到 20 世纪 50 年代初，在唐代都城长安所在的西安地区，当时配合基本建设工程，已是发掘清理了数量众多的唐墓，出土了大量精美的陶俑，其中最为精彩的作品被送到北京参加 1954 年举办的"全国基本建设工程中出土文物展览"，这些唐俑的艺术造型，极大地引起文物、考古、历史、美术各界学者的研究兴趣。约略同时，在西安地区又发掘了几座随葬有三彩俑的唐墓[1]，特别是开元十一年（723）右领军卫大将军鲜于庭诲墓出土的三彩骆驼载乐俑、女俑和鞍马，更是精美，夏作铭先生曾写《西安唐墓中出土的几件三彩陶俑》[2] 一文予以介绍。陕西省文物管理委员会更以纪年唐墓出土资料为主，编辑出版了《陕西省出土唐俑选集》[3]。同时学者又依据墓葬的形制、伴同陶俑的出土物和墓志纪年，排列出西安地区唐俑外形特征的发展序列[4]，从而可以更清楚地掌握唐俑艺术的演变发展规律。在此以后，在西安地区

---

[1] 中国社会科学院考古研究所：《唐长安城郊隋唐墓》，文物出版社 1980 年版。
[2] 夏鼐：《西安唐墓中出土的几件三彩俑》，《文物精华》第 1 册，文物出版社 1959 年版，第 45—47 页。后收入《考古学论文集》，科学出版社 1961 年版。
[3] 陕西省文物管理委员会：《陕西省出土唐俑选集》，文物出版社 1958 年版。
[4] 中国科学院考古研究所：《西安郊区隋唐墓》第二章《陶俑》、第四章《分期与年代》，科学出版社 1966 年版；王仁波：《西安地区北周隋唐墓葬陶俑的组合与分期》，《中国考古学研究论集》，三秦出版社 1987 年版，第 428—456 页。

的唐墓发掘中不断获得精美的陶俑。特别是在唐代皇陵的一些陪葬墓中，如陪葬昭陵的张士贵墓①、郑仁泰墓②，陪葬乾陵的太子、公主墓（永泰公主李仙蕙、章怀太子李贤、懿德太子李重润)③，出土了数量众多的绘彩陶俑、釉陶俑和三彩俑。至于一些墓主身份较低的墓葬中，随葬的陶俑有的制工也极精美，比较突出的例子，如1991年金乡县主墓出土的彩绘陶俑④，其中的彩绘骑马乐俑特别引人注意。还有2002年夏天，在西安市南郊发掘的一座唐代土洞墓中⑤，出土了一组绘彩精美的陶俑。其中尤其以镇墓俑绘彩鲜艳，制工最精。而两件女立俑，不论从体姿到面相，都十足反映着当时社会上崇尚贵妃杨玉环式丰肥的审美风尚。

如上所述，从西安地区获得的唐俑资料，已经可以比较清楚地了解这一地区唐墓陶俑的演变发展规律，以及不同时期陶俑的艺术特征，掌握了这些知识，不仅为断定缺少纪年物品的唐墓断代提供了标尺，更为收藏者辨明真伪提供了科学依据。同时西安地区是唐代都城长安所在地，认识了这一地区唐俑的演变规律，也为解读其他地区唐俑的演变规律，提供了依据。下面将西安地区从考古发掘中获得的唐俑，分门别类进行解析，先看天王形貌的镇墓俑的变化。

2002年夏天西安南郊土洞墓中出土的彩绘陶俑中，造型最精美的正是两件天王形貌的镇墓俑（图27-3、图27-4）。那两件俑的体高都在50厘米左右，红陶胎，烧成后再绘彩描金。都是身披明光铠，一手叉腰，另一手上举，一腿下伸，另一腿屈膝，两足分别蹬踏在赤体的小鬼的肩、胯之上，小鬼又箕踞在山石座上。两俑姿态又左右呼应，一俑用左手叉腰举右

---

① 陕西省文管会、昭陵文管所：《陕西礼泉唐张士贵墓》，《考古》1978年第3期，第168—178页。
② 陕西省博物馆、礼泉县文教局唐墓发掘组：《唐郑仁泰墓发掘简报》，《文物》1972年第7期，第33—44页。
③ 陕西省文物管理委员会：《唐永泰公主墓发掘简报》，《文物》1964年第1期，第7—33页；陕西省博物馆、乾县文教局唐墓发掘组：《唐章怀太子墓发掘简报》，《文物》1972年第7期，第13—25页；陕西省博物馆、乾县文教局唐墓发掘组：《唐懿德太子墓发掘简报》，《文物》1972年第7期，第26—32页。
④ 西安市文物保护考古所：《唐金乡县主墓》，文物出版社2002年版。
⑤ 西安市文物保护考古所：《西安西北政法学院南校区34号唐墓发掘简报》，《文物》2002年第12期，第50—65页。

手屈右膝，另一俑则右手叉腰举左手屈左膝，足踏的小鬼姿态亦与之相应。同时二俑头饰不同，一俑戴兜鍪，一俑仅编发没有戴兜鍪。铠甲颜色鲜艳，用红、黑、蓝、绿、黄等多种色彩绘出繁缛的花纹，有各式团花、卷云和菱形图案，反映着唐代纺织品的华丽纹饰，模拟着当时的绢甲。在《大唐六典》记录的甲制中列有"绢甲"，是仪仗用的铠甲，所以两肩的披膊都作兽首形状。戴兜鍪那件俑的兽首披膊上，还托有黄色的桃形宝珠。

图 27-3 陕西西安西北政法学院
34 号唐墓镇墓俑

图 27-4 陕西西安西北政法学院
34 号唐墓镇墓俑

追根溯源，这种天王形貌的镇墓俑，是由北朝时期的按楯甲胄镇墓俑演变而成。从洛阳北魏晚期墓中，已经可以看到比一般俑高大的镇墓俑，挺身端立，身着甲胄，左手曲于胸前，按一面有纵脊的长方形大楯，右手握拳，中有小孔，原应插有兵器。建义元年（528）常山文恭王元邵墓出土的俑可作为典型代表（图 27-5）[1]。所披铠甲是当时流行的"两当铠"，

---

[1] 洛阳博物馆：《洛阳北魏元邵墓》，《考古》1973 年第 4 期，第 218—224 页。

主要由前面的胸甲和背后的背甲构成。腿部没有护甲，穿长裤，在膝下以带缚扎。

到北朝晚期的东魏、北齐时期，这种按楯甲胄武士俑所披的铠甲，已改为当时流行的"明光铠"，在前胸和后背各有左右两面大型圆护，两肩有披膊，有的还重叠多层。头戴的兜鍪，额前常有尖的冲角，两侧和颈后垂有耳护和顿项。所按的长楯也常在纵脊的中部饰有近圆形的兽面图案，一般是狮子头的正面图像，也就是当时流行的"金花狮子楯"。东魏武定五年（547）南阳郡君赵胡仁墓①出土随葬俑群中的甲胄武士形貌的镇墓俑（图27-6），已作此形貌。至迟到北齐时，有的镇墓俑所按楯，不仅

图27-5　河南洛阳北魏元邵墓镇墓俑　　　图27-6　河北磁县东魏赵胡仁墓镇墓俑

---

① 磁县文化馆：《河北磁县东陈村东魏墓》，《考古》1977年第6期，第391—400页。

脊上饰有金花狮子面，在楯的四角也饰有人物、神兽等图像，造型更为精美。例如北齐天统二年（566）祠部尚书赵州刺史崔昂墓中所出，楯的两上角是舞蹈姿态的人物，两下角是人形的神兽。① 不过在陕西、宁夏地区的西魏、北周墓中的甲胄武士状镇墓俑，却不是端立按楯的姿态，不执长楯，而且身躯扭曲，大腹凸鼓（图27-7）。

隋朝统一以后，墓葬中的随葬俑群承袭了北朝晚期的传统，将北周和北齐的陶俑造型凑合在一起，但没有来得及融会发展出自己的时代风格，这一短命的王朝就覆亡了。在西安地区发现的隋墓随葬的甲胄武士镇墓俑，没有沿袭北周时的形貌，而是采用北齐的按楯端立的样式，以开皇二年（582）使持节上柱国德广郡开国公李和墓出土的甲胄武士俑为例②，是身披明光铠、手按金花狮子楯的形貌，所戴兜鍪有冲角和护耳。大业四年（608）周宣帝外孙女李静训（李小孩）墓③和大业六年（610）右备身将军司农卿龙泉敦煌二郡太守姬威墓④随葬的甲胄武

图27-7　宁夏固原北周李贤墓镇墓俑

---

① 河北省博物馆、河北省文物管理处：《河北平山北齐崔昂墓调查报告》，《文物》1973年第11期，第27—38页。
② 陕西省文物管理委员会：《陕西省三原县双盛村隋李和墓清理简报》，《文物》1966年第1期，第27—42页。
③ 中国社会科学院考古研究所：《唐长安城郊隋唐墓》，文物出版社1980年版，第3—28页。
④ 陕西省文物管理委员会：《西安郭家滩隋姬威墓清理简报》，《文物》1959年第8期，第4—7页。

士镇墓俑也是同样的形貌（图27-8）。

唐朝初建时，墓葬习俗还继续隋朝的旧制，所以在贞观年间的随葬俑群中的甲胄武士形貌的镇墓俑仍然是端立按楯的姿态。发现时间较早的是1953年由独孤开远墓中获得的（图27-9）[①]。在陪葬昭陵的长乐公主墓中[②]，随葬有两组4件按楯甲胄武士形貌镇墓俑，体高超过40厘米，而墓中随葬的一般陶俑体高不超过23厘米，可见甲胄武士形貌俑比一般俑高近一倍之多。这时镇墓俑虽然仍是披明光铠、穿长袴，但与北朝晚期的明光铠不同，两面胸护之间自颌下居中纵束有甲襻，至胸以下打结，然后左右横束到身后。这种情况到唐高宗至武则天当政时发生了变化。

图27-8　陕西西安隋李静训墓镇墓俑　　**图27-9　陕西西安唐独孤开远墓镇墓俑**

---

① 陕西省文物管理委员会：《陕西省出土唐俑选集》，文物出版社1958年版，图版1。
② 昭陵博物馆：《唐昭陵长乐公主墓》，《文博》1988年第3期，第10—30页。

561

陪葬昭陵的右武卫大将军郑仁泰墓[1]，葬于麟德元年（664），随葬的甲胄武士形貌的镇墓俑是釉陶上再绘彩贴金，更显华美（图27-10）。端立姿态，头戴兜鍪，身披明光铠，不再手按长楯，足踏较矮的山石座。明光铠和兜鍪的形制也有变化。头上的兜鍪，有顿项及耳护。颈有项护。明光铠的甲身前胸部分做左右两片，每片中心作一小圆护，背部则连成一整片，胸背甲在两肩上用带前后扣连，甲带由颈下纵束至胸前，再向左右分束到背后，然后再束到腹部。腰带下左右各一片膝裙，其下露出绿地绘宝相花纹的战裙。两肩的披膊作上、下两重，上层作张口的虎头状，虎口中吐露出下层那片金缘的绿色披膊。

从明光铠形制的变化，反映出到高宗时，唐代铠甲已经脱离了北朝晚期的影响，形成具有唐代自己的时代风格。同样说明唐代墓葬的随葬俑群的形制，也已脱离了北朝晚期至隋的影响，形成具有唐代特征的新的时代风格。在此基础上，从高宗到武则天当政的大周政权时期，再到中宗神龙、景龙年间，镇墓俑由传统的模拟人间甲胄武士的形貌，逐渐向类似佛教造像中天王的形貌过渡。

首先是在总章元年（668）银青光禄大夫守司刑太常伯李爽墓发掘中[2]，出土有两件高度接近1米（一件高99.5厘米，另一件高97厘米）的绘彩镇墓俑（图27-11）。它们虽然也是身披明光铠端立的姿态，但有几处与郑仁泰墓镇墓俑明光铠不同的变化，自颔下纵束的甲带到胸甲处经一圆环与横带相交，腰带上半露出护脐的圆护，下身不再是战袍或长袴，而是为增强腿部防护，缚扎于小腿上的"吊腿"。同时头上的兜鍪形制也有变化，左右耳护外沿向上翻卷。值得注意的是，镇墓俑面部表情较以前生动，虽然大致仍是端立姿态，但双腿分开，足下踏一卧牛。由郑仁泰墓式样的镇墓俑向李爽墓式样的镇墓俑的发展有一个过程，甚至在一定时期内，新旧两种式样并存。例如在咸阳发掘的苏君墓中[3]，随葬有两组4件

---

[1] 陕西省博物馆、礼泉县文教局：《唐郑仁泰墓发掘简报》，《文物》1972年第7期，第33—44页。

[2] 陕西省文物管理委员会：《西安羊头镇唐李爽墓的发掘》，《文物》1959年第3期，第43—53页。

[3] 陕西省社会科学院考古研究所：《陕西咸阳唐苏君墓发掘》，《考古》1963年第9期，第493—498页。

图 27-10　陕西唐郑仁泰墓镇墓俑　　　　图 27-11　陕西西安
唐李爽墓镇墓俑

镇墓俑，其中一组两件是同于郑仁泰墓的旧式样，另外一组两件是同于李爽墓的新式样。至于神功二年（698年，即圣历元年）迁葬的朝议大夫行乾陵令独孤思贞墓出土的三彩镇墓俑[①]，也仍是郑仁泰墓的旧式样（图 27-12）。

直到唐中宗景龙二年（708）龙州刺史郭垣墓中随葬的一对甲胄武士形貌的镇墓俑[②]，足下踩踏的仍是伏卧的动物，其一踏卧牛，其二踏卧鹿（图 27-13）。但是也出现了新变化，就是镇墓俑已从原来比较呆板的直立姿态，改为上体略倾，一手上举，另一手叉腰，一腿屈膝，另一腿伸直，姿态已较为灵动。

---

① 中国社会科学院考古研究所：《唐长安城郊隋唐墓》，文物出版社1980年版，第29—43页。
② 中国科学院考古研究所：《西安郊区隋唐墓》，科学出版社1966年版，图版拾：1、2。

图 27-12 陕西西安唐独孤思贞墓镇墓俑

图 27-13 陕西西安唐郭恒墓镇墓俑

就在旧的样式还在延续和改良的时候,一种更新样式的镇墓俑已经出现了。在永淳元年(682)陪葬昭陵的临川公主李孟姜墓中[①],随葬的镇墓俑所披的铠甲,仍模拟着当时明光铠的基本形制(图 27-14)。项护以下纵束甲带,到胸前横束至背后,胸甲分为左右两部分,从两肩以带扣连接背甲,腰带下垂膝裙、鹘尾,下缚吊腿。身姿改为一手上举,另一手叉腰,一腿屈膝,另一腿伸直的较生动的姿态,双足踩踏的不是伏卧的兽,而是蹬踏在趴伏地上的小鬼的肩、胯之上。

---

① 陕西省文管会、昭陵文管所:《唐临川公主墓出土的墓志和诏书》,《文物》1977 年第 10 期,第 50—59 页。

图 27 - 14　陕西西安唐临川公主墓镇墓俑

图 27 - 15　陕西西安唐独孤思敬墓镇墓俑

在前述独孤家族墓地，还发掘了独孤思贞的同祖从兄弟独孤思敬的坟墓（图 27 - 15）。独孤思敬曾任定王府掾，与妻元氏合葬于景龙三年（709）[①]，比独孤思贞迟葬十一年。墓中出土的镇墓俑[②]已是与临川公主墓镇墓俑相同的新式样，并且在细部又有了新的变化。该墓随葬的釉陶镇墓俑，所披明光铠的形制与临川公主墓镇墓俑的明光铠相同，仍是模拟当时的实战铠甲，但是又开始增加了一些与实战铠甲无关的华饰。例如其中一

[①] 过去有人据元氏墓志中有"粤大周长安三年……迁窆于夫氏之旧茔"句，将出土陶俑定为长安三年（703）。夏鼐先生认为，应按独孤思敬墓志，合葬于景龙三年（709）。参见夏鼐《敦煌考古漫记》，百花文艺出版社 2002 年版，第 43、49 页。

[②] 中国社会科学院考古研究所：《唐长安城郊隋唐墓》，文物出版社 1980 年版，第 43—52 页。

565

俑披膊塑成龙首形，项护下作卷叶花饰，吊腿膝头饰象首，长鼻下垂，直至小腿，然后鼻端向前卷起。也已是一手上举、一手叉腰的姿势，也是将双足分别蹬踏在跪卧的裸体小鬼肩、胯之上，已经呈现出足踏小鬼的天王形貌。

上述两墓出土的镇墓俑，表明从永淳至景龙年间正是由踏卧兽甲胄武士向新的踏小鬼天王形貌的镇墓俑的过渡阶段。到景云年间，这种足踏小鬼的天王形貌镇墓俑更出现在陪葬乾陵的章怀太子李贤墓中。李贤原封雍王，神龙二年（706）陪葬乾陵，景云二年（711）改赠章怀太子与其妃清河房氏合葬。① 随葬有高达1.3米的三彩镇墓俑，面饰白粉，一手前举，一手叉腰，足踏小鬼，已似佛教造像中天王形貌（图27-16）。可以认为大约在景龙到景云年间，天王形貌的镇墓俑已相当流行。

到了玄宗开元初年，足踏天王形貌的镇墓俑，已成为镇墓俑造型的主流，开元六年（718）陪葬昭陵的越王李贞墓中的彩绘贴金镇墓俑②，可以视为典型作品。虽然绘彩多已脱落，但仍能看出朱红、翠绿、深红、土红等色和兜鍪上的贴金，将原来模拟的实战用铠甲，改为模拟仪仗用的色彩缤纷的绢甲，还在所戴兜鍪上装饰有朱雀。开元十二年（724）金乡县主墓出土的绘彩镇墓俑，是这时期的作品（图27-17）。前述2002年西安南郊土洞墓出土的绘彩天王形貌镇墓俑，也应是这一时期的作品。

到了开元后期特别是天宝年间，随着社会经济的发展，文化艺术的繁荣，随葬俑群的艺术造型也达到唐俑艺术的高峰，天王形貌的镇墓俑的艺术造型同样达到新的高峰，体姿灵活，面相生动，装饰华美，色彩艳丽。在所披模拟仪仗用彩绢制作的明光铠上，又增添了各种华美的装饰，通常是在兜鍪上装饰展翅欲飞的朱雀、孔雀和火焰纹、宝珠等，铠甲的肩上也常附加有火焰托衬的桃形宝珠。天王足下踩踏的小鬼，也塑造出诸多变化，做出仰坐跪卧等各种体姿，尽力用肩背腰胯承托身着全装甲胄的天王巨大身躯的重压，呈现出不堪重负的形貌，或许反映出开天盛世遮掩下社会底层民众不堪重负的痛苦的心声。

天宝年间天王形貌镇墓俑，过去常以1955年西安韩森寨雷君妻宋氏墓

---

① 王仁波：《西安地区北周隋唐墓葬陶俑的组合与分期》，《中国考古学研究论集》，三秦出版社1987年版，第14页。

② 昭陵文物管理所：《唐越王李贞墓发掘简报》，《文物》1977年第10期，第41—49页。

图 27 – 16　唐章怀太子墓　　　　图 27 – 17　陕西西安唐金乡县
三彩镇墓俑　　　　　　　　　　　主墓镇墓俑

中出土的一组两件为代表（图 27 – 18）①，该墓纪年为天宝四年（745）。自从参加在北京故宫博物院举办的"五省出土重要文物展览"后，这组镇墓俑一直受到全国文物考古界和美术界的重视。王去非曾据这组镇墓俑和同墓所出的一组两件镇墓兽，考证它们应为《大唐六典》《通典》等文献中记载的"四神"，即"当圹、当野、祖明、地轴"，还推测一组两件镇墓俑可能是当圹和当野，另一组两件镇墓兽或许是祖明和地轴。② 后来徐苹芳根据《大汉原陵秘葬经》中所记当圹、当野的方位，证实了当圹、当野

---

① 陕西省文物管理委员会：《陕西省出土唐俑选集》，文物出版社 1958 年版，图版 84、85。
② 王去非：《四神、巾子、高髻》，《考古通讯》1956 年第 5 期，第 50—54 页。

567

图 27-18　陕西西安唐雷君妻　　　图 27-19　陕西西安中堡村
　　　　宋氏墓镇墓俑　　　　　　　　　　　唐墓天王俑

为两件人形镇墓俑这种推测。[①] 雷君妻宋氏墓的镇墓俑，一件高 1.42 米，一件高 1.13 米，面部刻划极为生动，体魄劲健，显得威猛异常，已改变了一手上举、一手叉腰的程式化的姿态，所以造型更显自然传神。一件兜鍪顶饰尾羽鲜明的孔雀，另一件是飞腾的火焰。披膊作龙首形状，龙角外伸，且在两肩均有火焰承托的宝珠。更显华美而富有神异色彩。

[①] 徐苹芳：《唐宋墓葬中的"明器神煞"与"墓仪"制度——读〈大汉原陵秘葬经〉札记》，《考古》1963 年第 2 期，第 87—106 页。后收入《中国历史考古学论丛》，台北允晨文化公司 1995 年版，第 277—314 页。

同时期的三彩天王形貌的镇墓俑，也同样具有生动的艺术造型和浓郁的神异色彩，还由于三彩器多变的釉色，使其外貌因而更显华美。在一些规模不大、缺乏墓志的墓中，也常常有极精彩的三彩俑随葬，例如1959年在西安西郊发掘的中堡村唐墓。[①] 该墓随葬的三彩俑群，精美的程度可与鲜于庭海墓相比，其中也有一件骆驼载乐俑。出土的天王形貌镇墓俑（图27-19），形体虽然不大，通高刚超过半米（65厘米），但形象之生动，可与体高几乎超出其三倍的雷君妻宋氏墓陶俑相媲美。特别是所披明光铠各部分所施釉彩，蓝、白、黄褐、绿诸色调配得当，披膊龙首蓝白相间，伸出黄褐的双角，肩上又附有白色火焰托出的黄色桃形宝珠。黄褐项护下接白色胸甲，胸甲左右加两面蓝色圆护，中央点饰黄花。纵束黄甲带，蓝色腹甲，黄腰带，带中央饰多彩的兽面。膝裙、鹘尾的甲片以白、蓝、黄三色相间涂施，膝裙加宽黄缘，垂白色流苏。战袍黄褐色。白色吊腿，蓝缘黄带。整体用色繁而不乱，浓淡相间，堪称天宝年间三彩俑中佳品。

安史之乱以后，唐朝社会经济日趋下滑，造型艺术也丧失了开元天宝时的盛世风貌，影响到墓葬内随葬俑群的制作，也日渐趋向塑工粗糙、造型简单，天王形貌的镇墓俑也不例外。元和三年（808）朱庭玘墓出土的镇墓俑[②]，制工草率，衣饰简化，形体矮小，无复天宝时的风貌。

（本文是于2003年5月应刘志雄之约写成的。当时他正为某杂志约稿，并参与编辑工作。时值北京"非典"疫情流行，他是通过电话约稿，要开一个《漫话唐俑》栏目，而且要得很急。第一篇完稿后他来取时，因恐惧疫情波及，我所住小区禁止外人入内，只能通过护栏缝隙将文稿递给他。当时大家都避居家内，他还不顾疫情满城催稿，足以见其对编辑工作的敬业精神，令人钦佩。但此后他似乎与那份杂志分手，稿件也如泥牛入海，迄无消息，后续的漫话之二也就没有继续下去了。以后见面时，他一直回避而再不提此事，直到他永远离去。这也是我1958年后第一篇被约而未见刊出的文稿。现将旧稿捡出，编入本集，以志对刘志雄的怀念，并祈冥福）

---

① 陕西省文物管理委员会：《西安西郊中堡村唐墓清理简报》，《考古》1960年第3期，第34—38页。

② 陕西省文物管理委员会：《陕西省出土唐俑选集》，文物出版社1958年版，图版118。

谈唐代胡俑

李唐王期是中国古代历史上一个颇为开放的时期，承袭着北朝的文化传统，而在十六国南北朝时期，由于曾长期生长于北部或西北边疆的古代少数民族，纷纷迁入中原，并建立政权，取代汉族成为统治民族，促成各民族文化的大融合。但是从原居中原的汉人看来，那些民族如匈奴、鲜卑等就是胡人或东胡。而这些民族建立政权以后，特别是如拓跋鲜卑统一北方、与南朝对峙以后，则又将在其西北的西域人士称为"胡"。不过当时社会中并不排斥胡人，而且还设有管理在华胡人或胡人宗教的官员，还由来华胡人充任，近年在西安陆续发现的北周安伽[1]、史君[2]诸墓可以为证。

李唐建国前，李渊、李世民父子治军，组建骑兵系仿效突厥，战马亦多取自突厥。至李唐建国之初平定群雄的征战中，军中亦有突厥将领，如西突厥特勤大奈（后赐姓史氏），因屡有战功，累迁右武卫大将军、检校丰州都督，封窦国公。卒赠辅国大将军，已是正第二品。此后有唐一代，武将中一直不乏"胡人"，突厥、突骑施以及昭武九姓诸国人氏都有，还有东北的靺鞨、百济、高丽等，皆能以军功升迁高位，足见李唐王朝时确实颇为开放，并不在乎将领的民族成分，而能因才录用。总体看来，唐代入居中土的胡人，其身份大体可以分为上、中、下三层。

胡人中身份最高的上层人士，如前引史大奈已官居正第二品。许多胡人生为高官，或与公主皇亲等结婚，死后还有陪葬皇陵的荣誉。仅举经过考古发掘的昭陵陪葬墓为例，其中就有突厥人阿史那忠[3]、安国人安元寿[4]

---

[1] 陕西省考古研究所：《西安北周安伽墓》，文物出版社2003年版。
[2] 西安市文物保护考古研究所：《北周史君墓》，文物出版社2014年版。
[3] 陕西省文物管理委员会、礼泉县昭陵文物管理所：《唐阿史那忠墓发掘简报》，《考古》1977年第2期，第132—138转80页。
[4] 昭陵博物馆：《唐安元寿夫妇墓发掘简报》，《文物》1988年第12期，第37—49页。

等，他们的墓葬都具有多天井的长斜坡墓道，有精美的壁画，并有数量众多的随葬俑群。据墓志记载，阿史那忠为右骁卫大将军，安元寿为右威卫将军，皆为正第三品。可惜墓内随葬陶俑群均遭盗扰，所以不知其中是否有"胡俑"。但同为昭陵陪葬墓的郑仁泰墓①，死者亦官居右武卫大将军，与阿史那忠、安元寿同属正三品，墓内随葬陶俑群保存较好，其中即有"胡俑"及着翻领胡装的俑，因此推测，阿史那忠、安元寿两墓中俑群内容也应与郑仁泰墓相同，恐亦不乏"胡俑"。随着田野考古的新发现，这一问题得到答案。在西安西郊发掘了突骑施奉德可汗王子的坟墓②，他名光绪，入唐为质子而后留唐，卒于永泰元年（765）。墓内随葬俑群一依唐制，其中就有牵马或牵驼的"胡俑"（图28-1）。这也从一个侧面表明居留唐长安的胡人的身份高低不同。

中层的胡人大多身无官位，多是入唐的商贾平民，但是其中许多是富有资财者，所以唐人传奇中多有胡人与宝物的故事。另一些人则是经营酒肆商铺的商贾。此外，也有些人入华后担任些小官吏，如在西安曾发现汉文与中古波斯文合璧的苏谅妻马氏墓志③，马氏的丈夫苏谅，就是波斯萨珊朝被阿拉伯人灭亡后，流寓华土的波斯人的后裔，后被编入神策军中。

下层的胡人则是生活在社会底层的奴婢等，许多是畜养牲畜的奴仆。诗人岑参《卫节度赤骠马歌》所咏："紫髯胡雏金剪刀，平明剪出三鬃高。"即为养马的胡人。想当年唐廷大量购入突厥良马，自多随马群入华的养马者。还在高层人物墓中的随葬俑群中，于出行游猎的队列中，常有携猎犬等的胡人骑马俑，有的造型生动，如金乡县主墓④出土的彩绘胡人携犬骑马俑（图28-2）。东市和西市的胡人酒肆商铺中，亦多有服役的胡姬、胡侍。还有从事百戏杂技表演的艺人。这些胡人，生活在社会的底层，受人役使，目前出现在唐墓随葬俑群中的"胡俑"，恐怕皆以下层胡

---

① 陕西省博物馆等：《唐郑仁泰墓发掘简报》，《文物》1972年第7期，第33—44页。
② 西安市文物保护考古研究院：《西安西郊唐突骑施奉德可汗王子墓发掘简报》，《文物》2013年第8期，第4—19页。
③ 陕西省文物管理委员会：《西安发现晚唐祆教徒的汉、婆罗钵文合璧墓志——唐苏谅妻马氏墓志》，《考古》1964年第9期，第458页。
④ 西安市文物保护考古研究所：《唐金乡县主墓》，文物出版社2002年版。

图 28-1　西安唐突骑施奉德可汗王子墓陶牵马胡俑

图 28-2　陕西西安唐金乡县主墓骑马携犬狩猎胡俑

人为摹写对象。

综上所述，可以看出，目前我们从对唐墓考古发掘中获得的"胡俑"，并不足以反映当时在唐朝版图内生活的所有入华"胡人"，而只是可以反映出入华胡人的下层，他们是身受当时社会居于统治地位的华、胡上层人士所驱使、奴役，从事养马牵驼，或供随从役使。

同时，在观察研究"胡俑"时，还应注意古人制作这些陶俑的目的，本是为了随葬之用，虽然其形貌所摹写的模特儿应是社会上生活的下层胡人，但是限于墓仪制度的要求，它们不是写真的艺术创作，而且所依据的"粉本"又常拘于程式化或滞后性，制作的匠师也时有局部改变，因此在分析这些俑像时，切忌简单地将其直接等同于社会现实事物。同时仅仅靠某些俑像似摹写了"高鼻深目"或有连鬓胡须，即定位为"胡人"，有时也失之简单，因为即使是观察活人，也常有失误。

从中国历史上也可寻到生动的实例。如东晋十六国时期，冉闵消灭后赵政权时，大杀氐羌诸胡，看到高鼻多须者就杀。据《晋书·石季龙载记》："一日之中，斩首数万。……于时高鼻多须至有滥死者半。"① 我们今日辨别"胡俑"时，也应引以为鉴。因此仅据形貌而去推测陶俑所模拟的就是"胡人"，再据以推测人像的种族或民族，是十分困难的事。

虽然从随葬陶俑群中辨识"胡俑"有极大的局限和许多困难，但是，这些俑像毕竟是今人窥知唐代下层胡人的一扇可资利用的窗口，也可以通过他们进一步了解唐代社会生活。同时，唐代"胡俑"的制作常常相当精致，造型也颇生动，还可被视为艺术造诣颇高的唐代人像雕塑品（图28-3），值得重视。昭陵博物馆能够将西安等地区发掘出土的唐代"胡俑"集中展示，必定能将关于唐代"胡人"的学术研讨推向新的高潮，这是令人高兴的。期望通过这次的展览和学术研讨，能推动有关唐代"胡人"的研究，取得新的更大的进展。

图28-3 新疆吐鲁番阿斯塔那唐墓木胡俑头像

（本文系应约为乾陵博物馆所办"唐代胡俑展"图录所写的前言。原刊乾陵博物馆《丝路胡人外来风——唐代胡俑展》，文物出版社2008年版）

---

① 《晋书·石季龙载记》，中华书局校点本1974年版，第279页。

观陕西汉唐墓室壁画札记

西汉都城长安和唐代都城长安都坐落在陕西省。西汉和唐代之间，东汉末年、十六国时期的前赵、前秦和后秦，以及北朝时的北周，都曾以汉长安城为都城。隋代新建都城大兴城，唐代沿袭为都城，改称长安城。因此，陕西地下埋藏的由汉到唐的古代墓葬数量众多，自20世纪50年代以来，不断有汉唐时期的壁画墓被发掘出土，学者对此论著颇丰。在笔者写的小书《美术考古半世纪——中国美术考古发现史》中，也曾概略地介绍过。[①] 此后，特别是进入21世纪后，陕西更是不断有关于汉唐墓室壁画的重要发现，仅将观画学习所得的一些不成熟的联想，简记于下，以供参考。

一

西汉时期的墓室壁画，以2004年发现的西安理工大学1号墓（简称"理工墓"）[②] 和2008年西安曲江翠竹园1号墓（简称"曲江墓"）[③] 最为重要。笔者曾仔细观察这两座墓的壁画，对两个方面的问题有所思考。

首先应思考的方面，是对比观察那两座墓内壁画的绘制技法，可以看出存在颇为明显的差异。仅就壁画中人物的形貌特点来看，理工墓的人像体量微小而描绘细密（图29-1），人像体高仅有手掌大小；曲江墓的人像则体量硕大而描绘粗放，人像大致与真人等身高，有的体高甚至超出2米

[①] 杨泓：《美术考古半世纪——中国美术考古发现史》，文物出版社1997年版。
[②] 西安市文物保护考古所：《西安理工大学西汉壁画墓发掘简报》，《文物》2006年第5期，第7—44页。
[③] 西安市文物保护考古所：《西安曲江翠竹园西汉壁画墓发掘简报》，《文物》2010年第12期，第26—39页。

(图 29-2)。在技法上，理工墓起稿仔细，还经不断修改，线勾轮廓，笔迹纤细，着色平涂匀净；而曲江墓仅人像面容线勾轮廓，身体衣服则浓彩平涂，因着色粗放，色块不匀，加之久存地下，遭潮湿斑驳，现在粗一看去似有些浓淡明暗差别，不见线勾轮廓。十分明显，上述两墓壁画的绘制技法，似应分别源于不同的传统。

图 29-1　陕西西安理工大学 1 号汉墓东壁中部壁画（局部）

先看理工墓壁画，其精致细密的形貌特点，如与现已发现的西汉初年的考古标本相比，不禁令人忆起湖南长沙马王堆西汉初轪侯家族墓出土的帛画（1 号墓和 3 号墓的"非衣"帛画、3 号墓椁内悬的帛画），以及漆棺上的漆画[①]，那些画作明显是传承自先秦楚地绘画的传统（图 29-3）。目前所知西汉崖墓中最早的壁画，为河南永城柿园梁王墓，或许也与楚地绘画传统有联系。在古代史籍中，可以看到西汉初长安宫廷文化中楚风的影响，帝陵从葬的俑群也显示出楚风的影响，笔者曾在二十年前写过一篇小文

---

① 湖南省博物馆、中国科学院考古研究所：《长沙马王堆一号汉墓》，文物出版社 1973 年版；湖南省博物馆、湖南省文物考古研究所：《长沙马王堆二、三号汉墓·第一卷·田野考古发掘报告》，文物出版社 2004 年版。

图 29-2　陕西西安曲江翠竹园 1 号汉墓东壁壁画

图 29-3　湖南长沙马王堆 3 号汉墓帛画（局部）

章《汉俑楚风》①，论述过这方面的问题，但是当时依据的考古标本是汉陵

---

①　杨泓：《汉俑楚风》，《文物天地》1992 年第 3 期，后收入《逝去的风韵——杨泓谈文物》，中华书局 2007 年版，第 181—185 页。

陶俑，主要是景帝阳陵从葬坑出土的着衣裸身俑，还缺乏有关绘画的考古标本。现在理工墓壁画的发现，或许可视为楚风在西汉都城长安的影响在绘画方面的表现。这是值得今后继续深入探讨的课题。

再看曲江墓壁画，其粗硕雄浑的风貌自然与前述楚风无涉，当另有渊源。不禁让人联想强秦造型艺术追求壮丽恢宏的时代风貌。但经田野考古发掘获得的秦代艺术品，主要是与雕塑有关的标本，其代表群体自是始皇陵园东侧诸俑坑出土的陶俑群。而与绘画有关的考古标本则较贫乏，目前仅知在秦都咸阳发掘宫殿遗址时，发现的在廊道中残留的壁画。从发表有彩色图版的车马图像①来看，驾车骏马似为浓色平涂，不见明显的轮廓线，奔跑的体姿动感强烈，车马整体雄浑有力（图29-4）。虽然只是宫殿建筑群体的一处不甚重要的廊道的装饰图像，仍可从一滴水去推想秦宫主要装饰图像粗硕雄浑的风貌。因此，曲江墓壁画的风格是否上承秦制，亦未可知，只有等待今后的田野考古新发现来印证了。

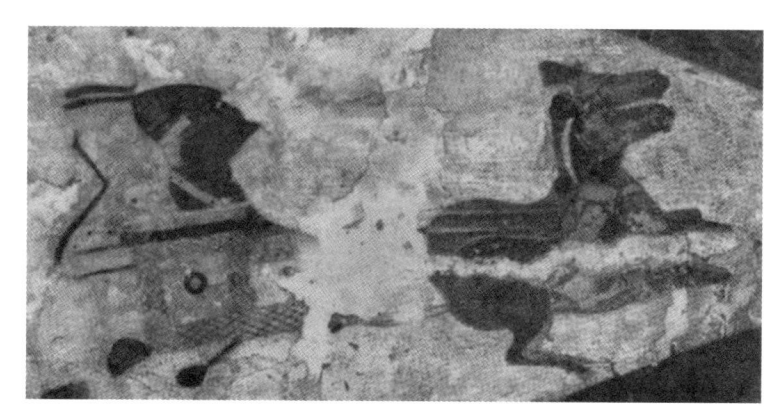

图 29-4 陕西咸阳秦宫壁画马车图像

总体看来，西汉时政经文化的主流是承袭秦制，但文化艺术领域又深受楚风影响，近年西安地区西汉墓室壁画的考古发现，为这方面的探究提供了值得特别注意的新线索。

---

① 咸阳秦宫廊道壁画车马图彩版，参见《中国历代艺术·绘画篇》（上），图版14，人民美术出版社1994年版；陕西省考古研究院：《壁上丹青——陕西出土壁画集》（上），科学出版社2009年版，第2页。

二

对西安新发现的西汉墓室壁画另一方面的思考，是自 20 世纪 60 年代以来，在研究西汉墓室壁画时，论者常是以洛阳为重心，其实囿于当时田野考古发现的局限，中华人民共和国成立前被盗掘而流入洋人手中的残缺的壁画标本，据说都出自洛阳。[1] 而 20 世纪 50—80 年代，一些令人注意的西汉壁画墓，如烧沟 61 号墓[2]、烧沟村西"卜千秋墓"[3] 等，都发现于洛阳地区。只是到 1987 年，才在西安交通大学附属小学建造教学楼时首次发现 1 座西汉壁画墓[4]，且只保留有墓室顶部的天象壁画。又由于烧沟 61 号墓的发掘报告当年在《考古学报》发表后，夏作铭（鼐）师曾发表论文[5]，指出该墓前室脊顶的星象图壁画，是从汉代天官家所区分的"五宫"中，每"宫"选取几个星宿用以代表天体，虽然尚属示意性质，但由此可以了解当时人们对星宫的认识，为我国天文学史提供了重要的资料。同时，时任中国科学院院长的郭沫若，又以诗人的罗曼蒂克将那座墓中一幅以熊首人身、着衣怪兽为中心的壁画，畅想为"鸿门宴"故事，还将墓门的"神虎食女魃"的图像演绎为"苛政猛于虎"（图 29 - 5），等等。[6] 更引起各方面人士的兴趣，至今仍有美术史研究者承袭郭老"鸿门宴"说。[7]

当卜千秋墓壁画发表后，孙作云即撰文认为，其壁画是以升仙为主

---

[1] 分藏于美国波士顿美术馆和英国大英博物馆的两组被盗掘出土的壁画残件，原墓情况无人清楚。如果把它们视为一座或两座壁画墓，表述不够科学。关于这两组壁画残件的图像资料，"八里台"的图像，参见贺西林、李清泉《中国墓室壁画史》，高等教育出版社 2009 年版，第 20 页。大英博物馆收藏的一组，参见 [德] 倪克鲁《大英博物馆收藏的一组汉代壁画》，贺西林译，《考古与文物》2004 年第 5 期，第 74—80 页。

[2] 河南省文化局文物工作队：《洛阳西汉壁画墓发掘报告》，《考古学报》1964 年第 2 期，第 107 页。

[3] 洛阳博物馆：《洛阳西汉卜千秋壁画墓发掘简报》，《文物》1977 年第 6 期，第 1—12 页。

[4] 陕西省考古研究所、西安交通大学：《西安交通大学西汉壁画墓》，西安交通大学出版社 1991 年版。

[5] 夏鼐：《洛阳西汉壁画墓中的星象图》，《考古》1965 年第 2 期，第 80—90 页。后收入《考古学和科技史》，科学出版社 1979 年版，第 51—62 页。《夏鼐文集》中册，社会科学文献出版社 2000 年版，第 377—390 页。

[6] 郭沫若：《洛阳汉墓壁画试探》，《文物精华》第三辑，文物出版社 1964 年版，第 27—29 页。

[7] 金维诺：《中国美术史论集》，人民美术出版社 1981 年版，第 60—61 页。

题,强调了"打鬼与升仙均为汉代地主阶级的主要迷信,二者相辅为用。打鬼是为升仙扫清道路,升仙则是打鬼的终极目的"[①]。至今这一模式仍影响着对汉墓壁画的研究。凡此种种。所以直到西安汉墓壁画新发现发表为止,论者以洛阳为重心来研究西汉墓室壁画也就不足为奇了。笔者自己在《美术考古半世纪——中国美术考古发现史》中介绍西汉墓室壁画时,因1996年以前发现的田野考古标本的局限,也摆脱不了这一程式。[②]

图29-5 河南洛阳烧沟西汉墓墓门壁画

但是以洛阳为重心来研究西汉墓室壁画,笔者一直受到难以解决的若干问题的困扰。首先就是按通常的理解,自古至今,作为全国政治经济中心的都城,自然也是引领当时文化艺术潮流的中心。西汉的都城在长安,

---

① 孙作云:《洛阳西汉卜千秋墓壁画考释》,《文物》1977年第6期,第17—22页。
② 杨泓:《美术考古半世纪——中国美术考古发现史》,文物出版社1997年版,第135—136页。

文献记载的具有指导教化意义的宫廷壁画，以人物画像为主，其中最重要如西汉宣帝甘露三年（前51）时，在长安未央宫麒麟阁绘功臣像。[①] 此前西汉武帝时，还曾因金日磾母教子有法度，为她在甘泉宫画像。[②] 西汉宫中这些宣扬忠君报国和为人楷模的人像壁画，推测其画幅面积应与壁面相等，人像的体量至少也应是与真人等身，甚至体高还可能超过常人。画工在进行创作时，亦应依所描绘对象形貌真实摹写，据画史中对西汉画工毛延寿等的记述，已能"画人老少美恶皆得其真"，还有的画工"尤善着色"[③]。或者可以说，西汉时画工在都城长安皇宫中绘制的壁画，代表了当时绘画艺术的最高成就，引导着西汉绘画艺术的新潮流。所以当西汉时砖筑墓室开始流行，砖筑墓墙的壁面为墓室壁画提供了载体以后，墓室壁画开始出现，也应是在当时绘画艺术的中心——都城长安。其次，洛阳地区的墓室以空心砖为主要结构、只有局部的小面积绘画，仅分布在墓门门额、主室脊顶、隔墙上方横梁房山和后室后壁房山等局部区域，画幅不大，卜千秋墓前室脊顶的壁画虽说是长卷，由20块砖组成，但画幅高仅只52厘米，而两室主要的完整的壁面则全为空心砖的模印图案。难道在主要壁面不绘壁画，只在顶脊、房山局部装饰些壁画，这真是代表西汉墓室壁画的主要模式？又是个令人困扰的问题。同时那些墓都只是中型的砖椁墓[④]，墓内所葬死者的身份都不高，"应属于汉代一般官吏及其眷属的墓葬"[⑤]，难道西汉墓室壁画真是从当时洛阳地方的下层官吏墓中开始的吗？因为20世纪90年代以前囿于考古标本，这些问题总是令人困扰而又难寻答案。

---

① 《汉书·李广苏建传》："甘露三年，单于始入朝，上思股肱之美，乃图画其人于麒麟阁，法其形貌，署其官爵姓名。唯霍光不名，曰大司马大将军博陆侯姓霍氏，次曰卫将军富平侯张安世，次曰车骑将军龙额侯韩增，次曰后将军营平侯赵充国，次曰丞相高平侯魏相，次曰丞相博阳侯丙吉，次曰御史大夫建平侯杜延年，次曰宗正阳城侯刘德，次曰少府梁丘贺，次曰太子太傅萧望之，次曰典属国苏武。皆有功德，知名当世，是以表而扬之，明著中兴辅佐，列于方叔、召虎、仲山甫焉，凡十一人，皆有传。"中华书局校点本1974年版，第2468—2469页。

② 《汉书·金日磾传》："日磾母教诲两子，甚有法度，上闻而嘉。病死，诏图画于甘泉宫，署曰'休屠王阏氏'。"中华书局校点本1974年版，第2960页。

③ （唐）张彦远：《历代名画记》引葛洪《西京杂记》，人民美术出版社1963年版，第100—101页。

④ 称洛阳西汉空心砖和小砖券椁的中型墓为砖椁墓，依照宿白《汉唐宋元考古——中国考古学》（下），文物出版社2010年版，第45—47页。

⑤ 洛阳区考古发掘队：《洛阳烧沟汉墓》，科学出版社1959年版，第240页。

上述所有令人困扰的问题，在看到西安曲江墓的壁画以后，似可找到解决问题的初步线索。曲江墓坐落在当时西汉政治经济文化中心的都城长安城郊，墓葬形制为长斜坡墓道竖穴土圹砖室墓，由墓葬规模及出土的玉璧、玉衣片等遗物，发掘者推测，所葬死者生前应是二千石的高级官吏或贵族。① 壁画布满整个壁面，画幅高度超过 200 厘米（壁高 220 厘米），画中人像体高一般超过 1 米，有的高近 2 米。全墓室壁画总面积达到 62 平方米。壁画题材除墓室顶部绘天象图外，墓壁则绘帐幔下的人像，门旁是门卫，室壁则是属吏仆婢（图 29 - 6）。在一捧物女像旁有墨书榜题"小婢□"，更明示该像的身份。应是用这些人物画像显示死者生前家内生活的情景，生活气息浓郁。虽然目前曲江墓尚为孤例，再结合与之艺术风格不同但同样以社会生活题材为主的理工墓壁画，确已开启了窥视西汉都城长安地区墓室壁画艺术的窗口，也已可能以都城长安的考古发现为重心，进而探讨西汉墓室壁画萌发和发展的轨迹。另一方面，虽然墓室壁画并不能代表当时绘画艺术的最高水平②，但从曲江墓那些与真人等身高的人物图像，仍能令我们推想当时长安宫廷中那些名臣画像的风貌，为西汉绘画史研究提供了有重要参考价值的考古标本，其意义是值得肯定的。

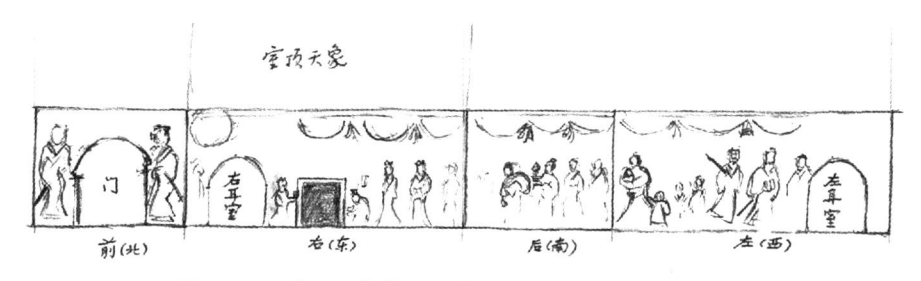

图 29 - 6　陕西西安曲江翠竹园 1 号汉墓壁画展开示意图

以西汉都城长安为重心对当时墓室壁画的探研现在刚刚起步，期望西安的考古学者在今后的田野考古工作中带给我们更大的惊喜。相信随着西

---

① 西安市文物保护考古所：《西安曲江翠竹园西汉壁画墓发掘简报》，《文物》2010 年第 12 期，第 38 页。

② 关于墓室壁画并不能代表当时绘画艺术最高水平问题，笔者过去有过论述，参见《汉代墓室壁画和汉代绘画史研究》，《汉代考古与汉文化国际学术研讨会论文集》，齐鲁书社 2006 年版，第 321—324 页。

安地区西汉墓室壁画考古标本的不断丰富，会不断解除过去由于缺少考古标本而带来的困扰，迎来新的更令人兴奋的研究成果。

三

三国时期，由于曹魏帝王力主节葬，东汉年间盛行的大型多室壁画墓，在曹魏政权控制力强的中原、关中地区趋于绝迹[1]。只有边远的东北辽东和甘肃河西地区，三国乃至西晋时期还保留有墓室壁画。西晋覆亡后，更传承至十六国时期。河西地区的十六国时期的墓葬中，还由魏晋时期以一块砖为一幅画面，然后将多幅砖画拼砌一壁组合成一个主题的做法，恢复成整壁绘制壁画，例如甘肃酒泉丁家闸5号墓。[2]

在东晋十六国时期，由西北进入内地建立政权的古代少数民族中，匈奴族建立的前赵后期将都城迁至原来汉长安城旧址，后来氐族建立的前秦和羌族建立的后秦都以长安为国都。在发掘长安城宣平门遗址时，曾揭示出后赵时期继续使用该门的遗迹。[3] 这座门十六国时期改称"青门"，前秦、后秦时一直延续使用。关于陕西地区十六国时期墓葬的考古发掘，近年来有新的突破，在咸阳文林小区发掘的朱氏家族墓葬中，出土有前秦建元年间的纪年铭砖[4]，为研究关中地区十六国时期墓葬提供了准确的标尺，从而将长安地区十六国墓葬的研究推向了新的阶段。在咸阳和西安等地的十六国墓中，获得有成组合的随葬陶俑群，包括由骑马鼓吹、甲骑具装和牛车、骏马等组成的出行队列，以及舞乐、侍仆和庖厨模型等家居生活组合。有的陶俑施加鲜艳的绘彩，也有的釉陶制作。这些俑群除时代特征（如甲骑具装俑的出现）外，也显示出上承汉俑、下启北朝俑的传承关系。但是到目前为止，因为已发现的都是土洞墓，仅是用砖封门，所葬死者多下层官吏或平民，还没有发现有关这一时期的墓室壁画的任何线索。

---

[1] 关于曹魏节葬问题，参见杨泓《谈中国汉唐之间葬俗的演变》，《文物》1999年第10期，第60—68页。后收入《汉唐美术考古和佛教艺术》，科学出版社2000年版，第1—10页。
[2] 甘肃省文物考古研究所：《酒泉十六国墓壁画》，文物出版社1989年版。
[3] 王仲殊：《汉长安城考古工作收获续记·宣平城门的发掘》，《考古通讯》1958年第4期，第23—32页。
[4] 咸阳市文物考古研究所：《咸阳十六国墓》，文物出版社2006年版。

由于还没有发现前秦王公高官等高层人士的墓葬，还不清楚当时是否存在砖筑墓室，更不清楚是否有过壁画。但是前秦盛期已统一北方，特别是灭前凉张氏政权后已领有河西地区，前已述及那一地区自曹魏西晋直到十六国时期壁画墓一直流行，是否这种艺术形式也会对关中地区有所影响，亦未可知。联系到后来北魏分裂，西魏将都城迁来长安，随后北周亦继续以长安为都城。长安地区的西魏、北周墓室壁画，与其东的东魏、北齐有明显的不同，或可视为地域特色，溯其渊源，是否应与其前以长安为都城的十六国政权的墓葬有关？这种推测也不是一点线索都没有。例如北周墓中壁画的特色之一，是在墓道过洞或墓门上绘门楼图像，联系到长安韦曲北原十六国墓在墓道末端照壁上有土刻的多重楼阁，以及华阴北魏杨舒墓在墓道照壁的砖砌楼阁建筑模型，可见在门洞上塑或绘门楼（由北周可上溯到北魏再到十六国）在关中地区的发展轨迹。总之，相信今后在陕西考古学者的努力下，关中十六国时期墓葬考古会不断有新发现，或许会给我们带来新的惊喜，目前还仅是猜想的问题将会获得切实的答案。

四

陕西地区北周时期的壁画墓，从20世纪50年代不断有所发现。在咸阳底张湾的北周墓出土的部分考古标本，曾在北京举办的全国基本建设工程出土文物展览中展出过，并发表过北周建德元年墓残存的侍从立像[1]，遗憾的是，那批墓葬的发掘资料至今没有整理发表。到80年代末，比较集中的一组墓葬发现于咸阳国际机场工地等处[2]，虽然其中如叱罗协墓、王德衡墓、独孤藏墓等原均绘有壁画，但发掘时仅能辨识残迹，只建德四年（575）叱罗协墓每个天井的过洞外侧洞顶上彩绘楼阁，尚能看清，但发表时缺乏图片资料。此后发掘的北周墓，如李诞墓、康业墓、安伽墓等墓中，原都有壁画，但保存情况亦均不好，仅安伽墓第3、4天井两壁所绘按剑甲胄武士像大致能看清楚。尽管陕西地区北周墓室壁画的保存情况不够理想，但在宁夏固原地区发现的北周墓中，天和四年（569）柱国大将军

---

[1] 参见《文物参考资料》1954年第10期，图版98。
[2] 负安志：《中国北周珍贵文物——北周墓葬发掘报告》，陕西人民美术出版社1993年版。

原州刺史河西公李贤墓中的壁画保存尚好。① 因此以李贤墓壁画为典型标本，将其与东边的东魏、北齐的墓室壁画进行对比研究，在20世纪90年代初。我们已经基本认清北周墓室壁画与东魏、北齐墓室壁画不同的时代特征和地域特征。②

令人感兴趣的是，陕西地区发现的北周墓中所葬死者身份等级最高的一座，即北周武帝孝陵，内葬武帝宇文邕与其后阿史那氏。③ 在孝陵的墓道至墓室中，并没有绘制壁画。这又与东边的北齐形成强烈的对比，被推定为北齐文宣帝高洋陵墓的河北磁县湾漳大墓中，自墓道至墓室满绘壁画，特别是墓道两侧壁画保存基本完好，各绘出53个几乎与真人等高的仪卫人像，构成色彩缤纷的盛大的帝王出行仪仗。④ 这就又出现了令人困惑的难题：北周武帝孝陵不施壁画，是武帝力求葬事节俭的结果，还是因为遵循汉魏旧制的表现？从已知的考古勘察发掘资料分析，西汉帝陵也应不绘壁画。《史记·秦始皇本纪》记秦始皇陵内"上具天文，下具地理"⑤，也有人将"上具天文"理解为天象壁画，但由文中尚有"以水银为百川江河大海"，可知"下具地理"中的江河百川应是做成可使水银流淌其中的沟槽形状。且经探测，秦始陵地下尚存大面积汞异常，可佐证陵中以水银为江河的记载。因此墓中天象也应与模拟现实的江河相对应，是否亦用雕刻镶嵌等手法，如说天象是绘画，无确证。汉承秦制，秦陵缺乏有壁画的确证，西汉皇帝的陵墓应亦无壁画。由于西汉的皇帝陵墓的墓室均未经发掘，所以还不能确知是否绘有壁画。但是已经发掘的西汉诸侯王（后）的陵墓，已达50余座。⑥ 目前发现有壁画的唯一可以举例的是河南永城芒砀

---

① 宁夏回族自治区博物馆、宁夏固原博物馆：《宁夏固原北周李贤夫妇墓发掘简报》，《文物》1985年第11期，第1—20页。
② 杨泓：《南北朝墓的壁画和拼镶砖画》，《中国考古学论丛——中国社会科学院考古研究所建所40年纪念》，科学出版社1993年版，第429—437页。又收入《汉唐美术考古和佛教艺术》，科学出版社2000年版，第84—102页。
③ 陕西省考古研究所、咸阳市考古研究所：《北周武帝孝陵发掘简报》，《考古与文物》1997年第2期，第8—20页。
④ 中国社会科学院考古研究所、河北省文物研究所：《磁县湾漳北朝壁画墓》，科学出版社2003年版。
⑤ 《史记·秦始皇本纪》，中华书局校点本1974年，第256页。
⑥ 黄展岳：《汉代诸侯王墓论述》，《考古学报》1988年第1期，第11—33页；刘瑞、刘涛：《西汉诸侯王陵墓制度研究》，中国社会科学出版社2010年版。

山柿园汉墓主室顶部和南壁的壁画，发掘者据西汉时期梁王的世系推断，所葬死者可能是梁共正王刘买（前144年至前136年在位）。室顶绘一巨龙，上有白雀，下有白虎，龙口吐长舌，舌尖卷一鱼尾怪兽。室南壁残存的壁画，绘有神山、豹、雀等图像。① 到目前为止，在已发掘的汉代诸侯王的陵墓中，仍是一个特殊的个例。此外，广州南越王墓的前室石壁和石门上绘有朱墨两色云纹图案②，还只能视为壁面装饰，尚不足以称为壁画。除上述两例外，其余几十座诸侯王陵墓均不曾绘有壁画，表明当时身份、地位高的人，死后墓室中不绘壁画，换言之，也就是当时墓室壁画并不是身份地位的象征。依此可推测，汉帝陵中是不绘壁画的。此后，曹魏皇帝主张节葬，西晋司马氏亦沿袭节葬主张，中原地区墓室壁画一时绝迹。

北魏平城时期墓室壁画再次复兴，已在山西大同地区发现有一些官员的墓中绘有壁画，但北魏帝后陵墓中仍依汉魏帝陵不绘壁画的旧制，已发掘的方山文明皇太后冯氏的永固陵中，仅在墓门饰石雕童子、孔雀，而室内没有壁画。③ 其侧孝文帝原为自己修筑的寿藏"万年堂"中，砖壁亦无壁画，仅门侧原嵌力士石雕。④ 到北魏迁都洛阳以后，皇帝陵墓依然循旧制，不绘壁画。宣武帝景陵已作科学发掘⑤，墓室砖壁黑色素面，没有壁画。迨至北魏末年，可能情况有新的变化。据徐婵菲文章说，永安三年（530）孝庄帝静陵"发掘工作中途停工，但已确知墓道、墓室中有壁画"⑥。如果此说可信，说明至少在北魏分裂为东魏、西魏前4年，皇帝陵墓中已开始绘有壁画，或许这就是后来北齐帝陵中绘壁画之先声。因此，北周武帝孝陵不绘壁画，极有可能仍沿袭汉魏至北魏旧制。

---

① 河南省商丘市文物管理委员会、河南省文物考古研究所、河南省永城市文物管理委员会：《芒砀山西汉梁王墓地》，文物出版社2001年版。
② 广州市文物管理委员会、中国社会科学院考古研究所、广东省博物馆：《西汉南越王墓》，文物出版社1991年版。
③ 大同市博物馆、山西省文物管理委员会：《大同方山北魏永固陵》，《文物》1978年第7期，第29—35页。
④ 王银田、曹臣民：《北魏石雕三品》，《文物》2004年第6期，第89—93页。
⑤ 中国社会科学院考古研究所洛阳汉魏城队、洛阳古墓博物馆：《北魏宣武帝景陵发掘报告》，《考古》1994年第9期，第801—814页。
⑥ 徐婵菲：《洛阳北魏元怿墓壁画》，《文物》2002年第2期，第89—92页。

五

当隋文帝杨坚取代北周建立隋朝,继之南下灭陈,古代中国重归一统,揭开隋唐盛世的新篇章。盛唐时期,中国古代文学艺术空前繁荣,达到新的高峰,在造型艺术方面,特别是绘画和雕塑等都有突出的成就,显示出时代风采。孕育着这一高峰期到来的准备阶段,是由隋文帝统一全国到唐朝初年,具体说来是在隋文帝开皇年间到唐太宗贞观年间,约为公元581年至649年之间。在全国统一的格局下,不断接受北朝和南朝的文化传统,继承吸收,融会创新,逐渐呈现出与前不同的新面貌。1998年笔者应《唐研究》之约,对隋唐造型艺术的渊源作了专题论述。[①] 指出,当公元377年北周灭北齐以后仅4年,北周即为隋朝所取代。又过9年,隋灭陈,南北统一。但是统一的局面维持不及30年,隋王朝就在农民起义的浪潮中覆亡,代之而起的是李唐王朝。在上述不到40年的时期内,中国的政治地图不断变换颜色,但是文化艺术演化融会的步伐无法与政治变幻同步。虽然隋王朝可以将各地的艺术家集合于都城大兴城,但是并没有来得及将不同源流融成新的时代风貌。只是到唐王朝建立政权、稳定经济、恢复繁荣以后,艺术创作才能呈现出新的面貌。换言之,从隋到唐初,造型艺术作品的外部形貌和特征呈现出北朝晚期北齐风格、北周风格乃至南朝风格凑集的态势,也显现出它们之间颇觉生硬的结合,从中不难寻出有关隋唐造型艺术渊源的线索。并举当时能够征引的隋和唐初发现有墓室壁画和随葬俑群的纪年明确的墓例进行说明。

遗憾的是,那时陕西发掘的纪年隋墓中,随葬俑群资料保存多较完好,但壁画资料相对贫乏,开皇二年(582)李和墓和开皇十二年(592)吕武墓等虽然原有壁画,但都没能保留下来。所以在论述随葬俑群的特征时,依据隋朝都城大兴的考古标本,分析了源自北周和源自北齐两种造型风格混杂一起的现象,还来不及融会成新的时代风格,短命的隋王朝就覆亡了。而论述壁画时,缺乏都城大兴的考古标本,只能选取山东嘉祥英山

[①] 杨泓:《隋唐造型艺术渊源简论》,《唐研究》第四卷,北京大学出版社1998年版,第361—372页。后收入《汉唐美术考古和佛教艺术》,科学出版社2000年版,第156—163页。

徐敏行墓、宁夏固原小马庄史射勿墓的壁画来做考古标本对比分析，看出前者源于北齐，后者源于北周，只能说明当时原属北齐或北周统治的区域，造型艺术还沿袭传统的地域特色，连将两者混杂一起都没来得及办到。

可喜的是，通过陕西近年的考古新发现，这一缺憾得到弥补。2005年在陕西潼关高桥乡税村发现的大型隋墓中，墓道壁画保存颇为完好，仅揭取保存的即达72平方米。墓室内壁画以顶部的天象图较完好，惜四壁的壁画多已脱落。① 这座墓中的壁画，显示出与以前分析都城大兴地区隋墓随葬俑群时同样的现象。过洞门上方绘出双层门楼（图29-8），明显沿袭北周墓室壁画的传统；墓道两壁的列戟和盛大的出行仪卫队列（图29-7），则与北周墓室壁画的正面形貌的持刀仪卫不同，应受北齐墓室壁画的影响。墓室顶天象壁画，也应源自洛阳北魏墓至邺城北齐墓的传统。这就补足了原来仅从随葬俑群分析的不足，更全面地说明隋时造型艺术的渊源，显示

图29-7　陕西潼关税村隋墓墓道东壁列戟壁画

① 《陕西潼关税村隋代壁画墓》，《2005中国重要考古发现》，文物出版社2006年版，第129—134页。该墓壁画图版，又见陕西省考古研究院《壁上丹青——陕西出土壁画集》（上），科学出版社2009年版，第175—197页。

出源自北周和源自北齐两种造型风格混杂的现象。同时也可看出，该墓壁画的技法，已脱出原北周墓室壁画粗疏的笔法和呆滞的造型，而改用北齐风格，用笔细致，人物描绘传神。这说明新的时代风格已是呼之欲出，只是隋短命，真正融会成新的时代风格，要等李唐王朝来完成了。

图 29 - 8　陕西潼关税村隋墓墓道北壁墓门及门楼

附记：本文刊出后，笔者收到国家文物局主编的《2010 中国重要考古发现》，其中刊登了刘呆运、李明、尚爱红《陕西咸阳底张十六国至唐代墓葬》，报道所掘 M298 号十六国时期墓中，甬道、墓室原有壁画，惜大部已脱落，仅"前室北壁西侧残留一幅，为一柱戟武士。西壁残留一幅侍女图"。但是未受编者和作者重视，没有让久盼见到十六国壁画真容的读者看到有关图片，颇为遗憾。但是已表明，关中地区十六国时期的绘画遗迹，总算露出冰山尖峰的一角。相信随着考古田野工作的新进展，这座冰山总会浮出水面，那时人们终于有望解决这一困惑中国绘画史研究多年的难题。

（本文原是为参加陕西省博物馆准备召开的古代壁画研讨会的发言稿，写于2011年春。发言稿已送研讨会组织者，但那次研讨会因故停开。所以会议组织者将收到的发言稿送交《文博》编辑部，集中刊登于《文博》2011年第3期。这次收入本集，改正了一些失误处，增加了"附记"并增配了附图）

唐薛儆墓石椁线雕

唐薛儆墓葬于开元九年（721），是一座带有长斜坡墓道的单室穹隆顶砖墓，甬道前设有6个天井和6个过洞。该墓曾遭多次盗扰，1995年发掘时墓内遗物几乎被盗掘一空，仅存墓室内的一具石椁，一合墓志，石门，以及一些零星物品。据该墓发掘报告[①]所述，在墓葬下葬时似已遭扰乱，神道石刻残件被弃于天井中，墓志盖被移开，且志文中谥号处出现无文字的空白。种种现象表明，薛儆死后入葬时，因政治或其他原因发生了不测事件。

石椁保存基本完好，仅椁室左侧有一块壁板在墓葬被扰时遭打破损断（图30-1）。椁顶刻出房屋瓦顶形貌，四壁和底座均满饰细密的线雕纹饰，

图30-1 山西万荣唐薛儆墓石椁出土情况

---

① 山西省考古研究所：《唐代薛儆墓发掘报告》，科学出版社2000年版。

底座四周分布内饰鸟兽的壶门，四壁由 10 根立柱和 10 块壁板（前后两面各 3 块，左右两侧面各 2 块）组成。前面的 3 块壁板，呈四柱三开间，中心间门上雕门环、门钉和二女侍，两次间雕直棂窗（图 30-2）。除雕门和直棂窗外，后面和两侧的壁板内外均各刻一个女侍立像。全椁计 17 人，其中 3 人侧身拈花（图 30-3），余均正面立姿，有的戴幞头、着男装（图 30-4），人物造型明显仿效都城长安风貌。面相、衣纹均单线勾勒，简约流畅，仅边袖锦缘、头饰、纨扇等处增细部刻画。今日看来，是值得观赏的唐玄宗开元初年的线雕艺术品。

图 30-2 唐薛儆墓石椁复原示意图

在墓葬中安放房屋形貌的石质葬具，滥觞于后汉。迨至北朝初期，北魏都平城时高官的墓葬中，已出现有房屋形貌的石葬具。较早的如太安三年（457）尉迟定州墓石棺，为面阔三间、进深两间的单檐悬山顶，有由 4 根八角形柱承托的前廊（图 30-5），全椁由 56 块石构件拼装组合而成，椁壁平素无雕饰。[①] 略迟一些的太和元年（477）幽州刺史敦煌公宋绍祖墓

---

① 大同市考古研究所：《山西大同阳高北魏尉迟定州墓发掘简报》，《文物》2011 年第 12 期，第 4—12 转 51 页。

图 30-3　唐薛儆墓石椁线雕
执花仕女（拓片）

图 30-4　唐薛儆墓石椁线雕
男装仕女（拓片）

石棺①，同样是三开间带有前廊的房屋形貌（图 30-6），但雕饰更加精美，外壁浮雕乳钉和各式铺首衔环为饰，内壁有彩绘壁画。北魏都洛阳时的石葬具还有传世的宁懋石室，在壁面雕饰精细的线雕图像。到北朝晚期，北周都城长安附近也已有房屋形石棺出土，一些西域来华上层人物的坟墓中也使用了中国传统房屋形貌的石葬具，但常在壁面雕饰异域色彩浓郁的宗教题材线雕图像，如北周史君墓"石堂"（图 30-7）②。隋统一以后，墓中放置房屋形貌石葬具的习俗仍然流行，并发现过皇室高层人士的

---

① 大同市考古研究所：《大同雁北师院北魏墓群》，文物出版社 2008 年版。
② 西安市文物保护考古研究院：《北周史君墓》，文物出版社 2014 年版。

图 30 – 5　山西大同北魏尉迟定州墓石棺

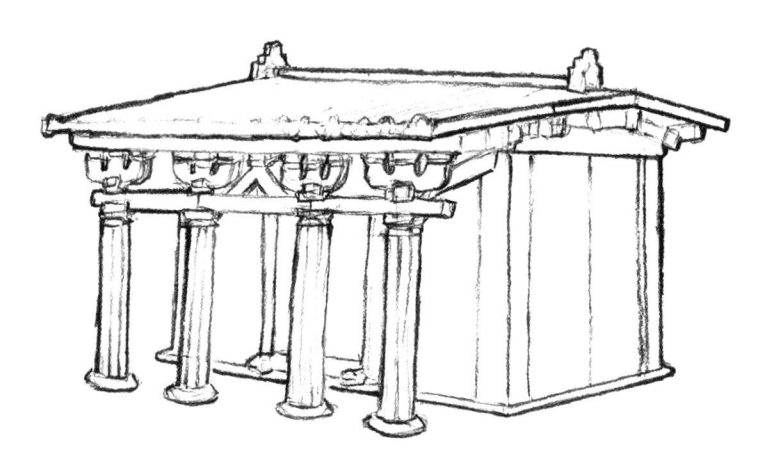

图 30 – 6　山西大同北魏宋绍祖墓石棺复原示意图

石棺椁，以隋大业四年（608）李静训（李小孩）墓①出土的为典型。这座墓的墓主虽是一个年仅九岁的少女，但她是隋文帝长女杨丽华（北周宣帝皇后）的外孙女，所以墓室内立有青灰色岩石制成的石椁，椁内放置形制独特的殿堂形石棺（图 30 – 8）。石棺正壁雕出四柱三开间，柱头有斗

---

① 中国社会科学院考古研究所：《唐长安城郊隋唐墓》文物出版社 1980 年版，第 3—28 页。

拱，中心间雕上饰门钉、铺首的石门，两次间各雕出直棂窗。歇山式屋顶，正脊雕饰出宝珠、鸱尾。在门的两侧各线刻一立姿女侍。梁、枋、立柱、斗拱均精雕线刻卷草花纹，窗下壁面雕青龙、朱雀等图像。原来石棺

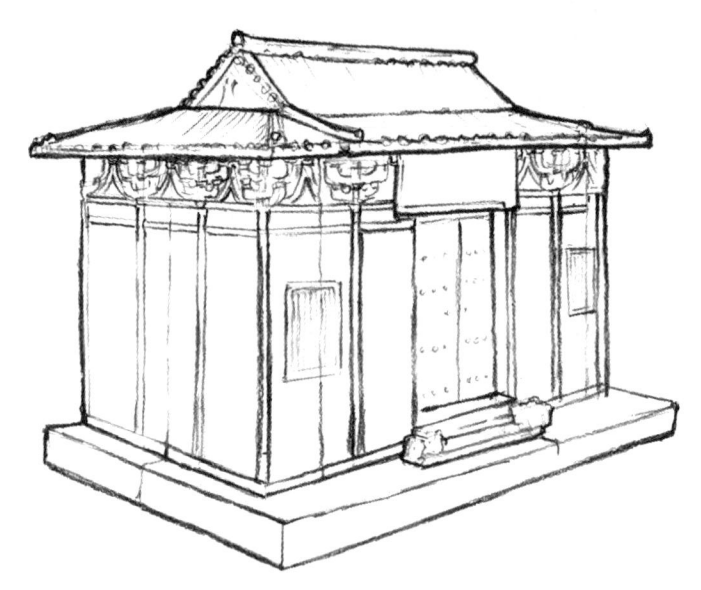

图 30-7　陕西西安北周史君墓石棺复原示意图

图 30-8　陕西西安隋李静训石棺出土情况

内壁有彩绘壁画,但已漫漶。另外,在陕西潼关税村隋墓中,出土有线雕精美的石棺,应是是隋朝皇族的墓葬,或推测墓内所葬为废太子杨勇。[①] 有的西域来华上层人士也还能用石棺椁做葬具,如山西太原发现的开皇十二年(592)"鱼国"人虞弘墓,石棺壁内外浮雕呈现出浓郁异域风采的图像(图30-9),像上原敷彩色和贴金,尚保存完好。[②]

图30-9 山西太原隋虞弘墓石棺出土情况

李唐王朝建立之初,葬仪规制大致还依循隋朝,都城长安地区发现的王侯高官墓中仍有带线雕的石椁出土。其中年代最早的作品是唐太宗贞观五年(631)淮安靖王李寿墓[③]石椁(图30-10)。外壁浅浮雕并贴金绘彩,图像有四神、武卫、文武侍从、骑龙驾凤的仙人等;内壁是精细的线雕图像,有成组的坐姿女伎乐(图30-11)和立姿持物女侍图像。石椁顶刻星相,石椁底周边刻十二时即十二生肖图像。另一些战功卓著的唐代开国功臣的墓中也出土有石椁,一般为拱形顶,雕饰也较简单,如麟德元年

---

① 陕西省考古研究所:《潼关税村隋代壁画墓》,文物出版社2013年版。
② 山西省考古研究所、太原市文物考古研究所、太原市晋源区文物旅游局:《太原隋虞弘墓》,文物出版社2005年版。
③ 陕西省博物馆、陕西省文管会:《唐李寿墓发掘简报》,《文物》1974年第9期,第71—88转61页。

图 30-10　陕西三原唐李寿墓石椁

（664）左武卫大将军郑仁泰墓石椁。这一时期可以说是唐代石椁线雕艺术初始的第一阶段，其艺术造型风格明显地可以观察到北朝至隋的影响。

　　唐高宗以后唐代墓葬制度形成规范。西安地区的唐代皇室王族或高官的墓葬中，使用石椁就须严格按死者身份而定，因此只有身份特殊的皇族成员才能使用，一般皇族和高官墓中只能用带有线雕的石墓门，只有皇帝的宠臣或可得到使用石椁的恩赐，但多不能施加华美的线雕。唐代石椁艺术进入具有唐朝本身时代特征的第二阶段。目前在乾陵的陪葬墓中，已发掘的懿德太子李重润[1]、永泰公主李仙蕙[2]和章怀太子李贤墓[3]中设有庑殿顶的石椁，其中懿德太子和永泰公主两墓都有"号墓为陵"的记载，表明

---

[1] 陕西省博物馆、乾县文教局唐墓发掘组：《唐懿德太子墓发掘简报》，《文物》1972年第7期，第26—32页。
[2] 陕西省文物管理委员会：《唐永泰公主墓发掘简报》，《文物》1964年第1期，第7—33页。
[3] 陕西省博物馆、乾县文教局唐墓发掘组：《唐章怀太子墓发掘简报》，《文物》1972年第7期，第13—25页。

图 30-11　唐李寿墓石椁线雕女伎乐（拓片）

他们的身份都在一般王爵之上。这三座墓中的石椁都是四柱三开间，中心间设门，两次间雕直棂窗，壁上都有线刻人物图像，为宫内的男女侍从，还在柱枋等处线雕华美的装饰图案。石椁门的线雕以懿德太子石椁最佳，门楣刻双凤鸟，门扉上所刻门钉，已成装饰性的六瓣花形，并刻有花形座铺首。左右门扉各刻一盛装女官（图30-12），头上高冠左右各伸出凤钗，长衣束带，前胸显露，带侧垂饰玉佩，仪态端庄，服饰华美，在以前的唐代人物画像中没见过相同服式的作品。在三具石椁中，人像刻划得最为传神生动的是永泰公主石椁所刻女侍图像，椁室内外共刻有15幅，每幅一人或二人，共21人。多梳高髻，长裙大履，间有戴幞头着男装者，有的手执凤首壶、果盘、如意等用具，特别是刻于椁内壁西面北次间和北面东间的

图30-12 唐懿德太子墓石椁门线雕女官线描图

两像最为传神。前一女侍手持花束，低头嗅香（图30－13）；后一女侍双臂微扬，手执披帛，正欲披于肩上，神态自然（图30－14），极富生活情趣，是唐代妇女肖像画的佳作。此外，开元十二年（1724）金乡县主墓原亦有石椁，惜仅存底座。高官墓中出土有庑殿顶的石椁的，有淮阳郡王韦洞墓[1]和开元二十八年（740）骠骑大将军虢国公杨思勖墓[2]，均属受特殊恩宠的特例。韦洞因是唐中宗韦后的弟弟，所以破例用庑殿顶的石椁，椁上线雕内臣及女侍图像均颇精美，近似永泰公主石椁线雕人像之气韵。杨思勖是唐玄宗时受宠信的宦官，曾屡总兵权，所以死后得以破例葬用石椁，但椁上线刻不如前述几件精美，直棂窗下刻石狮图像，姿态还算生动。在西安地区以外唐墓发现的石椁，目前只有前述开元九年（721）薛儆墓石椁一处，因他生前为睿宗鄎国长公主驸马。

到玄宗开元末年，唐代石椁艺术又进入反映开天盛世风貌的第三阶段。石椁上线雕图像的艺术风格有了新的变化。现已发现的有开元二十五年（737）武惠妃（死后追赠贞顺皇后）石椁（图30－15）[3]和开元二十九年（741）让皇帝李宪墓石椁。[4]石椁的形制仍是庑殿顶、四柱三间，前刻出板门和直棂窗。各壁面线雕人像亦多为立姿女像，但造型服饰却有很大变化，面相由丰腴适度，转为肥颊重颔；体态由修长娇美，转为丰满肥腴；衣服由合身贴体，转为肥大宽松（图30－16）。一言以蔽之，就是极力仿效杨玉环模样的美人，以符合当时流行时尚。人像周围的花朵木石等图像，也日趋繁复。枋柱边饰的图像也更细密繁缛，还出现装饰花鸟的立屏式画面，底座壶门内也出现具有异域风情的斗兽等图像。

以上三个阶段的石椁图像的艺术造型各具时代特色，观察椁上线雕立姿女像，即可看清其不同特色。第一阶段的女像，以李寿墓石椁内壁的女伎乐和持物女侍为例，头小颈长，削肩，条纹长裙上束到胸际，外貌特征

---

[1] 陕西省文物管理委员会：《长安县南里王村唐韦洞墓发掘记》，《文物》1959年第8期，第8—18页。
[2] 中国社会科学院考古研究所：《唐长安城郊隋唐墓》，文物出版社1980年版，第65—86页。
[3] 程旭、师小群：《唐贞顺皇后敬陵石椁》，《文物》2012年第5期，第74—96页。
[4] 陕西省考古研究所：《唐李宪墓发掘报告》，科学出版社2005年版。

图 30-13 唐永泰公主墓石椁线雕仕女（拓片）

图30-14 唐永泰公主墓石椁线雕仕女（拓片）

图30-15 唐武惠妃墓石椁

与传阎立本绘画中的女侍相同，酷似隋大业四年（608）李静训墓出土陶女俑，明显保留有北朝晚期到隋的遗风。到第二阶段，从懿德太子、永泰公主、章怀太子诸墓所葬石椁，可以看出自公元8世纪初李唐墓葬制度形成规范以降，不仅墓中以石椁为葬具已成为身份地位的象征，且表明当时石椁线雕的图像也已形成颇为规范的粉本，形貌特征与同时墓室壁画一致。以永泰公主墓石椁线雕女像为例，头体四肢比例匀称，面相丰腴适度，发髻规整常在顶心竖立呈刀形，衣裙合体，线条疏密有致，劲挺流畅。造型与同墓壁画风格全同，所据粉本也应可互用。反映着唐代盛期蓬勃向上的时代风貌，也显示着李唐宫廷生活的雍容华贵。到第三阶段，石椁图像凸显繁缛美艳，社会上以贵妃杨玉环形貌的体姿丰肥为审美标准，因此石椁女像面容呈肥颊重颔之貌，体姿过分丰腴，发髻松垂，衣裙宽博松宽，姿态娇懒。其形貌正如传世周昉、张萱画作中仕女形貌。

薛儆墓石椁的图像雕成于开元九年（721），恰好处在上述唐代石椁艺术从第二阶段向第三阶段转变的关键时期。薛儆墓石椁虽出土于山西地区，但它还应是按都城长安流行的图像粉本所雕刻（也有可能石椁即是在

图 30 – 16　唐李宪墓石椁线刻仕女线描图

长安制作）。如将薛儆墓石椁图像与较早的永泰公主等墓石椁图像相比，至少可以看出其规制远逊于后者，构图缺乏皇室石椁的华丽繁缛的氛围，不见皇室石椁上常用的双人构图，即常在主像旁有形体稍矮小的侍从图像。也缺乏人像周围陪衬的花鸟图像。这明显与所葬死者身份有关，免得僭越规制，由此构图显得较为简洁，衣纹也更显疏朗，反而营造出与皇室石椁线雕不同的艺术氛围,或可谓别具情趣。同时由于时间的推移,虽仍沿袭前朝粉本,但发髻服饰会随社会风尚有所调整,所以,薛儆墓石椁女像的发髻已由规整向宽垂演变。但体态还丰腴适度,没有呈现"环肥"(环指杨玉环)的倾向。

总体看来,薛儆墓石椁线雕艺术,真实地表述出玄宗初期的时代风习,今天看来确为一件唐开元初年的文物艺术精品,值得鉴赏和研究。

(本文原为《盛唐风采——唐薛儆墓石椁线刻艺术》所作的序,文物出版社2014年版。收入本书时略有修改,并补加必要的注释和附图)

后　　记

这本《束禾集——考古视角的艺术史》，是我从1977年至今30年中所写与艺术史（美术史）有关的论述、讲课讲稿、会议发言稿，以及给一些书所作序文，从中选出30篇所辑的文集。在文集中，写作年代最早的一篇发表于1977年。20世纪70年代末至80年代初的那段时期，也正是我开始探索从考古视角观察研究艺术史（美术史）的时期。

回想从1958年告别母校北京大学，被分配到中国科学院考古研究所（今中国社会科学院考古研究所）工作，至今已是第60年，整整一个甲子（从我开始学习考古学至今年则整过了65年），可见时间过得真快。在北大求学时，因为对考古发掘获得的与艺术有关的考古标本有兴趣，宿季庚先生和阎述祖先生都嘱我要研读与艺术史（美术史）有关的书。但是当时缺乏有关中国古代艺术史的专著，西方艺术史的译著也不多，郭沫若翻译的德人米海里司著《美术考古一世纪》一书，内容是19世纪依据"锄头考古学"发现的地中海沿岸诸古代文明的艺术品。此外只有法人丹纳著《艺术哲学》的中译本。我只能对这两本书读了又读。特别是米海里司的书，我在上高中时就已阅读过，并且对该书序言中米海里司引述过的一段话印象极深，至今不忘。那就是："禾黍割了，应该有束禾人来做他谦卑的任务。"那时我就憧憬能有一天也能在学术的田野中做一个束禾人，去完成我该做的谦卑的任务。所以我将本书起名为《束禾集》。

1958年我开始从事考古工作以后，除了完成所里安排的工作外，面对中华人民共和国成立以来田野考古调查、发掘中所获得的丰富的与"艺术"有关的考古标本，主要思考的是如何建构具有中国特色的美术考古体系。至于从考古视角去观察和探研有关艺术史（美术史）方面的问题，已经是20世纪70年代末至80年代初的事。本书所收文稿最早的一篇发表于

1977年，就反映了这一情况。

当时我从"五七干校"返回北京，经历了粉碎"四人帮"再到改革开放初期。由于研究所的工作正逐渐恢复，我担负的任务不重，工作尚不紧张，社会氛围较松散安详，下班后空闲时间较多。所以在晚饭后，我常有时间去找挚友夜话闲聊。我经常去的是芳嘉园15号王世襄家，当时他和袁荃猷住在北房东侧（西侧仍被他人在"文化大革命"时期占据），东房由黄苗子、郁风租住。我和他们几位是忘年交，因他们的年龄都比我大十余岁。但大家在一起谈得十分融洽，有时还会一起再向南走两条胡同，去沈从文处聊天。正是与他们的夜话，启发了我从考古视角去观察和探研艺术史。在黄苗子和郁风鼓励下，我尝试给黄蒙田在香港办的《美术家》杂志写稿。那时老友李松涛（李松）在中国美协，负责《美术》杂志以及《中国美术》杂志（后来停刊），他不断催我写稿。又在郁风、丁聪和李松涛推荐下，1981年我成为中国美术家协会的会员。随着改革开放的深入，老艺术家和学者日益受到重视，生活条件也得到改善，黄苗子和王世襄先后搬离芳嘉园15号。先是黄苗子迁至团结湖北里，以后王世襄搬到芳草地迪阳公寓，同时我的宿舍也从中国美术馆后的弓弦胡同迁往皂君庙，大家居所相互遥远，晚饭后散步、夜话聊天已不可能。

同时，研究所的工作任务日繁，特别是考古研究所编著《新中国的考古发现和研究》时，我被编委会委任为编辑小组的成员后，不仅要担负两晋南北朝考古等部分的编写工作，更要一个人负责全书的统稿、编辑及所有引用资料的核查。白天的工作时间不够用，晚上也要投入工作。随后又投入《中国大百科全书·考古学》第一版的《三国两晋南北朝至明考古》分支学科的组织编写工作。与此同时，我还接受了协助编著《中国大百全书·军事》卷的《中国古代兵器》分支学科的任务，以后又转为担任《中国军事百科全书》第一版《古代兵器》学科主编。所以在那一阶段，我没有时间去从考古视角去探研艺术史范畴的问题。

至今仍十分想念经常在芳嘉园15号夜话的那段美好时光，可惜那几位忘年交的挚友——袁荃猷、王世襄、黄苗子、郁风，以及丁聪、沈从文都，先后驾鹤西归，今日只能祈望他们冥福。那一时期在《美术家》等刊物发表的文稿多已收入1981年由花城出版社给我出版的文集《地下星空》

后　记

之中。为了纪念那段往事，在本书中，我特意选入 1977 年在《文物》月刊所发表的一篇，它是本书所选文稿中写作时间最早的一篇。

在完成了《新中国的考古发现和研究》、《中国大百科全书·考古学》等工作以后，时间就不那么紧张了。我参与了中央美术学院等一些大学的授课及学术活动，也开始再写些从考古视角观察、探研艺术史的文稿。特别是老友李松涛不时还布置一些"任务"要完成。所以从 20 世纪 90 年代至今，我又陆续写了几十篇与艺术史有关的文稿。2013 年 7 月，我被中国美术家协会授予"卓有成就的美术史论家"荣誉称号。现在从 20 世纪 90 年代至今所写文稿中选了 29 篇，与 1977 年所写那篇，总共 30 篇，编成这本文集。

这本文集的草目，最初拟定于 2017 年，是与张小舟讨论后草拟的，当时所收文稿均为我过去出版的几本文集中没有收录过的。在征求郑岩的意见时，他建议不局限于未编入过去几本文集的文稿，改拟为一本对过去所写文稿的自选文集，并花时间代拟了目录。此后与郑岩再商讨，又几次征询过朱岩石的意见。在此基础上，最后决定这本文集还是选用与艺术史有关的文稿，我再次调整了文集的编目，选定 30 篇文稿，从而编成这本文集。在文集编定的过程中，巩文不断提出很好的建议，并给予许多具体的帮助。对于上述诸位的帮助，在此一并深表谢忱。

本文集得以出版，也要感谢我所服务的中国社会科学院考古研究所领导的关怀，并准许使用考古研究所老专家个人学术文集的出版资助。

本文集的出版，还要感谢中国社会科学出版社。特别是郑彤细心、负责的编辑工作，正是她的辛勤劳动，为本文集增添了光彩。

最后还要感谢金烨欣，他为本文集的封面设计贡献了自己的设计构思，促成这本文集能以今天的面貌呈现在读者面前。

杨　泓

戊戌年端午于北京和泰园